스타트업 비긴즈

STARTUP

AC, VC, 학계가 함께 만든 기술 창업 실천 매뉴얼

스타트업 비긴즈

BEGINS

서리빈 | 손민호 | 이호재 지음

창업가는 혼자 고민하지만, 성공은 결코 혼자 오지 않는다.

기술 창업가가 아이디어를 넘어 시장으로 나아갈 수 있도록
실천, 구조화, 확장을 안내하는 가장 현실적인 길잡이다.

좋은땅

서문

월요일 오전의 강의실, 저녁 무렵의 액셀러레이팅 데스크, 긴장감이 흐르는 투자심의위원회. 자리는 달랐지만, 창업가의 질문은 하나였습니다. "지금 당장 무엇을 해야 합니까?" 우리는 여러 번 대답했지만, 가르치고 코칭하고 투자하는 말의 방향이 어긋날 때가 있었습니다.

그때부터 생각했습니다. 역할이 달라도 함께 펼칠 수 있는 한 장짜리 지도가 필요하다고. 문제를 다시 묻고, 작은 실험을 설계하고, 결과로 다음 좌표를 찍는 법을 같은 기호로 표시한 지도 말입니다.

강의실에서 가장 먼저 보인 것은 속도였습니다. 아이디어가 나오면 곧바로 완제품으로 달려가고 싶어 하는 눈빛들. 그러나 실제로 필요한 것은 문제 정의-작은 실험-피드백-조정으로 이어지는 순환이었습니다.

학생들이 그 리듬을 익히려면 이론은 행동으로 번역되어야 하고, 평가는 결과보다 학습의 흔적을 따라가야 했지요.

그래서 우리는 설명을 줄이고, 바로 손에 잡히는 체크리스트와 템플릿, 토론 질문 같은 도구들을 만들기 시작했습니다. 그 도구들은 지도를 읽는 법을 익히게 하고, 다음 좌표를 스스로 찍게 돕습니다.

액셀러레이팅 현장에서는 또 다른 문제가 보였습니다. 어떤 팀은 제품 완성도를 끝없이 다듬느라 시장 검증을 미루고, 다른 팀은 지표만 좇다가 설계 없는 실험에 지쳐 갑니다.

그래서 스타트업의 육성은 정보를 나열하는 일이 아니라, 주간 단위의 학습 설계를 함께 만드는 일이어야 했습니다.

문제를 다시 묻고, 실험을 작게 설계하고, 데이터를 함께 읽고, 전략을 조금씩 조정하는 그 흐름이 강의실과 맞물릴수록 팀은 덜 흔들렸습니다.

이 책의 문장과 도구는 그 흐름을 잃지 않게 하려는 시도에서 나왔습니다.

투자 심사 자리에서는 결핍이 더 선명했습니다. 기술의 새로움과 시장의 새로움이 만나는 지점에서, 반복·확장 가능한 수익 모형과 유통의 적합성, 지식재산과 계약의 기초가 흔들리면 성장이 멈춥니다. 우리는 이 기본이 투자 이후의 시행착오로 되돌아오는 장면을 여러 번 보았습니다. 그래서 교육과 보육에서 쓰는 프레임을 투자 판단의 준거와 같은 지도 위에 정렬하려고 했습니다. 팀이 어디에 있든, 누가 묻든, 같은 좌표계로 대화가 이어지도록요.

저자들이 동문수학한 숭실대학교 캠퍼스를 걷다 보면 허리가 비어 있는 백마상을 만나게 됩니다. 1938년, 강요된 신사참배를 거부하며 학교는 스스로 문을 닫았고, 1954년 서울에서 다시 문을 열었습니다. 백마의 끊긴 몸체는 그 사이 16년의 공백을 잊지 않기 위한 기억의 형상입니다. 단절은 끝이 아니었습니다. 그 공백은 더 단단히 이어 붙이기 위한 준비였고, 오늘의 숭실은 그 복원된 선 위에서 다시 달리고 있습니다.

스타트업에도 이런 단절의 순간이 있습니다. 초기 열성 고객에서 대중

시장으로 넘어갈 때 마주하는 깊은 캐즘—많은 팀이 그 골짜기 앞에서 속도를 잃습니다. 우리가 이 책에 새겨 둔 지도는 그 캐즘의 입구에 좌표를 찍고, 작은 실험과 검증 데이터를 잇대어 건널 수 있는 경로를 표시하려는 시도입니다. 백마의 빈 허리가 어디선가 다시 이어지듯, 여러분의 제품과 시장도 끊긴 선을 다시 잇게 되기를, 그래서 공백을 성장의 문장으로 바꾸어 내기를 진심으로 바랍니다.

한국적 현실을 지도 한가운데에 그려 넣은 것 또한 중요했습니다. 조달 구조와 계약 관행, 지식재산 보호, 유통과 규제—해외 교재로는 흐릿하게 지나가던 부분을 국내 사례와 절차로 다시 그렸습니다. 세계의 원리는 바꾸지 않되, 한국의 길 위에서 곧바로 쓸 수 있게 하기 위해서입니다. 그래서 개념은 가능한 한 템플릿·체크리스트·실무 문장으로 내려 앉히고, 교실·보육·심사에서 동일한 좌표로 소통하도록 톤과 형식을 통일했습니다.

우리가 약속하는 것은 정답이 아니라 다시 꺼내 쓸 수 있는 경로입니다. 아이디어를 화려하게 포장하는 법보다, 문제를 다시 정의하고 작은 실험을 설계해 증거를 모으고, 그 증거로 다음 행동을 정하는 실행의 문해력을 함께 키우려 합니다. 이러한 경로는 상황이 바뀌어도 같은 지도와 같은 좌표로 작동합니다.

이 여정을 책 안에서는 자연스러운 흐름으로 배치했습니다. 앞부분은 '왜'와 '어떻게'를 묻습니다. 기업가적 정체성과 다섯 덕목 위에 린과 실현 논리를 얹고, 문제 정의-실험-피드백-조정의 순환을 몸에 익히게 합니다. 중반부는 시장을 실제로 마주할 때 필요한 디테일—지식재산, 법적 형태,

초기 지분과 자금, 계약과 유통—을 실무 문장과 체크리스트로 정리했습니다. 후반부는 운영과 리더십, 윤리와 거버넌스, 가치평가와 출구 전략까지, 다음 주 행동으로 자연스럽게 이어지도록 설계했습니다. 장과 장의 템플릿이 서로 물리도록 연결하여, 앞에서 만든 기회 개념서는 뒤의 비즈니스 모델과 재무 시나리오로 이어지고, 시장 세분화 표는 계약·유통 의사결정과 나란히 놓입니다.

이 책이 다른 교재와 다른 점은 설명을 덜어낸 자리에 행동을 넣었다는 데 있습니다.

액셀러레이터·투자자·대학교수가 한 장짜리 지도 위에서 같은 기준으로 말하도록 정렬했고, 해외 이론을 옮겨 적는 데 그치지 않고 한국적 맥락을 중심에 두었습니다. 무엇을 알았는가보다 무엇을 해 보았는가에 초점을 맞추어, 가설 설정-실험 설계-실험 로그-피벗 메모로 이어지는 실행 문해력을 훈련하도록 곳곳에 장치를 배치했습니다.

각자의 진입로도 상상했습니다. 처음 창업을 만나는 팀이라면 오늘은 문제를 한 칸 더 또렷하게 적고, 여백의 질문에서 시작해 보세요. 이미 운영 중인 팀이라면 막힌 지점에서 펼치면 됩니다. 유입이 멈췄다면 세분화와 가치 제안으로, 비용이 무겁다면 수익모형과 재무로, 거래·납품의 마찰이 잦다면 계약과 유통으로 곧장 들어가세요. 필요한 장의 체크리스트를 팀 언어로 조금만 고쳐도 다음 주 계획이 탄탄해집니다. 수업을 진행하는 교수자·강사라면 성과 평가의 중심을 정답 개수보다 문제 정의의 명료도, 가설-실험의 정합성, 피드백을 반영한 조정의 흔적에 두길 권합니다. 보육 매니저와 투자자, 정책 실무자에게는 이 책의 템플릿이 코칭·심사·프로그램 설계를 같은 좌표에서 만나게 하는 언어가 되어 줄 것입니다.

그리고 우리는 창업을 직업 선택이 아니라 정체성의 실천으로 바라봅니다. 가치 창출, 시장 존중, 계약 준수, 자원 집중, 회복력—이 다섯 덕목이 행동으로 이어질 때 비로소 여정이 시작됩니다. 실패와 휴지기를 뜻하는 '화이트 스페이스'도 그 여정의 일부입니다. 다시 시작하는 용기와 작은 실험을 지켜 주는 말을 찾고, 도구를 다듬는 과정에서 이 책의 많은 페이지가 채워졌습니다.

마지막으로 부탁드립니다. 이 지도를 여러분의 상황에 맞게 고쳐 쓰고, 여백에 고민을 덧붙이며, 장과 장 사이를 자유롭게 오가며 자기만의 좌표를 만들어 주세요. 숫자와 제도는 변해도, 작게 시도하고 배우며 조정하는 길은 남습니다. 여러분이 현장에서 남기는 메모와 비판, 새로운 사례는 이 지도의 다음 판을 더 정밀하게 만들 것입니다. 열린 마음으로 배우고 고치겠습니다.

2025년 9월
숭실대학교 백마상에서
저자 일동

목차

서문   005

Chapter 01
**미래를 여는
기술 창업**

기술 창업의 흐름과 기회	020
글로벌 기회의 활용	024
창업가로서 경력 선택	027
여정의 출발	028

Chapter 02
창업가가 되는 길

창업가의 인내	037
기업가적 정체성	040
기업가적 덕목	043
기업가적 자기 평가	053
액셀러레이팅을 통한 기업가적 정체성 강화	059

Chapter 03
비즈니스 모델 설계

사업 유형	075
아이디어의 생성 과정	085
기회 개념서의 작성	093
액셀러레이터를 통한 아이디어 실행 전략	097

Chapter 04
시장 선도 전략

시장 세분화 기법	116
시장 경쟁 분석	123
구매 과정의 단계	129

Chapter 05
제품 개발 전략

제품 기획 및 개발	139
아이디어 개발 과정	141
새로움의 개념	148
기회 평가 계획	154
혁신 확산 과정	162
혁신의 채택 과정	168

Chapter 06
지식재산권 확보 방안

기술 사업화를 위한 지식재산	187
지식재산 보호의 중요성	189
영업비밀	198
특허	201
저작권	215
상표	222

Chapter 07
기업 설립 절차

소유와 책임	237
법적 구조의 최적 선택	242
개인사업자	244
합명회사	247
합자회사	250
주식회사	252
유한책임회사	257
유한 책임 구조 간 비교하기	261
지분의 유형과 특성	266
자본 조달	277
초기 단계의 지분 배분	279

Chapter 08
재무 관리 기초

창업가의 재무 관리	291
재무 예측	294
재무제표 분석	301
재무 관리	309

Chapter 09
자금 조달 방법

자본 금융	332
부채 금융	342
자금 조달의 방법	348
대안 금융	352

Chapter 10
사업 개시 전략

사업 계획의 중요성	365
사업 소개	370
사업 계획 본문	371
보충 자료	385
시장 진입 포지셔닝 전략	386

Chapter 11
마케팅 계획 수립

제품 믹스	406
가격 믹스	410
글로벌 마케팅	420
마케팅 성과 측정	427

Chapter 12
계약의 이해와 활용

계약법의 이해	441
계약 성립 요건	444
계약 방해 요인	454
계약의 구성 요소	466
다양한 계약 유형	479

Chapter 13
전략 경영과 운영 관리

전략 경영	505
이해관계자 관리 전략	512
운영 관리	519

Chapter 14
리더십과 조직관리

기업가적 리더십	539
리더십 기술	543
기업가적 리더십과 윤리	560

Chapter 15
가치평가와 출구전략

정밀 실사	572
기업 가치평가	579
승계를 통한 출구전략	584
인수를 통한 출구전략	588
합병을 통한 출구전략	594
공모를 통한 출구전략	599

Chapter 01

미래를 여는 기술 창업

지금, 이 순간에도 수많은 테크 스타트업이 등장하고 있다. 기술의 발전이 사회를 빠르게 변화시키고, 기업가정신이 경제에 미치는 영향이 커지면서, 여러 나라의 정책 결정자들이 기술 창업을 새로운 성장 동력으로 주목하고 있다. 기술 창업은 단순한 유행이 아니라 전 세계적인 흐름이자 산업 구조를 바꾸는 파괴적 혁신의 출발점이다.

이 책은 기술 창업을 준비하는 이들에게 필요한 기본 원칙, 실행 전략, 도구와 기법을 정리한다. 창의적인 아이디어가 현실에서 어떻게 작동하는지, 그것을 어떻게 제품이나 서비스로 전환할 수 있는지를 설명하고자 한다. 목적은 단순하다. 지금 가진 자원과 기술을 바탕으로 시장에서 실제로 통할 수 있는 창업 전략을 세우는 데 도움을 주는 것이다.

테크 스타트업이 사회와 경제에 어떤 가치를 만들어 내는지도 함께 다룬다. 이를 가능하게 만드는 건 멋진 아이디어보다도, 실행력 있는 도구와 현실적인 판단이다. 여러 연구가 보여 주듯, 성공한 창업가들은 현재 보유·조달·조합할 수 있는 자원과 역량이 무엇인지부터 점검한 뒤 사업을 시작한다. 무엇을 할지 막연히 고민하기보다, 지금 가능한 것이 무엇인지를 파악하고, 그 안에서 가능한 비즈니스를 구체화하는 방식이다.

결국 핵심은 이 질문이다.

"내가 가진 자원과 기술로, 시장에서 어떤 문제를 해결할 수 있을까?"

좋은 창업가는 이 질문을 회피하지 않는다. 시장이 어떤 문제를 갖고 있고, 그 문제를 해결할 수 있는 조건이 나에게 있는지 냉정하게 따진다. 아무리 혁신적인 아이디어라도, 고객이 실제로 필요로 하지 않는다면 사업으로 이어지기 어렵다.

경험 많은 창업가일수록 이 점을 잘 안다. 많은 스타트업이 실패하는 이유는 계획이 부족해서가 아니라, 고객이 없기 때문이다. 고객의 문제를 먼저 정의하고, 거기서 출발해야 한다. 제품을 만들기 전에 시장을 읽고, 고객이 진짜로 원하는 것이 무엇인지 파악하는 일이 먼저다.

이런 방식이 린 스타트업(Lean Startup)의 핵심 논리다. 에릭 리스는 이를 체계화해, '작게 만들고, 빠르게 검증하고, 끊임없이 반복하라'는 프레임을 제시했다. 이 책이 말하고자 하는 것도 다르지 않다. 기술 창업은 아이디어로 시작되지만, 살아남는 건 결국 시장을 먼저 이해한 팀이다.

> **린 스타트업**
>
> 린 스타트업은 에릭 리스가 직접 창업 과정에서 겪은 시행착오를 기반으로 만들어진 접근 방식이다. 핵심은 고객이 원하지 않는 제품을 만들지 않기 위해, 제품 개발과 출시를 작게 나누고 반복하는 전략이다. 이 모델의 중심에는 '구축-측정-학습(Build-Measure-Learn)'이라는 피드백 루프가 있다.
>
> 에릭 리스는 소프트웨어 스타트업에 있을 때, 고객의 요구와 어긋나는 제품을 출시하면서 큰 어려움을 겪었다. 자원은 부족했고, 실수는 곧 손실로 이어졌다. 그때 그가 찾은 해법은 간단했다. 완성된 제품을 만들기보다, 최소 기능 제품(Minimum Viable Product, MVP)을 먼저 고객에게 보여 주고, 반응을 통해 다음 단계를 정하는 방식이었다.
>
> 이렇게 스타트업은 최소 기능 제품을 반복적으로 출시하고, 고객의 피드백을 분석하면서 제품 방향을 조정한다. 이 과정은 제품 개발에 들어가는 자원을 최소화하면서도, 시장에서 살아남을 가능성을 높이는 데 효과적이다. 린 스타트업은 도요타의 린 생산 시스템의 원리에서 발전된 개념이다. 낭비를 줄이고, 작은 실험을 반복하며, 학습을 최적화하는 방식. 즉, '적게 만들고, 빠르게 배워서, 확실하게 개선한다'는 전략이 바로 린 스타트업의 본질이다.

창업가는 보유한 자원부터 점검한다. 기술, 지식, 인맥, 그리고 당장 활용할 수 있는 자원이 무엇인지 명확히 인식하고, 거기서 출발한다. 이때 중요한 개념이 바로 '실현성(Effectuation)'이다. 단순한 이론이 아니라, 실제로 창업의 방향을 결정짓는 실질적인 사고방식이다.

기업가적 사고에 익숙하지 않은 사람들은 보통 목표부터 세운다. 그리고 그 목표를 달성하기 위해 어떤 자원이 필요한지를 역산하는 방식, 즉 인과 논리(Causal Logic)를 따른다. 실현 논리(Effectuation)는 목표보다 현재 보유한 자원을 출발점으로 삼아, 작은 실험을 반복하며 점진적으로 방향을 찾아가는 접근 방식이다. 지금 내가 가진 자원을 출발점으로 삼고, 그것으로 만들 수 있는 가능한 결과들을 실험하면서 목표를 찾아 간다.

[도표 1.1]은 그 차이를 직관적으로 보여 준다. 전통적인 관리자는 명확한 목표를 먼저 설정하고, 그 목표를 달성하기 위한 자원을 확보한 다음, 사람들을 조직해 실행한다. 반대로 창업가는 처음부터 확정된 목표가 없다. 대신 현재 확보 가능한 자원과 인력을 기준으로 작은 실험을 반복하며, 시장에서 피드백을 받아 가며 어떤 결과가 가장 실현 가능성이 높은지를 좁혀 나간다.

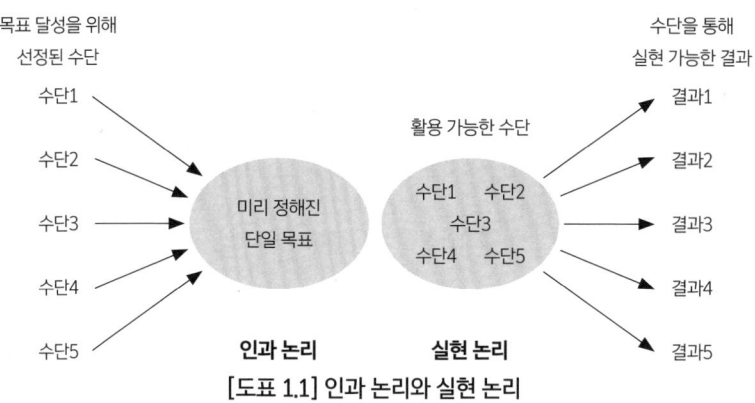

[도표 1.1] 인과 논리와 실현 논리

이게 바로 창업가의 방식이다. 정해진 목표를 향해 직선으로 가는 대신, 유연하게 움직이며 방향을 찾아간다. 제품을 출시했는데 반응이 기대에

못 미칠 수 있다는 걸 알고 있고, 애초에 예측 자체가 어렵다는 점도 인정한다. 그래서 고객의 반응을 빠르게 수집하고, 그에 맞춰 제품이나 비즈니스 모델을 조정하는 데 주저하지 않는다.

이런 접근은 '논리적이고 계획적인 방식'과는 다르다. 하지만 실제 시장에선 오히려 더 효과적이다. 예측할 수 없는 환경에서 살아남기 위해서는 계획보다 실험이 먼저고, 통제보다 적응이 우선이다. 실현성에 기반한 창업 방식은 바로 이런 맥락에서 탄생한 전략이다.

스타트업은 대기업을 축소해 놓은 조직이 아니다. 운영 방식부터 지향점까지, 기존 기업과는 전혀 다른 논리로 움직인다. 이들의 목표는 기존 제품을 단순히 대체하는 게 아니라, 지금까지 없던 가치를 새롭게 만드는 데 있다. 그래서 창업가는 고객이 무엇을 기대하고, 어떤 문제를 겪고 있으며, 어떤 방식으로 세상을 바라보는지를 깊이 이해하지 않으면 안 된다. 그런 이해 없이 만든 제품은 시장에서 살아남기 어렵다.

스타트업의 핵심 목표도 기존 기업과는 다르다. 이익을 내는 것보다 더 시급한 건, 시장에 진짜 수요가 존재하는지를 증명하는 일이다. 다시 말해, 살아남을 수 있는가를 확인하는 게 먼저다.

창업가는 잠재 고객을 상대로 제품과 서비스의 가치를 검증해야 한다. 동시에 그것을 반복 가능하고 확장 가능한 형태로 만들어야 한다. 이때 가장 중요한 자세는 '자주, 그리고 빠르게 실패하라'는 것이다. 제품을 시장에 던지고, 피드백을 받고, 다시 개선하는 이 주기를 빠르게 반복해야 한다. 그렇게 해서 만들어지는 게 시장이 진짜 원하는 최소 기능 제품이다.

2장에서는 이 실험 과정을 통해 어떻게 적합한 비즈니스 모델을 찾아가는지를 더 깊이 살펴본다.

기술 창업의 흐름과 기회

기술 산업은 이미 강력한 선도 기업들이 자리를 잡고 있지만, 지금도 새로운 스타트업 비즈니스를 시작하기에 충분히 좋은 시점이다. 기술 분야에서는 여전히 근본적인 변화가 일어나고 있고, 이런 변화는 일상의 방식까지 바꾸고 있다. 최근 주목받는 몇 가지 기술 흐름은 다음과 같다.

- **클라우드 컴퓨팅.** '네트워크는 곧 컴퓨터다'라는 말은 1985년 선마이크로시스템스의 철학이었다. 지금은 대역폭, 저장 용량, 네트워크 속도가 크게 향상되면서 이 말이 현실이 됐다. 오늘날 대부분의 개인과 기업은 디지털 데이터를 클라우드와 자동으로 동기화하며, 이를 기반으로 한 스타트업도 급증하고 있다. 소프트웨어를 설치할 필요 없이 클라우드 기반으로 바로 사용하는 SaaS(Software as a Service) 모델도 빠르게 확산 중이다.
- **사이버 보안.** 사이버 보안 시장은 빠르게 성장하고 있고, 창업가들에게 다양한 기회를 제공한다. 이 분야에서는 보안 전문가 교육, B2B 방화벽 솔루션, 윤리적 해킹 기법을 활용한 취약점 점검 등 다양한 비즈니스가 만들어지고 있다.
- **E-스포츠.** 전 세계 수억 명이 관여하는 수십억 달러 규모의 산업이다. 게임 개발, 실시간 거래 플랫폼, 코칭 서비스, 각종 리그와 이벤트 운영 등 다양한 비즈니스 기회가 존재한다.
- **산업용 드론.** 물류, 농업, 개인 교통, 군사, 산업 안전 등 드론의 활용 분야는 매우 넓다. 아마존, 알파벳, UPS, 페덱스 같은 기업들은 이미 드론 배송 기술을 실현하고 있고, 이 분야는 앞으로도 빠르게 성장할

가능성이 높다. 다만 규제 환경과 안전 이슈가 병행 과제로 남아 있다.
- **로보틱스와 인공지능.** 로봇 기술은 최근 몇 년 사이 급속히 발전했다. 개인 지원, 물류, 의료, 보안 등 여러 영역에서 활용되고 있으며, AI와 결합되며 훨씬 더 정교한 기능을 수행하고 있다. 이 조합은 산업 효율성과 삶의 질을 함께 높이는 방향으로 진화 중이다.
- **대체 에너지.** 기후 위기 대응은 전 세계의 공통 과제다. 이에 스타트업은 배터리 재활용, 전기차 충전소, 수소 연료 전지, 풍력, 태양광, 해양 에너지 등 다양한 분야에서 새로운 사업 기회를 찾고 있다.
- **모빌리티.** 모빌리티 산업도 근본적인 변화를 앞두고 있다. 자율 주행 기술은 화물 운송뿐 아니라 개인 이동수단에도 적용되고 있고, 스마트 연결 기술은 퍼스널 모빌리티 전반의 혁신을 이끌고 있다.
- **사물인터넷.** 사물인터넷은 무생물끼리 통신하게 만드는 기술이다. 가전제품, 반려동물, 인간의 생체 반응까지 감지하는 센서가 통합되면서, 사람의 개입 없이도 정보 수집과 제어가 가능해졌다. 이 기술은 자동화된 미래 생활의 기반이 된다.

현재 시장을 뒤흔들 모든 기술 혁신을 이 책에서 다루지는 않는다. 앞으로 몇 년 안에 폭포수처럼 연쇄적인 변화를 일으킬 기술도 여전히 많다. 이 중 특히 주목할 만한 흐름은 다음과 같다.

- 디지털 통화의 확산
- 전자 의료 기록과 원격 진료의 구조적 변화
- 나노 기술의 급속한 발전
- 건강 정보학의 부상
- 노화 방지 기술의 가속화

■ 뇌공학 기반 정신 건강 관리 기술

미래를 내다보라

세일즈포스를 클라우드 기반 영업 자동화의 선두주자로 이끈 마크 베니오프는, 혁신이 단순한 기술 개발 이상의 의미가 있다는 사실을 일찍부터 체득했다. 그 시작은 19살, 애플 인턴 시절 스티브 잡스를 처음 만났을 때였다. 몇 년 후 세일즈포스를 성장시키는 과정에서 중대한 고민에 직면한 그는 다시 잡스를 찾아갔고, 그 자리에서 "훌륭한 CEO가 되려면 세심하게 관찰하고 미래를 내다보는 전략을 세워야 한다"는 조언을 받았다. 처음에는 막연하게 들렸던 말이었지만, 시간이 흐르며 그는 이 조언의 무게를 실감하게 된다.

잡스의 말은 기업 운영 전략 이상의 의미를 내포한다. 창업가가 갖춰야 할 넓은 시야, 기술과 사람, 사회 변화의 흐름을 읽는 능력, 그리고 그 안에서 기회를 발견하는 통찰을 말한 것이었다. 베니오프는 이 관점을 통해 혁신이란 단순한 아이디어 하나로 이루어지는 게 아니라, 수많은 사람들의 지식과 통찰이 연결되고 교차할 때 비로소 실현된다는 사실을 깨닫게 된다. 그는 실리콘밸리 엔지니어만이 아니라, 세계 각지의 다양한 배경과 경험을 지닌 프로그래머들로부터도 혁신적인 아이디어가 나올 수 있음을 강조했다. 진정한 기술 생태계는 다양한 시각과 배경이 충돌하고 융합될 때 만들어진다는 것을 이해한 그는, 글로벌 협력과 개방형 혁신을 세일즈포스의 핵심 가치로 삼는다.

베니오프의 리더십 아래 세일즈포스는 국경을 넘나드는 개발자들과의 협업을 통해 새로운 가능성을 탐색해 왔다. 그 결과 세일즈포스는 단순한 기술 기업을 넘어, 글로벌 기술 생태계를 주도하며 세상과 연결된 혁신을 만들어 내는 기업으로 자리 잡았다. 이 비전은 오늘날에도 세일즈포스를 지속 가능한 기업으로 만드는 핵심 동력이 되고 있다.

앞으로도 기술 창업가는 고객이 원하는 제품을 통해 시장의 경쟁 구조를 재편할 것이다. 새로운 기술이 산업을 변화시키는 과정에서 스타트업의 역할은 더욱 중요해진다. 혁신은 단순한 유행어가 아니라, 실제 시장을 움직이는 원동력이다.

혁신은 개념에서 출발하지만, 실행을 통해 비로소 가치가 만들어진다. 누구나 획기적인 아이디어를 상상할 수 있다. 하지만 진짜 중요한 건 그것을 실현 가능한 제품과 서비스로 구체화하는 능력이다. 혁신가는 실행을 통해 가치를 만든다. 창업가는 그 가치를 시장에 도입한다.

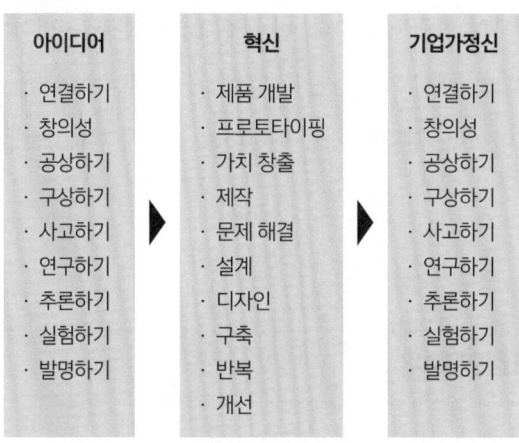

[도표 1.2] 아이디어와 혁신, 그리고 기업가정신의 관계

[도표 1.2]는 아이디어, 혁신, 기업가정신 간의 관계를 보여 준다. 혁신가는 아이디어를 활용해 설계하고 개발하며, 반복과 개선을 통해 실제 시장에서 작동하는 무언가를 만든다. 이들이 창업가의 역할까지 수행할 경우, 조직을 세우고, 비즈니스 모델을 설계하고, 고객을 확보하며, 사업을 성장시켜 나간다.

하지만 모든 혁신가가 창업가는 아니다. 혁신이 부족한 창업가는 고객에게 진짜 가치를 줄 수 없다. 반대로, 기업가정신이 부족한 혁신가는 사업을 현실로 만들기 어렵다. 그래서 두 능력은 함께 작동해야 한다.

이 책을 읽으며 자신을 돌아보자. 나는 아이디어 제안자인가, 혁신가인가, 창업가인가. 모두를 겸비한 사람도 있겠지만, 대부분은 어느 한쪽에 더 강점이 있다. 중요한 건 자신의 위치를 정확히 아는 것이다. 강점에 집중하고, 약점은 보완해 줄 사람을 찾는 것이 전략이다.

혁신은 뛰어나나 사업 운영이 약하다면, 그 아이디어를 시장에 풀어낼 수 있는 창업가와 협력해야 한다. 반대로, 실행력은 있지만 창의적 아이디어가 부족하다면, 핵심 기술을 갖춘 파트너를 확보해야 한다. 창업은 혼자 하는 싸움이 아니다. 다양한 재능이 하나의 목표를 향해 함께 움직이는 팀 스포츠다.

글로벌 기회의 활용

오늘날의 기업가정신은 본질적으로 글로벌 환경을 전제로 한다. 혁신과 경쟁은 전 세계 어디에서나 등장하고, 새로운 파괴적 기술은 국경을 넘어 빠르게 확산된다. 인터넷과 정보기술의 발전은 이런 흐름을 가속시킨다. 전 세계 사람들이 쉽게 연결되고, 지식과 정보가 빠르게 공유되는 시대다. 이 환경에서는 혁신가가 세계 어디에서도 존재하지 않는 무언가를 처음으로 만들어 내는 일이 점점 더 어려워진다.

그만큼 속도가 중요해졌다. 제품과 서비스를 반복적으로 출시하면서 시장을 개척하고, 가능한 한 빠르게 상업화 단계에 도달해야 한다. 혁신이 노출된 이후에는 다른 창업가들이 같은 시장을 노릴 가능성이 높기 때문이다. 고객에게 가장 빠르게, 그리고 가장 높은 가치를 전달하는 기업이 시장을 선점하고, 지속 가능한 경쟁우위를 만들어 낼 수 있다.

우버는 이런 글로벌 환경을 기회로 바꾼 대표적인 사례다. 2009년, 기존 택시 시스템의 비효율성을 해결하겠다는 목표로 시작한 우버는 모바일 기반의 차량 호출 서비스로 빠르게 성장했다. 창업가 트래비스 칼라닉은 기술과 플랫폼 기반 모델을 통해 글로벌 확장을 염두에 둔 전략을 세웠고, 그 전략은 실제로 효과를 발휘했다.

우버는 각국의 문화와 규제에 맞춰 서비스를 조정했다. 인도에서는 가격에 민감한 고객을 위해 요금제를 조정했고, 라이드 서비스뿐 아니라 음식 배달 서비스인 우버 이츠를 통해 영역을 넓혔다. 시장의 요구에 맞춰 유연하게 반응한 것이다.

특히 각국의 규제에 대응하는 방식은 눈에 띈다. 초기에는 많은 나라에서 기존 택시 제도와의 충돌로 어려움을 겪었지만, 고객의 피드백을 반영하고 현지 정부와 협력해 합법적 운영 모델을 구축해 나갔다. 기술적 우위를 확보하는 것도 놓치지 않았다. 인공지능과 데이터 분석으로 운영 효율을 끌어올렸고, 운전자를 위한 지원 정책과 안전 기준을 강화하며 사용자 신뢰를 쌓았다.

이 사례는 스타트업이 어떻게 글로벌 기회를 혁신과 성장의 발판으로 삼을 수 있는지를 보여 준다. 빠른 실행, 고객 중심 사고, 유연한 적응력. 이 세 가지가 글로벌 마켓에서 기회를 현실로 만드는 핵심 역량이다.

글로벌 도전을 성장의 기회로

우버는 글로벌 기회를 발판 삼아 혁신을 확산시키고, 지속 가능한 경쟁우위를 만들어 낸 대표적인 스타트업 사례다. 2009년 설립 이후, 우버는 전통 택시 서비스의 비효율성을 겨냥해 모바일 기반 차량 호출 서비스를 선보이며 시장에 진입했다. 트래비스 칼라닉은 기존 산업의 문제를 정확히 짚고, 기술 중심의 새로운 비즈니스 모델을 통해 전 세계로 빠르게 확장할 수 있는 기반을 마련했다.

우버의 강점은 각 지역의 문화와 규제 환경을 민감하게 반영한 맞춤형 전략에 있다. 인도에서는 가격에 민감한 고객 특성을 고려해 저렴한 요금제를 도입했고, 단순한 라이드 서비스에 머물지 않고 음식 배달 서비스인 우버 이츠(Uber Eats) 등을 추가해 시장을 넓혔다. 이런 방식으로 다양한 지역에서 다양한 고객 니즈를 공략하며 글로벌 입지를 다졌다.

초기에는 각국의 택시 규제와 충돌하며 진통도 겪었지만, 우버는 현지 정부와의 협력에 적극적으로 나서며 합법적 운영 모델을 설계했다. 고객의 요구를 반영해 서비스를 수정하고, 규제를 수용 가능한 방식으로 해석해 나가며 법적 장벽을 하나씩 넘었다.

기술적 경쟁력 확보 역시 핵심 전략이었다. 우버는 인공지능과 데이터 분석을 적극 활용해 운영 효율을 높였고, 이 기술력은 경쟁자들과의 차별화를 가능하게 했다. 운전자 지원 프로그램, 강화된 안전 기준 같은 조치들은 사용자 신뢰를 쌓는 데 중요한 역할을 했다.

우버 사례는 스타트업이 어떻게 글로벌 기회를 활용해 시장을 확장하고, 기술과 규제 사이에서 균형을 맞춰 나가야 하는지를 잘 보여 준다. 빠른 실행력, 고객 중심의 사고, 유연한 적응력. 이 세 가지는 글로벌 마켓에서 새로운 기회를 만들어 내는 스타트업의 핵심 역량이다.

여기서 중요한 또 하나의 고려 사항은 지식재산이다. 지식재산은 기술 창업가와 투자자의 이해관계를 보호하는 핵심 수단이다. 창업가는 투자자에게 받은 자금을 지식재산 보호에 더 쓸지, 아니면 시장 개척에 투입할지를 결정해야 한다. 정답은 없다. 사업의 특성과 목표에 따라 달라진다. 의료기기처럼 시장이 제한적인 분야는 지식재산 확보에 집중하고, 플랫폼 기반 대중 서비스는 시장 장악에 더 무게를 둔다.

기술은 전 세계로 확장될 수 있는 잠재력을 지니고 있지만, 실제 시장은 각 지역의 특성과 요구에 따라 형성된다. 국가마다 고객의 수요가 다르고, 규제 역시 제각각이다. 글로벌 마켓을 목표로 한다 해도, 실제 시장 진입을 위해서는 제품을 수정하거나 기술을 일부 바꿔야 할 수도 있다.

지금처럼 전 세계 고객, 인재, 자원이 실시간으로 연결된 적은 없었다. 인터넷과 정보통신기술 덕분에 창업가는 지리적 한계를 뛰어넘어 인재와 기회를 연결할 수 있는 도구를 갖게 됐다. 문제는 이 기회를 누가 더 빠르게, 그리고 더 정확히 활용하느냐다.

창업가로서 경력 선택

창업가가 된다는 건 단순한 직업 선택이 아니다. 기존의 생활 방식을 내려놓고, 불확실성과 리스크가 가득한 새로운 여정을 시작하는 일이다. 경제적 불안정, 높은 실패 확률, 자금 조달의 어려움, 인플레이션과 고금리 같은 거시환경 변수까지, 창업가는 수많은 제약과 마주하게 된다. 그렇지만 매년 수백만 개의 스타트업이 이런 현실을 뚫고 설립된다.

안정적인 직장을 그만두고, 익숙한 일상을 떠나는 건 결코 쉬운 일이 아니다. 이 선택은 상당한 용기와 에너지, 그리고 결정력이 필요하다. 그래서 많은 창업가는 자신이 이미 전문성을 갖고 있는 분야에서 출발한다. 특히 기술 연구개발과 마케팅은 창업의 기반이 되는 대표적인 영역이다.

연구개발에 있는 사람들은 신제품이나 새로운 프로세스를 개발하는 과정에서 창업 아이디어를 얻는다. 만약 이런 아이디어가 지금 몸담은 조직에서 채택되지 않는다면, 직접 창업을 통해 시장에 내놓겠다는 생각이 동기로 작용한다. 마케팅 분야 역시 마찬가지다. 고객의 충족되지 않은 니즈를 관찰하고, 이를 해결할 제품이나 서비스를 만드는 방식으로 창업에 나서는 경우가 많다.

창업 동기는 반드시 긍정적인 계기에서만 나오는 건 아니다. 해고, 은퇴, 배우자의 이직으로 인한 거주지 이동처럼 예기치 않은 개인적 사건이 창업을 촉진하는 사례도 많다. 고용이 불안정한 시기에 창업 건수가 증가하는 것도 이런 맥락에서 이해할 수 있다.

예를 들어, 학위는 취득했지만 승진 기회를 얻지 못한 사람, 맞벌이 가정에서 한 명이 직장을 옮기며 다른 파트너가 새로운 일을 찾기 어려워진 상황 등, 창업은 때때로 가장 현실적인 선택지가 된다. 기존 일자리 시장에서 기회가 줄어들수록, 창업은 자신을 재정립하는 유력한 방법이 될 수 있다.

창업을 고려하는 사람이라면 자신의 전문성과 시장 기회를 면밀히 분석해야 한다. 변화와 불확실성 속에서도 유연하게 대응할 수 있는 기반을 갖추는 것이 중요하다. 준비된 전환만이 성공 가능성을 높이고, 창업을 생존이 아닌 성장의 기회로 만들 수 있다.

여정의 출발

이 책은 기술 기반 아이디어를 세계 시장에서 상업화하고자 하는 이들을 위한 실용 가이드다. 기술을 기반으로 창업하고, 글로벌 고객에게 가치를 전달하고자 하는 사람이라면, 이 책은 바로 그 여정을 준비하는 데 필요한 현실적 도구가 되어줄 것이다. 하지만, 이 책의 내용을 실제 행동에 옮기려면 그만한 각오와 준비가 필요하다. 기술 창업은 처음 도전하는 이에게 위협적일 수 있으며, 높은 스트레스와 신체적 부담을 동반하기 때문이다. 하지만 동시에 이 여정은 지금까지 경험하지 못한 가장 흥미롭고 도전적인 탐험이 될 수 있다.

이 책은 기술 창업의 첫걸음을 떼려는 분은 물론, 여러 번 창업을 시도한 분에게도 실질적인 인사이트를 제공한다. 독자에게 전하고자 하는 세 가지 핵심 목표는 다음과 같다.

- **규칙과 원칙.** 기술 창업의 성공 가능성을 높이기 위해 반드시 기억해야 할 원칙과 규칙을 제시한다. 사업 아이템은 다르더라도, 모든 창업

에 통하는 기본 원리는 존재한다. 예를 들어 "현금이 왕이다(Cash Is King)"라는 말처럼, 스타트업의 생명선은 현금 흐름이다. 현명한 창업가는 현금의 흐름을 주의 깊게 추적하고, 그 상황에 빠르게 대응할 수 있는 전략을 갖춘다.

- **글로벌 관점.** 유명한 아이스하키 선수인 웨인 그레츠키는 "퍽이 있는 곳이 아니라, 퍽이 갈 곳으로 스케이트를 탄다"고 말했다. 이 말은 빠르게 변화하는 글로벌 경제와 기술 트렌드를 읽는 창업가에게도 그대로 적용된다. 이 책에서는 집필 시점을 기준으로 주요한 기술 트렌드를 다루었지만, 핵심은 그 트렌드의 본질을 이해하고, 그것이 어떻게 기회를 만들어 내는지 통찰하는 것이다. 특정 정보는 시간이 지나 구식이 될 수 있지만, 거기서 얻은 교훈은 여전히 유효하다.

- **이론적 관점.** 많은 창업가는 '이론'이라는 단어에 거리감을 느낀다. 현실은 이론과 다르다고 믿기 때문이다. 하지만 기업가정신은 실제로 다양한 이론을 통해 이해되고 설명될 수 있다. 이론은 머릿속 개념이 아니라, 타인의 행동을 해석하고 시장의 움직임에 전략적으로 대응하는 데 필요한 도구다. 이 책에서는 실무자와 학자들이 제시한 이론 중 실질적 의미를 지닌 핵심 개념만을 선별해 소개했다.

기술 창업의 여정은 마라톤에 가깝다. 그래서 이 첫 번째 파트의 이름을 '스타트라인'이라 붙였다. 출발점은 멀리 있는 이상적인 조건이 아니라, 지금 이 자리다. 모든 준비가 완벽하게 갖춰질 때까지 기다리기보다, 지금 가진 자원을 최대한 활용해 행동하는 것이 훨씬 중요하다. 다음 장에서는 그런 출발 방식에 관해, 인과 논리와 실현 논리의 차이를 중심으로 논의를 이어 간다. 이 책은 실제 기술 창업가들이 시장에 제품을 출시하기까지의 과정과 구조를 따라가며 전개된다.

핵심 정리

기술 창업은 일시적 유행이 아니라 구조적 변화로 자리 잡고 있으며, 이는 기술 발전과 기업가정신의 확산이 맞물린 결과다. 창업을 준비하는 이들은 무엇보다 자신이 가진 자원과 기술을 출발점으로 삼아, 시장의 실질적인 문제를 해결할 수 있는 전략을 설계해야 한다. 아이디어 자체보다 중요한 것은 그것이 고객의 수요와 어떻게 연결되는지, 실행 가능한 비즈니스로 구체화될 수 있는지다. 시장을 먼저 이해하고, 고객의 문제를 명확히 정의하는 일이 창업의 출발점이 되어야 한다.

린 스타트업은 이러한 접근을 체계화한 모델이다. 고객이 원하지 않는 제품을 만드는 낭비를 줄이기 위해, 최소 기능 제품을 만들고, 이를 반복적으로 검증하며 개선하는 방식이 린 사고의 핵심이다. 실험을 통해 학습하고, 시장 반응에 따라 방향을 조정하는 유연한 전략이야말로 스타트업이 불확실성을 돌파하는 현실적 방법이다.

창업가의 사고방식은 일반적인 경영자와 다르다. 목표를 먼저 설정하고 필요한 자원을 역산하는 인과 논리보다, 현재 가진 자원을 기준으로 가능한 결과를 실험하며 방향을 정하는 실현 논리가 더욱 유효하다. 이는 계획보다 실험이, 통제보다 적응이 중요한 환경에서 창업가가 생존하고 성장하는 방식이다.

스타트업의 궁극적인 목표는 새로운 가치를 창출하는 데 있다. 기존 기업과 달리 이익을 내는 것보다 시장 수요를 입증하는 것이 먼저이며, 이를 위해 창업가는 실패를 두려워하지 않고, 피드백을 받아들이며 빠르게 개선하는 자세를 유지해야 한다. 실행을 통해 시장과 연결되는 혁신만이 살아남는다.

기술 산업 전반은 여전히 창업의 기회로 가득 차 있다. 클라우드 컴퓨팅, 사이버 보안, 드론, 인공지능, 대체 에너지, 모빌리티, 사물인터넷 등은 모두 근본적인 산업 전환을 촉진하고 있으며, 이를 바탕으로 다양한 비즈니스 모델이 등장하고 있다. 창업가는 이러한 흐름 속에서 변화의 본질을 읽고, 고객이 체감하는 문제에 주목해야 한다.

혁신은 혼자서 완성되는 것이 아니다. 창업가는 자신의 역할을 인식하고, 부족한 영역은 협력을 통해 보완해야 한다. 아이디어는 있으나 실행력이 부족한 이들은 실행 중심의 파트너를 찾아야 하며, 반대로 실행력은 있으나 기술적 아이디어가 부족한 이들은 창의적인 인재와의 협업이 필요하다. 창업은 다양한 역량이 집합되는 팀의 작업이다.

글로벌 시장에서도 창업가는 빠른 실행, 고객 중심 사고, 유연한 전략을 통해 기회를 포착해야 한다. 기술은 국경을 넘지만, 시장은 지역적이다. 각국의 규제와 문화에 대응하며 현지화 전략을 수립하는 것이 필수적이며, 지식재산과 시장 점유 전략의 균형 또한 사업 성공의 관건이 된다. 결국 중요한 것은 변화의 흐름을 읽고, 자신이 가진 자원을 바탕으로 실현 가능한 비즈니스를 설계하는 능력이다.

창업가의 질문

Q1. 책에서는 기술 창업에서 중요한 건 '내가 가진 자원과 기술로 어떤 시장 문제를 해결할 수 있는지'에 대한 전략적 사고라고 하셨는데요. 저는 현재 보유한 기술이나 자원이 뚜렷하지 않은 상태입니다. 이런 경우에도 창업 가능성을 탐색할 수 있는 출발점이 있을까요? 실현 논리(effectuation)를 어떻게 적용하면 좋을지 궁금합니다.

교수의 답변. 아주 좋은 질문입니다. 많은 창업가들이 '충분히 준비된 후에야 창업할 수 있다'고 생각하지만, 실제로는 그 반대입니다. 실현 논리는 '지금 내가 가진 것'—시간, 경험, 네트워크, 관심사 등—을 출발점으로 삼아 작은 실행을 통해 기회를 탐색하는 사고방식입니다. 예를 들어, 특정 산업에 대한 관찰력이나 일상에서 반복적으로 불편함을 느낀 경험도 중요한 출발점이 될 수 있습니다. 핵심은 거창한 기술이 아니라, 문제 인식의 감도와 그것을 실험적으로 검증하려는 태도입니다. 작은 실험을 통해 시장 반응을 확인하고, 점진적으로 방향을 조정하는 방식이 실현 논리의 본질이며, 이는 초기 자원이 부족한 예비 창업자에게 오히려 유리한 접근법이 될 수 있습니다.

Q2. MVP를 기반으로 시장 검증을 빠르게 반복하라는 조언이 중요하게

느껴졌습니다. 그런데 초기 단계에서는 어떤 요소를 MVP로 삼아야 할지 판단하기 어렵고, '검증'의 기준이 무엇인지도 막막합니다. 액셀러레이터에서 볼 때, 초보 창업자가 MVP를 설계하고 실험하는 가장 현실적인 방식은 무엇인가요?

액셀러레이터의 답변. 실제로 많은 초기 창업자들이 '무엇을 MVP로 만들 것인가'에서 막히곤 합니다. 여기서 중요한 건 완성도보다 '검증하고 싶은 가설'이 무엇인지 먼저 명확히 하는 것입니다. 예를 들어, 고객이 이 기능에 흥미를 느낄까? 이 가격에 지불 의사가 있을까? 같은 질문이죠. 그런 질문에 답할 수 있는 최소 단위의 실험 도구가 바로 MVP입니다. 꼭 제품 형태일 필요는 없습니다. 웹페이지, 영상 시나리오, 인터뷰 가이드, 또는 모형일 수도 있습니다. 액셀러레이터는 이러한 실험을 빠르게 구조화할 수 있도록 도와주는 실전 훈련소입니다. '제품'이 아닌 '학습 목표'를 중심으로 MVP를 설계하는 것이 핵심이며, 저희는 그 과정을 함께 설계하고 조율하는 파트너가 되려고 합니다.

Q3. 글로벌 진출 전략에 대해 이야기해 주신 부분이 흥미로웠습니다. 하지만 초기 스타트업 입장에서는 해외 시장은 규제나 진입 장벽이 너무 높고, 자원도 부족한 상황이 많습니다. 투자자 입장에서, 어떤 조건이나 관점을 갖춘 창업가에게 글로벌 확장 가능성을 높게 평가하시나요?

벤처캐피털리스트의 답변. 좋은 질문입니다. 초기 스타트업이 글로벌을 바로 실행하는 것은 분명 부담스러울 수 있습니다. 하지만 '글로벌 감각'은 실행보다 먼저 전략적 사고에서 출발합니다. 투자자로서 저희가 중요하게 보는 건, 그 창업가가 처음부터 글로벌 문제의 구조를 이해하고 있는지, 그리고 시장마다 다른 수요와 규제, 사용자의 니즈를 관찰할 수 있는 태도를 갖췄는지입니다. 특히 기술 기반 스타트업은 시장보다는 고객 문제를 중심으로 글로벌화가 가능합니다. 작은 국내 실험을 통해 글로벌 고객군의 문제를 간접적으로라도 검증하고, 지식재산 확보나 파트너십을 통해 점진적으로 확장 계획을 세우는 창업가라면, 규모가 작더라도 충분히 성장 가능성 있는 팀으로 평가할 수 있습니다. 중요한 건 의지보다 방향입니다.

Chapter 02

창업가가 되는 길

1장에서 이 책의 목적과 기술 창업가가 직면하는 주요 트렌드, 기회, 그리고 도전 과제를 살펴봤다. 이를 통해 기업가적 여정에 대한 동기와 방향성을 조망했길 바란다. 본격적인 여정을 시작하기에 앞서, 왜 개인의 기업가적 정체성(Entrepreneurial Identification)을 먼저 구축해야 하는지 살펴보자. 정체성은 인간이 생애 전반에 걸쳐 지속적으로 형성해 가는 심리적 과정이다. 이 과정은 단순한 자아 인식을 넘어, 사회적 관계와 문화적 맥락 속에서 스스로를 조율하고 적응해 나가는 과정이다. 정체성 이론은 '나는 누구인가?'라는 질문에서 출발해, 개인의 행동과 선택을 이끄는 자아 개념을 어떻게 구성해 가는지를 설명한다. 기업가적 정체성은 이러한 자기 탐색을 기반으로 형성되며, 다음의 다섯 가지 기업가적 덕목을 통해 구체화된다.

- 타인을 위한 가치를 창출하기
- 시장의 가치평가를 존중하기
- 계약과 약속을 준수하기
- 불확실한 상황에서도 자원을 집약시키기
- 회복력을 키우고 실패를 딛고 일어서기

이 다섯 가지 덕목은 창업가로 사는 삶을 지속 가능하게 만드는 내적 기준이자, 새로운 기회를 포착하고 실행에 옮기는 행동의 기반이다. 사업을 운영 중인지와 관계없이, 성공한 창업가들은 이 덕목들을 일상의 행동 속에서 실천하고 있다.

이 장에서는 먼저 인내(Persistence)의 문제부터 살펴본다. 첫 사업 실패 이후 창업가로서의 길을 포기하는 사람은 많다. 하지만 반복적이고 지속적인 자기 정체성 형성을 통해 이런 위기를 극복할 수 있다. 이어서, 기업가적 정체성이 무엇인지 정의하고, 앞서 언급한 다섯 가지 덕목을 토대로 정체성을 구체화하는 모델을 소개할 것이다. 이 모델은 창업가가 어떤 사람이어야 하는지를 고민하게 만든다. 이 과정은 사업 이전에 '누가 그 일을 할 것인가'에 대한 질문으로 연결된다.

창업가의 인내

기업가정신은 국가와 지역 경제의 성장, 혁신 시스템의 발전, 일자리 창출, 그리고 사회적 진보를 이끄는 핵심 동력으로 자리 잡고 있다. 이 때문에 다양한 경제개발 기관들은 창업생태계를 조성하는 데 공통의 관심을 두고 있고, 기업가정신 교육은 이제 대학은 물론 초·중등 교육으로까지 확산되고 있다. 이 모든 노력은 하나의 전제를 공유한다. 창업에 필요한 도구와 기술을 학습하면 기업가정신을 효과적으로 기를 수 있다는 믿음이다.

하지만 현실은 훨씬 복잡하다. 많은 연구에 따르면 대부분의 신사업은 기대만큼의 성과를 내지 못하고 실패한다. 그리고 이 실패 경험은 많은 이들로 하여금 창업가의 길을 포기하게 만든다. 반면, 같은 실패를 발판으로 삼아 다시 도전하는 연쇄 창업가들은 학습을 통해 성공 확률을 높인다. 중요한 건 실패 자체가 아니라, 실패를 어떻게 해석하고 대처하느냐다. 책임을 외부 요인에 돌리고 스스로 배우지 않는 창업가는 성장 가능성이 낮을 수밖에 없다.

이 과정에서 간과되기 쉬운 지점이 바로 '화이트 스페이스(White Space)'다. 화이트 스페이스는 창업과 창업 사이에 발생하는 공백기로, 외부 성과

보다 내적 성찰과 기업가적 정체성 강화를 위한 시간이 된다. 이 기간에는 사업계획서 작성이나 피칭, 시장분석 같은 기존 창업 도구들이 별다른 도움이 되지 않는다. 창업가는 정체성의 혼란, 방향 상실, 동기 저하 같은 비가시적 위기를 겪게 된다.

이 공백을 극복하려면, 창업 도구가 아니라 인내가 필요하다. 그리고 이 인내는 '기업가적 정체성'이 단단하게 형성되어 있을 때 유지된다. 다시 말해, 창업가로 살아가기로 한 결심이 단순한 선택이 아니라 일종의 삶의 방향이 되어야 한다는 뜻이다.

이때 유용한 개념이 '기업가적 생애 경로(Entrepreneurial Life-path)'다. 이는 한 개인이 창업가로 살기로 결심한 시점부터, 그 길을 포기할 때까지의 과정을 의미한다. 이 생애 경로 안에는 사업을 실행하는 활동뿐 아니라 기업가정신을 다듬고 유지하는 내적 활동들이 함께 포함된다. 창업가는 이 경로를 따라가며 기술적 실행력과 더불어, 자기 정체성과 덕목을 다듬는 훈련을 반복해야 한다. 그것이 진짜 기업가적 인내다.

실패를 반복하는 연쇄 창업가

연쇄 창업가를 자처하며 열 개 넘는 회사를 세웠다고 말하는 이들이 있다. 하지만 이들의 이력을 무조건 긍정적으로 받아들이기엔 조심할 필요가 있다. 반복된 시도에도 불구하고 명확한 성과를 내지 못했다면, 그들의 창업 방식이나 목표 설정 자체에 문제가 있을 가능성이 높다. 어쩌면 이들에게는 '성공하는 창업'이 아니라 '창업하는 것 자체'가 목적이 되어 버린 건 아닐까.

물론 누구나 한두 번의 실패를 겪을 수 있다. 하지만 진짜 연쇄 창업가는 반복 속에서 학습하고, 몇 차례의 시도 안에 의미 있는 성과를 만들어 낸다. 실패를 반복하는 창업가들은 대부분 비슷한 이유로 같은 실수를 되풀이한다.

- 팀의 부적합성. 뛰어난 아이디어도 제대로 된 팀 없이는 실행되지 않는다. 사업은 사람으로 움직이는 조직이다. 방향성과 비전을 공유할 수 있는 팀이 없다면, 초기 아이디어는 시

> 장에서 쉽게 무너진다.
> - 시장 부적합성. 아무리 좋은 제품이라도 고객이 원하지 않으면 살아남을 수 없다. 시장이 존재해야 매출이 발생하고, 매출이 있어야 현금흐름이 만들어진다. 시장 적합성을 무시한 창업은 구조적으로 지속 가능하지 않다.
> - 전문가 조언 무시. 성공적인 창업가는 고립되지 않는다. 실력 있는 전문가들과 협력하고, 조언에 귀 기울이며, 필요하다면 그들의 도움을 받는다. 반면 조언을 무시하고 독단적으로 움직이는 창업가는 실수를 되풀이한다.
>
> 이러한 반복을 막기 위해서는 창업 초기부터 방향을 바로 잡는 것이 중요하다. 빠른 성공이나 수익에만 집착하지 말고, 필요한 절차와 과정을 견고하게 밟아야 한다. 초기의 불확실성과 고통을 회피하기보다, 그것을 감당할 자세를 갖는 것. 그게 진짜 창업가가 되는 첫걸음이다.

여기서 핵심은 사업 개발 활동과 기업가정신 개발 활동이 서로 다른 시간적 배경에서 작동하며, 요구하는 기술과 태도도 다르다는 점이다. 사업 개발 활동은 새로운 스타트업 비즈니스를 구축하는 데 필요한 실행 중심의 도구와 기술에 초점을 맞춘다. 반면 기업가정신 개발 활동은 창업가의 정체성을 다지고, 그것을 유지·강화하는 데 필요한 내적 훈련을 의미한다. 이 활동은 특정 사업의 성공 여부와 관계없이 반복적으로 나타나는 다양한 경험을 포함한다.

성공적인 창업가가 되기 위해서는 사업 개발 기술을 익히는 것만으로는 부족하다. 기업가적 인내를 유지하고 정체성을 확립하기 위한 심리적·정신적 훈련이 병행되어야 한다. 사업 개발 활동이 비교적 짧은 기간 동안 집중적으로 이루어지는 실전이라면, 기업가정신 개발 활동은 그 실전을 반복해도 흔들리지 않게 해 주는 기반이다.

사업 개발은 주로 기회를 포착하고 이를 실행하는 데 집중된다. 빠른 확장 가능성을 염두에 두고, 명확한 시장 목표와 자원 투입 전략을 바탕으로 전개된다. 반면 기업가정신 개발은 더 길고 지속적인 과정을 거친다. 자기 인식, 회복력, 자아 정렬 같은 내면적 요소를 다듬고 강화하는 활동이다. 특히 창업과 창업 사이의 공백기, 즉 화이트 스페이스 동안에는 이 내적 훈련이 무엇보다 중요해진다. 이 시기는 외부 성과가 없고 명확한 목표도 부재하기 때문에, 많은 창업가가 방향을 잃기 쉽다.

화이트 스페이스에서 기업가적 생명력을 유지하기 위한 도구는 사업계획서나 시장 분석이 아니다. 필요한 것은 자기 성찰, 실패에서의 학습, 인내력 회복, 그리고 기업가적 덕목을 반복적으로 연습하는 기술이다. 이 과정은 겉으로는 조용하지만, 창업가의 내면에서는 다음 도약을 위한 에너지가 축적되는 시기다.

사업 개발이 기업가적 생명을 움직이는 '맥박'이라면, 기업가정신의 개발은 그 생명을 이루는 본질이다. 사업의 성공 여부와 관계없이 자신의 기업가적 정체성을 끊임없이 강화한 사람만이, 새로운 기회가 찾아왔을 때 그것을 잡을 준비가 되어 있다.

기업가적 정체성

많은 사람에게 '창업가'라는 직업 범주는 여전히 모호하게 느껴진다. 대부분은 창업가를 스타트업 비즈니스를 창업하고 운영하는 사람으로 생각하지만, 실제로 자신을 창업가라 부르는 사람 중에는 지금 사업을 운영하지 않는 이들도 많다. 누군가는 새로운 사업을 준비 중이고, 누군가는 이전의 창업 경험을 바탕으로 투자나 컨설팅에 집중하고 있다. 또 다른 이들은 창업에 필요한 다양한 서비스를 제공하며 기업가정신을 실천하고 있다.

이처럼 창업가의 모습은 다양하다. 사회적 가치를 중심에 둔 소셜벤처를 운영하는 사회적 창업가(Social Entrepreneur), 대기업 내부에서 새로운 제품과 시장을 개척하는 사내 창업가(Corporate Entrepreneur), 그리고 대학이 보유한 기술을 사업화하는 대학 창업가(University Entrepreneur)까지, 기업가정신의 스펙트럼은 점점 넓어지고 있다. 이런 확장은 긍정적이지만, 동시에 창업가라는 개념을 흐릿하게 만들어 예비 창업가들이 정체성을 명확히 구축하는 데 혼란을 준다.

따라서 창업을 준비하는 사람이라면 기술만 익힐 게 아니라, 스스로 어떤 창업가가 되고 싶은지, 어떤 정체성을 지향하는지도 고민해야 한다. 명확한 기업가적 정체성이 없으면 창업 이후 방향성을 잃기 쉽고, 사업 실패를 경험했을 때도 쉽게 흔들린다. 반대로, 정체성이 단단하게 형성된 창업가는 실패 후에도 재도전할 수 있는 내적 힘을 갖게 된다. 실제로 많은 창업가가 첫 실패 이후 더 안전한 경력으로 전환하는 것은 창업가로서의 자기 정체성이 뿌리내리지 못했기 때문이다.

정체성 이론은 개인이 어떻게 자신의 정체성을 구성하고 유지하며, 변화에 따라 타협하는지를 설명한다. 이 과정은 일회적인 사건이 아니라 평생에 걸쳐 이어지는 과업이다. 정체성은 자신에 대한 성찰과 담론을 통해 만들어지는 자아 개념으로, "나는 누구인가?", "나는 어떻게 행동할 것인가?", "나는 무엇이 되기를 원하는가?"라는 질문에 대한 탐색을 포함한다.

창업가로 성장하고자 한다면, 단순한 창업 기술이 아니라 이런 질문에 대한 자신의 답을 갖추는 것이 먼저다. 일부 학자들은 개인이 특정 사회적 역할에 대해 스스로 동일시하는 과정이 정체성을 강화한다고 본다. 창업가가 되는 건 직업을 택하는 게 아니라, 새로운 정체성을 입는 일이다.

사람은 누구나 여러 정체성을 동시에 갖고 살아간다. 가족 안에서의 역할, 종교적 신념, 조직 내 직책처럼 사회적 범주마다 다른 역할과 정체성이 형성되며, 이들은 고정되지 않고 상황에 따라 우선순위와 영향력이 달라진다. 특히 많은 사람에게 직업은 정체성의 중심을 이룬다. 어떤 일을 하느냐에 따라 사고방식과 태도, 행동양식이 달라지며, 직업 정체성은 조직 내에서의 자기 인식에도 깊은 영향을 미친다.

창업가 정체성에 관한 본격적인 연구는 비교적 최근의 일이지만, 그 중요성은 이미 확고하게 자리 잡았다. 창업가로서의 자기 정체성은 단순한 자아 인식이 아니라, 실제 사업성과와 기업가적 지속 가능성에도 직결된다. 문제는 창업가의 경력 경로가 기존 전문직과 달리 매우 모호하고 실패 가능성이 높다는 데 있다. 회계사, 의사, 공학자처럼 명확한 교육 시스템과 직업 경로가 존재하지 않기 때문에, 창업가 정체성은 더 큰 불확실성과 정체성 충돌을 안고 출발한다.

대부분의 창업가는 창업 활동 자체를 통해 정체성을 형성해 나간다. 하지만 모든 사람이 같은 방식으로 성장하는 것은 아니다. 어떤 사람은 첫 사업 이전부터 창업가로서의 자기 인식을 갖추고 움직인다. 반대로, 사업 경험이 쌓인 뒤에도 여전히 정체성이 불안정한 사람도 있다.

특히 초기 단계의 예비 창업가에게는 기업가적 정체성을 형성하기 위한 도구와 기술이 필요하다. 단순한 사업계획서나 실행 전략이 아니라, 어떤 창업가로 살아가고 싶은지에 대한 방향성과 자기 내면의 정렬이 중요하다. 이때 주목해야 할 개념이 바로 '기업가적 덕목(Entrepreneurial Virtues)'이다.

기업가적 덕목은 창업가가 생애 경로 전반에 걸쳐 지속적으로 실천하는 일관된 행동 특성이다. 이것은 성격이나 개인 특성이 아니라, 창업가로 살 아가기 위한 정체성의 기반이 되는 요소다. 기업가적 정체성은 이 덕목을 반복적으로 실천하는 과정 속에서 형성되고, 유지되며, 진화해 간다.

> **실패에서 배운 기업가적 정체성의 힘**
>
> 기업가적 정체성은 성공 경험을 통해서만 형성되는 것이 아니다. 오히려 실패를 견뎌 내고 거기서 배우는 과정에서 더욱 단단해진다. 제프 베조스는 그 대표적인 사례다. 아마존을 세계 최대의 온라인 플랫폼으로 성장시킨 그는, 초기부터 숱한 실패를 겪으며 창업가로서의 정체성을 형성해 왔다.
>
> 아마존은 인터넷 서점으로 출발했지만, 온라인 쇼핑 시장의 치열한 경쟁 속에서 생존 자체가 불확실했다. 이후에도 아마존의 Fire Phone은 시장에서 기대에 미치지 못했지만, 이 경험은 베조스가 고객 중심 전략을 더욱 강화하는 계기가 되었다. 단기적 손실과 비판은 컸지만, 베조스는 실패를 사업의 종착점이 아닌 학습과 실험의 일부로 받아들였다.
>
> 그의 기업가적 정체성은 수익 추구를 넘어 고객 중심 문제 해결에 방점을 두고 있다. 이 정체성은 아마존의 문화, 전략, 그리고 의사결정 전반에 깊이 녹아 있다. 실패 이후에도 혁신을 멈추지 않았던 이유는, 그가 어떤 창업가가 되고자 하는지에 대한 방향이 명확했기 때문이다. 베조스의 사례는 불확실한 환경 속에서 정체성이 어떻게 재도전의 원동력이 될 수 있는지를 보여 준다. 기술 창업의 길에는 분명 실패가 따른다. 하지만 그 실패는 정체성을 다듬는 연료가 될 수 있다. 예비 창업가라면, 실패를 피할 수 없는 장애물이 아닌 창업가로 성장하기 위한 과정의 일부로 받아들여야 한다.
>
> 기업가적 정체성은 처음부터 완성되는 것이 아니다. 수많은 시행착오와 결정, 그리고 실망 속에서 비로소 다듬어진다. 중요한 것은 실패 이후에도 방향을 잃지 않고, 자신만의 기업가적 신념을 구축해 나가는 과정이다. 그 과정이야말로 진짜 지속 가능한 기업가정신의 기반이다.

기업가적 덕목

기존의 기업가정신 교육과 도구들은 대부분 사업 개발 활동에 초점을 맞춘다. 창업 아이템을 정의하고, 시장을 분석하며, 자금을 유치하는 기술들이다. 하지만 사업 개발 전후에 존재하는 화이트 스페이스, 즉 비사업 활동 기간 동안 창업가로 성장하는 데 필요한 요소들은 충분히 다뤄지지 않는다. 이 시기야말로 기업가적 정체성이 깊이 형성되는 시간임에도 불구하고, 이에 대한 체계적 논의는 부족하다.

기업가적 정체성은 성과 중심의 실무에서만 형성되는 것이 아니다. 창업 활동이 활발할 때는 스타트업 비즈니스의 설계와 구축이라는 목표에 초점이 맞춰지지만, 사업 개발이 일시적으로 중단된 시기에는 훨씬 더 내면적인 과정을 통해 정체성이 형성된다. 사회적 맥락에서 자신의 역할을 재해석하고, 경제적 조건과 문화적 의미를 재정립하면서 창업가로서의 자아를 다듬는 탐색적이고 역동적인 과정이 필요한 것이다.

창업가의 생애 경로 대부분은 사실상 사업 개발 외의 활동으로 구성된다. 이 긴 시간 동안 창업가는 자신을 다시 정의하고, 다음 도전을 준비하며, 정체성을 스스로 유지해야 한다. 이를 위해서는 단순한 기술 습득이 아니라, 일관된 삶의 방식이 필요하다. 그 삶의 방식이 바로 기업가적 덕목이다.

성공적인 창업가들을 분석해 보면, 그들이 공통적으로 실천하는 행동 양식이 있다. 다음 다섯 가지 덕목은 수많은 연속 창업가에게서 관찰된, 성공을 지속시키는 핵심 습관이다. 이는 ① 타인을 위한 가치를 창출하고, ② 시장의 가치평가를 존중하며, ③ 계약과 약속을 준수하고, ④ 불확실한 상황에서도 자원을 집중하며, ⑤ 회복력을 길러 실패를 딛고 일어서는 것이다. 이 다섯 가지는 단순한 도덕적 권고가 아니라, 창업가로서 지속 성장하고 자신을 바로 세우기 위한 실질적 원칙이다. 특히 비사업 활동기에는 이 덕목들이 정체성을 유지하는 핵심 기제가 된다.

하지만 여기서 멈춰서는 안 된다. 진정한 기업가적 정체성은 공통 덕목 위에 개인의 고유한 가치와 특성이 더해져야 완성된다. 창업가는 보편적 원칙을 기반으로, 자신만의 기업가적 덕목 체계를 구축해야 한다. 그것이 자신만의 방식으로 사업을 일구고, 위기를 극복하며, 다음 기회를 만들어 내는 진짜 기반이 된다.

기업가적 덕목은 고정된 공식이 아니다. 그 중요성과 작동 방식은 창업가가 처한 생애 경로의 시점, 환경, 상황에 따라 유동적으로 달라진다. 어떤 때는 회복력이 가장 절실하고, 어떤 순간엔 자원 집약이 핵심 전략이 된다. 이를 구조화하기 위해 제안된 것이 바로 EVIA(Entrepreneurial Value-In-Action) 프레임워크다. 이 프레임워크는 심리학의 VIA(Value-In-Action) 모델을 참고하여, 기업가적 덕목을 실천 가능한 행동 가치로 재정의한 체계다.

- **가치 창출.** 자신의 강점과 재능을 기반으로, 타인과 시장에 새로운 가치를 제공하려는 의지다. 핵심은 자기 한계를 인식하면서도, 약점을 메우기보다 강점을 집중 활용해 성과를 만들어 내는 전략이다. 창업가는 모든 것을 잘할 필요는 없지만, 자신이 잘할 수 있는 것을 중심에 두어야 한다.
- **시장 존중.** 시장의 반응을 무조건적인 평가로 받아들이기보다, 고객의 피드백을 기회로 삼고 제품이나 전략을 수정·개선하려는 태도다. 단기적인 실패나 비판에 흔들리지 않고, 고객의 진짜 니즈에 집중할 수 있는 유연한 시선이 필요하다.
- **계약 준수.** 신뢰는 반복되는 약속 이행에서 만들어진다. 창업가에게 신뢰는 투자자, 고객, 팀원과의 관계를 유지하는 핵심 자산이다. 계약

준수는 법적 의무만이 아니라 장기적 사업 관계를 설계하는 윤리적 기반이다.
- **자원 집약.** 완벽한 조건은 오지 않는다. 현재 보유한 자원으로 가능한 범위 내에서 최적의 실행을 시도하려는 결단력과 집중력이 자원 집약 덕목의 본질이다. 부족한 조건 속에서도 성과를 만들어 내는 창의성과 추진력은 스타트업의 생존을 좌우한다.
- **회복 능력.** 실패를 자아 정체성에 덧씌우지 않고, 새로운 시도로 빠르게 복귀하는 힘이다. 실패는 피할 수 없는 경험이지만, 그것을 어떻게 해석하고 다음 단계로 이어 가느냐에 따라 창업가로서의 지속 가능성이 결정된다.

EVIA 프레임워크는 단순한 체크리스트가 아니다. 이는 창업가가 생애 경로 전반에서 자신의 판단과 행동을 조율하는 실천적 나침반이다. 각 가치가 발현되는 방식은 창업가 개인의 성향과 시점에 따라 달라지지만, 다섯 가지 축은 기업가적 정체성과 행동을 형성하는 공통된 기반으로 작동한다.

고객 가치 창출을 위한 재도전

넷플릭스는 고객 가치 창출, 시장 존중, 계약 준수, 자원 집약, 회복력이라는 다섯 가지 기업가적 덕목을 모두 실천하며 기업가적 정체성을 성공적으로 확립한 사례다. 1997년, 리드 헤이스팅스와 마크 랜돌프는 기존 비디오 대여 방식의 불편함을 해결하고자 넷플릭스를 설립했다. 초기에는 DVD를 우편으로 대여해 주는 방식으로 차별화를 시도했지만, 고객의 행동과 선호를 더 깊이 이해할 필요가 있음을 빠르게 인식했다.

넷플릭스는 시장 변화를 존중하고 고객 피드백을 반영하며, 과감하게 스트리밍 서비스로 전환을 결정했다. 이는 단순한 서비스 변화가 아니라, 콘텐츠 유통 구조 전체를 바꾼 시장 중심적 결정이었다. 이 과정에서 넷플릭스는 라이선스 계약을 체결하며 안정적인 콘텐츠 확보에

> 나섰고, 스트리밍 인프라 확대와 서비스 품질 유지를 위한 자원 집약적 투자를 감행했다.
> 계약 준수 역시 핵심이었다. 콘텐츠 제공자들과의 협약을 성실히 이행하고, 사용자에게 약속한 스트리밍 품질을 유지하며 넷플릭스는 신뢰를 구축해 갔다. 고객이 기대하는 서비스 기준을 꾸준히 충족시키는 것이 곧 시장에서의 경쟁력을 강화하는 길임을 입증했다.
> 하지만 변화는 항상 리스크를 동반한다. 오리지널 콘텐츠 제작과 개인화 추천 시스템 구축 과정에서 넷플릭스는 시행착오를 겪었다. 실패도 있었지만, 이를 빠르게 학습하고 보완해 나가는 회복력을 보여 줬다. 단기적인 손실보다 장기적인 고객 가치를 우선시하며 전략을 지속했고, 그 결과 글로벌 마켓을 선도하는 스트리밍 플랫폼으로 자리매김할 수 있었다.

창업가는 사업 개발의 성공 여부와 관계없이, 자신의 정체성을 형성하고 유지할 기회를 스스로 만들어야 한다. 의지, 결정, 행동, 그리고 자원에 대한 투자는 단순한 수단이 아니라, 기업가적 생애 경로 전반에 걸쳐 정체성을 다지는 실천적 방식이다. 특히 사업 개발 활동 사이의 화이트 스페이스 동안에는 기술 산업의 빠른 변화에 맞춰 자신의 재능을 재정렬하고, 내면화한 기업가적 덕목을 적극적으로 발휘할 수 있는 기회가 된다.

대부분 새로운 사업 개발 기회는 예고 없이 찾아온다. 그래서 정교한 계획이나 MVP 준비 없이도 창업 전환이 이루어지곤 한다. 이런 전환기야말로 기업가적 덕목이 실질적인 나침반이 된다. 창업가는 이 시기 덕목을 중심으로 자신의 판단 기준을 설정하고, 빠르게 변하는 시장 흐름 속에서 방향을 잡아야 한다.

기업가적 정체성이 내면화되면, 기회를 포착하는 능력은 확실히 강화된다. 하지만 동시에 이는 다른 경력 기회를 포기해야 한다는 것을 의미하기도 한다. 이는 단순한 서비스 변화가 아니라, 콘텐츠 유통 구조 전체를 바꾼 시장 중심적 결정이었다. 따라서 창업가는 자신이 설정한 정체성을 기반으로, 변화가 일상화된 환경에서 어떤 기회가 '내가 취할 기회인가'를 판단할 수 있어야 한다.

즉각적인 사업 기회가 없어도, 기업가적 정체성을 유지하기 위해서는 일상에 기업가적 태도로 접근해야 한다. 이를 위해선 내면화한 덕목에 따라 자기 행동을 일정 부분 의도적으로 제약하는 자세가 필요하다. 이 자기 제약은 창의성을 제한하는 것이 아니라, 오히려 진정한 기회를 선별하고 집중할 수 있게 해 주는 행동 기준이 된다.

만약 스스로 기준을 설정하지 않는다면, 외부 환경의 규범과 통념에 따라 행동하게 될 가능성이 높다. 창업가로서의 생애 경로를 선택했다면, 사회적 관습이 아닌 자기 내면의 기준에 따라 판단하고 행동해야 한다. 이 기준은 곧 사업 기회를 실현 가능한 현실로 바꾸는 실천의 출발점이 된다.

기업가정신 개발 초기에는 자신이 기업가적 덕목을 실천하면서 얼마나 편안함을 느끼는지 점검할 필요가 있다. 예를 들어, 시장은 언제나 창업가의 가치 창출을 즉각적으로 받아들이지 않는다. 일부 사람들은 시장의 부정적 반응을 자신의 부족함을 보완할 학습 기회로 받아들이지 못한다. 그러나 창업가라면 가치 창출에 대한 시장의 수용과 거부가 동시에 일어날 수 있음을 인식하고, 이를 평생 학습의 일부로 받아들여야 한다. 이러한 태도는 단순한 사업 실행으로는 얻을 수 없는 장기적인 성장을 가능하게 한다.

예비 창업가는 개인의 과거 경험, 타고난 재능, 성격 등 다양한 요소를 바탕으로 자기 발전을 시작한다. 현재의 자아는 시간이 흐르며 축적된 지식 저장소에서 필요한 정보를 끌어내 의사결정을 내리며, 이 지식은 공공적으로 알려진 정보뿐만 아니라 개인만이 가진 암묵적 정보도 포함한다.

이러한 기반 위에서 예비 창업가는 핵심 기업가적 덕목을 실천하는 체계적인 방식을 개발해야 한다. 덕목을 의도적으로 반복해 실천하면서 점차 능숙함이 축적되고, 이는 궁극적으로 성공 가능성과 성과 창출 역량을 높이는 기초가 된다. 이를 통해 예비 창업가는 자신만의 차별화된 경쟁력을 만들어 내고, 시장에서의 입지를 점점 강화할 수 있다.

창업가가 되기 위해 모든 지식을 완벽히 숙지할 필요는 없다. 실제로 많은 성공적인 창업가는 체계적 교육 없이도 창의성과 실행력으로 성장해 왔다. 기업가정신은 기존 지식의 반복보다는 새로운 발견과 창의적 연결을 통해 더 큰 가치를 만들어 내는 능력을 중시한다. 알려진 지식을 학습하는 것도 중요하지만, 그보다 더 중요한 것은 그것을 토대로 새로운 것을 창조해 내는 역량이다. 이제부터는 창업가가 갖추어야 할 핵심 덕목들을 하나씩 살펴본다.

가치 창출

창업가는 본능적으로 사업의 핵심이 가치 창출에 있다는 점을 이해한다. 어떤 유형의 창업가든, 제품과 서비스는 고객에게 실제로 의미 있는 가치를 제공해야만 한다. 중요한 건, 이 가치 창출의 방식이 하나로 정해져 있지 않다는 점이다. 정답은 없고, 고객에 따라 방식도 달라진다. 그래서 창업가는 독창적인 접근을 시도해야 한다.

비전과 열정만으로는 충분하지 않다. 변화하는 경제, 사회, 기술 트렌드 속에서 고객의 욕구도 끊임없이 바뀌기 때문이다. 이런 흐름을 읽고, 사업을 유연하게 조정할 수 있는 능력이 필요하다. 특히 제품을 설계하거나 개발할 때는 고객이 실제로 원하는 기술적 요소가 무엇인지 관찰하고, 그것을 반영할 줄 알아야 한다.

'고객 가치를 창출하라'는 말은 누구에게나 익숙할 수 있다. 하지만 현실에서는 이 원칙을 제대로 실천하지 못해 실패하는 경우가 훨씬 많다. 많은 창업가가 기술 자체나 제품 완성도에만 집착한 나머지, 정작 고객이 진짜로 원하는 바를 놓치고 만다. 결과는 명확하다. 고객이 구매할 이유를 느끼지 못하면, 제품은 아무리 완성도가 높아도 시장에서 살아남을 수 없다.

가치는 고객이 판단한다. 창업가는 고객이 무엇을 원하는지 전부 알 수는 없지만, 무엇을 원하지 않는지는 반드시 감지할 수 있어야 한다. 고객이 외면하는 지점에서 사업은 멈추고, 고객이 반응하는 지점에서 사업은 확장된다. 사업의 성패는 고객이 쥐고 있다. 그 사실을 잊지 않는 것이 가치 창출의 출발점이다.

시장 존중

창업가가 여러 번의 시행착오를 거쳐 어렵게 터득하는 덕목 중 하나는 바로 시장을 존중하는 태도다. 많은 이들이 '고객은 좋은 제품을 알아보고 구매할 것'이라는 단순한 믿음을 갖고 출발하지만, 실제 시장은 그렇게 호락호락하지 않다. '더 나은 쥐덫을 만들면 세상이 알아서 찾아온다'는 말은 이제 통하지 않는다. 수천 건의 쥐덫 특허가 등록됐지만 대부분은 시장에서 외면당했다. 기술적 완성도만으로는 고객의 선택을 보장할 수 없다는 의미다.

혁신이 아무리 뛰어나도, 고객이 그것을 원하지 않거나 사용할 이유를 느끼지 않는다면 시장에서 살아남을 수 없다. 시장은 논리적으로 움직이지 않는다. 고객은 늘 예측 불가능하며, 그들이 실제로 어떻게 반응할지는 제품 출시 후에야 드러나는 경우가 많다.

이 때문에 경험 많은 창업가는 제품을 만들기 전에 먼저 고객을 만나고,

아이디어를 검증하는 데 시간을 투자한다. 문제는 현장에서 시작돼야 한다. 많은 스타트업 비즈니스가 실패하는 이유는 문제를 충분히 이해하기 전에 성급히 해결책을 제시하기 때문이다. 특히 고객이 누구인지, 어떤 맥락에서 어떤 문제를 겪고 있는지조차 제대로 정의하지 않은 채 솔루션을 만들면 실패 확률은 높아질 수밖에 없다.

시장 존중은 고객의 요구에 귀를 기울이는 수준이 아니다. 이는 고객의 언어로 문제를 재정의하고, 고객의 관점에서 가치를 설계하며, 고객의 반응을 통해 전략을 조정하는 유연성이다. 창업가는 생애 경로 전반에 걸쳐 이 감각을 다듬어야 한다. 고객의 목소리를 경청하고, 시장의 흐름을 읽는 능력은 단기간에 완성되지 않는다. 지속적으로 훈련하고 체화해야 하는, 가장 실천적인 기업가적 덕목이다.

계약 준수

계약 준수는 약속을 지키는 일이다. 창업가는 고객에게 가치를 제공하겠다는 약속을 했으면, 그 약속을 끝까지 지켜야 한다. 이를 한마디로 정리하면 '정직성'이다. 그리고 이 정직성은 고객과의 관계에만 해당하는 것이 아니다. 직원, 투자자, 공급자, 파트너 등 모든 이해관계자와의 관계에서도 똑같이 적용된다.

창업가는 계약 이행 실패가 왜 발생했는지를 명확히 구분할 줄 알아야 한다. 성실한 노력에도 불구하고 불가피하게 약속을 지키지 못한 경우와, 애초에 이행 의지가 없었던 고의적 불이행은 전혀 다른 차원의 문제다. 후자는 실수일 수 있지만, 전자는 신뢰를 깨뜨리는 배신이다.

고의적인 계약 위반은 치명적인 평판 손실로 이어진다. 한 번 무너진 신되는 회복하기 어렵고, 창업가는 더 이상 협업의 대상이 되지 않는다. 반면, 정직하게 상황을 공유하고 최선을 다했음을 입증한 경우라면 이해관계자들도 수용하거나 협력의 여지를 찾을 수 있다. 중요한 건 문제 발생 그 자체가 아니라, 그 상황을 어떻게 책임지고 대응하느냐. 법적 의무를 이행하는 계약 준수는 창업가로서 신뢰를 쌓아가는 일상의 실천이며, 장기적 관계를 설계하는 태도다. 약속을 지키는 사람만이 다음 기회를 부를 수 있다.

자원 집약

신사업 개발은 자원의 집중과 배치를 전제로 한다. 재정, 인력, 기술, 네트워크 같은 유형·무형의 자원을 얼마나 효과적으로 집약하고 운용하느냐에 따라 사업의 성패가 갈린다. 창업가는 생애 경로 전반에서 반복적으로 자원을 모으고, 이를 핵심 기회에 배분하는 훈련을 거쳐야 한다.

스타트업에서 '모든 자원이 준비된 상태'는 거의 존재하지 않는다. 완벽한 출발을 기다리다 보면 기회는 이미 지나가 있다. 중요한 건, 부족한 상태에서도 실행할 수 있는 낙관성과, 미지의 상황에서도 자원을 찾아내고 끌어오는 추진력이다. 자원이 완비되어야 사업을 시작하는 것이 아니라, 시작하고 나서 필요한 자원을 확보해 가는 과정이 스타트업의 본질이다.

창업가는 자원이 불완전한 상태에서도 판단을 내릴 줄 알아야 한다. 지금 가진 자원이 충분한가를 결정하는 능력, 그리고 앞으로 필요한 자원을 차근차근 확보해 나갈 수 있는 전략적 감각이 필수다. 자원 집약은 불확실한 상황에서도 결정을 내리고 사업을 전진시키는 태도다.

회복 능력

창업가의 생애 경로는 장애물과 불확실성, 그리고 실패로 점철되어 있다. 단 한 번의 시도로 성공하는 경우는 드물며, 대부분의 창업가는 반복되는 좌절과 역경 속에서 성장한다. 성공적인 창업가는 이 과정에서 감정에 휘둘리기보다, 실패를 빠르게 흡수하고 회복하는 능력을 갖춘 사람이다.

연쇄 창업가는 그 대표적인 예다. 이들은 사업 개발 경험을 거듭하며 재정적 성과를 이루었음에도 불구하고, 새로운 위험을 기꺼이 감수한다. 실패는 이들에게 피해야 할 위험이 아니라, 반드시 거쳐야 할 학습 단계다. 실수를 인정하고, 같은 실수를 반복하지 않기 위한 개선 노력을 이어 가는 것. 이 과정이 곧 회복력의 핵심이다.

창업가에게 실패는 끝이 아니다. 중요한 건, 실패 이후 어떻게 대응하느냐다. 감정적으로 무너지지 않고, 실패를 냉정히 분석해 다음 기회로 연결하는 힘. 그것이 회복 능력이다.

여러분도 마찬가지다. 예기치 않은 외부 환경 변화나 개인적인 한계로 인해 좌절을 경험하더라도, 그 경험을 감정적으로 받아들이기보다 이성적으로 해석하고 다시 시도할 수 있는 능력을 길러야 한다. 회복력은 창업의 생존 기술이자, 지속 가능성을 결정짓는 핵심 역량이다.

기업가적 자기 평가

창업가로 살아가기로 결심했다면, 가장 먼저 해야 할 일은 자기 자신을 철저히 평가하는 것이다. 자신이 가진 기술, 지식, 성격, 행동 성향까지 포함해 전방위적으로 검토해야 한다. 이는 단순한 자기 성찰 수준을 넘어, 창업가라는 삶이 과연 나에게 맞는 선택인지 확인하기 위한 엄격하고 체계적인 과정이다.

이 과정은 시간을 요구하지만, 그만큼의 가치를 제공한다. 자기 평가를 제대로 마치면, 자신에 대한 이해가 깊어지고, 어떤 방향으로 경력을 설계해야 할지 보다 명확한 그림이 그려진다. 이 결과는 긍정적인 자아상과 자기 효능감을 만드는 기반이 된다.

자기 평가는 자신만의 자서전을 쓰는 것으로 시작할 수 있다. 지금까지 즐거웠던 경험, 보람을 느꼈던 순간, 삶을 바꿔 놓은 사건들을 기록하면서 자신이 어떤 환경에서 동기부여를 느끼고 성과를 내는지를 확인해야 한다. 특히 취미나 과외 활동처럼 겉으로는 사소해 보일 수 있는 경험 속에서도, 기업가적 삶과의 접점을 발견할 수 있다.

그다음에는 자신의 강점과 약점을 정리해야 한다. 근로자의 삶이 더 적합한지, 아니면 스스로 시장을 개척해야 하는 창업가의 삶이 더 어울리는지를 판단하는 데 이 분석은 매우 중요하다. 어떤 환경에서 더 몰입할 수 있는지, 어떤 리스크를 감수할 수 있는지를 점검해 보는 것이다.

마지막으로, 앞으로 이루고 싶은 목표들을 구체적으로 적어 보자. 최근에 만족감을 느꼈던 일들을 돌아보며, 나에게 진짜 중요한 가치가 무엇인지, 무엇에 우선순위를 둘 것인지 스스로 확인하는 작업이다. 이런 자기 평가는 단순한 준비가 아니라, 기업가적 여정을 시작하는 출발점이다. 자신을 제대로 이해하지 못한 채 뛰어드는 창업은 방향을 잃기 쉽다. 자기 평가는 그것을 막는 가장 강력한 방어 수단이다.

자기 평가는 직함이나 역할의 범주가 아니라, 자신이 해결할 수 있는 문제와 그 문제 해결을 위해 요구되는 기술과 책임의 관점에서 접근해야 한다. 이는 단순한 자기 이해를 넘어, 어떤 환경에서 자신의 능력이 가장 잘 발휘되는지를 구체적으로 파악하는 과정이다. 자신의 강점과 약점을 명확히 인식하는 동시에, 창업이라는 경력 경로에 대한 적합성을 판단할 수 있는 자신감을 확보하는 데 도움이 된다.

이 과정을 더 깊이 있게 진행하려면, 다음과 같은 질문들을 통해 자기 성향을 구체적으로 탐색해 보자.

- 지금까지 가장 만족스러웠던 경험과 실망스러웠던 경험은 무엇인가?
- 과거 성취 중 자랑스러웠던 것은 무엇인가?
- 나의 성향은 어떠한가?
- 숫자나 세부 사항을 다루는 것을 즐기는가?
- 대화에서 명확하게 의견을 표현할 수 있는가?
- 다양한 사람들에게 프레젠테이션하는 것을 즐기는가?
- 나에게 동기를 부여하는 것은 무엇인가?
- 나의 능력은 창의적인가, 기계적인가?
- 독립적으로 일하는 것과 협력적으로 일하는 것 중 어느 것을 선호하는가?
- 자신이 보유한 기술과 능력에 얼마나 자신이 있는가?

이 질문들은 단순한 자기 성찰을 넘어, 나에게 맞는 일 방식, 환경, 동기, 업무 형태가 무엇인지 점검할 수 있도록 도와준다. 특히 창업이라는 불확실성과 책임이 높은 경로를 선택할 때, 이런 자기 이해는 단단한 판단 기준이 되어 준다.

자기 평가는 자신을 더 잘 이해하기 위한 도구이면서, 동시에 창업이라는 도전 앞에서 흔들리지 않는 기반이다. 자신에게 맞는 선택을 하기 위해, 자신이 누구인지 명확히 아는 일은 그 자체로 기업가적 행동의 출발점이다.

진정으로 하고 싶은 일을 찾기

무엇을 하고 싶은지, 어떤 삶을 살고 싶은지를 결정하는 일은 기업가적 경로를 설정하는 데 있어 가장 핵심적인 출발점이다. 이 선택은 창업할 것인지 혹은 조직에 고용될 것인지의 문제를 넘어, 자신이 어떤 환경에서 더 잘 성장하고 지속할 수 있는지를 판단하는 문제다. 여기에는 경제적 조건, 정치적 제도, 문화적 트렌드, 그리고 개인적 성향이 복합적으로 작용한다.

경제 상황은 경력 경로에 현실적인 제약과 기회를 동시에 제공한다. 경제가 안정되고 고용 시장이 활발한 시기에는 조직에 소속되어 일할 기회가 풍부해진다. 반대로, 불확실성이 큰 환경에서는 자신이 직접 기회를 만들 수 있는 창업의 매력도가 높아진다. 자금 확보가 쉽거나 특정 산업의 성장 가능성이 보이는 순간, 창업은 리스크를 감수할 가치가 있는 선택이 될 수 있다.

정치적 요인도 무시할 수 없다. 특정 산업을 육성하거나 규제하는 정책, 중장년층의 경력 전환을 장려하는 제도, 연금과 고용 안정성과 관련된 사회적 안전망은 개인의 경력 선택에 큰 영향을 준다. 문화적 변화 역시 영향을 미친다. 예컨대, 맞벌이 가정의 증가나 유연한 근무 문화에 관한 관심은 일과 삶의 균형을 고려한 새로운 비즈니스 기회를 만들어 낸다.

중요한 것은 외부 요인이 아니라, 개인 내부의 동기와 삶의 방식에 대한 기대다. 독립성과 창의성을 중요하게 여긴다면 창업이 더 잘 맞을 수 있다. 반면, 안정된 구조와 예측 가능한 업무 흐름을 선호한다면 조직 고용이 적합할 수 있다. 창업은 자율성과 자유를 주지만, 그만큼 책임과 리스크도 크다. 반대로 조직은 안정성과 예측 가능성을 제공하지만, 개인의 영향력과 선택의 폭은 상대적으로 좁을 수 있다.

이러한 선택을 더 깊이 있게 탐색하기 위해 인터뷰는 강력한 도구가 될 수 있다. 실제로 창업가와 조직 관리자들의 경험을 듣고, 산업 현장의 리얼한 흐름과 경영 방식을 이해하면 자신이 어떤 역할에 더 적합한지 평가할 수 있다. 단, 인터뷰를 진행할 때는 상대방이 평가자가 아니라 정보 제공자라는 점을 명확히 하고, 열린 자세로 대화해야 한다.

멘토 또한 창업가 경로에서 중요한 역할을 한다. 멘토는 단순한 조언자가 아니라, 방향을 잃었을 때 길을 다시 잡을 수 있도록 도와주는 존재다. 산업에 대한 통찰, 전략적 조언, 네트워크 자원 등은 모두 멘토를 통해 접근 가능하다. 그리고 성공 이후에는 자신이 받은 도움을 다시 후배 창업가들에게 돌려주는 것도 기업가적 공동체 정신의 일부다.

이처럼 외부 환경과 내적 동기를 함께 고려하면서, 진정으로 자신이 원하는 일이 무엇인지에 대한 판단을 내릴 수 있다. 창업이든, 조직 고용이든, 그 선택은 자신이 어떤 삶을 살고자 하는지에 대한 분명한 질문과 대답에서 출발해야 한다.

기업가적 유형 파악하기

기술 창업가는 다양한 성향, 배경, 산업 환경에 따라 서로 다른 유형으로 구분되며, 이들은 기술 시장의 혁신을 촉진하고 경제 성장을 이끄는 핵심 동력으로 작용한다. 대표적인 유형으로는 혁신가(Innovator), 모방자

(Imitator), 연구자(Researcher)가 있다.

혁신가는 전혀 새로운 아이디어로 시장을 개척하고, 기존 질서를 바꾸려는 창의적 창업가다. 이들은 독창성을 무기로 시장의 판도를 바꾸고자 하며, 빌 게이츠, 스티브 잡스, 래리 페이지 등이 대표적 사례로 꼽힌다. 혁신가는 차별화된 마케팅 전략을 통해 독보적인 시장 포지션을 추구하지만, 시장 수용까지 많은 자원과 시간이 필요하다는 점에서 높은 리스크를 감수해야 한다.

혁신가 유형의 대표적인 인물은 스티브 잡스다. 그는 아이팟, 아이폰, 아이패드 등 전례 없는 제품을 시장에 선보이며 전 세계 고객들의 일상과 기술의 관계를 완전히 바꾸어 놓았다. 잡스는 기존 기술을 개선하는 데 그치지 않고, 사용자의 경험 전체를 새롭게 설계함으로써 시장을 개척했고, 애플을 세계적인 혁신 기업으로 성장시켰다.

모방자는 기존의 성공 모델을 분석하고, 그 위에 개선된 제품이나 서비스를 추가해 시장에 진입하는 전략을 택한다. 이들은 혁신가에 비해 리스크가 낮고, 이미 검증된 아이디어를 기반으로 해 개발 비용과 실패 가능성을 줄일 수 있다. 하지만 독창성이 부족하다는 한계가 있고, 기존 제품과의 비교에서 우위를 점하려면 명확한 차별화 전략이 필요하다.

모방자 유형으로는 샤오미의 레이쥔을 들 수 있다. 그는 애플의 제품 철학을 벤치마킹하면서도, 가격 경쟁력과 커뮤니티 중심의 마케팅 전략을 결합해 중국과 인도 시장을 빠르게 장악했다. 샤오미는 기존 스마트폰 모델을 개선하면서 합리적인 가격에 제공함으로써, 기술 접근성을 높인 기업으로 평가받는다.

연구자는 데이터와 사실에 기반해 계획적으로 사업을 준비하는 유형이다. 이들은 직관보다는 분석을 선호하며, 사업계획서와 재무 전략을 철저히 수립하고, 실패 가능성에 대비한 시나리오를 미리 준비한다. 실패 확률을 낮출 수 있다는 장점이 있지만, 지나치게 조심스러운 접근은 시장 타이밍을 놓치거나 실행 속도를 늦춰 기회를 잃는 결과로 이어질 수 있다.

연구자 유형의 사례로는 제프 베조스를 들 수 있다. 그는 아마존을 창업할 당시 철저한 시장 조사와 고객 행동 분석을 바탕으로 전자상거래 모델을 설계했다. 초기 단계에서부터 장기적인 사업 계획과 재투자 전략, 물류 시스템 구축 등에 대한 분석적 접근을 바탕으로 실패 가능성을 줄였고, 이를 통해 아마존은 전자상거래뿐 아니라 클라우드 컴퓨팅 시장에서도 선두 자리를 확보하게 되었다.

각 유형은 서로 다른 방식으로 기회를 포착하고 시장에 진입하지만, 모두 자신만의 전략과 실행력을 바탕으로 기술 시장에서 의미 있는 성과를 만들어 냈다. 기술 창업가는 각자의 성향과 전략에 따라 서로 다른 방식으로 시장을 공략한다. 어떤 유형이든 장단점은 분명히 존재하며, 중요한 것은 자신의 강점과 약점, 시장 상황을 고려해 가장 적합한 전략을 선택하는 것이다.

액셀러레이팅을 통한 기업가적 정체성 강화

기업가적 정체성은 단순한 내면의 확신이 아니라, 시장과의 반복적인 상호작용을 통해 구체화된다. 특히 창업 초기에는 아이디어가 전략으로 발전하고 이를 시험할 수 있는 구조적 환경이 필수적이며, 액셀러레이터는 이러한 실행 기반을 제공하는 핵심 장치로 작동한다. 단순한 자금이나 교육의 제공자를 넘어, 액셀러레이터는 문제 정의, 팀 구성, 사업 가설 검증 등 창업가가 자신을 시험할 수 있는 실천의 장을 마련한다.

멘토링, 피칭, 모델 개선 등의 프로그램을 통해 창업가는 자기 인식을 행동으로 전환하고, 피드백을 바탕으로 실행력을 키운다. 이 과정은 정체성을 현실에서 작동 가능한 형태로 구성하는 데 기여하며, 단순한 성찰을 넘어 실제 전략 수립으로 이어진다. 또한 액셀러레이터는 실패와 시행착오를 실험적으로 허용하는 안전지대를 제공함으로써, 회복탄력성을 바탕으로 한 정체성 강화를 가능하게 한다.

액셀러레이터는 창업가가 내면의 목표와 가치를 시장 현실에 맞춰 재정렬하고, 이를 실행 가능한 전략으로 구체화하는 훈련장이다. 이 구조 안에서 창업가는 피드백을 수용하고, 자기 약점을 인식하며, 시장 중심적 관점을 내면화해 간다. 액셀러레이터는 창업가가 '무엇을 하는 사람'인지보다 '어떻게 살아가는 사람'인지에 대한 실천적 정체성을 형성하도록 돕는 현실 기반의 동반자다.

우선, 본 장에서는 스타트업 창업가의 기업가적 정체성 강화를 위한 액셀러레이터의 역할과 기여를 살펴본다. 이어지는 각 장에서는 해당 주제에 대응하는 액셀러레이터의 기능을 소개한다.

창업 여정의 입구

창업가는 여정을 시작하며 가장 먼저 액셀러레이터를 마주한다. 액셀러레이터는 단순한 조력자를 넘어, 창업 활동이 작동 가능한 구조를 갖추도록 만드는 실행의 시작점이자 의 토대를 이룬다. 아이디어가 전략으로 전환되고, 팀이 구성되며, 고객 탐색과 비즈니스 모델 수립, 초기 투자 전략까지 설계되는 대부분의 흐름이 액셀러레이터의 구조 속에서 구체화된다.

액셀러레이터는 자원을 전달하는 역할만이 아니라, 자원이 실제로 작동할 수 있도록 판을 짜는 설계자다. 창업가가 초기의 불확실한 문제를 외부화하고 이를 실행 전략으로 정리할 수 있도록 도우며, 투자자에겐 실행 가능성의 신호를, 정책기관에는 실천적 접점을 제공한다. 이러한 기반이 없다면 창업은 겉보기엔 활발하지만, 실행력 없는 구조적 허상에 그칠 수 있다.

정책기관, 벤처 캐피털, 민간 파트너, 교육기관 등의 다양한 주체들은 액셀러레이터가 만든 기반 위에서 후속 지원을 설계한다. 따라서 액셀러레이터는 창업 이전의 준비 단계를 넘어서, 창업 활동이 시작되고 확장될 수 있는 순환 구조의 핵심으로 작동한다. 특히 시장과 산업 환경이 빠르게 변하는 오늘날, 액셀러레이터는 초기 실행 전략의 정밀도를 통해 창업가의 생존 가능성까지 좌우한다.

이러한 이유로 액셀러레이터는 창업의 문을 여는 존재이며, 창업가가 시장이라는 구조에 진입할 수 있도록 다리를 놓는 역할을 담당한다. 액셀러레이터의 기능이 약화되면 실험은 줄고, 도전은 위축되며, 전략과 자본의 흐름은 방향을 잃는다. 액셀러레이터는 기업가적 정체성과 실행을 동시에 설계할 수 있도록 전략적으로 강화되어야 한다.

기술 창업가에게 액셀러레이터의 중요성은 더욱 크다. 기술은 시장과 자연스럽게 연결되지 않으며, 전략적 배치 없이는 성장으로 이어지지 않는다. 액셀러레이터는 기술을 시장 언어로 해석하고, 실행 전략으로 변환할 수 있도록 돕는 구조적 동반자다. 창업가가 처음으로 문제를 외부화하고, 고객과 만나는 실질적 경험의 장이 바로 액셀러레이터다.

실제로 많은 기술 창업가들은 액셀러레이터를 통해 핵심 문제를 다시 정의하고, 실행력을 점검하며, 외부 파트너와 협업하는 경험을 축적한다. 이러한 경험은 단기 성과를 넘어 장기적 성장 역량과 전략 감각 형성에 기여한다. 따라서 창업가는 액셀러레이터 참여를 단순한 정보 수집이 아니라, 자신의 정체성을 실천 가능한 전략으로 구체화하는 과정으로 인식해야 한다.

액셀러레이터는 그 자체가 기회가 아니라, 기회를 설계하고 실행으로 전환할 수 있는 환경이다. 전략적 관점에서 액셀러레이터를 활용한다면, 그것은 창업 여정에서 가장 실질적이고 의미 있는 첫 번째 파트너가 된다.

기업가적 정체성을 실행으로 이끄는 파트너

기업가적 정체성은 단순한 동기나 태도가 아니라, 실행을 통해 비로소 살아 움직이는 성질을 갖는다. 특히 시장 반응이 불확실하고 제품이나 팀이 완성되지 않은 창업 초기에는, 정체성을 시험할 수 있는 구조적 환경이 필수적이다. 이때 창업가가 처음으로 마주하는 외부 파트너가 액셀러레이터다.

액셀러레이터는 벤처 캐피털과 달리, 아직 구조화되지 않은 아이디어 단계에 개입하여 문제를 정리하고 실행 기반을 함께 설계하는 동반자다. 벤처 캐피털이 성과를 입증한 기업에 투자한다면, 액셀러레이터는 실험을 시작하는 창업가에게 실행 인프라를 제공한다. 피드백, 실험 환경, 초기 투자자 연결, 산업 네트워크는 기업가적 정체성을 시장과 연결하고, 전략적으로 번역할 수 있도록 돕는다.

액셀러레이터는 창업가의 성장을 돕는 것에 그치지 않는다. 시장은 액셀러레이터의 개입을 실행력의 신호로 받아들이며, 어떤 액셀러레이터에서 투자를 받았는지는 이후 투자와 평가에 실질적인 영향을 미친다. 평균 5천만~2억 원 규모의 투자는 단순한 자금 지원이 아니라, 후속 투자를 고려한 실행 설계의 일환이며, Y-콤비네이터의 SAFE(Simple Agreement for Future Equity)와 같은 구조는 장기적 실행 여정을 뒷받침한다.

무엇보다 중요한 것은, 액셀러레이터가 창업가에게 심리적 확신을 제공한다는 점이다. 초기 창업가는 불확실성과 고립 속에서 방향을 잃기 쉬운데, 자기 아이디어가 처음으로 외부로부터 인정받았다는 경험은 지속적인 실행의 정서적 원동력이 된다. 실제로 많은 창업가들은 자금보다 전략을 정리하고 실행의 출발점을 함께 설계한 과정을 더욱 인상 깊게 기억한다.

액셀러레이터는 기업가적 정체성을 현실로 전환하는 실천의 첫 무대이자, 내면의 결심을 구체적인 전략으로 외화하는 설계자다. 창업가가 '어떤 사람이 될 것인가'를 자문하는 순간, 액셀러레이터는 '어떻게 움직일 것인가'를 함께 그리는 실행의 파트너로 작동하며, 정체성을 시장과 호흡하는 '살아 있는 태도'로 진화시킨다.

보육과 설계의 이중 구조

액셀러레이터는 단순한 초기 투자자를 넘어, 창업가가 가진 기업가적 정체성을 실행 가능한 전략으로 구체화하도록 돕는 설계자 역할을 담당한다. 특히 기술 창업가는 실행 이전의 불확실성과 전략 미완성 상태에 머무르기 쉬운데, 액셀러레이터는 이 공백을 메우는 보육 구조로 기능하며 초기 실행력을 끌어올린다.

액셀러레이터의 핵심은 지식을 전달하는 데 있지 않다. 창업가와 함께 문제를 설계하고, 실험하는 구조를 만드는 데 있다. 대부분의 액셀러레이터는 3~6개월의 배치(Batch) 프로그램을 운영하며, 이 안에서 창업가는 팀 구성, 시장 검증, 피칭, 전략 정비 등 일련의 실행 과정을 체험한다. 주간 단위의 전략 진단, 멘토링, 오피스아워 등을 통해 창업가는 시장 피드백과 자신의 전략 가정을 반복적으로 조율하는 실험의 흐름을 경험하게 된다.

그러나 모든 액셀러레이터가 효과적으로 작동하는 것은 아니다. 형식적 커리큘럼, 과도한 문서 요구, 표준화된 피드백은 창업가의 실행력을 높이기보다는 오히려 유연성을 저해할 수 있다. 멘토링 품질 역시 개인 경험과 산업 이해도에 따라 편차가 크며, 고유한 문제를 반영하지 못하는 일률적 접근은 실질적 도움으로 이어지지 않는다. 많은 창업가가 "자료는 잘 만들었지만, 고객 확보는 스스로 해냈다"고 말하는 이유도 여기에 있다.

이처럼 표면적 보육이 반복되면, 액셀러레이터는 실행을 함께 설계하는 전략 파트너가 아닌 행정 지원 기관으로 인식될 수 있다. 따라서 액셀러레이터는 정보 제공 기관이 아니라, 창업가와 전략을 함께 구상하고 실현하는 '전략적 대화의 장'으로 작동해야 한다. 학계 역시 액셀러레이터의 효과는 단순한 교육이 아닌, 반복적 피드백을 통한 실행 전략 공동 설계 과정에 있다고 지적한다.

이러한 실행 기반 설계의 종착점이 바로 데모데이다. 데모데이는 단순한 발표가 아니라 전략 완성도를 검증하고, 외부 투자자와 첫 접점을 만드는 구조다. 이 시점에서 액셀러레이터는 내부 보육자를 넘어 시장과 연결되는 외부 확장 구조로 전환된다.

창업가의 성장은 자금이나 제품이 아니라, 정체성 기반 전략을 외부 환경에 배치하고 시장과 상호작용하며 학습하는 과정에서 이뤄진다. 액셀러레이터는 이 과정을 설계하고 실행을 유도하는 필수적인 실천 설계자다. 정체성의 외연을 확장하고 실행을 구조화하는 전략적 기반으로서, 액셀러레이터는 투자 이상의 가치를 지닌다.

플랫폼 생태계 구축

액셀러레이터는 이제 단순한 창업 보육 기관의 범주를 넘어선다. 현대의 액셀러레이터는 개별 창업가를 지원하는 수준을 넘어, 지역·산업·정책·시장 등 다양한 요소를 유기적으로 연결하는 플랫폼이자 창업생태계 설계자로 진화하고 있다. 이는 창업가의 실행력을 높이는 것을 넘어, 기업가적 정체성이 작동할 수 있는 외부 환경 자체를 구조화한다는 점에서 의미가 크다.

기술 창업가에게 이 플랫폼 개념은 다소 추상적으로 느껴질 수 있으나, 액셀러레이터의 실제 운영 방식은 매우 구체적이다. 예컨대 지역의 액셀러레이터가 대학, 연구기관, 지자체, 대기업의 오픈이노베이션 부서 등과 연계되어 실증 테스트의 기회를 마련하고, 이를 공공 R&D나 민간 투자로 연결하는 구조를 떠올려보면 이해가 쉽다. 이는 단순한 교육이 아니라, 기술이 제도와 시장으로 전이될 수 있도록 돕는 메커니즘이다. 액셀러레이터는 개별 스타트업 육성을 넘어, 기술·자본·제도·인력의 흐름을 설계하는 허브로 작동한다.

일부 글로벌 액셀러레이터는 이러한 플랫폼 기능을 모듈화된 커리큘럼, 지역 맞춤형 운영 시스템, 통합적 설계 방식 등을 통해 더욱 구조화된 형태로 보여 준다. 단순한 교육을 넘어서 공동 설계, 파트너 매칭, 후속 투자 연계까지 통합하여 실행함으로써 액셀러레이터는 '사업을 가르치는 곳'이 아니라 창업 환경을 직접 설계하는 조직으로 자리 잡고 있다.

중요한 변화는 액셀러레이터의 고객이 더 이상 창업가에 한정되지 않는다는 점이다. 정부는 액셀러레이터를 정책 실행 파트너로, 대학은 기술사업화의 실천 접점으로, 대기업은 오픈이노베이션의 외부 채널로 활용한다. 이처럼 액셀러레이터는 다중 이해관계자의 요구를 조율하는 생태계 메타 플랫폼으로 진화하고 있으며, 이는 스타트업 성장 지원을 넘어 창업이 가능한 환경 자체를 설계하는 주체로의 전환을 의미한다.

이러한 관점에서 액셀러레이터는 실행력 강화의 조력자를 넘어서, 기업가적 정체성이 작동할 수 있는 생태계를 기획하고 설계하는 인프라 설계자다. 창업가는 액셀러레이터를 통해 내부 결심을 외부 시스템과 연결하고, 정체성을 사회적 실천으로 전환하는 과정을 경험한다.

액셀러레이터는 정체성 형성, 실행 촉진, 생태계 설계를 통합하는 존재로, 창업가의 성장뿐 아니라 창업 환경 전반의 질적 발전을 조직하는 전략적 주체로 작동한다. 이것이 오늘날 액셀러레이터가 창업가에게 필요한 이유다.

핵심 정리

기술 창업의 여정은 실행 전략이나 시장 분석 이전에, 창업가로서 자신이 누구인지에 대한 정체성을 형성하는 것에서 시작된다. 기업가적 정체성은 단순한 직업 선택이 아니라 삶의 방향이자 태도이며, 이를 구성하는 핵심은 가치 창출, 시장 존중, 계약 준수, 자원 집약, 회복력의 다섯 가지 덕목이다. 이 덕목들은 창업가가 실패를 딛고 재도전할 수 있는 기반이 되며, 사업의 성공 여부와 관계없이 지속 가능한 기업가정신을 가능하게 한다.

창업의 과정은 외부 성과만으로 정의되지 않는다. 특히 사업 사이의 공백기, 즉 '화이트 스페이스' 기간에는 성과가 가시화되지 않지만, 창업가 내부에서는 자기 정체성을 강화하고 다음 기회를 준비하는 심리적·정신적 훈련이 이루어진다. 이 시기에 필요한 것은 기술이나 도구가 아니라, 정체성에 대한 자기 성찰과 덕목의 반복 실천이다. 정체성을 기반으로 한 기업가정신은 예측 불가능한 환경에서도 중심을 잃지 않는 힘을 제공한다.

기업가정신은 실패 경험을 통해 더욱 단단해진다. 창업가는 실패를 피해야 할 위험이 아닌, 반드시 거쳐야 할 성장 과정으로 받아들여야 하며, 이를 통해 회복력을 기르고 실행 감각을 다듬는다. 진정한 창업가는 반복 속에서 학습하고 개선하며, 성찰을 통해 실행력을 높여간다. 특히 연쇄 창업가의 사례는 사업을 넘어 정체성의 지속성과 기업가로서의 자기 효능감을 보여 준다.

창업 준비는 자기 인식에서 출발한다. 자신이 어떤 환경에서 동기를 느끼고, 어떤 방식으로 일할 때 성과를 내는지를 점검해야 하며, 이를 위해 자기 평가와 진로 탐색은 필수적인 과정이다. 창업은 단지 사업의 실행이 아니라, 자신의 가치와 행동 방식을 시장과 연결하는 실천 행위이므로, 자기 자신을 명확히 이해하는 것이 출발점이 된다.

기술 창업가의 유형 또한 정형화되어 있지 않다. 창의적으로 시장을 개척하는 혁신가, 검증된 모델을 개선해 진입하는 모방자, 분석과 데이터 기반으로 움직이는 연구자 등 각자의 방식과 전략이 다르며, 중요한 것은 자신의 성향에 적합한 전략을 수립하는 일이다.

이러한 정체성의 실천을 현실에서 가능하게 하는 구조로 '액셀러레이터'가 존재한다. 액셀러레이터는 단순한 보육기관이 아니라, 창업가의 실행 기반을 설계하고, 전략 수립과 시장 진입을 돕는 동반자다. 특히 기술 창업의 경우, 액셀러레이터는 기술을 시장 언어로 해석하고 실행 가능한 전략으로 변환하는 중요한 역할을 한다. 또한 액셀러레이터는 멘토링, 피칭, 전략 점검을 통해 창업가가 내면의 결심을 실천 전략으로 구체화할 수 있도록 지원한다.

　액셀러레이터는 개별 창업가를 넘어서, 지역과 산업, 정책과 시장을 유기적으로 연결하는 생태계 설계자다. 이는 단순한 교육이나 자금 지원을 넘어, 기업가적 정체성이 작동할 수 있는 외부 환경 자체를 구조화한다는 점에서 전략적 인프라로 기능한다. 창업가는 액셀러레이터를 단순한 지원기관이 아닌, 자신의 정체성과 실행 전략을 연결해 주는 실천적 파트너로 인식해야 한다.

　기업가적 정체성은 자기 인식과 덕목 실천을 토대로 형성되며, 액셀러레이터와 같은 구조를 통해 시장과 연결될 때 실질적인 실행으로 전환된다. 이 장은 창업이 무엇을 하는가보다, 창업가가 어떤 사람이 되어야 하는지를 되묻는 서사로 구성되어 있다. 정체성과 실행이 맞물릴 때, 기술창업은 비로소 시장에서 살아남는 힘을 갖는다.

창업가의 질문

Q1. 창업가에게 '정체성'이 중요하다는 이야기가 인상 깊었습니다. 그런데 저는 아직 구체적인 사업 아이디어도 없고, 창업 경험도 없습니다. 이런 상태에서 제가 기업가적 정체성을 어떻게 형성할 수 있을까요? 지금 당장 사업을 하지 않더라도 정체성을 키우는 실질적인 방법이 있을지 궁금합니다.

교수의 답변. 좋은 질문입니다. 기업가적 정체성은 사업 아이템의 유무나 실행 여부와 상관없이 형성될 수 있습니다. 이는 결국 '나는 어떤 사람으로 살아가고 싶은가', '무엇에 가치를 두는가'에 대한 자문과 실천에서 비롯됩니다. 본 장에서는 가치 창출, 시장 존중, 계약 준수, 자원 집약, 회복력의 다섯 가지 기업가적 덕목을 제시했는데, 이 중 한 가지라도 일상에서 꾸준히 연습해 보는 것만으로도 정체성이 형성되기 시작합니다. 예를 들어, 작은 프로젝트에서 고객의 니즈를 관찰하고 반영하는 연습, 약속을 지키기 위한 자기 관리, 실패를 성찰로 전환하는 태도 등은 모두 기업가적 정체성의 실천입니다. 즉, 정체성은 특정 '직무'의 결과가 아니라, 삶의 방식으로서 길러집니다. 지금 할 수 있는 작은 실천부터 시작해 보세요.

Q2. 사업 경험이 없고 자원도 많지 않은 상태에서, 제게 액셀러레이터

참여가 실제로 도움이 될지 고민됩니다. 액셀러레이터가 제공하는 프로그램이 저처럼 초기 단계 창업가에게 정말 의미 있는 실행력을 만들어 줄 수 있을까요? 그리고 어떤 태도로 참여해야 더 큰 효과를 얻을 수 있을까요?

액셀러레이터의 답변. 고민이 현실적입니다. 많은 초기 창업가들이 비슷한 질문을 갖습니다. 결론부터 말씀드리면, 예비 창업자에게 액셀러레이터는 단순한 지원 기관이 아니라 '실천의 무대'이자 '전략적 거울'입니다. 아이디어가 완전하지 않아도 괜찮습니다. 액셀러레이터는 그 아이디어를 구체화하고 전략으로 번역할 수 있도록 도와주는 구조를 제공합니다. 멘토링, 피드백, 피칭 훈련 등을 통해 본인의 생각을 외부 시선에서 점검하게 되고, 이를 통해 실행 가능성이 빠르게 강화됩니다. 다만 중요한 것은 참여자의 태도입니다. 수동적으로 프로그램을 '소비'하기보다, 자신의 문제를 능동적으로 정의하고 필요한 도움을 구체적으로 요청할 수 있어야 합니다. 그런 자세가 프로그램 효과를 극대화합니다. 액셀러레이터는 단순한 교육이 아니라, 당신의 기업가적 정체성이 현실과 만나는 첫 무대라는 점을 기억해 주세요.

Q3. 실패 경험을 기업가적 정체성의 일부로 삼는 것이 중요하다는 내용을 읽고 인상 깊었습니다. 그런데 투자자 입장에서는 실패 이력이 많은 창업가를 어떻게 바라보시나요? 실패 경험을 어떤 방식으로 보여 주고 해석해야, 오히려 강점으로 평가받을 수 있을까요?

벤처캐피털리스트의 답변. 훌륭한 질문입니다. 실제로 저희는 실패 그 자체를 부정적으로 보지 않습니다. 중요한 건 그 실패를 통해 무엇을 배웠고, 다음에는 어떻게 다르게 접근했는지입니다. 반복적인 실패가 단순한 시행착오가 아닌 '학습 없는 실수의 반복'으로 보이면 경계하지만, 명확한 성찰과 개선 전략이 담긴 실패라면 그 자체가 훌륭한 투자 판단 지표가 되기도 합니다. 예를 들어, 시장 부적합을 경험한 후 고객 인터뷰와 프로토타이핑을 통해 개선한 경험, 팀 구성의 문제를 인식하고 구조를 바꾼 사례 등은 신뢰를 주는 신호입니다. 실패 경험은 감추는 것이 아니라, 어떻게 소화했는지를 보여 줘야 합니다. 그것이 오히려 실행 감각과 회복력을 입증하는 중요한 자산이 됩니다.

Chapter 03

비즈니스 모델 설계

예비 창업가라면 누구나 '어떤 사업을 시작해야 할까'라는 질문 앞에 서게 된다. 이 질문에 자신만의 논리와 기준으로 명확히 답할 수 있어야 한다. 머릿속에 새로운 제품이나 서비스 아이디어가 떠오르긴 하지만, 이를 어떻게 구체화할지 혼란스러운 경우가 많다. 주변의 조언을 참고하는 것도 한 방법이지만, 그저 듣기 좋은 말만 해 주는 경우가 많기에 날카로운 피드백을 기대하긴 어렵다.

그래서 중요한 건, 자신이 어떤 형태의 사업을 선호하는지 먼저 파악하는 일이다. 사업의 형태는 상상력만큼이나 다양하다. 민간 우주 산업처럼 상상조차 어려운 영역도 사업의 대상이 될 수 있다. 대부분의 아이디어는 세 가지 큰 틀 안에서 분류할 수 있다. 이 장에서는 그 구조를 바탕으로 사업 아이디어를 구체화하는 방법을 설명한다.

사업은 제품이나 서비스에 대한 창업가의 비전에서 출발한다. 그 비전을 구체화하는 건 결코 쉬운 일이 아니다. 이 장에서는 아이디어를 만들고 다듬는 네 단계를 제시한다. 목표 시장을 정의하고, 그에 맞는 제품이나 서비스를 구상하고, 비즈니스 모델을 실험하고, 고객을 탐색하는 방식이다.

앞서 살펴봤듯이, 경험 있는 창업가일수록 아이디어가 처음부터 완성된 형태로 시작되지 않는다는 사실을 잘 안다. 시장의 변화, 고객의 반응, 실행 과정에서 피드백을 통해 아이디어는 계속해서 조정되고 발전한다. 중요한 건 고집이 아니라 유연함이다. 애초의 생각을 고수하는 것보다, 고객의 필요에 맞는 대안을 제시하고 진짜로 가치 있는 방향을 찾아가는 것이 훨씬 낫다.

이처럼 아이디어 개발은 반복의 과정이다. 그래서 예비 창업가에게 '기회 개념서'를 쓰는 걸 권한다. 이는 아이디어의 흐름을 기록하고 관리하는 도구이자, 창업가가 만들어 가는 지적 자산 흐름을 추적하는 수단이다. 이 장에서는 기회 개념서를 어떻게 작성하고, 그것을 통해 어떻게 아이디어를 다듬어 갈 수 있는지를 설명한다.

마지막으로, 아이디어가 쉽게 떠오르지 않는 사람들을 위해 창의적 자극의 원천도 소개한다. 자신의 경험, 기술, 관심사 속에서 통찰을 끌어낼 수 있는 구체적인 방법들이다. 좋은 아이디어는 멀리 있지 않다. 그걸 발견할 시선이 필요할 뿐이다.

사업 유형

창업가는 세상에서 가장 창의적인 직업 중 하나다. 지난 10년간 일상에서 사용하게 된 수많은 제품과 서비스가 바로 이들의 아이디어에서 출발했고, 지금의 삶과 경제에 큰 변화를 만들어 냈다. 이들이 어떤 방식으로 수익을 창출하는지는 사업의 주요 고객이 누구냐에 따라 나뉜다. 개인 고객을 상대하면 B2C(Business-to-Consumer), 기업이면 B2B(Business-to-Business), 정부 기관을 대상으로 하면 B2G(Business-to-Government)다.

이런 분류는 비즈니스 아이디어를 구상할 때 유용한 기준이 된다. 하지만 현실은 그렇게 단순하지 않다. 실제로 많은 기업이 개인과 기업, 정부 등 여러 고객군을 동시에 상대한다. 예를 들어, 서버를 제조·판매하는 기업은 하드웨어만 파는 게 아니라, 설치·유지보수·고객지원 같은 서비스도 함께 제공하며, 이에 대해 별도 요금을 받는다. B2B와 B2C를 동시에 겨냥한 스타트업도 많다. 이 경우 고객마다 요구사항이 다르기에, 운영 체계도 각각 따로 설계해야 한다. 주문량, 단가, 지원 수준, 마케팅 방식 등 모든 게 달라진다.

그래서 예비 창업가라면 처음에는 가급적 하나의 고객 유형에만 집중하는 게 좋다. 리소스는 한정돼 있고, 단일 고객 세그먼트에 제대로 된 가치를 전달하는 것만으로도 충분히 어렵기 때문이다. B2B와 B2C처럼 성격이 전혀 다른 고객을 동시에 만족시키는 건, 초기에 감당하기엔 너무 큰 부담이다. 먼저 한 시장에서 입지를 다진 뒤, 확보한 자원과 역량을 기반으로 다른 시장으로 확장하는 편이 훨씬 현실적이다.

이제 각 사업 유형이 어떤 특성을 갖는지 좀 더 구체적으로 살펴보자.

B2B 사업

B2B는 기업을 대상으로 하는 사업 모델이다. 개인 고객보다 자본 여력이 큰 기업 고객을 상대하기 때문에, 특정 조건만 충족된다면 고가의 제품이나 서비스를 판매할 수 있고, 수익 구조도 더 안정적인 편이다. 예를 들어, 많은 기업이 자체 서버를 구축하는 대신 AWS(Amazon Web Service) 같은 외부 클라우드 서비스를 이용한다. AWS는 아마존과 경쟁하는 기업에도 서비스를 제공하면서 막대한 매출을 올리고 있다. 이처럼 B2B는 잘 설계하면 확실한 수익원이 될 수 있다.

B2B 사업의 핵심은 간단하다. 고객 기업에 명확한 가치를 제공하는 것이다. 이 가치는 제품이 될 수도 있고, 서비스가 될 수도 있다. 중요한 건, 고객의 수익을 늘리거나 비용을 줄이거나 위험을 줄이는 데 직접 기여해야 한다는 점이다. 구체적으로는 다음 세 가지 방식이 있다.

- **고객의 수익 창출을 돕는 방식.** 제품이나 서비스가 새로운 시장을

열어주거나, 고객의 제품이 더 많은 고객에게 도달할 수 있도록 만든다면, 고객 기업의 매출 증대에 기여하는 셈이다. 그만큼 비즈니스 가치는 올라간다.

- **고객의 비용 절감을 돕는 방식.** 기업은 언제나 효율을 원한다. 운영 효율을 높이거나, 유지보수 비용을 줄이거나, 자원 낭비를 줄여 주는 솔루션은 언제나 환영받는다. 이런 제품이나 서비스는 비용 부담을 줄이고, 수익성을 높이는 데 직접적인 도움이 된다.

- **고객의 규제 대응을 돕는 방식.** 산업에 따라 규제는 피할 수 없는 요소다. 제품이나 서비스가 규제 준수 과정을 자동화하거나, 필요한 문서와 보고를 쉽게 만들어 주는 기능을 제공한다면 고객 기업의 리스크를 줄여 주는 중요한 도구가 된다.

B2B 사업은 '고객 기업이 실제로 필요로 하는 것을 얼마나 잘 해결해 줄 수 있느냐'에 달려 있다. 유행이나 감성보다는 실익이 중요하다. 고객 기업의 성장과 안정에 기여하는 솔루션을 제안할 수 있어야, 이 시장에서 살아남을 수 있다.

B2B 시장에서 특히 수요가 높은 영역은 고객 기업의 매출을 직접적으로 끌어올리는 제품과 서비스다. 생산 자동화, 영업 관리, CRM(고객 관계 관리) 솔루션 같은 분야는 생산성과 직결되기 때문에 경쟁도 치열하다. 대기업부터 스타트업까지 수많은 기업이 뛰어들고 있고, 이미 시장은 포화 상태에 가깝다. 그렇지만, 기존 솔루션에 새로운 관점을 더하면 여전히 기회는 존재한다.

이때 반드시 고려해야 할 요소가 바로 '전환 비용(switching cost)'이다. 기업은 한 번 구축한 시스템을 쉽게 바꾸지 않는다. 새 시스템을 도입하면 교육, 운영 마비, 데이터 이전 등 눈에 보이지 않는 비용이 많이 들기 때문이다. 새 솔루션이 이 전환 비용보다 더 큰 가치를 제공해야만 시장에 진입할 수 있다.

만약 고객 기업의 수익 구조를 바꾸는 수준의 가치를 제안할 수 있다면, 그건 강력한 경쟁력이 된다. 예를 들어, 기존 이메일 중심의 무미건조한 커뮤니케이션을 대신해 맞춤형 비디오 메시지를 도입한 스타트업이 있다. 이 솔루션은 고객과의 감정적 연결을 강화해 결과적으로 매출 증가에 기여한다. 디지털 환경 속에서도 '감성적 소통'이 여전히 중요한 요소라는 점을 공략한 사례다.

비용 절감 역시 기업 고객의 지속적인 관심사다. 특히 린 프로세스(Lean Process)나 식스 시그마(Six Sigma)처럼 운영 효율을 개선하려는 접근 방식은 여전히 널리 활용된다. 린 방식은 불필요한 낭비를 줄이고 과정을 간소화해 품질과 생산성을 동시에 높이는 데 집중한다. 식스 시그마는 품질 편차를 줄이고 오류율을 낮춰 일관된 성과를 만드는 데 초점을 맞춘다. 이 둘은 단순한 비용 절감을 넘어서, 기업의 지속 가능성과 경쟁력을 높이는 전략적 도구로 자리 잡았다.

여기서 창업가가 고려할 수 있는 혁신적 비용 절감 전략은 다음과 같다.

- **자동화·디지털화.** 반복 업무를 자동화하면 인건비를 줄이고 실수를 줄일 수 있다. 특히 대량 데이터 처리나 반복적 작업에 적합하다.
- **클라우드 기반 솔루션.** IT 인프라를 클라우드로 이전하면 초기 투자와 유지 비용이 줄고, 필요에 따라 유연하게 자원을 조절할 수 있다.
- **지속 가능한 에너지 활용.** 에너지 효율이 높은 기술과 재생 가능 에너지를 도입하면 장기적인 비용 절감은 물론 ESG 측면에서도 긍정적

인 효과가 있다.
- **공급망 최적화.** 수요를 정확히 예측하고 재고를 줄이며 물류 효율을 높이면, 전체 운영비를 크게 절감할 수 있다.
- **근로자 교육 및 개발.** 직원 역량에 투자하면 생산성과 업무 정확도가 향상된다. 이는 장기적으로 조직의 경쟁력을 강화하는 효과로 이어진다.

이처럼 비용 절감 전략은 단순한 지출 축소가 아니라, 조직 전체의 효율성과 성장 가능성을 끌어올리는 투자에 가깝다. B2B 솔루션이 이 방향에 기여할 수 있다면, 시장에서 충분한 차별성과 지속 가능성을 확보할 수 있다.

BPO(Business Process Outsourcing)는 핵심 업무가 아닌 부분을 외부에 맡겨 운영 효율과 비용 절감을 동시에 노리는 전략이다. 이미 수많은 글로벌 기업이 이 방식을 활용하고 있으며, 전문 아웃소싱 업체들은 폭넓은 서비스와 경쟁력 있는 가격으로 다양한 비즈니스 프로세스를 지원한다.

BPO의 가장 큰 장점은 비용 절감이다. 인건비, 인프라, 기술 투자에 들어가는 부담을 줄일 수 있고, 특히 인건비가 낮은 국가를 활용하면 절감 효과는 훨씬 커진다. 여기에 더해, 아웃소싱 업체는 해당 업무에 특화되어 있기 때문에 작업 속도와 품질 면에서도 이점을 제공한다. 결과적으로 기업은 핵심 역량에 자원을 집중할 수 있고, 조직 운영의 전략적 유연성이 커진다.

아웃소싱은 비용을 줄이는 데 그치지 않는다. 비핵심 업무에 대한 관리 부담을 줄이고, 시장 변화에 따라 빠르게 인력을 조정할 수 있는 유연성을 제공한다. 수요가 줄면 계약을 축소하고, 필요한 시점에 다시 확대할 수 있다. 게다가 외부 파트너가 해당 분야의 리스크를 더 잘 감당할 수 있기 때문에 운영 리스크 분산 효과도 크다.

최근에는 B2B 시장에서 새로운 수요가 떠오르고 있다. 바로 규제 준수와 사회적 책임을 지원하는 솔루션이다. 이 영역은 매출 증가나 비용 절감보다는 '문제를 예방하는 데' 초점이 맞춰져 있다. 기업들은 ESG나 지속 가능성 이슈에 대응하기 위해, 긍정적 이미지를 강화하고 리스크를 줄이는 데 자원을 투자하고 있다.

이 흐름에 맞춰 새로운 스타트업도 등장하고 있다. 예컨대, 한 스타트업은 기업 제품과 서비스의 생애주기를 분석해 관리할 수 있는 솔루션을 개발했다. 처음엔 단순한 분석 도구로 시작했지만, 이후 사회적 책임과 환경적 책임까지 포괄하는 통합 솔루션으로 확장했다. 이런 접근은 단기적 수익보다 장기적 지속 가능성과 사회적 신뢰 확보를 중시하는 기업들에 특히 매력적이다.

BPO를 통한 효율성 극대화

조호(ZOHO)는 클라우드 기반 소프트웨어를 개발하는 인도 기업이다. 이 회사는 BPO(Business Process Outsourcing)를 적극 활용해 비핵심 업무를 외부에 맡기고, 핵심 역량에 집중하는 전략으로 주목받았다. 제품 개발과 고객 지원뿐 아니라, 재무, 인사, 마케팅 같은 영역까지 전문 아웃소싱 업체에 위탁함으로써 운영 효율성과 비용 절감을 동시에 달성했다.

조호의 BPO 전략이 가진 가장 큰 강점은 비용 구조의 최적화다. 인도 현지의 인건비가 낮은 파트너들과 협력해 인프라와 기술 투자 비용을 크게 줄였고, 이렇게 절감한 자원은 제품 개발과 마케팅에 재투자했다. 결과적으로 고객 경험이 개선됐고, 시장 경쟁력도 높아졌다.

또 하나 주목할 점은 운영의 유연성이다. 조호는 반복적이고 관리 부담이 큰 업무를 외부에 맡기면서, 전략적인 의사결정과 시장 대응에 더 많은 시간과 인력을 투입할 수 있었다. 수요가 늘어나는 시즌에는 아웃소싱 파트너를 활용해 인력과 자원을 탄력적으로 운용했고, 이를 통해 리스크도 최소화할 수 있었다.

조호의 사례는 단순한 비용 절감을 넘어, 아웃소싱을 통해 전략적 초점을 명확히 하고 조직의 민첩성을 높인 대표적인 예다. 전문성을 갖춘 외부 파트너와의 협력은 내부 역량만으로는 얻기 어려운 성과를 만들어 낸다. BPO는 선택이 아니라 전략이다.

B2C 사업

B2C는 개인 고객을 대상으로 하는 사업이다. 이 시장의 고객은 단순히 기능적인 제품만 원하는 게 아니다. 패션, 감성, 유행, 오락 같은 경험 자체를 중시하는 경우가 많다. 그래서 창업가는 이처럼 변화무쌍한 욕구를 충족시키기 위한 다양한 비즈니스 모델을 고민하게 된다. 문제는 바로 여기에 있다. 고객의 감정과 경험은 예측이 어렵고, 시장에 내놓는 제품과 서비스는 계속해서 새로운 가치를 만들어 내야 한다.

B2C 시장의 가치 창출 방식은 B2B와는 다르다. B2B가 매출 증대나 비용 절감, 규제 대응 같은 명확한 목적에 초점을 둔다면, B2C는 훨씬 더 다층적이고 감성적인 요소를 포함한다. 대표적인 접근 방식은 다음과 같다.

- **경험적 가치 제공.** 고객은 '무엇을 갖는가'보다 '어떤 경험을 하는가'에 끌린다. 가상현실을 활용한 몰입형 콘텐츠, 이색적인 여행 서비스처럼 고객의 일상을 특별하게 만들어 주는 제품이 여기에 해당한다.
- **감성적 연결.** 브랜드가 진정성을 갖고 감성적으로 소통하면 충성도가 높아진다. 사회적 책임이나 환경 보호 메시지를 강조하는 브랜드가 좋은 예다. 제품을 넘어서 브랜드와 정서적으로 연결될 때, 고객은 그 브랜드를 선택한다.
- **개인화와 맞춤화.** 고객은 자신만을 위한 제품에 반응한다. 개인 건강 데이터에 기반한 맞춤형 식단 앱, 취향 기반 콘텐츠 추천 플랫폼처럼 사용자 데이터를 활용해 개인화된 경험을 제공하는 서비스가 각광받는 이유다.
- **시간 절약과 편의성.** 일상의 번거로움을 줄여 주는 제품과 서비스는 꾸준히 수요가 있다. 스마트홈 기기처럼 반복 업무를 자동화하고, 시

간을 절약해 주는 기술이 대표적이다.

- **건강과 웰빙.** 건강은 언제나 중요한 소비 트렌드다. 모션 인식 기술을 이용한 홈트레이닝 서비스나 맞춤형 건강 관리 앱은 웰빙을 중시하는 고객층에게 높은 반응을 얻는다.

이처럼 B2C 시장은 빠르게 변하고, 기회도 많다. 고객의 감정, 라이프스타일, 사회적 가치와 연결되는 제품과 서비스를 제안하는 창업가는 강력한 팬층을 확보할 수 있다. 아직 발견되지 않은 수많은 B2C 영역이 존재하며, 그 안에 새로운 가능성이 숨어 있다. 이는 창업가에게 도전이자 기회다.

B2C 시장은 경쟁이 치열하다. 고객 취향은 빠르게 변하고, 유통 채널은 더 저렴하고 비슷한 대안을 쉽게 찾아낸다. 이런 환경에서 살아남은 기업들은 하나의 제품에만 의존하지 않는다. 대부분은 사업 초기엔 단일 제품으로 시작하지만, 성장과 동시에 제품 포트폴리오를 확장하는 방향으로 전략을 바꾼다.

단일 제품이 초기에 시장에서 잘 팔릴 수는 있다. 하지만 유통망을 통해 빠르게 확산한다는 건, 그만큼 빠르게 대체될 수 있다는 뜻이기도 하다. 유통업체는 더 저렴하면서도 유사한 가치를 가진 제품을 가진 공급처를 얼마든지 찾을 수 있고, 가격 경쟁이 불가피해진다.

지식재산권으로 어느 정도 방어는 가능하다. 특허나 상표권으로 모방을 막을 수 있긴 하지만, 완전히 차단하기는 어렵다. 보호 장벽은 언젠가 무너질 수 있고, 그때는 수익성도 함께 흔들릴 수 있다. 그래서 단일 제품만으로 사업을 지속하는 건 구조적으로 위험하다.

특히 B2C 시장에서는 브랜드 이미지와의 일관성이 중요하다. 새 제품을 출시할 때는, 기존 브랜드가 가진 인지도와 감성을 해치지 않으면서도 새로운 가치를 제공해야 한다. 이 작업이 잘되면, 고객은 새로운 제품을 살 때도 익숙한 브랜드를 먼저 떠올리게 된다. 즉, 브랜드 안에 여러 제품이 유기적으로 연결되어 있을수록 시장 포지션은 더 강해진다.

B2G 사업

B2G는 정부 기관을 대상으로 하는 사업 모델이다. 중앙정부, 지방자치단체, 공공기관 등은 모두 납세자의 예산을 집행하기 때문에, 구매 결정은 투명하고 공정한 절차를 따라야 한다. 일반적으로 정부는 필요에 따라 제안 요청서(Request for Proposal)를 발행하고, 여기에 기업들이 사업 계획과 제품 정보, 견적 등을 담은 제안서를 제출해 입찰에 참여하는 방식으로 거래가 이루어진다.

B2G는 B2B나 B2C보다 훨씬 복잡한 프로세스를 요구한다. 정부 규정, 입찰 절차, 평가 기준 등이 까다롭고, 이 과정에서의 작은 실수가 기회를 날려 버릴 수 있다. 하지만 한 번 거래가 성사되면 계약 규모가 크고, 안정적인 수익을 기대할 수 있다는 장점이 있다. B2G는 진입 장벽이 높은 만큼, 일단 진입에 성공하면 꾸준하고 예측 가능한 수익을 기대할 수 있다. 체계적인 준비와 신뢰 구축이 무엇보다 중요한 시장이다.

이 시장에서 성공하려면 다음 네 가지 요소가 핵심이다.

- **정부 규정 준수.** 입찰 제안서 작성부터 납품, 유지보수까지 모든 과정에서 정부의 기준과 절차를 철저히 따라야 한다. 작은 누락이나 형식 오류도 치명적일 수 있다.
- **가격과 품질의 균형.** 정부는 가성비를 중요하게 본다. 무조건 저렴한 제품보다, 합리적인 가격 안에서 최고의 품질을 제공할 수 있는 기

업이 선택된다.
- **투명성과 신뢰성.** 정부는 책임 있는 파트너를 원한다. 따라서 과거 계약 이행 이력이나 기업의 명성, 재무 안정성 등이 중요한 평가 요소다. 신뢰를 줄 수 있어야 한다.
- **빠른 대응 역량.** 정부 사업은 예외 없이 절차가 복잡하고, 요구 사항도 자주 바뀐다. RFP 대응, 질의응답, 계약 후 실행 단계까지 민첩하고 정확하게 대응하는 능력이 곧 경쟁력이다.

B2G 사업은 안정성과 신뢰성이 강점이다. 정부와의 계약은 일반적인 민간 거래보다 결제 리스크가 적고, 일단 성사되면 장기적이고 반복적인 수익으로 이어질 가능성이 크다. 하지만 이 시장은 진입 장벽이 높고, 규정과 절차가 매우 까다롭다. 제안서 작성, 입찰 절차, 납품 규정 등 모든 단계에서 정해진 기준을 철저히 따라야만 진입 기회를 얻을 수 있다.

정부가 발주하는 사업의 규모는 수백만 달러에서 수십억 달러에 이르기까지 다양하다. 규모가 클수록 다국적 대기업이 참여하는 경우가 많고, 스타트업이 이런 대형 프로젝트에 직접 참여하는 건 현실적으로 어렵다. 이때 중요한 개념이 바로 주계약자(Prime Contractor)와 하도급자(Subcontractor)의 역할이다.

대형 프로젝트에서는 정부가 주계약자와 직접 계약을 체결하고, 주계약자가 프로젝트의 일부를 하도급으로 분배하는 구조를 취한다. 그리고 정부는 공정성과 다양성 확보를 위해, 일정 비율의 업무를 중소기업에 할당하도록 의무화하기도 한다. 이 구조는 스타트업에 진입 기회를 열어 주는 통로가 된다.

스타트업 입장에서 현실적인 전략은 명확하다. 하도급 계약을 적극적으로 탐색하고, 특정 분야의 기술력이나 서비스 역량을 갖추는 것이다. 주계약자가 요구하는 품질, 납기, 규정 준수 능력을 충족시킬 수 있어야 하고, 공공사업에 적합한 인증이나 평가 체계에 대한 이해도 필요하다.

B2G 시장은 준비된 기업에만 열리는 시장이다. 규제를 이해하고, 정부의 목표와 절차에 맞춰 유연하게 대응할 수 있다면, 스타트업도 안정적인 수익 기반을 확보할 수 있다. 처음부터 주계약자가 되는 것을 목표로 하기보다, 작고 구체적인 역할에서 시작해 점차 역량과 신뢰를 쌓아 가는 것이 현실적이고 효과적인 접근이다.

아이디어의 생성 과정

초기부터 고객을 참여시키면 고객 가치를 극대화할 수 있다. 하지만 그 시작점에는 항상 아이디어가 있어야 한다. 아이디어는 시장과 고객의 문제를 정확히 이해한 뒤 구조적으로 만들어 내는 결과다. 여기서는 거의 모든 사업에 적용할 수 있는 아이디어 생성의 4단계를 살펴본다. 핵심은 고객 피드백과 시장 요구를 바탕으로 아이디어를 구체화하고, 현실적인 솔루션으로 발전시키는 데 있다.

1단계 - 목표 시장의 페인포인트 식별

매력적인 아이디어는 언제나 문제에서 시작된다. 그 문제는 곧 고객의 페인포인트다. 이를 찾기 위해선 먼저 목표 시장을 명확히 정의해야 한다. 사업 기회를 물색하는 차원이 넘어서, 고객이 어떤 문제를 겪고 있는지를 파악하고 그에 따라 사업 방향을 설정하는 것이 핵심이다.

시장 조사는 기본이고, 고객의 욕구와 맥락을 깊이 들여다보는 분석이 필요하다. 이 과정에서 중요한 건 '누가 핵심 고객인가'를 파악하고, 그 고객에게 어떤 방식으로 가치를 전달할 수 있을지 맞춤형 제안을 구상하는 일이다.

페인포인트를 찾을 때는 자신이 경험이 있는 시장, 익숙한 영역에서 시작하는 것이 유리하다. 소비 사슬(Consumption Chain), 즉 고객이 제품을 탐색하고, 구매하고, 사용하는 전 과정을 단계별로 쪼개 보면 각 구간에서 겪는 불편함이나 비효율이 드러난다. 그 안에서 사업의 기회를 발견할 수 있다.

만약 문제를 찾는 일이 생각만큼 잘 풀리지 않는다면 시야를 넓히는 것도 방법이다.

- **관련 분야 외의 문헌 탐독.** 완전히 다른 분야에서 새로운 연결점을 찾을 수 있다. 예술사나 진화론, 인류학 같은 문헌을 탐독하다 보면 사업과 연결되는 통찰이 의외로 생긴다. 스티브 잡스처럼 기술과 인문학의 경계를 넘나든 창업가가 혁신을 만들어 냈던 것도 이 같은 방식의 연장선이다.
- **새로운 경험.** 새로운 환경, 낯선 문화, 일상에서 벗어난 관찰이 때론 더 많은 인사이트를 제공한다. 직접적인 문제 해결은 아닐지라도, 완전히 새로운 시각을 통해 아이디어의 단초가 될 수 있다. 다만 목적 없이 경험만 나열하는 건 의미가 없다. 배우고자 하는 의도를 가진 상태에서 관찰하고 해석해야 한다.

문제를 제대로 보는 눈, 그리고 그 문제를 해결하려는 방향성이 있어야 비즈니스 아이디어가 현실로 발전할 수 있다. 아이디어는 영감이 아니라 관찰과 구조화의 결과다.

> **고객의 페인포인트에 집중한 와비 파커**
>
> 와비 파커(Warby Parker)는 고객이 겪고 있던 불편함을 정확히 짚어낸 뒤, 이를 해결하는 방식으로 시장을 뒤흔든 대표적인 사례다. 이들은 안경 시장에서 두 가지 핵심 페인포인트에 집중했다. 비싼 가격과 번거로운 구매 과정. 미국 내 안경 가격은 지나치게 높았고, 매장에서 직접 착용해 보지 않으면 구매가 어려웠다. 이 점을 문제로 본 창업가들은 다음과 같은 방식으로 해법을 제시했다.
> - 문제 정의와 해결. 안경을 구매하기 위해 큰돈을 들여야 하고, 선택의 폭도 제한적이라는 문제를 해결하기 위해, 와비 파커는 합리적인 가격에 품질 좋은 안경을 제공하겠다는 전략을 세웠다. 여기에 '홈 트라이 온(Home Try-On)'이라는 방식을 도입해 고객이 집에서 직접 안경을 써보고 고를 수 있도록 했다. 구매 과정은 단순해졌고, 고객의 부담은 줄었다.
> - 경험 기반의 아이디어. 창업가 중 일부는 해외에서 저렴하고 세련된 안경을 쉽게 구매했던 경험을 떠올렸다. 이 경험을 미국 시장에 맞게 적용할 수 있을지 고민했고, 결과적으로 기존과는 완전히 다른 유통 방식과 고객 경험 전략을 도입하는 데 성공했다.
> - 고객 중심의 가치 제안. 홈 트라이 온 서비스는 고객 경험을 크게 개선했고, 시장의 반응도 뜨거웠다. 여기에 'Buy One, Give One' 프로그램을 통해 안경이 한 개 팔릴 때마다 한 개를 기부하는 구조를 더했다. 이로써 제품을 넘어서 브랜드가 사회적 가치를 실현하는 주체로 자리매김할 수 있었다.
>
> 와비 파커의 성공은 가격 경쟁이나 제품 품질에서 나온 것이 아니다. 고객이 겪는 문제를 정확히 이해하고, 그 문제에 정면으로 답하는 방식을 선택했기 때문이다. 핵심은 문제에 집중한 고객 중심의 접근이었다.

2단계 - 아이디어 개선

비즈니스 아이디어가 떠올랐다고 해서 그 자체로 경쟁력이 확보되는 것은 아니다. 초기에는 직관이 중요할 수 있지만, 성공하는 스타트업은 아이디어를 반드시 구조화하고 개선하는 과정을 거친다. 아이디어는 다듬을수록 명확해지고, 실현 가능성도 높아진다. 다음은 아이디어를 구체적이고 실질적인 솔루션으로 발전시키기 위한 주요 전략들이다.

- **문제부터 다시 보기.** 좋은 아이디어는 대체로 명확한 문제를 해결하는 데서 나온다. '무엇이 사람들을 불편하게 만드는가', '내가 일상에서 반복적으로 겪는 불편함은 무엇인가'를 다시 물어보자. 문제 정의가 명확할수록 아이디어는 개선될 여지가 커진다.
- **개인 경험에 집중하기.** 자신이 직접 겪은 문제에서 출발한 아이디어는 현실성이 높다. 삶에서 겪은 불편, 직접 체감한 한계, 주변에서 반복적으로 들은 불만이 가장 좋은 출발점이 될 수 있다. 기술적인 통찰력과 감성적인 직관이 만날 때, 아이디어는 깊이를 갖게 된다.
- **무의식 활용하기.** 일을 잠시 놓고 다른 활동을 할 때 떠오르는 아이디어가 있다. 산책, 음악, 운동, 여행 같은 루틴에서 벗어난 시간 속에 무의식은 계속해서 문제를 사고하고 있다. 좋은 아이디어는 때로는 쉬는 동안 찾아온다.
- **실질적인 문제에 집중하기.** 아이디어는 '멋진 것'이 아니라 '쓸모 있는 것'이어야 한다. 고객이 실제로 겪는 문제, 좌절을 느끼는 순간, 불만을 품고 있는 지점에 아이디어가 닿아야 한다. 고객의 현실적인 니즈를 해결하는 것만으로도 충분히 강력한 개선이 이루어진다.
- **대담하게 설계하기.** 작은 문제 해결도 중요하지만, 시장 전체를 바꿀 수 있는 도전적인 접근은 큰 차별화를 만든다. 기술 창업가일수록, 세상을 바꿀 정도의 확장을 염두에 두고 아이디어를 재구성할 필요가 있다.

아이디어가 어느 정도 정리됐다면, 고객 반응을 통해 실질적 수요를 검증해야 한다. 대표적인 방법이 고객 발굴(Customer Discovery)과 고객 검증(Customer Validation)이다. 고객 발굴은 '누가 이 제품을 쓸 것인가'를 파악하는 단계이고, 고객 검증은 '정말로 이 제품이 필요한지'를 확인하는 과정이다.

　가장 효과적인 방식은 사용자에게 직접 보여 주는 것이다. 프로토타입이 없어도 괜찮다. 설명 영상이나 가상의 사용 시나리오만으로도 사용자 반응은 충분히 끌어낼 수 있다. 중요한 건 사용자와 직접 대화하고, 반응을 관찰하며 피드백을 모으는 일이다. 이 과정이 곧 아이디어 개선의 방향을 결정한다.

고객 발굴·검증을 활용한 드롭박스

드롭박스(Dropbox)는 고객 발굴과 고객 검증을 전략적으로 활용해 시장 진입에 성공한 대표적인 사례다. 창업가인 드류 휴스턴과 그의 팀은 클라우드 기반 파일 저장 및 공유 서비스에 대한 수요가 존재하는지를 확인하고, 이를 검증하기 위해 독창적인 방식을 택했다.

그들이 선택한 방법은 최소 기능 제품을 만들기 전에 설명 영상을 제작하는 것이었다. 이 영상은 서비스의 핵심 기능과 사용 방식을 직관적으로 보여 주는 형태였고, IT에 익숙한 사용자들에게 드롭박스의 가치를 명확히 전달했다. 소개 영상이 아니라, 사용자 반응을 끌어내고 시장성을 시험하는 도구였다.

영상이 공개된 후 많은 사용자가 서비스에 관심을 보였고, 실제로 이메일을 등록하며 참여 의사를 나타냈다. 이는 드롭박스의 아이디어가 시장의 요구와 맞닿아 있음을 입증하는 강력한 근거가 되었다. 이때 수집된 피드백은 이후 제품 개선의 핵심 자료로 활용됐다. 예를 들어, 파일 공유 방식이나 동기화 속도와 같은 세부 기능이 사용자 경험 중심으로 꾸준히 보완되었다.

이러한 반복적 개선은 입소문을 유도했고, 자연스럽게 고객 기반이 확장되었다. 핵심은 고객이 실제로 무엇을 원하는지를 사전에 파악하고, 제품이 그 문제를 얼마나 잘 해결하는지를 검증한 데 있었다. 드롭박스의 사례는 제품을 만들기 전에 시장을 이해하고, 고객의 반응을 바탕으로 아이디어를 조정하는 것이 얼마나 중요한지를 보여 준다.

이 접근은 제품 개발 전략인 동시에 시장 적합성을 검증하고 초기 진입 리스크를 최소화하는 효과적인 방식이다. 드롭박스는 이를 통해 단기간 내에 시장에 안착하고, 빠르게 성장할 수 있었다.

3단계 - 비즈니스 모델 검증

비즈니스 모델은 사업이 수익을 창출하는 방식이다. 제품이나 서비스를 아무리 잘 만들어도, 그것이 어떻게 돈을 벌 수 있을지를 설명하지 못하면 사업은 성립되지 않는다. 비즈니스 모델은 창의적인 사고가 필요한 영역이다. 특히 테크 스타트업의 경우, 수익 구조가 복잡하거나 눈에 잘 보이지 않는 경우도 많다.

예를 들어, 소셜 미디어 플랫폼은 사용자에게 무료로 서비스를 제공하고 콘텐츠 업로드에도 비용을 부과하지 않는다. 그럼에도 이들은 광고주에게 사용자 데이터를 판매하거나, 마케팅 권리를 제공하는 방식으로 수익을 창출한다. 눈에 보이는 수익은 없지만, 가치 있는 자산(사용자와 데이터)을 기반으로 비즈니스 모델이 구성된 셈이다.

여기서는 대표적인 비즈니스 모델 몇 가지를 간략히 정리한다. 이 모델들을 참고해, 자신의 제품이나 서비스에 어떤 구조가 적합할지 판단해 볼 수 있다.

- **사용량 기반 모델.** 고객이 사용한 만큼 비용을 지불하는 방식. 클라우드 인프라, 통신, 유틸리티 산업에서 자주 활용된다.
- **프리미엄 모델.** 기본 기능은 무료로 제공하고, 고급 기능이나 추가 용량에 대해서만 요금을 부과하는 구조. 드롭박스나 줌(Zoom) 같은 서비스가 여기에 해당한다.
- **시간 기반 모델.** 컨설팅, 개발 서비스처럼 시간이 핵심 자원이 되는 산업에서 사용. 시간당 비용을 부과하거나 선불 요금제를 적용할 수 있다.
- **광고 기반 모델.** 서비스 이용에는 비용을 부과하지 않지만, 사용자

수를 기반으로 광고 수익을 창출한다. 유튜브, 페이스북 등 트래픽 기반 플랫폼이 대표적이다.

- **구독 모델.** 정기적으로 요금을 받고, 일정 기간 서비스나 콘텐츠에 접근 권한을 제공. 온라인 출판, 영상 스트리밍, SaaS 분야에서 흔히 쓰인다.
- **유통 모델.** 직접 생산하지 않고, 제조업체에서 제품을 공급받아 유통하는 구조. 리스크는 낮지만 마진은 제한적일 수 있다.
- **중개 모델.** 판매자와 구매자를 연결하고, 거래가 이뤄질 때 수수료를 받는 방식. 전자상거래 플랫폼이나 배달 앱 등이 이 구조를 따른다.
- **임대 모델.** 비용이나 소유 이슈로 인해 직접 구매하기 어려운 자산을 일정 기간 빌려주는 방식. AWS는 서버를 임대해 수익을 창출한다.

비즈니스 모델은 고객에게 어떻게 가치를 전달할지, 고객은 그 가치를 위해 얼마를 지불할지를 설명하는 전략적 틀이다. 그래서 비즈니스 모델을 검증하는 일은 '제품이 팔리는가'를 넘어 '지속 가능하고 확장 가능한 방식으로 팔 수 있는가'를 묻는 일이다.

이를 위한 대표적 도구가 '비즈니스 모델 캔버스(Business Model Canvas)'다. 이 프레임워크는 고객 세그먼트, 가치 제안, 채널, 수익 구조 등 9가지 항목으로 구성돼 있으며, 스타트업이 전략을 빠르게 시각화하고 검증하는 데 효과적이다.

스타트업은 가능한 한 확장성과 반복성이 있는 모델을 추구해야 한다. 이는 스타트업 비즈니스의 특징이기도 하다. 같은 문제를 여러 고객이 겪고 있고, 그 문제를 반복 가능한 방식으로 해결할 수 있다면 규모의 경제가 가능해진다. 수요가 공급을 초과하는 시장에서는 특히 강력한 성장을 끌어낼 수 있다.

예술이나 공예 같은 산업은 특정 고객을 위한 고유한 제품을 단발성으로 제공하는 경우가 많다. 하지만 테크 스타트업은 더 넓은 시장에서 공통된 문제를 해결하고, 반복적인 방식으로 수익을 창출해야 한다. 핵심은 문제의 보편성, 솔루션의 확장성, 그리고 수익 구조의 반복 가능성이다. 비즈니스 모델은 바로 이 세 가지를 구조화하는 작업이다.

4단계 - 고객 확보

고객 확보(Customer Acquisition)는 창업가들이 생각하는 것보다 훨씬 복잡하고 많은 자원을 요구하는 과정이다. 아무리 제품이 잘 만들어졌고, 시장 조사도 충분히 진행되었다 해도, 고객의 실제 반응은 예상과 다르게 나타나는 경우가 많다. 문제는 여기서 끝나지 않는다. 만약 제품에 관한 관심이 갑작스럽게 몰렸는데 공급이 준비되지 않았다면, 오히려 부정적인 입소문이 퍼질 수 있다. 한 번 실망한 고객은 다시 돌아오기 어렵다. 수요와 공급을 균형 있게 맞추는 일은 고객 확보 초기 단계에서 가장 중요한 과제다.

고객 확보 전략은 사업의 형태와 위치에 따라 다르게 설계되어야 한다. 예를 들어, 오프라인 레스토랑처럼 지역 밀착형 사업이라면 오프라인 광고만으로도 충분한 홍보 효과를 얻을 수 있다. 하지만 테크 스타트업처럼 전국 혹은 글로벌 단위로 분산된 고객을 대상으로 할 경우, 전통적인 마케팅 방식으로는 한계가 뚜렷하다. 웹사이트를 만드는 것만으로는 고객의 유입은 거의 발생하지 않는다. 많은 창업가가 이 사실을 사업 개시 후에야 실감하게 된다.

따라서 아이디어를 구상할 때부터 '어떻게 고객을 유입시킬 것인가', '어떻게 제품을 전달하고, 반복적으로 사용하게 할 것인가'를 전략적으로 고민해야 한다. 제품 개발과 고객 확보는 별개의 일이 아니라, 동시에 고려되어야 할 연결된 문제다. 스타트업은 제한된 자원을 효과적으로 분배해야 하며, 고객 확보의 비용 구조와 실행 계획을 사업 초기부터 체계적으로 설계해야 한다.

고객 확보를 위해선 제품의 유통구조, 초기 채널 전략, 초기 고객의 만족도, 입소문 가능성, 서비스 제공 역량까지 모두 포함하는 종합적인 전략 수립이 필요하다. 특히 테크 스타트업은 고객 확보 실패가 곧 사업 실패로 이어질 수 있기에, 이 단계를 절대 가볍게 봐서는 안 된다. 고객은 제품을 성장시키는 동력이자, 시장 적합성을 입증하는 가장 신뢰할 수 있는 지표다.

기회 개념서의 작성

아이디어를 떠올리는 일은 어렵지 않다. 진짜 문제는 그 아이디어를 구체화하지 못하고, 사업으로 이어 가지 못하는 데 있다. 많은 예비 창업가가 단 하나의 아이디어에 집착한 채 모든 자원을 투입하려 하지만, 실제로 성공적인 사업은 수많은 아이디어의 반복, 조합, 개선을 통해 만들어진다. 따라서 아이디어가 떠오르는 즉시 기록하고, 발전 과정을 체계적으로 추적하는 것이 중요하다.

이를 위해 활용할 수 있는 도구가 바로 '기회 개념서(Opportunity Conception)'다. 기회 개념서는 아이디어가 발상 수준에 머무르지 않고, 구체적인 비즈니스로 발전해 가는 전 과정을 기록하고 관리하는 데 쓰인다. 단 한 번의 영감보다, 발전의 흔적을 남기는 일에 집중해야 한다.

항목	내용	예시
사업 개념	간단한 사업 설명	친환경 소재로 만든 재사용 가능한 정수 물병 판매
잠재 성과	해당 사업이 창출할 수 있는 수익 수준	글로벌 마켓에서 연간 100만 달러 이상의 수익을 창출할 잠재력이 있음
추세	현재 시장·산업에서 관찰된 주요 추세	친환경 제품에 대한 고객 관심 증가와 플라스틱 사용 감소 트렌드
근거	추세와 관련된 주요 수치 정보	최근 조사에 따르면, 70%의 고객이 환경 친화적인 제품을 선호합니다.
장벽	기회 포착을 저해하는 요소	고객 교육 부족, 높은 초기 생산 비용, 시장 진입 장벽 등
이점	기회 실현에 도움이 될 역량, 기술, 자원 등	친환경 소재 개발 기술, 기존 제조 인프라, 강력한 마케팅 능력
경쟁	잠재적 경쟁자와 예상된 이들의 전략 행동	다른 친환경 물병 제조업체들이 있으며, 그들은 가격 경쟁력을 강화할 가능성이 있습니다.
출처	참고해야 할 정보의 원천	시장 조사 보고서, 업계 뉴스, 고객 설문조사 등
기간	기회의 창이 지속될 기간	친환경 제품 트렌드는 향후 5년 동안 지속될 것으로 예상되며, 가능한 한 빨리 시장에 진입하는 것이 중요함

[도표 3.1] 기회 개념서의 구성과 내용

기회 개념서를 효과적으로 활용하려면 다음 항목들을 포함해 작성하는 것이 좋다.

- **아이디어 작성 일자.** 아이디어가 처음 기록된 날짜와 이후 업데이트된 날짜를 반드시 기입한다. 이는 아이디어가 어떤 흐름으로 발전했는지를 파악하는 데 핵심적인 기준이 된다.

- **아이디어의 맥락과 수정 사항.** 처음 아이디어가 떠오른 상황과 이후 수정에 영향을 준 사건, 피드백의 내용, 그리고 의사결정의 근거를 함께 기록한다. 어떤 피드백을 어떤 이유로 수용했는지, 또는 무시했는지를 남겨 두는 것도 중요하다. 나중에 돌아봤을 때 아이디어의 진화 과정을 파악하는 데 도움이 된다.
- **지식재산 보호 고려.** 아이디어가 특허나 상표, 저작권 보호 대상이 될 수 있는지 평가한다. 특허 출원이 필요한 경우, 관련 전문기관에 자문을 구할 수도 있다. 다만 비용 문제로 인해 특허 출원을 바로 하지 못한다면, 아이디어를 정리한 문서를 자신에게 내용증명으로 보내 봉인을 유지하는 방식도 있다. 우편 스탬프는 아이디어의 존재를 입증하는 유력한 증거가 될 수 있다.

기회 개념서는 아이디어 노트가 아니다. 이는 사고의 구조를 정리하고, 이후 투자자나 공동 창업가와의 협업에서도 일관된 설명을 가능하게 해주는 기록이다. 아이디어는 정제되지 않으면 흐릿해지고, 기록되지 않으면 사라진다. 기술 창업가에게 기회 개념서는 전략 문서이자 사업화 과정의 나침반이다.

아이디어를 사업으로 발전시키는 과정에서 예비 창업가는 '신중함'과 '속도' 사이에서 균형을 잡아야 한다. 강력한 아이디어가 완전히 새로운 상태에서 탄생하는 일은 드물며, 대체로 이미 누군가가 유사한 방향으로 개발하고 있을 가능성이 높다. 그렇기에 무작정 서두르는 것도, 반대로 과도하게 지연되는 것도 모두 위험하다.

많은 초기 사업이 실패하는 이유 중 하나는, 시장에 진입하기 전에 비즈니스 모델을 충분히 다듬지 않았기 때문이다. 핵심 개념이 부족한 상태에서 시장에 나서면 제품 자체보다 시행착오에 더 큰 비용과 시간이 소모된다. 반대로, 지나치게 완성도를 높이려다 타이밍을 놓치면 경쟁자에게 시장을 선점당할 수 있다.

이런 리스크를 줄이기 위한 전략이 바로 최소 기능 제품이다. 최소 기능 제품은 고객의 반응을 빠르게 수집하고, 실제 사용 경험을 기반으로 시장 적합성을 검증할 수 있는 도구다. 최종 제품을 출시하기 전이라도, 최소 기능 제품을 통해 사용자 피드백을 분석하고 반복적으로 개선해야 한다. 고객의 요구는 시간이 지나며 바뀌기 때문에, 제품 출시 이후에도 끊임없는 학습과 수정이 필요하다.

또 하나 중요한 점은, 모든 아이디어가 사업화될 필요는 없다는 사실이다. 예비 창업가는 다양한 아이디어를 가질 수 있지만, 그중에서 시장성과 실행 가능성이 높은 하나에 집중하는 것이 바람직하다. 전문 창업가들은 하나의 아이디어를 성공적인 사업으로 전환하는 데 필요한 시간, 자원, 집중력이 얼마나 큰지를 알고 있다. 여러 아이디어를 동시에 추진하려는 시도는 에너지의 분산을 초래하고, 결과적으로 성과 없는 소모로 끝날 가능성이 높다.

기술 창업에서는 실행력이 경쟁력이다. 아이디어는 발전 가능성을 검토하고, 최소 기능 제품으로 검증하고, 고객 피드백을 통해 조정하는 일련의 과정을 통해 비로소 사업으로 전환된다. 그리고 그 모든 과정은 신중하면서도 신속하게 이루어져야 한다. 이것이 아이디어를 현실로 바꾸는 전략적 접근이다.

액셀러레이터를 통한 아이디어 실행 전략

아이디어는 씨앗에 불과하다. 아무리 완성도 높은 비즈니스 모델이라도, 시장이라는 토양에 뿌리내리기 위해서는 실행 가능한 구조로 번역되어야 한다. 이때 액셀러레이터는 자금이나 교육 프로그램을 제공하는 운영자를 넘어, 비즈니스 구조를 설계하는 공동 건축가로 작동한다. 특히 테크 스타트업에서 나타나는 초기의 혼란과 지연은, 문제를 명확히 정의하지 못하거나 시장과의 대화를 놓치는 데서 비롯된다. 기술은 정교하지만, 고객의 언어로 가치를 말하지 못하면 외면받는다.

액셀러레이터는 이러한 단절을 잇는 실전 개입 장치다. 멘토링, 파일럿 테스트, 투자자 미팅 등의 과정은 창업가가 마주한 문제를 해체하고, 시장 관점에서 논리적 구조로 재조립하는 과정이다. 마치 거울을 통해 자신의 모습을 낯선 시선으로 재확인하듯, 액셀러레이터는 창업가가 스스로는 보기 어려운 실행의 허점과 전환의 지점을 드러낸다.

이들은 아이디어 기획부터 시장 검증, 피벗, 투자 구조 설계, 팀 빌딩까지 사업 개발의 전 과정에 전략적으로 개입할 수 있으며, 어떤 경우에는 공동 창업가에 준하는 실행 파트너로 기능한다. 다만 액셀러레이터의 역할은 하나로 정형화되지 않는다. 창업가의 태도, 산업의 기술 주기, 지역 생태계, 정책 환경 등에 따라 액셀러레이터는 서로 다른 방식으로 맞춤형 작동 구조를 구성한다. 거친 항해를 도와주는 범용 항해도가 아니라, 각 선박의 항로에 맞춰 설계된 전용 내비게이션에 가깝다.

결국, 액셀러레이터는 아이디어를 실행 가능한 구조로 전환하는 설계 동반자다. 예비 창업가는 이들을 단기 프로그램으로 소비할 것이 아니라,

실행 인프라를 공동 구축할 파트너로 접근해야 한다. 실행 없는 아이디어는 설계도에 머문 건축물과 같다. 액셀러레이터는 이 설계도를 시장 위에 올려 실제 건물을 세울 수 있게 만드는 전략적 구조물이다.

액셀러레이터 프로그램 참여

아이디어를 실행 가능한 사업 구조로 전환하고자 할 때, 액셀러레이터 프로그램은 중요한 진입로가 될 수 있다. 그러나 프로그램에 선발되었다는 사실만으로는 실행 기반을 갖췄다고 보기 어렵다. 효과는 참여 태도와 선별 기준, 실행 전략에 따라 극적으로 달라진다.

우선, 국내의 액셀러레이터 프로그램은 분야, 지역, 운영기관에 따라 형태가 다양하다. 대부분은 정부나 공공기관이 주관하고 민간 액셀러레이터가 위탁 운영하는 방식이며, 대표적인 모집 정보는 'K-Startup' 플랫폼을 통해 확인할 수 있다. 프로그램은 연중 운영되지만, 집중 선발은 매년 3~5월 사이에 이루어지며, 선발 규모는 보통 10~20개 팀 내외다. 서류 심사와 발표 평가에서는 문제 인식, 실행 계획의 구체성, 팀의 역량 구성이 주요 기준으로 작용한다.

중요한 점은 모든 액셀러레이터가 동일한 구조로 작동하지 않는다는 점이다. 특정 산업에 특화된 기술 기반 조직도 있고, 창업 교육과 네트워킹에 초점을 둔 조직도 있다. 일부는 초기 보육과 직접 투자를 병행하며, 별도의 지분 계약이나 자금 유치 조건을 포함하는 경우도 있다. 따라서 우리 사업의 핵심 방향과 프로그램의 구조가 얼마나 정렬되어 있는지를 기준으로 선별적 참여를 결정해야 한다. 겉으로 보기에 비슷해 보여도, 한쪽은 모래 위에 서 있고, 다른 쪽은 철근 구조물을 갖춘 플랫폼일 수 있다.

또한, 참여 시점의 전략성도 중요하다. 액셀러레이터는 주로 3년 미만의 초기 스타트업에 집중하기 때문에, 준비가 덜 된 시점에서 반복적으로 참여하면 오히려 나중에 받을 투자 기회에 제약이 생긴다. 너무 많은 참여 이력은 '프로그램 헌터'로 간주되어, 벤처 캐피털로부터 부정적인 신호로 읽힐 때도 있다. 핵심은 프로그램 중심의 창업 활동이 사업 성과보다 앞서지 않도록 경계하는 것이다.

무엇보다 액셀러레이터 프로그램의 진짜 가치는 사람에 있다. 실전 멘토링, 밀착 피드백, 문제 해결형 워크숍 등을 통해 창업가는 자신의 전략을 외부 시선으로 검증하고, 실행 리스크를 조기 발견할 수 있다. 또, 프로그램 내에서 형성되는 동료 창업가 네트워크, 멘토 그룹, 후속 투자자 연결 고리는 단기간에 얻기 어려운 자산이다. 반복 참여보다 한 번의 참여라도 전략적이고 밀도 있는 학습을 만들어 내는 것이 더 높은 성과를 만든다.

단, 모든 프로그램이 유의미한 경험을 보장하지는 않는다. 일부 프로그램은 실적 중심의 형식 운영에 머무르거나, 정책 변화에 따라 목적이 변질되기도 한다. 특히 공공 중심 프로그램은 일관성과 실행 중심성이 떨어지는 경우가 있으므로, 자신의 사업 방향과 맞지 않는 경우에는 선택적 회피가 오히려 나은 전략이 될 수 있다.

액셀러레이터 프로그램은 '지원금'이나 '명함'을 얻는 곳이 아니라, 실행 전략을 조정할 수 있는 훈련 플랫폼이다. 창업가는 이를 단순한 참여 대상으로 보지 말고, 전략적 실행 파트너십의 출발점으로 삼아야 한다. 스스로 분별력 있게 설계하고, 한 기회를 밀도 있게 설계하는 자세가 그 무엇보다 중요하다.

액셀러레이터와의 관계를 설계하는 창업가의 태도

액셀러레이터를 외부에서 제공되는 정해진 지원 패키지로만 인식한다면, 그 효과는 제한적일 수밖에 없다. 동일한 프로그램에 참여해도, 어떤 창업가는 실질적 전환점을 맞고, 또 어떤 창업가는 단기 이벤트로 소모된다. 이 차이를 가르는 핵심은 액셀러레이터의 품질이 아니라 창업가의 태도와 접근 방식이다.

첫째, 액셀러레이터는 서로 다르다. 보육 철학, 투자 전략, 산업 집중도, 운영 스타일까지 각기 고유한 특성이 존재한다. 특정 기술군에 특화된 조직도 있고, 팀 역량 개발이나 리더십에 강점을 둔 곳도 있다. 따라서 창업가는 단순히 유명세나 지원금 규모가 아니라, 우리 팀의 문제 구조와 실행 전략에 적합한 조직을 선별해야 한다. 액셀러레이터는 자동 배정되는 시스템이 아니라, 스스로 탐색하고 구성할 수 있는 전략 자원이다.

둘째, 관계는 프로그램 종료로 끝나지 않는다. 우수한 액셀러레이터는 상장 지원, 글로벌 진출, 후속 투자 연계, 파트너 매칭 등 다양한 방식으로 지속적인 협력 구조를 제공한다. 따라서 창업가는 '3개월짜리 교육 프로그램'이 아닌 장기적 실행 파트너로서의 관계성을 설계해야 한다. 관계의 수명은 프로그램 길이가 아니라, 신뢰와 상호작용의 밀도로 결정된다.

셋째, 도움을 원한다면 먼저 요청해야 한다. 실행 전략, 고객 피드백, 투자자 미팅, 팀 보강 등 필요한 영역은 명확히 정의하고 구체적으로 요청할수록 액셀러레이터의 개입 수준도 깊어진다. 수동적 참여는 표준적 지원만을 받게 되며, 능동적 요청은 맞춤형 기회를 끌어당긴다. 기회의 설계자는 액셀러레이터가 아니라 창업가다.

넷째, 액셀러레이터는 외부 시선을 제공하는 객관화 장치다. 내부에서 익숙해진 관성은 보이지 않는 리스크를 만든다. 이를 무조건 수용할 필요는 없지만, 의도적으로 무시하는 것도 전략의 왜곡을 부른다. 외부 조언을 자기 판단과 병렬적으로 비교하는 태도는 시행착오를 줄이고 실행 정확도를 높이는 데 도움이 된다. 시장은 내 시선이 아니라, 남의 시선으로 나를 평가한다.

다섯째, 문제를 공유할 수 있어야 진짜 파트너다. 실패, 갈등, 위기 상황을 회피하지 않고 공유할 때, 액셀러레이터는 단순 조언자가 아닌 함께 해법을 설계하는 공동 사고 주체로 작동한다. 반복적 피드백과 공동 해결의 경험은 신뢰를 강화하고, 이후의 고비를 넘는 기반이 된다. 무엇보다 중요한 사실은, 액셀러레이터는 창업가의 역할을 대신할 수 없다는 점이다. 전략 수립, 실행 판단, 팀 운영의 중심은 언제나 창업가에게 있다. 지나친 외부 의존은 팀의 리더십 중심을 흔들고, 내부 의사결정을 외주화하게 만든다. 관계가 익숙해질수록 긴장을 유지해야 하며, 요청, 피드백, 공유, 감사, 협력이라는 상호작용이 관계를 유연하면서도 단단하게 만든다. 액셀러레이터와의 관계는 창업가가 스스로 설계하고 주도적으로 관리해야 하는 실행 기반의 일부다. 진정한 전략 파트너십은 프로그램이 아니라 태도에서 출발한다.

액셀러레이터 프로그램의 중심에는 멘토링이 있다. 이는 단순한 조언이나 일방적인 피드백을 넘어, 창업가가 마주한 전략적 질문을 외부의 시선으로 재구성하고 정렬해 보는 사고 훈련의 장이다. 특히 기술 기반 창업가는 내부 논의만으로는 시장과 기술 사이의 미세한 간극을 감지하기 어렵다. 이때 멘토링은 생각의 프레임을 흔들고 시야를 확장시키는 외부 자극 장치로 기능한다.

멘토링의 본질은 구조화다. 단편적인 코멘트나 단답형 조언이 아니라, 창업가가 직면한 불분명한 문제를 언어화하고 구조화하는 과정이다. 이 과정에서 다양한 산업과 배경을 지닌 멘토들이 교차적으로 개입하며, 때로는 상반된 조언이 제시되기도 한다. 그러나 이 불일치는 오히려 창업가에게 정보 해석 역량과 판단 민감도를 기르는 훈련 기회가 된다. 반복적으로 등장하는 논점은 무엇인지, 현재 팀이 겪는 병목과 어떤 조언이 직접 맞닿아 있는지를 감지하는 것이 핵심이다. 멘토링은 정답을 얻는 방식이 아니라, 정답을 구별하는 훈련이다.

멘토링은 컨설팅이나 코칭과도 성격이 다르다. 멘토링은 경험 기반의 방향 제시다. 그리고 컨설팅은 구조적 진단과 해법 제안, 코칭은 창업가의 내면 동기와 실행 결정을 끌어내는 관계 개입이다. 예컨대, 시장 진입 전에는 멘토링을 통해 전략 타당성을 검토하고, 성장 국면에서는 리더십 확장을 위한 코칭이 더 적절할 수 있다. 창업가는 상황에 맞게 어떤 형태의 조언이 필요한지 스스로 정의하고 요청할 수 있어야 한다.

멘토의 조언은 다음 네 가지 기준을 통해 선별적으로 해석할 수 있다.

- 조언자의 경험이 내 산업과 얼마나 유사한가?
- 그 조언이 지금 당면한 핵심 과제와 직접 연결되는가?
- 복수의 멘토가 똑같이 지적하는 신호는 무엇인가?

- 해당 조언을 작게라도 실험할 수 있는가?

이 기준은 조언을 '듣는 방식'이 아니라 '활용하는 방식'의 정교화다. 멘토링의 진짜 가치는 개념이 아니라 실행을 통해 검증될 때 드러난다.

모든 조언은 유효기간을 가진다. 팀의 성장 단계, 시장 조건, 내부 역량이 달라지면, 이전에는 적절했던 조언도 더 이상 적용되지 않을 수 있다. 중요한 것은 외부 조언을 절대화하지 않고, 내부 판단과 병렬적으로 비교하며 기준을 다듬는 태도다. 멘토링은 외부 기준을 복제하는 것이 아니라, 내부 판단의 밀도를 높이는 사고 장치다.

멘토링은 창업가가 외부 거울에 자신을 비추어 전략의 틀을 조정하고 실행 계획을 명료화하는 과정이다. 다층적인 조언 속의 혼란은 피해야 할 장애물이 아니라, 전략 감각을 날카롭게 만드는 통과의례다. 조언은 외부로부터 오되, 그것을 걸러내고 실천에 옮길 책임은 오롯이 창업가에게 있다는 사실을 잊지 말아야 한다. 멘토링은 참고자료이지 정답지가 아니다.

비즈니스 모델의 성장 기회 탐색

많은 기술 창업가는 액셀러레이터를 아이디어 정리와 사업 초기 설계를 돕는 도구로만 인식하지만, 실제로 액셀러레이터는 스케일업 국면에서도 핵심적인 전략 동반자로 작동한다. 초기 모델이 정리된 후에도 스타트업은 끊임없이 구조를 개편하고 전략을 조정해야 하며, 이때 액셀러레이터는 단순한 조언자를 넘어, 성장을 조율하고 전환 타이밍을 함께 설계하는 확장 파트너가 된다.

스케일업의 핵심 과제는 조직 재구성이다. 제품-시장 적합성(Product-Market Fit)을 넘어 고객 수가 기하급수적으로 늘고 조직이 확대되면, 역할 분담, 의사결정 구조, 리더십 방식까지 전면 재설계가 요구된다. 창업가는 기술과 전략만이 아니라 인사, 운영, 문화, 거버넌스 등 조직 전반을 입체적으로 조율해야 하며, 초기 설계만으로는 이 변화에 대응하기 어렵다.

이때 액셀러레이터는 '전략적 리셋 버튼'의 역할을 수행한다. 외부 시선으로 사업의 균형을 재점검하고, 속도 조절, 자원 재배분, 전환 타이밍 설정을 유도한다. 특히 성장이 빠를수록 전략의 전환점이 불분명해지기 쉽기 때문에, 액셀러레이터는 외부 압력 없이 전략을 재정렬할 수 있는 간극을 설계해 주는 조정자로 작동한다.

글로벌 진출을 고려하는 스타트업에게는 더욱 그러하다. 해외 시장은 제품보다 맥락이 중요하며, 현지화 전략과 파트너십 형성이 핵심이다. 글로벌 네트워크를 보유한 액셀러레이터는 데모데이, 피칭 무대, 제휴 미팅의 연결고리가 되어 줄 뿐 아니라, 문화 적응과 현지 진출 전략까지 함께 설계하는 로컬라이징 파트너로 기능한다.

조직 내부에서도 변화가 필연적으로 발생한다. 모든 결정을 창업가 혼자 감당하던 초기 국면을 넘어서면, 리더십의 무게중심은 분산되어야 하며, 창업가는 본인의 역할을 재정의해야 한다. 이때 액셀러레이터는 리더십 구조화, 역할 이양, 팀 설계 과정에서 외부 전문가와 함께 전환 설계를 돕는 조율자가 된다. 일부 연구에 따르면, 창업가가 조력자와의 역할 재편을 통해 리더십을 확장할수록 스타트업의 지속 가능성과 조직 안정성이 향상된다고 한다.

자금 전략 측면에서도 액셀러레이터의 역할은 단순 소개를 넘어선다. 후속 투자 유치를 위해 IR 자료를 공동 설계하거나, 투자자 미팅에 함께 참여하며, 자금 유입 자체를 사업 확장의 신호로 전환시키는 실행 파트너가 된다. 이 과정은 투자자의 언어와 사업의 언어 사이를 번역하는 과정이기도 하며, 전략 수립 그 자체가 커뮤니케이션 도구가 된다.

일부 액셀러레이터는 스케일업 전용 프로그램을 운영하며, 조직 진단, 인사 구조, 재무 설계, 산업 네트워크 연계에 집중적으로 개입한다. 특히 B2B 스타트업의 경우, 오픈이노베이션, 산업 전시회, 글로벌 미디어 노출 등 시장 접점을 넓히는 다층적 전략 설계에 실질적 기여를 한다.

결국 액셀러레이터는 스타트업의 출발점을 함께하는 파트너를 넘어, 성장의 구조를 함께 설계하고 조정하는 확장 장치다. 창업가는 이러한 기능을 수동적으로 기다릴 것이 아니라, 자신의 필요에 기반해 액셀러레이터의 개입을 능동적으로 요청하고 설계할 역량을 갖춰야 한다. 스케일업 국면의 실행 전략은 도와줄 사람을 찾는 것이 아니라, 함께 설계할 파트너를 정의하고 요청하는 태도에서 시작된다.

핵심 정리

비즈니스 모델 설계는 창업의 출발점이자 전략적 구조화의 핵심이다. 예비 창업가는 어떤 사업을 시작할 것인지에 앞서, 어떤 형태의 비즈니스를 선호하며 어떤 고객에게 어떤 가치를 제공할 수 있는지를 명확히 해야 한다. 이를 위해 창업가는 비즈니스 아이디어를 구상하고 다듬는 반복적 과정을 거쳐야 하며, 그 중심에는 시장 문제에 대한 통찰과 구조화된 실행 전략이 존재한다.

사업 유형은 일반적으로 B2B, B2C, B2G로 구분되며, 각 모델은 고객의 성격과 구매 방식, 기대 가치에 따라 매우 상이한 전략과 운영 방식을 요구한다. B2B는 고객의 수익 증가, 비용 절감, 규제 대응이라는 실질적 가치에 초점을 맞추며, B2C는 감성적 경험, 브랜드 연결, 개인화 같은 요소가 중요하다. B2G는 높은 신뢰성과 규제 대응력이 핵심 경쟁력이 된다. 예비 창업가는 초기에 하나의 고객군에 집중해 실행 가능성을 높이고, 이후 자원 확보와 함께 시장 확장을 고려하는 전략이 바람직하다.

아이디어는 관찰과 구조화의 결과물이다. 고객의 페인포인트를 식별하고, 이를 해결하기 위한 솔루션을 구체화하며, 실제 고객 반응을 통해 가설을 검증하는 과정이 핵심이다. 이때 고객 발굴과 검증은 제품 개발 이전에 반드시 수행해야 하는 전략적 과정이며, 최소 기능 제품을 통해 시장성과 확장 가능성을 반복적으로 점검하는 실험이 요구된다.

비즈니스 모델은 단순한 수익 방식의 선택이 아니라, 고객 가치 제공 방식, 유통 채널, 비용 구조, 확장 전략 전반을 설계하는 틀이다. 사용량 기반, 프리미엄, 구독, 광고 기반, 중개형, 임대형 등 다양한 모델을 통해 창업가는 시장의 구조와 고객 행동을 기반으로 가장 적합한 수익 창출 전략을 수립해야 한다. 특히 기술 기반 스타트업의 경우, 반복성과 확장성이 확보된 모델이어야 생존과 성장이 가능하다.

이러한 구조를 문서화하고 진화시켜 나가는 수단으로 '기회 개념서'가 활용된다. 이는 아이디어를 단순한 발상이 아니라 전략적 자산으로 전환하기 위한 실천 도구로, 아이디어의 발생 맥락, 시장 변화, 경쟁 상황, 내부 자원, 실행 계획을 체계적으로 기록하고 평가하는 역할을 한다.

아이디어가 실행 가능한 사업으로 전환되기 위해서는, 실행 인프라를 설계하고 조정하는 구조적 파트너가 필요하다. 이 역할을 지원하는 주체가 액셀러레이터이다. 액셀러레이터는 초기 시장 검증, 전략 설계, 고객 탐색, 투자 유치 준비 등 스타트업의 전 주기에 걸쳐 실전적 개입을 수행한다. 프로그램 참여는 단순한 교육 수강이 아니라, 전략적 전환점으로 작동할 수 있어야 하며, 이를 위해 창업가는 프로그램 선택과 활용 전략을 능동적으로 설계해야 한다.

액셀러레이터는 스케일업 국면에서도 중요한 역할을 한다. 제품-시장 적합성을 넘어 조직 재구성, 글로벌 진출, 후속 투자 유치, 파트너십 설계 등에서 전략적 리셋 장치로 작동하며, 창업가의 리더십 전환과 내부 시스템 재구성을 외부에서 조율하는 구조로 기능한다. 창업가는 액셀러레이터와의 관계를 단기적 참여가 아닌 장기적 실행 파트너십으로 설계함으로써, 기업가적 정체성과 실행 전략의 연결 고리를 강화할 수 있다.

비즈니스 모델 설계는 시장의 문제를 정의하고, 그 해결 과정을 반복 실험하며, 실행 가능성과 수익 가능성을 검증하는 전략적 작업이다. 아이디어는 구조화되고 실행되어야 비로소 사업이 된다. 이 모든 과정에서 창업가는 사고의 흐름을 체계적으로 정리하고, 실행 단계를 일관성 있게 관리해야 한다. 이는 창의성의 문제가 아니라, 구조화된 실행력을 요구하는 일이다.

창업가의 질문

Q1. 비즈니스 아이디어를 떠올린 후 '기회 개념서'를 작성하라는 조언이 인상 깊었습니다. 하지만 저는 아직 어떤 시장 문제를 해결할 수 있을지조차 뚜렷하게 모르겠습니다. 이런 상태에서도 기회 개념서를 작성하는 것이 도움이 될까요? 초기 단계에서 기회 개념서를 어떻게 활용하면 좋을지 교수님의 의견이 궁금합니다.

교수의 답변. 좋은 질문입니다. 많은 예비 창업가들이 아이디어가 완전히 정제된 후에야 무언가를 기록해야 한다고 생각하지만, 오히려 반대입니다. 기회 개념서는 '완성된 생각'을 정리하는 도구가 아니라, '진화 중인 생각'을 구조화하는 훈련장입니다. 초기 단계에서는 아직 명확한 시장 문제나 해결책이 없더라도, 어떤 문제에 흥미를 느꼈는지, 왜 그것이 눈에 들어왔는지, 비슷한 상황을 어디서 경험했는지부터 적어 보세요. 이 과정을 통해 무형의 관심사가 형태를 갖추게 됩니다. 기회 개념서에 아이디어의 흐름과 의문점, 피드백을 남기면, 나중에 아이디어가 어떻게 변화했는지 추적할 수 있는 귀중한 사고의 로그가 됩니다. 초기에는 불완전하더라도, 쓰는 과정 자체가 사고의 틀을 만들어 주는 매우 실용적인 실천입니다.

Q2. 비즈니스 모델을 설계하는 데 있어 고객 확보 전략이 중요하다는 점

은 이해했습니다. 하지만 초기 단계에서 제품도 완성되지 않았고 유통망도 갖춰지지 않은 상태에서 고객 확보까지 병행하는 것이 현실적으로 너무 벅차게 느껴집니다. 액셀러레이터 입장에서 이런 상황에 있는 예비 창업가가 무엇부터 시작하는 것이 좋을지 조언해 주신다면 감사하겠습니다.

액셀러레이터의 답변. 현실적인 고민을 잘 짚으셨습니다. 저희가 현장에서 자주 마주치는 문제이기도 합니다. 고객 확보는 제품이 완성된 후에야 시작하는 것이 아니라, 제품을 만들기 전에 '누가 고객이 될 수 있는지'를 검증하는 단계에서 이미 시작됩니다. 이걸 '고객 발굴'이라고 합니다. 지금 시점에서 할 수 있는 최선은 제품이 없더라도 컨셉을 설명할 수 있는 자료, 예를 들어 간단한 시나리오 영상이나 데모 이미지 등을 만들어 잠재 고객의 반응을 살펴보는 것입니다. 초기 고객과의 대화, 관찰, 반응 수집이 곧 시장 적합성 검증의 시작입니다. 이런 데이터를 기반으로 아이디어를 조정하면서 유통 전략도 함께 구상하는 게 맞는 순서입니다. 실행이 너무 많아 보여도, 하나하나 쪼개서 생각하면 충분히 해낼 수 있습니다. 저희는 이 과정을 함께 구조화하는 파트너가 되기 위해 존재합니다.

Q3. 비즈니스 모델의 반복성과 확장성을 강조하신 부분이 인상 깊었습니다. 그런데 제 아이디어는 특정 지역과 고객층에만 적용될 수 있는 틈새형 서비스입니다. 이런 모델도 투자자의 관점에서 확장 가능한 구조로 볼 수 있을까요? 아니면 처음부터 확장성을 내포한 모델을 다시 설계하는 것이 나을까요?

벤처캐피털리스트의 답변. 실제로 많은 유망한 스타트업이 아주 작은 틈새시장(Niche Market)에서 출발했습니다. 문제는 이 아이디어가 시간이 지나면서 얼마나 넓은 고객군에게 '같은 문제'를 해결해 줄 수 있는 형태로 발전할 수 있느냐입니다. 투자자로서 저희가 보는 핵심은 '현재의 시장 크기'보다는 '확장 가능한 구조'를 갖췄느냐입니다. 예를 들어, 특정 지역 기반의 서비스라도 그것이 플랫폼화될 수 있거나, 유사한 니즈를 가진 인접 시장으로의 확장이 가능하다면 긍정적으로 평가할 수 있습니다. 초기 모델은 좁고 작아도 괜찮습니다. 다만 그 모델을 기반으로 어떤 성장 궤적을 그릴 수 있을지를 명확하게 설명해 주셔야 합니다. 처음부터 거대한 시장을 대상으로 할 필요는 없지만, 작은 시장에서 출발해 어떤 방식으로 큰 시장을 설계할 수 있는지를 고민하는 것이 전략적으로 중요합니다.

Chapter 04

시장 선도 전략

시장은 단순히 상품이 오가는 공간이 아니라, 그 과정에서 가치가 형성되고 교환되는 복합적인 메커니즘으로 작동한다. 이 메커니즘은 단순한 거래 이상의 기능을 하며, 시간, 장소, 형태, 소유라는 네 가지 가치를 창출한다. 이 네 가지 요소가 충족되어야 거래가 성사되며, 그렇지 않으면 거래는 성립되지 않는다.

시장 내 거래는 거래 대상의 특성과 관계의 신뢰 수준에 따라 다양한 방식으로 이루어진다. 시장에서는 거래 대상의 특성과 신뢰 수준에 따라 검사, 샘플, 설명이라는 세 가지 거래 방식이 대표적으로 사용된다.

- **검사 기반 거래.** 고객이 직접 제품을 눈으로 확인하고 평가한 뒤 구매를 결정하는 방식이다. 표준화가 어려운 제품이나 품질 편차가 큰 상품에서 주로 사용된다. 과일, 채소, 꽃처럼 신선도가 중요한 품목은 물론이고, 기계 부품이나 예술 작품, 헤어 스타일링 서비스 등도 이 방식에 해당한다. 새로운 거래 관계가 형성되는 초기 단계에서도 검사 기반 거래가 흔히 나타난다.
- **샘플 기반 거래.** 검사에 시간이 오래 걸리거나, 제품이 소비 과정에서 변형될 때는 샘플이 거래의 기준이 된다. 구매자는 전체 제품을 대신할 수 있는 샘플을 평가하고, 이를 바탕으로 구매 여부를 결정한다. 커피 원두, 직물, 원자재와 같은 품목이나, 자동차 시승처럼 고가의 소비재도 여기에 포함된다. 이 방식은 이미 신뢰가 형성된 거래 관계에서 주로 활용된다.
- **설명 기반 거래.** 완전한 신뢰가 형성된 거래 관계에서는 제품 자체보다 설명이 거래의 핵심이 된다. 판매자는 명확한 품질 보증, 리스 조건, 위탁판매 방식 등을 통해 구매자의 불확실성을 줄이고, 설명만으

로도 구매 결정을 유도한다. 이 방식은 브랜드 신뢰도가 높거나, 거래 이력이 많은 관계에서 잘 작동한다.

이처럼 시장에서의 거래 방식은 단순히 물건을 사고파는 행위에 그치지 않는다. 구매자와 판매자 간의 신뢰 수준, 제품 특성, 거래 경험의 누적 등이 모두 영향을 미친다. 그리고 이러한 거래 유형은 마케팅 전략 전반에 깊숙이 관여한다. 거래 방식에 따라 유통 채널을 어떻게 구성할 것인지, 물류와 서비스 제공 방식은 어떻게 설계할 것인지, 어떤 커뮤니케이션 전략이 효과적인지 등이 달라진다. 시장 전략은 제품 중심이 아니라, '거래 관계' 중심으로 설계되어야 한다. 이 관점에서 시장을 바라보는 것이, 선도 기업과 후발 기업의 차이를 가르는 지점이 된다.

시장이란 구매자와 판매자가 일정한 가격과 조건으로 상품을 교환하는 공간이다. 이 공간은 물리적 장소를 의미할 수도 있지만, 더 넓게는 수요와 공급이 만나 거래가 성사되는 모든 구조적 환경을 포함한다. 전체 시장의 수요는 특정 제품이나 서비스에 대해 구매자들이 지불할 의사가 있는 금액을 바탕으로 집계된 누적 수요로 표현된다. 이는 마케팅 전략 수립의 출발점이 된다.

시장 분석에서는 네 가지 핵심 기준이 필요하다.

첫째, 측정 가능성. 시장의 규모와 구조, 고객 특성을 수치화하고 분석할 수 있어야 한다.

둘째, 접근성. 제품을 시장에 효율적으로 전달할 수 있는 유통 경로가 확보돼 있어야 한다.

셋째, 수익성. 해당 시장이 일정 수준 이상의 수익을 창출할 수 있는 구조를 갖춰야 한다.

넷째, 안정성. 단기 수요에 그치지 않고, 중장기적으로 유지 및 성장 가능성이 있어야 한다.

여기에 더해 정치적 안정성도 고려 대상이다. 예를 들어, 공장 국유화 가능성이나 정부 규제로 인해 사업이 위협받을 수 있는 지역은 높은 리스크를 동반한다. 시장 진입은 단순히 수요가 존재하는지를 넘어서, 그 시장이 실제로 비즈니스를 지속할 수 있는 환경인지까지 고려해야 한다.

시장 선택 이후에는 다음과 같은 전략적 접근이 가능하다.

- **마케팅 전략의 재구성.** 기존 제품의 사용 맥락을 새롭게 정의하는 방식이다. 예컨대, 간장을 단순 조미료가 아닌 '소스'로 재포지셔닝해 판매량을 늘린 사례가 여기에 해당한다.
- **제품 포장의 변화.** 유통 및 소비 단위를 조정해 새로운 시장을 공략하는 전략이다. 대형 캔만 제공하던 식품 가공업체가 소형 포장을 도입해 일반 고객층을 공략한 사례처럼, 포장 변경만으로도 타깃 시장을 넓힐 수 있다.
- **커뮤니케이션 채널의 전환.** 기존 채널 외에 새로운 홍보 수단을 도입하는 전략이다. 인플루언서를 활용한 마케팅이나 소셜 미디어 캠페인은 젊은 세대나 디지털 네이티브에게 효과적인 방법이다.
- **지리적 확장.** 기존 시장 외의 새로운 지역으로 확장하는 방식이다. 동남아 시장처럼 소비 성향이 다르지만 성장성이 높은 시장에 진입하여 현지화 전략으로 성과를 낸 사례가 대표적이다.

이처럼 시장 진입 전략은 단일 요인이 아니라, 다양한 요소의 조합과 조정에 따라 결정된다. 성공적인 진입은 시장 특성을 정확히 파악하고, 고객의 기대와 조건 변화에 민첩하게 대응하는 역량에 달려 있다. 정밀한 분석과 유연한 실행 전략이 시장 선도 기업으로 나아가는 핵심 열쇠다.

직접 경험에 기반한 레드버스

레드버스(Redbus)의 출발점은 창업가 파닌드라 사마의 개인적인 불편에서 비롯되었다. 인도 벵갈루루에서 휴가 시즌 중 극심한 교통 체증에 발이 묶인 그는, 버스 티켓 창구에 제시간에 도착하지 못해 가족 여행 계획을 망칠 위기에 처했다. 이 경험은 수많은 사람들이 일상적으로 겪는 구조적 문제라는 사실을 자각하게 했고, 이는 곧 새로운 사업 아이디어로 이어졌다.

사마는 버스 티켓 예약이 너무 불편하다는 문제에 주목했다. 항공권처럼 손쉽게 예약하고, 다양한 옵션을 비교할 수 있는 시스템이 버스 산업에는 전무했기 때문이다. 특히 그는, 버스 시간표나 좌석 상황을 쉽게 확인할 수 없고, 돌아오는 티켓을 사전에 구입할 수 없는 점이 핵심 페인포인트라는 사실을 발견했다.

이 아이디어를 구체화하기 위해 사마는 대학 동기들과 함께 현장 조사를 시작했다. 다수의 버스 운영사와 고객, 그리고 잠재 투자자와 인터뷰를 진행하며 문제의 본질을 파악했다. 조사 결과, 버스 운영사들은 자사 노선만 안내하고 다른 업체의 정보를 공유하지 않는 폐쇄적인 구조였고, 이에 따라 승객들은 불편과 정보 부족을 겪고 있었다.

레드버스는 바로 이 지점에서 해법을 제시했다. 다양한 운영사의 실시간 버스 시간표, 좌석 정보, 예약 가능 여부를 통합한 플랫폼을 구축해 고객이 직접 비교하고 선택할 수 있도록 했다. 이 시스템은 고객에게 편리함과 투명성을 제공하는 동시에, 운영사에게는 새로운 고객 접점을 제공하며 이익을 극대화할 수 있는 구조였다.

사마는 이 아이디어를 가지고 공동 창업가와 함께 인도 창업 지원 단체 TIE(The Indus Entrepreneurs)에 참가해 초기 자금을 확보했다. 이후 벵갈루루에 첫 사무실을 열고, 60개 목적지에 한정된 서비스로 시작했다. 하지만 곧 엔젤 투자를 추가로 유치했고, 서비스를 빠르게 확장하며 주요 도시에 새로운 사무실을 열 수 있었다. 이런 초기 단계의 성과는 레드버스를 인도 온라인 버스 예약 시장의 선두 주자로 이끄는 결정적 기반이 되었다.

레드버스의 사례는, 개인적인 문제 인식에서 출발한 아이디어가 철저한 현장 조사와 구조적 문제 해결로 이어졌을 때, 어떻게 시장을 바꾸는 강력한 플랫폼으로 발전할 수 있는지를 보여 준다. 먼저 고객의 불편을 정의하고, 그 해결을 위한 시스템을 설계한 접근이 시장 선도의 핵심 전략이 되었다.

시장 세분화 기법

창업 마케팅의 핵심은 시장을 얼마나 정확히 정의하느냐에 달려 있다. 시장 세분화는 다양한 고객군을 파악하고, 각 세그먼트에 맞춘 전략을 설계하기 위한 필수 과정이다. 목표 시장이 명확해지면, 제품 개발, 유통 경로 설계, 프로모션 전략, 가격 정책까지 마케팅 믹스 전반이 효과적으로 작동할 수 있다.

시장 세분화는 보통 과소하게 이루어지는 경우보다 과대하게 정의되는 경우가 더 많다. 하지만 반대로 지나치게 좁은 시장을 타깃으로 삼으면 의미 있는 고객 규모를 확보하기 어려울 수 있으므로, 실행 가능성과 수익성을 고려한 적절한 수준의 세분화가 필요하다.

세분화 기준	시장 유형		
	개인	기업	정부
인구 통계적	연령, 가족 규모, 교육 수준, 소득, 국적, 직업, 인종, 종교, 거주지, 성별, 사회 계층	직원 수, 매출 규모, 이익 규모, 제품/서비스 라인 유형	기관 유형, 예산 규모, 자율성 정도
지리적	지역, 도시, 시장 밀도, 기후	지역, 도시	중앙정부, 지방정부
심리적	성격 특성, 동기, 생활 방식	산업 리더십 정도	미래 지향적 사고 정도
혜택	내구성, 신뢰성, 경제성, 자존감 향상, 소유로 인한 지위, 편리함	신뢰성, 판매자 및 지원 서비스의 신뢰성, 운영 또는 사용의 효율성, 기업 수익 향상, 내구성	신뢰성, 판매자 및 지원 서비스의 신뢰성
사용량	고, 중, 저	고, 중, 저	고, 중, 저
핵심 요소 세분화	판매 촉진, 가격, 광고, 보증, 보증서, 서비스, 제품/서비스 속성, 판매자의 평판	가격, 서비스, 보증, 판매자의 평판	가격, 판매자의 평판

[도표 4.1] 시장 유형에 따른 시장 세분화 기준

B2C, B2B, B2G를 포함한 모든 시장에서 적용할 수 있는 세분화 기준은 다음 여섯 가지다.

- 인구 통계적 기준
- 지리적 기준
- 심리적 기준
- 혜택 기준
- 사용량 기준
- 핵심 요소 기준

이 중에서도 가장 보편적으로 활용되는 것이 인구 통계적 세분화다.

인구 통계적 세분화

인구 통계적 세분화는 연령, 성별, 소득, 직업, 교육 수준 등 구체적인 인구 특성을 기준으로 시장을 나누는 방식이다. 고객의 구매력, 소비 성향, 생활 습관이 이 변수들과 밀접하게 연결되어 있기 때문에 활용도가 높다. 미국 인구조사국, 산업통계, 무역 관련 데이터베이스 등에서 쉽게 접근 가능한 공공 데이터를 활용하면 초기 분석에 매우 유리하다.

특히, 창업가는 설문조사를 통해 자신만의 기초 데이터를 수집할 수도 있다. 예컨대, 냉동 시리얼 고객을 대상으로 한 조사를 진행할 경우, '최근 3일간 냉동 시리얼을 먹은 적이 있습니까?'와 같은 질문을 통해 필터링하고, 응답자의 연령, 성별, 소득 수준 등 추가 정보를 수집하면 유의미한 시장 프로파일이 형성된다.

이처럼 인구 통계적 세분화는 시장을 수치화하고 구조화할 수 있다는 점에서 스타트업에 매우 유용한 도구다. 명확한 수치와 구체적 특성을 기반으로 전략을 설계할 수 있기 때문에, 이후의 제품 기획이나 마케팅 타깃 설정 과정이 한층 수월해진다. 세분화된 각 시장군은 '누구에게 팔 것인가'라는 질문에 구체적으로 답하는 기반이 된다.

지리적 세분화

지리적 세분화는 국가, 지역, 도시, 시·군 단위 등 물리적 위치를 기준으로 시장을 나누는 방식이다. 각 지역의 인구 구성, 생활 패턴, 인프라, 유통 여건 등이 다르기 때문에, 지역 단위로 차별화된 마케팅 전략을 세우는 데 효과적이다. 특히 물류비, 유통망, 접근성 같은 요소는 시장 접근 가능성과 직결되므로, 초기 시장 진입 전략에서 중요한 기준이 된다.

예를 들어, 수도권에 생산 시설을 둔 한식 가정간편식 브랜드는 물류비용을 최소화하고 빠른 배송을 실현함으로써, 서울 및 경기 지역에서 경쟁 우위를 확보할 수 있었다. 이는 단순한 물류 효율성 확보를 넘어, 지역 기반 고객에게 높은 서비스 품질을 제공함으로써 브랜드 신뢰를 쌓는 전략으로도 연결된다.

또한, 산업협회나 통계청 자료 등에서 제공하는 지역 단위의 산업 데이터, 고객 밀집도, 유통망 현황 등을 기반으로 시장을 구체적으로 분석할 수 있다. 이렇게 수집된 데이터를 활용해 지역별 고객 특성에 맞춘 제품 구성, 가격 전략, 프로모션 방식을 차별화하면 시장 침투 속도와 효율성을 높일 수 있다.

브랜드 충성도 세분화

브랜드 충성도 세분화는 고객이 특정 브랜드에 얼마나 지속적으로 애착을 갖고 반복 구매하는지를 기준으로 시장을 나누는 방식이다. 고객이 브랜드에 대해 어떤 수준의 신뢰와 만족을 느끼는지를 파악함으로써, 장기 고객 확보 전략을 구체화할 수 있다.

제품 유형에 따라 충성도의 정도는 다르게 나타난다. 예를 들어, 치약처럼 일상적이고 반복적으로 소비되는 제품은 브랜드 충성도가 높은 편이다. 한 번 선호하는 브랜드를 정하면 쉽게 바꾸지 않기 때문이다. 반면, 스낵이나 냉동식품처럼 브랜드 간 대체가 쉬운 제품은 충성도가 낮은 편이다.

B2B 시장에서도 브랜드 충성도는 중요하게 작용한다. 예컨대, 은행이나 보험 같은 금융 서비스는 높은 신뢰 기반 위에서 거래가 이루어지기 때문에 충성도가 높은 편이다. 반면, 세탁소나 인쇄 서비스 같은 단기성, 위치 기반 서비스는 상대적으로 충성도가 낮다.

충성도가 높은 고객층은 마케팅 효율이 높고, 이탈률이 낮으며, 브랜드에 대한 입소문 효과도 강하다. 따라서 이들을 위한 전용 혜택, 멤버십 프로그램, 개인화된 커뮤니케이션 전략 등을 활용해 충성도를 강화할 필요가 있다. 브랜드 충성도 세분화는 단기 매출 증가보다는 장기 고객 생애가치를 높이는 전략과 연결되어야 한다.

인지 차이 세분화

인지 차이 세분화는 고객이 제품 간 차이를 얼마나 명확하게 인식하는지를 기준으로 시장을 나누는 방법이다. 이 방식은 단순한 선호 조사가 아니라, 특정 제품이 경쟁 제품과 비교해 얼마나 '구별 가능'한지를 평가하는 데 초점이 있다. 고객이 브랜드 간 차이를 뚜렷하게 인식할 수 없다면, 해당 시장은 가격 중심의 경쟁으로 흐르기 쉽고, 반대로 차이를 분명히 인식한다면 브랜드 간 차별화 전략이 효과적으로 작동할 수 있다.

예를 들어, 코카콜라와 펩시의 경우 많은 고객이 두 브랜드의 맛과 감성을 구분할 수 있다고 인식한다. 이는 단순한 제품 특성 차이뿐 아니라, 광고 스타일, 패키징 디자인, 브랜드 이미지 등 전반적인 커뮤니케이션 전략에 의해 형성된다. 이처럼 인지 차이를 강화하는 요소는 마케팅 전략의 핵심이 되며, 브랜드의 고유성과 독창성을 유지하는 데 도움이 된다.

인지 차이 세분화는 브랜드 포지셔닝을 설계할 때 특히 유용하다. 고객이 어떤 지점을 기준으로 제품을 구분하는지를 파악하면, 그 인식을 강화하거나 재구성할 수 있는 전략적 기반이 마련된다.

핵심 요소 세분화

핵심 요소 세분화는 제품이나 서비스의 성공에 결정적 영향을 미치는 '고객이 중시하는 가치'를 기준으로 시장을 구분하는 방식이다. 이는 고객이 구매 결정을 내릴 때 무엇을 가장 중요하게 생각하는지를 파악하고, 이에 맞춰 제품을 설계하거나 포지셔닝 전략을 수립하는 데 활용된다.

> **핵심 기능만 남긴 인스타그램**
>
> 인스타그램은 복잡한 기능보다 핵심 경험에 집중한 전략으로 성공을 거둔 대표적인 사례다. 창업가 케빈 시스트롬과 마이크 크리거는 처음에 '버번(Burbn)'이라는 위치 기반 체크인 앱을 개발했다. 하지만 다양한 기능을 한데 묶은 이 앱은 사용자에게 혼란을 주었고, 명확한 사용 목적을 전달하지 못했다.
>
> 출시 후 이들은 빠르게 시장 반응을 수집하고 분석했다. 그 결과, 사용자가 진정으로 반응하는 기능은 '사진 공유'와 그에 대한 '좋아요', '댓글'이라는 사실을 확인했다. 이에 따라 대부분의 부가 기능을 과감히 제거하고, 핵심 기능만을 남긴 채 앱을 재구성했다. 이렇게 탄생한 것이 바로 '인스타그램'이다.
>
> 이 단순화 전략은 사용자 경험을 극적으로 개선했다. 불필요한 기능 없이 사진에만 집중할 수

> 있도록 하면서, 사용자 간의 상호작용도 직관적으로 이루어지게 만들었다. 명확한 목적성과 간결한 UI는 빠른 사용자 확산을 가능케 했고, 2012년에는 페이스북이 약 7억 5천만 달러에 인스타그램을 인수했다.
>
> 이 사례는 단순함이 결코 부족함이 아니라는 점을 보여 준다. 시장의 반응에 따라 복잡한 기능을 과감히 덜어내고, 고객이 진정으로 원하는 경험에 집중한 전략이 인스타그램을 세계적인 플랫폼으로 성장시킨 핵심 동력이었다. 스타트업에 주는 교훈은 명확하다. 무엇을 더할 것인가보다, 무엇을 덜어낼 것인가에 대한 판단이 때로는 더 중요하다.

예를 들어, 손목시계 시장은 기능, 품질, 브랜드라는 세 가지 핵심 요소에 따라 다음과 같이 세분화할 수 있다.

- **기능 중심형 고객.** 시간 확인이라는 기본 기능에 집중하며, 저렴한 가격을 선호한다.
- **품질 중심형 고객.** 내구성과 정확성을 중시하고, 합리적인 가격 대비 높은 성능을 기대한다.
- **브랜드 중심형 고객.** 브랜드의 상징성과 사회적 지위를 중요하게 여기며, 프리미엄 가격도 기꺼이 낸다.

타이멕스는 이 중 첫 번째 그룹, 즉 실용성과 가격을 중시하는 고객을 타깃으로 삼아 시장에서 안정적인 입지를 확보했다. 반대로 롤렉스는 브랜드의 상징성과 프레스티지를 핵심 가치로 내세워 프리미엄 고객층을 공략하고 있다.

핵심 요소 세분화는 단순히 고객을 구분하는 데 그치지 않고, 시장 기회의 크기와 미개척 영역을 식별하는 데도 유용하다. 어떤 고객층이 과소 공급 상태에 있는지를 파악하면, 해당 세그먼트를 겨냥한 제품 개발이나 마케팅 전략을 통해 새로운 시장을 창출할 수 있다. 이 방식은 스타트업이 자원을 집중할 영역을 전략적으로 선택하는 데 매우 효과적인 접근법이다.

제품·서비스 세분화

제품·서비스 세분화는 아직 채워지지 않은 고객 니즈를 발견하고, 새로운 시장 기회를 발굴하는 데 유용한 전략이다. 대부분의 기업은 정규 분포 곡선의 중심에 있는 대중적 고객층을 공략하며, 시장의 평균 취향에 맞춘 제품을 개발한다. 그러나 이 과정에서 곡선의 양극단에 있는 소수의 특화된 고객은 종종 무시되거나 방치된다.

예를 들어, 초콜릿 시장에서는 일반적으로 다수의 입맛에 맞춘 당도 조절이 이뤄지지만, 극단적으로 진한 맛이나 아주 연한 맛을 선호하는 고객은 선택지가 제한된다. 제품·서비스 세분화를 통해 기업은 이러한 틈새 수요를 파악하고, 대중 브랜드가 채우지 못한 공백을 정밀하게 공략할 수 있다.

이러한 특화 제품이 기존 브랜드보다 더 높은 고객 만족도를 끌어낸다면, 이는 제품이 더 정밀하게 고객의 기대를 충족하고 있음을 의미한다. 경쟁자가 간과한 틈새시장에서 차별화된 브랜드 포지셔닝을 확보할 수 있으며, 이는 곧 경쟁우위로 연결된다. 제품·서비스 세분화는 특히 자원이 제한된 스타트업이 대형 기업과 차별화된 방식으로 시장에 진입하는 데 효과적인 전략이다.

심리적 세분화

심리적 세분화는 고객의 가치관, 태도, 라이프스타일, 사회적 정체성 등을 기준으로 시장을 나누는 방식이다. 이 접근은 고객의 외형적 특성보다 내면의 동기와 심리적 경향에 주목하며, 마케팅 메시지를 정교화하고 브랜드의 감성적 연결을 강화하는 데 유리하다.

이 방식은 대규모 설문조사와 통계적 분석을 기반으로 작동한다. 요인 분석을 통해 주요 태도나 가치 지표를 추출하고, 군집 분석을 통해 유사한 심리적 특성을 가진 집단을 식별한다. 예를 들어, '자수성가형 사업가', '안정지향적 전문가', '트렌디한 고객'과 같은 군집으로 분류할 수 있다.

이러한 군집에 표적화하여 브랜드 메시지, 제품 포지셔닝, 패키지 디자인, 광고 커뮤니케이션 등을 차별화하면 마케팅 자원의 효율을 극대화할 수 있다. 다만, 군집별 전략이 항상 최선은 아니다. 특정 군집을 겨냥한 마케팅보다 통합된 메시지가 더 큰 반응을 끌어내는 경우도 존재한다.

심리적 세분화는 고객 군의 다면적인 욕구를 이해하는 데 뛰어난 도구지만, 전략 적용 시에는 군집 간 공통 요소와 차별 요소를 균형 있게 고려해야 한다. 군집화 자체보다 중요한 건, 각 군집의 특성을 실제 마케팅 실행에 얼마나 정교하게 반영할 수 있는가이다.

시장 경쟁 분석

시장 경쟁 분석은 스타트업이 전략적으로 시장에 접근하고, 차별화된 마케팅 전략을 수립하기 위한 핵심 절차다. 이 분석을 통해 산업의 구조와 경쟁 구도를 파악하고, 자사의 제품이나 서비스가 어떤 위치에 있는지 명확하게 이해할 수 있다. 특히 초기 단계의 스타트업에는 시장의 큰 흐름과 경쟁사의 움직임을 체계적으로 읽는 것이 필수적이다.

경쟁 분석은 일반적으로 '역피라미드' 방식으로 진행된다. 먼저 산업 전반의 거시적인 트렌드를 파악하고, 이후 국가적·지역적 수준으로 분석 범위를 좁혀 나간다. 국제 시장의 수요 변화, 국내 산업 정책, 지역 시장의 소비 특성 등 계층별로 정보를 구조화함으로써, 보다 실질적인 경쟁 전략을 도출할 수 있다.

정보 수집에는 이차 자료와 일차 조사가 모두 활용된다. 신문 기사, 기업 웹사이트, 보고서, 제품 카탈로그, 판촉 자료 등은 경쟁사의 전략 방향과 시장 포지션을 가늠할 수 있는 초기 단서가 된다. 여기에 고객 인터뷰, 설문조사, 경쟁사 고객의 피드백 등을 더하면 실질적인 차별화 기회를 포착할 수 있다.

분석의 핵심은 경쟁사의 강점과 약점을 분명히 드러내는 것이다. 이를 위해 경쟁사의 핵심 전략, 타깃 고객, 유통구조, 가격 정책, 브랜드 포지셔닝 등을 체계적으로 정리해야 한다. 산업 보고서, 무역 협회 자료, 정부 통계, 검색 엔진과 무역 전문지 등의 자료도 유용하다. 스타트업은 이런 정보 기반 위에서 자신만의 전략적 포지션을 구축할 수 있다.

평가 요소	경쟁사 A	경쟁사 B	경쟁사 C
제품·서비스 전략	고품질 제품에 집중, 프리미엄 이미지 강화	고품질 제품에 집중, 프리미엄 이미지 강화	다양한 제품군을 제공하지만 품질 관리에 약점 존재
가격 전략	높은 가격 정책, 프리미엄 전략 고수	높은 가격 정책, 프리미엄 전략 고수	중간 가격대, 가격 대비 높은 가치를 제공
유통 전략	고급 유통망 사용, 백화점·전문점 위주	고급 유통망 사용, 백화점 및 전문점 위주	온라인과 오프라인 균형 잡힌 유통망 구축
홍보 전략	주로 전통 매체 광고, 명성 있는 인플루언서 활용	주로 전통 매체 광고, 명성 있는 인플루언서 활용	소셜 미디어 마케팅, 젊은 층 타겟팅
강점	높은 브랜드 가치, 품질 우수성 강조	다양한 제품군과 소셜 미디어 활용 능력	비용 효율적인 온라인 전략과 고객 밀착형 서비스
약점	가격대 높아 고객 진입 장벽 존재	품질 일관성 문제	오프라인 매장 부족, 특정 고객층에 제한적

[도표 4.2] 경쟁자 마케팅 전략 강·약점 평가 예시

경쟁 분석은 경쟁자를 따라가는 작업이 아니다. 산업의 흐름과 경쟁 환경 속에서, 자사만의 경쟁우위를 만들어 내기 위한 기반 구축이다. 분석 결과는 고객 세그먼트별 포지셔닝, 핵심 메시지 개발, 유통 전략, 가격 정책, 브랜드 전략 등에 구체적으로 반영되어야 한다. 즉, 시장 경쟁 분석은 실행 가능한 전략 수립으로 연결되는 실전 중심의 전략적 사고 도구다.

성공적인 창업과 비즈니스 운영을 위해 창업가는 다양한 정보와 외부 지원 자원을 전략적으로 활용해야 한다. 창업 아이디어가 아무리 뛰어나도, 시장 정보, 자금, 네트워크, 실행력 등 여러 요소가 갖춰지지 않으면 지속 가능한 성장을 기대하기 어렵다. 특히 창업 초기에는 공공기관, 민간단체, 산업별 협회 등이 제공하는 다양한 정보와 서비스를 적극적으로 활용할 필요가 있다.

먼저, 정부 기관은 창업가에게 실질적인 지원을 제공하는 중심축이다. 중소벤처기업부는 창업 교육, 멘토링, 컨설팅 등 다층적인 지원 프로그램을 운영하며, 창업가가 아이디어를 현실화할 수 있도록 기반을 마련해 준다. 지역 기반의 소상공인시장진흥공단은 경영 상담과 재무 지원을 통해 스타트업의 기초 체력을 강화하는 데 도움을 준다. 이러한 프로그램을 통해 창업가는 사업계획서를 검토받고, 외부 전문가의 시각에서 피드백을 받을 기회를 얻을 수 있다.

자금 조달과 네트워크 측면에서도 다양한 자원이 존재한다. 한국벤처투자협회는 벤처 캐피털 투자에 관한 정보와 시장 동향을 제공하며, 중소기업진흥공단은 투자자 매칭 프로그램을 통해 창업가가 적절한 투자자와 연결될 수 있도록 돕는다. 이 과정에서 초기 자금 유치뿐 아니라, 장기적인 투자 유치 전략 수립까지 연결될 수 있다.

시장 정보 역시 중요한 자원이다. 국가통계포털, 산업통계 시스템, 지역별 고객 동향 자료는 특정 시장의 구조와 고객의 구매 패턴을 이해하는 데 필수적인 도구다. 여기에 한국정보통신기술협회와 같은 전문 기관은 특정 기술 산업에 대한 심층 데이터를 제공하며, 테크 스타트업이 산업 구조를 분석하고 기술 동향을 이해하는 데 실질적인 지원을 한다.

경쟁사 분석에서도 공공 데이터와 민간 플랫폼은 강력한 도구가 된다. 대한무역투자진흥공사는 국내외 기업 정보와 산업별 비교 자료를 제공하고, 기업 데이터베이스를 통해 주요 경쟁자의 제품 구성, 유통 전략, 시장 점유율 등을 파악할 수 있게 해 준다. 이를 바탕으로 자사 제품의 포지셔닝을 재정비하고, 마케팅 전략을 세밀하게 조정할 수 있다.

국외 정보 역시 유용하다. 미국 인구조사국, 무역 통계 포털, 국가별 산업 코드 웹사이트 등은 특정 국가의 고객 행태와 산업 특성을 분석하는 데 활용된다. 글로벌 마켓 진출을 계획하는 스타트업에는 이러한 자료가 진입 전략 수립의 핵심 근거가 된다. 더불어, 무역 협회와 업계 전문 출판물은 업계 동향, 시장 기회, 기술 트렌드 등을 빠르게 파악할 수 있는 유용한 채널이다.

정보와 자원을 어떻게 활용하느냐가 창업가의 전략 역량을 결정짓는다. 수많은 지원 프로그램과 정보 채널은 단순히 '열람하는 것'에 그치는 것이 아니라, 실제 비즈니스 의사결정과 실행 전략에 통합되어야 한다. 창업 초기 단계일수록 이러한 자원을 빠르고 정확하게 활용할수록 경쟁력은 배가 된다. 창업가는 이러한 자원과 네트워크를 토대로 시장을 구조화하고, 자신만의 비즈니스 모델을 정교하게 다듬어 나갈 수 있어야 한다. 이는 단순한 정보 수집이 아니라, 전략적 실행 기반을 구축하는 과정이다.

고객 가치

고객 가치는 스타트업 비즈니스의 성패를 좌우하는 핵심 개념이다. 제품이나 서비스의 기능적 성능만으로 고객을 설득하기 어려운 시대에서, 고객이 체감하는 가치는 단순한 가격 대비 효율이 아니라, 전체 경험의 질로 결정된다. 고객은 구매 과정, 사용 경험, 사후 지원까지 모든 접점을 종합적으로 평가하며, 이러한 가치 인식이 구매 결정과 충성도 형성에 직접적인 영향을 준다.

기술 창업가에게 가장 중요한 질문은 "우리 제품이 고객에게 어떤 가치를 제공하는가?"이다. 이는 단순히 기술적 우수성을 증명하는 것이 아니라, 고객이 그 제품을 통해 어떤 문제를 해결하고, 어떤 효용을 경험하는지를 중심으로 설명되어야 한다. 경쟁 제품과의 차별점은 가격이나 기능이 아닌, 고객이 느끼는 총체적 만족에서 나온다.

특히 B2B 시장에서는 가치가 단발성 구매보다 장기적 관계와 신뢰에 기반해 형성된다. 기술적 품질, 유지보수 지원, 신속한 대응, 커스터마이징 가능성 등 복합적 요소들이 가치를 구성하며, 파트너십이 축적될수록 그 가치도 함께 증폭된다. 이러한 관계는 거래의 각 단계에서 측정 가능해야 하며, 이를 통해 고객과의 관계를 전략적으로 강화할 수 있다.

고객 가치는 제품 자체의 속성을 넘어서, 전후방 경험을 모두 포함하는 총합이다. 품질 좋은 제품이라 해도, 구매 이후의 기술 지원이나 고객 응대가 미흡하다면 고객 가치는 빠르게 하락한다. 반대로, 유사한 성능의 제품이라도 더 나은 사용자 경험과 신뢰 기반의 서비스가 동반되면 고객은 그 제품에 더 높은 가치를 부여한다.

또한 고객은 각기 다른 가치 기준을 갖는다. 어떤 고객은 가격 대비 효율을 중시하고, 다른 고객은 제품의 안정성과 공급자의 신뢰성을 우선시한다. 기술 창업가는 각 세그먼트의 요구를 정확히 읽고, 이에 맞는 가치 제안을 설계해야 한다. 이는 단순히 제품의 USP(Unique Selling Proposition)를 정리하는 수준이 아니라, 고객의 기대를 넘어서는 방식으로 가치를 제안하는 전략적 행위다.

궁극적으로 고객 가치는 '이점(benefit)'과 '희생(sacrifice)'의 균형에서 형성된다. 고객이 얻는 효용이 지불한 비용, 시간, 불편보다 크다고 느껴야만 제품은 선택된다. 따라서 기술 창업가는 이 균형을 정교하게 설계해야 하며, 구매 전·중·후의 고객 경험을 일관되게 관리해야 한다. 이는 단순한 첫 구매를 넘어서, 반복 구매와 장기 관계로 이어지는 기반이 되며, 테크 스타트업의 지속 가능한 성장에도 핵심 동력으로 작용한다.

고객 가치에 집중한 슬랙 사례

슬랙(Slack)은 단순한 메시징 툴을 넘어, 고객 가치를 중심으로 시장에 자리 잡은 대표적인 스타트업이다. 팀 내 협업을 혁신적으로 개선한 이 플랫폼은, 사용자의 요구를 정확히 파악하고 이를 해결하는 방식으로 빠른 성장과 높은 충성도를 끌어냈다.

- 사용자 친화적 경험 설계. 슬랙은 이메일 중심의 복잡한 커뮤니케이션 방식에 불편함을 느끼던 기업 고객의 페인포인트를 정확히 짚었다. 이를 해결하기 위해 직관적이고 효율적인 UI/UX를 개발했다. 채널 기반 소통, 실시간 알림, 간편한 검색 기능 등은 사용자가 최소한의 학습만으로도 쉽게 적응할 수 있도록 설계되었고, 이는 자연스럽게 긍정적인 사용자 경험으로 연결되었다.

- 통합 기능을 통한 업무 집중도 향상. 슬랙은 구글 드라이브, 드롭박스, 세일즈포스 등 다양한 외부 툴과의 통합 기능을 제공했다. 사용자는 여러 플랫폼을 오갈 필요 없이 슬랙 내에서 모든 업무를 관리할 수 있었고, 이는 곧 업무 집중도와 생산성 향상으로 이어졌다. 기술 자체보다 고객의 작업 흐름을 이해하고 이를 설계에 반영한 점이 슬랙의 큰 강점이었다.

- 피드백 기반의 지속적 개선. 슬랙은 기능 개선에 있어 고객 피드백을 적극 반영했다. 버그 수정이나 UI 조정에 그치지 않고, 고객이 실제로 불편해했던 지점에 대한 빠른 대응과 개선으로 신뢰를 확보했다. 특히 B2B 고객이 중시하는 안정성과 지원 체계에서 슬랙은 민첩

하고 일관된 대응을 보여 주었다.
- 유료 전환을 유도하는 구독 모델. 슬랙은 기본 기능이 제공되는 무료 플랜을 통해 사용자의 초기 경험 진입 장벽을 낮췄다. 이후 필요에 따라 파일 저장 용량, 검색 기록 보존, 고급 보안 기능 등 추가 기능을 제공하는 유료 플랜으로 자연스럽게 전환되도록 유도했다. 이는 단기 매출 확보보다 고객 가치 인식을 먼저 만들고, 이후 반복 구매로 이어지게 한 전략이었다.

슬랙은 고객 중심 설계, 통합된 사용 경험, 빠른 대응력, 전략적 수익 모델이라는 네 가지 축을 바탕으로 단기간에 기업 협업 시장의 표준 도구로 자리 잡았다. 기술의 경쟁력이 아닌 '고객이 체감하는 가치'를 중심에 둔 전략이 슬랙을 277억 달러 규모의 인수로 이어지게 만든 핵심 기반이었다. 이는 테크 스타트업이 고객 가치에 집중할 때 어떤 시장 지배력을 확보할 수 있는지를 보여 주는 모범적 사례다.

구매 과정의 단계

구매 과정은 고객이 필요를 인식하는 순간부터 실제 구매 후의 행동에 이르기까지 일련의 논리적·심리적 절차로 구성된다. 이 과정은 단순한 제품 선택이 아니라, 고객과 브랜드가 연결되는 핵심 접점이며, 각 단계에서의 경험이 고객 만족과 충성도 형성에 결정적인 영향을 미친다.

- **필요 인식.** 구매는 언제나 어떤 '결핍'을 인식하는 순간에서 출발한다. 이 자극은 내부에서 올 수도 있고, 외부에서 유입될 수도 있다. 내부 자극은 배고픔, 피로, 불편함과 같은 생리적·정서적 욕구이고, 외부 자극은 광고, 소셜 미디어, 타인의 구매 경험, 혹은 신제품의 등장과 같은 외부 환경의 변화다. 이 욕구가 충분히 강하고 구체적일 때 비로소 구매 행동이 시작된다.
- **정보 탐색.** 필요가 인식되면, 고객은 그 결핍을 해결할 수 있는 제품

이나 서비스를 찾기 위한 정보 탐색에 들어간다. 이는 수동적 탐색과 적극적 탐색으로 구분된다. 수동적 탐색은 일상적인 정보 노출에서 자연스럽게 관심을 가지는 상태이며, 적극적 탐색은 구매 욕구가 분명해져서 능동적으로 정보를 찾아보는 단계다. 이때 고객은 친구나 가족의 조언, 광고, 제품 리뷰, 고객 보고서, 과거의 개인 경험 등 다양한 출처에서 정보를 수집한다.

- **대안 평가.** 정보가 충분히 수집되면, 구매자는 여러 제품이나 서비스를 비교하며 자신의 요구에 가장 적합한 대안을 고른다. 이 과정은 객관적 요소(성능, 가격, 내구성 등)와 주관적 요소(디자인, 브랜드 이미지, 감성적 만족 등)를 함께 고려한다. 각 고객의 가치 기준에 따라 비교 기준은 달라질 수 있다. 가격에 민감한 고객은 '가성비'를 중시하고, 품질 중심 고객은 '신뢰성'과 '내구성'을 우선적으로 본다.
- **구매 결정.** 구매자가 특정 대안을 선택할 준비가 되었더라도, 실제 구매 행동으로 이어지는 데에는 여전히 변수들이 존재한다. 주변 사람의 조언, 경기 상황, 갑작스러운 가격 변화, 대체재 등장 등은 구매 결정을 지연시키거나 변경시키는 요인이 된다. 또한, 쇼핑몰 결제 시스템의 불편함이나 배송 옵션 부족과 같은 외부 요인도 결정에 영향을 줄 수 있다.
- **구매 후 행동.** 제품을 구매한 뒤의 경험은 이후의 재구매, 추천, 충성도로 이어질 수 있다. 만족한 고객은 긍정적인 피드백을 남기고 자연스럽게 입소문을 낸다. 반면, 기대와 실제 경험 사이에 큰 차이가 생기면 인지 부조화가 발생하고, 이는 고객 이탈로 이어질 수 있다. 따라서 기업은 구매 이후에도 지속적인 고객 관리, 피드백 수집, 문제

해결을 통해 긍정적인 브랜드 경험을 설계해야 한다.

구매 과정은 브랜드와 고객이 관계를 맺는 심리적 여정이다. 테크 스타트업은 이 과정을 정밀하게 분석하고, 각 단계에서 고객 경험을 체계적으로 설계함으로써 고객 확보와 장기 충성도를 동시에 달성할 수 있다.

핵심 정리

시장 선도 전략은 단순히 좋은 제품을 만드는 것을 넘어, 시장이라는 구조 속에서 거래가 어떻게 이루어지고 신뢰가 어떻게 형성되는지를 이해하는 것에서 출발한다. 시장은 시간, 형태, 장소, 소유라는 네 가지 유틸리티를 통해 작동하며, 이 메커니즘이 충족되지 않으면 거래는 성립되지 않는다. 제품 중심이 아닌 거래 관계 중심의 시각에서 시장을 설계하는 것이 스타트업이 선도자로 성장하는 핵심 전략이 된다.

시장 진입을 위한 분석은 측정 가능성, 접근성, 수익성, 안정성 네 가지 기준을 충족해야 하며, 이에 기반한 마케팅 전략 재구성, 포장 방식의 변화, 커뮤니케이션 채널 전환, 지리적 확장 등을 통해 시장의 문턱을 낮추는 실행 전략이 요구된다. 특히 유연한 대응과 전략적 조정 능력은 시장 진입의 성패를 가르는 중요한 요소다.

시장 세분화는 고객을 보다 정교하게 이해하고 전략을 맞춤형으로 설계하기 위한 기반이다. 인구 통계, 지리, 심리, 사용량, 혜택, 브랜드 충성도, 인지 차이, 핵심 요소 등을 기준으로 다양한 방식의 세분화가 가능하며, 이는 제품 개발, 가격 설정, 유통 전략, 광고 메시지 등에 실질적 영향을 미친다. 스타트업은 이러한 세분화를 통해 자원을 집중하고, 타깃 고객에게 명확한 가치를 전달할 수 있는 전략을 수립할 수 있다.

시장 경쟁 분석은 외부 환경을 분석하는 데 그치지 않고, 자사만의 차별화 전략을 설계하는 기초가 된다. 거시적 산업 흐름부터 경쟁자의 전략, 유통 구조, 브랜드 포지셔닝, 약점 등을 체계적으로 분석함으로써 실행 가능한 포지셔닝 전략이 도출된다. 이 분석은 창업자가 외부 자원과 공공 데이터를 전략적 의사결정에 통합하는 데 핵심적인 역할을 한다.

고객 가치는 제품의 기능을 넘어서 전반적인 고객 경험을 기반으로 형성된다. 스타트업은 고객이 체감하는 효용이 지불 비용보다 크다고 인식할 수 있도록 설계해야 하며, 이를 위해 구매 전-중-후의 모든 접점에서 일관된 가치 제공이 필요하다. 이는 단기 구매를 넘어 장기적인 충성도로 이어지며, 스타트업의 지속 성장 기반을 형성한다.

고객의 구매 결정 과정은 필요 인식, 정보 탐색, 대안 평가, 구매 결정, 구매 후 행동의 단계로 구성되며, 이 전체 여정을 정밀하게 설계할 때 비로소 브랜드와 고객의 연결이 강화된다. 각 단계에서 고객 경험을 구조화함으로써 스타트업은 단지 제품을 판매하는 수준을 넘어 고객과의 관계를 구축하는 전략을 완성할 수 있다.

시장 선도 전략은 제품의 우수성만으로 설명될 수 없다. 시장 구조에 대한 이해, 고객 세분화에 기반한 실행 전략, 경쟁 분석을 통한 차별화, 고객 가치 중심의 설계, 구매 여정의 정밀한 구성, 그리고 자금 전략의 구조화가 통합될 때, 기술 창업가는 시장 내에서 지속 가능한 위치를 확보할 수 있다. 이는 단순한 마케팅의 문제가 아니라, 창업 전략 전반을 관통하는 실행 설계의 문제다.

창업가의 질문

Q1. 제품이나 서비스를 만들고 난 뒤에도, '시장에 어떻게 진입할 것인가'는 여전히 막막한 과제로 느껴집니다. 교수님께서는 시장을 거래 방식과 신뢰 수준으로 구분해 설명하셨는데, 이를 창업 초기 단계에서 어떻게 적용할 수 있을까요? 제가 만든 제품이 어느 유형의 거래 구조에 해당하는지 판단하는 기준이 궁금합니다.

교수의 답변. 좋은 질문입니다. 시장은 단순히 물건을 사고파는 공간이 아니라, '신뢰'를 어떻게 형성하느냐에 따라 거래 방식이 달라집니다. 설명 기반 시장에서는 정보 비대칭이 크기 때문에 제품의 기술력, 리뷰, 전문가 인증, 고객 스토리가 매우 중요해지고, 샘플 기반 시장에서는 체험 기회와 감각적 전달이 핵심입니다. 초기 창업가는 자신의 제품이 고객에게 얼마나 낯선지, 또는 구매 결정을 위해 어떤 정보를 더 필요로 하는지를 먼저 점검해야 합니다. 예를 들어, 고객이 직접 체험하거나 비교 없이 선택하기 어렵다면, 그건 설명 기반 혹은 샘플 기반 시장일 가능성이 큽니다. 이 판단은 마케팅 전략뿐 아니라 유통, 가격 정책에도 직접적인 영향을 줍니다. 따라서 거래 구조는 제품의 속성뿐 아니라, 고객의 구매 인지 과정과도 긴밀히 연결되어 있다는 점을 기억하셔야 합니다.

Q2. 시장 세분화와 경쟁 분석이 중요하다는 건 알겠지만, 실제로 어떤 기준으로 고객을 나누고 경쟁사를 분석해야 할지 잘 모르겠습니다. 특히 고객도, 경쟁자도 뚜렷하지 않은 새로운 시장에서는 무엇부터 시작해야 할지 막막합니다. 액셀러레이터 입장에서, 초기 창업자가 시장 구조를 읽는 가장 현실적인 출발점은 무엇이라고 생각하시나요?

액셀러레이터의 답변. 현장에서 자주 듣는 고민입니다. 중요한 건 완벽한 분석이 아니라 '구조적 관찰'의 습관을 들이는 것입니다. 새로운 시장이라면 더욱이 고객이 누구인지, 어떤 기준으로 움직이는지부터 작게 관찰해야 합니다. 예를 들어, 고객을 단순히 인구통계로 나누기보다, 사용 맥락이나 해결하려는 문제 중심으로 구분해 보는 것이 훨씬 효과적입니다. 경쟁자 분석도 마찬가지입니다. 직접 경쟁자가 없더라도 '대체 수단'이나 '기존의 불편한 해결 방식'이 반드시 존재합니다. 그 지점을 포착해내는 게 경쟁 분석의 시작입니다. 저희는 고객 인터뷰와 페르소나 모델링, 구매 여정 분석 같은 실전 툴을 활용해 초기 창업가의 시장 시야를 확장하도록 돕습니다. 핵심은 관찰을 통해 시장 구조를 '자기 언어'로 설명할 수 있도록 훈련하는 것입니다.

Q3. 고객 가치를 설계할 때 단순한 제품 기능을 넘어서 구매 경험 전반을 고려해야 한다는 내용이 인상 깊었습니다. 투자자 입장에서 보실 때, 창업가가 고객 경험을 어떻게 설계하고 전달하는지가 실제 투자 판단에 어떤 영향을 미치나요? 기능 중심 설명 외에 어떤 지점에서 설득력을 갖추어야 하는지 궁금합니다.

벤처캐피털리스트의 답변. 아주 중요한 질문입니다. 우리는 창업가가 단순히 '좋은 제품을 만들었다'는 데서 멈추지 않고, 그 제품이 고객에게 '어떻게 받아들여지고 있는가'를 더 주의 깊게 봅니다. 고객 가치란 결국 고객이 무엇을 얻고, 무엇을 포기하는지에 따른 이점과 희생의 균형에서 형성됩니다. 이때 기능적 가치보다 중요한 건 감성적 신뢰, 사용 편의성, 구매 과정에서의 불안 해소 등, 제품을 둘러싼 '총체적 경험'입니다. 만약 창업가가 고객의 구매 여정을 명확히 이해하고, 그 과정에서 신뢰를 어떻게 설계했는지를 구체적으로 설명할 수 있다면, 그 자체가 강한 설득력이 됩니다. 투자는 기술이나 재무 수치만으로 이루어지지 않습니다. 시장 안에서 제품이 어떤 방식으로 신뢰를 얻는지를 설계한 역량이 곧 경쟁력입니다.

Chapter 05

제품 개발 전략

테크 스타트업의 성패는 '누구를 위해 무엇을 만들었는가'에 달려 있다. 시장의 문제를 해결하고 고객의 필요를 정확히 충족시키는 기술 제품이나 서비스를 개발하는 데 있다. 이와 같은 문제 해결이야말로 스타트업이 존재하는 이유이며, 성공의 출발점이 된다.

제품 개발은 창의적인 아이디어를 구체화해 시장에 내놓는 과정이다. 단순히 제품을 만드는 것이 아니라, 시장을 분석하고 전략을 수립해 실행으로 연결하는 전체 과정이다. 이 장에서는 제품 기획부터 개발, 아이디어 구체화에 이르기까지 전반적인 과정을 다룬다. 특히, 혁신적 아이디어를 시장 기회로 전환하기 위해 어떤 평가 기준과 실행 전략이 필요한지를 단계별로 살펴본다.

또한, 기술 창업에서 '새로움'과 '혁신'이 갖는 의미를 되짚고, 이 '새로움'과 '혁신'의 개념이 제품 성공에 어떤 영향을 미치는지도 자세히 다룬다. 급변하는 시장에서 파괴적 기술(Disruptive Technologies)이 어떤 방식으로 판을 흔들고 있는지, 그 변화 속에서 창업가가 어떤 전략으로 경쟁우위를 확보할 수 있을지도 함께 살펴본다.

이 장의 핵심은 하나다. 창의성과 전략을 동시에 작동시키는 제품 개발 역량을 증진하는 것이다. 기술 창업가는 아이디어를 떠올리는 데서 그쳐선 안 된다. 그 아이디어를 시장에서 통하는 제품으로 바꿔내는 구체적인 설계와 실행 전략이 있어야 한다.

제품 기획 및 개발

기술 창업가는 새로운 제품이나 서비스가 시장에서 통할 수 있을지를 가늠하기 위해 체계적인 개발 프로세스를 활용한다. 대표적인 방식이 스테이지 게이트(Stage-Gate) 접근법이다. 이 모델은 제품 개발을 네 단계로 나누고, 각 단계마다 명확한 평가 기준을 설정해 아이디어의 진행 여부를 결정하는 구조다. 아이디어가 다음 단계로 넘어가기 전에 반드시 일정 기준을 통과해야 하며, 이 과정을 통해 실패 가능성을 조기에 줄일 수 있다.

첫 번째는 아이디어 단계다. 이 단계에서는 다양한 경로를 통해 혁신적인 아이디어가 수집되고 구체화된다. 중요한 건 트렌드를 잘 읽는 것이다. 유기농, 친환경, 헬스케어, 청정에너지 같은 사회적 흐름, 인구 구조 변화나 법제도 변화 같은 환경 요소들이 모두 새로운 아이디어의 출발점이 될 수 있다. 여기서 간단한 평가 기준을 통해 아이디어의 가능성을 가늠하고, 기준을 충족한 아이디어만 다음 단계로 넘긴다.

두 번째는 개념 단계다. 이 단계에서는 아이디어를 기반으로 구체적인 제품·서비스 개념을 만들고, 시장 수용 가능성을 테스트한다. 잠재 고객을 대상으로 인터뷰를 진행해 제품 속성, 가격 전략, 마케팅 포인트를 점검하고, 경쟁 제품과 비교해 고객 반응을 분석한다. 이 데이터를 바탕으로 개념을 수정하거나 보완하면서 완성도를 높인다. 평가 기준에 부합하는 경우에만 다음 단계로 진행한다.

세 번째는 제품 개발 단계다. 여기서 실제 프로토타입을 만들고, 기능과 성능을 테스트한다. 사용자 피드백을 반영해 개선을 반복하며, 시장에서 수용될 수 있는 수준까지 제품을 다듬는다. 이 단계의 핵심은 실사용자 관점에서 경험을 검토하는 것이다. 개발된 제품이 설정한 요구 조건을 충족하는지를 점검하는 절차도 필수다.

마지막은 파일럿 마케팅 단계다. 제한된 시장에 제품을 먼저 출시해 실제 고객 반응을 확인하고, 판매 전략의 유효성을 검증한다. 이 과정에서 제품에 대한 반응, 유통상의 문제, 마케팅 효과 등을 확인하고, 본격 출시 전에 개선할 기회를 확보한다. 다만, 비용이나 제품 성격에 따라 이 단계를 생략하고 바로 시장에 진입하는 기업도 있다.

이처럼 단계별로 진행되는 제품 개발 프로세스는 기술 창업가가 아이디어를 실질적인 제품으로 바꾸는 데 필요한 구조를 제공한다. 단계마다 평가 기준을 적용하고, 고객 피드백을 반영함으로써 실패 위험은 줄이고 성공 가능성은 높일 수 있다. 스테이지 게이트 방식은 혁신 제품을 시장에 성공적으로 안착시키기 위한 실용적 도구다.

사용자 중심의 혁신을 이끄는 힘

아이디오(Ideo)는 전통적인 컨설팅 범위를 넘어서, 고객과 함께 브랜드를 만들고, 디자인을 구체화하며, 새로운 제품과 서비스를 시장에 성공적으로 안착시키는 데 집중하는 글로벌 디자인 컨설팅 기업이다. 공공과 민간 영역 모두에서 창의적 문제 해결을 통해 조직의 성장과 혁신을 이끌고 있으며, 다양한 산업 분야에서 강한 존재감을 발휘하고 있다.
아이디오의 핵심 전략은 디자인 사고(Design Thinking)다. 이 접근법은 문제를 사용자 관점에서 다시 정의하고, 창의적인 솔루션을 발굴해 실험과 개선을 반복하면서 혁신을 구체화하는 프로세스다. 공감, 문제 정의, 아이디어 발상, 프로토타입 제작, 테스트의 다섯 단계를 거치며, 고객의 니즈와 맥락을 깊이 반영한 결과물을 만들어 낸다.
대표 사례 중 하나가 스탠포드 대학교와 진행한 의료기기 설계 프로젝트다. 여기서 아이디오는 의사, 간호사, 환자 등 다양한 이해관계자의 목소리를 반영해 사용자 경험 중심의 디자인 솔루션을 도출했다. 결과적으로 기존 의료기기의 문제점을 해결하고, 현장 친화적인 기기를 개발해 시장에 성공적으로 출시했다.
이러한 접근 방식 덕분에 아이디오는 보스턴컨설팅그룹으로부터 세계에서 가장 혁신적인

> 기업 중 하나로 선정되기도 했다. 아이디오의 사례는 테크 스타트업에 중요한 교훈을 제공한다. 고객의 입장에서 문제를 바라보고, 실험과 반복을 통해 실제로 효과 있는 해법을 찾아내는 사용자 중심 사고는, 진짜 시장에서 통하는 제품을 만들기 위한 핵심 도구다.

아이디어 개발 과정

아이디어 개발은 지속 가능하고 실현 가능한 혁신을 만들어 내기 위한 구조적 접근이다. 이 과정은 총 여섯 단계로 구성되며, 단계마다 핵심적 평가 지점을 설정해 다음 단계로의 진입 여부를 판단한다.

1단계. 아이디어 정의와 경쟁 분석

첫 번째 단계는 아이디어 정의와 경쟁 분석이다. 이 단계에서 가장 먼저 해야 할 일은, 아이디어가 어떤 문제를 해결하려는 것인지, 그리고 그 문제 해결을 통해 어떤 시장 니즈를 충족하려는 것인지를 간결하게 정리하는 것이다. 명확한 정의는 아이디어의 실질적 가치와 고객에게 제공할 이점을 이해하는 데 출발점이 된다.

아이디어의 독창성과 경쟁력을 평가하려면 기존의 경쟁 제품이나 서비스와 비교가 필수다. 이를 위해 표준 산업 분류와 같은 산업 분류 체계를 활용하면 시장 구조와 경쟁 환경을 객관적으로 파악하는 데 도움이 된다. 이런 분석을 통해 시장 점유율, 가격 전략, 고객 세분화 등 주요 지표를 기반으로 아이디어가 어디에서 차별화되는지를 확인할 수 있다.

핵심은 다음 세 가지다. 첫째, 아이디어가 어떤 문제를 해결하는가. 둘째, 그 문제는 어떤 고객의 니즈와 연결돼 있는가. 셋째, 경쟁 제품과 비교했을 때 어떤 독특한 혜택을 제공하는가. 이 세 가지를 명확히 정리하면, 아이디어의 실현 가능성과 경쟁우위를 동시에 확보할 수 있다.

정리하면, 이 단계의 목표는 시장에서 실제로 통할 수 있는 아이디어의 기반을 마련하는 것이다. 해결하려는 문제, 목표 고객, 차별화 포인트를 명확히 설정하면, 이후 단계에서 아이디어의 방향성과 전략을 흔들림 없이 설계할 수 있다.

2단계. 필요성 확인

아이디어 개발의 두 번째 단계는 시장에서 해당 아이디어가 실제로 필요한지를 확인하는 일이다. 이를 위해 앞 단계에서 정의한 아이디어를 좀 더 구체화하고, 이 혁신의 혜택을 받을 수 있는 최소 세 개의 핵심 고객군을 식별해야 한다. 각 그룹에 대한 명확한 고객 프로필을 설정하면, 아이디어가 어떤 문제를 해결하려는지, 그리고 어떤 수요를 겨냥하는지 더욱 선명해진다.

고객 고객의 경우, 프로필에는 연령, 성별, 소득 수준 같은 기본적인 인구통계 정보가 포함된다. 필요에 따라 가족 구성, 학력, 직업, 거주 지역, 인종 등의 요소도 추가할 수 있다. 이 정보는 각 고객군이 겪고 있는 문제를 구체적으로 정의하고, 아이디어가 제공할 해결책이 실제로 유효한지를 판단하는 데 도움이 된다.

기업 고객의 경우에는 산업군, 제품·서비스 유형, 기업 위치, 규모(직원 수나 연 매출 등)가 주요 기준이 된다. 예를 들어, 제조업체를 타깃으로 하는 혁신이라면 그 산업의 기술 요구사항과 현재의 문제점을 정확히 짚는 것이 핵심이다.

이러한 프로필을 기반으로 간단한 개념 조사 도구를 만들어야 한다. 여기에는 아이디어의 핵심 개념을 설명하는 짧은 설명문, 시각 자료(다이어그램이나 모형), 그리고 각 고객군의 반응을 측정할 수 있는 설문 항목이 포함된다. 이 도구를 통해 직접 피드백을 받아 혁신 아이디어의 매력도와 현실성을 검증할 수 있다. 어떤 요소가 고객에게 실제로 중요한지, 무엇이 개선되어야 하는지를 확인하는 것이 이 단계의 핵심이다.

3단계. 수정과 검증

세 번째 단계인 수정 및 검증은 아이디어가 실제 시장에서 통할 수 있을지를 진지하게 따져 보는 단계다. 여기서 핵심은 방향성을 고정하기보다, 고객 반응에 따라 유연하게 조정하는 것이다. 이 단계에서는 먼저 프로토타입을 개발하고, 이를 활용해 잠재 고객과 심층 인터뷰를 진행한다. 인터뷰를 통해 제품이나 서비스가 실제 고객의 문제를 어떻게 해결하는지, 무엇이 작동하고 무엇이 부족한지를 구체적으로 검증한다.

대표적인 사례가 에어비앤비(Airbnb)다. 창업가들은 '누구나 집을 나누고 여행을 즐길 수 있는 세상'이라는 비전에서 출발했다. 기존 호텔 시스템의 비효율을 대안적 숙박 방식으로 해결하고자 했다. 처음엔 'AirBed & Breakfast'라는 이름으로 간단한 프로토타입을 만들었고, 이를 통해 초기 사용자 피드백을 받으며 기능을 하나씩 조정해 나갔다. 가격 접근성을 강화하고, 디지털 마케팅과 입소문을 동시에 활용해 브랜드 인지도를 높였다. 무엇보다 사용자 친화적인 인터페이스와 신뢰 구축 전략이 성장의 핵심 요소였다.

이처럼 수정 및 검증 단계에서는 인터뷰를 통해 기능의 유용성, 가격 수용성, 디자인 선호도 등 고객이 실제로 중요하게 생각하는 요소를 파악해야 한다. 이 과정에서 '고객이 이 기능을 정말 원하는가?', '가격은 적절한가?', '구매 결정에 영향을 주는 포인트는 무엇인가?' 같은 질문이 필요하다.

중요한 건 수집된 피드백을 실행으로 연결하는 것이다. 고객 반응이 부정적이거나 기대와 다르면, 그에 맞춰 프로토타입을 수정하고 다시 테스트해야 한다. 필요 없는 기능은 과감히 제거하고, 강점은 더 강화한다. 이렇게 반복적인 개선을 거쳐야만, 고객에게 진짜로 의미 있는 가치를 제공하는 제품으로 나아갈 수 있다.

> **체계적인 아이디어 개발 과정**
>
> 에어비앤비(Airbnb)는 전 세계 여행자와 호스트를 연결하는 플랫폼으로, 그 성공은 철저히 구조화된 아이디어 개발 과정에서 시작되었다. 창업가들은 '누구나 집을 나누고 여행을 즐길 수 있는 세상'을 만들겠다는 명확한 비전을 세웠고, 기존 호텔 시스템이 가진 한계를 기회로 인식했다. 편리하면서도 저렴한 숙박 옵션을 원하는 고객의 니즈를 정확히 짚어내며, 아이디어를 구체화했다.
>
> 시장 분석을 통해 다양한 고객 집단의 요구를 파악한 뒤, 'AirBed & Breakfast'라는 이름의 초기 프로토타입을 제작했다. 이 프로토타입을 바탕으로 사용자 피드백 세션을 진행했고, 이를 통해 기능을 조정하고 기대에 부합하는 방향으로 서비스를 개선해 나갔다. 마케팅은 가격 경쟁력을 앞세워 접근성을 높이고, 디지털 광고와 입소문을 적극 활용하는 전략을 선택했다.
>
> 브랜드 네이밍과 직관적인 사용자 인터페이스는 고객 신뢰 형성에 큰 역할을 했다. 이후에도 고객 피드백을 꾸준히 반영해 서비스 품질을 높였고, 시장 반응에 맞춰 새로운 기능을 지속적으로 추가하면서 글로벌 선두 플랫폼으로 성장했다. 에어비앤비의 사례는 체계적인 아이디어 개발과 반복적 개선이 어떻게 혁신을 실현할 수 있는지를 보여 주는 대표적 예시다.

4단계. 마케팅 계획 수립

네 번째 단계는 마케팅 계획을 구체화하는 일이다. 아무리 뛰어난 제품이라도 시장 진입 전략이 제대로 설계되지 않으면 고객에게 닿을 수 없다. 이 단계에서는 가격(Pricing), 유통(Distribution), 프로모션(Promotion)의 세 가지 핵심 요소를 중심으로 실행 전략을 마련해야 한다.

먼저 가격 전략부터 살펴보자. 초기에 설정할 가격은 경쟁사의 가격 데이터를 참고해 정하되, 내부 비용 구조와 수익성도 함께 고려해야 한다. 제품에 독자적인 기술이나 기능이 있다면 프리미엄 가격을 책정하는 것도 가능하다. 반대로 경쟁 제품과 차별성이 크지 않다면, 가격 민감도를 고려해 경쟁적 가격으로 접근하는 게 현실적이다. 핵심은 고객이 느끼는 가치와 가격 사이의 균형을 맞추는 것이다. 고객 입장에서 '값어치 있다'는 판단이 내려져야 시장에서 통한다.

다음은 유통 전략이다. 제품이 공급될 지역을 명확히 설정하고, 해당 지역에 맞는 유통 채널을 설계해야 한다. 예를 들어, 한정된 지역에만 공급한다면 현지 유통 파트너 확보가 필수다. 오프라인 유통망이 없다면 온라인 중심의 디지털 채널을 구축하는 것도 대안이 된다. 글로벌 마켓 진출을 고려한다면, 국가별 규제와 물류비용까지 감안한 전략이 필요하다. 현지 적응성과 유통 효율성 사이에서 균형을 잡는 것이 관건이다.

마지막으로 프로모션 전략은 제품 인지도를 확보하고, 시장에서 차별성을 부각시키는 데 집중해야 한다. 목표 고객층의 미디어 소비 행태를 고려해 적절한 채널을 선정하고, 각 채널의 비용 대비 효과를 분석해 마케팅 믹스를 구성한다. 소셜 미디어, 콘텐츠 마케팅, 검색광고 등 디지털 채널은 초기 시장 진입 시 비용 효율 면에서 유리하다. 여기에 더해 고객 참여를 유도할 수 있는 이벤트, 후기 공유, 인플루언서 협업 같은 방식도 함께 고려할 수 있다.

마케팅 계획은 홍보 전략의 수립이 아니라, 고객과의 첫 접점을 어떻게 설계할지에 대한 실행 시나리오다. 제품이 전달하고자 하는 가치를, 고객이 가장 잘 인식할 수 있는 방식으로 설계하는 것이 핵심이다.

5단계. 최종 제품 개발

다섯 번째 단계는 제품 개발의 마무리 단계로, 실제 고객에게 전달될 준비를 완료하는 과정이다. 여기서는 제품의 구체적인 특징을 확정하고, 브랜드 메시지, 이름, 패키지 등 시장 경쟁력을 결정짓는 핵심 요소들을 정밀하게 설계해야 한다. 단순히 제품을 만드는 데 그치지 않고, 고객과 처음 만나는 순간부터 브랜드의 정체성과 가치를 명확히 전달하는 것이 이 단계의 핵심이다.

먼저 마케팅 테마는 제품이 지닌 고유한 가치를 한 문장으로 압축해 표현하는 메시지다. 이는 제품의 핵심 이점이나 차별성을 담아야 하고, 대상 고객이 즉각적으로 이해하고 반응할 수 있도록 구체적이고 직관적으로 구성되어야 한다. 예를 들어 건강 제품이라면 '지속 가능한 건강', 기술 제품이라면 '미래를 현실로' 같은 표현이 제품의 본질과 이미지를 효과적으로 전달할 수 있다. 이런 테마는 전체 마케팅 전략의 중심축이 되며, 구매 결정에 직접적인 영향을 미친다.

브랜드 이름과 패키지 디자인은 고객의 첫인상에 직결되는 요소다. 브랜드 이름은 제품의 특성과 가치를 압축적으로 전달해야 하고, 기억하기 쉬우며 긍정적인 이미지를 줄 수 있어야 한다. 짧고 명료하며 발음이 쉬운 이름이 유리하다. 패키지는 단순한 외관을 넘어서, 마케팅 도구이자 브랜드 메시지를 담는 매체다. 색상, 형태, 재질 선택이 조화롭게 어우러져야 하며, 제품의 품질을 시각적으로 표현할 수 있어야 한다.

예를 들어 프리미엄 기능성 화장품은 금박이나 고급 재질을 사용해 고급스러움을 강조하고, 친환경 제품은 재활용 가능한 소재와 자연을 연상시키는 색상을 사용해 브랜드의 철학을 반영할 수 있다. 특히 유통 매장 진열대에서는 패키지가 곧 '제품의 얼굴'이기 때문에, 단순히 예쁜 디자인을 넘어서 브랜드의 스토리와 정체성을 고객에게 직관적으로 전달할 수 있어야 한다.

고객과 브랜드가 처음 만나는 순간을 어떻게 설계하느냐에 따라, 시장에서의 첫 반응과 장기적인 브랜드 충성도가 결정된다. 이 단계에서의 전략적 선택은 제품의 성패를 가르는 중요한 분기점이 된다.

6단계. 아이템의 출시

여섯 번째이자 마지막 단계는 아이템을 실제 시장에 출시하고, 본격적인 상업화 과정을 시작하는 단계다. 제품을 시장에 내놓는 것에 그치지 않고, 반응을 면밀히 관찰하고 유연하게 대응하면서 시장 안착을 유도해야 한다. 이 단계부터 제품은 수명 주기(Product Life Cycle)의 초입에 들어서며, 실질적인 경쟁 환경에 직면하게 된다.

첫 번째 과제는 시장 인지도 확보다. 초기 출시 시점에는 마케팅 커뮤니케이션 전략을 집중적으로 실행해 고객의 관심을 끌어야 한다. 사전 홍보, 출시 이벤트, 소셜 미디어 캠페인 등 다양한 수단을 활용해 제품의 존재를 효과적으로 알리고, 핵심 메시지를 강하게 각인시켜야 한다. 예를 들어 디지털 광고를 통해 제품의 차별화된 기능을 강조하거나, 인플루언서를 활용한 입소문 마케팅으로 신뢰도를 확보하는 방식이 유효하다.

다음은 유통망 구축이다. 어떤 경로를 통해 제품이 고객에게 전달될 것인지 명확히 설정하고, 오프라인과 온라인 유통 채널을 전략적으로 배치해야 한다. 초기 단계에서는 일부 지역이나 제한된 고객층을 대상으로 소규모 테스트 출시를 진행하는 것이 효과적이다. 이를 통해 리스크를 줄이고, 실제 구매 반응을 빠르게 확인할 수 있다.

출시 이후에는 시장 반응을 정밀하게 모니터링해야 한다. 판매 실적, 고객 피드백, 경쟁사 움직임 등을 통합적으로 분석해 제품의 현재 위치를 진단하고, 필요한 조치를 빠르게 취해야 한다. 초기 반응이 예상보다 낮다면, 가격 전략 조정, 프로모션 강화, 제품 기능 보완 등을 검토해야 한다.

또한, 고객 경험 관리는 이 단계의 핵심 과제 중 하나다. 첫 구매 고객이 긍정적인 인상을 받을 수 있도록 지원 서비스를 철저히 운영해야 한다. 제품 사용법 안내, 고객 응대 속도, 문제 해결 능력 등은 고객 충성도 형성에 직접적인 영향을 미친다.

이 단계는 제품이 시장에서 실제로 경쟁력을 검증받는 첫 관문이다. 초기 전략이 잘 작동하는지 확인하고, 부족한 부분을 빠르게 수정하며, 성공적인 확산을 위한 기반을 구축해야 한다. 시장에 제품을 단단히 자리 잡게 만드는 것, 그것이 아이디어 출시 단계의 최종 목표다.

새로움의 개념

새로움은 혁신 제품이 시장에서 성공적으로 출시되고 지속적으로 성장하는 데 핵심적인 역할을 한다. '다른 것'을 만드는 수준을 넘어서, 얼마나 참신하고 파괴적인지가 제품이나 서비스의 차별성과 경쟁력을 결정한다. 새로움은 기술적 성과뿐 아니라, 고객·투자자·유통 채널·조직 내부 구성원 등이 이를 얼마나 받아들이고 채택하는지에까지 직접적인 영향을 미친다.

재생 의학, 그중에서도 줄기세포 치료를 예로 들어 보자. 이 기술은 신체의 손상된 조직을 복구하거나 새로운 세포를 생성해 질병을 치료할 가능성을 제시한다. 신경 손상 복구, 심장 조직 재생, 불임 치료, 암·당뇨병·파킨슨병에 대한 실험적 접근까지, 기술적 잠재력은 매우 크다. 그러나 이처럼 높은 수준의 새로움은 동시에 강한 사회적 저항과 윤리적 논란을 불러온다.

> **혁신의 양면성**
>
> 줄기세포 치료는 재생 의학 분야에서 새로움이 가진 가능성과 한계를 동시에 보여 주는 대표적인 사례다. 이 기술은 본질적으로 혁신적이지만, 실제 시장에서 받아들여지는 과정에서는 여러 장벽에 부딪힌다. 셀야드(Celyad Oncology)는 이러한 복합적인 현실을 마주한 기업 중 하나다.
>
> 셀야드는 심장 질환과 암 치료를 위해 줄기세포를 활용하는 방식을 개발하며 주목받았다. 손상된 심장 조직을 재생하거나, 암세포를 선택적으로 표적화하는 기술은 기존 치료법과는 전혀 다른 접근이었다. 초기 동물 실험에서 기술적 가능성은 이미 입증되었고, 의료계 내에서도 기대를 모았다.
>
> 하지만 문제는 기술 그 자체가 아니라, 그 기술을 둘러싼 사회적 맥락이었다. 인간 임상 시험 단계에 들어서자, 윤리적 논란과 사회적 저항이 본격화됐다. 줄기세포 사용에 대한 대중의 의구심, 생명윤리 논쟁, 규제기관의 보수적인 태도 등은 셀야드가 기술을 상업화하는 데 직접적인 장애물로 작용했다.
>
> 이에 셀야드는 기술 자체의 성과만으로는 부족하다는 점을 인식하고, 대중과의 소통 전략을 강화했다. 연구 자료를 투명하게 공유하고, 치료의 목적과 필요성을 명확히 전달하며, 사회적 신뢰를 구축하기 위한 커뮤니케이션에 집중했다. 이 과정은 단순한 홍보가 아니라, 새로운 기술이 사회적으로 수용되기 위해 반드시 거쳐야 할 전략적 대응이었다.
>
> 셀야드의 사례는 하나의 교훈을 남긴다. 혁신은 기술의 문제만이 아니라, 수용의 문제이기도 하다. 기술이 아무리 새롭고 유망해도, 그것을 둘러싼 윤리적·사회적 수용성이 확보되지 않으면 시장에 안착하기 어렵다. 따라서 기술 창업가는 혁신의 양면성을 이해하고, 기술 개발과 동시에 수용 전략까지 준비해야 한다. 그래야만 진짜 혁신이 현실에서 작동한다.

줄기세포 치료는 기술적으로는 설치류 전임상 단계에서 유의미한 성과를 거뒀지만, 인간 임상 시험으로의 전환에는 윤리·사회·정치적 장벽이 존재한다. 상용화가 실현되면, 이 기술은 인터넷이나 트랜지스터처럼 사회 전반에 구조적 변화를 일으킬 잠재력을 갖는다. 그러나 그만큼 수용 주기가 길어지고, 규제, 자금 조달, 대중 여론 같은 외부 변수의 영향을 크게 받는다.

새로움은 양날의 검이다. 강력한 영향력을 지니지만, 불확실성과 저항도 동시에 증가한다. 기술 창업가는 새로움 그 자체를 무조건적인 장점으로만 보기보다, 시장 수용성과 채택 속도까지 고려한 전략적 관리가 필요하다. 의사소통과 설득, 신뢰 구축, 규제 대응 등 복합적인 전략이 함께 움직여야 비로소 '새로운 기술'이 '현실의 성공'으로 이어진다.

고객 관점의 새로움

혁신의 성공은 기술의 진보성만으로 결정되지 않는다. 고객 시장이든 기업 시장이든, 핵심은 고객의 기존 생활 방식이나 소비 패턴에 어떤 영향을 주느냐에 있다. 새로움이 지나치게 크면 오히려 수용을 방해할 수 있다. 따라서 제품이나 서비스가 고객에게 얼마나 낯선지, 그것이 기존 행동 양식을 얼마나 변화시키는지를 미리 판단하는 작업이 필요하다.

새로운 정도는 크게 두 가지 범주로 나눌 수 있다. 하나는 연속적 혁신(Incremental Innovation), 다른 하나는 파괴적 혁신(Disruptive Innovation)이다.

연속적 혁신은 기존의 패턴을 크게 흔들지 않는다. 고객이 익숙한 방식 안에서 조금 더 나은 선택지를 제공받는 형태다. 이런 혁신은 대부분 빠르게 받아들여지고, 채택까지 시간이 오래 걸리지 않는다. 예를 들어 레스토랑 체인이 새로운 메뉴를 출시할 때, 기존 인기 메뉴와 연관된 맛이나 콘셉트를 유지하면서 신선함을 더하는 경우가 이에 해당한다. 고객은 부담 없이 새로운 선택을 받아들이고, 기존 경험과 자연스럽게 연결한다.

반면, 파괴적 혁신은 이야기가 다르다. 기존 방식이나 제품을 대체하는 수준의 변화가 일어나기 때문에, 고객은 익숙한 것을 포기해야 한다. 이 과정에서 저항이 생기고, 수용과 채택까지 시간이 오래 걸릴 수 있다. 주문형 엔터테인먼트(on-demand entertainment)의 등장처럼, 파괴적 혁신은 기술적으로는 우수하지만, 고객이 이를 자신의 일상에 통합하는 데에는 시간이 필요하다.

중요한 건 기술의 진보 그 자체가 아니라, 고객이 그것을 얼마나 자연스럽게 받아들일 수 있는가다. 혁신을 시장에 도입하기 전, 목표 고객의 소비 행태와 생활 방식에 어떤 영향을 줄 것인지, 수용할 수 있는 수준인지, 일상에 어떻게 통합될 수 있는지를 면밀히 검토해야 한다. 그래야만 새로움이 진짜 가치를 발휘한다.

기업 관점의 새로움

혁신의 새로움은 기업에 기회이자 도전이다. 신기술이나 새로운 시장에 진입하려는 시도는 성장의 동력이 될 수 있지만, 동시에 조직이 익숙하지 않은 복잡성과 불확실성을 동반한다. 특히 경영진이 해당 산업에서 충분한 경험을 갖추고 있는지는 성공 가능성을 가르는 중요한 변수이다. 벤처 캐피털이 창업가의 업계 경험을 중요하게 여기는 것도 이 때문이다. 기존과 전혀 다른 기술이나 시장에 도전하면서도, 그것을 다룰 역량이 없다면 성공 확률은 현저히 떨어진다.

기술적 새로움과 시장적 새로움이 동시에 존재할 경우, 기업은 '이중의 낯섦'을 감당해야 한다. 이는 단순한 제품 개선이 아니라, 조직의 역량을 넘어서는 다각화 전략이 필요한 상황이다. 기업이 기존에 익숙하지 않은 기술을 도입하면서 동시에 새로운 고객층을 겨냥할 때, 실패 확률도 급격히 높아진다.

이때 도표 5.1은 기업이 어떤 혁신 전략을 선택해야 하는지에 대한 유용한 프레임워크를 제공한다. 이 매트릭스는 기술의 새로움과 시장의 새로움을 두 축으로 놓고, 제품 개발과 시장 진입 전략을 유형별로 구분한다.

기술 수준 제품 목표	기술 변화 없음	기존 기술 개선	신기술 도입
시장 변화 없음	[재판매 전략] 기존 고객에게 동일 제품을 다시 판매	[제품 재설계] 공정 또는 물리적 구조를 변경하여 비용과 품질을 최적화	[제품 교체] 기존 제품을 신기술 기반 제품으로 대체
기존 시장 강화	[신규 용도 제안] 기존 제품을 새로운 용도로 사용	[제품 성능 개선] 제품의 기능과 효용성 향상	[제품 수명 연장] 신기술 기반의 유사 제품을 추가해 기존 고객 확대
신시장 진출	[신규 세그먼트 확보] 기존 제품을 활용할 수 있는 새로운 시장 또는 고객층 발굴	[시장 확장] 기존 제품을 수정해 새로운 세그먼트에 적합하게 조정	[다각화 전략] 신기술 기반의 전혀 새로운 제품으로 새로운 시장 창출

[도표 5.1] 신제품 유형 체계

첫 번째 유형은 시장과 기술 모두 기존 상태를 유지하는 경우다. 여기서는 현재 제품을 기존 시장에 그대로 판매하거나, 기존 고객의 구매를 유도해 매출을 확대하는 전략이 적절하다. 신시장으로 확장하려면, 기존 제품을 새로운 세그먼트에 맞춰 재포지셔닝하는 방식이 가능하다.

두 번째 유형은 기술은 개선되지만, 시장은 기존 상태를 유지하는 경우다. 이 경우 제품의 품질이나 기능을 높여 고객 만족을 끌어올릴 수 있다. 반대로 시장이 바뀌는 상황에서는 기존 제품을 조정해 새로운 시장의 요구에 맞추는 접근이 필요하다.

세 번째 유형은 기술과 시장 모두 새롭다. 완전히 새로운 기술을 바탕으로 신제품을 개발하고, 낯선 시장에 진입하는 다각화 전략이 요구된다. 이 전략은 잠재적 보상이 크지만, 동시에 리스크도 크기 때문에 철저한 사전 분석과 자원 배분이 선행돼야 한다.

실제 사례로 질레트의 LCD 시계 진출 실패는 기술과 시장의 동시 다각화가 얼마나 어려운지를 보여 준다. 면도기 중심의 소비재 기업이 전자제품이라는 전혀 다른 기술과 시장에 진입했지만, 결과는 실패였다. 기술적 준비뿐만 아니라, 새로운 시장에 대한 이해와 실행 전략이 부족했기 때문이다.

기업이 혁신을 추진할 때 중요한 것은 새로움 자체가 아니라, 그 새로움이 조직의 역량과 어떻게 연결되는가다. 전략적 적합성, 실행 역량, 시장 이해도 이 세 요소가 조화를 이루지 못하면, 새로움은 위험으로 전환될 수 있다.

유통 관점의 새로움

혁신이 시장에서 성공하려면 유통 시스템과의 조화를 고려해야 한다. 제품이 아무리 뛰어나더라도, 유통 채널에 적절히 통합되지 못하면 시장에 도달조차 못할 수 있다. 유통망은 고유의 규칙과 절차를 따르며, 진열 방식, 패키지 크기, 분류 체계 등 여러 물리적·운영상 제약이 존재한다. 따라서 혁신 제품이 기존 제품군과 구조적으로 다를 경우, 유통 시스템에 부담을 주게 되고 이는 곧 진입 장벽으로 작용한다.

예를 들어, 한 스타트업이 미네랄 함량을 높이고 맛을 개선한 혁신적인 생수 제품을 출시했다. 하지만 문제는 기술이 아니라 패키지였다. 독특한 형태와 크기의 용기가 기존 생수 진열대에 맞지 않았고, 그로 인해 대형 유통업체들은 제품 입점을 꺼렸다. 스타트업은 패키지 디자인을 다시 설계하고, 기존 생수 카테고리와 호환되도록 크기를 조정한 후에야 주요 유통 채널에 진입할 수 있었다.

이 사례는 제품의 새로움이 유통 시스템과 충돌하면 어떤 결과가 벌어지는지를 명확히 보여 준다. 기술 창업가는 제품의 기능이나 디자인뿐만 아니라, 그것이 기존 유통 프로세스에 어떻게 통합될 수 있는지를 사전에 검토해야 한다. 유통망의 구조, 진열 기준, 물류 프로세스 등은 제품 출시 전략의 핵심 요소다.

혁신은 기술 하나로 완성되지 않는다. 조직의 역량, 유통 채널과의 적응력, 운영 시스템과의 호환성까지 종합적으로 고려해야만 시장 안착이 가능하다. 제품이 시장에서 살아남기 위해선, 기술의 새로운 만큼 유통의 현실도 이해해야 한다.

기회 평가 계획

혁신이 실제 시장에서 통할 수 있을지 미리 검증하려면, 전통적인 사업 계획서보다 훨씬 간결하고 핵심에 집중된 분석이 필요하다. 기회 평가 계획(Opportunity Assessment Plan)은 바로 그런 목적을 위해 만들어진 도구다. 재무, 조직, 운영 같은 실행 요소보다, 혁신 그 자체가 시장에서 어떤 기회를 만들 수 있는지에 초점을 맞춘다. 기술적으로 가능하다는 것만으로는 부족하다. 이 아이디어가 실제 시장 수요와 경쟁 구도 속에서 어떤 위치를 차지할 수 있는지를 명확히 파악해야 한다.

첫 번째로 확인할 건, 이 혁신이 최소 세 가지 이상의 차별화된 판매 제안(Unique Selling Proposition, USP)을 갖고 있는가다. 기존 경쟁자들과 분명하게 다른 점이 없다면, 시장에서 눈에 띄기 어렵다. 다음으로 중요한 건 시장의 크기와 성장 가능성이다. 시장이 너무 작거나 이미 포화 상태라면, 아무리 좋은 기술이라도 성장할 여지가 없다.

기회 평가 계획은 네 가지 핵심 분석 요소로 구성된다. USP의 명확성과 시장의 크기 및 성장성에 진입 장벽과 경쟁 환경, 그리고 내부 실행 역량을 더해 총 네 가지를 함께 본다. 이 네 가지를 종합하면, 혁신의 기회와 리스크를 균형 있게 판단할 수 있다.

성공을 향한 시장 기회 평가

비욘드미트는 식물성 대체육 시장을 선점한 대표적 사례다. 이 회사는 기회 평가 계획을 전략적으로 활용해 혁신 제품의 시장성은 물론 실행 가능성까지 체계적으로 점검했고, 이를 통해 시장 진입과 성장을 모두 달성했다.

비욘드미트의 핵심 USP는 명확했다. 고기의 맛과 질감을 거의 그대로 재현하면서도 환경에 미치는 영향을 줄인다는 점. 이 차별점은 단순한 기능을 넘어서, 건강과 지속 가능성에 민감한 고객들의 정서와 가치관을 정면으로 겨냥했다. 시장 자체에 대한 분석도 정밀했다. 건강한 식단, 환경 보호, 동물복지에 대한 사회적 관심이 높아지는 흐름 속에서, 식물성 단백질 수요는 빠르게 증가하고 있었다. 비욘드미트는 이 트렌드를 정확히 읽고, 그 안에서 자사의 제품이 어떤 위치를 차지할 수 있을지를 명확히 설정했다. 기술적 실행 가능성에 대한 평가도 함께 이뤄졌다. 제품 품질을 결정짓는 R&D 역량, 생산 기술, 브랜딩 전략을 모두 냉정하게

> 검토하고, 여기에 집중 투자했다. 그 결과, 맛과 품질이 꾸준히 개선됐고, 고객 신뢰는 빠르게 쌓였다.
> 비욘드미트의 사례는 기회 평가 계획이 단순한 사전 점검을 넘어서, 시장 중심의 전략 수립 도구로 기능할 수 있음을 보여 준다. 이 프레임을 통해 자사의 강점과 약점을 구체적으로 진단하고, 시장에서 살아남을 수 있는 경쟁우위를 확보할 수 있다.

비욘드미트(Beyond Meat)는 이 프레임을 잘 활용한 사례다. 이 회사는 육류의 맛과 식감을 유지하면서도 환경 부담을 줄인 식물성 단백질 제품이라는 명확한 USP를 내세웠고, 건강과 지속 가능성에 대한 사회적 흐름을 정확히 읽었다. 그 결과 빠르게 성장하는 시장을 선점할 수 있었다. 그리고 비욘드미트는 기술적 역량을 객관적으로 점검하고, 제품을 계속 개선하면서 고객에게 믿을 수 있는 선택지를 제공했다. 기술, 마케팅, 생산, 브랜딩이 전략적으로 잘 정렬된 덕분에 시장 신뢰와 점유율을 동시에 확보할 수 있었다.

기회 평가 계획은 단순한 점검표가 아니다. 실행 전 혁신의 방향성을 잡아주는 전략적 도구다. 기술 창업가라면, 실행하기 전에 반드시 이 과정을 거쳐야 한다. 강점과 약점을 정확히 파악하고, 자원을 어디에 집중할지를 명확히 결정할 수 있어야 혁신이 사업으로 이어진다.

아이디어 경쟁 분석

기회 평가 계획에서 가장 먼저 다뤄야 할 것은 제품이나 서비스 아이디어가 시장에서 어떤 경쟁 구도 속에 놓여 있는지를 파악하는 일이다. 혁신이 해결하려는 문제가 무엇인지, 그 문제가 왜 지금 이 시장에서 중요하게 다뤄져야 하는지를 명확히 해야 한다. 동시에, 유사한 문제를 다루는 경쟁자들과 비교해 어떤 차별성이 있는지도 구체적으로 밝혀야 한다.

출발점은 문제 정의다. 누가, 언제, 어떤 맥락에서 겪는 불편이나 비효율을 해결하려는지 설명해야 한다. 이 문제의 시급성과 중요성을 드러내야만 제품의 필요성과 설득력이 확보된다.

그다음은 제품이나 서비스의 주요 기능을 정리하고, 여기에 특허나 상표, 저작권 등 법적 보호 장치가 적용되는지를 확인한다. 법적 보호는 단순한 기술 보유가 아니라 시장 포지션을 방어할 수 있는 장치라는 점에서 중요하다. 핵심 기능이 경쟁사와 무엇이 다른지를 중심으로, 차별화된 시장 위치를 어떻게 구축할 수 있을지를 분석한다.

이어지는 경쟁 분석에서는 같은 문제를 해결하려는 기존 제품이나 서비스를 나열하고, 각각의 기능, 가격, 혜택, 고객 반응 등을 비교한다. 자사 제품이 고객에게 어떤 독특한 가치를 줄 수 있는지를 찾고, 그 이유를 명확히 설명해야 한다. 여기서 도출된 고유한 차별 포인트, 즉 USP는 고객의 선택을 이끄는 핵심 요소가 된다.

경쟁사의 마케팅 전략, 유통구조, 기술력, 고객 서비스 수준도 함께 분석해야 한다. 이 정보를 통해 자사가 어떤 전략적 포지션을 취할지, 어떤 영역을 강화하거나 차별화해야 할지를 판단할 수 있다.

제품이 속한 산업 범주도 명확히 정의해야 한다. 국가별 산업 분류 코드를 활용해 정확한 산업군을 설정하고, 관련 통계 데이터를 확보하면 경쟁 분석의 타당성과 신뢰도를 높일 수 있다.

마지막으로, 경쟁 제품과 비교해 자사 제품이 가지는 명확한 USP 3~5가지를 도출한다. 이는 기능 중심의 설명을 넘어서, 고객 관점에서 실질적으로 체감할 수 있는 차이와 가치를 중심으로 구성해야 한다.

시장 분석

　기회 평가 계획의 두 번째 핵심은 혁신이 진입하려는 시장 자체를 분석하는 일이다. 시장의 크기, 성장 가능성, 접근성, 그리고 장기적인 전망을 종합적으로 파악해야 한다. 단순한 수치를 나열하는 게 아니라, 이 혁신이 시장에서 실제로 자리를 잡을 수 있을지를 판단하는 과정이다.

　첫 번째 단계는 시장의 필요성을 정의하는 것이다. 제품이나 서비스가 해결하려는 문제가 구체적으로 무엇인지, 그리고 그 문제가 왜 지금 해결되어야 하는지를 설명한다. 이 과정을 통해 고객에게 제공할 수 있는 가치를 명확히 하고, 해당 시장에 진입해야 할 이유를 정당화한다.

　다음은 시장 규모와 과거 데이터를 분석하는 단계다. 최근 3~5년간의 시장 점유율, 수익 성장률, 주요 고객층의 변화 같은 정량적 데이터를 통해 시장의 안정성과 성장 가능성을 가늠한다. 이는 단순히 좋은 아이디어인지, 아니면 실질적인 비즈니스 기회를 내포하고 있는지를 판단하는 기준이 된다.

　그다음은 미래 성장 전망이다. 기술 발전, 고객 행동 변화, 거시경제 흐름, 관련 규제의 변화 등 외부 환경을 고려해 향후 5~10년간 시장이 어떻게 변화할지를 예측한다. 이 분석은 단기 대응을 넘어, 장기 전략을 세우는 데 필수적인 기초자료가 된다.

　시장 내 자사의 위치를 파악하려면 매출 비중을 따져봐야 한다. 전체 산업 매출과 비교해 자사의 제품이나 서비스가 차지할 수 있는 비중을 계산하고, 이를 통해 산업 내에서의 성장 가능성과 틈새시장 공략 여부를 평가한다.

　예상 성장률 분석도 중요하다. 연평균 성장률(CAGR), 수요 변화율, 기술 도입 속도 등 다양한 지표를 통해 해당 시장이 얼마나 빠르게 움직이고 있는지를 판단해야 한다. 특히 혁신 제품일수록 시장 확산 속도에 대한 예측이 전략 수립에 직접적인 영향을 미친다.

마지막으로, 전형적인 고객 프로필을 구체화해야 한다. B2C 시장이라면 연령, 성별, 소득, 교육 수준 같은 인구통계 정보는 물론이고, 소비 성향, 구매 동기, 라이프스타일 같은 심리적 요소도 함께 고려해야 한다. B2B 시장이라면 산업군, 매출 규모, 직원 수, 구매 결정 방식 등을 중심으로 고객 세그먼트를 정의하고, 각각에 맞는 접근 전략을 수립해야 한다. 이 분석을 기반으로 해야 제품의 메시지, 유통 경로, 마케팅 전략이 시장에 제대로 맞춰질 수 있다.

팀의 기술 역량 평가

기회 평가 계획의 세 번째 핵심은 이 사업을 실제로 실행할 수 있는 '사람'을 평가하는 일이다. 아무리 시장이 크고 제품이 뛰어나더라도, 이를 구현할 팀의 역량이 뒷받침되지 않으면 현실화되기 어렵다. 따라서 창업팀의 기술적·경영적 능력을 객관적으로 분석하고, 부족한 부분은 어떻게 보완할지를 구체적으로 계획하는 것이 필요하다.

가장 먼저 살펴봐야 할 것은 창업가가 이 기회를 왜 중요하게 생각하는가다. 단순한 수익 기회가 아니라, 개인적인 열정과 사명감에서 비롯된 아이디어라는 점이 명확히 전달되어야 한다. 이는 문제 해결에 대한 집요한 의지와 몰입을 보여 주는 지표이자, 투자자와 이해관계자에게 헌신도를 입증하는 신호가 된다.

이어지는 항목은 창업 동기다. 어떤 문제를 경험했고, 어떤 통찰이 쌓였기에 이 사업을 시작하게 되었는지를 설명한다. 이 과정에서 개인의 배경, 직전 경험, 이전 실패와 그로부터 얻은 교훈까지 드러나야 한다. 단순히 '무엇을 해 봤다'는 나열이 아니라, 현재의 아이디어와 어떻게 연결되는지 논리적 맥락을 구성하는 게 중요하다.

다음으로는 팀이 가진 실제 경험과 사업 기회의 일치 여부를 따진다. 현재의 기회가 과거의 경험과 기술 축적 위에 세워진 것인지, 아니면 새로운 시도를 위한 학습 곡선이 필요한지 판단해야 한다. 특히 제품 개발, 시장 진입, 기술 검증 등 핵심 영역에서 팀원들이 어떤 기여를 할 수 있는지를 구체적으로 보여 줘야 한다.

마지막으로는 현재 부족한 역량을 어떻게 채울 것인지 전략을 제시해야 한다. 내부 팀이 모든 기술을 보유하고 있을 필요는 없지만, 핵심 역량이 빠져 있다면 이를 외부 전문가, 자문단, 또는 공동 창업가 등을 통해 보완하는 계획이 필요하다. 예컨대 기술 개발은 내부에서 가능하더라도 브랜드 구축이나 마케팅 역량이 부족하다면, 관련 전문가 확보 방안이 포함돼야 한다.

이 항목의 목적은 단 하나다. 이 팀이 실제로 사업을 추진할 수 있는 역량을 갖췄는지, 그리고 그 역량이 부족할 경우 어떤 방식으로 보완하고 확장할 수 있을지를 명확히 드러내는 것이다. 아이디어만큼 중요한 건, 그것을 실현할 수 있는 사람과 구조다.

개발·출시 자원 평가

기회 평가 계획의 네 번째 단계는 제품 개발과 시장 출시를 위해 실제로 어떤 자원이 필요한지를 점검하는 일이다. 아이디어가 아무리 좋아도, 그것을 실행할 수 있는 시간과 돈, 인력이 준비되어 있지 않으면 사업은 움직이지 않는다. 이 단계에서는 실행 계획의 현실성을 검증하고, 구체적인 자원 계획을 수립하는 데 집중해야 한다.

먼저, 사업을 추진하는 데 필요한 핵심 단계를 설정한다. 초기 제품 개발, 프로토타입 제작, 시험 마케팅, 유통 채널 확보, 제품 출시까지 일련의 실행 과정을 나열하고, 각 단계에서 어떤 목적을 달성해야 하는지를 명확히 정리한다. 각 단계가 단순히 거쳐야 할 절차가 아니라, 구체적인 성과 목표를 가진 실천 단위로 정리돼야 한다.

그다음은 단계별 자금과 시간 소요를 분석한다. 각 단계에 필요한 자원의 종류와 투입 시점을 구체적으로 산정하고, 이를 통해 자금 흐름과 인력 배분을 계획할 수 있다. 예를 들어 R&D 비용, 프로토타입 제작비, 시장 테스트 예산, 마케팅 캠페인에 필요한 홍보 비용 등을 항목별로 계산하고, 예상 일정과 함께 정리해야 한다. 이 과정은 리소스를 단순히 확보하는 게 아니라, 어떻게 적시에 투입하고 회수할지를 고민하는 작업이다.

마지막으로, 전체 일정과 총비용을 집계한다. 제품이 시장에 출시되기까지 얼마나 시간이 걸릴지, 어떤 규모의 자금이 필요한지를 종합적으로 정리하고, 이를 바탕으로 사업 실행 가능성을 검토한다. 총예산과 실행 기간이 현실적인지 따져보고, 필요하다면 어떤 방식으로 자금을 추가 조달할 것인지까지 전략을 세워야 한다.

이 단계는 단순한 계산이 아니라, 사업 전체의 실현 가능성을 검증하는 작업이다. 창업가는 이를 통해 투자자와 팀에게 실행 계획이 실제로 작동할 수 있는 수준이라는 확신을 줄 수 있어야 한다. 자금과 시간이 모두 부족한 스타트업에겐, 바로 이 자원 평가가 성패를 가르는 기준이 된다.

혁신 확산 과정

혁신 확산은 새로운 제품이나 서비스가 시장에서 인식되고, 채택되어, 궁극적으로 사용자 일상에 스며드는 전 과정을 설명하는 이론적 틀이다. 단순히 기술을 개발하는 데서 멈추는 것이 아니라, 그것이 실제로 수용되고 사용되는 과정을 중심으로 본다.

이 과정의 핵심은 시간이다. 혁신이 시장에 처음 등장한 이후, 각 개인이나 조직이 그것을 받아들이기까지 얼마나 시간이 걸리는지, 그리고 그 속도에 영향을 미치는 요소는 무엇인지를 분석한다. 특히 수용자의 도입 속도, 채택에 대한 저항, 정보 전달 방식 등이 복합적으로 작용하면서 확산 속도에 영향을 준다.

혁신이 효과적으로 퍼지기 위해서는 커뮤니케이션이 결정적인 역할을 한다. 기술이 아무리 뛰어나도 그 가치를 명확히 전달하지 못하면 확산은 일어나지 않는다. 이때 중요한 건 사회 시스템의 구조와 영향력이다. 핵심 고객 집단, 산업 리더, 유통 파트너와 같은 시장 내 주요 이해관계자가 혁신에 대해 긍정적인 태도를 보이도록 유도하는 일이 핵심 전략이 된다.

하지만 모든 혁신이 곧바로 받아들여지는 것은 아니다. 혁신의 새로움이 크면 클수록 기존 질서나 습관과의 충돌이 생기고, 이로 인한 저항이 나타난다. 따라서 저항 요인을 사전에 인식하고, 이를 줄이기 위한 설계와 커뮤니케이션 전략이 함께 따라야 한다.

성공적인 확산은 네 가지 요소에 달려 있다. 혁신의 고유 가치, 커뮤니케이션의 효율성, 사회 시스템의 수용성, 그리고 시간 관리다. 이 요소들이 균형을 이룰 때, 혁신은 시장 안에서 자리를 잡고 지속 가능한 성장을 만들어 낸다. 이는 단기적 성공을 넘어서 장기적 시장 영향력을 확보하기 위한 전략적 기반이 된다.

혁신의 고유 가치

혁신은 새로운 제품이나 서비스가 기존 기술이나 시장 환경에 비해 얼마나 새롭고 차별적인지를 평가하는 개념이다. 이때 '새로움'은 두 가지 차원으로 나뉜다. 하나는 기술적 새로움, 다른 하나는 시장적 새로움이다. 두 차원은 독립적이면서도 상호작용하며, 각각에 따라 전개해야 할 마케팅 전략과 시장 진입 방식도 달라진다.

기술적 새로움은 제품이나 서비스가 기존 기술과 얼마나 다른지를 판단하는 기준이다. 전혀 새로운 기술을 도입하거나, 기존 기술을 전혀 다른 방식으로 변형·개선해 제품 성능이나 사용자 경험을 획기적으로 끌어올리는 경우가 여기에 해당한다. 예를 들어 내연기관 차량에서 전기차로의 전환은 기존 기술 체계를 근본적으로 바꾼 사례다. 이런 기술은 성능을 높이는 수준을 넘어, 고객에게 완전히 새로운 가치를 제공하게 된다.

반면, 시장적 새로움은 그 기술이 어떤 방식으로 시장에 받아들여지는지를 평가한다. 고객이 해당 제품을 얼마나 새롭게 인식하는지, 기존 소비 습관이나 구매 행동을 얼마나 바꾸게 되는지가 핵심이다. 시장적 새로움이 클수록 제품 수용까지의 진입 장벽이 높아지고, 따라서 초기 시장에서의 교육, 설득, 적응 과정이 필요해진다. 스마트폰 초기 출시 당시 사람들이 휴대전화를 단순한 통신 기기로만 인식했던 상황이 대표적 사례다. 멀티미디어 기능과 앱 중심의 사용 방식은 일정한 시간과 적응 과정이 필요했다.

기술적 새로움과 시장적 새로움이 동시에 큰 경우, 이를 '비연속적 혁신

(discontinuous innovation)'이라고 부른다. 이런 혁신은 고객의 사고방식과 행동 패턴을 근본적으로 바꾸기 때문에, 수용 속도가 느리고 시장 확산에 상당한 시간이 걸린다. 자율주행차처럼 기술적으로도 낯설고, 사회적 인식이나 제도적 수용이 요구되는 경우가 여기에 해당한다.

반대로 두 차원이 모두 낮은 경우에는 '연속적 혁신(continuous innovation)'으로 분류된다. 기존 제품의 기능 일부만 개선되거나 기존 사용 방식에 거의 변화를 주지 않는 수준의 혁신이다. 이 경우 고객 저항이 거의 없고, 시장 진입과 확산 속도가 빠르다. 예를 들어 스마트폰 신모델이 기존 사용자 인터페이스는 유지하면서 카메라 기능만 강화한 경우, 대부분의 사용자는 별다른 교육이나 설득 없이 바로 제품을 수용한다.

혁신의 성공은 이 두 가지 새로움의 수준을 어떻게 읽어내고, 거기에 맞는 전략을 어떻게 설계하느냐에 달려 있다. 비연속적 혁신에는 긴 호흡의 시장 교육과 인식 전환 전략이 필요하고, 연속적 혁신에는 짧고 강한 마케팅과 빠른 제품 출시가 효과적이다. 기술만 앞서는 것도, 마케팅만 앞서는 것도 부족하다. 새로움의 본질과 시장의 반응을 정밀하게 조율해야 진짜 혁신이 시장에 뿌리내릴 수 있다.

커뮤니케이션의 효율성

커뮤니케이션은 혁신이 시장에 효과적으로 확산되기 위해 반드시 선행되어야 하는 핵심 요소다. 아무리 뛰어난 기술이나 제품이라도 고객에게 제대로 전달되지 않으면, 그 존재조차 인식되지 못한 채 시장에서 사라질 수 있다. 따라서 커뮤니케이션은 단순한 정보 전달이 아니라, 고객이 혁신을 인식하고 이해하며, 궁극적으로 구매를 고려하게 만드는 전 과정의 출발점이다.

　가장 먼저 고려해야 할 요소는 커뮤니케이션 채널이다. 혁신이 고객에게 전달되는 통로로는 광고, 판촉, PR, 온라인 콘텐츠, 소셜 미디어 등 다양한 방식이 있다. 이 중에서도 최근 가장 큰 영향을 미치는 채널은 단연 소셜 미디어다. 인스타그램, 유튜브, 틱톡 같은 플랫폼을 통해 혁신 제품은 짧은 시간 안에 광범위한 고객에게 노출되며, 즉각적인 피드백을 받을 수 있다. 이는 확산 속도를 비약적으로 높이고, 고객의 초기 관심을 빠르게 끌어모으는 데 효과적이다.

　두 번째는 메시지의 일관성과 명확성이다. 전달하는 메시지가 상황에 따라 흔들리거나 중복되면, 고객에게 혼란만 줄 뿐이다. 반대로 메시지가 간결하고 일관되게 유지될수록 제품에 대한 이해도는 높아지고, 신뢰도도 상승한다. 특히 디지털 커뮤니케이션 수단—SMS, 메시징 앱 등—을 통한 전달 방식은 전문성과 신뢰성이 확보되었을 때 큰 효과를 발휘한다. 고객이 '이 제품은 내게 꼭 필요한 것이다'라는 판단을 내리게 만드는 데 있어 메시지의 신뢰도는 결정적인 역할을 한다.

　세 번째는 커뮤니케이션의 빈도와 강도다. 한 번의 노출로는 고객의 행동 변화를 이끌기 어렵다. 반복적이고 다채로운 채널을 활용한 커뮤니케이션이 필요하다. 특히 새로운 개념이나 생소한 기술이 포함된 혁신일수록 자주, 다양한 맥락에서 반복적으로 설명되고 강조되어야 고객의 인식 속에 자리를 잡을 수 있다.

　커뮤니케이션은 혁신 그 자체를 고객에게 '존재하게' 만드는 행위다. 제품이 아무리 혁신적이어도, 이를 누구에게 어떤 방식으로 어떻게 전달할지를 설계하지 않으면 시장에선 반응이 없다. 성공적인 혁신 확산은 기술이나 시장만의 문제가 아니다. 고객과의 커뮤니케이션에서 시작된다.

사회 시스템의 수용성

사회 시스템은 혁신이 한 지역이나 공동체 내에서 어떻게 받아들여지고 퍼져 나가는지를 결정짓는 구조적 기반이다. 혁신은 개인의 선택만으로 확산되지 않는다. 사회 내부의 규범, 상호작용, 영향력 있는 사람들의 태도 등이 복합적으로 작용하면서 확산의 방향과 속도를 결정짓는다.

가장 핵심적인 요소는 사회적 규범이다. 사회마다 공유하는 가치 체계와 행동 기준이 다르고, 이 기준이 혁신 수용에 직접적인 영향을 미친다. 예를 들어 친환경에 대한 인식이 높은 사회에서는 환경 관련 혁신이 빠르게 수용될 수 있지만, 전통을 중시하는 사회에서는 기술적 변화에 대한 저항이 강하게 나타날 수 있다. 혁신이 사회의 기대와 부합할수록 수용은 빠르고 원활하게 이루어진다.

이와 함께 리더의 역할도 중요하다. 사회 내에서 의견을 이끄는 사람들, 즉 오피니언 리더(opinion leader)는 혁신 확산의 촉진자 역할을 한다. 이들은 새로운 기술이나 제품을 먼저 경험하고, 주변 사람들에게 그 유용성과 필요성을 설득력 있게 전달한다. 인플루언서, 업계 전문가, 커뮤니티 리더 등이 여기에 속한다. 이들이 혁신을 긍정적으로 평가하고 사용하면, 그 제품은 단기간에 대중에게 확산될 가능성이 높아진다. 반면, 이들의 무관심이나 부정적 평가가 이어지면, 혁신은 사회 전체로 확산되지 못하고 멈출 수 있다.

혁신이 확산되려면 기술이나 마케팅만으로는 충분하지 않다. 혁신이 사회 시스템 속 가치와 어떻게 연결되는지를 읽어야 하고, 그 구조 안에서 신뢰를 갖춘 리더들이 어떻게 움직이는지를 함께 고려해야 한다. 사회적 수용성은 혁신의 실제 시장 진입과 확산에서 결정적 변수로 작동한다. 혁신이 사회와 충돌하지 않고, 조화롭게 작동할 수 있는 기반을 갖춰야 시장에서 지속적인 반응을 끌어낼 수 있다.

시간 관리

시간은 혁신이 시장에 퍼지는 전 과정을 관통하는 핵심 변수다. 혁신이 인식되고, 평가되고, 채택되기까지 얼마나 시간이 걸리는지는 단순한 결과가 아니라, 그 안에 작용하는 수많은 요인의 합이다. 특히 고객이나 조직이 혁신을 수용하는 데 걸리는 시간은 확산 속도와 시장 점유율에 직접적인 영향을 미친다.

첫 번째로 중요한 요인은 혁신의 복잡성이다. 제품이나 서비스가 복잡할수록 사용자가 이해하고 학습하는 데 시간이 더 걸린다. 기술 기반 제품은 특히 그렇다. 새로운 인터페이스, 익숙하지 않은 기능, 초기 설정의 어려움 등은 사용자로 하여금 도입을 미루게 만든다. 혁신이 어렵고 낯설게 느껴질수록, 채택까지의 시간은 길어지고 확산은 더디게 진행된다.

두 번째는 커뮤니케이션 수준이다. 정보가 부족하거나 단편적이면 고객은 이해하지 못한 채 결정을 미루게 된다. 반대로, 일관되고 명확한 메시지를 반복적으로 전달받을 경우, 제품이나 서비스에 대한 이해도가 높아지고 채택까지의 시간은 짧아진다. 효과적인 커뮤니케이션은 마케팅에 따른 시장 채택 속도를 조절하는 직접적인 장치가 된다.

세 번째 요인은 의사결정 주기다. 특히 기업 고객의 경우, 채택은 개인의 단순 구매가 아니라 복잡한 내부 의사결정이 요구된다. 제품이 운영 방식에 어떤 영향을 미칠지, 예산과 리스크는 어떻게 조율할지, 누가 승인 권한을 가졌는지 등 복잡한 절차를 거치게 된다. 부서 간 협의가 필요하고, 검토 기간이 길어질수록 혁신은 조직 내에 자리 잡기 어려워진다.

이처럼 시간은 혁신을 채택할지 말지 결정되는 실제적인 과정에서 중요한 장애물이자 기회 요인으로 작용한다. 따라서 기업은 복잡성을 줄이고, 커뮤니케이션을 강화하며, 의사결정 구조를 단순화하는 전략을 통해 채택 시간을 줄이는 데 집중해야 한다. 혁신이 빠르게 수용되는 시장에서는 시간 자체가 경쟁력이 된다.

혁신의 채택 과정

채택 과정(adoption process)은 고객이 새로운 제품이나 서비스를 처음 접하고, 그것을 실제로 사용하는 데 이르기까지 거치는 심리적 단계를 설명하는 모델이다. 이 과정은 고객의 구매 결정 과정에서 인식부터 행동까지 이어지는 다층적 사고 흐름이다. 제품의 특성과 고객의 성향, 그리고 시장 내 확산 정도에 따라 각 단계는 길어질 수도, 짧아질 수도 있다. 창업가는 이 과정을 이해해야 적절한 개입 시점을 설정할 수 있고, 고객이 다음 단계로 자연스럽게 넘어가도록 유도할 수 있다.

채택 과정은 일반적으로 다섯 단계로 구성된다. 인식(Awareness), 관심(Interest), 평가(Evaluation), 시험(Trial), 그리고 채택(Adoption)이다.

- **인식 단계.** 고객이 새로운 제품이나 서비스를 '처음으로 알게 되는 순간'이다. 이 시점에서는 구체적인 정보 탐색이 이루어지지 않고, 제품

이 존재한다는 사실만 인지하는 수준이다. 예컨대, 새로운 스마트폰 광고를 처음 본 사람이 "이런 제품이 나왔구나"라고 느끼는 정도의 반응이다.

- **관심 단계.** 고객은 제품에 대해 좀 더 알아보려는 태도를 보인다. 자신의 니즈와 관련이 있을 수 있다고 판단한 순간부터, 보다 자세한 정보를 찾기 시작한다. 검색, 사용자 리뷰, 주변의 의견 등 다양한 채널을 활용해 정보를 수집하며 구매 가능성을 가늠한다.

- **평가 단계.** 정보가 판단으로 전환된다. 고객은 이 제품이 실제로 자신의 문제를 해결해 줄 수 있을지를 본격적으로 따져본다. 성능, 가격, 브랜드, 경쟁 제품과의 비교 등 다양한 기준이 동원된다. 이 단계는 심리적 결정을 위한 무게 중심이 형성되는 시점이기도 하다.

- **시험 단계.** 고객이 제품을 직접 경험해 보는 구간이다. 샘플 사용, 데모 체험, 무료 체험판 등 다양한 방식으로 제품을 시험하면서 실제 성능이나 사용자 경험이 기대에 부합하는지를 판단한다. 이때 긍정적인 경험을 제공하지 못하면, 채택까지 이어지지 못하고 이 과정에서 이탈할 수 있다.

- **채택 단계.** 고객이 제품을 정식으로 구매하고, 일상에 통합하는 결정이 이루어진다. 저가 제품일수록 진입 장벽이 낮고 반복 구매도 쉽지만, 고가 제품은 비교적 깊은 검토와 헌신을 요구한다. 자동차, 가전 제품, 고급 서비스 등은 이 단계에서의 설득력이 핵심이다.

이 다섯 단계는 혁신이 시장에 정착하기까지의 전 과정을 체계적으로 설명다. 기업은 각 단계에 따라 전략적 메시지를 다르게 설계해야 하며, 제품 특성과 고객 심리를 고려해 채택까지의 전환을 가속화할 수 있는 구조를 마련해야 한다. 혁신이 '새로운 것'에만 머물지 않고, 실제로 '사용되는 것'이 되려면 이 채택 과정에 대한 전략적 개입이 필수다.

혁신 채택자

고객은 새로운 제품이나 서비스를 채택하는 시점에 따라 다섯 가지 유형으로 구분된다. 혁신가(Innovators), 초기 수용자(Early Adopters), 초기 다수자(Early Majority), 후기 다수자(Late Majority), 느림보(Laggards)이다. 이 다섯 집단은 시간의 흐름에 따라 순차적으로 시장에 진입하며, 제품의 확산 속도와 범위에 결정적인 영향을 미친다. 각 집단은 서로 다른 심리적 특성과 구매 동기를 가지므로, 이에 따라 마케팅 전략도 달라져야 한다.

- **혁신가.** 시장에서 가장 먼저 제품을 접하고 채택하는 소수의 고객이다. 이들은 기술에 대한 이해도가 높고, 새로운 것을 시도하는 데 거리낌이 없다. 위험을 감수하는 성향이 강하며, 제품이나 기술 자체에 흥미를 느껴 자발적으로 채택한다. 제품이 아직 완성되지 않았더라도, 실험적으로 사용하면서 초기 피드백을 제공한다.
- **초기 수용자.** 혁신가 다음으로 제품을 받아들이는 집단이다. 사회적 영향력이 크고, 주변 사람들에게 의견 리더로 작용한다. 이들은 트렌드를 빠르게 인식하고, 합리적 평가를 바탕으로 구매 결정을 내린다. 이들의 채택은 제품의 신뢰도와 시장 가능성을 대중에게 보여 주는 신호가 되며, 확산의 기폭제 역할을 한다.
- **초기 다수자.** 더 신중한 고객들이다. 이들은 제품이 어느 정도 안정성을 확보하고, 시장에서 인정받은 후에야 구매를 고려한다. 혁신에

관심은 있지만, 위험 회피 성향이 강해 타인의 경험이나 리뷰를 중시한다. 초기 다수자가 움직이기 시작하면, 제품은 대중 시장에 본격적으로 자리 잡게 된다.

- **후기 다수자.** 보수적인 고객 집단으로, 제품이 시장에서 대세로 자리 잡은 이후에야 채택한다. 사회적 압력이나 대다수의 선택을 보고 따라가는 성향이 강하며, 변화에 대해 소극적이다. 이들은 가격 민감도가 높고, 신뢰성과 실용성을 중시한다.
- **느림보.** 마지막까지 기존 방식을 고수하는 고객이다. 혁신에 대한 저항이 크고, 변화 자체에 대한 불신이 뿌리 깊다. 제품이 기존 대안을 완전히 대체하거나 더 이상 사용 불가능한 상황이 되어서야 비로소 전환을 고려한다.

이 다섯 채택자 유형은 시간의 흐름에 따라 순차적으로 시장을 형성하며, 각각의 집단을 겨냥한 맞춤형 전략이 필요하다. 특히 제품 초기에 혁신가와 초기 수용자에게 집중적인 커뮤니케이션과 체험 기회를 제공해야 빠른 확산이 가능하다. 이들의 긍정적인 사용 경험은 이후 집단의 구매 결정을 유도하는 강력한 신호가 된다. 기업은 채택자의 성향과 채택 단계를 정밀하게 파악해, 적절한 메시지와 채널로 접근해야 한다. 혁신은 누구보다 먼저 받아들이는 소수에서 시작해, 모두가 사용하는 보편으로 확산된다. 이 흐름을 설계하고 유도하는 것이 혁신 전략이다.

제품 수명 주기

제품 수명 주기(Product Life Cycle)는 하나의 제품이 시장에 등장해 성장하고, 성숙기를 거쳐 결국 쇠퇴하는 전체 흐름을 설명하는 개념이다. 이 주기는 제품이 시장에서 어떤 위치에 있으며 어떤 전략이 필요한지를 판단하는 기준이 된다. 각 단계는 시장 반응, 경쟁 환경, 고객 행동에 따라 마케팅 전략이 달라지며, 그에 따라 수익성과 지속 가능성도 크게 좌우된다.

제품 수명 주기는 도입, 성장, 혼란, 성숙, 쇠퇴의 다섯 단계로 나뉜다.

도입 단계는 제품이 처음 시장에 출시되는 시점이다. 고객 대부분은 제품을 알지 못하고, 인지도도 낮다. 이 시점의 전략은 명확하다. 제품의 고유한 강점, 즉 USP를 강조하고, 초기 수용자를 확보하는 데 집중해야 한다. 마케팅은 인지도를 높이고 제품의 혁신성과 필요성을 설득하는 데 초점이 맞춰져야 하며, 유통망 구축과 초기 반응 측정이 핵심이다. 수익은 낮고 비용이 많이 들지만, 시장 반응에 따라 빠른 전략 수정이 필요하다.

성장 단계에서는 제품이 본격적으로 시장에서 수용되기 시작한다. 매출이 급격히 증가하고, 시장 반응도 긍정적으로 바뀐다. 동시에 경쟁자가 진입하기 시작하므로, 브랜드 인지도를 높이고 시장 점유율을 확대하는 것이 우선 과제이다. 제품의 강점을 다시 한번 강조하고, 가격 전략이나 라인 확장을 통해 다양한 고객층을 공략해야 한다. 이 시기는 경쟁우위를 확보할 수 있는 결정적 타이밍이다.

혼란 단계에 접어들면 시장은 빠르게 복잡해진다. 경쟁이 격화되고, 유사 제품이 다수 등장하면서 가격 경쟁이 심화된다. 마케팅 비용은 증가하지만, 효과는 불확실해진다. 이 시점에서 기업은 제품 차별화 전략을 분명히 해야 한다. 기능 추가, 디자인 개선, 사용자 경험 향상 같은 요소로 제품을 재포지셔닝하거나, 브랜드 이미지를 새롭게 구축해야 한다. 고객 충성도를 유지하는 것이 이 단계의 핵심 과제다.

성숙 단계에서는 제품이 최대 판매량에 도달하고, 시장 성장률은 둔화된다. 새로운 고객을 유치하기보다 기존 고객을 유지하는 전략이 우선이며, 가격 인하, 라인업 확장, 사후 서비스 강화 등으로 수요를 유지해야 한다. 브랜드 충성도를 기반으로 안정적인 수익을 창출하는 것이 목표이며, 고객 경험을 최적화해 시장 내 위치를 방어하는 전략이 필요하다.

쇠퇴 단계는 제품 수요가 감소하고, 고객 선호나 기술 환경이 변화하면서 제품의 시장 존재 이유가 약해지는 시기다. 이 시점에서는 마케팅 비용을 줄이고, 수익성이 낮은 채널이나 제품군은 정리하는 등의 효율화 전략이 요구된다. 제품을 단종할 것인지, 새로운 버전으로 전환할 것인지, 또는 틈새시장을 겨냥해 재활성화할 것인지에 대한 명확한 선택이 필요하다. 동시에 새로운 성장 기회를 탐색하고, 자원을 미래 유망 제품으로 재배분하는 것이 현명한 선택이 될 수 있다.

제품 수명 주기의 각 단계에서 전략적으로 대응하면, 기업은 시장 내 지속 가능성을 높이고 자원의 낭비 없이 성과를 극대화할 수 있다. 중요한 것은 모든 제품이 성장하는 것만이 아니라, 언제 다음 단계로 전환되는지를 인식하고, 그에 맞는 전략을 준비하는 것이다.

기술의 변화 속도

급격한 기술 변화는 스타트업에 기회와 위기를 동시에 안겨 준다. 새로운 기술로 시장에 진입하면 선도적 지위를 확보할 수 있지만, 그만큼 불확실성과 위험도 커진다. 기술을 실제 제품으로 전환하고, 이를 시장에서 수용할 수 있는 형태로 상용화하기까지의 과정은 기술 구현 전략과 실행을 포함한 복합적인 문제다. 이 과정에서 세 가지 불확실성이 핵심 과제로 등장한다.

첫 번째는 고객 니즈에 대한 불확실성이다. 신기술이 어떤 문제를 해결하며, 어떤 방식으로 고객에게 가치를 제공할 수 있는지를 명확히 이해하기 어렵다. 기술 자체의 기능은 뛰어날 수 있지만, 고객이 그 가치를 제대로 인식하지 못하면 시장 수요는 형성되지 않는다. 특히 기존 기술과의 차별점이 고객 관점에서 명확하지 않을 경우, 시장 기회의 본질과 규모를 판단하기 어렵다.

두 번째는 제품 개발 과정의 불확실성이다. 기술을 시장에 맞는 제품으로 전환하는 데는 수많은 시행착오가 뒤따른다. 프로토타입을 만들고 테스트하는 과정에서 고객의 기대와 현실이 어긋날 수 있고, 기술적 강점이 오히려 사용성을 떨어뜨리는 결과를 낳기도 한다. 기술이 진보적인 것만으로는 충분하지 않다. 그것이 실제 사용자 요구에 얼마나 정합적으로 맞는지가 관건이다.

세 번째는 자본 투자에 대한 불확실성이다. 신기술은 투자 시점과 투자 규모를 가늠하기 어렵게 만든다. 시장이 빠르게 변하는 상황에서는 자원이 적절히 배분되지 않으면 큰 손실로 이어질 수 있다. 어느 타이밍에, 얼마만큼의 자금을 어떤 영역에 투입할 것인지에 대한 전략이 없으면 기술은 쉽게 묻히거나 방향을 잃는다.

이런 불확실성을 관리하고 기술을 성공적으로 시장에 연결하기 위해서는 여섯 가지 제품 개발 관행이 효과적이다.

- **최종 사용자 참여.** 아이디어 개발 초기부터 사용자를 참여시켜 니즈를 파악하고, 프로토타입 테스트를 통해 실제 사용 행태를 분석해야 한다.
- **피드백 반영.** 시장 반응을 수집하고 이를 바탕으로 제품을 지속적으

로 수정·개선한다.
- **시장 규모 조사.** 대규모 시장 조사를 통해 기술의 상업적 잠재력을 검증하고, 적정 가격대와 고객 세그먼트를 설정한다.
- **명확한 자원 할당.** 개발 단계별로 필요한 자원을 명확히 구분하고 효율적으로 배분해 리스크를 줄인다.
- **혁신 친화적 조직 문화.** 내부에서 기술 혁신을 전략적으로 뒷받침할 수 있는 유연하고 실험적인 조직 문화를 조성한다.
- **시장 지향적 전략 수립.** 목표 시장을 명확히 정의하고, 그 시장에 효과적으로 도달할 수 있는 실행 가능한 전략을 구축한다.

기술 변화의 속도가 빨라질수록, 기술 그 자체보다 중요한 건 이를 시장에 안착시킬 수 있는 전략적 역량이다. 성공적인 기술 기업은 뛰어난 기술력보다도, 불확실한 시장 환경 속에서 기술을 빠르게 검증하고, 유연하게 수정하며, 적절한 시점에 과감히 투자할 수 있는 실행 능력에서 갈린다.

기술의 파괴성

파괴적 기술은 기존의 기술, 시장 구조, 고객 행동, 그리고 산업 표준을 근본적으로 뒤흔드는 변화를 일으킨다. 개선 수준을 넘어, 기존 시스템 자체를 재정의하거나 무력화시키는 성격을 지닌다. 이러한 기술은 시장의 판을 바꾸고, 새로운 생태계를 형성하며, 기존 강자를 몰락시키는 동시에 새로운 리더를 탄생시킨다.

실례로, 재생 의학이나 줄기세포 치료 기술들은 의료 기술의 진보만이 아니라, 의료서비스의 전달 구조, 규제 체계, 자원 배분 방식까지 변화시키는 '시스템 전환' 수준의 혁신이다. 기술의 복잡성, 이해관계자의 수, 통합

자원의 다양성 등을 고려할 때, 파괴적 기술은 기술 그 자체로만 설명될 수 없다. 그 주변의 사회적, 제도적, 시장적 요소와 함께 작동하며 산업 구조 전반에 걸쳐 영향을 미친다.

하지만 모든 파괴적 기술이 전구나 인터넷처럼 처음부터 '혁신적'으로 인식되지는 않는다. 아마존은 온라인 쇼핑을 발명한 것이 아니다. 하지만 수백만 개의 상품을 하나의 플랫폼에서 구매할 수 있게 만든 '구현 방식의 전환'이 기존 유통구조를 붕괴시켰다. 스티브 잡스 역시 마우스를 새롭게 발명한 게 아니라, 기존보다 훨씬 저렴하고 대중화된 방식으로 제품을 재구성함으로써 기술의 확산을 이끌었다. 파괴적 기술은 반드시 '신기술'일 필요는 없다. 기존 기술을 '새롭게 다루는 방식'에서도 충분히 파괴적일 수 있다.

2010년대 초, 한 스타트업이 프리미엄 헤드폰을 패션과 전자제품의 경계를 허물며 출시한 사례도 인상적이다. 이 제품은 음질이 좋은 오디오 기기를 넘어, 고급 소재와 세련된 디자인을 결합해 새로운 소비문화를 제안했다. 헤드폰은 기술 기기를 넘어 하나의 패션 아이템으로 재정의되었고, 이는 기술 소비에 대한 인식을 바꾸는 전환점이 되었다. 첫해에만 20억 원 이상의 매출을 올린 이 사례는 파괴적 기술이 반드시 첨단일 필요 없이, '고객 경험의 구조를 바꾸는 방식'으로도 작동할 수 있음을 보여 준다.

하지만 파괴적 기술이 항상 빠르게 확산되는 것은 아니다. 새로운 기술은 종종 기존 시스템과 충돌하고, 규제의 벽에 가로막히며, 고객의 익숙한 행동 패턴과 맞지 않아 채택이 지연된다. 실제로 많은 파괴적 기술은 초기 시장에서 오해받고 저평가되며, 수용까지 오랜 시간이 걸리기도 한다.

파괴적 기술의 핵심은 기술 그 자체보다, 그것이 '기존 체계를 어떻게 뒤흔드는가?'에 있다. 성공적인 파괴는 기술의 성능만으로 이뤄지는 것이 아니다. 그것이 어떤 방식으로 기존의 문법을 해체하고, 새로운 질서를 제안하며, 시장과 사용자 경험을 다시 정의하는가에 달려 있다.

기술의 시장성

기술이 아무리 혁신적이거나 파괴적인 성격을 지녔다 해도, 그 성공 여부는 시장이 존재하는가에 달려 있다. 기술은 시장을 통해 가치를 실현하며, 그 과정에서 경제적 메커니즘—즉, 수요와 공급의 연결 고리—를 따라야 한다. 제품이 어떤 문제를 해결하는지 못지않게 중요한 건, 그 문제를 실제로 겪고 있고 이를 해결할 의지가 있는 시장이 존재하는가다.

기술 제품이 시장에서 성공하기 위해서는 몇 가지 기본 조건을 충족해야 한다.

첫째는 측정성이다. 시장의 규모와 구성, 성장 속도, 고객 행동 등 정량적 요소를 명확히 파악할 수 있어야 한다. 하지만 모든 기술 시장이 처음부터 쉽게 측정되지는 않는다. 예컨대, 전자책 리더기를 개발한 한 스타트업은 초기 시장 데이터를 확보하기 어려웠지만, 자체 플랫폼을 구축해 사용자 데이터를 직접 수집하고, 이를 바탕으로 대형 출판사와의 협력을 끌어냈다. 시장이 모호할수록 직접 측정할 수 있는 구조를 만드는 것이 중요하다.

둘째는 접근성이다. 시장이 존재하고 규모가 크다 해도, 물리적·제도적 장벽이 존재하면 실질적 접근이 어려워질 수 있다. 한 친환경 스타트업은 고성능 제품에 대한 수요는 충분했지만, 물류비용이 지나치게 높아 고객에게 제품을 안정적으로 공급하는 데 실패했다. 기술이 아무리 좋아도 고객에게 도달하지 못하면 의미가 없다.

셋째는 수익성이다. 시장이 크고 접근이 가능하다 하더라도, 마케팅 비용이나 운영비가 지나치게 높다면 지속적인 수익 창출이 어렵다. 그러나 반대로, 특정 대기업이 관심을 두지 않는 틈새시장에 진입해 낮은 운영비로 성공을 거두는 스타트업도 존재한다. 수익성은 절대적인 시장 크기보다는, 그 안에서 효율적으로 자원을 운용할 수 있는가에 달려 있다.

넷째는 안정성이다. 기술 제품이 시장에서 자리를 잡기 위해선 정치적·경제적 환경이 뒷받침돼야 한다. 특히 글로벌 마켓을 겨냥할 경우, 개발도상국에서는 법적 리스크나 정책 변화로 인해 예기치 않은 충격이 사업을 위협할 수 있다. 일부 국가에서는 자산 국유화나 외국 기업에 대한 규제가 기술 수출과 수익 창출을 근본적으로 차단하기도 한다.

기술은 시장과 분리되어 존재할 수 없다. 시장을 읽지 못하는 기술은 '좋은 아이디어'에 그치고 만다. 기술 아이디어가 시장에서 실질적인 가치를 창출하기 위해서는 측정 가능성, 접근성, 수익성, 안정성과 같은 시장 기반 요건을 전략적으로 고려해야 한다. 혁신은 기술에서 시작되지만, 성공은 시장에서 완성된다.

핵심 정리

제품 개발 전략은 단순한 제작 과정이 아니라, 시장 문제의 정의에서 출발하여 아이디어를 실현 가능하고 지속 가능한 제품으로 전환하는 전략적 흐름이다. 테크 스타트업은 '누구를 위해 무엇을 만드는가'에 대한 명확한 답을 기반으로, 아이디어의 구체화, 개발, 검증, 출시, 확산에 이르는 전 과정을 체계적으로 설계해야 한다.

제품 개발은 스테이지 게이트 모델을 기반으로 아이디어, 개념, 개발, 파일럿 마케팅의 네 단계로 구조화된다. 각 단계에서 시장 트렌드, 고객 인터뷰, 프로토타입 테스트, 제한적 출시 등을 통해 검증하고 조정함으로써 리스크를 줄이고 성공 가능성을 높인다. 이를 통해 기술 창업가는 아이디어가 실질적으로 시장에서 작동할 수 있는지를 반복적으로 점검하며 실행력을 축적한다.

아이디어 개발은 문제 정의, 고객군 식별, 피드백 기반 검증, 마케팅 계획, 제품 설계, 시장 출시라는 여섯 단계로 구성되며, 각 단계는 시장 요구를 중심으로 작동한다. 창업가는 핵심 고객군의 세분화, 경쟁 분석, 컨셉 조사, 가격 전략, 유통 경로 설계, 커뮤니케이션 전략 등을 통합적으로 구성해야 하며, 이를 통해 제품이 전달하고자 하는 가치를 고객에게 직관적으로 설득할 수 있어야 한다.

제품 개발의 궁극적 목표는 기술적 새로움을 넘어서, 고객이 체감하는 실질적 가치를 창출하는 것이다. 이를 위해 창업가는 기술의 파괴성, 유통 채널과의 적합성, 조직 역량과의 연계성 등을 고려하여 시장 수용성 기반의 전략을 수립해야 한다. 특히 유통 구조나 패키지와의 정합성이 부족하면 아무리 기술적으로 뛰어난 제품도 시장 진입에 실패할 수 있음을 인식해야 한다.

기회 평가 계획은 시장성과 차별성, 실행 가능성을 통합적으로 검토하는 전략적 도구다. USP의 명확성, 시장 크기와 성장성, 팀의 기술 역량, 제품 개발과 출시를 위한 자원 확보 여부 등 네 가지 축을 중심으로 창업가는 사전 점검을 수행하고, 실행 전략의 우선순위를 설정할 수 있다.

혁신의 확산은 기술의 우수성만으로 이루어지지 않는다. 혁신이 인식되고 수용되어 일상에 스며드는 전 과정은 기술적 새로움, 시장 수용성, 커뮤니케이션 전략, 사회 시스템의 지지, 시간 관리라는 다차원적 요인에 의해 결정된다. 스타트업은 혁신의 '기술'보다 '전달'과 '채택'에 집중해야 하며, 특히 고객 채택자의 심리 단계를 고려한 마케팅 전략을 설계해야 한다.

제품 수명 주기를 고려한 전략적 전환도 필요하다. 도입-성장-혼란-성숙-쇠퇴의 각 단계에 따라 제품 포지셔닝, 가격 정책, 유통 전략, 브랜딩 전략을 조정해야 하며, 기술 변화가 빠른 시장에서는 수명 주기 전환의 타이밍을 감지하고 민첩하게 대응하는 것이 중요하다.

기술의 파괴성은 기존 질서를 무너뜨릴 수 있는 잠재력을 갖지만, 동시에 수용과 채택의 장벽도 수반한다. 고객의 생활 방식, 유통망, 제도, 사회 인식 등과 충돌하면 혁신은 확산되기 어렵다. 따라서 파괴적 기술은 기술 자체의 독창성뿐 아니라, 그것을 수용 가능한 방식으로 구현하는 전략이 함께 설계되어야 한다.

제품 개발 전략은 기술 아이디어를 시장에 정착시키는 실행 기술이다. 테크 스타트업은 창의성과 전략을 동시에 작동시킬 수 있어야 하며, 고객 중심 사고, 체계적 개발 프로세스, 실행 가능성 평가, 채택 전략 설계, 시장 기반의 검증을 통해 기술을 실제 비즈니스로 전환할 수 있어야 한다. 이는 단순한 제품이 아니라, 시장과 고객을 중심에 둔 가치 창출 시스템을 설계하는 일이다.

창업가의 질문

Q1. 제품 개발 전략이 단순히 '무엇을 만들까'를 넘어 '누구를 위해 어떻게 만들 것인가'라는 전략적 흐름으로 확장된다고 하셨습니다. 그런데 실제로 시장과 고객의 문제를 정의하는 일이 생각보다 모호하고 어려울 때가 많습니다. 이럴 때 어떤 방식으로 문제 정의를 구체화하고, 제품 개발 방향성을 잡아 가야 할까요?

교수의 답변. 훌륭한 질문입니다. 제품 개발의 시작은 기술이 아니라 문제입니다. 창업가가 마주하는 가장 어려운 일 중 하나가 바로 '문제를 잘 정의하는 것'이죠. 저는 학생들에게 항상 "문제를 명확히 정의하지 않으면 어떤 해결책도 적절할 수 없다"고 말합니다. 구체화를 위한 좋은 출발점은 '관찰'입니다. 잠재 고객의 일상, 행동, 사용 맥락을 꼼꼼히 살피고, 그들의 불편이나 비효율이 언제, 어떻게, 왜 발생하는지를 탐색해 보세요. 인터뷰나 현장조사를 통해 언어화되지 않은 니즈까지 끌어내는 것이 중요합니다. 그다음에는 이 문제를 해결했을 때 어떤 가치가 창출되는지를 역으로 정의해 보는 것이죠. 이 과정을 거쳐야 기술은 '기능'이 아니라 '가치'로 바뀝니다. 제품 개발은 결국 기술과 시장, 문제와 해결의 연결점을 설계하는 지적 작업입니다. 이때 필요한 건 창의성만이 아니라 관찰력과 논리적 사고입니다.

Q2. 제품을 시장에 출시하기 전, 마케팅 계획이나 유통 전략을 구체화하라고 하셨는데, 스타트업 입장에서는 자원도 제한되어 있고 어떤 채널이 효과적인지도 확신하기 어렵습니다. 초기 단계에서 어떤 기준으로 마케팅이나 유통 전략을 수립하면 좋을까요?

액셀러레이터의 답변. 정확한 고민입니다. 많은 초기 창업가들이 '좋은 제품이니까 알아서 팔릴 것'이라고 기대하지만, 현실은 전혀 그렇지 않죠. 자원이 제한된 스타트업일수록 마케팅과 유통은 '선택과 집중'이 핵심입니다. 먼저 목표 고객을 최대한 좁고 명확하게 정의하세요. 고객이 사용하는 미디어 채널, 구매 장소, 의사결정 방식까지 상세히 파악하는 게 출발점입니다. 그다음에는 고객과의 첫 접점을 어떤 방식으로 설계할지, 즉 초기 메시지와 프로모션 전략을 구체화해야 합니다. 유통도 마찬가지입니다. 전국 단위가 아니라 특정 지역, 특정 고객층을 겨냥한 소규모 파일럿 유통부터 시작해 반응을 보는 것이 훨씬 효과적입니다. 핵심은 작게 시작하되, 빠르게 학습하고 개선할 수 있는 구조를 만드는 겁니다. 저희가 액셀러레이팅할 때도 '확장보다 검증'을 먼저 강조하는 이유가 바로 여기에 있습니다.

Q3. 기술적으로 새롭고 뛰어난 제품이라도 시장에서 채택되지 못하는 경우가 많다고 하셨는데, 투자자 입장에서 보셨을 때 파괴적인 기술이 실제 시장에서 수용될 수 있을지 어떻게 평가하시나요? 수용성과 확산 가능성을 판단하는 주요 기준이 궁금합니다.

벤처캐피털리스트의 답변. 중요한 포인트를 짚으셨습니다. 벤처투자자들이 가장 경계하는 것이 바로 '기술은 훌륭한데 시장은 준비되지 않은 경우'입니다. 저는 파괴적 기술이 시장에서 수용될 수 있을지를 판단할 때 세 가지를 봅니다. 첫째, 고객의 생활 방식이나 기존 행태를 얼마나 급진적으로 바꿔야 하는가입니다. 바꾸는 강도가 클수록 채택까지 시간과 비용이 많이 들죠. 둘째, 이 기술이 처음으로 채택될 고객층—즉 초기 수용자—가 누구인지, 그들이 얼마나 강력한 전파력을 갖고 있는지가 중요합니다. 셋째, 커뮤니케이션 전략입니다. 고객이 왜 이 기술이 필요한지를 이해하고, 공감할 수 있도록 설계된 스토리텔링과 전달 구조가 있는지 살펴봅니다. 결국 기술은 '이해되고 설득될 수 있어야' 시장에 뿌리내릴 수 있습니다. 그래서 우리는 단순히 기술력만 보지 않고, 그것을 시장에 맞게 적용할 수 있는 창업팀의 능력도 함께 평가합니다.

Chapter 06

지식재산권 확보 방안

지식재산(Intellectual Property)은 창의적 아이디어와 기술에서 파생된 무형 자산을 보호하는 법적 권리 체계다. 스타트업, 특히 테크 스타트업에 지식재산은 시장에서의 경쟁우위를 확보하고 기업 가치를 방어하는 핵심 전략이다. 기술이 아무리 뛰어나도, 제도적으로 보호하지 않으면 경쟁자가 이를 모방해 시장을 장악할 수 있다.

이러한 지식재산의 중요성을 보여 주는 대표적 사례가 바로 비지칼크(VisiCalc)다. 1979년, 하버드 비즈니스 스쿨의 MBA 학생이던 댄 브릭클린은 기존 종이 스프레드시트의 불편을 해소하고자 셀 값이 자동으로 업데이트되는 전자 스프레드시트를 고안했다. 그는 프로그래머 밥 프랭크스턴과 함께 소프트웨어 아츠(Software Arts)를 설립하고, 세계 최초의 전자 스프레드시트를 개발해 애플 II 컴퓨터를 통해 시장에 출시했다. 퍼스널 소프트웨어(Personal Software)가 유통을 맡으면서, 비지칼크는 컴퓨터 산업 발전의 촉매로 불릴 만큼 빠르게 성공을 거두었다.

성공은 오래가지 않았다. 당시 브릭클린은 특허 변호사의 조언에 따라 스프레드시트 개념을 특허로 보호하지 않았다. 대신 저작권과 상표로만 보호하려 했다. 하지만 이는 법적으로 취약한 보호 방식이었고, 그 결과 유사 제품이 빠르게 시장에 등장했다. 비지칼크는 빠르게 경쟁력을 잃었다. 이 결정은 소프트웨어 아츠의 쇠퇴로 이어졌고, 결국 경쟁력을 잃고 시장에서 퇴출되었다.

이 사례는 스타트업에 중요한 교훈을 준다. 뛰어난 기술과 아이디어만으로는 지속 가능한 성장을 담보할 수 없다. 핵심 기술은 반드시 강력한 법적 장치를 통해 보호돼야 하며, 이를 위한 전략 수립은 제품 개발만큼이나 우선순위 높은 과제다. 브릭클린 역시 이후 "오늘날 같았으면 반드시 특허를 신청했을 것"이라고 회고하며, 지식재산 보호 전략의 중요성을 분명히 강조했다.

스타트업에 지식재산 전략은 '기술을 지키는 장치'로 머물러선 안 된다. 이는 투자자에게 신뢰를 주는 근거이자, 향후 사업 확장과 기술 라이선싱, 인수합병 등에서 핵심 협상 자산이 된다. 다음 장에서는 특허, 상표, 저작권, 영업비밀 등 각 지식재산 유형의 특징과 보호 방식, 활용 전략을 구체적으로 살펴볼 것이다. 이를 통해 어떤 상황에서 어떤 보호 수단이 효과적인지, 그리고 장기적 관점에서 지식재산 전략이 어떻게 기업 성장을 견인할 수 있는지를 확인하게 될 것이다.

기술 사업화를 위한 지식재산

기술 사업화에서 중요한 기반 중 하나는 지식재산이다. 과거에는 기업의 자산 대부분이 공장, 기계, 건물 같은 유형 자산에 집중되어 있었지만, 지금은 그 축이 완전히 이동했다. 2022년 기준, S&P500 기업 자산의 약 84%는 무형 자산이다. 즉, 기업의 가치는 점점 더 '보이는 자산'이 아니라 '보이지 않는 자산'에 의해 결정되고 있고, 그 중심에 지식재산이 있다.

미국 상무부는 이미 지식재산이 미국 경제 전반의 기반이라는 점을 강조한 바 있다. 전체 고용의 약 29%, GDP의 38.2%, 수출의 절반 이상이 지식재산 집약 산업에서 발생했다. 유럽연합(EU)도 비슷하다. 2011년부터 2013년 사이 EU GDP의 42%, 고용의 약 28%가 지식재산 기반 산업에서 나왔다. 이처럼 지식재산은 특정 기업이나 기술 문제를 넘어서, 국가 경쟁력과 산업 구조 전반을 뒷받침하는 자산으로 자리 잡았다.

기술 기업들은 지식재산을 전략적으로 확보하고 이를 바탕으로 사업화 속도를 높이고 있다. 마이크로소프트는 스카이프에 85억 달러, 깃허브에 75억 달러, 링크드인에 262억 달러를 투자했다. IBM은 레드햇을 340억 달러에, 페이스북은 인스타그램과 왓츠앱을 각각 10억 달러, 190억 달러에 인수했다. 이들 사례는 핵심 지식재산을 확보하고 이를 기업 가치로 전환한 전략적 행위다.

지식재산은 더 이상 보조 수단이 아니다. 기술 창업과 사업화의 중심이며, 지속 가능한 경쟁우위를 만들어 내는 핵심 동력이다. 제품을 개발하는 것만큼 중요한 건, 그 기술을 어떻게 보호하고 소유하며 확장할지를 설계하는 일이다. 무엇을 만들지만 고민해서는 안 되고, 어떻게 지킬지도 동시에 고려해야 한다.

스타트업에 지식재산은 생존의 조건이다. 경쟁이 치열한 시장에서 살아남으려면 차별화된 경쟁력이 필요하고, 그 출발점은 독창성이다. 하지만 아이디어는 보호되지 않으면 쉽게 복제된다. 지식재산 없이 기술은 무방비 상태가 되고, 그 순간 스타트업은 경쟁자에게 시장을 빼앗긴다.

지식재산은 다양한 방식으로 스타트업의 성공을 뒷받침한다. 첫째, 특허나 상표처럼 명확한 권리를 가진 스타트업은 투자자에게 신뢰를 준다. 실제로 특허를 가진 스타트업이 투자 유치 확률이 더 높다는 연구도 있다. 둘째, 지식재산은 무형 자산으로 기업 가치평가에 직접 반영되며, 기술 중심 기업일수록 그 비중은 절대적이다. 셋째, 특허는 기술의 신뢰성을 보여 주는 수단이기도 하며, 대출 시 담보로 활용될 수도 있다. 넷째, 라이선싱이나 증권화 같은 다양한 자본 조달 방식의 출발점 역시 지식재산이다.

스타트업 내부에서도 지식재산은 창업의 구성 요소이다. 공동 창업가가 자본이나 인력 대신, 기술 아이디어나 코드, 설계도 같은 지식재산을 기여하고 그 대가로 지분을 받는 구조는 흔하다. 창업가의 기여 요소로 자본, 장비, 리더십, 네트워크와 함께 지식재산은 반드시 포함된다. 특히 창업가가 기술 개발자일 경우, 해당 지식재산은 지분 협상의 핵심 카드가 된다.

최근에는 오픈소스 라이선스, 기술 공유 컨소시엄처럼 새로운 방식의 지식재산 활용도 등장하고 있다. 이는 독점보다는 협업을 지향하는 모델이지만, 이 또한 보호 체계를 전제로 한다. '어디까지 공유할 것인가'가 명확하지 않으면, 핵심 기술이 외부로 빠져나가거나 경쟁자가 활용하는 리스크가 생긴다.

지식재산 관련 법은 복잡하고 국가별로 다르며, 한 번의 실수가 사업 전체를 위협할 수 있다. 권리 등록 절차를 제대로 이해하지 못하거나, 타인의 지식재산을 침해한 채 제품을 출시하면 곧바로 법적 분쟁에 휘말리게 된다.

기술 창업가는 지식재산을 사업 전략의 한 축으로 봐야 한다. 지식재산은 독점권을 확보해 경쟁우위를 만들고, 기업 생존과 확장을 가능하게 한다. 기술은 언제든 모방될 수 있지만, 법적으로 보호된 독창성은 오직 해당 기업만의 자산이다. 창업 초기에 기술 가치를 인식하고, 전략적으로 지식재산을 설계할 수 있어야 한다.

지식재산 보호의 중요성

지식재산은 형태도 다양하고, 이를 보호하는 방법도 하나가 아니다. 영업비밀, 실용신안, 디자인권, 저작권, 마스크 워크, 상표권 등 각기 다른 법적 장치들이 존재하며, 각각의 틀 안에서 고유한 방식으로 자산을 보호한다. 중요한 건, 어떤 권리를 어떻게 조합하느냐에 따라 보호 수준이 완전히 달라진다는 점이다.

예를 들어, 특정 기술이 특허로 보호될 수 있다면, 거기에 상표권을 더해 브랜드와 시장 인식을 함께 지키는 전략이 가능하다. 이렇게 여러 층위에서 자산을 방어하면, 기술뿐 아니라 브랜드와 사용자 경험까지 함께 보호할 수 있다.

그래서 테크 스타트업은 각 법적 메커니즘의 성격을 명확히 이해하고, 이를 어떻게 조합할지 전략적으로 고민해야 한다. 단일한 권리로는 방어가 부족하다. 지식재산은 하나의 권리가 아니라, 서로 다른 수단을 엮어 만든 시스템으로 접근해야 한다. 이후 설명할 도표 6.1은 주요 지식재산 보호 방식들을 정리한 것이다.

방법	내용	법률	대상	비보호 범위	병행
영업비밀	무기한 지속 가능 (비밀 유지 시)	「부정경쟁방지 및 영업비밀보호에 관한 법률」, 「산업기술보호법」	비밀로 유지되며 경제적 가치를 가지는 기술 정보 및 경영 정보	독립적으로 개발한 경우 또는 합법적으로 공개된 경우 보호되지 않음	상표권, 특허권
상표권	무기한 지속 가능 (등록 갱신 및 출처 식별 가능 시)	「상표법」, 「부정경쟁방지 및 영업비밀보호에 관한 법률」	상품이나 서비스의 출처를 식별할 수 있는 문자, 도형, 색채, 입체 형상, 소리 등 비기능적 표지	상품의 출처에 혼동을 일으킬 수 있는 문맥에서의 사용	영업비밀, 특허권, 저작권

저작권	저작자 사후 70년 동안 보호(법률 개정 이후 적용)	「저작권법」	문학, 학술, 예술, 음악, 영화, 방송, 컴퓨터 프로그램, 데이터베이스 등 창작된 저작물 및 그 표현	저작자의 허락 없이 저작물의 복제, 배포, 공연, 전송, 전시, 2차 적 저작물 작성 등 권리 침해	상표권, 디자인권, 특허권
디자인권	등록 후 20년 동안 유효	「디자인보호법」	물품의 외관, 도형, 색채, 모양, 질감 등을 결합한 형태로 시각적 미감을 주는 디자인	디자인의 본질적 특징을 복제하거나, 무단으로 제조, 판매 또는 전시할 경우 침해	상표권, 저작권, 특허권
특허권	출원일로부터 20년 동안 유효	「특허법」	새로운 발명이나 기술적 아이디어로서 산업적 이용 가능성이 있는 물품, 제조 방법, 물질 구성 및 그 개선 사항	특허 발명품을 허락 없이 제조, 사용, 판매, 양도, 수입할 경우 침해	상표권, 저작권, 디자인권
실용신안권	등록 후 10년 동안 유효	「실용신안법」	기존 발명의 형상을 개량한 것으로, 기술적 개선 효과를 발휘할 수 있는 물품이나 장치	실용신안이 허락 없이 제조, 사용, 판매, 양도, 수입 될 경우 침해	상표권, 저작권, 디자인권

[도표 6.1] 지식재산의 보호 메커니즘

지식재산 인식

지식재산을 개발하는 출발점은, 그런 자산이 실제로 존재한다는 사실을 인식하는 데 있다. 대부분의 테크 스타트업은 특정 기술이나 제품 아이디어를 중심으로 시작되기 때문에, 해당 기술을 어떤 방식으로 보호할 수 있을지를 초기에 고려해야 한다. 하지만 지식재산은 제품의 기술적인 요소에만 국한되지 않는다. 비즈니스가 걸쳐 있는 거의 모든 영역에서, 즉 문제 해결이나 내부 효율성을 높이는 과정에서도 새로운 지식재산이 발생할 수 있다.

예를 들어, 조달 방식, 생산 공정, 공급망 전략, 마케팅 기법, 고객 응대 프로세스 등 운영 전반에서 생겨나는 아이디어들도 보호 대상이 될 수 있다. 만약 스타트업이 특정 문제를 해결하기 위해 자체적으로 개발한 기술이 대체 수단보다 우수하다면, 이는 경쟁자에게도 유용한 자산일 가능성이 크다. 이런 경우 해당 기술을 독점적으로 사용할 수 있는 권리를 확보하는 것이 경쟁우위를 확보하는 가장 효과적인 방법이 된다.

그래서 스타트업은 자사 제품과 운영 방식 전반을 끊임없이 분석해야 한다. 고객이 왜 자사 제품을 선택하는지, 어떤 요소가 차별화의 핵심인지 파악해야 한다. 이를 위해 제품, 서비스, 운영, 커뮤니케이션 등 각 요소를 세분화하고, 이들이 개별적으로 또는 결합하여 어떤 경쟁우위를 만들어 내는지를 식별해야 한다.

이렇게 식별된 자산에 대해서는 즉각적으로 법적 보호 메커니즘을 적용해야 한다. 특허권, 저작권, 상표권 등을 통해 독점적 권리를 확보하면, 경쟁자 진입을 막는 방어 수단이 될 뿐 아니라, 제삼자와의 거래에서도 협상력을 갖게 된다. 또한 확보한 권리를 라이선싱해 추가 수익을 창출할 수도 있다.

한편, 자사가 실제 사용하지 않는 기술이나 프로세스도 다른 기업에는 유용할 수 있다. 예를 들어, 하나의 문제를 해결하기 위해 여러 기술적 대안을 개발했는데, 그중 하나만 사용하고 있다면, 나머지 기술들도 비경쟁 시장에서는 활용할 수 있다. 이 경우, 비경쟁 시장에 한정해 라이선스를 부여하거나, 해당 권리를 양도함으로써 기술 자산의 가치를 극대화할 수 있다.

핵심은, 자사의 기술이 경쟁 시장을 해치지 않는 선에서 다른 시장에서 활용될 가능성을 찾아내는 것이다. 특정 지역이나 분야에 한정된 라이선스를 통해, 라이선시가 비경쟁 시장에서 기술을 활용하게 하면, 라이선서는 자산을 지키면서도 새로운 수익원을 창출할 수 있다.

기록물 보관

지식재산을 보호하고 법적 분쟁에 대응하려면, 무엇보다도 기록을 남기는 일이 중요하다. 기록은 기술 개발의 흐름을 증명하는 유일한 수단이며, 누가 먼저 발명했는지, 언제 어떤 방식으로 개발이 이루어졌는지를 입증할 수 있는 핵심 자료다. 실제로 기술의 소유권이나 사용권, 특허 침해와 같은 분쟁이 발생했을 때, 정리된 기록이 있느냐 없느냐에 따라 결과는 완전히 달라진다.

기록이 특히 중요한 상황은 다음과 같다.

- **소유권 분쟁.** 기술이 특정 계약하에서 개발되었는지, 혹은 기존 계약으로 제한되는지를 입증해야 할 경우
- **개발권 증명.** 자사가 개발한 기술이 타인의 영업비밀이나 저작권을 침해하지 않았다는 것을 증명할 때
- **우선권 주장.** 누가 먼저 발명했는지를 입증해야 할 경우
- **유효성 방어.** 해당 발명이 이미 사용 중이었거나 공개되었다는 사실을 보여 줄 때
- **우선권 분쟁.** 두 명 이상 동일한 발명에 대해 권리를 주장할 경우

이런 상황에서 기록은 법적 증거가 된다. 중요한 점은 기록의 신뢰성이다. 개발자의 주장이 아니라, 제삼자가 검증할 수 있는 형태여야 하며, 날짜와 배경, 개발 과정을 포함한 구체적인 내용이 체계적으로 정리되어 있

어야 한다. 이런 기록을 꾸준히 관리하는 기업만 기술을 법적으로 보호하고, 지식재산을 안전하게 사업화할 수 있다.

기록물 보관 절차

기록 보관 절차는 기술 개발의 정확한 시점과 내용을 증명할 수 있는 핵심 수단이다. 발명의 독립성이나 우선권을 주장하려면, 그 과정을 신뢰성 있게 입증할 수 있는 체계적인 기록이 필요하다. 다음은 스타트업이 따라야 할 기록 보관의 기본 지침이다.

- **기록 작성과 보관.** 모든 개발 과정은 문서로 남겨야 한다. 각 기록에는 날짜, 개발자의 이름과 서명, 그리고 해당 개발에 직접 관여하지 않은 제삼자의 확인 서명이 포함되어야 한다. 물리적 기록은 비교적 간단하게 이 절차를 따를 수 있지만, 전자 기록은 수정 가능성이 있기 때문에 더 엄격한 관리가 필요하다.
- **전자 기록 보관.** 디지털 자료는 진위와 무결성을 입증해야 한다. 이를 위해 디지털 서명이나 타임스탬프를 활용하거나, 독립된 제삼자(예. 에스크로 에이전트)를 통해 보관하는 방식이 필요하다. 그래야 기록이 특정 시점 이후 변경되지 않았음을 증명할 수 있다.
- **동시대 기록 유지.** 발명이 실제로 언제 이루어졌는지를 입증하려면, 그 당시 작성된 기록이 필요하다. 나중에 작성된 회고적 기록은 신뢰도가 떨어진다. 개발 과정 중 발생한 아이디어, 시도, 실패, 전환점을 모두 포함해 실시간으로 문서화해야 한다.
- **맥락적 증거 확보.** 각 기록 사이의 시간 흐름과 내용적 연결성도 중요하다. 연속된 두 기록 사이에서 발명의 핵심 아이디어가 등장했다

면, 그 두 날짜 사이에 발명이 완성됐다는 간접 증거가 될 수 있다.
- **신뢰 기록 매체 사용.** 느슨한 바인더 대신 페이지를 추가하거나 뺄 수 없는 노트북을 사용하는 것이 좋다. 페이지에는 연속된 번호를 부여하고, 작성된 내용을 수정 없이 그대로 보존해야 기록 신뢰성이 유지된다.

이러한 절차를 꾸준히 실천하면, 스타트업은 기술 자산을 더욱 안정적으로 보호할 수 있고, 나아가 법적 분쟁에서도 결정적인 증거를 확보할 수 있다.

기술 에스크로

기술 에스크로(Escrow)는 기술 관련 정보를 신뢰할 수 있는 제삼자인 에스크로 기관에 맡기고, 특정 조건이 충족되었을 때 지정된 수탁자에게 해당 정보를 제공하는 절차다. 주로 기술이전이나 라이선스 계약의 안정성을 확보하기 위해 사용되며, 기술 자료의 보안성과 전달 시점을 법적으로 보장하는 수단으로 기능한다.

가장 일반적인 사례는 소프트웨어 라이선스 계약이다. 이 경우, 라이선서가 영업비밀이나 소스코드를 에스크로 기관에 사전에 맡겨 두면, 계약이 해지되거나 라이선서가 더 이상 기술 지원을 할 수 없을 때, 해당 정보가 라이선시에게 전달된다. 이를 통해 라이선시는 기술 의존 리스크를 줄일 수 있고, 라이선서는 영업비밀을 외부에 직접 노출하지 않고도 계약을 이행할 수 있다.

에스크로 기관은 맡겨진 자료가 정해진 시점에 정확히 제출되었고, 필요한 내용을 충실히 포함하고 있는지를 검토할 책임도 진다. 이 점에서 기술 에스크로는 단순한 보관 서비스가 아니라, 기술 거래에 있어 신뢰를 매개하는 중요한 제도다.

기술 에스크로는 부동산 거래에서의 에스크로와 유사한 원리로 작동한다. 핵심은 제삼자의 개입을 통해 정보의 안전성과 조건부 이전을 관리함으로써, 기술 거래의 불확실성을 줄이는 데 있다. 특히 소프트웨어나 영업비밀처럼 공개할 수 없는 지식재산을 다루는 계약에서 기술 에스크로는 필수적인 보호 장치로 자리 잡고 있다.

기록물 보관 방법

기록 보관의 핵심 목적은 발명과 개발 과정을 명확하고 논란의 여지가 없도록 증명하는 데 있다. 각 기록 항목은 작업의 내용을 구체적으로 명시하고, 이후 법적 증거로 활용될 수 있을 만큼 신뢰성이 확보되어야 한다. '앱 개발'처럼 모호한 표현 대신, 어떤 기능을 구현했는지를 명확히 적어야 한다. 모든 기록은 특정 프로젝트와 연결되어야 하며, 가능하다면 프로젝트에 참여하지 않은 제삼자의 서명과 날짜가 포함되거나, 에스크로 기관에 보관하는 방식이 바람직하다.

계산, 도표, 실험 결과 등은 개발 과정과 동시에 기록되어야 하며, 해당 시점의 데이터가 수정되지 않았음을 증명할 수 있어야 한다. 위조 가능성을 줄이기 위해서는 바인딩된 노트북에 잉크로 기록하는 것이 기본이다. 형식이 다소 거칠더라도, 누구나 읽을 수 있을 만큼 명확하게 작성해야 한다. 전자 기록은 스캔하여 저장하되, 문서가 언제 작성되었고 이후 변경되지 않았음을 입증할 수 있는 조치가 필요하다. 이때도 정기적으로 에스크로 기관에 기록을 맡기는 방식이 유효하다.

기록에는 작업에 참여한 모든 사람의 이름과 역할이 구체적으로 명시되어야 하며, 바인딩되지 않은 설계도, 회로도, 흐름도, 오실로그래프 출력물, 사진 등은 모두 서명과 날짜를 포함해야 한다. 이러한 자료는 본문과 교차 참조되거나 디지털로 스캔해 별도 보관하는 것이 좋다. 시험 결과물 역시 기록 항목과 정확히 연결되어야 하며, 날짜와 라벨을 명확히 부착해야 한다.

기록은 아이디어를 설명하는 데서 끝나서는 안 된다. 실험 과정 전체를 빠짐없이 문서화해야 한다. 성공 여부에 상관없이, 어떤 시험이 이루어졌는지, 어떤 장비와 재료가 사용되었는지, 어떤 방법이 적용되었고 어떤 결과가 나왔는지를 모두 남겨야 한다. 중요한 시험이나 검증 과정은 발명자가 아닌 다른 사람이 직접 확인하거나, 제삼자 앞에서 반복 수행해 신뢰성을 높이는 것도 중요하다.

필요한 경우, 주요 실험 장면을 오디오나 영상으로 기록해 발명자와 목격자를 명확히 식별하는 방법도 사용할 수 있다. 핵심은, 발명의 각 요소가 언제, 어떤 방식으로 확립되었는지를 구체적으로 남기는 것이다. 그리고 그 작업이 특정 프로젝트와 연결되어 있음을 명확히 입증할 수 있어야 한다. 이것이 바로 기술을 법적으로 보호하고, 발명의 가치를 지켜 내는 실질적인 수단이다.

발명의 법적 입증 필요성

알렉산더 그레이엄 벨의 사례는 발명에서 기록이 얼마나 결정적인 역할을 하는지를 보여 준다. 벨보다 먼저 전화를 실용화했다고 주장한 경쟁자들이 있었지만, 이들의 주장은 법정에서 받아들여지지 않았다. 이유는 간단하다. 실험이나 개발 과정에 대한 문서화가 부족했기 때문이다. 대표적인 사례가 엘리샤 그레이다. 그는 벨의 특허 출원 몇 시간 뒤에 유사한 발명에 대한 주장을 특허청에 제출했지만, 벨이 우선권을 인정받았다. 기록이 있었느냐 없었느냐의 차이가 결과를 갈랐다.

또 다른 사례는 다니엘 드로바우다. 그는 벨보다 10년이나 앞서 전화 마이크로폰을 발명했다고 주장했다. 하지만 자금이 부족해 특허도 내지 못했고, 기술 상용화도 하지 못했다. 그는 수백 명의 증인을 내세워 자신의 주장을 뒷받침하려 했지만, 정작 관련 서류나 도면이 없었다. 법원은 벨의 손을 들어 줬고, 일부 판사의 반대 의견에도 불구하고 드로바우의 주장은 기각됐다.

이런 사례들은 발명가와 테크 스타트업에 분명한 교훈을 준다. 발명은 결과보다 기록이 먼저다. 모든 과정을 문서로 남겨야 하고, 어떤 아이디어에서 시작했는지, 어떤 실험을 했는지, 어떤 결과를 얻었는지 명확하게 정리돼 있어야 한다. 그래야 나중에 그 기술이 누구 것인지 입증할 수 있다. 기술 도용을 막기 위한 1차 방어선은 바로 정확한 기록이다. 발명은 기억이 아니라 증거로 보호된다.

영업비밀

영업비밀(Trade Secrets)은 가장 오래된 지식재산 보호 방식 중 하나로, 기업의 경쟁우위를 유지하는 데 핵심적인 자산이다. 경쟁자가 쉽게 접근하거나 모방할 수 없는 독점적 정보는, 이를 재현하는 데 상당한 시간과 비용이 들기 때문에 전략적 가치가 높다. 영업비밀은 기술, 데이터, 노하우, 전문 지식 등 다양한 형태로 존재하며, 특히 핵심 기술이나 사업 전략의 보호에 효과적이다.

국내에서는 「부정경쟁방지 및 영업비밀보호에 관한 법률」에 따라 보호되며, 세 가지 요건을 충족해야 한다. 첫째, 정보가 일반에게 공개되지 않아야 한다. 둘째, 독립된 경제적 가치를 지녀야 한다. 셋째, 비밀 유지를 위한 합리적인 보호 조치가 마련되어 있어야 한다. 보호 조치에는 접근 제한, 기밀 유지 계약(NDA), 내부 보안 교육 등이 포함된다.

영업비밀은 비밀성이 유지되는 한 무기한 보호가 가능하다. 그러나 정보가 외부로 유출되는 순간, 보호 효력은 상실된다. 제삼자가 해당 정보를 독자적으로 개발했거나, 합법적으로 입수한 상황도 법적 보호는 적용되지 않는다. 따라서 기업은 비밀 유지에 대한 지속적이고 자발적인 관리 노력이 필요하다.

모든 정보가 영업비밀로 인정되는 것은 아니다. 공개된 마케팅 자료나 역설계(Reverse Engineering)로 쉽게 분석 가능한 기술은 보호 대상에서 제외된다. 또한, 비밀 유지 의무가 명시되지 않은 경우, 미특허 기술은 자유롭게 이용되거나 복제될 수 있다. 이를 방지하려면 계약을 통해 비밀 유지와 사용 제한을 명확히 규정해야 한다.

업계 전반에 널리 알려졌거나 산업 표준으로 자리 잡은 정보는, 비즈니스적으로 중요하더라도 영업비밀로 보호받기 어렵다. 예를 들어, 상용 기계의 작동 원리와 같은 기본 기술은 특별한 보호 조치가 없다면 법적 권리로 인정되지 않는다.

기업은 영업비밀을 통해 독점적 기술을 보유하고, 경쟁자와의 차별화를 실현할 수 있다. 이를 위해 정보의 비공개 상태를 철저히 유지하고, 계약과 기록을 통해 이를 입증할 체계를 마련해야 한다. 영업비밀은 기술 우위와 시장 지위를 지키는 핵심 전략 자산이다.

영업비밀 보호 절차

영업비밀 보호는 생각보다 복잡하다. 이론적으로는 간단해 보이지만, 실제로 작동하려면 철저한 규율과 체계적인 관리가 필요하다. 가장 중요한 원칙은 '합리적인 보호 조치'다. 즉, 해당 정보가 실제로 기밀로 분류될 수 있으려면 기밀로 다뤄지고 있다는 흔적이 명확해야 한다.

예를 들어, 기밀이 포함된 문서나 파일에는 '기밀' 표시가 있어야 한다. 하지만 도장 하나 찍는다고 끝이 아니다. 기밀 표시를 남발하면 진짜 중요한 정보의 의미가 퇴색된다. 진짜 기밀은 구체적인 통제 아래 있어야 하고, 누가 언제 어디서 어떻게 접근했는지도 관리돼야 한다.

기밀 유지를 위한 기본 조치는 다음과 같다.

- **접근 제한.** 기밀 정보가 저장되거나 활용되는 공간은 반드시 권한 있는 사람에게만 열려 있어야 한다. 접근 권한 부여, 사본 배포, 기록 보관 등 모든 절차가 추적할 수 있어야 한다.
- **기밀 유지 협약.** 기밀 정보에 접근하는 모든 사람은 서면으로 기밀

유지 협약에 서명해야 한다. 이건 법적 기초다. 협약 없이 정보를 넘기면, 그 정보는 더 이상 영업비밀로 보기 어렵다.

직원은 원칙상 고용주의 기밀을 지켜야 할 의무가 있다. 하지만 실제로 어떤 정보가 영업비밀에 해당하는지, 그 기준은 명확히 정해져야 한다. 특히 핵심 기술이나 민감한 데이터에 접근하는 사람이라면, 고용 초기에 구체적인 협약을 체결하는 것이 필수다.

문제는 직원이 회사를 떠난 뒤에 생긴다. 다른 회사로 옮긴 직원이 이전 회사의 기밀 정보를 무의식적으로 활용할 수도 있다. 그래서 일부 기업은 비경쟁 협약을 도입한다. 하지만, 이 조항은 지역에 따라 법적으로 효력이 없거나 제한되는 경우가 많다. 따라서 지리적 범위, 기간, 금지되는 업무의 내용을 최소한으로 좁히는 게 현실적인 방어선이다. 협약 내용이 지나치면, 법원에서 기각된다.

영업비밀 보호는 '절차'가 아니라 '관리 시스템'이다. 정보가 누구 손에 있었는지, 어떤 약속을 맺었는지, 그리고 그 약속을 어떻게 기록하고 보관했는지가 핵심이다. 이런 시스템이 없다면, 그 정보는 어느 날 갑자기 기밀이 아닌 것이 될 수 있다.

부적절한 기밀 표기

한 항공우주 기업이 20년 전에 배포한 문서 때문에 특허 침해 소송에 휘말렸다. 문제는 오래된 사건이라 당시 상황을 기억하고 증언할 사람이 거의 없었다는 점이다. 쟁점이 된 기술은 과거 항공기 기기의 유지보수 매뉴얼에 포함돼 있었고, 이 매뉴얼은 기밀 유지 협약 없이 고객과 서비스 업체 등에게 자유롭게 배포된 바 있다.

이 소송에서 해당 매뉴얼이 '이미 공개된 자료'로 인정된다면, 관련 특허 청구의 유효성이 무효가 될 수 있어 기업 입장에서는 오히려 유리했다. 하지만 아이러니하게도, 매뉴얼에는 기밀 표시가 포함돼 있었다. 문제는 여기에 있었다. 이 기밀 표기가 매뉴얼이 '공개 자료'였다

> 는 주장을 방해하는 요소로 작용한 것이다. 기업은 기밀 여부에 대한 불필요한 논쟁에 휘말렸고, 특허 침해 방어 전략 자체가 꼬이게 됐다. 잘못된 기밀 표기 하나가 법적 리스크를 키운 셈이다.
>
> 이 사례는 중요한 교훈을 준다. 기밀 표시는 아무 문서에나 붙이는 도장이 아니다. 실질적으로 보호할 필요가 있는 정보에만 제한적으로 사용해야 한다. 남용하면 오히려 불리하게 작용할 수 있다. 특히 법적 분쟁이 발생했을 때, 불필요한 혼란이나 해석상의 충돌을 불러와 방어 전략에 장애물이 된다. 기밀 관리의 핵심은 표시가 아니라, '표시의 정당성'이다.

특허

특허는 발명을 공개하는 대가로 일정 기간 독점권을 보장하는 법적 장치다. 발명가는 아이디어를 사회에 공유하고, 국가는 그 대가로 일정 기간 해당 기술을 독점적으로 활용할 수 있는 권리를 제공한다. 한국의 경우 「특허법」에 따라 출원일로부터 20년 동안 특허권을 인정한다.

특허는 영토 제한이 있다. 즉, 한국에서 특허를 받았다고 해도 다른 나라에서는 효력이 없다. 각국은 자체 기준에 따라 특허의 대상과 요건을 정하며, 발명을 설명하는 서면과 청구항(Claims)을 통해 권리 범위가 명확히 규정된다. 청구항은 누구도 함부로 기술을 베끼지 못하게 만드는 핵심 근거다.

한국은 1961년 「특허법」을 제정한 이후 여러 차례 개정을 거치며 국제 기준에 맞는 심사 체계를 갖췄다. 현재 인정되는 주요 특허 유형은 다음과 같다.

- **실용 특허**. 가장 일반적인 형태로, 제품, 장치, 화합물, 제조 방법 등 실용적 기술에 적용된다. 보호 기간은 20년이다.

- **실용 신안.** 기존 기술의 소규모 개선 아이디어를 빠르게 보호할 수 있는 제도다. 심사 절차가 간소화되어 있고, 보호 기간은 10년이다.
- **디자인 특허.** 제품의 외관, 형태, 색채 조합 등을 보호한다. 「디자인 보호법」에 따라 등록일로부터 20년간 권리를 인정받는다.
- **식물 특허.** 새로운 식물 품종을 보호하며, 농업 분야에서 주로 활용된다. 보호 기간은 20년이다.

특허는 기업 가치를 결정하는 전략 도구다. 보호 기간이 끝나면 기술은 공개되며 누구나 사용할 수 있게 되므로, 그전까지 얼마나 시장 가치를 끌어올릴 수 있는지가 중요하다. 또 하나 기억할 점은, 특허는 국가별 제도라는 점이다. 글로벌 마켓을 염두에 둔다면 주요 국가에 별도로 출원하고, 이를 묶는 포트폴리오 전략이 필요하다.

스타트업이라면 특허 발명의 사업성, 시장성, 보호 범위를 종합적으로 따져 전략을 짜야 한다. 기술 보호가 곧 기업의 생존과 직결되는 만큼, 글로벌 특허 전략은 선택이 아니라 필수다.

특허 신청

특허 신청은 발명자가 자신의 아이디어를 법적으로 보호받기 위해 특허청에 제출하는 공식 절차다. 한국에서는 특허법에 따라 특허 출원이 진행되며, 특허청은 제출된 발명을 심사해 등록 여부를 판단한다. 신청서에는 발명을 설명하는 서면, 도면, 청구항(Claims), 신청인의 서명 또는 선언서가 포함된다. 이 문서를 통해 발명자는 해당 기술에 대한 독점적 권리를 주장하게 된다.

일부 국가는 출원일을 먼저 확보하기 위해 임시 신청(Provisional Application)을 허용하지만, 한국은 비임시 출원(Non-provisional Application) 방식만을 채택한다. 즉, 정식 출원을 통해서만 권리를 주장할 수 있으며, 발명의 신규성, 진보성, 산업적 이용 가능성 등이 심사의 핵심 기준이 된다.

심사 과정에서 모든 청구항이 승인되는 것은 아니다. 일부가 거절되면 발명자는 거절된 청구항을 수정하거나 반론을 제기할 수 있다. 이때 '계속 출원(Continuation Application)'을 활용하면 기존 출원일을 유지한 채 심사 절차를 이어 갈 수 있다. 등록이 되면 보호 기간 역시 최초 출원일 기준으로 산정된다.

중요한 점은, 일단 특허 신청서를 제출하면 새로운 내용을 추가할 수 없다는 것이다. 만약 발명 내용이 추가되거나 기술 구현 방식에 변화가 생긴 경우에는 '분할 출원(Continuation-In-Part)'을 해야 한다. 이 경우 새로운 내용은 별도의 출원일을 기준으로 보호받으며, 기존과 새로운 내용이 혼합된 형태로 특허권이 구성된다. 특허 출원은 기술적 창작물에 대한 권리를 구체화하고 전략화하는 과정이다. 출원서 작성부터 분할·계속 출원 판단까지, 모든 선택이 기술 보호의 범위와 시점을 결정짓는다.

서면 설명

특허의 서면 설명은 발명을 공개하고, 누구나 이해하고 재현할 수 있도록 만드는 핵심 요소다. 「특허법」 제42조에 따르면, 서면 설명에는 발명의 기술적 구성과 작동 원리가 명확히 기재되어야 하며, 발명이 어떤 효과를 내고 어떤 장점이 있는지도 쉽게 파악할 수 있어야 한다.

각 구성 요소는 도면에서 숫자나 기호로 표시되고, 서면 설명에서는 이 표시를 기준으로 각각이 어떻게 작동하는지를 구체적으로 설명한다. 첫

페이지에는 발명의 명칭, 출원 번호, 출원일, 발명자와 소유자 정보, 그리고 관련 도면이 포함된다. 특허청은 이 문서를 통해 발명의 핵심을 명확히 판단하고, 권리 범위를 정한다. 궁극적으로는 타인의 무단 사용을 막기 위한 구조다.

서면 설명의 구체성은 기술 분야나 발명의 복잡성에 따라 달라진다. 하지만 기본 원칙은 같다. 제삼자가 해당 문서를 보고 발명을 실제로 구현할 수 있어야 한다는 점이다. 이를 위해 발명자는 자신이 고려한 최적의 실시 형태(Best Mode)를 포함하고, 가능한 다양한 변형 형태까지 제시하는 것이 좋다. 이렇게 하면 권리 범위가 특정 구현에만 한정되지 않고, 더 넓은 영역까지 확장될 수 있다.

주의할 점도 있다. 설명서에 특정 구성 요소가 '반드시 필요하다' 혹은 '없으면 작동하지 않는다'는 식으로 표현하면, 오히려 권리 범위를 좁히는 결과를 초래할 수 있다. 이처럼 제한적인 언어는 특허 해석에 불리하게 작용할 수 있기 때문에 피해야 한다.

특허 문서에서 서면 설명은 기술 소개가 아니라 권리 확보를 위한 핵심 사항이다. 어떤 내용을 어떻게 설명하느냐에 따라, 발명이 보호받는 범위와 강도가 달라진다. 발명가는 구성 요소의 작동 방식을 명확히 정리하고, 다양한 변형 가능성을 고려함으로써 법적 안정성과 기술 보호를 동시에 확보해야 한다.

독점권

특허는 발명자에게 해당 기술에 대한 독점적 권리를 부여한다. 다른 사람은 허가 없이 그 발명을 만들거나, 사용하거나, 판매하거나, 수입할 수 없다. 하지만, 이 독점권이 발명자에게 '자유롭게 사용할 권리'까지 보장하는 건 아니다. 이게 특허권의 핵심적인 특징 중 하나다. 실제 사용을 위해선 다른 특허와 충돌이 없는지 확인해야 하며, 필요하다면 해당 기술에 대한 라이선스를 받아야 한다.

이런 구분은 기술 발전의 속도를 유지하기 위한 장치다. 기존 발명을 기반으로 새로운 기술을 개발하더라도, 그 기술이 독립적인 가치와 차별성을 가진다면 새로운 특허를 받을 수 있다. 하지만, 이 새로운 발명이 기존 특허의 청구항 범위 안에 들어가 있다면, 무단 사용으로 볼 수 있다. 기존 요소에 무언가를 추가하거나 바꾸더라도 마찬가지다.

예를 들어, 누군가 '의자 A'에 대한 특허를 갖고 있다고 하자. 청구항에는 '지면에서 일정 높이를 유지하는 지지대와 그 위에 플랫폼을 포함한 구조'가 정의돼 있다. 이제 다른 사람이 등받이를 추가한 '의자 B'를 발명했다고 해보자. 그는 '지지대, 플랫폼, 등받이'라는 구성으로 새 특허를 받을 수 있을 것이다. 하지만 의자 B 역시 지지대와 플랫폼이라는 기존 특허의 구성 요소를 그대로 포함하고 있기 때문에, 의자 A의 특허를 침해하는 셈이 된다.

이 경우 양측 모두 상호 라이선스가 필요하다. 의자 B를 만들고 싶다면 의자 A에 대한 권리를 얻어야 하고, 반대로 등받이가 포함된 의자 제품을 만들고 싶다면 의자 B의 권리자와 협의해야 한다. 이처럼 특허가 겹칠 경우, 발명자끼리 라이선스를 주고받는 구조가 기술 협력을 가능하게 만든다.

상호 라이선스는 기술 개발의 유연성을 높이는 역할을 한다. 서로 다른 기술이 공존하고, 다양한 제품이 결합할 수 있는 기반이 되기 때문이다. 특허권은 독점과 협력 사이의 균형 위에 세워진 구조다. 발명자는 기술 개발 초기부터 이 점을 고려해 라이선스 전략을 수립하고, 잠재적 충돌을 예방할 수 있는 설계를 해 두어야 한다. 그래야 기술은 살아 움직일 수 있다.

특허성

특허는 아무 아이디어나 보호해 주지 않는다. 발명이 특허로 인정받기 위해서는 일정한 기준을 만족해야 하며, 이를 '특허성(Patentability)'이라 부른다. 특허법은 다음 네 가지 조건을 충족해야 특허를 부여할 수 있다고 명시하고 있다.

- **자격성**. 발명은 단순한 생각이 아니라, 기술적 창작이어야 한다. 물리적 구조, 화학적 조성, 생물학적 작용, 구체적 방법론 등 기술로 실현할 수 있는 내용이어야 한다.
- **산업성**. 발명은 실제 산업에서 쓸모가 있어야 한다. 이론적으로 가능한 수준을 넘어, 기술적으로 구현되거나 상업적으로 활용될 수 있어야 한다.
- **신규성**. 발명은 세상에 이미 알려진 것이어선 안 된다. 출원 전에 공개된 문헌, 제품, 인터넷 게시물 등 어떤 형태로든 정보가 공개됐다면 신규성을 인정받을 수 없다.
- **진보성**. 발명이 평범해서는 안 된다. 해당 분야의 평균적인 기술자라면 쉽게 생각해 낼 수 있는 수준이라면 진보성이 부족하다고 판단된다. 핵심은 '얼마나 창의적인가'다.

특허 신청서에서는 이 네 가지 요건을 만족하는지를 구체적으로 설명해야 한다. 특허청은 발명을 기술적으로 얼마나 구체화했는지, 이전 기술과 어떤 차별성이 있는지, 산업에서 실제로 사용할 수 있는지를 종합적으로 심사해 특허 부여 여부를 결정한다.

요약하면, 새로운 생각을 했다고 특허를 받을 수 있는 건 아니다. 아이디어를 기술로 구체화하고, 실제로 쓰일 수 있으며, 기존에 없던 방식으로 문제를 해결해야만 특허로 인정받을 수 있다. 이것이 바로 특허 제도의 문턱이다.

특허 대상 자격

특허를 받기 위해선, 아이디어가 '새롭다'는 조건만으로는 부족하다. 무엇보다 중요한 건, 그 아이디어가 특허의 보호를 받을 수 있는 주제에 해당하느냐다. 이를 '특허 대상 자격(Patent Eligibility)'이라고 한다. 한국에서는 「특허법」 제29조에 따라, 특허를 받으려면 해당 발명이 '자연법칙을 이용한 기술적 사상의 창작'이어야 한다. 기술적 효과와 실용성, 산업적 활용 가능성이 전제되어야 한다는 뜻이다.

반대로, 아래와 같은 것들은 특허 대상에서 제외된다.

- **자연법칙 그 자체.** 수학 공식, 물리 법칙처럼 자연의 원리를 그대로 설명하는 것.
- **정신적 활동 및 게임 규칙.** 인간의 사고 과정, 게임의 룰 자체는 기술적 창작으로 보지 않는다.
- **의료 행위 및 수술 방법.** 사람의 생명과 직결된 의료 행위는 특허로 제한된다.
- **비윤리적 발명.** 사회 통념상 용납되기 어려운 기술이나 공공질서를 해치는 내용도 보호 대상이 아니다.

소프트웨어나 비즈니스 모델처럼 추상적 개념이 포함된 경우에도 기술적 요건이 충족되면 특허로 인정될 수 있다. 예를 들어, 상업 활동을 자동화하는 프로그램은 보호받기 어렵지만, 산업 공정을 제어하거나 하드웨어와 결합해 구체적인 기술적 효과를 내는 경우라면 특허가 가능하다. 핵심은 기술성이다. 발명이 실제로 문제를 해결하고, 산업적 가치를 창출할 수 있는 기술적 수단을 포함하고 있어야만 특허의 문턱을 넘을 수 있다.

국가마다 특허 대상 자격 기준은 다르다. 글로벌 특허 전략을 세우려면 각국의 법적 요건을 이해하고, 발명이 해당 기준을 충족할 수 있도록 사전에 대비해야 한다.

- **미국 특허청.** '인간이 만든 모든 것'을 폭넓게 인정하지만, 자연법칙, 추상적 아이디어, 인간의 정신활동은 제외된다. 소프트웨어나 비즈니스 방법도 기술적 특성이 명확한 경우에만 제한적으로 인정된다.
- **유럽 특허청.** 소프트웨어와 비즈니스 방법은 원칙상 특허 대상에서 제외된다. 다만, 기술적 문제를 해결하고 산업적 응용 가능성이 있을 경우 특허를 받을 수 있다. 예를 들어, 물리적 데이터 처리나 기계 제어와 관련된 소프트웨어는 보호 가능하다.
- **중국 특허청.** 유럽과 유사한 입장이다. 산업적 활용이 가능하고, 구체적인 기술 문제 해결을 포함하는 소프트웨어에 대해서는 특허가 인정된다.
- **일본 특허청.** 경제적 법칙이나 단순한 상업 방법은 제외되며, 물리적 특성이 드러난 기술적 구현이 포함될 경우에만 소프트웨어가 특허 대상이 된다.

생명공학 분야는 특허 보호 범위에 대해 가장 많은 논란이 있는 영역이다. 한국을 포함한 다수의 국가에서는 자연 상태에서 발견된 유전자나 생물체는 특허 보호 대상이 아니다. 그러나 인간이 개입해 유전자를 조작하거나 변형한 경우, 그 기술은 특허로 인정받을 수 있다. 예를 들어, 특정 유전자를 식별하고 분리하거나, 이를 질병 치료에 활용하는 방식은 보호 대상이 될 수 있다.

미국은 자연 유전자 서열에 대해서는 특허를 인정하지 않지만, 인위적으로 조작된 유전자나 그 활용 방법에 대해서는 보호가 가능하다. 반면 유럽과 중국은 유전자의 특허 가능성에 더 보수적인 태도를 보이며, 자연에서 유래된 유전자는 제외한다.

특허 대상 자격은 특허 심사에서 가장 먼저 검토되는 기준이다. 발명자는 특허 신청서에서 기술적 문제와 해결 방안을 구체적으로 서술해야 하며, 산업적 활용 가능성과 기존 기술 대비 차별점도 분명히 제시해야 한다. 단순한 아이디어나 추상적 개념으로는 보호를 받을 수 없다.

따라서 특허 명세서에는 발명이 어떻게 작동하는지, 어떤 기술적 효과를 내는지, 그리고 어느 산업 분야에서 응용될 수 있는지를 명확히 설명해야 한다. 이것이 발명의 보호 범위를 넓히고, 향후 경쟁우위를 확보하는 첫걸음이다.

신규성과 진보성

특허를 받기 위한 핵심 기준은 두 가지다. 하나는 발명이 '새롭다'는 점이고, 다른 하나는 '누구나 생각할 수 없는 수준의 차별성'을 갖고 있다는 점이다. 이를 각각 '신규성(Novelty)'과 '진보성(Non-obviousness)'이라고 한다.

신규성은 해당 발명이 출원 전에 이미 공개된 적이 없어야 한다는 의미다. 공개의 범위는 넓다. 논문, 책, 특허 문서, 웹사이트, 전시회, 유튜브 영상까지 포함된다. 국내외를 가리지 않고, 누구나 접근 가능한 형태로 발명이 노출됐다면 그 기술은 더 이상 '신규'하지 않다. 이런 경우 기존 정보는 선행 기술(Prior Art)로 간주되고, 출원한 발명은 신규성을 잃게 된다.

진보성은 한 단계 더 나아간다. 새롭기만 해서는 부족하다. 그 기술이 해당 분야의 일반적인 기술자(통상의 기술자) 입장에서 쉽게 떠올릴 수 없는 수준이어야 한다. 기존 기술을 단순히 조합하거나, 기능 하나 추가하는 수준으로는 진보성을 인정받기 어렵다. 특허 제도가 진보성을 요구하는 이유는 반복된 기술 개선이 아니라 진짜 혁신을 장려하기 위해서다.

다만, 신규성에는 예외 규정이 있다. 한국에서는 발명자가 출원일 이전 1년 이내에 자신의 발명을 학술지나 전시회 등에서 공개한 경우, 1년 안에 출원하면 신규성이 인정된다. 연구 성과를 외부에 발표하더라도, 1년 안에 출원하면 기회를 잃지 않는다는 뜻이다. 하지만, 이 규정은 발명자 본인의 공개에만 해당한다. 제삼자가 먼저 공개하거나, 상업적으로 이용한 경우는 예외 대상이 아니다.

특허를 확보하려면 '새로운 기술'이라는 것만으로는 충분하지 않다. 기존 기술과 명확히 구분되고, 그것을 넘어서야 한다. 출원 시점, 공개 여부, 기술적 차별성까지 모두 전략적으로 판단해야 특허권이라는 보호막을 손에 넣을 수 있다.

특허를 받기 위해서는 발명이 신규성과 진보성을 모두 충족해야 한다. 이 두 기준을 판단하는 데 핵심이 되는 것이 바로 '선행 기술'이다. 선행 기술이란 출원 전에 이미 공개된 기술적 정보를 의미하며, 특허 심사에서 가장 먼저 비교 대상으로 삼는다. 선행 기술의 범위는 다음과 같다.

- **공개된 발명.** 학술지, 특허 문서, 전시회, 인터넷 등 누구나 접근할 수 있는 상태로 알려진 기술은 모두 선행 기술로 간주된다.

- **상업화된 발명.** 출원 전에 이미 제품화되어 거래되거나 사용된 기술도 선행 기술이다.
- **타인의 발명.** 다른 사람이 개발하고 공지한 기술 역시 비교 대상이 된다.

진보성은 단순한 조합이나 모양만 바꾼 응용 수준으로는 인정되지 않는다. 특허법에서는 이 판단을 '통상의 기술자(Person Having Ordinary Skill in the Art)'라는 기준으로 진행한다. 이는 해당 기술 분야의 평균적인 수준을 가진 가상의 전문가를 말한다. 이 전문가가 기존 기술을 보고 쉽게 생각해 낼 수 있는 수준이라면 진보성이 없다고 본다.

예를 들어, 기존 조리법에서 특정 조미료의 순서만 바꾼 정도라면 진보성이 부족하다. 하지만 조미료를 새롭게 조합해 기술적으로 문제가 있던 맛의 안정성을 해결하거나, 예기치 못한 효과를 만들어 냈다면 진보성이 인정될 수 있다.

미국 특허청도 한국과 유사한 기준을 적용한다. 출원일 기준 1년 이전에 공개된 기술은 선행 기술로 본다. 단, 발명자가 자신의 발명을 먼저 공개하였으면 1년 이내 출원 시 예외가 적용된다. 하지만, 이 기간을 넘기면 해당 기술은 누구에게나 개방된 정보로 간주해 특허 대상이 될 수 없다.

신규성과 진보성은 발명이 얼마나 기존 기술과 다르고, 어떤 점에서 기술적인 차별성을 가지는지를 판단하는 핵심 기준이다. 출원 전에 반드시 기존 기술과의 비교 분석을 철저히 하고, 문서화된 선행 기술과 어떤 차이가 있는지를 명확히 설명해야 한다. 그래야 특허 심사에서 생존할 수 있다.

특허 심사 과정

특허 심사는 발명이 보호받을 자격이 있는지를 판단하는 핵심 절차다. 출원서가 제출되면 해당 기술 분야의 심사관이 이를 검토하고, 특허로 인정할 수 있는지 결정한다. 심사 과정은 다음과 같이 진행된다.

- **형식 요건 검토.** 가장 먼저 심사관은 제출된 서류가 형식 요건을 충족하는지 확인한다. 청구항이 명확하게 작성되었는지, 필요한 항목이 누락되지 않았는지를 검토한다.
- **선행 기술 조사.** 다음으로, 해당 발명과 유사한 기존 기술이 있는지를 조사한다. 출원자가 제출한 자료뿐 아니라 전 세계 특허 문서, 학술지, 웹 정보 등을 통해 발명이 신규성과 진보성을 갖추었는지를 판단한다.
- **심사 통지서 발행.** 만약 심사관이 해당 발명이 기존 기술에 비해 명확한 차별성이 없다고 판단하면, 이를 담은 통지서를 신청자에게 보낸다. 여기에 어떤 선행 기술이 문제가 되는지, 어떤 청구항이 예견 가능하다고 판단되는지를 명시한다.

신청자는 이 통지서에 대해 반론을 제시하거나, 청구항을 수정하거나 일부 삭제할 수 있다. 이런 과정을 통해 최종적으로 어떤 부분이 특허로 인정될 수 있는지가 확정된다. 합의가 이루어지면, 해당 발명은 특허로 등록된다.

심사 과정이 진행 중일 때는 제품에 '특허 출원 중(Patent Pending)'이라는 문구를 붙일 수 있다. 이는 해당 기술이 법적 보호 절차를 거치고 있다는 신호다. 하지만 실제 출원 내용과 일치하지 않거나, 허위 표시일 경우 법적 제재를 받을 수 있으므로 신중하게 사용해야 한다.

특허 심사는 발명자가 자신의 기술을 어떤 범위까지 보호받을 수 있는지를 결정짓는 협상 과정이며, 심사관과의 소통을 통해 기술의 독창성과 권리 범위를 구체화해 나가는 과정이다.

특허 소유권

특허를 누가 소유하는지는 단순하지 않다. 국가마다 법적 기준이 다르고, 상황에 따라 소유권이 달라질 수 있다. 기본 원칙은 명확하다. 명시적 계약이나 별도 합의가 없는 경우, 발명자는 발명에 대한 모든 특허권을 가진다.

공동 발명자가 있는 경우엔 얘기가 달라진다. 공동 발명자들은 특허에 대해 동일한 권리를 갖고, 서로 허락 없이도 해당 발명을 자유롭게 활용할 수 있다. 별도의 계약서가 없다면 이 규칙이 기본값이 된다. 그래서 특허 소유권은 사전에 계약으로 정해 두는 게 중요하다.

고용관계에서는 더 복잡해진다. 예를 들어, 미국에선 직원이 발명을 개발하도록 고용됐거나, 회사의 자원과 시간을 사용해 개발한 경우, 고용주는 그 발명에 대한 '작업장 권리(Shop Rights)'를 갖게 된다. 이는 해당 발명을 무료로 사용할 수 있는 권리다. 이 권리는 어디까지나 사용권일 뿐, 특허 자체의 소유권을 의미하지는 않는다.

이런 불확실성을 없애기 위해, 기업들은 직원에게 발명 양도 계약서에 서명하도록 요구한다. 이 문서에는 고용 중 개발된 모든 발명에 대한 권리가 회사에 귀속된다는 내용이 명시된다. 고용 계약서 안에 이 조항을 포함하면, 나중에 벌어질 수 있는 권리 분쟁을 미연에 방지할 수 있다.

특허 소유권은 '누가 기여했는가'보다 '누가 사전에 계약을 명확히 했는가'에 따라 갈린다. 기술이 돈이 되는 시대일수록, 지식의 소유권을 둘러싼 싸움은 치열해진다. 명확한 계약이 최고의 방어선이다.

국제 특허

특허는 기본적으로 '국가 단위 권리'다. 어느 나라에서 특허를 받았든, 그 권리는 해당 국가 안에서만 효력을 가진다. 예를 들어, 미국 특허는 미국 안에서만 보호되며, 같은 발명을 유럽이나 일본에서 보호받고 싶다면 해당 국가 특허청에 따로 출원해야 한다.

이런 한계를 보완하기 위해 만들어진 제도가 특허협력조약(PCT, Patent Cooperation Treaty)이다. PCT는 하나의 국제 신청으로 여러 국가에 동시에 특허를 출원한 것처럼 인정받을 수 있는 시스템이다. 발명자는 한 번의 신청으로 PCT 회원국들에 대한 출원일을 확보하고, 이후 각 국가에 선택적으로 진입해 심사를 받게 된다.

PCT 절차에는 국제 검색과 평가가 포함된다. 검색 사무소는 선행 기술을 찾아보고, 발명이 특허로 등록될 가능성이 있는지를 평가한 보고서를 제공한다. 이 보고서를 참고해 발명자는 어떤 국가에 본격적으로 출원할지 전략을 세울 수 있다.

하지만 PCT는 '국제 특허' 자체를 주는 제도는 아니다. 최종 특허권은 각국 특허청의 심사를 거쳐야 확보된다. 또 하나 유의할 점은 특허 유지 비용이다. 여러 국가에 출원할 경우, 매년 각국에 납부해야 하는 연차료 부담이 커질 수 있다.

미국을 제외한 많은 국가는 특허 등록 이후 일정 기간 안에 해당 발명을 실제로 제조하거나 상업화하기를 요구한다. 이를 하지 않으면 특허가 소멸하거나 강제 라이선스가 부여될 수 있다.

국제 특허 전략의 핵심은 '어디서 보호받을 것인가'를 명확히 정하는 것이다. 단순히 많이 출원한다고 좋은 것이 아니라, 시장성, 경쟁자 위치, 기술 유출 가능성 등을 고려해 선택적으로 출원하고, PCT 시스템을 통해 시간과 비용을 전략적으로 분산시키는 것이 중요하다.

저작권

저작권은 창작자가 만든 예술적 표현을 보호하는 권리다. 글, 음악, 그림처럼 시각적 또는 청각적으로 인식 가능한 형태로 창작물이 완성되는 순간, 저작권은 자동으로 발생한다. 등록이나 출판 같은 절차는 필요 없다. 창작과 동시에 법적 권리가 생기고, 이를 통해 무단 복제나 배포를 막을 수 있다.

보호 대상은 다양하다.

- 문학 작품. 소설, 시, 에세이 등
- 음악 작품. 악보, 가사 등
- 연극 작품. 대본, 연출 구성 등
- 팬터마임 및 안무
- 회화, 그래픽, 조각
- 영화 및 기타 시청각 자료
- 건축물

특정 요건을 갖춘 컴퓨터 프로그램도 문학 작품으로 간주되어 저작권 보호를 받을 수 있다. 또한, 자료를 창의적으로 선택하거나 배열한 컴파일레이션(Compilation)도 독창성이 인정되면 보호 대상이 된다.

하지만 모든 정보가 저작권 보호를 받는 건 아니다. 저작자는 해당 작품을 독립적으로 창작해야 하고, 최소한의 창의성이 있어야 한다. 단순한 사실이나 발견은 보호 대상이 아니다. 예를 들어, 날짜나 시간, 숫자 같은 사실적 정보는 저작물이 아니다. 공공 영역에 속하거나, 타인의 창작물을 그대로 옮긴 것도 보호받지 못한다.

저작권 보호의 범위를 설명하는 대표적 사례가 미국의 베이커 대 셀든(Baker vs. Selden) 사건이다. 회계사 베이커는 자신이 고안한 복식부기 시스템을 설명하는 책을 출판했고, 여기에 해당 시스템을 나타내는 표와 다이어그램을 포함시켰다. 이후 다른 회계사 셀든이 같은 회계 시스템을 활용하자, 베이커는 저작권 침해를 주장했다.

하지만 미국 대법원의 판단은 명확했다. 저작권은 아이디어 그 자체가 아니라, 아이디어가 표현된 방식에만 적용된다는 원칙을 확인한 것이다. 베이커가 창작한 회계 시스템은 누구나 사용할 수 있는 아이디어이며, 보호 대상은 아니다. 저작권이 보호하는 것은 해당 시스템을 설명하는 베이커의 표와 다이어그램, 즉 표현 형식이다. 이 판례는 두 가지 중요한 원칙을 확립했다.

- **아이디어와 표현의 분리.** 저작권은 창작자가 표현한 방식만 보호하며, 그 아이디어 자체는 누구나 자유롭게 사용할 수 있다.
- **기능적 표현의 제한.** 특정 표현이 기능 수행을 위해 필연적인 경우, 그 표현은 저작권 보호 대상이 아니다. 예를 들어, 소프트웨어 코드에서 필수적인 알고리즘 구조나 논리적 흐름은 아이디어 영역으로 간주되어 보호받지 못한다.

다만, 보호받지 않는 요소들을 창의적으로 선택하거나 배열한 결과물이 독창적일 경우, 그 표현 방식은 저작권 보호 대상이 될 수 있다. 단순한 정보 전달이 아닌 창의적 구성은 표현으로 평가되기 때문이다.

저작권은 창작자의 '스타일'과 '접근 방식'을 보호하는 장치다. 무단 복제와 배포는 금지할 수 있지만, 동일한 아이디어를 바탕으로 다른 방식으로 표현한 창작까지 막을 수는 없다. 아이디어는 공유되지만, 표현은 보호된다. 이것이 저작권의 기본 원칙이다.

소프트웨어 저작권

소프트웨어는 창작된 코드의 '표현 방식'에 대해서만 저작권 보호를 받는다. 코드가 수행하는 기능이나 그 논리적 구조, 알고리즘, 데이터 흐름 등은 저작권의 보호 대상이 아니다. 저작권이 보호하는 건 코드 자체의 구체적인 표현이며, 일반적으로 소스 코드와 오브젝트 코드, 그리고 게임이나 애플리케이션의 오디오·비주얼 콘텐츠까지 포함된다.

예를 들어, 화면에 특정 이미지를 띄우는 코드가 저작권 보호 대상이라면, 그 결과물인 디스플레이 화면도 이론적으로는 보호받을 수 있다. 하지만 더 확실한 보호를 위해선 오디오·비주얼 결과물을 별도로 저작물로 등록하는 것이 일반적이다.

법원은 소프트웨어 저작권 침해를 판단할 때 다음과 같은 세 단계를 따른다.

- **분해(Abstracting).** 소프트웨어 코드를 여러 수준의 추상적 요소로 분해해 구조, 구문, 조직, 흐름 등을 분석한다.
- **여과(Filtering).** 저작권 보호 대상이 아닌 부분들—아이디어, 공공 영

역, 기능적으로 필연적인 구성 요소 등—을 걸러낸다.
- **비교(Comparing).** 남은 보호 대상 요소들을 피고의 코드와 비교하여 실질적인 복제가 있었는지를 판단한다.

이런 분석 기준은 코드의 복잡성을 '기능이 유사하다'는 이유만으로 침해로 판단하지 않기 위해 도입된 것이다. 기능적 아이디어는 공유될 수 있어야 기술 발전이 가능하기 때문이다.

따라서 경쟁사가 기존 소프트웨어의 기능이나 개념을 참고해 독립적으로 코드를 작성하는 것은 침해가 아니다. 이를 실현하는 대표적인 개발 전략이 클린룸(Clean Room) 방식이다. 클린룸은 기존 코드에 접근하지 않고, 기능 설명서나 요구 명세만으로 새로운 코드를 재작성하는 개발 방법이다. 이 방식은 저작권 침해 소지를 원천적으로 차단하는 데 효과적이다.

소프트웨어 저작권은 코드의 표현을 보호하지만, 그 기능적 목적이나 기술적 아이디어 자체는 보호하지 않는다. 저작권 제도는 표현의 권리를 지키면서도, 기술 혁신과 자유로운 기능 구현을 막지 않도록 설계돼 있다.

디지털 콘텐츠 저작권

디지털 콘텐츠도 저작권법의 보호를 받는다. 이미지, 음악, 영상 등 온라인에서 유통되는 모든 디지털 창작물은 창작과 동시에 저작권이 발생하며, 이를 허락 없이 복제하거나 배포하는 행위는 명백한 저작권 침해다. 콘텐츠를 다운로드하거나 스트리밍하는 것뿐만 아니라, 인터넷을 통해 타인에게 전송하거나 공유하는 행위도 침해에 해당한다.

한국에서도 「저작권법」을 통해 디지털 콘텐츠의 저작권 보호를 강화하고 있으며, 한국저작권위원회와 한국저작권보호원 등이 관련 업무를 수행하고 있다. 불법 복제, 무단 공유, 스트리밍 등은 모두 민형사상의 책임을 수반할 수 있는 침해 행위로 간주된다.

저작권법은 인터넷상 저작권 보호를 위해 온라인 서비스 제공자(OSP, Online Service Provider)에게도 일정한 책임을 부과한다. OSP는 웹사이트 운영자, 플랫폼 사업자, 파일 공유 서비스 제공자 등이 포함된다. 이들은 사용자 콘텐츠 업로드로 인한 저작권 침해에 대해 직접 책임을 지지는 않지만, 다음 조건을 충족해야 면책된다.

- 저작권 침해 사실을 사전에 인지하지 않았을 것
- 침해 통지를 받은 후 신속하게 삭제하거나 차단 조치를 취했을 것
- 저작권 보호를 방해하지 않았을 것

이 요건을 지키지 않거나, 침해 사실을 알고도 방치했다면 OSP 역시 법적 책임을 피할 수 없다. 예를 들어, P2P 공유 서비스나 동영상 플랫폼이 불법 복제물 유통을 묵인하거나 적절한 조치를 취하지 않았다면, 침해에 대한 연대 책임이 인정될 수 있다.

이를 방지하기 위해 우리나라는 '저작권 침해 신고 제도', '저작권 보호 심의위원회' 등을 통해 OSP의 책임 여부를 공식적으로 판단하고, 권리자의 권익을 보호하고 있다. 불법 복제물 차단, 접근 제한, 이용자 계정 제재 등 다양한 제도적 조치도 함께 시행 중이다. 디지털 시대의 저작권 보호는 창작자만을 위한 권리가 아니라, 정당한 유통 질서를 유지하고 창작 환경을 지속 가능하게 만드는 핵심 기반이다.

저작권 공지와 등록

저작권 공지는 저작권자가 자신의 권리를 명시적으로 알리는 수단이다.

법적으로 필수는 아니지만, 저작물에 대한 권리 주장을 강화하고 침해 예방에 효과적이다. 공지는 작품의 눈에 잘 띄는 곳에 표시해야 하며, 다음 세 가지 요소를 포함해야 한다.

- 저작권 기호(©) 또는 'Copyright' 문구
- 작품의 첫 출판 연도
- 저작권자의 이름

예를 들어, 그림 하단, 책의 첫 페이지, 웹사이트 하단에 흔히 '© 2024 Jane Doe'와 같은 문구가 들어간다. 이처럼 명확한 공지를 해 두면, 저작권 침해가 발생했을 때 저작권자가 권리를 주장하는 데 유리한 입장을 가질 수 있다.

저작권 등록도 선택 사항이다. 「저작권법」상 창작과 동시에 저작권은 발생하므로 등록은 필요하지 않지만, 실무에서는 권리 보호를 위해 등록을 권장한다. 한국저작권위원회와 같은 공식 기관을 통해 등록할 수 있으며, 다음과 같은 이점이 있다.

- **소유권 입증 수단.** 등록된 저작물은 분쟁 발생 시 법원에서 저작권자의 권리를 쉽게 입증할 수 있다. 저작권 증명서는 중요한 법적 증거가 된다.
- **손해배상 청구 가능성.** 침해가 발생했을 경우, 사전에 등록되어 있으면 법정 손해배상과 변호사 비용 청구 등의 선택권이 생길 수 있다.

등록 절차는 간단하다. 신청서 작성, 저작물 사본 제출, 수수료 납부를 통해 진행되며, 디지털 파일로도 제출할 수 있어 접근성이 높다. 등록이 완료되면 발급되는 증명서는 저작물 보호 기간 동안 법적 권리 주장의 근거로 활용된다.

저작권은 자동으로 발생하지만, 공지와 등록은 그 권리를 실질적으로 행사하고 보호하기 위한 전략적 도구다. 창작자라면 저작권을 주장할 준비도 함께 갖춰야 한다.

저작권 소유

저작권은 창작과 동시에 자동으로 발생하지만, 그 소유권이 누구에게 귀속되는지는 상황에 따라 달라진다. 가장 기본적인 원칙은 창작자가 곧 저작권자라는 것이다. 그러나 창작물이 고용 관계나 계약에 따라 만들어졌다면 이야기는 달라진다.

업무상 저작물의 경우, 저작권은 원칙상 고용주에게 귀속된다. 다음 세 가지 조건을 충족해야 한다.

- 창작물이 직무 수행의 일환으로 만들어졌을 것
- 고용주가 창작을 지시하거나 업무의 일부로 간주될 것
- 고용 계약서에 저작권 귀속에 대한 서면 합의가 명시될 것

이 세 조건을 만족하면, 실제 창작자는 직원이라 하더라도 저작권은 회사에 귀속된다. 하지만 계약서에 '창작자가 저작권을 소유한다'는 조항이 있다면, 예외가 인정된다.

반면, 위탁 저작물은 기본적으로 창작자에게 저작권이 귀속된다. 예를 들어, 디자이너나 작가에게 콘텐츠를 의뢰해도, 별도의 저작권 양도 계약이 없으면 권리는 창작자에게 남는다. 의뢰자는 결과물을 사용하는 제한적 라이선스를 받게 될 뿐, 자유롭게 수정·배포할 권리는 없다.

공동 저작물은 둘 이상의 사람이 협력해 하나의 저작물을 만든 경우를 말한다. 별도 합의가 없다면, 공동 저작자들은 동등한 권리를 갖고, 저작

물 사용 시 서로의 동의가 필요하다. 누군가 제삼자에게 저작물을 이용하게 하면, 발생한 수익은 공동 저작자들 간에 공정하게 분배해야 한다.

중요한 건 '돈을 냈다고 해서 저작권이 자동으로 넘어오는 건 아니라는 점'이다. 비용을 지급했더라도, 저작권 양도에 대한 명시적 서면 계약이 없다면, 창작자가 권리를 유지한다. 저작물을 자유롭게 활용하려면 계약서에 저작권 양도 조항을 반드시 포함해야 한다. 또는 해당 작업이 고용에 의한 저작물임을 명확히 지정해야 한다.

저작권의 소유권은 '누가 만들었는가'보다는 '무슨 계약을 체결했는가'가 좌우한다. 창작을 의뢰하는 입장이라면, 저작물 사용 권한뿐 아니라 소유권까지 확보할 수 있도록 계약서의 조항을 정교하게 구성해야 한다.

상표

상표는 상품이나 서비스의 출처를 식별하는 표시다. 고객은 상표를 통해 제품이 어디서 왔는지, 어느 회사가 만든 것인지, 어떤 품질과 신뢰를 기대할 수 있는지를 판단한다. 이처럼 상표는 기업의 명성과 시장 내 신뢰를 시각화한 자산이다.

상표는 고객을 보호하고 시장 질서를 유지하는 수단이기도 하다. 유사한 외관이나 이름을 가진 저품질 모방품이 시장에 출몰할 경우, 상표가 없다면 고객은 쉽게 혼란에 빠질 수 있다. 따라서 상표는 고객에게 정확한 출처 정보를 제공하고, 기업 간 상품을 구분하는 기준점이 된다.

상표법은 기업이 자사의 상품이나 서비스를 명확하게 차별화할 수 있게 하고, 이를 통해 지속적인 브랜드 가치와 경쟁력을 구축할 수 있도록 한다. 다만, 상표권은 제품의 기술적 내용이나 구조를 보호하지는 않는다. 기술 복제나 역공학 방지는 특허법의 영역이다.

상표권을 획득하는 방식은 국가마다 다르며, 크게 세 가지 제도로 나뉜다.

- **사용 기반 상용제.** 상표를 실제로 사용해야만 상표권이 발생하는 방식이다. 영미권 국가에서 주로 채택하며, 특정 지역에서 먼저 사용한 사람이 해당 지역 내에서 우선권을 가진다. 상표 사용 지역이 넓어질수록 보호 범위도 점차 확대된다.
- **순수 등록제.** 사용 여부와 관계없이, 상표 등록 자체로 권리가 발생한다. 한국, 유럽, 일본, 중국 등 대부분의 국가가 이 제도를 채택하고 있다. 사용 전이라도 상표를 등록할 수 있어, 미래 사용을 계획하는 기업에 유리하다. 다만 등록 후 일정 기간 안에 실제 사용하지 않으면 권리가 소멸될 수 있다.
- **사용 기반 등록 결합제.** 사용과 등록이 결합된 형태로, 미국과 캐나다가 채택하고 있다. 상표가 실제로 사용된 후에만 정식 등록이 가능하며, 등록을 통해 권리 범위를 더욱 확장할 수 있다. 사용 기반의 신속한 권리 확보와 등록을 통한 안정적 보호를 동시에 추구하는 구조다.

상표는 기업이 시장에서 신뢰를 구축하는 출발점이다. 적절한 등록과 사용 전략을 통해 상표의 법적 보호를 확보하는 것은, 브랜드 자산을 장기적으로 키우는 데 필수적인 조치다.

상표 선택

좋은 상표는 기억에 남고, 발음하기 쉬우며, 경쟁자와 명확히 구분된다.

상품이나 서비스와 직접적으로 연결되기보다는, 독창적이고 창의적인 단어를 사용하는 것이 효과적이다. 전혀 새로운 단어를 만들거나, 기존 단어를 조합하거나 변형한 형태가 대표적인 예다. 이런 상표는 마케팅에서도 유리하고, 법적으로도 더 강력한 보호를 받을 수 있다.

반대로 상품의 기능이나 성질을 그대로 드러내는 상표는 등록이 어려울 수 있다. 예를 들어 '달콤한 초콜릿' 같은 이름은 설명적인 성격이 강해 상표로서 식별력이 약하다. 대신 상품의 속성을 암시하되, 고객의 기억에 각인될 수 있도록 간결하고 명료하게 구성해야 한다. 일부만 유사한 상표로부터도 방어할 수 있도록, 상표 자체가 독립적인 인상을 남기는 것이 중요하다.

상표를 선택하기 전에 반드시 기존 상표 검색을 해야 한다. 한국에서는 특허청의 '키프리스(KIPRIS)'를, 미국에서는 USPTO의 TESS 시스템을 통해 유사 상표 여부를 확인할 수 있다. 같은 업종이나 유사한 서비스에 이미 등록된 상표가 있다면, 거절되거나 분쟁으로 이어질 가능성이 높다.

혼동 가능성을 줄이기 위해 다음 요소들을 점검해야 한다.

- **시각적 유사성.** 외형, 글자 수, 디자인 등에서 유사한지 확인
- **음성적 유사성.** 발음이 비슷하거나 소리상 헷갈릴 수 있는지 검토
- **의미적 유사성.** 단어의 의미나 뉘앙스가 비슷한지 판단

상품이나 서비스 자체의 성격도 고려해야 한다. 유통 경로가 비슷하거나 고객층이 겹치면 혼동 가능성은 더 높다. 반면, 고가이거나 전문가가 구매하는 제품은 고객이 더 신중히 판단하므로 혼동 위험이 줄어든다. 상표 선택의 기준은 '고객이 출처를 헷갈릴 가능성이 있는가'에 있다.

상표는 브랜드의 정체성을 대변하고, 고객과의 첫 접점을 만드는 도구

다. 따라서 창의성과 구분성, 사용성, 법적 안정성까지 종합적으로 고려해 전략적으로 선택해야 한다.

상표 등록

상표 등록은 상표권을 법적으로 보호받기 위한 공식 절차. 등록된 상표는 상표권자의 독점적 권리를 보장하며, 침해가 발생했을 때 법적 대응이 가능해진다. 우리나라에서는 특허청이 상표 등록을 관장하며, 등록 절차는 다음과 같다.

- **출원서 제출.** 상표가 사용될 상품 또는 서비스의 구체적인 범위를 지정하고, 관련 상품 분류를 함께 제출해야 한다. 상표가 이미 사용 중인지, 아니면 앞으로 사용할 계획인지도 명시한다.
- **상표 심사.** 심사관은 해당 상표가 기존 상표와 혼동될 가능성이 있는지, 식별력이 충분한지 등을 검토한다. 유사한 상표가 이미 등록되어 있거나, 상표가 지나치게 일반적·설명적일 경우 등록이 거부될 수 있다.
- **공개 및 이의 제기 기간.** 심사를 통과한 상표는 특허청 저널에 공개되며, 30일 동안 누구든 이의를 제기할 수 있다. 기존 상표권자나 이해관계자가 침해 우려를 제기하면 등록이 보류되거나 거부될 수 있다.
- **등록 결정.** 이의가 없거나 이의가 기각되면 상표 등록이 최종 승인되고, 등록증이 발급된다. 이로써 상표권자는 등록 상표에 대해 법적 독점 권리를 갖게 된다.

등록이 완료되면 상표에는 ® 기호를 사용할 수 있다. 이 기호는 해당 상표가 공식적으로 등록된 것임을 나타내며, 무단 사용에 대해 법적 보호를 받을 수 있음을 알리는 표시다. 상표는 등록 이후에도 사용이 계속되어야 하며, 10년 단위로 갱신해야 권리가 유지된다. 사용하지 않거나 갱신하지 않으면 상표권이 소멸될 수 있다.

> **상표 스쿼팅**
>
> 중국은 순수 등록제를 채택하고 있어, 상표권은 실제 사용 여부와 관계없이 먼저 등록한 사람에게 우선권이 부여된다. 이 시스템의 허점을 악용한 대표적 문제가 바로 상표 스쿼팅(Trademark Squatting)이다. 상표 스쿼팅은 외국 기업이 중국에 진출하기 전에 제삼자가 해당 기업의 상표를 먼저 등록하고, 이를 되팔거나 사용을 방해하는 행위다.
> 애플, 구글, 뉴발란스, 나이키 같은 글로벌 브랜드조차도 이 문제로 중국에서 막대한 비용과 법적 갈등을 겪은 바 있다. 상표 스쿼터들은 브랜드가 중국 시장에 진입할 가능성이 있는지를 예측해, 미리 상표를 등록해 두고, 원 소유자가 이를 사용할 수 없게 만들거나, 막대한 금액을 요구하며 되판다. 때로는 해당 상표로 사업을 먼저 시작해 원 브랜드의 진입을 아예 봉쇄하기도 한다.
> 중국 상표법은 선등록 원칙을 철저히 적용하므로, 실제로 그 상표를 먼저 사용했는지는 중요하지 않다. 상표권자는 등록을 기준으로 결정된다. 물론 상표권 침해에 대한 이의 제기나 등록 취소 절차가 존재하지만, 이 과정은 최소 4~6년 이상이 걸리고, 외국 기업에 유리한 판결이 나지 않는 경우도 많다. 중국 법원이 스쿼터의 손을 들어 주는 사례도 적지 않다.
> 이 문제를 방지하는 가장 현실적인 방법은 선제적 상표 등록이다. 많은 글로벌 기업들이 중국 시장 진출 전에 자사의 상표를 먼저 등록해, 스쿼터의 선점을 원천 차단하고 있다. 중국 내 상표를 등록해 두면 불필요한 분쟁, 비용, 시간 소모를 줄이고, 브랜드를 전략적으로 보호할 수 있다.
> 중국 시장을 고려하는 기업이라면, 상표 스쿼팅을 경영 전략 차원의 우선 과제로 인식해야 한다. 진출 시점과 상관없이 상표 등록을 먼저 확보하는 것, 이것이 중국 시장에서의 브랜드 생존을 결정짓는 핵심 요소다.

상표 보호 강도

상표가 어느 정도 수준의 법적 보호를 받을 수 있는지는, 그 상표가 상품이나 서비스의 출처를 얼마나 명확히 구별해 주는지에 따라 결정된다. 상표는 식별력이 강할수록 법적으로 보호받기 쉽고, 침해로부터 방어할 수 있는 범위도 넓어진다. 식별력 기준에 따라 상표는 다음의 다섯 가지 범주로 나뉜다.

- **창조적 상표(Fanciful Marks).** 완전히 새롭게 만들어진 단어로 구성된 상표다. 코닥(Kodak), 엑슨(Exxon)처럼 본래의 의미가 없고, 오직 상표로만 인식되는 단어다. 식별력과 보호 강도가 가장 높다.
- **임의적 상표(Arbitrary Marks).** 실제 의미가 있지만, 제품과는 무관한 단어를 상표로 사용하는 경우다. 예를 들어, 'Apple'은 과일이라는 뜻이 있지만, 전자제품과는 직접적인 관련이 없다. 이처럼 기존 단어를 전혀 다른 제품에 붙이면 강력한 상표가 된다.
- **암시적 상표(Suggestive Marks).** 제품이나 서비스의 특성을 직접적으로 설명하지 않고, 약간의 연상이나 해석을 통해 의미를 유추할 수 있는 상표다. 'Netscape'는 인터넷 탐색을 암시하지만, 직접 설명하지 않는다. 식별력은 있지만, 창조적·임의적 상표보다는 보호 범위가 좁다.
- **서술적 상표(Descriptive Marks).** 상품의 특징이나 기능을 직접적으로 설명하는 단어다. '신선 식품', '속성 학습'. 이런 상표는 본래 보호받기 어렵지만, 장기간 사용을 통해 고객에게 특정 브랜드로 인식되는 경우, 이차적 의미(Secondary Meaning)를 획득해 보호가 가능해진다.
- **일반적 상표(Generic Marks).** 상품이나 서비스 자체를 가리키는 일반 명칭은 상표로 보호받을 수 없다. '컴퓨터'라는 단어를 컴퓨터 제품에 상표로 사용하는 경우. 이미 일반명으로 사용되는 단어이기 때문에 누구나 사용할 수 있는 공공 자산이다.

상표가 일반 명칭화(Genericide)될 위험도 있다. 특정 브랜드 이름이 너무 널리 사용되면서, 고객이 이를 특정 브랜드가 아닌 제품 자체의 명칭으로 인식하게 되는 현상이다. '아스피린', '에스컬레이터', '셀로판'이 실제로 상표권을 잃은 사례다. 현재 '클리넥스(Kleenex)', '구글(Google)', '제록스(Xerox)' 등도 같은 위험에 노출되어 있으며, 해당 기업들은 브랜드를 명확히 구분하기 위한 광고 캠페인과 올바른 상표 사용 지침을 지속적으로 강조하고 있다. 강한 상표를 구축하려면 창의성과 차별성이 기본이다. 상표의 법적 보호는 선택한 단어에서 시작된다.

상표 국제 보호

과거에는 각국에서 별도로 상표를 출원해야 국제적 보호가 가능했지만, 마드리드 시스템(Madrid System)의 도입으로 절차가 훨씬 간소화됐다. 마드리드 시스템은 마드리드 협정과 마드리드 의정서에 기반한 국제 상표 등록 제도이며, 하나의 신청서로 여러 국가에 상표 보호를 요청할 수 있는 통합 시스템이다.

절차는 다음과 같이 진행된다.

- **국내 상표 출원.** 국제 출원을 시작하려면 먼저 자국 특허청에 상표를 출원하거나 이미 등록한 상태여야 한다. 이 국내 출원이 국제 출원의 기초가 된다.
- **WIPO 국제 출원 제출.** 특허청을 통해 세계 지식재산 기구(World Intellectual Property Organization)에 국제 출원서를 제출하면, WIPO는 형식 심사를 거쳐 각 지정 국가의 특허청으로 이를 전달한다.
- **국가별 심사.** 지정된 국가의 각 특허청은 자국 법률에 따라 독립적으로 심사를 진행한다. 이 과정에서 상표가 자국 기준에 적합한지, 기존

상표와 충돌하지 않는지를 판단한다.

- **국제 등록.** 각 국가에서 이의 제기나 거절이 없으면, 해당 국가 내에서 상표가 보호받을 수 있도록 국제 등록이 확정된다. 이로써 출원자는 각국에서 상표권을 확보하게 된다.

마드리드 시스템의 가장 큰 장점은 단일 출원으로 다수 국가에서 상표 보호가 가능하다는 점이다. 행정 절차가 간소화되고, 시간과 비용도 줄일 수 있다. 하지만 각국은 여전히 자국의 법적 기준에 따라 개별 심사를 진행하므로, 보호 여부와 심사 결과는 국가마다 달라질 수 있다. 어떤 국가는 추가 서류나 현지 대리인을 요구할 수도 있다.

따라서 국제 상표 보호를 계획하는 기업은 마드리드 시스템을 활용하되, 각국의 상표법과 심사 관행을 전략적으로 고려해야 한다. 상표 보호의 글로벌 확장을 효율적으로 관리하려면, 단일 절차의 편의성과 국가별 대응 전략을 동시에 갖춰야 한다.

핵심 정리

지식재산은 스타트업의 생존과 확장을 위한 핵심 전략 자산이다. 단순한 기술 보호를 넘어, 시장에서의 경쟁우위를 확보하고 투자 유치, 기업 가치 평가, 기술 라이선싱 및 인수합병 등 다양한 경영 활동에서 실질적인 영향력을 발휘한다. 따라서 기술 창업가는 무엇을 만들지 뿐 아니라, 그 기술을 어떻게 지킬 것인지도 함께 고려해야 한다.

지식재산은 단일한 권리가 아니라, 특허, 상표, 저작권, 디자인권, 실용신안, 영업비밀 등 여러 제도적 수단의 조합으로 구성된다. 각각의 권리는 보호 대상, 지속 기간, 보호 범위가 상이하며, 이를 전략적으로 병행하여 복합적인 방어 체계를 구축해야 한다. 특정 기술은 특허와 영업비밀, 상표를 함께 적용할 수 있으며, 이러한 통합 설계가 창업 기업의 기술과 브랜드를 동시에 방어하는 기반이 된다.

기술 기반 스타트업의 경우, 지식재산은 단순한 보호 장치가 아니라 사업 전략의 축이다. 이는 공동 창업자의 지분 구조 설계, 내부 기술 분할, 외부 라이선스 협상, 투자자 대상 기술 설명 등 모든 사업 흐름에 직결된다. 특히 초기 단계에서는 자산화되지 않은 기술일지라도 법적 보호 가능성과 잠재적 활용 계획을 명확히 수립해야 한다.

지식재산 확보에는 전략적 인식뿐 아니라 실무적 체계도 필요하다. 발명 및 개발 과정에서의 기록 보관은 분쟁 시 법적 증거로 작용하며, 기술 에스크로는 계약 안정성과 영업비밀 보호의 실질적 수단이 된다. 모든 기술 개발 과정은 실시간으로 문서화되어야 하며, 타임스탬프, 디지털 서명, 제삼자 검증 등 신뢰성 확보 장치를 반드시 갖춰야 한다.

특허는 기술의 신규성, 진보성, 산업적 활용 가능성, 특허 대상 자격이라는 네 가지 조건을 충족해야 하며, 출원 전략, 청구항 설계, 국가별 분할 전략, 권리 범위 확장 등 복합적 요소의 고려가 필요하다. 단순히 특허를 보유하는 것을 넘어서, 권리의 강도와 범위가 실제 사업 전략과 얼마나 정렬되어 있는지가 중요하다.

저작권은 코드와 콘텐츠의 표현을 보호하며, 클린룸 개발이나 표현-아이디어 분리를 통해 법적 분쟁을 회피할 수 있다. 상표는 제품이나 서비스의 출처를 식별하게 하며, 브랜드 가치 보호의 출발점이다. 상표 보호 강도는 식별력에 따라 다르며, 국제 보호를 위해 마드리드 시스템 등 글로벌 출원 전략도 함께 수립해야 한다.

영업비밀은 비공개 조건, 경제적 가치, 합리적 보호 조치를 충족해야 하며, 이를 위해 내부 통제, NDA, 접근 권한 관리 등 체계적 관리 시스템이 필요하다. 특히 영업비밀은 공개되는 순간 보호 효력을 상실하므로, 무엇이 기밀인지 명확히 정의하고 이를 정당하게 표기·관리하는 것이 핵심이다.

지식재산 전략은 기술의 시장성과 기업의 생존 가능성을 동시에 담보하는 실행 전략이다. 테크 스타트업은 기술력뿐 아니라 권리화 전략, 라이선싱 가능성, 자산 평가 가능성까지 통합적으로 고려해야 하며, 이를 통해 지속 가능한 경쟁우위를 확보할 수 있다. 창업가는 기술의 주체이자 보호의 설계자가 되어야 한다.

창업가의 질문

Q1. 지식재산권은 단순한 기술 보호를 넘어 스타트업의 경쟁력과 기업 가치에 결정적인 영향을 미친다고 하셨는데, 초기 창업자가 지식재산을 '전략적으로 설계'한다는 것은 구체적으로 어떤 의미인가요? 이론적으로 어떻게 접근해야 할지 궁금합니다.

교수의 답변. 좋은 질문입니다. 지식재산을 전략적으로 설계한다는 말은, 단순히 특허를 출원하거나 상표를 등록하는 데 그치지 않고, 창업 기업의 비즈니스 모델, 성장 전략, 시장 포지셔닝과 맞물려 지식재산의 포트폴리오를 기획하고 활용한다는 뜻입니다. 이론적으로는 자산화(assetization)와 차별화(differentiation)의 관점에서 접근할 수 있습니다. 즉, 기술이나 브랜드, 디자인이 법적으로 보호받는 동시에, 시장에서 우리만의 고유한 자산으로 작동하도록 구조화해야 합니다. 예를 들어 핵심 기술은 특허를 통해 진입장벽을 만들고, 브랜드는 상표로 고객 충성도를 유도하며, 소스코드는 저작권으로 보호하면서도 내부 매뉴얼과 고객 정보는 영업비밀로 관리할 수 있습니다. 이러한 조합은 기술의 '보호'를 넘어서 기업의 '가치 제안'을 지지하는 기제로 기능하게 됩니다. 결국 IP 전략이란 기술 전략이자 비즈니스 전략인 셈입니다.

Q2. 책에서는 지식재산을 종합적으로 보호하기 위해 특허, 저작권, 상표, 영업비밀 등을 복합적으로 운용해야 한다고 했습니다. 그런데 실무에서는 인력도 자금도 부족하다 보니, 무엇부터 준비해야 할지 막막합니다. 초기 스타트업이라면 IP 전략을 어떻게 단계적으로 실행하는 것이 현실적일까요?

액셀러레이터의 답변. 현장에서 가장 많이 받는 질문 중 하나입니다. 저희도 초기 스타트업을 도울 때 항상 '우선순위'를 잡는 데 초점을 둡니다. 먼저, 반드시 보호해야 할 핵심 기술이나 정보가 무엇인지를 명확히 하세요. 기술 기반 스타트업이라면 핵심 알고리즘이나 하드웨어 구조처럼 경쟁사에 노출되면 사업이 위태로워질 수 있는 요소부터 우선 보호 대상입니다. 그다음에는 권리화가 가능한 항목(예: 특허, 상표)은 빠르게 출원하고, 그 외 코드, 디자인, 기획자료 등은 저작권 등록 또는 영업비밀 관리 체계(접근 제한, 기록 관리)를 갖추는 것이 현실적인 접근입니다. 특히 개발 일지나 회의 기록, 타임스탬프 저장 등은 나중에 법적 분쟁이 생겼을 때 중요한 증거가 됩니다. 즉, 모든 걸 다 하지 않아도 괜찮지만, 중요한 것부터 빠르게, 실질적으로 관리하는 게 핵심입니다.

Q3. 벤처투자를 받을 때 지식재산권 보유 여부가 평가 요소 중 하나라고 들었습니다. 실제 투자자 입장에서는 스타트업의 IP를 어떤 기준으로 평가하나요? 단순히 특허 수만으로 판단하지는 않을 것 같은데, 어떤 요소를 특히 중시하는지 알고 싶습니다.

벤처캐피털리스트의 답변. 맞습니다. 특허나 상표가 있다는 것만으로는 충분하지 않습니다. 저희가 보는 건 그 IP가 '사업과 얼마나 밀접하게 연결되어 있는가', '경쟁 우위를 어떻게 창출하고 있는가'입니다. 예를 들어 단순한 아이디어 특허보다는, 실제 구현 기술에 기반한 특허, 사업화 전략과 연결된 기술, 진입장벽을 형성할 수 있는 보호 범위가 있는지를 봅니다. 또 하나 중요한 건 '방어 가능성'입니다. 모방이 쉬운 기술이라면 특허가 있어도 실질적인 보호력이 낮고, 반대로 문서화나 영업비밀로 보관된 내부 노하우가 훨씬 강력한 방어 수단이 될 때도 있습니다. 결국 우리는 IP를 그 자체로 보기보다는, 창업자가 어떻게 그 IP를 관리하고, 활용하며, 향후 기업가치 상승으로 전환시킬 수 있는지를 종합적으로 평가합니다. IP 전략은 기술력과 경영 역량이 동시에 반영되는 지표라고 보시면 됩니다.

Chapter 07

기업 설립 절차

기업의 설립은 단순히 회사를 만드는 행위가 아니다. 외부 자원과 인재를 끌어들이고, 전략적 선택을 통해 공동의 목표를 설계하는 복잡한 조율 과정이다. 창업은 개인이 아닌 팀의 협업으로 완성되는, 마치 팀 스포츠와 같은 구조다. 창업가는 혼자서 모든 역할을 담당할 수 없으며, 누구와 함께할지, 어떤 자원을 어떻게 활용할지가 성패를 가른다.

대부분의 테크 스타트업은 한 사람의 아이디어나 기술적 발견에서 출발하지만, 그것만으로는 충분하지 않다. 기술이 아무리 뛰어나도, 그것을 시장에서 통하는 비즈니스로 만들기 위해선 경영, 마케팅, 자금 조달 등 다양한 역량이 동시에 작동해야 한다. 창업가는 부족한 부분을 채울 인재나 파트너를 찾아야 하고, 이 과정은 팀을 꾸리고 회사를 설계하는 일과 맞물린다.

이때 현실적인 문제는 언제나 자금이다. 대부분의 초기 스타트업은 충분한 현금을 갖고 시작하지 않는다. 하지만 유능한 인재를 영입하고, 외부 전문가와 협업하려면 그 대가를 제공할 수 있어야 한다. 초기 자금이 부족한 상황에서, 가장 효과적인 수단은 지분이다. 창업가는 소유권의 일부를 제공함으로써 장기적 보상의 기회를 만들어 내고, 자본이 부족한 상황에서도 인재와의 협업을 유도할 수 있다. 지분은 스타트업 초기에 핵심적인 전략 도구가 된다.

기업 설계 단계에서 내리는 의사결정은 곧 자본 유치 전략과 직결된다. 투자를 언제, 어떤 방식으로 유치할 것인지, 창업가가 소유권을 얼마나 유지할 것인지, 자본 조달 비용을 어떻게 최소화할 것인지 등은 초기 설계 단계부터 고려해야 할 핵심 과제다. 특히 자본 유치의 시점은 스타트업의 성장 속도와 방향을 결정짓는 중요한 변수다.

이 장에서는 이러한 초기 설계의 주요 과제를 다룬다. 법적 구조의 선택, 전략적 인재 유치 방안, 지분 분배의 원칙, 그리고 창업 초기에 반드시 짚고 넘어가야 할 법적 이슈까지 구체적으로 살펴본다. 회사 설립 절차에서 이루어지는 이 모든 결정은 장기적이고 후속적인 성장과 협력을 가능하게 만드는 '시작의 설계'다.

소유와 책임

기업을 설계할 때 가장 먼저 고민해야 할 질문은 '이 회사를 누가 소유하고, 누가 책임질 것인가'다. 법적 구조는 등록 형식을 정하는 문제가 아니라, 소유권의 분배, 법적 책임의 범위, 자본 조달 전략, 운영 방식에 이르기까지 기업의 핵심 구조를 결정짓는 전략적 선택이다.

스타트업은 일반적으로 다음과 같은 구조 중 하나를 선택한다.

- **개인사업자.** 창업가가 전적으로 소유하고, 모든 수익과 손실에 대해 전면 책임을 진다. 법인격이 없어 개인 자산이 사업 채무에 직접 노출된다. 절차가 간단하고 초기 비용이 적어 소규모 창업에 많이 쓰인다.
- **합명회사.** 두 명 이상의 파트너가 사업을 공동으로 소유하고 경영한다. 각 파트너는 무한 책임을 지며, 다른 파트너가 발생시킨 채무에도 연대 책임을 진다. 높은 신뢰 관계를 전제로 한 협업에 적합하다.
- **합자회사.** 무한책임사원과 유한책임사원이 함께 참여하는 구조다. 무한책임사원이 경영을 맡고, 유한책임사원은 자본만 출자하며 출자금 범위 내에서만 책임을 진다. 투자자와 운영자를 분리할 수 있어 역

할 분담이 명확하다.

- **주식회사.** 자본을 주식으로 나누고, 다수의 주주가 출자금에 따라 소유권을 가진다. 각 주주는 출자 범위 내에서만 책임을 지며, 외부 투자 유치와 대규모 자본 조달에 유리하다. 설립과 운영이 복잡하지만, 성장성과 유동성이 뛰어나다.
- **유한책임회사.** 구성원이 모두 유한 책임을 지되, 주식회사보다 유연한 운영이 가능한 구조다. 이사회나 주주총회 없이도 내부 계약에 따라 운영되며, 초기 스타트업이나 소규모 창업팀에 많이 활용된다.

이외에도 사회적 목적이나 공동의 가치를 우선할 때는 다음과 같은 대안적 구조도 선택할 수 있다.

- **협동조합.** 구성원이 공동 소유하고 민주적으로 운영하는 방식이다. 수익보다는 공동의 이익과 참여를 중시하며, 사용자나 생산자가 주체가 되는 구조다. 사회적 가치 실현을 목표로 하는 조직에서 선호된다.
- **비영리 법인.** 공익적 목적을 위해 설립되며, 이익이 나더라도 이를 배당하지 않고 재투자한다. 교육, 환경, 복지 분야의 스타트업에서 활용되며, 기부금 유치에 유리하지만 투자 유치는 어렵고 활동 목적에 대한 규제가 많다.

이처럼 법적 구조에 따라 사업의 성격과 성장 방식이 전혀 달라진다. 주식회사는 자본시장 접근성과 확장성이 뛰어나지만, 개인사업자나 합자회사는 유연하지만, 법적 리스크가 크다. 협동조합과 비영리 법인은 사회적 목적에는 적합하지만 자본 조달 측면에서는 제약이 많다.

따라서 창업가는 다음 세 가지 질문을 중심으로 구조를 설계해야 한다.

- **무엇을 위해 사업을 하는가** – 수익인가, 사회적 가치인가?

- **어떻게 자본을 조달할 것인가** — 외부 투자자인가, 내부 자금인가?
- **책임은 누가 얼마나 감당할 것인가** — 유한 책임인가, 무한 책임인가?

스타트업의 법적 구조는 출발점 이상의 의미가 있다. 이것이 바로 기업의 소유와 책임을 어떻게 설계할지를 결정짓는, 전략의 첫 단추다.

유한 책임과 무한 책임

기업이 어떤 법적 구조를 선택하느냐에 따라, 창업가와 투자자가 감당해야 할 법적·재정적 책임 범위는 완전히 달라진다. 그 핵심 구분은 바로 유한 책임과 무한 책임이다.

무한 책임 구조는 사업체와 소유주가 법적으로 하나로 간주되는 방식이다. 개인사업자나 합명회사가 대표적이다. 이 구조에서는 회사가 진 채무나 법적 문제에 대해 소유주가 전 재산으로 책임을 져야 한다. 파트너십 구조일 경우, 한 사람이 일으킨 채무라도 다른 파트너가 연대 책임을 지며, 직원의 실수나 계약상 손해까지 모두 개인이 감당해야 한다.

무한 책임은 가족 중심의 소규모 사업이나 고도의 신뢰를 전제로 한 비즈니스에선 일정 수준의 유연성을 줄 수 있다. 하지만 외부 투자자 입장에선 큰 걸림돌이다. 투자금 외에 개인 자산까지 위험에 노출될 수 있다는 점은 투자를 주저하게 만드는 가장 큰 요인이다.

반대로 유한 책임 구조는 법인이 독립된 법적 주체로 인정되고, 창업가와 투자자는 출자금 한도 내에서만 책임을 진다. 주식회사, 유한책임회사, 합자회사의 유한책임사원이 이에 해당한다. 이 구조는 예측 가능한 리스크 범위를 제공해 투자 유치에 유리하고, 자본 조달이 구조적으로 용이하다.

바이오테크, 인공지능, 하드웨어 기술처럼 초기 투자금이 크고 기술 리스크가 높은 산업에서는 유한 책임이 전제되지 않으면 자본 유입이 사실상 불가능하다. 투자자는 손실 가능성을 감수할 수 있어야 투자를 결정할 수 있고, 유한 책임 구조가 이를 가능하게 만든다.

이처럼 법적 구조의 선택은 리스크 통제 능력, 자본 조달 전략, 성장 속도에 직접적인 영향을 미치는 전략적 결정이다. 빠르게 확장하고 투자를 유치하려면 주식회사가 적합하고, 협업과 유연성을 중시하면서도 법적 보호가 필요한 경우에는 유한책임회사가 현실적이다. 반면, 이윤보다 사회적 미션을 중심에 두는 사업이라면 협동조합이나 사회적 기업이 더 나은 선택이 될 수 있다.

창업가는 사업 모델, 리스크 감수 범위, 자금 흐름, 경영 철학을 모두 감안해, 유한 책임 보호와 사업 목적 사이의 균형을 가장 잘 반영하는 구조를 선택해야 한다. 이 결정은 기업의 생존 가능성과 확장 전략에 직결된다.

유한 책임의 범위

유한 책임 구조는 기업과 개인을 법적으로 구분함으로써, 사업상 발생한 손실이나 채무가 소유주 개인에게 직접 전가되지 않도록 보호하는 장치다. 스타트업이 이 구조를 택하는 이유도 여기에 있다. 법인 자체가 독립된 주체로 인정되기 때문에, 직원이나 경영진이 정당한 범위 내에서 업무를 수행한 경우, 그 책임은 법인에 귀속된다.

예를 들어 회사 이름으로 발주한 물품의 대금을 갚지 못했을 때, 채권자는 회사에 법적 책임을 물을 수는 있어도, 해당 결정을 내린 임직원 개인에게 직접 변제 책임을 묻지는 못한다. 이는 무한 책임이 적용되는 개인사업자나 합명회사와의 결정적 차이다.

다만, 유한 책임은 절대적인 방어막이 아니다. 법적 책임을 회피하기 위한 고의적 행위나 중대한 과실이 있다면, 개인 책임이 인정될 수 있다. 다음과 같은 경우가 대표적이다.

- **사기·부정행위.** 허위 정보를 제공하거나 결함 제품을 속이고 판매한 경우
- **의도적인 위법행위.** 경쟁사의 영업비밀 침해, 상표권 침해 등
- **사적 이익 추구.** 기업보다 개인 이익을 우선시한 의사결정
- **관리 의무 소홀.** 내부 통제 부실로 불법 행위를 방치한 경우

이런 경우 법원은 유한 책임의 보호를 무력화할 수 있으며, 대표나 임직원 개인이 직접 손해배상 책임을 지게 된다. 이를 제도적으로 뒷받침하는 것이 법인격 부인 제도(Piercing the Corporate Veil)다. 법원이 법인의 독립성을 인정하지 않고, 실질적 책임을 개인에게 귀속시키는 예외 조항이다.

다음과 같은 사례에서 법인 베일이 뚫릴 수 있다.

- 정관 미작성, 등기 미완료 등 설립 절차 미비
- 주주총회·이사회 미개최, 회계 관리 부실 등 운영 규정 미준수
- 기업 구조를 악용한 사기 행위나 자산 유용
- 재무 건전성을 무시한 배당 결정 등

유한 책임은 '정상적인 기업 운영'을 전제로 작동한다. 스타트업 대표나 경영진이 절차와 규정을 무시하거나 법적 경계를 넘는 순간, 유한 책임은 더 이상 보호막이 되지 못한다. 유한 책임은 구조가 아니라 '행위의 정당성'에 따라 유지되는 법적 권리다. 창업가라면, 이 구조가 주는 이점을 온전히 누리기 위해 투명한 경영과 책임 있는 의사결정을 기본 원칙으로 삼아야 한다.

법적 구조의 최적 선택

　스타트업 창업가가 사업 구조를 어떻게 정하느냐는 형식의 문제가 아니다. 이 결정은 곧 사업의 리스크 관리, 성장 전략, 투자 유치, 세금 부담, 운영 유연성, 법적 책임까지 전반에 영향을 미치는 전략적 선택이다.

　가장 먼저 고려해야 할 건 위험과 책임의 범위다. 스타트업은 실패 확률이 높고, 불확실성이 크다. 이런 상황에서는 창업가와 투자자의 개인 자산을 보호해 줄 수 있는 유한 책임 구조가 더 안전하다. 주식회사나 유한책임회사는 출자금 한도로 책임이 제한되지만, 개인사업자나 합명회사는 채무가 생기면 개인 재산까지 위험해질 수 있다.

　참여자 수와 구성 유연성도 구조 선택에 영향을 준다. 합명회사와 합자회사는 최소 2명이 필요하고, 주식회사는 공동 창업가뿐 아니라 외부 투자자도 쉽게 수용할 수 있다. 반면 개인사업자는 1인 전용 구조다. 창업팀 구성이나 공동 운영 여부에 따라 적합한 구조가 달라진다.

　자본 조달의 용이성도 핵심 사항이다. 주식회사는 지분을 발행하거나 거래하는 방식으로 외부 자본을 끌어들이기 쉽다. 반면 개인사업자나 합자회사는 외부 투자 유치가 구조적으로 제한된다. 빠르게 성장하거나 투자를 받아야 하는 사업이라면, 주식회사 형태가 유리하다.

　관리 구조와 의사결정 방식도 다르다. 유한책임회사는 정관과 내부 계약만으로 운영할 수 있어 유연하다. 반면 주식회사는 이사회, 주주총회, 각종 법적 절차가 요구돼 운영이 경직될 수 있다. 창업 초기에 빠른 실행력을 중시한다면 유연한 구조를 택하는 것이 낫다.

　세금 체계도 선택에 영향을 준다. 주식회사는 법인세와 배당소득세를 각각 납부하는 이중과세 구조고, 개인사업자는 수익 전체가 소득세로 과세된다. 수익 구조나 분배 방식에 따라 어떤 체계가 더 유리한지 따져야 한다.

규제 강도와 법적 의무도 비교 대상이다. 주식회사는 공시, 회계감사, 이사회 운영 등 법적 요구 수준이 높다. 유한책임회사는 상대적으로 규제가 약하고 자율성이 크다. 외부 신뢰 확보가 필요한 기업인지, 내부 유연성이 중요한 사업인지에 따라 기준이 달라진다.

설립과 유지 비용도 무시할 수 없다. 주식회사는 설립 시 공증, 등록세, 회계 감사 등 비용이 크고, 개인사업자나 합자회사는 비용이 적고 절차도 간단하다. 자금 여력과 운영 규모에 맞는 구조를 선택해야 한다.

기업의 생존력도 구조에 따라 달라진다. 개인사업자는 대표자가 사망하거나 은퇴하면 자동 해산되지만, 법인 구조는 대표가 바뀌어도 사업은 그대로 존속한다. 장기 브랜드 구축이나 세대 간 사업 승계를 생각한다면 법인이 더 유리하다.

정보 보호와 경영 익명성도 중요한 고려 사항이다. 주식회사는 정보를 많이 공개해야 하지만, 유한책임회사나 합자회사는 익명성과 비공개 유지가 더 쉽다. 외부 노출을 최소화하고 싶은 경우 이 점도 전략적 고려 대상이다.

마지막으로 철수 전략이다. 주식회사는 지분 유동성이 높아 투자자에게 유리하다. 반면 유한책임회사나 합자회사는 지분 매각이나 구조 변경이 까다로워 엑시트 전략이 불분명한 경우가 많다.

최적의 법적 구조는 지금의 조건이 아니라 앞으로의 전략, 자본 계획, 리스크 감수 수준, 경영 스타일, 시장 진입 방식 등 전체 그림을 보고 정해야 한다. 유연한 운영이 필요하면 무한 책임 구조가, 자산 보호가 중요하면 유한 책임 구조가 맞을 수 있다. 핵심은 '현재의 간편함'이 아니라 '미래의 지속 가능성'이다.

개인사업자

개인사업자(Sole Proprietorship)는 가장 단순한 형태의 사업 구조다. 법인격이 없기 때문에 사업자와 소유주가 법적으로 동일한 주체로 취급되며, 모든 채무와 책임도 전적으로 소유주에게 귀속된다. 사업자 등록만 하면 바로 시작할 수 있고, 절차도 간단해 초기 창업가들이 가장 많이 선택하는 형태다.

개인사업자는 다음과 같은 상황에서 유용하다.

- **소규모 창업.** 초기 자본이 적고 법적 위험이 낮은 소매업, 요식업, 서비스업 등
- **개인 서비스업.** 컨설팅, 프리랜서, 강의 등 1인 중심의 전문 서비스업
- **초기 테스트.** 법인 설립 전 아이템을 간단히 시험해 보려는 경우

다만, 장기적인 성장 가능성을 고려할 경우 유한 책임 구조로의 전환이 필요할 수 있다.

법적 책임

설립은 간단하다. 세무서에 사업자 등록을 신청하고 몇 가지 서류만 제출하면 바로 사업이 가능하다. 상호명도 별도 등록하면 사용할 수 있다.

수익과 손실은 전부 소유주 개인에게 귀속되며, 세금도 사업 소득으로 개인 소득세를 납부하면 된다. 회계나 세무 관리가 간편한 구조다.

문제는 무한 책임이다. 법인격이 없다는 건 곧, 사업이 곧 개인이라는 뜻이다. 사업에서 생긴 빚이나 법적 책임은 모두 개인이 감당해야 한다. 거래처와의 계약을 이행하지 못해 손해배상 소송이 걸리면, 예금이나 부동산 같은 개인 자산이 압류될 수 있다. 사업체와 소유주 사이에 법적 방어막이 없기 때문에, 사업 리스크가 그대로 개인 리스크로 이어진다.

개인사업자는 진입 장벽이 낮고 운영이 간편하다는 장점이 있지만, 재정적 위험까지 떠안는 구조라는 점을 명확히 인식해야 한다. 일정 규모 이상으로 성장하거나 외부 자본을 유치하려면, 유한 책임 구조로 전환하는 것을 고려할 필요가 있다.

세금 관리

개인사업자는 세법상 통과과세(Pass-Through) 대상이다. 즉, 사업에서 발생한 수익은 사업체가 아닌 소유주 개인의 소득으로 간주되어, 다른 소득과 합산해 개인 소득세로 납부하게 된다. 사업체가 따로 법인세를 내는 구조가 아니기 때문에, 세무상으로는 간편하지만 책임은 전적으로 개인에게 돌아간다.

국민연금, 건강보험 등 사회보험료도 사업자 본인이 직접 부담해야 하며, 부가가치세, 주민세 같은 기타 세금 역시 본인이 직접 신고하고 납부해야 한다. 사업자 등록번호는 세무 식별용으로 사용되지만, 법적으로는 사업체와 소유주가 분리된 주체가 아니다. 이는 사업에서 발생한 모든 채무나 법적 의무가 곧 소유주 본인의 책임이 된다는 뜻이다.

결과적으로, 수익이 나면 세금도 개인 이름으로 내야 하고, 손실이 발생하면 그 책임도 개인 자산으로 감당해야 한다. 사업과 개인 사이에 법적 장벽이 없기 때문에, 세무 리스크와 법적 리스크가 그대로 소유주에게 연결되는 구조다. 따라서 개인사업자는 절세나 신고의 목적 이외에도 철저한 재무 관리와 리스크 대비가 필요하다.

한계와 대안

개인사업자의 가장 큰 약점은 무한 책임 구조다. 사업 운영 중 발생한 모든 채무와 손실에 대해 소유주 개인이 전적으로 책임을 지며, 대출금을 갚지 못하면 주택, 예금, 은퇴 자금 같은 개인 자산이 압류될 수 있다. 이런 구조는 고위험 산업이나 초기 자본이 큰 스타트업과는 맞지 않는다. 예를 들어, IT 개발, 바이오테크, 금융 자문 같은 고위험·고자본 산업에서는 주식회사나 유한책임회사처럼 법적으로 자산 보호가 가능한 구조가 더 적합하다.

또 하나의 제약은 사업 운영 방식이다. 개인사업자는 오직 1인이 소유하고 운영하는 구조다. 누군가와 함께 사업을 하려면, 기존 개인사업자는 폐업 처리하고 새롭게 합명회사나 합자회사로 전환해야 한다. 소유권을 나눴다고 해서 공동사업이 되는 건 아니다. 이 과정에서는 등록과 세무 절차가 새롭게 요구된다.

사업이 성장하면서 외부 자금을 유치하거나 법적 리스크가 커지는 시점에는 유한책임회사나 주식회사로 전환하는 게 현실적인 대안이다. 유한 책임 구조는 투자자에게 법적 안정성을 제공하고, 소유주의 자산을 보호할 수 있다. 전환을 위해서는 기존 개인사업지 등록을 폐업한 후 새로운 법적 형태로 재등록해야 하며, 세무상 불이익이나 책임 승계 문제를 피하려면 사전 준비가 철저해야 한다. 성장 단계로 넘어가는 창업가라면 반드시 고려해야 할 전환 전략이다.

합명회사

합명회사(General Partnership)는 둘 이상의 개인이나 단체가 함께 사업을 운영하고, 수익과 손실을 공동으로 부담하는 구조다. 한국에서 합명회사를 설립하려면 반드시 정관을 작성하고 설립 등기 절차를 마쳐야 하며, 구두 합의나 수익 공유 약속만으로는 법적으로 성립되지 않는다. 공식적인 절차를 거쳐야만 법인격을 인정받을 수 있다.

법적 책임

합명회사의 가장 큰 특징은 무한 책임과 연대 책임이다. 모든 파트너는 지분 비율과 상관없이 회사의 채무와 법적 의무에 대해 무제한으로, 그리고 공동으로 책임을 진다. 예를 들어, 특정 파트너가 합명회사 이름으로 대출을 받았고 그 대출을 상환하지 못했을 경우, 다른 파트너들도 해당 채무에 대해 동일하게 변제 책임을 진다. 이 책임은 회사 자산에 한정되지 않고, 각 파트너의 개인 자산―예금, 부동산 등―까지 영향을 미칠 수 있다. 합명회사는 파트너 모두가 사업 결과에 대해 직접적이고 무제한적인 법적 책임을 지는 구조다. 이에 따라 개인 자산이 법적 분쟁에 노출될 가능성이 매우 높고, 그만큼 재정적 리스크도 크다.

세금 관리

합명회사는 통과과세 구조를 따른다. 법인 자체가 세금을 내지 않고, 사업에서 발생한 이익은 각 파트너의 지분율에 따라 나뉘어 개인 소득세로 과세된다. 예를 들어 순이익이 1억 원이고 파트너가 두 명이며 지분이 50%씩이라면, 각자 5천만 원의 소득을 본인의 소득세 신고서에 반영해 납부해야 한다.

문제는 이익이 실제로 분배되지 않아도 세금이 부과된다는 점이다. 이른바 '환상 소득(Phantom Income)' 현상이다. 이익이 유보되거나 재투자돼 파트너가 현금을 받지 못했더라도, 세금은 납부해야 한다. 테크 스타트업처럼 자본 유보가 많거나 현금 흐름이 불안정한 사업에서는 이 부담이 더욱 크다.

또한, 합명회사의 파트너는 국민연금과 건강보험 같은 사회보험료도 개인 자격으로 직접 부담해야 한다. 결과적으로 소득세 외에도 실질적인 세금 및 준조세 부담이 꽤 높아질 수 있다. 따라서 소득 배분 방식, 유보 이익 관리, 납세 전략 등에 대해 파트너 간 사전 합의가 필수적이다.

합명회사는 간결한 구조와 빠른 의사결정이 가능한 장점이 있지만, 무한 연대 책임과 과세상의 불이익을 고려하면 외부 투자나 고위험 산업에는 신중한 접근이 필요하다.

한계와 대안

합명회사는 계약서 없이도 설립이 가능하지만, 실제 사업을 운영하려면 서면 계약 체결이 사실상 필수에 가깝다. 아무런 계약 없이 공동사업을 시작하면, 모든 파트너가 동등한 권한과 책임을 지고, 이익과 손실도 균등하게 나누게 된다. 하지만 시간이 지나면서 기여도나 역할이 달라지면, 이런 균등 구조는 갈등의 원인이 된다.

따라서 다음 항목들을 포함한 계약서를 사전에 체결하는 것이 중요하다.
- 각 파트너의 기여도와 권한, 책임
- 이익 및 손실의 분배 비율
- 의사결정 방식과 승인 절차
- 파트너 추가·탈퇴 조건
- 사업 종료 시 자산 분배 방식

이런 계약은 운영 중 갈등을 줄이고, 책임과 역할을 명확히 구분해 준다. 문제가 생겼을 때도 대응 기준이 되어 법적 분쟁을 예방할 수 있다.

합명회사의 구조적 한계는 무엇보다 무한 책임에 있다.
- **개인 자산 노출.** 한 파트너의 실수나 법적 문제로 인해 다른 파트너의 자산까지 영향을 받을 수 있다.
- **복잡한 법적 절차.** 모든 의사결정과 소유가 공동이기 때문에, 이익 배분이나 파트너 탈퇴 등에서 충돌이 생기면 분쟁 해결이 복잡하고 비용도 많이 든다.
- **투자 유치의 어려움.** 무한 책임 구조는 외부 투자자에게 매력적이지 않기 때문에, 자본 조달에 한계가 생긴다.

이런 한계를 보완하는 대안으로는 유한책임회사 또는 유한책임조합이 있다. 이들 구조는 파트너의 책임을 출자금 한도로 제한해, 개인 자산이 법적 책임에 노출되지 않도록 보호한다. 유한 책임 구조는 투자자 입장에서 위험을 예측 가능하게 만들고, 법적 안정성을 높이기 때문에 자본 유치 측면에서도 훨씬 유리하다.

합자회사

합자회사(Limited Partnership)는 무한책임사원과 유한책임사원으로 구성되는 법적 사업 구조다. 경영을 책임지는 무한책임사원(General Partner)과 자본만 출자하는 유한책임사원(Limited Partner)을 분리해 역할을 명확히 나눈다. 설립을 위해선 반드시 정관을 작성하고 등기 절차를 거쳐야 하며, 단순 계약이나 구두 합의만으로는 성립되지 않는다.

법적 책임

무한책임사원은 회사의 운영을 주도하고 모든 의사결정을 내린다. 동시에 회사 채무에 대해 무제한 책임을 지며, 필요할 경우 개인 자산으로도 채무를 변제해야 한다. 반면 유한책임사원은 자본만 투자하고 경영에 관여하지 않는 조건 아래서 출자금 한도 내에서만 책임을 진다. 만약 유한책임사원이 경영에 실질적으로 관여하면, 법적으로 무한책임사원으로 간주돼 책임 범위가 확대될 수 있다.

이런 구조는 경영과 투자의 역할을 분리해 유연한 내부 운영이 가능하다는 장점이 있다. 특히 다음과 같은 분야에서 활용된다.

- **부동산 개발.** 무한책임사원이 프로젝트를 총괄하고, 유한책임사원이 자본을 투입해 리스크를 분산한다.
- **고위험 투자.** 영화 제작이나 신기술 개발처럼 불확실성이 큰 프로젝트에서 유한책임 구조를 통해 투자자의 리스크를 줄인다.
- **가족경영.** 특정 가족이 경영을 맡고, 나머지 가족 구성원이 자본을 출자하는 방식으로 상속과 자산 보호를 함께 고려한다.

합자회사는 내부 역할이 명확하고, 제한적이나마 유한책임 구조를 포함해 자본 유치에 유리한 측면이 있다. 하지만 주식회사나 유한책임회사에 비해 외부 자금 조달이나 성장 측면에서는 제약이 많고, 무한책임사원의 부담이 크다는 점이 한계로 작용한다.

세금 관리

합자회사는 법인격을 가진 사업체로서 법인세 과세 대상이다. 즉, 회사가 벌어들인 이익에 대해 법인세를 먼저 납부하고, 사원은 배당 등의 방식으로 수익을 분배받을 때 개인소득세를 낸다. 일반적으로는 통과과세 구조가 적용되지 않는다. 단, '동업기업 과세특례'를 적용받으면 법인 자체에는 세금이 부과되지 않고, 손익 분배 비율에 따라 각 사원이 소득세를 직접 부담하는 방식으로 전환할 수 있다.

무한책임사원이든 유한책임사원이든, 수익을 배당 형태로 받으면 그 금액은 소득세 과세 대상이 된다. 하여, 일정 수준의 이중과세가 발생할 수 있다. 다만 수익이 회사에 유보되거나 재투자될 경우, 사원이 직접 세금을 낼 의무는 없다. 수익 분배는 정관이나 별도의 계약서에 따라 사전에 정해진 조건에 따라 이루어진다.

한계 및 대안

합자회사의 핵심 구조는 사원의 책임 범위에 따라 역할을 나눈다는 데 있다. 우선, 무한책임사원은 경영 전반을 책임지고, 회사의 모든 법적·재무적 의무를 개인 자산까지 포함해 부담한다. 사업 실패나 소송 시 개인 재산이 위험해질 수 있다. 다음, 유한책임사원은 자본만 출자하며, 경영에 관여하지 않는 조건에서 출자금 한도로 책임이 제한된다. 하지만 경영에 실질적으로 개입할 경우 무한책임사원으로 간주돼 법적 보호를 잃게 된다.

이런 구조는 경영과 투자를 분리할 수 있다는 장점이 있지만, 설립 시에는 정관 작성과 등기 절차를 반드시 거쳐야 한다. 특히 각 사원의 지위와 역할, 책임 범위, 수익 분배 방식 등을 문서로 명확히 규정해야 하며, 그렇지 않으면 권한 충돌이나 이익 분배 관련 분쟁으로 이어질 수 있다. 계약서 작성은 형식적인 절차가 아니라 혹시 모를 사내 분쟁을 예방하는 핵심 장치다.

주식회사

주식회사(Corporation)는 자본을 주식 단위로 쪼개 여러 투자자에게 분산시키는 구조다. 상법에 따라 설립되는 대표적인 법적 사업 형태로, 투자자 유치에 유리하고 사업 확장성도 높다. 소유와 경영이 분리되며, 주주는 투자한 금액만큼만 책임을 지는 유한 책임 구조를 가진다. 이 말은 사업이 실패해도 개인 자산이 위험에 노출되지 않는다는 뜻이다.

이 구조는 자본 조달과 리스크 분산, 사업 지속성 측면에서 강력한 제도적 기반이 된다. 특히 테크 스타트업이나 외부 자본 유치를 고려하는 고성장 기업에게 적합하다.

주식회사는 크게 두 가지로 나뉜다.
- **비상장회사.** 주식을 공개적으로 거래하지 않는다. 소수의 투자자나 내부 구성원 중심으로 자본을 조달하며, 스타트업이나 가족 기업이

많이 선택한다. 공시의무가 적고, 경영 유연성이 크다는 장점이 있다.
- **상장회사.** 코스피나 코스닥 등 공개 시장에 주식을 상장한다. 누구나 주식을 사고팔 수 있기 때문에 대규모 자본 유치가 가능하고, 시장이 기업 가치를 직접 평가한다. 다만, 상장회사는 높은 수준의 투명성, 공시의무, 회계감사 등 강력한 규제를 따라야 한다.

요약하면, 주식회사는 투자자 보호와 자본 유연성을 동시에 추구할 수 있는 구조다. 특히 외부 투자를 고려하거나 빠르게 성장하려는 기업에게 최적화된 선택지다. 특히 테크 스타트업, 고성장 기업, 외부 투자 유치를 계획 중인 기업에 가장 널리 활용된다.

법적 책임

법적으로는 회사 자체가 하나의 독립된 인격체다. 사업 관련된 채무나 손해가 발생해도, 주주는 자신이 투자한 자본금 이상으로 책임지지 않는다. 이것이 주식회사의 핵심 구조인 '유한 책임'이다. 즉, 개인 자산은 법적 리스크로부터 보호된다. 주주는 자신이 보유한 주식 수에 비례해 의결권과 배당 청구권을 가진다. 경영에는 직접 참여하지 않고, 주주총회와 이사회를 통해 간접적으로 의견을 행사한다.

주식회사는 기본적으로 다음 네 가지 구성으로 이루어진다.
- **주주(Shareholders).** 회사의 소유자다. 주식 수에 따라 회사의 의사 결정에 영향을 미치고, 이익 배당을 받을 수 있다. 하지만 회사 경영은 이사회에 맡기며, 직접 개입하지 않는다.
- **이사회(Board of Directors).** 주주총회에서 선출된 이사들이 모여 회사의 큰 방향을 결정한다. 대표이사 임명, 전략 수립, 경영 감독이 이

들의 역할이다. 신탁 책임과 성실 의무를 지며, 회사의 책임성과 투명성을 관리하는 핵심 기구다.
- **임원(Officers).** 대표이사, 사장, CFO 등이 포함된다. 실제로 회사를 움직이는 조직이며, 이사회가 정한 전략을 실행에 옮긴다. 일반 직원과 달리 법적 책임과 보고 의무를 지며, 경영 성과에 대한 책임도 크다.
- **주주총회(Shareholders' Meeting).** 주식회사의 최고 의사결정 기구다. 이사회 구성, 합병, 해산, 정관 변경 등 핵심 사안을 최종 결정한다.

이처럼 주식회사는 소유와 경영을 분리함으로써 책임을 제한하고, 안정적인 지배구조를 구축할 수 있다. 결과적으로, 법적 리스크를 통제하면서도 외부 자본 유치를 적극적으로 추진할 수 있는 구조다.

설립 절차

주식회사를 설립하려면 법적으로 정해진 절차를 따라야 한다. 법인 설립 등기를 완료해야 비로소 독립된 법인격을 취득하고, 하나의 경제 주체로서 활동할 수 있다.

첫 단계는 정관 작성이다. 정관에는 회사의 목적, 이름, 본점 주소, 자본금, 발행할 주식 수, 주식 종류 등이 명시돼야 한다. 발기인이 2명 이상인 경우에는 공증을 통해 정관의 효력을 확보해야 한다. 정관은 회사의 헌법과 같은 문서다. 모든 주주와 경영진이 따라야 할 기본 규칙이 담겨 있다.

그다음은 발기인 모집과 주식 인수 단계다. 발기인은 회사 설립을 주도하는 역할을 하며, 정관을 작성하고 주식을 인수한 뒤 자본금을 납입한다. 발기인은 한 명만 있어도 설립이 가능하고, 이들이 주식 인수와 납입을 완료하면서 법인 설립이 구체화된다.

이후에는 설립 등기를 해야 한다. 관할 등기소에 정관, 주식 인수 증명서, 납입 증빙 자료, 인감증명서 등을 제출해야 하며, 등기가 마무리되면 법적으로 회사가 성립된다. 이 시점부터 회사는 독립된 법인이 된다.

마지막 단계는 세무서 사업자 등록이다. 법인세, 부가가치세 등 각종 세무 의무를 수행하기 위해 공식적인 사업자 지위를 등록해야 하며, 이를 통해 법적으로 인정받는 기업 활동을 시작할 수 있다. 이 모든 절차는 주식회사가 책임과 권리를 갖춘 독립된 경제 주체로 기능하게 만드는 법적 기반이다.

주요 특징

주식회사는 다른 사업 구조와 뚜렷하게 구분되는 네 가지 핵심 특징을 가진다.

첫째, 유한 책임 구조다. 주주는 회사가 지는 채무나 법적 분쟁에 대해 자신이 투자한 자본금까지만 책임진다. 회사가 파산해도 주주의 개인 자산까지는 손해를 보지 않는다. 이 구조는 투자자 입장에서 위험을 제한하는 안전장치다.

둘째, 지속성이다. 주식회사는 법적으로 독립된 인격체이기 때문에, 창업가나 CEO가 바뀌거나 주주가 지분을 넘겨도 회사는 그대로 존속한다. 이 구조는 장기적인 경영 안정성과 계획 수립에 유리하며, 특히 외부 자본 유치와 기업 가치 제고에도 강점이 있다.

셋째, 투자 유치가 용이하다. 주식을 발행해 외부 자본을 손쉽게 끌어들일 수 있고, 필요하면 기업공개(Initial Public Offering)를 통해 일반 투자자로부터도 자금을 조달할 수 있다. 소유와 경영이 분리된 구조 덕분에 경영권을 유지하면서도 다양한 투자자를 유치할 수 있는 유연성을 확보할 수 있다.

마지막으로, 이중과세(Double Taxation) 구조를 따른다. 회사는 벌어들인 이익에 대해 법인세를 먼저 내고, 그 이익을 주주에게 배당할 때 주주는 다시 배당소득세를 낸다. 같은 이익에 세금이 두 번 붙는 셈이다. 이는 분명한 단점이지만, 이익을 유보하거나 배당 정책을 조절함으로써 투자 매력을 유지할 수 있고, 장기적으로는 신뢰성과 자본 유연성에서 이점을 확보할 수 있다.

유지 관리

주식회사는 설립만으로 끝나지 않는다. 법적으로 독립된 법인격을 유지하려면 설립 이후에도 꾸준히 일정한 요건과 절차를 지켜야 한다. 이를 소홀히 하면 법인격이 부인되거나 '법인 베일(Corporate Veil)'이 무너져, 개인이 책임을 떠안게 될 수도 있다. 유한 책임을 지키기 위해서는 법적 형식을 지속적으로 유지하는 게 필수다.

주식회사가 법적 실체로서 지위를 유지하기 위해 따라야 할 기본 조건은 다음과 같다.

- **주주명부의 철저한 관리.** 주식이 발행되면, 주주의 이름, 보유 지분, 주식 이동 내역 등을 기록한 주주명부를 정확히 유지해야 한다. 이 명부는 지분 구조와 소유 관계를 명확히 정리하는 핵심 자료다.
- **정관 준수.** 정관은 회사의 운영 원칙을 담은 공식 문서다. 주식 발행, 이사 선임, 주주 권리, 의사결정 절차 등 모든 중요한 사안은 정관에 따라 진행해야 한다. 정관 변경도 주주총회의 의결을 거쳐야 한다.

- **정기 회의 개최와 회의록 보관.** 주주총회와 이사회는 정기적으로 개최해야 하며, 회의 결과는 모두 문서로 남겨야 한다. 회의록은 법적 분쟁이나 책임 소재를 따질 때 핵심 증거가 된다.
- **중대한 결정의 서면 문서화.** 합병, 자산 매각, 자본 증자 등 중요한 결정은 배경과 세부 내용을 담은 서면 결의안을 작성하고 정식 절차를 거쳐야 한다. 그래야 결정의 정당성과 투명성을 확보할 수 있다.
- **법인 자산과 개인 자산의 철저한 분리.** 법인 계좌를 따로 운영하고, 자산은 오직 사업 목적에만 써야 한다. 법인 돈을 임원이 개인 용도로 쓰거나 채무에 전용하면, 법인의 독립성이 부정되고 개인 책임이 뒤따를 수 있다.
- **실질적 자본금 유지.** 사업을 제대로 운영할 수 있는 자본금이 실제로 존재해야 한다. 명목상 자본금만 있고 실체가 없으면, 회사 자체가 법인으로 인정받지 못할 위험이 있다. 분쟁이 생기면 개인에게 책임이 넘어갈 수도 있다.

주식회사는 외부 자본 유치와 경영권 분리 같은 장점이 많은 구조지만, 이를 유지하려면 형식적 절차를 꾸준히 지켜야 한다. 조직적이고 일관된 관리 없이는, 주주의 책임 제한이라는 가장 큰 이점도 쉽게 무너질 수 있다.

유한책임회사

유한책임회사(Limited Liability Company)는 주식회사의 유한 책임 구조와 합자회사의 유연한 운영 방식을 결합한 법적 사업 구조다. 상법에 따라 설립되며, 법인격을 갖는 독립된 사업체로 운영된다. 소규모 기업, 가족회사, 스타트업처럼 경영 유연성과 자산 보호를 동시에 고려해야 하는 사업 모델에 적합하다.

유한책임회사는 법인과 비법인의 특성을 모두 지닌다. 설립 절차는 비교적 간단하고, 자본금 요건도 낮아 초기 창업가에게 부담이 적다. 복잡한 이사회나 주주총회 없이도 운영이 가능하고, 내부 계약만으로 경영 방침을 정할 수 있기 때문에 빠른 의사결정이 가능하다. 반면, 주식회사처럼 외부 투자자 유치를 위한 지분 거래나 대규모 자본 조달에는 한계가 있어, 성장 전략에 따라 구조 선택을 신중히 해야 한다.

법적 책임

유한책임회사는 설립 요건을 충족한 뒤 등기를 완료함으로써 법인격을 부여받는다. 설립자는 정관을 작성하고, 이를 바탕으로 조직 구조와 운영 방식을 설계한다. 소유주는 '사원(Member)'이라 불리며, 출자금 비율에 따라 지분을 보유한다. 사원의 책임은 출자금 한도 내로 제한되며, 법인의 채무나 분쟁이 발생하더라도 개인 자산은 보호된다.

주요 구성요소는 다음과 같다.

- **사원.** 유한책임회사의 소유자다. 일반적으로 경영에는 직접 참여하지 않지만, 사원 간 계약에 따라 경영 권한을 가질 수도 있다. 사원의 권리와 의무는 계약서에 명시되며, 출자 비율에 따라 지분과 수익이 분배된다.
- **경영진.** 사원 중 일부가 경영을 맡거나, 외부 전문가를 경영인으로 선임할 수 있다. 이사회가 필수는 아니며, 경영 방식은 사원 간 합의

에 따라 자율적으로 결정된다.
- **정관.** 유한책임회사의 설립과 대외적 효력은 정관에 기반한다. 사원 간 계약은 정관의 범위 내에서 경영 방식, 이익 배분, 의사결정 절차 등을 구체화한 내부 운영 계약이다.
- **사원 간 계약.** 회사 운영의 원칙을 정한 문서다.

유한책임회사는 독립된 법인으로서 모든 사업 활동의 주체가 된다. 따라서 채무 변제는 법인 자산으로 이뤄지며, 개인 자산은 법적으로 분리돼 보호받는다. 이 구조는 법적 리스크를 줄이고, 창업가와 투자자의 재무 안정성을 확보하는 데 핵심적인 역할을 한다. 경영 유연성과 법적 안전장치를 모두 고려해야 하는 스타트업에 실질적인 대안이 될 수 있는 구조다.

설립 절차

유한책임회사를 설립하려면 몇 가지 절차를 거쳐야 한다. 첫 단계는 정관 작성이다. 정관에는 회사의 목적, 상호, 본점 주소, 자본금 규모, 사원의 출자 비율 등이 명시돼야 하며, 이는 운영 규칙과 권한 구조를 명확히 정리하는 핵심 문서다. 정관은 회사 운영의 기준이자 사원 간 계약의 출발점이다.

그다음은 초기 사원과 사원 모집이다. 유한책임회사는 최소 1인의 사원만으로도 설립 가능하며, 설립 시 각 사원은 출자 비율에 따라 지분을 보유한다. 이들이 설립 과정을 주도하고, 초기 자본금을 마련하며, 사원 간 권리와 의무를 확정 짓는 역할을 맡는다.

이후 등기 절차를 완료해야 한다. 실립 등기는 관할 등기소에 정관, 인감 증명서, 자본금 납입 증빙 서류 등을 제출해 진행되며, 등기가 완료되면 유한책임회사는 법적으로 독립된 법인 지위를 갖는다.

마지막 단계는 사업자 등록이다. 세무서에 사업자 등록을 신청하면 법적으로 사업 활동이 가능한 기업으로 인정받게 된다. 이후부터는 각종 세금 신고, 고용 등록, 계약 체결 등 법적 활동이 가능해진다.

주요 특징

유한책임회사는 몇 가지 구조적 특징으로 주식회사와 차별화된다.

첫째, 유한 책임이다. 사원은 출자금 한도 내에서만 책임을 지며, 회사가 채무를 지더라도 개인 자산은 보호된다. 이는 경영 실패 시 리스크를 통제할 수 있는 구조다.

둘째, 경영 유연성이다. 유한책임회사는 주주총회나 이사회 개최 의무가 없고, 사원 간 계약에 따라 의사결정 방식을 자유롭게 설계할 수 있다. 변화가 빠른 시장 환경에서 기민하게 대응할 수 있는 구조다.

셋째, 세금 구조의 선택 가능성이다. 기본적으로는 법인세를 납부하지만, 사원 간 합의에 따라 통과과세를 선택할 수 있다. 이 경우, 수익과 손실이 사원에게 직접 분배되며, 개인 소득세로 신고하면 된다. 기업 상황에 맞게 세금 전략을 설계할 수 있는 장점이다.

넷째, 간단한 설립과 낮은 비용이다. 주식회사보다 절차가 간단하고 초기 비용이 적게 들어, 자본 여력이 부족한 초기 스타트업에 유리하다.

다섯째, 자본 조달의 제약이다. 유한책임회사는 주식을 발행할 수 없기에, 대규모 외부 자본 유치에는 한계가 있다. 사업이 성장하면서 자금 수요가 커지는 경우, 구조 전환이 필요할 수 있다.

유한책임회사는 법적 보호, 운영 유연성, 설립 용이성 측면에서 매력적인 구조지만, 자본 조달이나 외부 투자 유치에는 분명한 제약이 따른다.

따라서 사업의 규모와 성장 전략에 맞춰 구조를 선택해야 한다.

유한 책임 구조 간 비교하기

사업체의 법적 구조 선택은 자본 조달 전략과 기업의 성장 경로를 좌우하는 전략적 결정이다. 유한 책임 구조는 창업가의 개인 자산을 보호하면서도 외부 투자와 사업 확장을 도모할 수 있는 장점을 제공하지만, 각 형태마다 자본 조달 방식과 경영 통제 수준에서 뚜렷한 차이를 보인다.

자본 조달 측면

유한책임회사는 유연한 운영과 자산 보호에 초점을 둔 구조이고, 주식회사는 외부 자본 유치와 유동성에 최적화된 구조다. 사업의 단계, 자본 전략, 파트너 구성에 따라 이 두 가지 구조의 장단점을 명확히 비교해 선택해야 한다. 초기에는 유한책임회사로 시작해, 성장과 함께 주식회사로 전환하는 전략도 현실적인 대안이 될 수 있다.

- **대규모 자본 조달이 필요한 경우.** 벤처 캐피털, 사모펀드 등 다양한 외부 투자자를 유치하려면 주식회사가 가장 적합하다. 주식 발행을 통해 자본을 조달할 수 있고, 지분을 유동화할 수 있기 때문에 투자자의 입장에서도 유리하다. 상장을 통한 자본시장 접근성까지 확보할 수 있어, 장기적 자금 조달 전략에 효과적이다.

- **소규모 투자 및 전략적 제휴 중심.** 소규모 자본으로 출발하고, 전략적 파트너와의 유연한 협력이 필요한 경우에는 유한책임회사가 적합

하다. 사원 간 계약을 통해 지분 구조와 경영 참여를 자유롭게 설계할 수 있고, 외부 투자자 없이도 경영권과 자산 보호를 동시에 유지할 수 있다. 초기 스타트업이나 기술 기반 프로젝트에 실용적인 선택지다.

- **유동성 및 지분 구조의 유연성.** 주식회사는 주식이라는 명확한 자본 단위를 기준으로 지분을 거래할 수 있어 투자자 교체나 확장에 유리하다. 반면 유한책임회사는 지분 양도에 제한이 있어, 내부 합의 없이는 투자자의 유입·이탈이 어렵고, 자본 확장 속도도 상대적으로 느릴 수 있다. 빠른 성장과 다수 투자자의 참여를 염두에 둔다면 주식회사가 더 적합하다.

세금 측면

스타트업이 선택하는 법적 구조는 세금 체계에 직접적인 영향을 미친다. 같은 수익 구조라도 어떤 형태를 택하느냐에 따라 납세 방식, 이중과세 여부, 손실 처리 방식 등이 달라진다. 사업 초기의 손익 구조, 창업가의 소득 수준, 투자자 구성 등을 종합적으로 고려해 가장 효율적인 세금 구조를 선택하는 것이 중요하다.

- **주식회사.** 전형적인 이중과세 구조다. 회사가 벌어들인 이익에 대해 먼저 법인세를 납부하고, 그 이익을 주주에게 배당할 때 다시 배당소득세가 부과된다. 고수익 기업일수록 전체 세금 부담이 커지는 구조다. 다만 법인세율과 배당소득세율이 분리되어 있어, 세무 전략을 정교하게 설계하면 절세 여지는 있다.

- **유한책임회사.** 유한책임회사는 통과 과세를 선택할 수 있다. 회사 자체가 법인세를 내지 않고, 이익과 손실을 사원의 개인 소득세 신고에

반영하는 방식이다. 이 구조는 손실이 많이 발생하는 창업 초기에 세금 부담을 줄일 수 있으며, 사업 소득과 다른 소득을 통합 관리해 절세 전략을 수립하는 데 유리하다. 다만 사원 간 계약이나 과세 선택 방식에 따라 과세 구조가 달라질 수 있으므로, 사전 설계가 중요하다.

- **합자회사.** 합자회사는 구성원 유형에 따라 세금 구조가 달라진다. 무한책임사원은 일반적인 개인사업자처럼 사업 소득을 개인 소득세로 신고하며, 손익에 대해 직접 과세된다. 반면 유한책임사원은 경영에 참여하지 않는 조건하에서 출자 범위 내에서만 소득 분배를 받으며, 일정 조건에서 손실 상계가 제한된다. 특히 법인격 여부나 동업기업 과세특례 적용 여부에 따라 과세 방식이 달라질 수 있다.

주식회사는 성장성과 외부 투자 유치에 유리하지만, 이익 발생 시 세금 부담이 커질 수 있다. 유한책임회사는 과세 유연성과 초기 손실 활용에 강점이 있으며, 합자회사는 구성원별로 책임과 세금 구조를 분리해 전략적으로 활용할 수 있다. 스타트업의 재무 구조와 성장 계획에 맞춰 가장 합리적인 세금 체계를 설계하는 것이 핵심이다.

손익 배분 측면

사업체의 법적 구조는 이익과 손실을 어떤 방식으로 나누는지에 직접적인 영향을 미친다. 특히 스타트업처럼 초기 투자자나 핵심 인력에게 별도의 보상 구조가 필요한 경우, 지분 비율만으로 모든 것을 결정하지 않는 유연한 배분 방식이 중요한 전략이 될 수 있다. 법적 구조에 따라 손익 배분의 가능성과 제한은 다음과 같다.

- **주식회사.** 주식회사는 기본적으로 주주의 지분율에 따라 이익을 배

당한다. 배당금은 주주총회 승인 후 지급되며, 특정 주주에게만 차등 지급하거나 손실을 별도로 배분하는 것은 불가능하다. 배당 구조는 명확하지만 유연성이 떨어지기 때문에, 투자자에게 맞춤형 보상을 제공하기 어렵다.

- **유한책임회사.** 유한책임회사는 정관과 사원 간 계약을 통해 손익 배분 방식을 자유롭게 설정할 수 있다. 예를 들어, 경영에 참여하지 않는 투자자에게 일정 비율의 우선 수익을 보장하거나, 특정 사원의 기여도에 따라 추가 이익을 배분하는 등의 맞춤형 설계가 가능하다. 이 유연성은 초기 투자자와 핵심 인재를 설득하는 강력한 수단이 된다.
- **합자회사.** 합자회사는 무한 책임사원과 유한 책임사원 간의 법적 지위 차이에 따라 손익 배분 구조도 달라진다. 유한 책임사원은 통상 출자 비율에 따라 이익을 배분받지만, 무한 책임사원은 경영 참여 정도, 계약 조건 등에 따라 손익 배분 비율을 조정할 수 있다. 이러한 구조는 경영과 자본이 분리된 합자회사 특유의 장점이다.

손익 배분의 유연성이 필요한 경우 유한책임회사나 합자회사가 유리하며, 주식회사는 표준화된 지분 기반 배분 구조로 인해 일정한 제한이 따른다. 스타트업의 초기 설계 단계에서 기여도 기반 보상, 위험 보정 수익 설계, 성과 연동형 인센티브 등을 고려한다면, 법적 구조 선택에 있어 손익 배분의 유연성을 전략적 기준으로 삼아야 한다.

규제 부담 측면

법적 구조에 따라 기업이 부담해야 하는 규제와 행정 절차는 크게 달라진다. 특히 스타트업의 경우, 규제 부담은 의사결정 속도와 자율성, 관리

비용에 직접적인 영향을 미친다. 각 구조의 특징은 다음과 같다.

- **주식회사.** 가장 엄격한 규제를 받는 구조다. 정기 주주총회 개최, 이사회 구성, 감사 선임 등이 법적으로 요구되며, 그 절차와 문서화 기준도 까다롭다. 비상장 기업이라 하더라도 일정 규모 이상이면 외부 감사 대상이 될 수 있고, 상장기업의 경우에는 공시 의무, 회계 투명성, 주주보호 규정 등 다양한 법적 요건이 추가된다. 이러한 구조는 신뢰성과 투명성 확보에는 유리하지만, 관리 비용과 운영 복잡성이 크다는 단점이 있다.
- **유한책임회사.** 이사회나 주주총회 같은 법적 의무 구조가 없고, 사원 간 계약에 따라 경영 방식을 자유롭게 설정할 수 있다. 경영 방침, 이익 분배, 지분 이동 등 대부분의 결정이 내부 합의로 이루어지기 때문에, 규제 부담이 적고 의사결정 속도가 빠르다. 다만 일정 규모 이상으로 성장하거나 외부에서 대규모 자본을 유치하려 할 경우, 증권 관련 법률이나 투자자 보호 규정에 의해 일부 규제를 적용받을 수 있다.
- **합자회사.** 합자회사는 법적 절차상 복잡한 요건은 없지만, 무한책임사원과 유한책임사원의 법적 권한과 책임 구분이 명확해야 한다. 특히 유한책임사원이 경영에 관여할 경우, 법적으로 무한책임사원으로 전환될 수 있기 때문에 계약서 작성과 역할 구분이 중요하다. 외부 공개나 공시 의무는 거의 없고, 가족 경영이나 한정된 프로젝트 단위로 활용되는 경우가 많아 실무 운영 측면에서의 규제 부담은 낮은 편이다.

주식회사는 높은 수준의 규제와 법적 형식을 요구하지만, 외부 투자와 신뢰 확보에 유리하다. 유한책임회사는 규제 부담이 낮고 운영 자율성이 높으며, 합자회사는 법률상 유연하지만 파트너 간 관계 설계에 세심한 주의가 필요하다. 스타트업이 빠른 실행력과 자율성을 중시한다면, 초기에 규제 부담이 적은 구조를 선택하고, 성장 단계에서 점진적으로 구조를 전환하는 방식도 유효한 전략이 될 수 있다.

지분의 유형과 특성

지분은 기업의 소유권을 나타내는 기본 단위이며, 법적 구조에 따라 그 명칭과 성격, 배분 방식이 달라진다. 합자회사, 합명회사, 유한책임회사, 유한기업, 주식회사 등 각 구조별로 지분은 서로 다른 규칙과 권리를 수반한다.

합명회사와 합자회사에서는 지분이 '출자 지분' 형태로 표현되며, 구성원이 출자한 비율에 따라 소유권과 이익 배분 권한이 결정된다. 유한기업과 유한책임회사 역시 출자금에 따라 지분이 배분되지만, 지분 양도나 외부 투자 유치는 주주총회나 사원 간 계약으로 제한될 수 있다.

주식

주식회사의 지분은 주식(Corporate Stock)이라는 법적 증서로 표현된다. 이는 기업 소유권의 단위이자 투자자의 권리와 책임을 나타낸다. 주식 수에 따라 의결권, 배당 권한, 잔여 재산 청구권 등이 배분된다. 예를 들어 총 10,000주 중 2,000주를 보유한 주주는 전체 지분의 20%를 보유한 것으로 간주된다.

주식회사는 성장 전략에 따라 인가된 최대 주식 수를 정관에 명시하고,

필요에 따라 일부만 발행한다. 발행되지 않은 주식은 미발행 주식(Unissued Shares)이라 부르며, 향후 투자 유치나 스톡옵션 발행 등 전략적 목적으로 활용된다. 반면, 이미 발행되었다가 다시 기업이 매입한 주식은 자사주(Treasury Stock)라 하며, 자본 구조 조정이나 지배력 확보 수단으로 사용된다.

주식은 보통주(Common Stock)와 우선주(Preferred Stock)로 구분된다. 보통주는 의결권과 배당권을 모두 가지며, 우선주는 배당이나 잔여재산 분배에 있어 우선순위를 갖지만, 의결권은 제한될 수 있다. 투자 단계별로 시리즈 A, B 등 다양한 우선주가 발행되며, 투자자의 리스크를 줄이고 수익을 보호하기 위한 맞춤형 권리(전환권, 상환권, 희석방지조항 등)가 포함된다.

비상장 주식회사는 지분의 무분별한 외부 이동을 방지하기 위해 다음과 같은 통제 장치를 활용할 수 있다.

- **양도 제한 조항.** 주식 양도 시 기업이나 기존 주주의 사전 동의를 요구하며, 정관이나 주주 간 계약서에 명시된다.
- **매수-매도 옵션.** 특정 조건(예. 사망, 퇴사, 파산 등)에서 주식을 매입하거나 매도하도록 강제할 수 있는 권리를 설정한다.
- **우선 매수권.** 주주가 외부에 주식을 매각하려 할 때, 기존 주주나 기업이 먼저 해당 주식을 매입할 수 있는 권한을 가진다.

이러한 지분 설계는 소유권을 나누는 것을 넘어, 경영권 보호, 투자자 이해관계 조율, 성장 전략 실행의 핵심 수단이다. 특히 비상장 스타트업은 지분을 인재 확보, 전략적 제휴, 투자 유치 등 다양한 목적으로 활용하므로, 지분 구조의 유연성과 안정성 모두를 고려한 설계가 요구된다.

보통주

보통주는 주식기업의 기본적인 지분 단위로, 기업의 소유권과 의결권, 이익 분배 권리를 포함한 가장 일반적인 주식 형태다. 스타트업은 창업 초기 보통주를 중심으로 지분 구조를 설계하고, 이후 투자 유치 단계에서 우선주를 발행함으로써 자본을 확충하고 경영권을 조정해 나간다.

보통주는 청산 시 자산 분배 순위에서 가장 뒤에 놓인다. 채권자와 우선주 주주가 먼저 자산을 배분받은 이후, 남은 잔여 자산이 있을 경우에만 보통주 주주에게 배분된다. 이에 따라 손실 리스크는 크지만, 반대로 기업이 빠르게 성장하거나 상장에 성공할 경우 보통주의 가치 상승 가능성은 크다.

보통주의 핵심 특성은 다음과 같다.

- **의결권.** 보통주는 일반적으로 주당 1표의 의결권을 가진다. 이를 통해 이사 선출, 합병, 정관 변경 등 주요 경영 사안에 참여할 수 있다. 일부 기업은 경영권 유지를 위해 비의결권 보통주를 별도로 발행하기도 하며, 이는 유동성을 높이는 수단으로 활용된다. 또, 창업가 보호를 위해 차등 의결권 구조를 설정하는 경우도 있으며, 이 경우 특정 주주는 1주당 복수의 표를 행사할 수 있다.

- **배당금.** 보통주 주주는 이익 발생 시 배당을 받을 수 있지만, 이는 법적 권리가 아닌 기업 이사회의 결정 사항이다. 특히 우선주가 존재하는 경우, 보통주는 우선주에 배당이 지급된 후 잔여 이익이 있을 때만 배당을 받을 수 있다. 이 구조는 보통주의 배당 안정성을 낮추지만, 대신 자본 이득의 잠재력이 높다.

- **가치 변동.** 기업이 성공적으로 성장하거나 상장에 이르면 보통주의 시장 가치는 크게 상승할 수 있다. 특히 초기에 낮은 가격으로 보통주

를 보유한 창업가와 초기 투자자들은 기업 가치 상승의 직접적인 수혜를 받을 수 있다. 반면, 실적 부진이나 시장 불안정 시 주식 가치가 하락하거나 무가치화될 위험도 함께 존재한다.

보통주는 대부분의 스타트업에서 창업가, 공동 창업가, 초기 인재, 자문가에게 제공되는 기본 지분 단위다. 이후 외부 투자가 진행되면 우선주의 권리와 조건이 추가되면서, 초기 보통주 주주는 의결권을 통해 경영권을 방어하거나 투자자와의 이해관계를 조정하는 역할을 하게 된다. 이 과정에서 지분 희석, 경영권 분산, 투자자 요구사항 등을 고려해, 비의결권 주식이나 차등 의결권 주식 같은 구조적 대응 전략을 병행할 필요가 있다.

우선주

우선주는 보통주와 달리 일정한 우선적 권리를 부여받은 주식 형태다. 고정 배당과 청산 우선권을 통해 투자 안정성을 확보할 수 있도록 설계되며, 경영 참여보다는 수익 보호에 중점을 둔 투자 수단으로 활용된다. 특히 스타트업이나 고위험 산업에서는 초기 투자자 보호와 경영권 방어를 동시에 달성하기 위한 핵심 전략으로 자주 사용된다.

우선주의 주요 특징은 다음과 같다.

- **고정 배당.** 우선주는 사전에 정해진 비율로 배당금을 받는다. 기업의 수익 상황에 상관없이 일정 수준의 배당이 약속된 경우가 많으며, 이는 안정적인 수익을 선호하는 투자자에게 매력적이다.
- **청산 우선권.** 기업이 청산되거나 매각될 경우, 우선주 주주는 보통주보다 우선해 잔여 자산을 분배받는다. 이에 따라 투자금 회수 가능성이 높아져 리스크 헷지 수단으로 기능한다.

- **의결권 제한 혹은 조건부 부여.** 대부분의 우선주는 의결권이 없거나 제한적이다. 투자자는 배당과 자산 분배에 우선권을 갖는 대신, 경영 결정에 직접 관여하지 않는다. 다만, 배당 미지급 누적과 같은 일정 조건하에서 의결권이 회복되는 조항이 포함되기도 한다.
- **누적 배당.** 특정 우선주는 배당이 미지급될 경우, 이후 회계 연도에 누적 배당금이 합산되어 지급된다. 예컨대 5% 고정 배당 우선주가 2년간 배당을 받지 못했다면, 3년째에는 총 15%의 누적 배당이 지급되는 방식이다.

우선주는 상법상 유연하게 설계할 수 있는 구조다. 스타트업은 초기 투자자에게 일정 수준의 보장을 제공하면서, 창업가의 지분 희석과 경영권 분산을 최소화할 수 있다는 점에서 우선주를 전략적으로 활용한다. 대표적인 형태로는 다음이 있다.

- **상환 우선주.** 일정 기간 이후 기업이 투자자에게 우선주를 정해진 가격에 다시 매입할 수 있는 구조다. 투자자는 투자금 회수 시점을 명확히 할 수 있고, 기업은 장기적 주주 구성 전략을 유연하게 조정할 수 있다.
- **전환 우선주.** 일정 조건에서 우선주를 보통주로 전환할 수 있는 권리가 부여된다. 기업 가치가 일정 수준 이상 상승하거나, 상장 등 특정 이벤트가 발생했을 때 전환권이 행사된다. 이는 투자자에게 성장성과 유동성 확보라는 추가 옵션을 제공한다.

이처럼 우선주는 투자자 보호와 기업의 경영권 유지라는 상반된 요구를 조율할 수 있는 전략적 도구다. 특히 스타트업의 경우, 초기에 보통주 기반으로 출발한 뒤 시리즈 A, B 등의 투자 단계에서 다양한 우선주 시리즈를 설계함으로써, 자본 유치와 경영권 방어를 동시에 추진할 수 있다. 구조 설계의 정교함은 투자 협상력과 성장 전략 실행력 모두에 결정적 영향을 미친다.

우선주 배당

우선주는 배당과 청산에서 보통주보다 우선권을 가지며, 그 배당 방식에 따라 투자자에게 제공하는 수익 안정성과 리스크 수준이 달라진다. 특히 우선주는 누적 우선주와 비누적 우선주로 구분되며, 이 두 유형은 배당 지급이 누락되었을 때의 처리 방식에서 중요한 차이를 보인다.

누적 우선주(Cumulative Preferred Stock)는 일정 기간 배당금이 지급되지 않았더라도, 미지급 금액이 누적되어 이후에 먼저 지급받을 수 있는 권리를 가진다. 예를 들어, 연간 5% 배당이 정해진 누적 우선주를 보유한 투자자가 2년 동안 배당을 받지 못했다면, 3년째에는 총 15%의 누적 배당을 수령할 수 있다. 이러한 배당 우선권은 보통주나 다른 하위 등급의 주주보다 선순위로 적용되며, 기업 청산 시에도 우선 배분 대상이 된다. 누적 우선주는 수익의 연속성을 확보하고, 배당 불확실성이 있는 상황에서도 투자자의 손실을 최소화할 수 있는 장치를 제공한다.

비누적 우선주(Non-Cumulative Preferred Stock)는 일정 회계연도에 배당금이 지급되지 않더라도, 그 미지급분이 이후 회계연도로 이월되지 않는다. 즉, 해당 연도의 배당이 지급되지 않았다면, 그 배당은 소멸하며 투자자는 이후 이를 회수할 수 없다. 이에 따라 비누적 우선주는 투자자 보호 수준이 낮은 편에 속하지만, 그만큼 상대적으로 높은 배당 수익률이나 의결권, 전환권 등 추가적인 보상 조건이 붙는 경우가 많다. 그렇지만, 배당이 실시될 경우에는 여전히 보통주보다 우선적으로 배당금을 수령할 수 있는 권리가 있다.

누적 우선주와 비누적 우선주는 기업이 설정하는 배당 정책에 따라 투자자에게 서로 다른 리스크-리턴 구조를 제공한다. 누적 우선주는 안정성을 중시하는 투자자에게 적합하고, 비누적 우선주는 더 높은 기대 수익이나 유연한 경영 전략을 선호하는 투자자에게 매력적일 수 있다. 따라서 기업과 투자자 모두 자신에게 적합한 배당 구조를 사전에 명확히 인지하고 계약 조건을 설계하는 것이 중요하다.

전환 우선주

전환 우선주(Convertible Preferred Stock)는 일정 조건하에서 보통주로 전환할 수 있는 권리가 부여된 우선주다. 투자자에게는 고정 배당과 청산 우선권이라는 안정성과 함께, 기업 성장에 따른 자본 이득까지 기대할 수 있는 유연한 투자 수단으로 작동한다. 반대로 기업 입장에서는 경영권 희석을 최소화하면서도 초기 자금을 유치할 수 있는 전략적 도구로 활용된다.

전환 우선주의 전환은 보통 특정 이벤트 발생 시 자동 또는 선택적으로 실행된다. 대표적인 조건으로는 IPO, 다음 투자 라운드의 유치, 일정 기업 가치 도달, 인수합병(M&A) 발생 등이 있다. 투자자와 기업은 투자 계약 단계에서 이러한 조건을 사전에 명확히 설정하며, 이는 기업의 성장 전략과 투자자의 회수 전략에 따라 달라진다.

전환 비율은 우선주 1주가 보통주 몇 주로 전환될지를 정하는 기준이다. 예를 들어 1.2의 전환 비율이 설정되어 있다면, 우선주 1주가 보통주 2주로 바뀐다. 이 비율은 보통 투자 당시 보통주의 가치와 우신주의 발행가를 기준으로 산정되며, 향후 주가 상승에 따른 투자자 이익 실현을 가능하게 만든다. 전환 비율에는 종종 희석 방지 조항(anti-dilution protection)이 포함되어, 후속 투자 라운드에서 주가가 하락할 경우 투자자의 지분 가치를 보호한다.

전환 우선주는 보통 고정 배당과 청산 우선권이라는 방어 장치를 먼저 확보한 상태에서, 이후 기업이 성장하면 보통주 전환을 통해 성장 이익까지 누릴 수 있도록 설계된다. 이는 '하방 보호와 상방 참여'를 동시에 갖춘 구조로, 벤처 투자에서 자주 활용된다.

스타트업 입장에서는 전환 우선주를 통해 초기 투자자의 리스크를 최소화하면서도, 후속 투자와 기업 가치를 연동한 유연한 자본 전략을 설계할 수 있다. 반면 투자자는 하방 리스크를 통제하면서도, 기업의 고성장 가능성에 따른 수익 기회를 놓치지 않을 수 있다는 점에서 매력적이다.

참여 우선주

참여 우선주(Participating Preferred Stock)는 고정 배당과 청산 우선권이라는 우선주의 기본적 권리에 더해, 일정 조건 하에 보통주와 함께 추가 이익 배분에 참여할 수 있는 권리가 부여된 주식이다. 안정적인 수익성과 기업 성과에 따른 성장 수익을 동시에 확보할 수 있어, 투자자에게 매력적인 조건을 제공한다.

참여 우선주 보유자는 기업이 청산되거나 매각될 경우, 먼저 고정된 청산 우선권 금액을 수령한다. 그 이후 남은 자산이 있을 경우, 보통주 주주와 동일한 조건으로 잔여 자산 분배에 참여할 수 있다. 예를 들어, 1배 청산 우선권이 설정된 참여 우선주 보유자는 투자금 전액을 우선 회수한 뒤,

잔여 자산이 있다면 지분율에 따라 보통주와 함께 추가 분배를 받는다. 이는 청산 시 기업 가치가 높게 평가될수록 참여 우선주 투자자에게 큰 수익을 제공한다.

그리고 참여 우선주는 연 5~8% 수준의 고정 배당을 보장받는 동시에, 기업이 수익을 창출할 경우 보통주와 함께 잉여 이익 배분에도 참여할 수 있다. 예컨대 연 5% 고정 배당 외에도 일정 기준 이상의 순이익이 발생하면, 해당 초과분을 보통주와 동일한 방식으로 나눌 수 있다. 이 구조는 '안정적인 현금 흐름 확보'와 '성과 연동 수익 기대'라는 두 가지 목표를 동시에 달성할 수 있도록 설계된다.

참여 우선주는 일반 우선주보다 투자자에게 더 유리한 조건을 제공하며, 특히 고성장 가능성이 있는 스타트업이나 M&A 가능성이 높은 기업에 투자할 때 그 수익성이 극대화된다. 반면, 창업가 입장에서는 청산 시 배분 대상이 확대되기 때문에, 경영권 방어 및 보통주 수익 분배 측면에서 구조적 부담이 커질 수 있다. 이러한 이유로 많은 스타트업은 참여 우선주에 '상한 제한(cap)'을 설정하거나, 조건부 전환 구조를 병행해 리스크를 통제한다.

의결권

우선주는 기본적으로 안정적인 배당 수익을 제공하는 대가로, 기업의 경영에 직접 관여할 수 있는 의결권이 제한되거나 부여되지 않는 구조다. 이는 창업가나 경영진이 외부 투자자의 영향력으로부터 독립성을 유지하고, 전략적 일관성을 확보할 수 있도록 설계된 방식이다.

보통주는 주당 1표의 의결권을 가지며, 주주총회를 통해 이사회 구성,

정관 변경, 합병 등 주요 경영 의사결정에 참여한다. 반면 우선주는 일반적으로 의결권이 부여되지 않으며, 경영 참여보다는 배당과 청산 우선권 같은 재무적 권리를 중심으로 설계된다.

일부 우선주는 특정 조건 발생 시 의결권이 부여되는 '조건부 의결권'을 포함한다. 대표적인 조건은 일정 기간 이상 배당이 미지급되는 경우나, 경영권에 중대한 변동이 발생하는 경우다. 예를 들어 2년 이상 배당이 지급되지 않으면, 우선주 주주에게 이사회 선임에 참여할 권리가 부여되는 구조다. 이는 투자자의 권리 침해를 방지하기 위한 일종의 보호 장치다.

한국 상법은 일반적으로 차등 의결권을 인정하지 않지만, 비상장 회사의 경우 일정 범위 내에서 주당 다수 의결권 부여가 가능하다. 특히 스타트업이나 패밀리 비즈니스에서는 창업가 지분율은 낮지만, 경영권은 유지하고자 할 때 이 구조를 활용한다. 다만 이는 명문화된 주주 간 계약이나 정관을 통해 설정되며, 외부 투자자의 동의가 필요한 경우가 많다.

우선주의 의결권 구조는 '배당과 안정성'에 집중할 것인지, '경영 참여와 통제력'까지 확장할 것인지에 따라 유연하게 설계된다. 스타트업이 외부 자본을 유치하면서도 경영권을 방어하고자 할 때, 의결권이 제한된 우선주는 매우 효과적인 수단이 된다. 반면 투자자 입장에서는 조건부 의결권을 통해 일정 수준 이상의 방어 장치를 확보하는 것이 관건이다.

창업가 주식

창업가 주식(Founder's Stock)은 기업 설립 초기에 창업가에게 부여되는 보통주로, 자본 외 아이디어, 기술, 네트워크, 노동 등의 기여에 대한 대가로 발행된다. 이는 향후 경영권 구조 설계, 투자 유치 전략, 인재 확보, 세무 계획 등 스타트업의 핵심 구조를 정의하는 출발점이 된다. 창업가 주식은 일반적으로 보통주 형태로 발행되며, 의결권과 배당 권리를 포함한다. 외부 투자자에게는 주로 우선주가 발행되기 때문에, 구조상으로 명확히 구분되며, 창업가의 경영권을 보호하기 위한 장치는 주식 자체가 아닌 정관 또는 주주 간 계약을 통해 설정된다.

최근에는 상법 개정을 통해 복수의결권 제도가 도입되면서, 일정 요건을 충족하는 비상장 스타트업·스타트업의 창업가가 주당 복수의 의결권을 보유할 수 있게 되었다. 이를 통해 창업가는 소수 지분만으로도 경영권을 방어할 수 있으며, 동시에 외부 투자도 유치할 수 있는 유연한 지배구조를 설계할 수 있다. 이러한 복수의결권 구조는 창업가 보호를 위한 법적 제도 장치로 기능하며, 특히 지분 희석 없이 지배력을 유지하고자 하는 창업가에게 실질적인 대안이 된다.

창업가 주식에는 종종 귀속 요건(Vesting)이 설정된다. 이는 창업가나 초기 인재가 일정 기간 회사에 기여해야만 주식 소유권이 확정되도록 설계된 구조다. 일반적으로 4년의 귀속 기간과 1년 유예 조건(1년 후 25% 귀속, 이후 매월 또는 분기별로 나머지 분할 귀속)이 적용되며, 이는 창업가의 장기적 기여를 유도하고, 투자자에게도 핵심 인력의 이탈을 방지할 수 있는 보호 장치를 제공한다.

세무 측면에서 창업가 주식은 다양한 이슈를 동반한다. 창업가가 무상 또는 저가로 주식을 취득한 경우, 해당 주식의 공정시장가치와 취득가액의 차액에 대해 근로소득 또는 기타소득으로 과세될 수 있으며, 특히 귀속 조건이 있는 경우 '조건부 권리'로 간주되어 귀속 시점에 과세가 이루어진다. 이때 주식 가치가 크게 상승해 있으면 현금 흐름이 없는 상황에서도 과세가 발생해 세금 부담이 커질 수 있다. 또한, 창업가가 보유한 주식을 매각해 차익이 발생하면 양도소득세가 부과되며, 2024년 이후 금융투자소득세 체계 적용 여부에 따라 과세 구조가 달라질 수 있다. 다만, 일정 요건을 충족하는 경우 스타트업·스타트업 주식에 대한 세제특례를 적용받을 수 있으므로, 초기 설계 단계에서 세무 전문가의 조언을 받는 것이 필수적이다.

이와 더불어 창업가 주식에는 동반매도권(tag-along), 우선매수권, 지분 이전 제한 등 특정 계약 기반 권리가 부여될 수 있다. 이는 외부 투자자와의 협상을 통해 정관 또는 주주 간 계약에 명시되며, 창업가의 지분 희석이나 지분 구조 변경을 방지하고 협상력을 확보하는 수단으로 활용된다. 다만, 청산 우선권이나 전환권과 같은 전형적인 우선주 권리는 보통주 형태의 창업가 주식에는 일반적으로 포함되지 않으며, 필요 시 유사한 효과를 계약 조건으로 대체 설계하는 방식이 주로 사용된다.

창업가 주식은 스타트업의 핵심 설계 도구이자, 향후 성장 경로를 설계하는 전략적 수단이다. 주식의 구조와 권리는 소유를 넘어, 창업가의 역할 지속 여부, 투자자와의 관계 설정, 장기적 경영권 유지까지 결정짓는 기반이 된다. 따라서 창업가는 단기적 보상 수단으로서가 아닌, 기업 전체 설계의 중심 축으로 창업가 주식을 다루어야 한다.

자본 조달

스타트업은 빠른 성장과 시장 확장을 위해 외부 자본 유치가 필수적이다. 초기에는 창업가 본인의 자금이나 가까운 관계에서 조달한 소규모 자금으로 시작하지만, 제품 개발, 팀 확장, 마케팅 등 사업 규모가 커질수록 외부 자금의 역할은 더욱 커진다. 스타트업의 자본 조달 방식은 크게 부채 금융(Debt Financing)과 지분 금융(Equity Financing)으로 나뉜다.

부채 금융은 자금을 빌린 뒤, 원금과 이자를 상환하는 방식이다. 대표적으로 은행 대출, 정부 보증 대출, 채권 발행 등이 있다.

- **대출 및 이자 상환.** 기업은 대출 기관과 약정된 조건에 따라 원금과 이자를 정기적으로 갚아야 한다. 성공 여부와 무관하게 이자 지급 의무가 존재하므로, 현금 흐름에 압박을 줄 수 있다.
- **담보 요구.** 초기 스타트업은 신용이 부족해 담보를 요구받는 경우가 많다. 때로는 창업가의 개인 자산이 담보로 설정되며, 상환 불이행 시 해당 자산이 회수될 수 있다.
- **경영권 유지.** 부채는 지분을 넘기지 않고 자금을 유치하는 방식이므로, 창업가는 경영권을 유지할 수 있다. 이 점은 외부 간섭 없이 독립적인 의사결정을 원할 때 강점이 된다.

부채 금융은 일정 기간 이후 모든 채무를 청산하면 관계가 종료되며, 이후 수익 배분 의무도 없다. 그러나 불안정한 수익 구조를 가진 초기 단계 스타트업에 높은 상환 부담이 단점으로 작용할 수 있다.

지분 금융은 기업이 투자자에게 주식이나 지분을 발행해 자본을 유치하는 방식이다. 투자자는 일정 지분을 확보하며, 기업의 주주가 된다.

- **소유권 분배.** 투자자는 기업의 일정 지분을 확보하고, 주주로서 의결권과 수익 분배 권리를 가진다. 창업가의 지분율은 감소할 수 있으며, 이후 경영권 분산 가능성도 생긴다.
- **경영 참여.** 일부 투자자는 이사회 참여나 경영 자문 등 실질적인 경

영 참여를 요구한다. 특히 벤처 캐피털, 액셀러레이터 등은 전문성을 바탕으로 경영 개입의 강도가 높다.
- **배당 및 청산 우선권.** 수익 발생 시 배당을 받을 수 있고, 청산 시 자산 분배에서 우선권을 갖는 구조(우선주)가 활용된다. 이는 투자 리스크에 대한 보상으로 작동한다.
- **지분 희석.** 후속 투자 유치 시 기존 지분이 희석될 수 있으며, 창업가의 지배력이 약화될 수 있다. 희석 방지를 위해 다양한 계약 조항이 병행되기도 한다.

지분 금융은 상환 의무가 없고 현금 흐름에 부담을 주지 않아 장기 성장을 지향하는 기업에 적합하다. 반면, 지분이 분산됨에 따라 전략적 의사결정의 속도나 통제가 약화될 수 있어, 경영권 방어 전략이 병행되어야 한다.

스타트업의 자본 조달 전략은 기업의 성장 단계, 리스크 감수 수준, 경영권 구조, 현금 흐름 상황 등을 종합적으로 고려해 설계해야 한다. 자금 확보는 성장의 발판이 되지만, 조달 방식에 따라 사업 운영의 주도권과 구조적 안정성은 크게 달라질 수 있다.

초기 단계의 지분 배분

스타트업의 지분 구조는 설립 초기 단계에서 실질적으로 결정된다. 특히 공동 창업가가 둘 이상인 경우, 각자의 기여에 따라 지분을 배분하는 과정은 장기적인 협업 구조와 기업 운영의 방향을 설계하는 일이다. 이때 고려해야 할 것은 투자금 규모만이 아니다. 기술, 네트워크, 시간 투입, 명성 등 금전 외의 기여 요소들이 지분에 반영되어야 한다.

금전적 자본만으로 지분을 나눈다면, 5천만 원을 투자한 창업가 A와 1억 원을 투자한 창업가 B는 각각 33.3%와 66.7%의 지분을 보유하게 된다. 하지만 이런 단순 계산이 현실과 맞지 않는 경우가 많다. 예를 들어, 핵심 기술을 개발한 창업가가 자본은 투자하지 않았지만, 그 기술이 없으면 사업 자체가 성립되지 않는다면, 오히려 더 많은 지분을 요구할 수 있다. 반대로 강력한 영업 네트워크를 가진 창업가가 시장 개척의 중심이라면, 기술 창업가와 동일한 지분을 주장할 수도 있다.

초기 지분 배분 협상에서 고려해야 할 주요 요소는 다음과 같다.

- **기여의 중요성**. 해당 자원이나 역량이 사업의 본질적 성공 요건인지, 대체 불가능한지를 평가한다.
- **기여의 독창성**. 경쟁사와 차별화되는 핵심 자산인지, 타인이 쉽게 모방할 수 없는 독점적 가치를 갖는지 확인한다.
- **법적 보호 가능성**. 기술, 상표, 저작권 등 지식재산으로 등록 가능한 자산인지, 보호 장치가 존재하는지를 검토한다.
- **경험과 실적**. 업계 경력, 성공 경험, 네임밸류 등으로 창업의 신뢰도와 실행 가능성을 높이는 역할을 하는지 살핀다.
- **네트워크 기여**. 고객 확보, 자금 조달, 파트너십 등에서 중요한 인적 네트워크를 보유하고 있는지를 평가한다.
- **노력 자본**. 창업 이후 실제 시간과 에너지를 얼마나 투입할 것인지, 전업 여부와 책임 수준에 따라 기여 가치를 산정한다.

스타트업에서 창업가나 핵심 구성원이 금전이 아닌 방식으로 기여하는 경우, 그 기여가 기업의 성공 가능성을 높이는 핵심 요소로 평가되면 지분 분배 협상의 중심에 선다. 특히 기술 특허, 영업 네트워크, 브랜드 자산처럼 사업의 경쟁우위를 형성하거나 초기 성장에 직접 기여할 자원을 보유한 경우, 창업가는 자본을 내지 않더라도 높은 지분을 확보할 수 있다.

반면, 아이디어 수준의 단순 기여는 실질적 자산으로 인정되기 어렵고, 실현 가능성이 낮은 경우 지분 협상에서 불리한 위치에 놓일 수 있다. 이럴 때는 최소 기능 제품 출시, 투자 유치, 매출 목표 달성 등에서 특정 성과를 달성했을 때 추가 지분을 부여하는 조건부 계약 구조가 자주 활용된다.

스타트업은 핵심 인재 유치와 장기적 유지 전략으로 직원 스톡옵션(Employee Stock Options)을 활용한다. 스톡옵션은 특정 행사 가격에 일정 수의 주식을 매입할 수 있는 권리를 부여하며, 기업이 성장할수록 직원의 잠재 수익도 함께 커지도록 설계된다. 이는 인건비 부담을 줄이면서도, 성과에 기반한 보상을 통해 구성원의 몰입과 헌신을 끌어낼 수 있는 강력한 장치다.

대부분의 스톡옵션에는 귀속 조건이 붙는다. 예를 들어 4년 귀속 구조에서는 1년간 재직 시 25%가 귀속되고, 이후 매월 나머지 75%가 균등하게 귀속된다. 이는 단기 퇴사로 인한 조직 리스크를 줄이고, 장기적 기여를 유도하는 방식이다. 퇴사 시에는 귀속된 옵션만 행사할 수 있으며, 미귀속분은 소멸하거나 회사로 반환된다.

스톡옵션 계약에는 다음과 같은 핵심 조항이 포함된다.

- **양도 제한.** 옵션 행사 후 일정 기간 외부 매각을 제한해 지분 안정성을 확보한다.
- **우선 매수권.** 직원이 퇴사하거나 주식을 매도하려 할 경우, 회사가 먼저 매입할 수 있는 권리를 갖는다.

- **회수 조항.** 특정 사유(예. 기밀 유출, 해고 사유 발생 등) 발생 시 이미 행사된 주식이라도 회수할 수 있도록 규정한다.

스톡옵션 행사로 발생한 이익은 근로소득으로 처리하며, 행사 시점에 세금을 납부해야 한다. 특히 기업 가치가 크게 상승한 경우, 행사 차익이 커져 고세율의 종합소득세 구간에 진입할 수 있다. 이에 따라 옵션 행사 시기나 방법을 전략적으로 계획해야 한다. 일부 국가에서는 일정 요건을 충족하면 세제 혜택을 제공하기도 하지만, 한국에서는 근로소득세 과세가 기본이다.

스톡옵션은 현금이 부족한 스타트업이 우수 인재를 유치하고, 기업 성장의 성과를 구성원과 공유하는 데 매우 효과적인 제도다. 한편, 창업가 간 지분 협상에서 비금전적 기여는 전략적 기여도와 실행 가능성, 독점성 등을 기준으로 설계되어야 하며, 조건부 지분 계약을 통해 유연하게 조율할 수 있다.

핵심 정리

기업 설립은 단순한 행정 절차가 아니라, 지분 구조, 자본 조달, 책임 분담, 법적 보호 수준 등을 포함한 전략적 설계 행위다. 특히 스타트업 창업가는 누구와 어떤 자원으로 협력할지, 어떤 법적 구조를 선택할지, 자본 조달 방식을 어떻게 설계할지를 동시에 고려해야 한다. 이 과정에서 핵심 변수는 소유와 책임의 범위이며, 이를 결정짓는 출발점이 법적 구조의 선택이다.

법적 구조는 개인사업자, 합명회사, 합자회사, 주식회사, 유한책임회사 등으로 구분된다. 개인사업자와 합명회사는 무한 책임 구조로, 창업자의 개인 자산이 사업 리스크에 그대로 노출되며, 법인격이 인정되지 않아 자산 보호에 취약하다. 반면 주식회사와 유한책임회사는 유한 책임 구조를 통해 출자금 이상의 손실 책임을 제한하고, 자본 유치에 유리한 법적 틀을 제공한다.

특히 유한 책임 구조는 투자자 관점에서도 매력적이다. 위험이 명확하게 제한되므로 자본 유입 가능성이 높고, 스타트업은 이를 바탕으로 성장 전략을 설계할 수 있다. 다만 유한 책임은 정당한 법적 절차와 투명한 운영을 전제로 유지된다. 고의적 위법이나 관리 부실이 있을 경우 법인격 부인 제도가 적용되어 개인이 책임을 질 수 있으므로, 유한 책임은 보호 장치이자 책임 있는 경영의 결과이기도 하다.

스타트업의 법적 구조는 자본 조달 방식, 세금 구조, 의사결정 체계, 조직 유연성, 정보 공개 수준, 설립 및 유지 비용 등 다양한 측면에 영향을 준다. 주식회사는 대규모 자본 조달과 유동성, 신뢰성 측면에서 강점을 가지며, 외부 투자와 장기 경영 안정성에 유리하다. 반면 유한책임회사는 유연한 운영과 낮은 규제 부담, 빠른 의사결정이라는 실용적 이점을 가진다. 따라서 창업가는 기업의 성장 단계와 전략 방향, 자금 여력과 운영 스타일에 따라 법적 구조를 설계해야 한다.

지분 구조는 소유권을 분배하는 수단일 뿐만 아니라, 경영권 통제와 인센티브 설계의 도구이기도 하다. 보통주는 창업가와 내부 인력에게 부여되며, 의결권과 배당권을 갖는다. 우선주는 외부 투자자에게 주어지며, 배당 우선권, 청산 우선권, 전환권 등 다양한 보호 장치를 포함한다. 스타트업은 우선주의 설계와 활용을 통해 투자 유치와 창업가 보호 간 균형을 도모해야 하며, 참여 우선주, 전환 우선주, 누적 우선주 등 다양한 유형을 전략적으로 활용할 수 있다.

창업가 주식은 창업 초기에 기술, 아이디어, 시간, 네트워크 등 비금전적 기여에 대한 보상으로 발행되며, 종종 귀속 조건을 설정해 장기 기여를 유도한다. 이를 통해 창업자는 기업의 지배력과 헌신을 동시에 확보할 수 있다. 이와 함께, 직원 스톡옵션 제도는 핵심 인재 유치와 보상 전략으로 활용되며, 귀속 조건, 세금 이슈, 행사 시점 설계 등을 포함한 정교한 관리가 요구된다.

자본 조달 전략은 부채 금융과 지분 금융으로 구분된다. 부채 금융은 상환 의무와 담보 요구가 있지만 경영권을 유지할 수 있고, 지분 금융은 상환 부담은 없지만 경영권 희석과 투자자의 개입을 수반한다. 각 방식은 현금 흐름 상황, 성장 목표, 위험 감수 수준에 따라 선택되어야 하며, 단계별로 전략적 전환이 필요할 수 있다.

지분 배분은 단순한 금전 투자 비율을 넘어서, 비금전적 기여의 중요성과 독점성, 법적 보호 가능성, 기여자의 신뢰도와 실행력을 기준으로 판단해야 한다. 특히 아이디어나 기술, 네트워크는 사업의 본질에 해당할 경우 높은 지분을 배분받을 수 있으며, 실행 조건이나 성과 달성 여부에 따라 조건부 지분 계약이 활용되기도 한다.

기업 설립은 실행을 위한 제도적 기반을 정교하게 구성하는 일이다. 법적 구조와 지분 설계, 자본 전략과 책임 구조는 모두 상호 연동되어 있으며, 창업가는 이 모든 요소를 통합적으로 설계함으로써 지속 가능하고 성장 가능한 기업의 토대를 마련할 수 있다. 기업 설립은 끝이 아닌, 전략적 경영의 본격적인 출발점이다.

창업가의 질문

Q1. 스타트업을 설립할 때 법적 구조를 어떻게 선택해야 할지 막막합니다. 유한책임회사와 주식회사 모두 장단점이 있다고 들었는데, 어떤 기준으로 결정하는 것이 이론적으로나 실무적으로 타당한 선택일까요?

교수의 답변. 법적 구조는 단순히 기업의 외형을 정하는 문제가 아니라, 그 기업의 전략적 방향성과 리스크 관리, 자본 조달 방식, 그리고 운영 유연성 전반에 영향을 미치는 핵심 결정입니다. 유한책임회사는 경영의 자율성과 설립·운영의 간편함을 갖추고 있어 초기 단계에서 유리합니다. 반면, 주식회사는 외부 자본 유치와 지분 유동성이 뛰어나 성장 지향적 스타트업에 적합하죠. 결정 기준은 세 가지로 정리할 수 있습니다. 첫째, 현재보다 미래를 기준으로 합니다. 향후 외부 투자가 필요하다면 주식회사 형태를 고려해야 합니다. 둘째, 리스크 감수 범위를 점검해야 합니다. 개인 자산 보호가 중요한가요? 그렇다면 무한 책임 구조는 피해야 합니다. 셋째, 협업 방식입니다. 다수의 파운더나 파트너가 유연하게 협업하고자 한다면 유한책임회사가 실용적일 수 있습니다. 구조 선택은 사업의 성장 경로, 자본 전략, 책임 분담에 대한 창업자의 철학이 반영된 '전략의 첫 단추'임을 기억하세요.

Q2. 초기 스타트업의 현실은 자금이 항상 부족한데, 인재나 공동 창업자와 협업하기 위해 지분을 어떻게 전략적으로 설계해야 할지 고민됩니다. 실무에서는 어떤 방식으로 초기 지분 배분을 접근하는 게 좋을까요?

액셀러레이터의 답변. 이 질문은 스타트업 팀빌딩에서 가장 빈번하게 마주치는 고민입니다. 실무적으로는 '단순한 투자금 비율'이 아니라 '기여 기반 가치 산정'이 핵심입니다. 저희가 지원하는 팀에서는 다음 세 가지 기준을 권장합니다. 첫째, 기여의 독점성과 대체 불가능성입니다. 기술 특허, 핵심 네트워크, 시장 접근력 등 사업 성패를 좌우할 자원이 있다면, 금전 투자보다 높은 지분이 정당화됩니다. 둘째, 기여의 실행 가능성과 약속 이행입니다. 아무리 좋은 아이디어라도 실현 가능성이 없다면 지분은 조건부로 설정하는 게 바람직합니다. 예컨대, 'MVP를 일정 기한 내 출시할 경우 일정 지분을 부여한다'는 식의 성과 기반 배분이 대표적이죠. 셋째, 팀의 지속성을 고려한 귀속 조건(vesting)을 반드시 설정하세요. 1년 유예, 4년 귀속 구조는 스타트업 업계에서 표준입니다. 지분은 보상이 아니라 공동 경영의 계약이고, 협업을 지속시키는 장치이기도 하다는 점을 잊지 마세요.

Q3. 스타트업으로서 투자 유치를 목표로 하고 있지만, 주식회사로 전환하거나 우선주를 발행하는 것이 어떤 영향을 미치는지 잘 모르겠습니다. 투자자의 관점에서 어떤 법적 구조와 지분 설계가 신뢰를 줄 수 있는 조건인가요?

벤처캐피털리스트의 답변. 우선 스타트업이 투자 유치를 목표로 한다면, 주식회사 구조는 사실상 필수입니다. 이는 투자자에게 '예측 가능한 리스크'와 '명확한 권리 구조'를 제공하기 때문입니다. 우리가 가장 먼저 보는 것은 지분의 법적 보호 수준과 청산 우선권, 전환권, 희석 방지 조건 등 우선주의 설계입니다. 전환 우선주나 상환 우선주는 리스크 보호와 수익 가능성의 균형을 맞출 수 있어 투자자 관점에서 매우 매력적이죠. 또한, 주식회사 형태는 코스닥 및 코스피 시장, 기업공개(IPO)를 통한 투자금의 회수전략을 계획할 수 있기에 벤처투자 유치, 기업가치 상승의 기회가 있습니다. 반면 유한회사는 경영 유연성이 높지만, 투자자의 권리를 설계하거나 주식을 유통하는 데 한계가 있습니다. 따라서 성장 가능성과 외부 투자 유치가 중요한 경우, 처음부터 주식회사로 설계하거나, 전환 가능성을 염두에 두고 유한회사를 출발점으로 삼는 것도 하나의 전략이 될 수 있습니다. 투자자는 결국 '법적 명확성과 성장 전략의 실행력'을 함께 봅니다.

Chapter 08

재무 관리 기초

스타트업이 생존하고 성장하기 위해서는 자금이 필수다. 자본이 부족하면, 아무리 좋은 아이디어와 팀을 갖췄더라도 지속적인 운영이 어렵다. 초기에는 수익이 나지 않는 시기가 당연히 존재한다. 하지만 초기 손실을 감당할 수 있는 자금이 있어야 다음 단계로 나아갈 수 있다. 자본은 대부분 현금 형태로 유입되며, 이는 제품이나 서비스 판매 수익, 투자금, 대출 등을 통해 조달된다. 반대로 현금이 부족하면 급여, 세금, 운영비, 채무 상환 등 기본적인 운영이 어려워진다.

그래서 테크 스타트업에겐 철저한 재무 관리가 필요하다. 재무를 소홀히 하면 문제는 누적되다가 결국 한계에 도달하게 된다. 베어스턴스, 리먼 브라더스, AIG 같은 대형 금융기업들이 2008년 금융 위기 때 무너진 이유 중 하나도 재무 통제 실패다. 재무 관리는 기업의 규모와 무관하게 사업의 지속 가능성을 위한 필수 조건이다.

이 장에서는 창업가가 반드시 이해해야 할 기본 재무제표를 다룬다. 판매 예측, 손익계산서, 현금 흐름표, 대차대조표는 단순한 숫자 모음이 아니다. 기업의 운영 상태를 보여 주는 동시에, 향후 전략을 짤 때 근거가 되는 정보다. 창업가는 이 자료를 바탕으로 과거를 분석하고, 미래 계획을 구체화해야 한다.

또한 재무제표를 읽는 데 그치지 않고, 그것을 분석해 전략의 효과를 평가하고 기업의 위치를 파악하는 것도 중요하다. 시간이 흐름에 따라 수치가 어떻게 바뀌었는지, 경쟁사나 업계 평균과 비교해 어떤 차이가 있는지를 파악하는 재무 비율 분석도 실무에 매우 유용하다.

마지막으로 이 장에서는 스타트업이 자주 간과하는 '현금 흐름 관리'의 핵심을 정리한다. 매출채권, 재고, 신용 정책, 수금 방식 등은 모두 현금 흐름을 좌우하는 요소다. 많은 초기 창업팀이 매출에만 집중하다가 정작 수금이 안 되어 버티지 못하는 경우가 많다. 지급 조건, 회수 절차, 계약서 조항까지 꼼꼼히 챙겨야 한다. 재무 관리는 스타트업과 비즈니스의 생존 전략 근간이다.

> **재무 관리를 통한 미래 전망**
>
> 재무 예측은 스타트업이 미래를 준비하고 전략을 세우는 데 꼭 필요한 도구다. 이 과정을 통해 사업 아이디어가 현실적으로 실행 가능한지 가늠할 수 있고, 자칫하면 발생할 수 있는 재정적 손실을 미리 막을 수 있다. 특히 창업 초기에는 시장의 수익성을 예측해 보는 것만으로도 큰 위험을 피할 수 있다.
> 어떤 스타트업 대표는 온라인 강의 플랫폼을 구상하면서 사전에 재무 예측을 수행했다. 그 결과, 초기 모델만으로는 수익성이 낮다는 사실을 발견했고, 이를 바탕으로 교재와 학습 도구 판매를 추가해 수익 구조를 다각화했다. 결과적으로 안정적인 매출 흐름을 확보했고, 고객에게 더 많은 가치를 제공할 수 있었다.
> 재무 예측은 이런 식으로 단순한 수익 추정 그 이상을 가능하게 한다. 사업의 타당성을 확인하고, 전략을 전환할 시점을 판단하게 하며, 시장 변화에 능동적으로 대응할 수 있는 기반을 마련해 준다. 나아가 기존 모델이 놓친 새로운 기회를 포착하는 데도 도움을 준다.

창업가의 재무 관리

재무 관리는 스타트업이 살아남고 성장하는 데 필요한 핵심 기능이다. 현금 흐름이 막히면 아무리 뛰어난 기술이나 팀이 있어도 버티기 어렵다. 그래서 창업가는 초기부터 자금 흐름을 예측하고, 필요한 자금을 언제 어떻게 확보할지 전략을 세워야 한다. 특히 초기 스타트업은 자금 조달과 관리가 대부분 창업가 본인에게 집중되기 때문에 더 세심한 접근이 필요하다.

재무 관리는 자금의 관리뿐 아니라 자금을 조달하고, 운용하고, 효과적으로 사용하는 전략까지 포함한다. 대기업이라면 CFO(Chief Financial Officer)가 맡을 일이지만, 스타트업에선 창업가나 공동 창업가가 직접 이 역할을 담당하는 경우가 많다. 사업 계획 수립, 리스크 관리, 보험, 장비 구입과 임대, 세금 설계, 현금 흐름 분석, 확장 전략까지 모두 재무 관리자의 역할이다.

자체적으로 CFO를 둘 여력이 없다면, 외부 가상 재무 관리 서비스를 활용하는 것도 하나의 방법이다. 이들은 기업의 재무 상태를 진단하고, 자금 조달 계획을 짜며, 주요 재무 보고서를 작성해 재무 건전성을 유지하도록 돕는다. 스타트업 입장에선 내부에 전문 인력이 없어도 일정 수준의 재무 역량을 확보할 수 있는 효율적인 방법이다.

스타트업의 재무 관리에는 기존 기업과 다른 특성이 있다. 첫째, 자금의 절대 규모가 다르다. 대기업은 자산을 최적화하는 데 집중하는 반면, 스타트업은 필요한 자금을 어떻게든 확보하는 데 에너지를 쏟는다. 둘째, 자금 관리의 초점도 다르다. 스타트업은 수익 극대화보다 운영 안정성과 생존을 위한 자금 확보가 핵심이다.

이 때문에 창업가는 처음부터 체계적인 재무 계획을 세워야 한다. 월별 수입과 지출을 예측하고, 잉여 자금이 생기면 어떻게 활용할지, 부족할 땐 어떻게 대응할지를 미리 정리해 두어야 한다. 계획은 고정된 게 아니라 정기적으로 점검하고 조정 가능한 형태여야 한다.

재무 계획의 중요성은 위기 상황에서 더 분명해진다. 2020년 코로나19 팬데믹 당시, 많은 기업이 현금 흐름 문제로 큰 타격을 받았다. 평소에 준비가 되어 있지 않으면 예기치 못한 외부 충격에 그대로 무너질 수 있다.

재무 관리를 통한 코로나 팬데믹의 극복

2020년 초, 코로나19가 확산되자 많은 기업이 처음에는 사태의 심각성을 과소평가했다. 하지만 일부 경영자는 위기의 본질을 빠르게 인식했고, 대응 전략을 서둘러 마련했다. 한 스타트업 대표는 사업 연속성을 지키기 위해 긴급회의를 소집하고, 보유 중인 신용 한도 1억 5천만 원 전액을 인출해 비상 자금으로 확보하는 결정을 내렸다. 이 판단은 팬데믹으로 금융기관들이 자금 운용에 제약을 걸기 전이었고, 실제로 신속하게 인출을 완료했다.

이 선제적 조치 덕분에 해당 스타트업은 불확실한 상황 속에서도 안정적인 현금 흐름을 유지하며 타격을 최소화할 수 있었다. 외부 환경이 급변할 때, 사전에 확보한 금융 수단과 그것을 과감히 활용할 수 있는 판단력이 기업의 생존을 좌우한다는 것을 보여 주는 사례다. 신용 한도는 위기 상황에서 회사를 지켜 내는 '실행 가능한 옵션'이 되어야 한다.

스타트업이 성장하면서 재무 구조는 점점 복잡해진다. 투자자, 채권자, 공급업체, 고객과의 거래가 얽히고, 자금 소진 속도(Burn Rate)와 운영 지속 가능 기간(Runway) 같은 지표가 중요한 기준이 된다. 예를 들어 매달 3만 달러를 쓰는 스타트업이 30만 달러를 보유하고 있다면, 아무런 추가 자금 없이도 10개월을 버틸 수 있다는 계산이 가능하다.

이처럼 재무 관리는 현금을 관리하는 데 그치지 않는다. 미래 성장 전략과 목표 달성에 필요한 자본 계획도 함께 포함된다. 회계사나 외부 전문가와 협력해 장기 자금 수요를 파악하고, 적절한 대응 방안을 마련해야 한다. 그렇지 않으면 예상치 못한 자금난으로 사업 기회를 놓치게 된다.

일부 스타트업은 자생적 수익 창출을 목표로 하지만, 바이오나 의료장비처럼 초기 투자가 큰 산업에서는 손익분기점 이전에 대규모 자본이 필요하다. 이런 경우 창업가는 초반부터 투자자 네트워크를 구축하고 신뢰 관계를 쌓는 데 집중해야 한다. 네트워크가 잘 구축돼 있으면 결정적인 시점에서 자금 확보에 큰 차이를 만든다.

재무 관리는 스타트업이 지속 가능하고 안정적으로 성장하는 기반이다. 특히 창업 초기에는 철저한 계획과 유연한 대응이 필수다. 돈의 흐름을 이해하고 통제할 수 있어야 사업도 통제할 수 있다.

재무 예측

재무 예측(Financial Forecasting)은 기업이 앞으로 어떤 재정 상태에 놓일지를 전망하고, 거기에 맞춰 전략을 수립하는 데 쓰이는 핵심 도구다. 창업가는 이를 통해 자금 수요의 흐름을 예측하고, 변동성 높은 환경에서도 안정적인 재무 운영 계획을 세울 수 있다. 특히 스타트업처럼 자금 여유가 없는 조직일수록, 재무 예측은 선택이 아니라 필수다.

예측의 기반이 되는 건 네 가지 재무제표다. 매출 예측, 손익계산서, 현금 흐름표, 대차대조표. 이들은 과거를 보여 주는 도구가 아니라 미래를 설계하는 지표다. 투자자나 대출 기관은 보통 3년 이상 재무 예측 자료를 요구하며, 이 자료가 사업의 지속 가능성과 성장 가능성을 판단하는 근거가 된다.

재무 예측은 회계와 목적이 다르다. 회계가 과거의 수치를 정리하는 일이라면, 예측은 앞으로 벌어질 일을 가정하고 시뮬레이션하는 작업이다. 그래서 회계사보다 창업가나 재무 담당자가 주도하는 경우가 많고, 자금 조달 전략이나 사업 전략 수립에도 직접적인 영향을 미친다.

매출 예측

매출 예측은 모든 재무 계획의 출발점이다. 얼마나 팔 수 있을지에 대한 가정 없이 자금 조달도, 비용 계획도 성립되지 않는다. 실제로 기업들은 매출 예측 데이터를 토대로 사업 전략을 짜고, 투자자에게 설명 자료를 준비한다.

매출 예측의 주요 구성 요소는 다음과 같다.

- **판매 단위.** 제품이나 서비스별로 어느 정도 팔릴지를 추정해 수익 기반을 만든다.
- **단가.** 제품 하나당 가격이 얼마인지 계산한다.
- **회계 기간별 수치.** 월별, 분기별로 나누어 판매량을 추정해 계절 요인을 반영한다.
- **시장 점유율.** 해당 시장에서 어느 정도의 비중을 차지할지를 예측한다.
- **계절적 변동성.** 특정 시기에 판매량이 오르내리는 패턴을 반영한다.
- **마케팅 효과.** 마케팅 활동이 실제 매출에 어떤 영향을 주는지 계산한다.

이 모든 요소를 종합해 총매출을 추정하면, 이는 손익계산서 수익 항목의 기반이 된다. 대부분의 창업가는 엑셀이나 구글 스프레드시트를 활용해 여러 시나리오를 비교하고, 그 가정들을 문서로 정리해 투자자에게 제시한다.

이 과정에서 민감도 분석은 매우 중요하다. 가격을 10% 올렸을 때 매출이 어떻게 바뀌는지, 시장 점유율이 5% 줄면 어떤 결과가 나오는지 시뮬레이션해 보는 것이다. 이렇게 하면 사업 모델이 외부 변수에 얼마나 민감한지, 어떤 상황에서 리스크가 커지는지를 미리 파악할 수 있다.

재무 예측은 '계획을 위한 계획'이 아니다. 불확실한 시장 상황에서도 자금 부족을 미리 감지하고, 그에 맞는 대응 전략—투자 유치, 비용 조정, 사업 전환—을 세울 수 있는 실질적인 도구다. 스타트업일수록 이 과정을 생략해선 안 된다. 재무 예측은 기업이 버틸 수 있는 시간과 방향을 동시에 알려 주는 나침반이다.

손익 계산서

손익 계산서는 특정 기간 동안 기업이 얼마나 돈을 벌고, 얼마를 썼는지 보여 주는 재무제표다. 가장 위에는 총매출이 기록되고, 그 아래로 운영과 관련된 모든 비용이 차례로 차감되며, 마지막에 이익 혹은 손실이 계산된다. 이 문서를 보면 자원이 얼마나 효율적으로 사용됐는지, 수익 구조는 어떻게 형성됐는지를 한눈에 파악할 수 있다.

운영 비용은 크게 두 가지로 나뉜다. 변동비와 고정비다.

- **변동비.** 생산량에 따라 함께 움직이는 비용이다. 예를 들어, 전기차 제조업체가 더 많은 차량을 생산하면 원자재, 전기, 에너지 같은 비용도 함께 늘어난다. 이런 비용은 판매원가(COGS)로 손익 계산서에 기록된다. 생산이 늘면 판매원가도 같이 증가한다.
- **고정비.** 생산량과 상관없이 매월 고정으로 나가는 비용이다. 공장 임대료, 경영진 급여, 본사 운영비 같은 항목이 여기에 해당한다. 손익 계산서에는 일반관리비로 표시되며, 간접비용으로 분류된다.

총이익에서 고정비를 차감한 다음 계산되는 지표가 EBIT(이자 및 세금 차감 전 이익)과 EBITDA(이자, 세금, 감가상각, 상각 차감 전 이익)다. 감가상각은 기계나 건물 같은 자산의 가치 하락을 반영한 항목이고, 상각은 대출금 이자처럼 시간이 지나면서 발생하는 비용이다. 둘 다 실제 현금이

나가는 건 아니지만, 영업 실적을 평가할 때 꼭 필요한 지표다.

모든 비용을 뺀 뒤 남는 게 순이익(Net Profit)이다. 법인세를 납부한 뒤 이익이 남는다면, 그 돈을 어떻게 쓸지 결정해야 한다. 보통은 두 가지 선택지가 있다.

- **유보 이익.** 이익을 회사에 남겨서 신규 프로젝트나 연구개발에 재투자한다. 미래 성장의 기반이 된다.
- **주주 배당.** 이익을 주주에게 나눠주는 방식이다. 투자자 신뢰를 유지하고, 주식 가치를 높이는 데 도움이 된다.

손익 계산서를 통해 경영진은 수익성과 비용 구조를 분석하고, 전략적 결정을 내릴 수 있다. 투자자 입장에서도 기업의 건강 상태를 평가할 수 있는 핵심 자료다. 사업이 어떻게 돈을 벌고 쓰는지 이해하고 싶다면, 손익 계산서부터 읽어야 한다.

현금 흐름표

현금 흐름표는 기업의 실제 현금 유입과 유출을 보여 주는 문서다. '현금이 왕이다(Cash is King)'라는 말처럼, 청구서를 지불하고 성장을 위한 투자를 실행하는 데 필요한 건 이익이 아니라 현금이다. 손익 계산서에 수익이 잡혀 있어도, 실제로 돈이 들어오지 않으면 아무 소용 없다. 그래서 손익 계산서만 보고 사업을 운영하면 위험하다.

예를 들어 고객에게 물건을 팔고 매출로 인식했더라도, 결제가 몇 달 후에 이뤄지는 외상 거래라면 현금은 당장 들어오지 않는다. 이처럼 손익 계산서와 현금 흐름표 간에는 차이가 발생할 수밖에 없다. 창업가는 이 두 문서를 함께 봐야 한다. 그래야 진짜 현금 상황, 즉 유동성을 파악할 수 있다.

현금 흐름표는 크게 세 가지 항목으로 구성된다.

- **운영 활동.** 제품 판매, 서비스 제공, 급여 지급, 원재료 구매 등 본업에서 벌고 쓰는 돈의 흐름이다. 여기서 현금이 꾸준히 들어오고 있다면, 기본적인 사업 운영은 안정적인 셈이다.
- **투자 활동.** 설비 구입, 부동산 투자, 타 기업 인수, 또는 자산 매각 등 장기적 자산과 관련된 거래가 포함된다. 투자가 많다고 해서 나쁜 건 아니지만, 이 항목에서 현금이 과도하게 빠져나가면 주의가 필요하다.
- **재무 활동.** 주식 발행, 대출, 배당금 지급, 부채 상환 등 자본 구조와 관련된 자금 흐름이다. 외부에서 자금을 어떻게 조달하고, 그것을 어떻게 갚고 있는지를 보여 준다.

이 세 항목을 종합하면 해당 기간의 순 현금 변화가 계산된다. 운영에서 현금을 벌고, 투자에 쓰며, 부족한 자금은 재무 활동으로 메우는 구조가 이상적이다. 반대로 운영 활동에서조차 현금이 마이너스라면 사업 자체의 수익성에 문제가 있을 수 있다.

투자자나 채권자도 현금 흐름표를 매우 중요하게 본다. 순이익이 아무리 높아도 현금이 부족하면 배당을 할 수 없고, 대출도 갚을 수 없다. 실제로 현금 흐름을 기준으로 기업의 신용도를 판단하고, 자금 지원 여부를 결정하기도 한다.

현금 흐름표는 전략 수립 도구다. 지금 가진 현금으로 당장 다음 분기를 버틸 수 있는지, 아니면 비용을 줄이거나 추가 자금을 유치해야 하는지 판단할 수 있다. 또 어떤 활동이 현금 유출을 과도하게 초래했는지 분석해 향후 개선 전략을 세우는 데도 쓰인다. 즉, 현금 흐름표는 '이익'보다 현실적인 숫자를 보여 준다. 이 문서를 읽을 수 있어야 기업을 운영할 수 있다.

대차대조표

대차대조표는 특정 시점 기준으로 기업이 보유한 자산, 부담하고 있는 부채, 그리고 그 차액으로 구성된 자본을 구조적으로 보여 주는 재무제표다. 말 그대로 한 시점의 재무 상태를 '정지화면'처럼 포착한 것이며, 자산이 어떤 방식으로 조달됐고, 어디에 사용되고 있는지를 동시에 보여 준다. 핵심 원리는 간명하다. '자산 = 부채 + 자본'이라는 공식이 반드시 성립해야 한다. 자산이 많다는 건 기업이 가진 총 자원이 많다는 뜻이고, 그 자산이 빚으로 조달된 것인지, 창업가나 주주의 자본으로 조달된 것인지를 확인하는 게 대차대조표의 목적이다.

이 문서는 회계연도 말이나 월말 기준으로 작성되며, 경영진은 이를 바탕으로 재무 건전성을 평가하고 자산 구조의 효율성을 분석한다. 투자자나 채권자 입장에서도 대차대조표는 기업의 위험도를 판단하는 핵심 자료가 된다.

대차대조표의 왼쪽에는 자산이, 오른쪽에는 부채와 자본이 위치한다. 자산은 유동성이 높은 순서대로 정리되며, 그 구성은 다음과 같다.

- **현금 및 현금성 자산.** 가장 유동성이 높은 항목으로, 기업이 즉시 사용할 수 있는 자금이다. 은행 예금, 수표, 당좌예금 등이 포함된다.
- **매출채권.** 고객에게 물품이나 서비스를 신용으로 제공하고 아직 회수하지 못한 금액이다. 일정 기간 내에 현금화될 것으로 예상된다.
- **재고.** 판매를 목적으로 보유 중인 자산으로, 원자재, 재공품, 완제품이 모두 포함된다. 제품이 팔려야 수익으로 전환되며, 상대적으로 유동성이 낮은 자산이다.
- **고정 자산.** 장기 사용을 목적으로 하는 자산으로, 건물, 기계, 설비 등

이다. 감가상각 대상이며, 유동성이 가장 낮아 단기 자금 확보에는 활용되기 어렵다.

이러한 자산 항목은 기업이 단기적 유동성 위기를 얼마나 견딜 수 있는지, 장기적으로 어떤 자산을 활용해 수익을 창출하고 있는지를 판단하는 기준이 된다.

대차대조표의 오른쪽에는 자산을 어떻게 조달했는지가 기록된다. 그중 첫 번째는 부채, 즉 기업이 외부에 갚아야 할 채무다. 부채 항목 역시 유동성 순서대로 나열되며, 단기적으로 현금 유출 가능성이 높은 순으로 정리된다.

- **매입채무.** 제품 생산이나 서비스 제공을 위해 외부에서 재료나 용역을 구매한 뒤 아직 지급하지 않은 금액이다. 가장 기본적인 단기 채무다.
- **충당금.** 회계 기준에 따라 미래에 발생할 가능성이 높은 비용을 미리 반영한 항목이다. 예를 들어 월말 기준으로 다음 달에 지급해야 할 급여나 보너스 같은 비용이 여기에 포함된다.
- **단기 부채.** 1년 이내에 상환해야 하는 채무로, 단기 대출, 미지급 임금, 미납 세금 등이 해당한다.
- **장기 부채.** 1년 이상 장기간에 걸쳐 갚아야 하는 채무로, 장기 은행 대출이나 회사채 발행액 등이 이에 포함된다.

부채 항목은 기업의 재무적 의무와 현금 유동성 부담을 가늠할 수 있는 기준이 된다. 특히 단기 부채 비중이 높다면, 기업은 매달 현금 흐름을 면밀히 점검해야 한다.

자본은 부채와 달리 외부 채무가 아닌 기업 내부에서 조달된 자금이다. 창업가가 넣은 돈, 주주의 투자금, 그동안 벌어들인 이익이 여기 포함된다.

- **보통주 자본금.** 일반 주주들이 기업에 투자한 금액으로, 의결권을 가지며 배당 시 우선주보다 후순위다.
- **우선주 자본금.** 의결권은 제한되지만, 배당과 청산 시 우선권을 가진 주주들의 투자금이다.
- **유보 이익.** 기업이 벌어들인 이익 중 배당하지 않고 내부에 남긴 돈이다. 이 자금은 미래 사업 확장, 연구개발, 위기 대응 등에 사용된다.

자본은 기업의 장기 전략과 안정성, 지속 가능성을 보여 주는 지표다. 부채와 자본을 합친 총계는 자산 총액과 항상 일치해야 한다.

경영진은 대차대조표를 통해 기업의 유동성(단기 지급 능력)과 레버리지(부채 의존도)를 평가하고, 중장기 재무 전략을 설계할 수 있다. 투자자나 채권자 역시 이 표를 통해 자산 대비 부채 비율을 확인하고, 기업이 장기적으로 안정적인지, 추가 자금 조달이 필요한지 판단할 수 있다.

즉, 대차대조표는 특정 시점의 재무 상태를 기록하는 '정적' 제표지만, 그 안에는 기업의 재무 건전성과 전략적 선택이 고스란히 담겨 있다. 자산을 어떻게 조달했는지, 그 자산이 어디에 쓰이고 있는지를 이해하려면 반드시 이 표를 읽을 수 있어야 한다.

재무제표 분석

재무제표 분석은 기업과 사업에 관한 숫자들이 말해 주는 의미를 파악하는 작업이다. 예를 들어 순이익이 5천만 원이라는 정보 하나만으로는 기업의 상태를 판단하기 어렵다. 하지만 작년 순이익이 1억 원이었다면, 이

번 수치는 명확한 감소를 의미하며 수익성에 의문을 제기할 수 있다. 이처럼 재무제표 분석은 과거와 현재를 비교하거나 항목 간의 관계를 살펴보며, 경영 판단에 실질적인 통찰을 제공한다.

창업가나 경영진이 재무제표를 제대로 분석할 수 있어야만, 수익 구조를 개선하고 재무 상태를 안정적으로 유지할 수 있다. 이때 주로 사용되는 두 가지 핵심 도구는 손익분기점 분석(Break-Even Analysis)과 재무비율 분석(Financial Ratio Analysis)이다.

손익분기점 분석

손익분기점 분석은 기업이 얼마나 팔아야 손해를 보지 않고 본전을 맞추는지를 계산하는 기법이다. 크게 두 가지 기준으로 나뉜다.

- **이익 손익분기점(Accounting Break-Even Point).** 총수익이 고정비와 변동비를 모두 커버하는 시점이다. 이때부터 회계상 이익이 발생한다. 손익 계산서를 기반으로 계산된다.
- **현금 손익분기점(Cash Break-Even Point).** 실제로 들어온 현금이 모든 지출을 감당할 수 있는 시점이다. 현금 흐름표를 기반으로 하며, 자금 운영 안정성을 평가하는 데 중요하다.

예를 들어 한 기업이 연간 25,000개 제품을 팔아야 이익 손익분기점에 도달한다고 하자. 이 수치는 회계상 수익과 비용만을 비교한 결과다. 하지만 실제 고객에게 외상으로 제품을 팔았다면 현금은 들어오지 않는다. 매출은 잡히지만 현금 유입은 늦어지고, 심할 경우 미수금으로 남을 수 있다.

이익 손익분기점에 도달했다 해도, 기업이 당장 현금을 확보하지 못하면 급여나 납품 대금을 제때 지급하지 못하는 일이 발생할 수 있다. 이런 차이를 간과하면 자금 흐름이 꼬이고, 외형상 이익이 나는데도 현금이 부족해 사업이 멈추는 상황에 직면하게 된다.

그래서 창업가는 두 손익분기점을 동시에 관리해야 한다. 회계상 손익이 아니라, 실제 자금 흐름을 기준으로 판단해야 생존이 가능하다. 특히 자금 사정이 빠듯한 스타트업일수록 현금 손익분기점은 매달 체크해야 할 핵심 지표다. 이를 통해 언제까지 버틸 수 있는지, 어느 시점에 자금 확보가 필요한지를 예측할 수 있다. 이 분석은 단기적 재무 전략의 기초이자, 경영자가 반드시 갖춰야 할 감각이다.

비율 분석

비율 분석은 재무제표의 숫자들을 비교하는 차원을 넘어, 항목 간의 관계를 분석해 기업의 재무 상태를 객관적으로 해석하는 데 쓰이는 핵심 기법이다. 예를 들어, 당기순이익이 1억 원이라는 수치 하나만으론 실질적인 의미를 파악하기 어렵지만, 총매출 대비 순이익이 5%라는 비율로 제시되면 그 기업의 수익성이 훨씬 명확하게 드러난다. 이처럼 비율 분석은 정적인 재무 수치를 동적인 해석 자료로 전환하는 과정이다.

이 기법은 기업 규모와 관계없이 동일한 기준으로 적용할 수 있다. 대기업이든 스타트업이든 비율을 기준으로 하면 상대적 비교가 가능해진다. 그래서 투자자, 재무 분석가, 신용평가사, 금융기관 등 다양한 이해관계자들이 공통된 언어로 기업을 평가할 수 있게 된다.

하지만 중요한 건 '무조건 높은 비율로 계산하는 것'이 아니라, 핵심적인 비율을 선별적으로 분석하는 것이다. 잘못된 비율 선택은 오히려 왜곡된 판단을 초래할 수 있다. 산업 구조나 기업의 성장 단계에 따라 기준이 다르므로, 업계 평균이나 시장 데이터와 비교해 해석하는 과정도 필요하다. 대표적인 비율 분석 항목은 다음 네 가지다.

- **유동성 비율.** 기업이 단기 채무를 상환할 수 있는 능력을 보여 준다. 유동비율과 당좌비율이 대표적이다. 일정 수준 이상이면 안정적으로 자금 흐름을 유지하고 있다는 뜻이다.
- **활동성 비율.** 자산이 실제 운영에 얼마나 효율적으로 사용되고 있는지를 측정한다. 재고회전율, 매출채권회전율 같은 지표가 포함된다.
- **수익성 비율.** 기업이 얼마만큼의 이익을 내고 있는지를 보여 주는 비율이다. 매출 대비 순이익률, 총자산수익률(ROA), 자기자본이익률(ROE) 등이 여기에 속한다.
- **부채 비율.** 자본 중 부채가 얼마나 차지하고 있는지를 나타낸다. 높은 부채 비율은 레버리지가 크다는 의미지만, 동시에 금융 리스크도 높다는 뜻이다.

중요한 점은 비율을 해석할 때 시간의 흐름과 업종 특성을 함께 고려해야 한다는 것이다. 예를 들어, 제조업은 장기 자산 비중이 높고 회전율이 낮은 구조지만, 유통업은 회전율이 높고 재고 유지 기간이 짧다. 이런 차이를 무시하고 동일한 기준으로 비교하면 분석이 왜곡될 수 있다.

비율 분석은 손익분기점 분석과 함께 기업의 현재 상태를 진단하고, 미래 전략을 설계하는 데 핵심이 되는 도구다. 스타트업도 이 데이터를 기반으로 사업의 강점과 취약점을 파악하고, 투자자에게 신뢰성 있는 정보를 제공할 수 있다. 수치를 읽을 줄 아는 능력이 곧 경영 전략의 핵심 역량이 되는 이유다.

유동성 비율

유동성 비율(Liquidity Ratios)은 기업이 단기적으로 자금을 얼마나 잘 조달할 수 있는지를 보여 주는 지표다. 쉽게 말해, 당장 갚아야 할 빚이 있을 때 그 돈을 마련할 수 있는지 평가하는 기준이다. 유동성이 높다는 건 갑작스러운 자금 수요에도 대응이 가능하다는 뜻이고, 반대로 유동성이 낮으면 급한 상황에서 버티기 어렵다. 대표적인 유동성 비율은 유동비율(Current Ratio)과 당좌비율(Quick Ratio)이다.

유동비율은 기업이 가진 유동자산을 유동부채로 나눈 값이다. 유동자산은 현금, 매출채권, 재고 등 1년 이내에 현금화할 수 있는 자산을 의미한다. 이 비율이 1 이상이면, 단기 부채를 갚을 수 있는 유동자산이 충분하다는 뜻이다.

$$유동비율 = 유동자산 \div 유동부채$$

당좌비율은 유동비율보다 보수적인 기준이다. 재고처럼 현금화에 시간이 걸리는 자산은 제외하고, 현금이나 매출채권처럼 즉시 사용할 수 있는 자산만을 기준으로 계산한다. 단기 부채에 대응할 수 있는 '진짜 자금력'을 보여 주는 수치다.

$$당좌비율 = (현금 + 매출채권 등 당좌자산) \div 유동부채$$

이 두 지표는 단기적인 재무 건전성을 점검하는 데 매우 중요하다. 유동비율이 지나치게 낮다면 운영 중단 가능성이 높아지고, 반대로 지나치게 높아도 자산이 비효율적으로 묶여 있다는 신호일 수 있다. 투자자나 채권자들은 이 수치를 통해 기업의 단기 리스크를 가늠하고, 신용도나 투자 안정성을 판단한다.

스타트업 초기에는 유동성이 불안정할 수밖에 없기 때문에 특히 당좌비율을 주기적으로 점검할 필요가 있다. '계속 사업할 수 있는가?'라는 질문에 가장 먼저 답하는 지표가 바로 이 유동성 비율이다.

활동성 비율

활동성 비율은 기업이 보유한 자산을 얼마나 효율적으로 운용하고 있는지를 보여 주는 지표다. 자산을 많이 보유하고 있다고 해서 성과로 이어지는 건 아니다. 그 자산이 실제로 얼마나 자주, 얼마나 빠르게 회전하며 수익을 창출하는지가 관건이다. 활동성 비율은 이 회전 속도를 수치화해 경영 효율성을 점검할 수 있도록 해 준다. 대표적인 항목은 매출채권 회전율(Accounts Receivable Turnover)이다.

매출채권 회전율은 일정 기간 매출채권이 몇 번 회수되었는지를 나타낸다. 쉽게 말해, 제품이나 서비스를 외상으로 팔고 난 뒤 그 돈을 얼마나 빨리 현금으로 회수하고 있는지를 보여 주는 지표다. 이 비율이 높다는 건 고객에게 외상으로 판매한 금액을 신속하게 회수하고 있다는 뜻이며, 현금 흐름이 원활하다는 의미다. 반대로 회전율이 낮으면 외상 판매금이 장기간 회수되지 않고 있다는 뜻이며, 현금 유동성에 문제가 생길 수 있다.

$$매출채권 회전율 = 순매출 \div 평균 순매출채권$$

이 지표는 자산의 '사용 효율성'을 보여 준다. 매출채권이 쌓인다는 건, 회계상으론 매출이 발생했지만 실제 현금은 아직 들어오지 않았다는 뜻이다. 현금이 막히면 아무리 매출이 높아도 급여나 납품 대금 같은 필수 지출을 감당하지 못하게 된다.

따라서 투자자나 경영진 모두 매출채권 회전율을 주기적으로 확인해야 한다. 이 수치 하나만으로도 현금 흐름의 안정성, 고객 신용 정책의 적절성, 수익성 대비 운용 효율성 등을 함께 점검할 수 있다. 특히 빠르게 성장하는 기업일수록, 얼마나 효과적으로 자산이 수익으로 전환되고 있는지를 판단할 수 있다.

수익성 비율

수익성 비율(Profitability Ratios)은 기업이 매출, 자본, 투자 대비 얼마나 효율적으로 이익을 창출하고 있는지를 보여 주는 핵심 지표다. 매출이 크다고 해서 수익성이 좋은 건 아니다. 실제로 얼마만큼의 이익이 남는지, 투자자에게 얼마만큼의 수익을 돌려줄 수 있는지를 수치로 파악하는 것이 수익성 분석의 핵심이다. 이 비율은 경영진에게는 전략 조정의 기준이 되고, 투자자에게는 투자 판단의 근거가 된다.

대표적인 수익성 지표는 매출수익률(Return on Sales)과 자기자본수익률(Return on Equity)이다.

매출수익률은 기업이 벌어들인 매출 중 실제로 얼마가 이익으로 남았는지를 보여 준다. 이익률이 높을수록 판매 활동이 효율적이라는 의미다. 원가 구조가 안정되어 있거나 고마진 상품 중심의 포트폴리오를 운영 중이라는 신호로 해석할 수 있다.

$$매출수익률 = 순이익 \div 순매출$$

자기자본수익률은 주주가 출자한 자본으로부터 얼마나 많은 이익을 창출했는지를 나타낸다. 투자자 입장에서는 '내가 투자한 돈이 얼마나 잘 불어나고 있는가'를 판단하는 기준이 된다. ROE가 높다는 건 경영진이 자본을 잘 굴리고 있다는 의미이며, 외부 자금을 끌어오지 않고도 자체적으로 수익을 창출하는 능력이 뛰어남을 의미한다.

자기자본수익률 = 순이익 ÷ 자기자본

두 지표 모두 숫자 자체보다는 시간에 따른 변화 추이와 경쟁사 또는 업계 평균과의 비교가 중요하다. 예를 들어, 매출은 늘고 있는데 매출수익률이 계속 하락하고 있다면, 비용 구조에 문제가 있거나 마진이 낮은 사업 비중이 늘고 있다는 신호일 수 있다. 반대로 ROE가 갑자기 상승했다면, 일시적인 이익 증가인지, 구조적인 개선이 있었는지 분석이 필요하다.

수익성 비율은 단기 성과뿐 아니라 장기 성장 가능성까지 엿볼 수 있는 창이다. 기업이 얼마나 효율적으로 돈을 벌고 있는지, 그 돈이 누구에게 어떻게 돌아가는지를 알고 싶다면, 이 수치들을 반드시 확인해야 한다.

부채 비율

부채 비율(Leverage Ratios)은 기업이 자금을 조달할 때 부채에 얼마나 의존하고 있는지를 수치로 보여 주는 지표다. 즉, 외부로부터 빌린 돈이 자본금에 비해 어느 정도 규모인지 확인하는 데 쓰인다. 이 비율은 기업의 재무 구조를 판단하고, 장기적으로 채무를 상환할 수 있는 능력을 평가하는 기준이 된다. 부채 비율이 지나치게 높으면 금융 리스크가 크고, 낮으면 안정적인 구조로 해석된다. 대표적인 부채 비율에는 부채-자본 비율(Debt-to-Equity Ratio)과 이자보상배율(Times Interest Earned Ratio)이 있다.

부채-자본 비율은 총부채를 자기자본으로 나눈 수치다. 이 비율이 높을수록 기업이 자본보다 빚에 더 의존하고 있다는 뜻이다. 어느 정도의 레버리지는 성장의 촉매가 될 수 있지만, 지나치면 재무 불안정성을 초래할 수 있다. 반대로 비율이 너무 낮으면 자본은 안정적이지만, 성장 기회를 충분히 활용하지 못하고 있을 수도 있다.

부채-자본 비율 = 총부채 ÷ 자본

이자보상배율은 기업이 영업을 통해 벌어들인 수익(EBIT)으로 이자 비용을 얼마나 감당할 수 있는지를 보여 주는 지표다. 이 비율이 1보다 낮으면 영업이익으로 이자조차 갚지 못한다는 의미이며, 매우 위험한 상태다. 반대로 비율이 높을수록 이자 상환 여력이 크고, 재무 안정성이 높다고 평가된다.

이자보상배율 = 이자 및 세전 소득(EBIT) ÷ 이자 비용

이 두 지표는 기업의 '부채 구조가 건전한지'와 '부채를 잘 관리하고 있는지'를 판단하는 핵심 수단이다. 투자자와 대출기관은 이 수치를 통해 기업의 신용도를 평가하고, 자금 제공 여부를 결정한다. 특히 자본보다 부채 비중이 큰 기업일수록 이자보상배율은 필수적으로 체크해야 할 항목이다.

스타트업도 예외는 아니다. 초기에 외부 자금에 의존하는 경우가 많기에 레버리지 구조가 얼마나 지속 가능한지, 이자 상환 능력이 확보되어 있는지를 점검해야 한다. 부채는 성장의 자산이 될 수도 있고, 위험의 시작이 될 수도 있다. 핵심은 수치보다 그 수치를 어떤 맥락에서 해석하고 활용하느냐다.

재무 관리

재무 관리(Financial Management)는 스타트업이 자금을 어떻게 조달하고, 어떻게 운영하며, 여유 자금을 어떻게 활용할지를 결정하는 핵심 활동이다. 수익을 극대화하려면 돈을 벌기만 해서는 부족하다. 돈이 들어오고

나가는 흐름을 계획하고 통제할 수 있어야 한다. 창업 초기에는 이 관리가 특히 중요하다.

많은 창업가가 "곧 매출이 나올 테니 자금은 자연히 해결될 것"이라는 막연한 기대 속에 창업을 시작한다. 하지만 초기 수익이 안정적인 현금 흐름으로 연결되는 경우는 드물다. 자금 부족은 스타트업만의 문제가 아니다. 일정 규모 이상의 기업도 자금 흐름이 막히면 쉽게 무너질 수 있다. 성공적인 운영을 위해선, 시작부터 탄탄한 재무 전략이 필요하다.

그 출발점은 정확한 창업 예산 수립이다. 사업 초기 단계에서 예상되는 비용과 수익, 필요한 자금 규모를 명확히 계산해야 한다. 손익분기점에 도달하기까지 어느 정도의 자본이 필요한지를 파악하고, 그에 맞는 자금 조달 계획을 세워야 한다. 동시에 운전자본(Working Capital)을 계산해 일상 운영이 가능한 상태인지도 점검해야 한다.

운전자본은 유동자산(Current Liabilities)에서 유동부채(Current Assets)를 뺀 값으로, 쉽게 말해 지금 당장 기업이 자유롭게 쓸 수 있는 자금이다. 이 지표가 마이너스라면 기업은 정상적인 운영조차 어려운 상태다. 그렇기 때문에 재무 관리는 항상 현금, 매출채권, 재고의 세 가지 항목에 집중해야 한다.

특히 현금은 가장 유동성이 높은 자산이다. 현금은 유휴 상태로 묵혀두기보다, 필요하지 않은 시점에는 단기 금융 상품이나 고금리 계좌에 예치해 이자 수익을 확보하는 전략이 필요하다. 반대로 현금이 부족할 땐, 신속하게 회수할 수 있는 매출채권 관리가 핵심이 된다.

재무 관리는 자금 부족 리스크를 줄이고, 성장을 지속할 수 있는 기반을 만드는 전략적 활동이다. 초기에 이를 체계적으로 정비해 두지 않으면, 예상보다 빠르게 자금 위기를 맞을 수 있다. 반대로, 계획된 자금 운용과 철저한 운전자본 관리를 갖춘 스타트업은 외부 충격에도 버티며 성장할 수 있다. 재무 관리는 생존과 직결되는 실전의 영역이다.

매출채권 관리

매출채권 관리(Accounts Receivable Management)는 고객이 미래에 지급할 금액에 대한 권리를 체계적으로 관리하는 재무 활동이다. 표면적으로는 매출이 발생했지만, 그 금액이 실제로 회수되지 않으면 현금 흐름에 문제가 생기고, 운영 자금 부족으로 이어질 수 있다. 특히 외상 판매 비중이 높은 스타트업의 경우, 매출채권을 얼마나 빠르고 안정적으로 현금화하느냐가 생존과 직결되는 문제다.

재무 관리자는 수금 속도를 높이되, 고객과의 신뢰 관계를 해치지 않도록 조율해야 한다. 지나치게 강압적인 수금 방식은 단기적으로 현금을 확보할 수 있을지 몰라도, 장기적으로는 거래 관계의 단절로 이어질 수 있기 때문이다. 따라서 효과적인 매출채권 관리를 위해서는 다음과 같은 전략이 필요하다.

- **연체 계정 관리.** 연체 계정을 빠르게 식별하고, 지급이 지연된 건에 대해 신속히 조치하는 것이 핵심이다. 매출채권을 거래일 기준으로 정리하고, 경과 일자별로 분석하면 대응 시점을 놓치지 않을 수 있다.
- **현금 수금 속도 향상.** 고객이 대금을 납부한 즉시 기업 계좌에 입금될 수 있도록 절차를 간소화해야 한다. 입금 지연은 곧바로 유동성 위기로 이어질 수 있다.

최근에는 전자 결제 시스템(Electronic Payment Systems)을 도입하는 기업이 많다. 고객이 온라인으로 직접 결제할 수 있도록 유도하면, 수금 절차가 간단해지고 현금화 속도도 빨라진다. 신용카드 결제 역시 유효한 전략이다. 수수료가 3~5% 정도 발생하긴 하지만, 자금이 빠르게 확보된다는 점에서 많은 기업들이 이를 선택하고 있다.

매출채권 관리의 목적은 재무 안정성을 확보하고, 예기치 못한 자금 부족 위험을 줄이는 것이다. 고객에게 외상으로 판매한 순간부터 수금 완료까지의 전 과정을 전략적으로 설계해야만, 안정적인 운영 기반이 만들어진다. 창업 초기일수록 '돈이 들어오기 전까지는 벌었다고 말할 수 없다'는 현실을 명심해야 한다.

신용 및 수금 정책

신용 및 수금 정책(Credit and Collections Policies)은 스타트업이 안정적인 현금 흐름을 유지하고, 외상 거래에서 발생할 수 있는 리스크를 최소화하기 위해 반드시 갖춰야 할 전략이다. 신용 판매을 주는 건 판매 확대에 효과적이지만, 자칫하면 수금 지연으로 자금이 묶이면서 유동성 위기를 초래할 수 있다. 반면 지나치게 보수적인 신용 조건은 잠재 고객을 잃는 결과로 이어질 수 있다. 핵심은 고객의 신용 위험을 평가하고, 상황에 맞는 신용 조건을 세심하게 설정하는 데 있다.

대표적인 신용 조건은 다음과 같다.

- **순 10일(Net 10).** 청구서 발행 후 10일 이내에 결제 요구
- **순 30일(Net 30).** 청구서 발송 후 30일 이내에 결제 요구
- **10일 내 2% 할인, 순 30일(2/10 Net 30).** 청구 후 10일 이내 결제 시 금액의 2% 할인 제공, 그렇지 않으면 30일 내 전액 결제

이러한 조건은 고객의 조기 결제를 유도해 현금 흐름을 빠르게 확보하는 데 효과적이다. 단, 신용 조건을 설정했더라도 실제 수금이 제때 이루어지는지는 반드시 확인해야 한다. 이를 위해 사용하는 지표가 채권 일수(Days Receivable)다.

채권 일수 = 평균 매출채권 ÷ 일일 매출액

여기서 평균 매출채권은 해당 회계 기간의 매출채권 평균 금액이며, 일일 매출액은 연간 총매출을 365일로 나눈 값이다. 이 수치를 통해 외상 매출이 평균 며칠 만에 회수되고 있는지를 확인할 수 있다.

채권 일수가 길어지면 현금 회수가 지연되고 있다는 의미이므로, 수금 정책을 강화하거나 고객 신용 평가를 재조정할 필요가 있다. 반대로 채권 일수가 지나치게 짧다면, 지나치게 보수적인 신용 정책이 매출 확대를 막고 있을 가능성도 있다. 이 경우에는 조건을 완화해 고객 유인을 높이는 전략을 고려할 수 있다.

신용 및 수금 정책은 거래 조건을 넘어서 현금 흐름을 통제하고 성장 기회를 최적화하는 전략적 도구다. 고객별로 맞춤형 신용 조건을 설정하고, 수금 주기를 정기적으로 모니터링하며, 시장 상황에 따라 유연하게 정책을 조정할 수 있어야 안정성과 확장성 모두를 확보할 수 있다.

수금 관리 전략

수금 관리 전략(Collection Management Strategies)은 연체된 매출채권을 효과적으로 회수하고, 장기적인 현금 흐름을 안정화하기 위한 핵심 도구다. 특히 연체 기간이 길어질수록 회수 가능성은 급격히 떨어지며, 일반적으로 90일을 넘긴 채권은 현금화 가능성이 낮아진다. 따라서 연체가 발생했을 때는 즉각적이고 체계적인 대응이 필요하다. 스타트업처럼 자금 여유가 높지 않은 조직에 더더욱 그렇다.

대표적인 수금 전략은 다음과 같다.

- **사전수금 통지.** 수금 대행사를 투입하기 전에 고객에게 보내는 공식 통지서다. 이 문서는 연체 사실을 알리고, 법적 절차 없이도 자발적인 납부를 유도하는 역할을 한다. 고객에게 연체에 대한 경각심을 주면서도 관계를 유지할 수 있는 완충 지대다.
- **수금 대행사.** 외부 수금 전문 업체를 통해 회수를 시도하는 방식이다. 대행사는 관련 법률을 준수하면서 고객과의 협상을 진행하거나, 필요한 경우 강제적인 수단을 사용할 수 있다. 다만, 회수 금액의 일정 비율(보통 10~30%)을 수수료로 지급해야 하므로, 비용 대비 효과를 고려한 판단이 필요하다.
- **법적 소송 절차.** 모든 자율적 조치가 실패했을 때 최후의 수단으로 법적 절차를 진행한다. 판결을 통해 부동산 압류, 급여 압류 등 강제 집행이 가능하다. 비용과 시간이 많이 들지만, 장기 연체나 고액 미지급 채권에는 유효하다.

이러한 수단은 연체된 자금의 회수뿐 아니라 기업의 신용 정책 신호로도 활용할 수 있다. 체계적인 수금 전략이 없다면 고객은 납기일을 지키지 않아도 된다는 잘못된 인식을 갖게 된다. 반대로, 명확한 기준과 절차가 있으면 연체 자체를 줄일 수 있다.

단, 모든 고객에게 동일한 기준을 적용해서는 안 된다. 신용이 우수한 고객에게는 유연한 대응이 오히려 관계 유지에 도움이 되고, 반대로 반복적으로 연체를 일으키는 고객은 과감하게 거래 관계를 정리할 필요가 있다.

수금 전략은 현금 회수와 고객 관계 관리 사이에서 균형을 잡는 작업이다.

효과적인 수금 관리 없이는 아무리 매출이 많아도 현금이 돌지 않고, 사업 운영에 타격을 입는다. 수익보다 현금이 중요하다는 원칙은, 연체 채권 관리에서 가장 절실하게 드러난다.

> **현금 흐름 위기를 극복하기**
>
> 한 에듀테크 스타트업이 창업 3년 차에 예상치 못한 현금 흐름 문제로 위기를 맞았다. 고객사 중 한 곳의 대금 결제가 연말까지 지연되면서, 급여와 외주비를 감당할 자금이 바닥난 상황이었다. 회사는 빠르게 성장 중이었지만, 현금 유입 타이밍이 어긋나는 순간 모든 운영이 흔들리기 시작했다.
>
> 대표는 고객사에 수차례 연락을 시도했지만, 연말 특유의 느린 업무 흐름과 담당자의 부재로 제대로 된 대응을 받지 못했다. 외주 직원과 간신히 연결되었으나, '확인해 보겠다'는 형식적인 답변뿐이었다. 그 사이 급여일은 다가오고, 외주 인력들의 불만도 커져 갔다.
>
> 그러던 중, 고객사의 매입채무 부서와 연락이 닿았다. 놀랍게도 이 부서의 담당자는 상황을 신속히 이해하고, 대금 결제를 최대한 앞당기겠다고 약속했다. 심지어 대표에게 직접 연락 가능한 번호를 공유하며, 긴급 상황에 대응할 수 있도록 도왔다. 며칠 후 실제로 결제가 완료됐고, 스타트업은 간신히 급여와 외주 비용을 처리하며 위기를 넘겼다.
>
> 이 사건은 대표에게 중요한 교훈을 남겼다. 재무 위기 해결의 열쇠는 숫자가 아니라 관계에 있다는 사실이다. 흔히 대금 회수는 계약 조건이나 일정 관리의 문제로만 생각하지만, 실제 현장에서는 사람 간의 신뢰와 커뮤니케이션이 더 중요한 변수로 작용한다. 매입채무 부서처럼 결제권한과 실무 집행력이 있는 조직과의 관계가 특히 중요하다.
>
> 스타트업은 늘 현금 흐름에 취약하다. 이럴수록 계약 상대방만이 아니라, 결제 주체와의 라인도 확보해 두는 전략이 필요하다. 고객사 내부의 담당자 구조를 파악하고, 필요한 경우 적절한 선에서의 접촉 창구를 마련해 두는 것이 리스크 관리의 일환이 될 수 있다.
>
> 이 스타트업이 위기를 넘길 수 있었던 이유는, 친절하고 책임감 있는 매입채무 부서 담당자를 만났기 때문이 아니라, 그와 연결될 수 있는 소통 채널을 끝까지 포기하지 않았기 때문이었다. 현금 흐름은 계약서가 아니라, 실행하는 사람의 손에서 결정된다는 현실을 다시금 상기시켜 준 사례다.

재고 관리

재고 관리(Inventory Management)는 미래의 판매를 위해 미리 확보해 둔 자산을 어떻게 효율적으로 운용할 것인지에 대한 전략이다. 제품이 판매되기 전까지, 재고는 기업의 현금을 묶어두는 자산이 된다. 즉, 재고가 많다는 건 그만큼 현금이 자산으로 고정되어 있다는 뜻이고, 반대로 재고가 부족하면 고객 수요를 놓치게 된다. 재무 관리자에게 재고 관리는 자금 유동성과 판매 기회 사이의 균형을 맞추는 작업이다.

과도한 재고는 창고 비용, 보관 중 손상, 유통기한 경과 등의 문제로 이어진다. 반면 재고 부족은 고객 주문을 제때 처리하지 못하는 상황을 만들어 매출 손실로 직결된다. 그래서 재무 관리자는 생산 부서, 마케팅 팀, 공급망 관리팀과 긴밀히 협업해 수요 예측에 기반한 재고 전략을 수립해야 한다.

오늘날 많은 기업은 재고 관리 시스템(Inventory Management Systems)을 통해 재고 주문 시점과 적정 주문량을 자동으로 계산하고 있다. 이 시스템은 특정 품목의 판매 추이와 납기 기간을 고려해 주문 타이밍을 조절함으로써, 불필요한 재고를 줄이고 자산 효율을 높인다.

예를 들어, 자동차 산업에서는 공급업체와 협력해 자재를 필요한 시점에 정확히 받아보는 적시 공급 시스템(Just-In-Time, JIT)을 운영한다. 이 방식은 재고를 최소화하면서도 생산에 차질이 없도록 공급망을 정밀하게 조율한다. 재고가 곧 비용이라는 인식이 강한 제조업에서 JIT는 중요한 전략이다.

재고 관리는 업종과 계절에 따라 방식이 달라진다.
- 소매업체는 연말 크리스마스 시즌을 대비해 재고를 늘리고, 1~2월 같은 비수기에는 재고를 줄이는 전략을 쓴다.
- 농업 분야는 씨앗과 비료 같은 자재를 한꺼번에 확보해 두지만, 수확

전까지는 수익이 발생하지 않기 때문에, 계절성과 투자 시차를 고려한 재고 전략이 필요하다.

- 세제 제조업체처럼 수요가 일정한 산업에서는 재고를 안정적으로 유지하면서, 과잉 재고와 재고 부족의 위험을 최소화할 수 있다.

재고 관리는 '얼마나 쌓아 둘 것인가'의 문제가 아니라, 언제, 얼마나, 어떤 방식으로 보유할 것인가에 대한 전략이다. 수요 예측의 정확도, 공급 리드타임, 시장 변동성, 제품 특성 등 다양한 변수들이 재고 전략에 반영되어야 한다. 자산을 묶지 않으면서도 고객 수요를 놓치지 않는 균형 잡힌 재고 관리가, 스타트업의 자금 운용 효율성을 높이고 시장 대응력을 키우는 열쇠가 된다.

자본 자산 구매

자본 자산 구매(Capital Asset Acquisition)는 기업이 성장하고 경쟁력을 유지하기 위해 반드시 거쳐야 하는 단계다. 여기서 말하는 자본 자산은 토지, 건물, 기계, 설비, 운송 수단 등 장기간 사용되는 고정 자산을 의미하며, 단기적인 재고와는 구분된다. 이런 자산은 기업의 생산성과 운영 역량을 결정짓는 기반이기 때문에, 창업 초기뿐 아니라 사업이 확장되는 시점에서도 반복적으로 필요해진다.

예를 들어, 공장을 확장하거나 추가 사업장을 열기 위해 부지를 매입해야 할 수도 있고, 기존 장비를 업그레이드하거나 배송 차량을 추가 구매해야 할 수도 있다. 이처럼 자본 자산은 매출 증가와 직접적으로 연결되진 않지만, 기업의 장기적 생산성과 시장 대응력을 좌우하는 핵심 자원이다.

문제는 자산 구매가 항상 대규모 자금 지출을 동반한다는 점이다. 그래서 타이밍과 자금 계획이 무엇보다 중요하다. 예를 들어 부동산 시장이 하락기에 접어들었을 때 추가 토지를 매입하면, 장기적 관점에서 유리한 투자로 이어질 수 있다. 반면 계획 없이 즉흥적으로 자산을 구매하면, 고금리 대출에 의존하거나 다른 중요한 투자 기회를 포기해야 할 수도 있다.

재무 관리자가 이러한 상황을 피하려면 다음과 같은 사전 전략을 수립해야 한다.

- **자산 구매 타이밍 예측.** 시장 상황과 사업 성장 곡선을 고려해 구매 시점을 조율해야 한다.
- **자금 확보 계획 수립.** 내부 유보 자금, 투자 유치, 장기 대출 등 다양한 자금 조달 수단을 미리 준비해 둔다.
- **리스크 시뮬레이션.** 예기치 못한 현금 흐름 악화나 금리 상승 등의 시나리오를 고려해 자산 구매가 재무에 미치는 영향을 분석한다.

자본 자산 구매 과정이 제대로 계획되지 않으면 자산은 오히려 재무 구조를 악화시키는 고정비용이 될 수 있다. 반대로, 계획적이고 시기적절한 자산 투자는 기업의 경쟁력과 성장성을 높이는 지렛대가 될 수 있다. 스타트업일수록 현금 여유가 제한적이기 때문에, 자산 구매는 늘 전략적 판단 아래 이루어져야 한다.

부채 상환

부채 상환(Debt Repayment)은 스타트업이 대출을 통해 운영 자금을 확보하거나 자산을 구매한 후, 이를 어떻게 관리하고 상환할지를 계획하는 핵심 재무 활동이다. 특히 현금 유동성이 부족한 시기에는 외부 자금 조달이 불가피해지며, 이때 발생한 부채는 단기적 위기를 넘기는 데 도움이 되지만, 장기적으로는 상환 압박이라는 새로운 리스크로 작용할 수 있다.

대출을 잘 받았다고 재무 관리자의 역할이 끝난 건 아니다. 이자 비용과 원금 상환 일정을 체계적으로 관리하고, 상환 가능성에 대한 시나리오를 꾸준히 점검하는 것이 핵심이다. 상환 부담이 누적되면, 기업의 성장 여력이 줄어들고, 자산 매각이나 구조 조정 같은 극단적인 선택을 해야 하는 상황에 몰릴 수 있다.

부채 상환 부담을 줄이기 위한 전략은 다음과 같다.

- **대출 조건 검토.** 상환 기간, 이자율, 상환 방식(원리금 균등, 만기 일시 상환 등)을 면밀히 검토해, 자금 흐름에 부담을 최소화할 수 있는 조건을 선택한다.
- **재융자.** 금리가 높은 기존 대출을 낮은 금리의 신규 대출로 전환해 이자 비용을 줄이는 방식이다. 특히 금리 인하기가 도래했을 때 타이밍을 잘 잡으면 실질적인 재무 개선 효과가 크다.
- **상환 능력 점검 및 유연한 조정.** 현금 흐름을 지속적으로 모니터링하며, 상황에 따라 추가 대출을 고려하거나 기존 대출 조건을 재협상한다. 상환이 어려워질 조짐이 보일 경우 조기에 금융기관과 협의하는 것이 핵심이다.

부채 상환은 자산 구매, 투자 실행, 운영 자금 확보 등 여러 활동과 맞물려 있다. 따라서 부채 자체를 나쁘게 볼 것이 아니라, 어떻게 상환 구조를 설계하고 리스크를 통제하는지가 중요하다. 상환 계획 없이 대출을 실행하면, 단기적으로는 유동성을 확보할 수 있지만 장기적으로 기업의 안정성을 해칠 수 있다.

자본 자산 구매와 부채 상환은 기업의 재무 전략에서 하나의 흐름으로 연결되어야 한다. 자산을 확보했다면, 그 자산이 수익을 창출하기까지 필요한 기간 동안 안정적으로 대출을 관리할 수 있는 구조가 필요하다. 계획적이고 전략적인 부채 상환 관리는 재무 위험을 최소화하고, 성장을 이어갈 수 있는 기반이 된다.

배당금 지급

배당금(Dividend Distribution)은 기업이 주주에게 지급하는 수익 배분금으로, 단순 현금 지출이 아니라 주주 신뢰 유지와 장기 투자 유도를 위한 전략적 수단이다. 모든 기업이 배당금을 지급할 의무는 없지만, 안정적인 배당은 기업이 재무적으로 건강하다는 신호로 작용하며, 이는 곧 기업 가치에 긍정적인 영향을 미친다.

배당은 이익의 일부를 기업 내부에 유보하지 않고 외부로 분배하는 행위다. 따라서 무리한 배당은 재투자 여력 감소라는 부작용을 낳을 수 있다. 반면, 지나치게 낮거나 단절된 배당은 주주의 기대를 저버리는 결과로 이어진다. 배당 정책은 기업의 수익성과 재무 안정성을 동시에 고려해 설계되어야 한다.

재무 관리자는 다음과 같은 요소를 고려해 배당 정책을 수립해야 한다.

- 현금 보유 수준과 향후 자금 수요
- 사업 확장 및 자본 투자 계획
- 주주 구성 및 투자자 성향
- 과거 배당 정책과 시장의 기대치

특히 스타트업의 경우 초기에는 배당 대신 성장에 집중하는 전략을 택하는 경우가 많다. 하지만 일정 단계에 도달하면 배당을 통해 신뢰를 형성하고, 장기 투자자 유치에 나설 수 있다.

자본 예산

자본 예산(Capital Budgeting)은 기업이 장기 성장을 위해 진행하는 투자 의사결정의 체계적 절차다. 공장 확장, 장비 업그레이드, 기술 투자, 기업 인수, 신제품 개발 같은 활동은 모두 자본 예산의 대상이 된다. 이 과정은 단기적인 비용 지출을 넘어서, 미래 수익 창출 구조를 설계하는 작업이라 볼 수 있다.

자본 투자는 대부분 큰 자금을 한 번에 투입해야 하며, 투자금 회수까지 시간이 걸린다. 따라서 재무 관리자는 사전에 철저한 분석을 수행하고, 여러 대안을 비교해 가장 타당한 프로젝트에 자본을 배정해야 한다.

대표적인 분석 지표는 다음과 같다.

- **내부 수익률(Internal Rate of Return, IRR)**. 투자로부터 얻을 수 있는 예상 수익률을 나타내며, 기준 수익률(할인율)을 초과할 때 투자 가치가 있다고 판단된다.
- **투자 회수 기간(Payback Period)**. 초기 투자금이 현금 흐름을 통해 얼마나 빨리 회수되는지를 측정한다. 빠른 회수는 단기 유동성 확보 측면에서 유리하다.

이 외에도 순현재가치(Net Present Value), 수익성 지수(Profitability Index) 등을 함께 고려해 위험 대비 수익률을 종합적으로 평가해야 한다.

스타트업에 자본 예산은 자산을 늘리는 데만 쓰이는 예산이 아니다. 미래 수익 기반을 설계하고 자원을 전략적으로 재배치하는 핵심 수단이다. 따라서 재무 관리자와 최고경영진은 단기 성과에 매몰되지 않고, 자본 예산을 통해 기업의 비전과 실행력을 연결하는 관점을 가져야 한다.

자본 투자 평가

자본 투자 평가(Evaluation of Capital Investment)는 장기적 수익성과 리스크를 고려해 다양한 투자 대안을 비교하고, 최적의 선택지를 도출하는 전략적 분석 과정이다. 자본 투자는 본질적으로 불확실성을 내포하고 있다. 시장 반응, 경쟁사 전략, 기술 변화, 경제 환경 등 외부 변수에 따라 수익 구조가 흔들릴 수 있기 때문에, 수익 예측을 넘어 리스크 대응 시나리오까지 포함한 정교한 접근이 필요하다.

재무 관리자는 다양한 전제 조건과 가정을 기반으로 여러 시나리오를 설정하고, 각각의 경우에 대한 투자 수익률을 추정한다. 그러나 예측은 어디까지나 확률의 문제이기 때문에, 보수적인 관점에서의 해석과 예외 상황을 고려한 대응 전략이 반드시 함께 수반되어야 한다.

이를 위해 활용할 수 있는 대표적 기법은 다음과 같다.

- **민감도 분석.** 수익률에 영향을 미치는 핵심 변수가 바뀔 때, 전체 투자 성과가 어떻게 달라지는지를 확인하는 기법이다. 예를 들어 원자재 가격, 판매 단가, 시장 성장률 등이 일정 수준만 변해도 수익 구조가 어떻게 변화하는지를 시뮬레이션한다. 이를 통해 가장 민감한 변수(핵심 리스크 요인)를 선별할 수 있다.

- **위험 관리 전략.** 변수의 변화 자체는 통제하기 어렵지만, 그에 대한 대응 전략은 사전에 설계할 수 있다. 예를 들어 외환 리스크에 대비해 환헤지 계약을 체결하거나, 대체 공급망을 확보해 공급 리스크를 분산하는 방식이 여기에 해당한다.

자본 투자 평가는 '수익이 날 것 같은 투자'를 고르는 작업이 아니다. 기업의 자본을 어디에, 언제, 얼마나 배분할지를 판단하는 전략적 의사결정 과정이며, 이는 곧 기업의 미래 성장 기회를 결정짓는 요인이 된다.

스타트업의 경우 투자 판단이 한 번의 선택으로 이어지는 경우가 많기 때문에, 더욱 철저한 평가가 필요하다. 제한된 자본을 어디에 먼저 투입하느냐에 따라 시장 진입 속도, 제품 개발 성공률, 수익 모델 확장성까지 달라질 수 있다. 따라서 재무 관리자는 수익성뿐 아니라 회수 기간, 불확실성 수준, 대체 가능성 등을 모두 고려한 입체적인 투자 평가 전략을 수립해야 한다.

궁극적으로 자본 투자 평가는 기업의 지속 가능성과 수익성의 균형을 맞추는 일이며, 그 중심에 있는 재무 전략은 단기 현금 흐름이 아니라 장기 경쟁력의 설계도가 되어야 한다.

핵심 정리

스타트업의 생존과 성장은 자금의 흐름에 달려 있으며, 이를 체계적으로 관리하는 재무 관리는 단순한 회계 업무를 넘어 전략적 경영의 핵심 기능이다. 초기 스타트업은 수익 창출 이전에 반드시 버텨야 하는 기간이 존재하며, 이때 필요한 운영 자금을 확보하고 관리하는 능력이 기업의 지속 가능성을 좌우한다. 현금이 부족하면 아무리 훌륭한 기술과 인력을 갖췄더라도 사업을 유지하기 어렵기 때문에, 창업가는 자금 조달과 운용, 흐름 분석을 포함한 포괄적인 재무 전략을 수립해야 한다.

이 장에서는 창업가가 반드시 이해해야 할 손익계산서, 현금 흐름표, 대차대조표의 주요 재무제표 개념과 실무 활용 방식을 설명한다. 재무제표는 단순한 수치의 나열이 아니라, 사업의 과거 실적과 현재 상태를 해석하고 미래 전략을 수립하는 데 필요한 정보 자산이다. 이를 바탕으로 매출 예측, 손익 구조 분석, 현금 흐름 점검, 자산 구조 진단이 가능하며, 재무비율 분석을 통해 업계 평균과의 비교 및 수익성·유동성·안정성 평가가 이루어진다.

특히 스타트업은 초기부터 철저한 현금 흐름 관리가 요구된다. 매출은 발생했지만, 현금이 유입되지 않는 외상 거래가 많고, 재고나 미수금이 쌓이면 운영 자금이 묶여 위기에 직면할 수 있다. 이에 따라 신용 및 수금 정책, 매출채권 관리, 채권 회수 전략은 실질적인 자금 확보를 위한 실행 장치로 작동해야 하며, 각 거래 주체와의 관계 관리 또한 재무 전략의 일부로 고려되어야 한다.

또한 재무 예측은 사업 계획 수립의 핵심 기반이다. 매출 단위, 단가, 계절 요인, 마케팅 효과 등을 반영한 예측은 민감도 분석과 함께 자금 조달 전략, 비용 조정 계획, 투자 판단에 결정적 영향을 미친다. 특히 자금 소진 속도와 운영 지속 가능 기간은 스타트업의 생존력을 가늠하는 지표로 기능한다.

더불어 손익분기점 분석은 회계상 손익뿐 아니라 실제 현금 흐름 기반의 손익분기점을 함께 고려해야 하며, 재무제표의 각 항목을 상대적 관점에서 해석하는 비율 분석은 기업의 경쟁력과 위험 요인을 입체적으로 파악할 수 있게 한다. 유동성 비율, 활동성 비율, 수익성 비율, 부채 비율은 각각 단기 지급 능력, 자산 운용 효율, 이익 창출력, 자금 구조의 건전성을 평가하는 데 활용된다.

   스타트업의 재무 전략에는 자본 자산 구매와 부채 상환, 배당 정책, 자본 예산, 투자 평가 등이 포함된다. 자산을 언제, 어떤 조건으로 확보할 것인지, 부채를 어떤 구조로 상환할 것인지, 투자 판단의 기준을 무엇으로 삼을 것인지에 대한 결정은 장기 성장성과 연결되어 있다. 자산은 전략적으로 취득되어야 하며, 자금 조달과 상환 계획이 수반되지 않으면 재무 건전성을 해칠 수 있다.

   재무 관리는 사업의 전 과정을 관통하는 실행 전략이다. 창업가는 수익성을 확보하는 동시에 유동성을 유지해야 하며, 장기적 경쟁력을 갖추기 위해 투자 판단과 자산 구조를 정교하게 설계해야 한다. 이는 기업의 방향성과 생존을 동시에 설계하는 일이다. 재무 관리 역량은 스타트업 경영자의 필수 자산이다.

창업가의 질문

Q1. 재무제표를 이해하는 것이 중요하다는 것은 알겠지만, 창업 초기에는 숫자를 다루는 것이 너무 낯설고 복잡하게 느껴집니다. 창업가로서 반드시 이해하고 활용해야 할 재무제표의 핵심은 무엇이며, 이들이 전략적 사고와 어떻게 연결되는지 알고 싶습니다.

교수의 답변. 좋은 질문입니다. 스타트업의 경우, 단순한 회계 처리를 넘어서 '사업의 건강 상태를 수치로 읽어내는 능력'이 재무제표의 핵심입니다. 창업가는 적어도 세 가지 문서를 읽을 수 있어야 합니다. 첫째, 손익계산서는 어떤 구조로 돈을 벌고 쓰는지를 보여 줍니다. 수익성과 비용 구조를 이해해야 전략 조정이 가능합니다. 둘째, 현금 흐름표는 실제로 돈이 언제 들어오고 나가는지를 보여 줍니다. 외상 매출이 많고, 자금 유입과 유출 시점이 어긋나기 쉬운 스타트업에겐 필수적인 문서입니다. 셋째, 대차대조표는 지금 이 순간 기업이 보유한 자산과 빚, 그리고 자본의 구조를 보여 줍니다. '내가 가진 돈이 내 돈인지 남의 돈인지'를 이해하는 것이죠. 이 세 문서를 기반으로 재무 예측, 손익분기점 계산, 유동성 위기 대응 같은 전략적 판단이 가능합니다. 숫자는 낯설 수 있지만, 그 안에 담긴 구조를 읽을 줄 아는 능력이야말로 창업가의 중요한 전략 자산입니다.

Q2. 초기 스타트업에서 가장 자주 마주치는 문제 중 하나가 '매출은 발생했는데 돈은 안 들어오는 상황'입니다. 외상 거래가 많은 환경에서 현금 흐름을 안정적으로 관리하려면 어떤 실무적인 장치나 전략을 마련해야 할까요?

액셀러레이터의 답변. 정확히 짚으셨습니다. 스타트업이 겪는 가장 현실적인 위기는 '현금이 돌지 않는 것'에서 시작됩니다. 이를 해결하기 위해선 세 가지 실무 전략이 필요합니다. 첫째, 신용 정책을 수립해야 합니다. 무조건 외상으로 판매하기보다 조기 결제를 유도하는 조건을 설정하고, 거래처별로 신용 한도를 명확히 정하세요. 둘째, 채권 일수를 정기적으로 체크하면서 매출채권 회전율을 관리해야 합니다. 회수가 늦어질 경우 바로 연락하거나 조건을 조정할 수 있어야 합니다. 셋째, 수금 관리 전략을 마련하세요. 연체 시에는 사전 통지, 필요시 대행사 활용, 상황에 따라 법적 절차까지 단계별로 대응해야 합니다. 중요한 건 이 모든 수단을 '신뢰 기반'으로 운영하는 겁니다. 결제 담당자와 연결되어 있는 소통 라인이 있다면, 위기 상황에서 놀라울 정도로 빠른 해결이 가능합니다. 현금 흐름은 회계가 아니라 관계와 실행으로 관리됩니다.

Q3. 투자를 유치하기 위해서는 재무 예측과 손익분기점 자료를 갖추어야 한다고 들었습니다. 벤처캐피털 입장에서 어떤 재무 자료가 신뢰할 만한 판단 기준이 되며, 특히 창업 초기 기업의 수치들을 어떤 시각에서 평가하시나요?

벤처캐피털리스트의 답변. 투자자의 입장에서는 '완벽한 숫자'보다 '논리와 정합성'이 핵심입니다. 창업 초기라면 실제 실적보다도 매출 예측의 구조, 손익계산서의 가정, 자금 소진 속도(Burn Rate)와 운영 지속 가능 기간(Runway) 같은 지표가 중요합니다. 예컨대, 예상 수익이 어떻게 도출되었는지, 가격/단위/시장 점유율 가정이 현실적인지를 살핍니다. 또, 민감도 분석을 통해 매출이 10% 줄거나 마케팅비가 20% 늘면 어떻게 대응할 것인지 시나리오가 정리되어 있으면 신뢰도가 높아집니다. 손익분기점은 회계상 수익뿐 아니라 실제 현금 흐름 기준으로도 제시되는 것이 바람직합니다. 가장 중요한 건, 재무 수치를 통해 '사업을 어떻게 설계하고 통제하려 하는지'가 드러나야 한다는 점입니다. 숫자 자체보다, 그 숫자를 설명하는 창업가의 전략적 태도가 투자의 판단 기준입니다.

Chapter 09

자금 조달 방법

모든 스타트업은 시작 단계에서 일정 수준 이상의 초기 자본이 필요하다. 이 자본은 시장 진입, 제품 테스트, 고객 확보에 필요한 핵심 자원이다. 자금의 규모는 사업의 성격에 따라 크게 달라질 수 있다. 예컨대, 테슬라는 전기차를 생산하기 위해 막대한 초기 자본이 필요했지만, 드롭박스나 에어비앤비는 Y-콤비네이터로부터 3만 달러 미만의 투자금으로 시작했다.

창업 초기부터 다양한 자금 조달 경로를 고려해야 한다. 초기 자본의 필요성과 조달 방식은 기업 성장 단계에 따라 바뀌며, 자본의 출처 역시 성장 단계에 따라 달라진다. 이 장에서는 창업가가 선택할 수 있는 자본의 출처와 그에 맞는 자금 관리 전략, 그리고 자금 조달을 위한 실질적인 도구와 기법들을 다룬다. 특히 자본 금융(Equity Financing)과 부채 금융(Liabilities Financing)이라는 두 가지 주요 방식에 대한 이해는 스타트업 재무 전략의 출발점이다.

자본 금융은 투자자로부터 자금을 유치하는 방식이다. 장기적인 수익 가능성에 기반해 자금을 제공받는 대신, 기업의 지분 일부를 내어 주게 된다. 초기에는 수익이 거의 없기에 자본 조달이 현실적인 선택이 되기도 한다. 반면 부채 금융은 대출을 통해 자금을 조달하는 방식으로, 일정 기간 내에 이자와 원금을 상환해야 한다. 투자자가 기대하는 것은 기업의 성장이고, 대출자가 기대하는 것은 확실한 회수다. 따라서 자본 금융은 리스크와 성장 가능성에 투자하는 행위, 부채 금융은 신용과 상환 능력에 의존하는 거래라고 볼 수 있다.

이 두 방식은 각각 장단점을 가진다. 부채 금융은 지분 희석을 피할 수 있지만, 상환 의무가 경영의 유연성을 제한할 수 있다. 반면 자본 금융은 상환 부담이 없다는 장점이 있지만, 지분이 희석되어 창업가의 통제권이 줄어들 수 있다. 특히 창업가에게 동기부여가 중요한 초기 단계에서는 이러한 희석이 기업 운영에 심리적 영향을 미칠 수도 있다. 따라서 자금 조달 방식은 경영 전략과 창업가의 동기 구조에 영향을 미치는 선택이다.

자금 조달에서 중요한 원칙은 '필요 이상으로 조달하지 말 것'이다. 자금이 부족하면 신뢰를 잃고 기회를 놓칠 수 있지만, 자금이 과잉이면 비용 통제가 느슨해지고 불필요한 지출로 이어질 수 있다. 적절한 자본화는 스타트업 생존과 성장의 핵심이며, 이를 위해 현실적인 예산과 명확한 자금 계획이 필요하다.

최근에는 전통적인 투자자와 금융기관 외에도 다양한 자금 조달 경로가 존재한다. 정부 지원 보조금, 테크 스타트업 대상 R&D 프로그램, 정책 자금 등 대안 자금원(Alternative Funding Sources)을 활용하는 것도 전략적 선택이 될 수 있다. 예를 들어, 중소벤처기업부는 국내 스타트업을 대상으로 다양한 지원 프로그램을 운영하며, 이를 통해 기술 창업에 필요한 초기 자금을 확보할 수 있다.

궁극적으로 창업가는 투자자 또는 대출자와 조건을 명확히 설정한 딜(Deal)을 체결해야 한다. 투자자는 지분을 대가로 장기적인 수익을 기대하고, 대출자는 원금과 이자의 회수를 중시한다. 그 사이에서 창업가는 자금 제공자의 기대를 충족시키면서도 기업의 통제력과 이익을 지켜내야 한다. 자금 조달은 기업의 방향을 정하고, 시장에서 실행력을 확보하는 구조를 설계하는 작업이다. 이제 스타트업이 활용할 수 있는 구체적인 자금 조달 방식을 살펴보자.

자본 금융

자본 금융은 개인 또는 기관 투자자로부터 자본을 유치하는 방식으로, 특히 창업 초기 기업에 매력적인 옵션이다. 가장 큰 장점은 상환 의무가 없다는 점이다. 대출과는 달리 자본금은 원금과 이자를 갚을 필요가 없으며, 이는 창업가가 초기부터 현금 흐름에 대한 부담 없이 제품 개발, 고객 확보, 조직 운영 등에 집중할 수 있도록 한다.

자본 금융은 투자자와의 장기적 파트너십을 형성하는 과정이다. 이 과정에서 중요한 역할을 하는 문서가 사모투자 제안서(Private Placement Memorandum, PPM)이다. 사모투자 제안서는 투자자에게 기업의 현재 상태와 미래 가능성을 설명하는 핵심 자료로, 다음과 같은 내용을 포함해야 한다.

- 기업의 재무 현황과 손익 구조
- 경영 전략과 사업 모델
- 시장 분석 및 성장 계획
- 주요 리스크 요인

특히, 리스크 항목에는 특허 등록 실패 가능성, 제품 수요 예측 오차, 경쟁사의 시장 진입, 후속 자금 조달 실패 등도 명시해야 한다. 이는 투자자에게 '좋은 점'만 보여 주는 것이 아니라, 기업이 직면한 현실적인 불확실성까지 공유함으로써 신뢰를 형성하는 과정이다. 대부분의 스타트업은 전문 법률가의 도움을 받아 자사의 특성에 맞는 사모투자 제안서를 작성하며, 이 과정을 통해 투자 유치의 투명성과 효율성을 높인다.

이처럼 자본 금융은 법적·제도적 규제 아래서 이루어진다. 상장기업의 경우 주식시장 공모를 통해 자금을 모집할 수 있으며, 이때는 사업보고서,

감사보고서, 분기별 재무제표 등을 정기적으로 공시해야 한다. 이는 투자자 보호를 위한 핵심 장치이자, 시장 신뢰를 유지하는 조건이기도 하다.

> **금융위원회의 역할과 기능**
>
> 금융위원회는 자본시장법을 기반으로 스타트업과 비상장 기업이 법적으로 자본을 조달할 수 있도록 제도적 기반을 제공하고 있다. 특히 비상장 기업이 친구, 가족, 엔젤 투자자, 벤처 캐피털 등 민간 투자자로부터 자금을 유치할 때, 모든 증권법상의 의무를 동일하게 적용받지 않도록 일정 조건하에 증권신고서 제출 의무 면제 제도를 운영하고 있다.
>
> 예를 들어, 자금 모집 총액이 일정 금액을 넘지 않거나, 소수의 투자자를 대상으로 하는 비공개 증권 발행의 경우, 자본시장법상 증권신고서 제출이 면제되어 간소한 절차로 자본을 유치할 수 있다. 이는 초기 단계 스타트업이 과도한 규제 부담 없이 소규모 자금을 조달할 수 있도록 한 제도적 장치다.
>
> 또한, 금융위원회는 크라우드펀딩 제도를 통해 스타트업이 온라인 투자중개 플랫폼을 통해 주식 또는 채무증권 등의 형태로 다수의 투자자로부터 소규모 자금을 유치할 수 있는 경로를 마련하고 있다. 일정 요건을 충족하면 간소화된 공시 요건을 적용받을 수 있으며, 초기 창업기업이 자금 조달의 문턱을 넘는 데 실질적인 도움을 받을 수 있다.
>
> 이처럼 금융위원회는 규제기관의 역할에 더해, 건전한 자본시장 진입을 촉진하는 지원적 역할도 병행하고 있다. 스타트업 입장에서는 이러한 제도적 유연성을 잘 활용해, 복잡한 절차 없이 자금을 조달하고 성장 기반을 마련할 수 있다.

비상장 스타트업도 마찬가지다. 공시 의무는 없지만, 자본 금융 과정에서는 투자자에게 충분한 정보 제공이 요구되며, 금융 관련 법규를 준수해야 한다. 정보 비대칭이 큰 스타트업 환경에서는 정확한 정보 제공과 투명한 태도 자체가 투자 유치의 신뢰 자산이 된다.

자본 금융은 외부 자금을 확보하는 동시에, 기업의 소유권 일부를 외부에 공유하는 행위다. 따라서 단기적인 자금 유입보다 중요한 건, 어떤 파트너를 선택하느냐, 그리고 지분 희석이 기업의 비전과 일치하는 방향으로 작동하느냐다. 자본 금융은 장기 전략과 경영 철학에 근거한 의사결정이다.

페블의 킥스타터 펀딩 성공 사례

킥스타터(Kickstarter) 역사상 가장 인상적인 크라우드펀딩 성공 사례 중 하나는 페블(Pebble) 스마트워치의 초기 캠페인이다. 당시 페블의 창업가는 불과 10만 달러의 목표 금액으로 프로젝트를 시작했지만, 약 7만 명의 후원자로부터 무려 1,000만 달러 이상의 자금을 유치하는 데 성공했다. 이 사례는 크라우드펀딩이 아이디어를 대규모 시장 검증과 자본 금융으로 연결해 주는 강력한 수단임을 명확히 보여 준다.

페블 스마트워치는 스마트폰과 블루투스로 연결되어, 시계를 통해 전화, 문자, 이메일 등의 알림을 진동으로 받을 수 있는 기능을 제공했다. 특히 E-잉크 디스플레이를 탑재하여 직사광선 아래서도 시인성이 뛰어난 화면을 제공했고, 배터리 수명이 길다는 점도 차별화 요소였다. 사용자들은 시계 밴드 색상, 디지털 워치페이스, 다양한 앱을 통해 제품을 개인 맞춤화할 수 있었으며, 자전거 속도계, 골프 거리 측정기 등 특화된 앱 활용도 가능했다.

이 캠페인의 가장 큰 의미는 기술적 매력뿐 아니라 시장 초기 수요를 입증하고 자금 확보를 동시에 실현했다는 점에 있다. 목표 금액의 100배 이상을 유치함으로써 페블은 아이디어 단계에서 벗어나, 제품 생산, 유통, 마케팅까지 초기 자본으로 자체 추진할 수 있는 기반을 확보하게 되었다. 또한 수만 명의 후원자가 곧 브랜드 초기 팬층이 되었고, 이는 후속 제품의 시장 확산에도 중요한 영향을 미쳤다.

페블 사례는 다음과 같은 교훈을 제공한다.
- 초기 제품 컨셉의 명확성과 기능적 차별성이 크라우드펀딩에서 중요한 설득 요소로 작용한다.
- 정량화된 목표 설정과 투명한 개발 계획 공유는 후원자 신뢰를 구축하는 핵심이다.
- 후원자가 곧 고객이자 조기 전도자(Early Evangelist)로 전환될 수 있다는 점에서, 크라우드펀딩은 단순 자금 조달 수단을 넘어 시장 진입 전략의 일환이 된다.

페블은 이 캠페인을 통해 제품 개발의 리스크를 분산시키고, 외부 투자 유치 이전에 제품에 대한 시장의 실질 반응을 확보하는 데 성공했다. 이는 테크 스타트업이 자본과 시장을 동시에 설계해야 할 때, 크라우드펀딩이 얼마나 유용한 전략 도구가 될 수 있는지를 보여 주는 대표적인 사례로 남아 있다.

자본 금융 비용

자본 금융 비용(Cost of Capital)은 스타트업이 자금을 확보할 때 반드시 고려해야 할 핵심 요소다. 조달 방식에 따라 비용 구조와 경영 권한에 미치는 영향이 달라지기 때문에, 창업가는 '얼마나 조달할 것인가'보다 '어떻게 조달할 것인가'를 전략적으로 결정해야 한다. 특히 지분 조달(Equity

Financing)은 부채 금융보다 높은 비용이 수반되는 경향이 있으며, 이는 금전적 비용을 넘어 지배구조와 소유권 희석이라는 중요한 이슈를 동반한다.

지분 조달은 상환 의무나 이자 부담이 없는 대신, 새로운 투자자가 기업의 일부 지분을 확보하게 된다. 이 과정에서 기존 주주의 지분 희석(Equity Dilution)이 발생하며, 이는 장기적으로 경영권 유지와 의사결정 권한에 영향을 줄 수 있다. 지분 희석의 정도는 자본 금융 당시의 기업 가치평가(Valuation)와 투자 조건에 따라 결정되므로, 창업가는 협상 과정에서 신중해야 한다.

다음은 이에 관한 지분 희석 시나리오이다.

- 두 명의 공동 창업가가 각각 50%의 지분을 보유한 스타트업이 있다고 가정하자. 기술 개발과 시장 검증을 마친 이 스타트업은 확장을 위해 10억 원의 추가 자본 유치를 결정한다.
- 이때 기업의 사전 가치(Pre-money Valuation)가 20억 원으로 평가되었다면, 추가 자본 유치 이후의 사후 가치(Post-money Valuation)는 30억 원이 된다.
- 투자자는 10억 원을 투자해 30억 원 가치 중 1/3, 즉 33.3%의 지분을 확보하게 되며, 두 창업가의 지분은 각각 33.3%로 줄어든다.

이 시나리오에서 중요한 점은, 창업가의 지분율이 실제로 줄어들더라도, 여전히 지배적 공동 소유권을 유지하고 있다는 사실이다. 하지만 자본 금융이 반복되면, 이 희석은 누적되어 경영권 유지에 부담을 줄 수 있다. 따라서 창업가는 다음과 같은 전략으로 지분 희석을 최소화할 수 있다.

- **기업 가치평가 극대화.** 투자를 받기 전 기업의 가치를 최대한 높게 설정해 사전 가치 기준에서 유리한 위치 확보

- **투자 조건 협상.** 동의권 조항, 우선주 조건, 리버스 베스팅(Reverse Vesting) 등을 활용해 영향력 유지
- **자본 금융 시점 조절.** 초기에는 소규모 자금을 단계적으로 유치하거나, 비전통적 자금원(보조금, 대출, 매출 기반 자금 등)을 병행 활용

자본 금융은 지배권, 장기 전략, 재무적 유연성을 함께 설계해야 하는 문제다. 지분 조달이 경영 통제권의 희생을 의미하지 않도록, 스타트업은 자금 유치와 기업 가치평가를 통합적으로 고려한 정교한 전략이 필요하다.

벤처 캐피털

벤처 캐피털(Venture Capital, VC)은 스타트업이 엔젤 투자를 거친 후, 본격적으로 기업 가치를 증대시키는 단계에서 중요한 역할을 담당하는 자본 금융 방식이다. 초기 시장 검증을 마친 스타트업은 높은 성장 가능성과 기술력을 기반으로 벤처 캐피털의 투자를 유치하며, 이를 통해 다음 단계의 제품 개발, 시장 확장, 인재 확보 등에 필요한 자금을 확보할 수 있다.

벤처 캐피털은 일반적으로 성공한 창업가 출신 또는 금융 전문가로 구성된 전문 투자 팀이 운용하며, 자금은 고액 자산가, 연기금, 대기업, 대학 기금 등으로부터 조달된다. 이들은 유한 파트너(Limited Partners, LP)로 참여하며, 자금을 약정하고 그중 일부를 초기에 납입한 후, 투자 기회가 도래할 때 순차적으로 추가 출자를 진행한다. 운용사는 무한책임 파트너(General Partner, GP)로서, 투자 집행과 회수를 담당하며 창업생태계 내에서 자본·전략·네트워크를 제공하는 핵심 플레이어 역할을 한다.

벤처 캐피털은 일반적으로 특정 산업군과 성장 단계에 대한 선호도를 보인다. 예를 들어, 인라이트 벤처스는 인공지능(AI), 디지털 헬스케어, 핀

테크, 플랫폼 비즈니스 등 고성장 가능성이 높은 IT 분야에 집중 투자하고 있으며, 초기 투자(seed)보다는 일정 수준 이상의 제품 완성도와 시장 반응을 확보한 시리즈 A~C 단계 기업을 주요 타겟으로 삼는 경향이 있다. 이처럼 벤처 캐피털은 자신들의 전문성과 산업 인사이트를 바탕으로 투자 포트폴리오를 구축하며, 성장 가능성과 수익 회수 가능성을 종합적으로 고려한다.

벤처 캐피털의 수익 구조는 일반적으로 '2 & 20 모델'로 불린다. 즉, 운용 자산의 2%는 관리 수수료, 투자로부터 발생한 순이익의 20%는 성과보수(Carried Interest)로 책정된다. 예를 들어, 한 벤처 캐피털이 유한 파트너로부터 100억 원을 위탁받아 운용할 경우, 매년 2억 원의 관리비를 받으며, 투자 성공 시 발생한 이익의 20%를 성과 수익으로 취한다. 아래는 수익 분배 구조 예시다.

- 총 투자금. 100억 원 (유한 파트너 제공)
- 관리 수수료. 2억 원 (2%)
- 실제 투자 금액. 98억 원
- 회수 자산 가치. 300억 원
- 원금 회수. 100억 원
- 사전 보장 수익(예. 8%). 8억 원
- 순이익. 192억 원
  → GP(벤처 캐피털): 20% = 38.4억 원
  → LP(출자자): 80% = 153.6억 원

이처럼 벤처 캐피털은 투자 회수 가능성과 기업 성장 가능성을 동시에 평가하고, 장기적 관점에서 포트폴리오 성과를 극대화하는 전문 투자기관이다. 스타트업 입장에서는 벤처 캐피털의 투자 유치는 자금 확보뿐만 아니라 산업 네트워크, 후속 투자 연계, IPO 또는 M&A 전략 설계 등 다각적인 성장 자산을 확보하는 계기가 된다. 따라서 스타트업은 자금 규모만이 아니라, 벤처 캐피털의 산업 전문성, 포트폴리오 특성, 운영 방식을 면밀히 검토해 파트너십을 선택해야 한다.

벤처 캐피털의 초점

벤처 캐피털의 투자 결정은 기술의 혁신성만을 기준으로 하지 않는다. 이들은 스타트업의 전반적인 구성 요소(경영진의 역량, 기술의 시장성, 시장 규모, 출구전략 가능성 등)를 통합적으로 평가하며, 이 중에서도 가장 우선적으로 고려하는 요소는 경영진의 경험과 리더십 역량이다.

벤처 캐피털 업계에서 자주 인용되는 말 중 하나는 "기술이 아니라 사람에 투자한다"는 것이다. 이는 기술이 아무리 혁신적이라 해도, 그것을 시장에서 제품화하고 사업화하며 확장할 수 있는 팀의 역량 없이는 지속 가능한 성과로 이어지기 어렵다는 현실 인식에 기반한다. 특히 경험 많은 벤처 캐피털은 기술 자체는 시간이 흐르면서 조정될 수 있지만, 경영진의 태도와 실행력은 대체 불가능하다는 점을 강조한다. 이와 같은 철학하에서, 실패 경험이 있는 창업가라도 학습과 통찰을 통해 성장한 인물로 평가받을 수 있으며, 이는 오히려 긍정적인 투자 요인이 되기도 한다.

두 번째로 벤처 캐피털은 기술이 겨냥하는 시장의 잠재력과 확장성을 면밀히 분석한다. 기술이 실현 가능한 솔루션인지, 고객이 실제로 문제를 인식하고 해결책에 비용을 지불할 의사가 있는지, 그리고 시장이 충분히 크고 빠르게 성장하고 있는지를 확인한다. 벤처 캐피털은 일반적으로 틈새시장보다는 빠르게 확장할 수 있는 대형 시장(Massive Market)에 더 큰 가치를 두며, 이는 투자 회수 가능성과 직결된다.

세 번째로 중요하게 여겨지는 요소는 출구전략(Exit Strategy)이다. 벤처 캐피털의 자금은 기본적으로 유한 파트너(LP)의 자금을 대리해 운용되는 것이므로, 일정 기간 내에 투자 수익을 실현할 수 있어야 한다. 일반적으로 출구전략은 M&A 또는 IPO 형태로 나타나며, 스타트업이 이 전략을 명확히 제시하고 실행할 수 있는 능력을 갖추고 있어야 벤처 캐피털은 투자 회수 가능성을 신뢰할 수 있다.

이러한 기준 속에서 벤처 캐피털은 창업가보다 훨씬 보수적이고 분석 중심적인 태도를 보인다. 창업가는 종종 기술과 아이디어에 과도한 확신을 가지며, 시장 리스크나 실행 리스크를 간과하는 경향이 있다. 이는 '과잉 확신(overconfidence)'이나 '계획 오류(planning fallacy)'와 같은 인지 편향으로 이어지기 쉽고, 이러한 편향은 벤처 캐피털의 냉철한 검토 과정에서 빠르게 드러난다.

스타트업이 벤처 캐피털 자금을 유치하고자 한다면, 기술의 우수성을 강조하는 것만으로는 부족하다. 투자자가 중시하는 핵심 요소(경영진의 실행력, 명확한 시장 기회, 수익성 있는 확장 가능성, 실행 가능한 출구전략 등)을 기반으로 투자 유치 자료를 설계해야 한다. 특히 벤처 캐피털의 평가 관점과 우선순위를 이해하고, 그에 맞춘 전략적 커뮤니케이션을 준비한 창업가는 투자 유치 성공 확률을 현저히 높일 수 있다.

벤처 캐피털은 지속 가능한 가치 창출 역량에 투자한다. 기술을 시장에서 검증할 수 있는 비즈니스로 전환할 수 있는 팀, 시장 기회를 명확히 포착한 전략, 실행 가능한 성장 계획과 회수 전략이 삼위일체로 작동할 때,

투자자와 창업가는 장기적 성공을 함께 도모할 수 있다.

벤처 캐피털에 효과적으로 접근하는 방법

벤처 캐피털리스트에게 효과적으로 접근하려면 무엇보다 간결함과 명확성이 핵심이다. 대부분의 벤처 캐피털은 피치에서 단 몇 가지 핵심 요소만을 집중적으로 검토한다. 이들이 짧은 시간 안에 투자 여부를 판단하는 이유는, 한 해 수백 개의 스타트업을 검토해야 하기 때문이다. 즉, "짧게, 명확하게, 핵심만"이 성공적인 피치의 공식이다. 벤처 캐피털이 집중적으로 보는 요소는 다음과 같다.

- 문제와 해결 방안의 명확성. 어떤 실질적인 문제를 해결하고 있는가?
- 시장 기회의 규모. 이 시장은 충분히 크고, 성장 가능성이 있는가?
- 팀의 역량. 이 문제를 해결할 수 있는 인재들이 모여 있는가?
- 경쟁 구도. 기존 솔루션보다 어떻게 우위에 있는가?
- 사업 실행 전략. 어떻게 시장에 진입하고 성장할 것인가?
- 현재 진행 상황. 지금까지 무엇을 달성했는가? 최소 기능 제품, 매출, 사용자 수 등

이러한 내용을 10장 이내의 슬라이드에 담아내는 것이 가장 이상적이다. 불필요한 배경 설명, 긴 기술 설명, 과도한 예측치는 오히려 핵심 메시지를 흐릴 수 있다. 투자자는 완벽한 정보보다 핵심 논리를 이해할 수 있는 구조를 원한다. 즉, 듣는 쪽의 속도를 고려해 메시지를 설계하는 것이 중요하다. 효과적인 피치를 위한 실천 전략은 다음과 같다.

- 문제를 한 줄로 정의하라. "우리는 ○○ 고객이 겪는 ○○ 문제를 해결한다"는 문장 하나로 시작하라. 문제 정의가 명확해야 솔루션의 매력도 명확해진다.
- 시장 크기를 수치로 제시하라. 전체시장(Total Addressable Market), 유효시장(Serviceable Addressable Market), 수익시장(Service Obtainable Market) 등을 통해 시장의 규모와 현실성을 함께 전달한다.
- 팀 소개는 '왜 우리인가'에 집중하라. 이력이 아니라 역량을 보여 주어야 한다. "우리는 이 시장을 누구보다 깊이 이해하고 있다"는 메시지를 강조하라.
- 신뢰 가능한 숫자만 보여라. 추정치는 보수적으로, 실적은 객관적으로, 향후 계획은 구체적으로 제시하라.
- 엔딩은 명확한 제안으로 마무리하라. "우리는 현재 ○○억 원의 자금을 조달 중이며, 이를 통해 ○○ 목표를 달성하고자 합니다."

투자자는 기술이 아니라 실행력에, 비전이 아니라 구조화된 전략에 투자한다. 그렇기에 복잡한 이야기보다 핵심 요소에 집중한 간결한 메시지가 더 큰 신뢰를 만든다. 피치의 목표는 모든 정보를 전달하는 것이 아니라, 다음 대화를 끌어낼 만큼의 관심과 신뢰를 얻는 것임을 기억해야 한다.

액셀러레이터와 벤처 캐피털의 관점 차이

기술 창업가에게 투자자는 단순한 자금 공급자를 넘어, 전략의 설계와 실행 속도를 실질적으로 조정하는 파트너다. 특히 어떤 단계에, 어떤 투자자를, 어떤 구조로 만날 것인가는 실행 전략의 방향성을 좌우한다. 이때 액셀러레이터와 벤처 캐피털은 투자자로서 뚜렷이 다른 작동 원리를 갖고 있으며, 창업가는 이 차이를 전략적으로 인식하고 선택해야 한다.

벤처 캐피털은 검증된 구조에 자본을 투입하는 플레이어다. 일정 수준 이상의 제품 완성도, 시장 반응, 초기 매출 등 가시적 트랙션을 기준으로 삼고, 시장 규모, 수익 모델의 확장성, 팀의 준비도를 중심으로 투자 여부를 결정한다. 이들은 리스크를 통제 가능한 수준으로 관리하려 하며, 자금을 투입한 이후에는 자율적 집행과 전략 자문 중심의 간접 개입에 머무르는 경우가 많다. 창업가가 독립적으로 방향을 설정하고, 자본은 그 실행 속도를 뒷받침하는 방식이다.

반면, 액셀러레이터는 '검증 이전'을 전제로 개입하는 구조다. 아직 시장 피드백이 확보되지 않은 상태에서도, 문제 인식의 깊이, 실행 감각, 팀의 유연성, 시장 탐색 의지를 기준으로 투자 결정을 내린다. 특히 이들은 초기의 실험과 실패 과정을 학습 가능한 성장 자산으로 간주하며, 자금과 실행 지원을 동시에 제공하는 밀착형 동반자로 작동한다. 단순히 투자하는 것이 아니라, 실행 구조를 함께 설계하고 현장에서 검증하는 과정에 적극 개입한다.

이러한 관점 차이는 투자 이후의 작동 방식에서도 분명하게 드러난다. 벤처 캐피털은 목표 달성과 자산 회수를 중심으로 설계된 파트너십을 선호하며, 자율성과 독립성을 중시한다. 반면 액셀러레이터는 실전 문제 해결, 실행 로드맵 구축, 팀 리빌딩, 피벗 구조 설계 등에서 직접적인 관여를 하며, 전환기의 창업가에게 리듬을 설계해 주는 실행 조율자로 기능한다.

투자 규모와 타이밍도 뚜렷이 다르다. 액셀러레이터는 1~3억 원 수준의 시드 투자를 중심으로 하고, 벤처 캐피털은 수억~수십억 원 규모의 시리즈 투자를 통해 사업의 확장성과 회수 가능성을 기반으로 접근한다. 따라서 창업가는 우리 팀이 지금 실행 기반을 다듬고 있는 단계인지, 확장을 견인할 준비가 된 상태인지를 냉철히 파악하고, 자금 규모뿐 아니라 투자자의 전략적 개입 방식까지 고려한 선택을 해야 한다.

더 나아가 액셀러레이터는 벤처 캐피털과의 접점을 사전에 설계하는 논리적 연결자로 작동한다. 후속 투자를 염두에 둔 IR 스토리라인 구성, 자료 설계, 포지셔닝 정렬 등의 과정을 함께 수행하며, 단순한 조언자가 아니라 창업가와 벤처 캐피털 간의 언어를 번역하고 구조를 다듬는 설계 파트너로 기능한다.

물론 현실의 투자 구조는 일률적이지 않다. 투자자마다 접근 방식과 판단 기준은 다르며, 산업 흐름이나 거시경제 상황에 따라 투자 성향 자체가 재구성되기도 한다. 창업가에게 중요한 건 이 구조를 암기하는 것이 아니라, 투자자의 질문이 어디서 출발했는지를 감지하는 감각이다.

- 액셀러레이터는 실행을 묻고 감각을 본다.
- 벤처 캐피털은 검증을 묻고 확장을 본다.

창업가는 이 두 흐름 사이에서 시점별로 누구를 만나야 하고, 어떤 구조로 연결해야 하는지를 설계할 수 있어야 한다. 그 사이의 균형을 읽고 전략을 배열하는 감각—이것이 자금 전략에서 창업가가 갖춰야 할 가장 실질적인 실행 역량이다.

부채 금융

부채 금융은 스타트업이 외부 자금을 확보하는 대표적인 방식 중 하나로, 일반적으로 은행이나 기타 금융 기관을 통해 이루어진다. 하지만 현실에서는 가족, 친구, 지인 등 비공식적인 개인 대출자로부터 자금을 조달하는 예도 적지 않다. 이러한 비공식 대출은 공식적인 금융기관에 비해 이자율이 낮고, 상환 조건이 유연하며, 담보 요구가 없거나 느슨하다는 장점이 있지만, 동시에 관계적 리스크를 내포한다.

예를 들어, 가까운 지인으로부터 빌린 자금을 상환하지 못하면 개인적 신뢰와 관계에 심각한 손상이 발생할 수 있다. 때에 따라 법적 분쟁으로까지 비화할 수 있다. 따라서 가족·지인 대출을 선택할 때 다음과 같은 준비가 필요하다.

- **대출 조건을 명확히 문서화.** 상환 기한, 이자율, 연체 시 조건 등을 명확히 계약서 형태로 작성
- **용도 및 계획의 투명한 공유.** 자금 사용 계획을 명확히 설명하여 대출자에게 신뢰 확보
- **리스크에 대비한 시나리오 마련.** 상환 지연 시 대안 또는 타협안에 대해 사전 합의

비공식 자금 조달은 빠르고 유연하지만, 그만큼 개인적 관계에 미치는 파급력이 크므로, 신중한 의사결정과 철저한 문서화가 핵심이다.

기관 대출자의 요구 사항

공은행과 같은 기관 대출자는 스타트업에 가장 전통적이고 구조화된 자

금 조달원 중 하나다. 그러나 가족, 친구 또는 엔젤 투자자와 달리, 기관 대출자는 자금 제공에 앞서 보다 명확한 문서화와 엄격한 대출 조건을 요구한다. 이들의 목적은 분명하다—리스크를 최소화하고 상환 가능성을 확보하는 것이다.

가장 기본적인 요구는 담보(Collateral)다. 대부분의 금융기관은 대출 승인 조건으로, 기업이 제공하는 담보 자산이 대출금과 동일하거나 그 이상일 것을 요구한다. 이 담보는 스타트업이 보유한 장비, 재고, 지식재산권, 심지어 향후 매출채권 등이 될 수 있다. 그러나 많은 초기 스타트업은 충분한 담보 자산을 보유하고 있지 않기 때문에, 개인 자산을 담보로 제공하거나, 대표가 직접 개인 보증(Personal Guarantee)을 서야 하는 상황이 발생한다.

이러한 개인 보증은 창업가가 자신의 개인 재산—예를 들어 주택, 예금, 보험증권, 투자 자산—을 대출 상환의 담보로 제공한다는 뜻이다. 이는 기업이 대출금을 갚지 못할 경우, 은행이 해당 자산을 강제 집행할 수 있는 권리를 갖게 됨을 의미한다. 스타트업의 경우 매출 구조와 수익 모델이 아직 안정화되지 않은 경우가 많기 때문에, 이러한 보증 요구는 매우 일반적인 조건이다.

요구사항은 여기서 끝나지 않는다. 기관 대출자는 대출 승인 전후로 다음과 같은 문서와 정보를 요구할 수 있다.

- 상세한 사업계획서
- 최근 및 예상 재무제표
- 법인 등기부등본 및 사업자등록증
- 세무 신고 내역 및 납세 증명서

- 투자자 및 주주 명세
- 대출 사용 목적에 대한 명확한 설명

일부 대출 프로그램은 재무비율 유지 조항(Financial Covenants)을 포함할 수도 있다. 이는 일정 수준 이상의 유동비율, 자본 비율, 또는 매출 수준을 유지하도록 요구하며, 이를 위반하면 대출금의 조기 상환이 요구될 수 있다.

기관 대출은 자금 조달에 있어 가장 보편적이지만, 가장 보수적인 경로다. 명확한 상환 계획과 담보 구조가 요구되며, 개인적인 재무 리스크를 감수해야 할 수도 있다. 따라서 창업가는 대출 조건과 담보 제공이 갖는 법적, 재정적 의미를 충분히 이해한 후에 계약을 체결해야 한다. 재무 전문가 또는 법률 자문과의 협의는 필수적이며, 장기적 관점에서 기업의 자산 구조와 현금 흐름에 어떤 영향을 미칠지를 면밀히 분석해야 한다.

대출 금리, 상환 방법, 대출 유형

스타트업이 기관으로부터 대출을 받을 경우, 대출자는 일반적으로 담보 제공과 상환 계획 제출을 요구한다. 대출금은 대부분 월 단위 상환 구조를 따르며, 원금과 이자를 함께 갚는 방식이 일반적이다. 이자율은 스타트업의 위험 수준에 따라 결정되며, 일반적으로 대기업보다 높은 금리가 적용된다. 이는 스타트업이 담보 능력이 낮고, 수익 구조가 불안정하며, 사업 리스크가 크기 때문이다.

대기업이 적용받는 우대 금리(Prime Rate)에 비해, 스타트업은 보통 프라임 금리에 리스크 프리미엄이 가산된 금리로 대출을 받는다. 예를 들어, 기술보증기금이나 한국산업은행은 테크 스타트업을 위한 특화 금융 상품을 제공하며, 사업계획서와 기술 평가 결과에 따라 금리 조건을 조정한다. 반면, 일반 시중은행은 스타트업의 사업 구조를 이해하지 못하거나, 보수적인 기준을 적용해 대출 심사에 불리하게 작용할 수 있다.

대출은 상환 기간에 따라 크게 단기 대출과 장기 대출로 구분된다.

- 단기 대출은 상환 기간이 짧고, 월 상환금이 크며, 주로 운영 자금 확보용으로 사용된다.
- 장기 대출은 10년 이상의 상환 기간을 갖는 경우가 많으며, 매월 일정 금액으로 분산 상환할 수 있어 자금 부담이 상대적으로 낮다. 상환 조건은 대출 목적, 기업의 현금 흐름, 협상력 등에 따라 유연하게 조정할 수 있다.

대출에는 조건이 따라붙는다. 예를 들어 매출이 일정 수준 이하로 떨어지면 조기 상환 요구조건(Accelerated Repayment Clause)이 포함되거나, 특정 재무비율 유지 조건(Financial Covenant)이 명시될 수 있다. 이러한 제한 조건은 사업의 유연성을 제한할 수 있으므로, 대출 협상 단계에서 조건 조항을 꼼꼼히 검토해야 한다.

스타트업이 활용할 수 있는 유용한 대출 유형에는 다음과 같은 것이 있다.

- **신용 한도.** 사전에 정해진 한도 내에서 필요할 때만 자금을 인출하고, 인출액에 대해서만 이자를 지급하는 구조다.
- **회전 대출.** 한도를 반복적으로 사용하며 자금을 운용할 수 있는 방식으로, 자금 흐름이 불규칙한 스타트업에 적합하다.

이러한 방식은 현금 유입이 일정하지 않은 상황에서도 필요한 시점에만 자금을 사용하는 유연성을 제공한다. 기술보증기금, 중소기업진흥공단 등에서 제공하는 프로그램은 연간 일정 수수료를 부담하는 대신, 긴급 자금 수요에 효과적으로 대응할 수 있는 구조를 제공한다.

스타트업에 대출은 재무 전략과 연계된 구조 설계 문제로 귀결된다. 대출의 금리 조건, 상환 방식, 제한 조항을 종합적으로 고려하여 자신의 사업 모델과 성장 전략에 가장 적합한 대출자를 선택하는 것이 중요하다. 잘못된 대출은 자금 확보 이상의 문제를 초래할 수 있으며, 반대로 전략적으로 설계된 대출 구조는 사업의 성장 기반을 뒷받침하는 강력한 수단이 될 수 있다.

중소기업진흥공단 대출

중소기업진흥공단(중진공)은 정부가 운영하는 대표적인 중소기업 지원 기관으로, 스타트업과 중소기업을 대상으로 다양한 형태의 금융 지원을 제공한다. 특히 테크 스타트업에 중진공 대출은 초기 자금 확보에 현실적이고 신뢰할 수 있는 수단으로 자주 활용된다.

중진공 대출의 가장 큰 특징은, 공단이 자금을 직접 공급하기보다 상업은행과 협력하는 보증 기반 구조를 갖고 있다는 점이다. 구체적으로는 은행이 대출 심사를 거쳐 자금을 승인하면, 중진공은 해당 대출금의 일정 비율(예: 70~90%)에 대해 보증을 제공함으로써 은행의 리스크를 줄이고, 대출 실행 가능성을 높인다. 덕분에 스타트업은 담보 능력이 부족하더라도 상대적으로 낮은 진입장벽으로 금융에 접근할 수 있다.

그러나 이 제도는 다음과 같은 유의점도 함께 수반한다.
- **정보 공개 요구.** 중진공 대출은 일반 은행 대출보다 더 정교한 서류 제출이 요구된다. 사업계획서, 재무제표, 납세 증명서, 대표자 신용정보 등 다양한 문서가 필요하며, 기업의 재무 상황과 경영 계획을 투명

하게 공개해야 한다.
- **절차의 복잡성.** 공단의 심사와 은행의 심사가 이중으로 진행되므로, 대출 실행까지 시간이 더 오래 걸릴 수 있다. 이 과정에서 행정적 부담이 증가할 수 있다.
- **경기 민감성.** 경기나 정부 정책 변화에 따라 중진공 대출의 조건(이자율, 보증 범위, 우대 대상 등)이 변동될 수 있다. 특히 일부 시기에는 민간 은행보다 더 높은 금리가 책정되기도 한다.

그렇지만, 중진공 대출은 스타트업에 유용한 전략적 선택지가 될 수 있다. 특히 다음과 같은 맞춤형 프로그램을 통해 다양한 기업의 특수한 니즈를 충족시킬 수 있다.

- 여성 창업가, 청년 기업, 사회적 기업 등 소수자 대상 특별 자금 프로그램
- R&D 기반 기술 창업기업을 위한 창업 초기 자금 지원
- 성장 전환기 기업을 위한 장기 저리 대출
- 수출 유망 기업 대상 글로벌 진출 자금 지원

이러한 프로그램은 전통적인 금융권에서 자금 확보가 어려운 기업에게 실질적인 기회를 제공하며, 신용도나 담보보다는 사업의 성장 가능성과 정책 적합성에 기반한 심사를 통해 실행되므로, 스타트업에 실질적인 도움이 된다.

중진공 대출은 정부가 보증하는 신뢰 기반 자금 조달 메커니즘이다. 스타트업은 자신의 사업 특성과 성장 단계에 맞는 지원 프로그램을 적극적으로 탐색하고, 적절한 타이밍에 이를 활용함으로써 불확실한 재정 환경을 극복하고 장기적 성장 기반을 마련할 수 있다.

자금 조달의 방법

테크 스타트업의 자금 조달은 비즈니스의 생존과 확장 가능성을 증명하는 전략적 행위다. 성공적인 자금 유치를 위해서는 몇 가지 핵심 도구와 절차를 체계적으로 준비해야 하며, 이 과정에서 문서화 능력과 커뮤니케이션 전략이 사업 역량의 일부로 간주된다.

가장 기본적이고 필수적인 도구는 사업계획서(Business Plan)다. 투자자든, 대출자든 스타트업이 어떤 문제를 해결하고, 어떤 방식으로 수익을 창출하며, 어떤 성장 전략을 갖고 있는지를 이해하려면 탄탄한 사업계획서가 필요하다. 특히 시장 분석, 경쟁자 비교, 제품 전략, 마케팅 계획, 재무 예측 등이 포함된 종합적이고 구조화된 사업계획서는 투자자에게 스타트업의 실행력과 현실성을 보여 준다.

사업계획서는 한 번 작성하고 끝나는 문서가 아니다. 자금 조달 단계가 바뀔 때마다, 시장 상황이 변할 때마다 지속적으로 업데이트되고 진화해야 하는 '살아 있는 문서'다. 이 문서를 통해 스타트업의 비전과 잠재력을 명확히 전달할 수 있어야 하며, 신뢰를 바탕으로 투자 유치를 끌어내는 설득 도구로 작동해야 한다.

투자자와의 첫 접점에서 강한 인상을 남기기 위한 도구는 요약본(Executive Summary)이다. 한 페이지 이내로 작성되는 요약본은 사업계획서의 핵심을 간결하고 명확하게 전달한다. 여기에는 기업의 개요, 문제 정의, 솔루션, 시장 기회, 자금 조달 필요액, 자금 사용 계획, 팀 구성 등이 압축되어 있어야 한다. 요약본은 투자자가 본격적으로 사업을 검토할지 여부를 결정하는 관문이다.

만약 특정한 소수의 투자자 집단에게 증권을 직접 판매하는 사모 투자를 고려한다면, 반드시 사모투자 제안서를 준비해야 한다. 사모투자 제안서는 정보 제공뿐 아니라 법적 보호와 책임 분담을 명확히 하는 공식 문서다. 다음과 같은 핵심 항목을 포함해야 한다.

- 투자 조건 및 구조
- 제공 증권의 종류 및 권리
- 경영진 및 조직 구조
- 사업 모델 및 시장 전망
- 법적 리스크, 규제 이슈, 경쟁 위험 등
- 최소·최대 조항(Minimum and Maximum Provisions)

이 중 최소 조달 금액 규정은 자금이 신탁 계좌에 보관되도록 하여, 목표 금액에 도달하기 전까지 자금 사용을 제한하는 장치다. 이는 스타트업이 중간에 자금 부족으로 무리하게 사업을 운영하는 것을 방지하고, 투자자에게 신뢰를 제공하는 안전장치로 기능한다.

이처럼 자금 조달의 핵심은 신뢰와 구조화다. 아이디어만으로 투자가 이뤄지는 시대는 끝났다. 이제는 비전과 실행력, 그리고 이를 뒷받침하는 정교한 문서 체계가 함께 작동해야 자금을 유치할 수 있다. 사업계획서, 요약본, 사모투자 제안서는 그 중심에 놓인 실전적 도구들이다.

주식인수계약

주식인수계약(Share Subscription Agreement, SSA)은 자금 조달의 실질적 전환점이 되는 문서다. 이는 투자자가 일정 금액을 투자하고, 그 대가로 발행 주식을 인수하겠다는 의사를 공식적으로 밝히는 서면 계약이다.

법적으로 완결된 계약은 아니지만, 심리적 약속과 거래의 진정성을 확인하는 상호 합의의 표현이라는 점에서 스타트업 투자 유치 과정에서 매우 중요한 역할을 한다.

예를 들어, 창업가가 엔젤 투자자를 대상으로 사업 설명과 사모투자 제안서를 공유한 후, 투자자가 긍정적인 반응을 보였다고 하자. 이때 아무 문서도 남기지 않고 헤어진다면, 창업가는 투자 성사 가능성을 확신할 수 없다. 그러나 SSA에 서명이 이뤄진다면, 비록 법적 강제력은 약하더라도 후속 논의에서 창업가가 더 높은 협상력을 확보할 수 있고, 다른 투자자들에게도 유효한 신호를 줄 수 있다.

SSA에는 다음과 같은 핵심 요소가 포함된다.
- 투자 금액 및 인수할 주식 수
- 주식의 종류(보통주, 상환전환우선주 등)
- 투자 실행 일정
- 조건부 사항(예. 다른 투자자의 동시 참여, 실사 결과 등)
- 거래 종료 전의 유예 조항 및 철회 조건

이 문서는 투자자의 의사와 조건을 구조화하고, 자금 유치 프로세스를 체계화하는 시작점이다. SSA는 다음 단계인 주주간 계약(Shareholders' Agreement, SHA)이나 자본금 납입 절차로 이어지며, 그 자체가 투자 종료(Closing)를 향한 공식적인 이정표가 된다.

엘리베이터 피치

엘리베이터 피치 (Elevator Pitch)는 시간과 상황의 제약 속에서도 투자자의 관심을 끌 수 있는 압축적 스토리텔링 기술이다. 엘리베이터에서 우연히 만난 투자자에게 몇 분 안에 자신이 하는 사업의 본질, 가능성, 차별성을 설득력 있게 전달해야 한다는 설정에서 유래한 이 개념은, 오늘날 실제 투자 유치 현장에서 반드시 갖춰야 할 스킬로 자리 잡았다.

좋은 엘리베이터 피치는 다음의 핵심 내용을 간결하게 포함해야 한다.

- **문제 정의**. 고객이 어떤 문제를 겪고 있는가?
- **해결책 제안**. 우리 제품이나 서비스가 어떻게 문제를 해결하는가?
- **시장 기회**. 이 시장은 얼마나 크고 성장 가능성이 있는가?
- **비즈니스 모델**. 수익은 어떻게 창출되는가?
- **핵심 경쟁력**. 우리가 경쟁자보다 뛰어난 이유는 무엇인가?

엘리베이터 피치는 후속 미팅을 성사시키기 위한 명확한 목적을 가진 대화의 초대장이다. 따라서 내용뿐 아니라 전달력, 자신감, 언어의 구조화가 중요하다.

정식 투자설명회에서는 이보다 더 구체적인 미팅룸 피칭(Meeting-room Pitch)이 필요하다. 이 프레젠테이션은 다음과 같은 내용을 포함하는 슬라이드 자료로 구성된다.

- 사업 개요 및 창업 배경
- 시장 규모 및 트렌드 분석
- 제품/서비스 설명과 경쟁우위
- 고객 확보 전략 및 실행 계획
- 수익 모델 및 재무 예측
- 투자 조건 및 예상 수익
- 팀 구성과 성장 로드맵

스타트업 창업가는 정부 기관, 창업 경진대회, 액셀러레이터 프로그램 등을 통해 이러한 피칭을 수시로 연습할 기회를 얻게 되며, 피칭 실전 경험은 투자 유치 성공률을 높이는 실질적인 경쟁력으로 작용한다. 자금 조달은 말로 시작되지만, 신뢰와 실행력으로 성사된다. 피칭은 그 첫 관문이다.

대안 금융

테크 스타트업의 자금 조달 방식은 전통적으로 지분 금융(Equity Financing)과 부채 금융(Debt Financing)에 집중되어 있다. 하지만, 이 두 방식 모두 한계가 존재한다. 지분 금융은 창업가의 소유권 희석이라는 부담이 따르고, 부채 금융은 상환 압박과 담보 요구로 인해 초기 스타트업에 부담이 될 수 있다. 이러한 한계를 보완하는 제3의 자금 조달 경로, 즉 정부 주도형 대안 금융이 점점 더 중요해지고 있다.

스타트업은 자신의 기술 특성과 성장 단계에 맞는 공공 자금 프로그램을 전략적으로 탐색하고, 적극적으로 연계하는 역량을 갖춰야 한다. 정부 자금은 단기적인 현금 흐름 보완이 아니라, 장기적 생존과 확장을 위한 전략적 자본임을 인식해야 한다.

정부 주도형 금융 프로그램

정부 주도형 금융은 테크 스타트업이 초기 창업부터 성장 단계에 이르기까지 안정적으로 자금을 확보할 수 있도록 설계된 공공 주도의 전략적 금융 생태계다. 이 구조는 민간 투자와 정부 자금을 결합하여 시장 적합성과 기술력을 동시에 검증하는 방식으로 진화해 왔다. 그 대표 사례가

TIPS(Tech Incubator Program for Startup) 프로그램이다.

TIPS는 중소벤처기업부가 운영하고, 액셀러레이터와 벤처 캐피털과 같은 민간 운영사와의 협력을 통해 유망 테크 스타트업을 선발 및 지원하는 시스템이다. 이 프로그램은 민간 투자 유치를 전제로, 정부가 연구개발(R&D) 자금과 사업화 지원금을 매칭 형태로 제공한다. TIPS의 단계별 구조는 다음과 같다.

- **초기 지원 단계.** 스타트업이 엔젤 또는 운영사로부터 초기 투자를 유치하면, 이에 비례해 정부가 R&D 자금을 매칭 지원한다.
- **상용화 가능성 평가 단계.** 기술의 시장성, 고객 반응 등을 기반으로 실증 및 고도화 자금을 추가 지원받는다.
- **사업 확장 단계.** 본격적인 상용화와 비즈니스 모델 수립을 위한 후속 자금이 지원되며, 이 과정에서 글로벌 진출 및 민간 후속 투자로의 연계도 적극 추진된다.

TIPS 외에도 창업 성장 기술 개발 사업, 시장 대응형 R&D 프로그램 등 다양한 중소벤처기업부 주관 사업이 존재하며, 이들은 공통적으로 기술력 기반 스타트업의 스케일업을 목적으로 한 단계별 지원 체계를 갖춘다. 각 부처도 분야별로 특화된 연구개발 자금 프로그램을 운영 중이다.

이러한 프로그램은 각각의 정책 목적에 따라 절차와 자금 규모는 상이하지만, '기술 개발 → 실증 → 상용화 → 글로벌 진출'이라는 단계적 로드맵을 중심으로 설계되어 있다. 스타트업은 자신의 기술 성숙도와 시장 진입 단계에 맞는 프로그램을 전략적으로 선택해야 한다.

한편, 기술보증기금(KIBO)과 신용보증기금(KODIT)은 기술력을 보유한 기업에게 신용 보증을 제공해 은행권 대출을 유도하는 간접 금융 메커니즘을 제공한다. 특히 기술보증기금은 기술 평가 시스템을 통해 무담보 스타트업에 기술을 담보로 자금을 유치할 수 있는 기회를 제공하며, 이는 기술 중심 창업가에게 매우 유리한 구조다.

정부 주도형 금융은 보조금이나 대출 이상의 의미를 가진다. 자금 부족으로 인한 성장 정체를 해소하고, 민간 자본시장으로의 연착륙을 위한 디딤돌 역할을 하며, 테크 스타트업이 국제 경쟁력을 갖춘 혁신 기업으로 전환할 수 있도록 전략적 기반을 제공한다. 이 구조를 이해하고 적시에 활용하는 것이, 기술 창업가의 재무 전략에서 매우 중요한 요소가 된다.

공공기술이전 프로그램

공공기술이전 프로그램은 대학과 공공 연구기관이 보유한 기술을 민간 기업에 이전해 상용화를 촉진하는 정부 주도의 혁신 지원 체계다. 이 프로그램은 테크 스타트업과 중소기업이 고도화된 기술 역량을 갖출 수 있도록 돕고, 연구기관은 기술 개발의 성과를 실질적인 경제 가치로 전환할 수 있도록 설계되어 있다.

핵심 실행 주체는 대학 산학협력단이다. 산학협력단은 대학 내에서 연구자들이 개발한 기술을 발굴하고, 이를 민간 기업과 연계하여 사업화로 연결하는 기술이전 플랫폼 역할을 한다. 대학 입장에서는 논문이나 특허에 머물렀던 연구 성과가 기업을 통해 실용화되면서 기술료 수익이라는 재정적 보상을 확보할 수 있고, 기업은 개발 시간과 비용을 절약하면서 검증된 기술 기반 제품 및 서비스 개발에 나설 수 있다.

이러한 기술이전은 정부의 정책적 지원으로 구조화된 프로세스를 통해 이루어진다. 과학기술정보통신부, 산업통상자원부, 특허청 등은 부처별로

다양한 기술이전 촉진 프로그램을 운영하고 있으며, 대표적인 지원 방식
은 다음과 같다.
- **기술 중개 지원.** 한국산업기술진흥협회, 한국특허전략개발원 등 중
  개기관이 기업과 공공 연구기관 사이에서 기술 탐색, 평가, 매칭, 계
  약 체결을 지원한다.
- **후속 상용화 지원.** 기술이전 이후에도 시제품 제작, 기술 실증, 사업
  화 자금, 법률 자문, 특허 전략 수립 등 후속 프로그램을 연계해 기술
  이 실제 제품으로 이어질 수 있도록 뒷받침한다.
- **중소기업 특화 지원.** 대기업보다 상용화 역량이 부족한 중소기업을
  위한 전용 프로그램을 마련하여, 공공기술이 사장되지 않고 실질적
  인 제품 개발로 이어지도록 유도한다.

또한, 한국지식재산전략원과 특허청은 테크 스타트업의 지식재산권 확
보와 활용 전략 수립을 지원한다. 대표 사업으로는 지식재산 연구개발 전
략지원 사업이 있으며, 이를 통해 기업은 특허 포트폴리오를 확보하고, 경
쟁사 대비 기술적 우위를 전략적으로 관리할 수 있다.

공공기술이전 프로그램은 스타트업에 두 가지 이점을 동시에 제공한다.
첫째, 시간과 자본을 절약하면서도 고성능 기술을 빠르게 확보할 수 있다는
점, 둘째, 연구기관과의 협력을 통해 후속 연구개발과 공동 특허 확보까지
확장될 수 있다는 점이다. 반대로 대학과 연구기관은 실적 중심의 평가를
넘어서, 기술의 실질적 확산과 사회적 환원이라는 가치를 달성할 수 있다.

이런 프로그램은 공공 연구자산과 민간 혁신 역량을 연결하는 플랫폼
이자, 국가 차원의 오픈 이노베이션 전략이다. 테크 스타트업은 시장 진입
초기부터 자체 기술 개발에 과도한 자원을 투자하기보다, 이러한 공공기

술이전 경로를 전략적으로 활용함으로써 경쟁력 있는 기술 기반을 빠르게 구축할 수 있다.

부트스트랩 금융

부트스트랩 금융(Bootstrap Financing)은 외부 자본의 유입 없이, 스타트업이 자체적으로 창출한 매출과 현금 흐름만으로 사업을 유지하고 성장시키는 자금 조달 방식이다. '스스로 부츠 끈을 끌어올려 일어선다'는 의미에서 비롯된 이 개념은, 외부 투자 없이도 창업가가 기업을 자율적으로 경영하고, 점진적으로 성장시킬 수 있는 독립적 재무 전략을 의미한다.

부트스트랩 방식의 가장 큰 장점은 지분 희석 없이 경영권을 온전히 유지할 수 있다는 점이다. 외부 투자자나 금융기관의 간섭 없이 창업가가 모든 전략적 결정을 내릴 수 있으며, 이에 따라 기업의 방향성과 핵심 가치가 외부 압력에 흔들리지 않는다. 또한, 외부 자금 유입 없이 수익과 비용을 자체적으로 관리해야 하기 때문에, 기업은 운영 효율성과 자금 관리 역량을 자연스럽게 강화하게 된다.

부트스트랩 금융이 특히 유리한 경우는 다음과 같다.

- **경영권 보호.** 지분을 나누지 않기 때문에 창업가의 통제권이 유지된다.
- **재투자를 통한 유기적 성장.** 초기 수익을 바로 마케팅, 인력 확충, 제품 개발에 재투자함으로써 자금의 순환 효율이 높아진다.
- **자율성 확보.** 투자자나 채권자의 승인 없이 자유롭게 전략을 수립하고 실행할 수 있다.

하지만 이 방식은 명확한 한계도 동반한다. 외부 자금 없이 내부 자원에만 의존하다 보면, 빠른 시장 진입이나 대규모 기술 개발이 필요한 상황에서 투자 타이밍을 놓치거나 성장 속도가 제한될 수 있다. 특히 마케팅, 인프라 확충, 고급 인재 확보 등 자본 집약적인 분야에 충분한 자금을 투입하기 어렵다.

따라서 부트스트랩 금융은 다음과 같은 환경에서 효과적이다.

- 초기 비용이 상대적으로 낮고, 고정비보다 변동비 중심의 사업 구조
- 시장 진입보다 생존 기반 구축에 초점을 맞춘 전략
- 창업가의 기술력이나 전문성을 활용한 소규모 운영
- 외부 간섭 없이 장기적인 전략을 독자적으로 실현하고자 할 때

부트스트랩 전략을 성공적으로 수행하기 위해서는 정밀한 현금 흐름 관리, 지출 우선순위 설정, 고정비 최소화 등의 실용적인 경영 역량이 요구된다. 또한, 최소 기능 제품(최소 기능 제품)을 빠르게 시장에 출시하고, 고객 피드백을 통해 반복적으로 개선하는 린 스타트업 접근 방식과의 궁합도 뛰어나다.

부트스트랩 금융은 자율성, 효율성, 생존 중심 성장을 추구하는 스타트업에 적합한 전략이다. 외부 자금 없이도 초기 시장에서 버텨내며 기반을 다질 수 있다면, 이후 외부 투자 유치 시 더 유리한 조건으로 협상할 수 있는 지렛대로 작용할 수 있다. 이는 자금 확보 방식이 아니라, 스타트업의 정체성과 전략적 선택에 관한 문제다.

핵심 정리

자금 조달은 테크 스타트업의 생존과 확장을 가능하게 하는 핵심 전략

이며, 창업 초기부터 성장 단계까지 사업의 모든 국면에 걸쳐 구조화된 접근이 필요하다. 자금 조달 방식은 크게 자본 금융과 부채 금융으로 나뉘며, 각 방식은 자본 비용, 경영 통제권, 상환 구조, 성장 가능성 등 다양한 요소에 따라 선택되어야 한다.

자본 금융은 투자자로부터 자금을 유치하고 그 대가로 지분을 제공하는 방식이다. 상환 부담은 없지만 지분 희석이 발생하며, 투자자의 참여 수준에 따라 경영권에도 영향을 미칠 수 있다. 이때 투자자와의 신뢰 형성을 위한 핵심 도구는 사모투자 제안서이며, 기업의 재무 현황, 사업 전략, 시장 분석, 리스크 항목 등을 포함해 정보의 비대칭을 해소하고 투명성을 확보한다. 금융위원회는 크라우드펀딩, 증권신고서 면제 제도 등 초기 스타트업의 규제 부담을 완화해 주는 제도적 기반을 마련하고 있다.

부채 금융은 금융기관이나 비공식 채권자로부터 일정 조건하에 자금을 빌리는 방식으로, 지분 희석은 없지만 원리금 상환 의무와 담보 제공 부담이 수반된다. 특히 초기 스타트업은 개인 보증, 담보 부족, 불안정한 수익 구조로 인해 대출 심사에서 어려움을 겪을 수 있으며, 이에 대응하기 위해서는 명확한 상환 계획, 사업계획서, 신용 보강 전략이 필요하다.

자본 금융의 경우, 스타트업은 기업 가치 평가를 유리하게 설정하고, 희석을 최소화하기 위한 전략을 구사해야 한다. 벤처 캐피털은 기술력보다 창업 팀의 역량, 시장 규모, 확장 가능성, 출구전략의 실현 가능성을 우선적으로 평가하며, 이들의 투자 결정은 보수적 분석과 실행력 중심의 철저한 검토 과정을 거친다. 성공적인 피치를 위해서는 문제 정의, 시장 기회, 팀 구성, 경쟁력, 실행 전략 등 핵심 내용을 간결하게 전달하는 것이 중요하다.

정부 주도형 대안 금융은 자본과 부채 금융의 한계를 보완하는 전략적 자원이다. 중소벤처기업부의 TIPS 프로그램을 비롯해 산업부, 과기정통부 등의 부처별 R&D 자금, 기술보증기금의 기술 기반 신용보증 등은 스타트업이 자생력과 기술력을 기반으로 성장할 수 있도록 설계되어 있다. 이러한 자금은 보조금이나 융자 이상의 전략적 의미를 가지며, 시장 진입과 민간 투자 유치로 이어지는 발판을 마련해 준다.

자금 조달을 위해서는 사업계획서, 요약본, 사모투자 제안서, 주식 인수 계약서 등 다양한 문서가 필요하며, 이들은 단순한 설명 자료가 아니라 신뢰와 실행 의지를 담은 전략적 도구다. 각 문서는 자금 조달 단계에 따라 기능이 구분되며, 투자자와의 협상에서 핵심 기반이 된다.

부트스트랩 금융은 외부 자금 없이 자체 수익과 자원만으로 사업을 운영하는 방식으로, 자율성과 효율성을 중시하는 스타트업에게 적합하다. 다만 고속 성장에는 제약이 있으므로, 성장 단계별로 자금 전략을 유연하게 전환할 수 있는 계획이 요구된다.

자금 조달은 기업의 통제 구조, 성장 전략, 파트너십 체계를 동시에 설계하는 작업이다. 창업가는 자금의 양보다 조달의 질과 구조를 중심에 두고, 자율성과 지속 가능성을 담보할 수 있는 재무 전략을 수립해야 한다.

창업가의 질문

Q1. 자본 금융과 부채 금융은 각각 장단점이 뚜렷하다고 하는데, 창업 초기 단계에서 어떤 기준으로 이 둘 중 하나를 선택하는 것이 보다 바람직할까요? 특히 스타트업의 성격이나 창업가의 동기와 같은 요소들이 자금조달 방식에 어떻게 영향을 미치는지 알고 싶습니다.

교수의 답변. 좋은 질문입니다. 자본 금융과 부채 금융은 단순히 돈을 조달하는 방식의 차이가 아니라, 스타트업의 전략적 방향성과 경영 철학에 직결된 선택입니다. 창업 초기에는 현금 흐름이 불안정하고 사업 모델이 검증되지 않은 경우가 많기 때문에, 상환 부담이 없는 자본 금융이 상대적으로 적합한 선택일 수 있습니다. 그러나 이 방식은 지분 희석과 통제력 약화를 동반하므로, 창업가의 동기 구조—즉, 독립적인 의사결정을 중시하느냐, 전략적 파트너십을 선호하느냐에 따라 다르게 작용합니다. 반면, 일정 수준의 수익 흐름이 확보되어 있고, 외부 간섭 없이 사업을 주도하고자 하는 창업가라면 부채 금융이 더 유리할 수도 있습니다. 핵심은 자금조달을 재무적 결정보다는 경영 전략의 일부로 바라보는 관점입니다.

Q2. 초기 단계 스타트업으로서 크라우드펀딩이나 정부 보조금 같은 대안 금융을 활용하는 것이 실제로 효과적인 전략이 될 수 있을까요? 실전에

서 이러한 자금원을 어떻게 활용해야 할지 감이 잘 오지 않습니다.

액셀러레이터의 답변. 그 질문은 아주 실무적으로 중요한 포인트예요. 실제로 저희가 함께한 많은 초기 창업팀들이 크라우드펀딩이나 정부 R&D 프로그램 같은 대안 자금을 통해 자본뿐만 아니라 시장 반응까지 동시에 확보한 사례가 많습니다. 특히 크라우드펀딩은 단순한 자금 조달 수단을 넘어 초기 수요를 검증하고 브랜드 초기 팬층을 확보하는 데 효과적입니다. 다만 성공적인 크라우드펀딩을 위해서는 제품 컨셉이 명확하고, 기능적 차별성이 잘 전달되어야 합니다. 정부 자금도 마찬가지예요. 단기 자금이 아니라 장기적 성장 기반으로 활용하려면, 기업의 기술 성숙도와 시장 진입 단계에 맞는 프로그램을 전략적으로 매칭하는 것이 중요합니다. 저희 액셀러레이터는 바로 그런 점에서 초기 실험 설계와 지원 프로그램 연계를 도와드리고 있어요.

Q3. 벤처 캐피털로부터 투자를 유치하려면 기술력 외에 어떤 준비가 되어 있어야 할까요? 그리고 피치 자료를 만들 때 VC가 정말 중요하게 보는 요소는 무엇인지 구체적으로 듣고 싶습니다.

벤처캐피털리스트의 답변. 예리한 질문입니다. 많은 창업가들이 기술력만 강조하지만, 저희가 투자를 결정할 때는 기술 자체보다 그것을 실행할 수 있는 팀, 즉 창업가의 리더십과 시장에 대한 통찰을 훨씬 더 중요하게 평가합니다. IR 자료에서도 가장 먼저 보는 건 문제 정의와 시장 기회의 크기, 그리고 그 문제를 해결할 수 있는 팀인지입니다. 기술 설명이 아무리 뛰어나도 그것을 시장에서 실현할 수 있는 실행 전략이 없으면 투자로 이어지기 어렵습니다. 투자자와의 첫 미팅에서는 슬라이드는 10장 이내,

메시지는 간결하게, 숫자는 보수적으로, 비전은 구체적으로. 이 네 가지가 핵심입니다. 그리고 마지막으로, 투자자 입장에서 가장 신뢰가 가는 IR은 '다음 대화가 하고 싶어지는' IR입니다. 핵심만, 정확하게 전달해 주세요. 그게 시작입니다.

Chapter 10

사업 개시 전략

창업가는 사업을 개시하는 순간부터 전략적 의사결정을 연속적으로 마주한다. 새로운 사업을 어떻게 설계하고 어떤 순서로 실행할 것인가에 따라, 동일한 아이디어라도 실행 방식에 따라 전혀 다른 결과로 이어질 수 있다. 스타트업 전략은 조직의 성숙도와 시장 대응력에 따라 여러 단계로 세분된다. 이는 다음 네 가지 전략 수준으로 구분된다.

- **기업 수준 전략(Corporate-Level Strategy).** 기업과 사회 간의 관계를 규정하며, 조직의 미션, 비전, 가치, 거버넌스 구조 등이 여기에 포함된다. 창업 초기에는 우선순위에서 밀릴 수 있지만, 장기적으로는 기업의 정체성과 방향성을 규정하는 핵심이 된다.

- **사업 수준 전략(Business-Level Strategy).** 어떤 제품을 어떤 시장에 제공할 것인가를 결정하는 전략이다. 시장 세분화, 고객 타겟팅, 제품 포트폴리오 구성, 가격 전략 등이 포함된다. 성장 단계에서 기업의 수익 모델 확장성과 산업 간 진입 전략을 수립하는 데 핵심 역할을 한다.

- **운영 수준 전략(Operational Strategy).** 자원을 어떻게 조달하고, 어떤 방식으로 경쟁할지를 정의하는 전략으로, 기업의 초기 실행력을 결정한다. 공급망 관리, 기술개발 로드맵, 경쟁사 대응 전략 등이 여기에 포함된다. 이는 사업 초기부터 즉각적으로 영향을 미치며, 실행 중심의 전략 설계가 핵심이다.

- **기능 수준 전략(Functional Strategy).** 마케팅, 인사, 회계, 재무 등 개별 기능 조직의 실행 전략을 다룬다. 특히 스타트업은 제한된 자원으로 높은 성과를 내야 하므로, 각 기능의 전략적 연계성과 실행 효율성이 성공의 관건이 된다.

이 장에서는 이 중에서도 사업 수준 전략과 기능 수준 전략에 중점을 두고, 실제 사업 개시 시점에서 가장 실질적이고 실행 중심의 전략적 틀을 제시한다. 우선 살펴볼 개념은 시장 진입 포지셔닝(Entry Positioning)이다. 이는 스타트업이 어떤 시장 틈새를 공략하고, 어떤 차별화 포인트로 초기 고객을 확보할지를 정의하는 전략이다. 여기에 기반해 시장 침투 전략(Penetration Strategies)이 이어지며, 가격 전략, 초기 채널 선택, 고객 확보 전술 등을 구체화한다.

다음으로 선점자 이점(First Mover Advantages)을 분석한다. 초기 시장 진입이 가져오는 브랜드 선호, 고객 락인, 유통 채널 확보 등 다양한 이점을 극대화하기 위한 조건과 위험 요소를 점검한다. 이를 보완하기 위해 가치사슬 분석(Value Chain Analysis)을 통해 제품 또는 서비스가 고객에게 전달되기까지의 전 과정을 분해하고, 어떤 단계에서 비용 효율화나 차별화를 이룰 수 있는지를 진단한다.

또한, 스타트업은 항상 불확실성과 마주하므로, 비상 계획(Contingency Plan) 수립이 중요하다. 이는 자금 부족, 시장 반응 저조, 팀 구성 실패 등의 리스크에 대비한 전략으로, 시나리오별 대응 전략과 실행 우선순위를 포함해야 한다.

사업 계획의 중요성

사업 계획(Business Plan)은 스타트업이 시장에 진입하고 자금을 유치하며 조직을 확장해 나가는 전 과정의 전략을 담은 실행 중심의 설계도다. 특히 테크 스타트업은 높은 불확실성과 빠른 기술 변화, 글로벌 경쟁 압력 속에서 사업을 시작해야 하므로, 복잡한 외부 환경을 체계화하고 실행력을 갖춘 전략으로 전환하는 도구로서 사업 계획의 역할은 절대적이다.

기술 창업가는 아이디어만으로는 시장에서 생존할 수 없다. 실제 사업 계획 수립 과정에서 시장 진입 전략, 수익 모델, 기술 로드맵, 팀 역량, 자금 계획 등 모든 요소의 실현 가능성을 점검하게 되며, 이는 구상 단계를 넘어 전략적 리허설로 기능한다. 이 과정에서 사업 아이디어의 허점이 드러나고, 전략의 우선순위와 실행 경로가 명확해진다. 사업 계획은 곧 창업가의 사고 체계와 실행 준비도를 드러내는 지표다.

사업계획서 작성 시 고려할 핵심 요소는 다음과 같다.

- **실현 가능성 중심의 설계.** 수익 구조, 고객 확보 전략, 기술 확보 계획, 인력 구성안 등은 모두 실행 가능성을 기반으로 설계되어야 하며, 이상적인 비전보다는 구체적인 실행 계획이 우선이다.
- **문서화 과정의 사고 명료화 효과.** 아이디어는 문서로 정리되는 순간 구체성이 요구되며, 이를 통해 전략의 허점과 리스크가 가시화된다. 문서화는 전략 점검과 개선의 기회를 제공한다.
- **적정한 분량과 구성.** 본문 30~40페이지, 부록 20~50페이지가 일반적이며, 투자자와의 첫 접점이 되는 2페이지 내외의 핵심 요약문(Executive Summary)은 명확하고 강력해야 한다.
- **문서의 신뢰성과 완성도.** 철자 오류, 수치 불일치, 과장된 주장은 투자자의 신뢰를 훼손한다. 문서 외형만으로도 창업가의 진정성과 준비 수준이 평가된다.
- **창업가 본인의 언어와 전략을 반영.** 외부 전문가의 도움은 문서 완성도를 높이는 데 유용하지만, 계획의 본질은 창업가의 전략적 관점

과 문제의식에서 출발해야 한다.
- **시각적 표현력 강화.** 사업계획서는 전략 문서이자 설득 문서다. 시각적 정렬, 도식화, 핵심 수치 시각화 등을 통해 정보 전달력을 높여야 하며, 이는 곧 조직력과 기획 역량의 지표로 작용한다.

사업계획서는 내부적으로는 실행 방향성과 조직 정렬을 위한 기준선, 외부적으로는 투자자, 파트너, 이해관계자를 설득하는 핵심 수단이다. 문서 하나로 창업가의 전략적 사고력, 실행 준비도, 문제 해결 방식, 성장 비전이 종합적으로 전달된다. 테크 스타트업일수록 복잡한 내용을 구조화하고, 정량적·정성적 근거를 균형 있게 구성해야 한다.

사업 계획은 창업가의 기업가정신을 구조화한 설계도이자, 전략적 실행의 출발점이다. 사업계획서를 진지하게 준비하는 과정 그 자체가, 창업가와 팀이 자신의 사업을 명확히 이해하고 정비하는 가장 효과적인 훈련이 된다.

사업 계획의 구성 요소

테크 스타트업에 사업계획서는 전략, 실행, 시장 진입, 조직 운영, 재무 예측 등 모든 사업 활동의 정합성을 증명하는 설계 문서다. 잘 작성된 사업계획서는 투자자와 이해관계자에게 신뢰를 제공하며, 내부적으로는 경영의 중심축 역할을 한다. 이를 위해 사업계획서는 다음의 세 가지 파트로 구성된다.

파트 1. 사업 소개
- **표지(Cover Page).** 기업의 이름, 로고, 슬로건, 대표자명, 사업계획서 작성일 등을 포함한다. 첫인상을 결정짓는 요소이므로, 시각적 완성도와 정보 정합성이 중요하다.

- **목차(Table of Contents).** 각 항목을 체계적으로 나열하여, 독자가 원하는 내용을 빠르게 찾을 수 있도록 구성한다.
- **요약문(Executive Summary).** 전체 계획서의 핵심 메시지를 2페이지 이내로 요약한다. 비전, 문제 정의, 해결 전략, 시장 규모, 수익 모델, 핵심 인력, 자금 수요 및 사용 계획을 간결하고 설득력 있게 제시해야 한다. 이 문서가 투자자에게 첫 5분의 판단 기준이 된다.

파트 2. 사업 계획 본문

- **사업 설명(Business Description).** 창업 배경, 해결하고자 하는 문제, 기업의 핵심 가치, 사업 목적과 비즈니스 모델 등을 명확히 기술한다.
- **시장 설명(Market Analysis).** 산업 구조 분석, 시장 규모 및 성장률, 타겟 고객, 경쟁사와 대체재 분석, 진입장벽, 규제 등 시장 진입 및 확장 전략을 설계하는 데 필요한 정보를 종합적으로 제시한다.
- **기술 계획(Technology Plan).** 핵심 기술 개요, 기술의 차별성과 진입장벽, 개발 단계별 로드맵, IP 전략(특허, 노하우), 기술 인력, 외부 협력 기관 등을 포함한다.
- **마케팅 계획(Marketing Plan).** 고객 세분화, 브랜드 포지셔닝, 유통 채널, 가격 전략, 고객 확보 전략, 마케팅 예산 등 실행 중심의 전략이 포함되어야 한다.
- **재무 계획(Financial Plan).** 향후 3~5년간의 손익계산서, 대차대조표, 현금 흐름표, 주요 재무 지표, 투자 유치 계획 및 자금 사용 계획을 포함한다. 재무 계획의 핵심은 실현 가능성과 내재 논리의 일관성이다.
- **생산 계획(Production Plan).** 제품 또는 서비스의 개발/생산 과정, 제조 설비, 협력업체, 품질 관리 시스템, 물류 전략 등 공급망 관리 구조

를 설명한다.
- **조직 계획(Organization Plan).** 조직 구조도, 핵심 인력의 역할과 역량, 채용 계획, 보상 시스템 및 HR 전략 등을 제시한다. 핵심 인력의 이력과 전문성이 투자 판단에 큰 영향을 미친다.
- **운영 계획(Operational Plan).** 일상 운영 체계, 사업 일정표, 위험 관리 방안, 핵심 성과 지표, 지속적 개선 전략 등을 포함하여 사업 실행의 구체성을 보여 준다.
- **요약(Summary).** 본문 핵심 내용을 압축 정리하고, 투자 유치의 필요성과 기업의 미래 비전을 다시 강조한다.

파트 3. 보충 자료(Appendix)
- **핵심 인력 이력서.** 대표자 및 핵심 팀원의 이력과 경력, 실적, 기술 또는 산업 전문성 명시
- **시장 통계 및 조사 자료.** 객관적인 시장 데이터를 기반으로 사업의 기회를 정량적으로 입증
- **경쟁사 정보 및 비교 분석표.** 경쟁사와 자사의 차별 요소를 한눈에 보여 주는 자료
- **법적 계약서 및 인허가 문서.** 사업 운영에 필요한 각종 계약서, 특허 등록증, 라이선스, 임대 계약 등
- **공급업체 정보 및 견적서.** 제품 생산 및 서비스 제공을 위한 핵심 원가 구조 설명

정리하면, 기술 사업계획서는 투자 설득 자료이자, 내부 실행 기준이 되는 전략·운영·재무 통합 문서다. 각 구성 요소는 상호 정합성을 바탕으로 작성되어야 하며, 전략적 사고, 실행 가능성, 리스크 대응력, 그리고 팀의

신뢰도를 종합적으로 전달해야 한다. 스타트업은 이 문서를 통해 비전과 실행 간의 간극을 설계로 메우는 것이며, 그 과정이 바로 스타트업의 전략적 성숙도를 드러내는 과정이다.

사업 소개

사업 소개는 사업계획서의 첫 번째 파트이자 전체 문서의 전략적 문맥을 형성하는 서문이다. 이 파트는 독자에게 스타트업 비즈니스의 핵심 정보와 전략적 방향성을 압축적으로 전달함으로써 문서 전체의 탐색과 해석을 유도하는 고밀도 정보 블록이다. 계획서를 처음 접하는 투자자나 이해관계자에게 신뢰를 형성하고, 전체 내용을 읽을 동기를 부여하는 결정적인 관문으로 기능한다.

따라서 이 파트는 진입 장벽이 아니라 사업가의 전략 사고와 실행 의지를 압축적으로 드러내는 전시장이어야 하며, 구성의 완성도가 사업 전체에 대한 첫인상을 좌우하게 된다. '사업 소개'는 표지, 목차, 요약문의 세 요소로 구성된다.

우선, 표지는 계획서의 외부 신뢰를 구성하는 시각적이며 정보적인 첫 접점이다. 기업명, 주소, 연락처, 웹사이트와 같은 기본 정보와 함께, 대표자 및 주요 경영진의 이름과 직책, 문서의 작성일과 버전, 그리고 자금 조달 목적이 명확히 기재되어야 한다. 특히 "이 문서는 기밀 사업계획서이며, 무단 배포를 금합니다."와 같은 기밀성 문구와 문서 고유번호, 수신자 정보는 계획서의 유통 경로를 통제하고 신뢰를 높이는 역할을 한다. 시각적으로는 기업의 전문성과 정체성을 시각적으로 표현해야 하며 강한 인상을 남겨야 한다.

목차는 전체 문서의 논리 구조를 가시화하는 정보 지도다. 본문의 주요 항목뿐 아니라 세부 소제목, 표, 도표, 그래프, 부록 등 시각적 자료까지 포함하여 체계적으로 정리되어야 하며, 들여쓰기나 구분선을 통해 가독성을 높여야 한다. 목차 자체가 문서의 조직력과 체계성을 판단하는 간접적 기준이 되므로, 설계 방식에 전략적 사고가 반영되어야 한다.

요약문은 2페이지 내외로 구성된 압축적 전략 문서로, 투자자나 파트너가 5분 이내에 사업의 본질을 이해하고 후속 검토 여부를 판단할 수 있도록 설계되어야 한다. 기업 개요를 시작으로, 해결하고자 하는 시장의 명확한 Pain Point와 그 중요성, 자사가 제공하는 솔루션의 핵심 가치와 차별성, 시장 기회의 규모와 성장률, 경쟁 환경과 자사의 우위 요소(예. 기술 장벽, 유통 전략, 가격 경쟁력 등), 그리고 경영진의 실행력을 간결하게 정리해야 한다. 또한 향후 3~5년간의 매출 및 이익 전망을 수치와 그래프 기반으로 제시하며, 현재 자금 조달 목표와 사용 계획, 후속 투자 전략까지 연결된 흐름으로 구성되어야 한다. 감성적 서사보다 구조화된 논리와 수치 기반의 설득력이 요구되며, 요약문 자체가 '읽히는 순간 투자자와 계약서를 테이블에 올릴 수 있는' 수준의 전략 설계도가 되어야 한다.

사업 계획 본문

사업계획서의 두 번째 파트인 본문은 스타트업이 해결하고자 하는 문제의 본질, 그 해결 방안으로 제공하는 제품 및 서비스, 진입할 시장의 특성과 경쟁 구도, 그리고 기술적 실행 역량을 체계적으로 설명하는 핵심 세션이다. 본 파트는 스타트업 비즈니스의 전략적 정체성과 시장 실현 가능성을 입증하는 데 초점을 맞추며, 다음의 주요 구성으로 정리된다.

사업 설명

사업 설명은 기업이 해결하고자 하는 문제와 이를 위한 솔루션, 그리고 시장 내 존재 이유를 구조적으로 정리하는 세션으로, 기업의 정체성과 전략적 방향성을 압축적으로 전달하는 출발점이다. 이 장은 테크 스타트업이 추구하는 가치와 실행 계획을 명확히 제시하여, 후속 기술·마케팅·재무 전략의 논리적 기반을 형성한다.

- **제품 또는 서비스 정의.** 기업이 고객에게 제공하는 핵심 솔루션은 무엇이며, 어떤 방식으로 작동하고, 고객의 삶이나 비즈니스에 어떤 구체적 가치를 전달하는지를 서술한다. 특히 테크 스타트업의 경우, 제품이나 서비스가 작동하는 방식(예. 알고리즘 구조, 센서 기반 기술, 클라우드 연동 방식 등)에 대한 기술적 개요(Technical Overview)를 간단히 포함해야 한다. 기능, 사용 방식, 결과 기대치 등을 통해 고객 경험의 전반적인 흐름을 설명함으로써 문제 해결의 실질성과 실행 가능성을 입증할 수 있어야 한다.

- **미션 선언문.** 이 기업이 왜 존재해야 하는가에 대한 명확한 답을 제시하는 부분이다. 해결하고자 하는 구조적 문제, 사회적 혹은 산업적 기여, 기업 철학과 가치관을 포함해 서술하며, 창업 동기와 시장 진입 배경을 설득력 있게 연결한다. 이 선언문은 이후 전략적 결정의 핵심

기준이자, 고객·직원·투자자와의 일관된 정체성을 공유하는 핵심 메시지로 기능한다.

- **수익 모형.** 제품 또는 서비스를 통해 어떻게 수익을 창출할 것인지를 구조적으로 제시한다. 구독 기반(Subscription), 사용 기반(Usage-Based), 라이선스(Licensing), 광고 기반(Ad-Supported), 플랫폼 수수료 기반(Marketplace) 모형이 있다. 고객 유입 구조, 유통 방식, 파트너십 전략 등을 구체화하여 실질적인 수익 구조와 실행 가능성을 설명한다. 기존 산업 구조와 차별화되는 운영 효율성, 수익성, 확장성 등의 요소를 강조함으로써, 아이디어 수준이 아닌 실행 기반 비즈니스 모델임을 입증한다.

- **혁신성과 차별성.** 시장에 진입하여 기존의 어떤 문제를 구조적으로 해결하고, 경쟁 환경 속에서 어떤 방식으로 우위를 창출할 것인지를 기술한다. 기술적 혁신, 가격 구조 혁신, 유통 전략의 비효율 해소, 사용자 경험의 개선 등 구조적 혁신 포인트를 제시해야 하며, 이를 통해 경쟁사 대비 명확한 우위와 진입 장벽을 확보했음을 입증한다. 네트워크 효과, 진입 장벽, 고객 락인 구조 등도 함께 제시하면 설득력을 높일 수 있다.

사업 설명은 '문제의 타당성 → 솔루션의 실행력 → 시장 적합성'이라는 구조적 논리로 독자를 설득해야 한다. 이는 후속 기술 계획에서 기술의 실행 구조를, 마케팅 계획에서 고객 확보 전략을, 재무 계획에서 수익성과 자금 흐름을 논리적으로 연결하는 출발점이 되며, 투자자에게는 사업의 명확한 비전, 실행 구조, 수익 가능성을 최초로 인지하는 핵심 근거가 된다.

시장 설명

시장 설명은 스타트업이 진입하고자 하는 시장의 크기, 성장성, 경쟁 환경, 그리고 고객군을 분석하여, 이 사업이 왜 '지금, 이 시장'에서 작동 가능한지를 설득력 있게 보여 주는 전략적 분석 세션이다. 투자자에게는 이 분석이 스타트업 비즈니스의 시장 타당성과 확장 가능성을 판단할 수 있는 첫 번째 신호로 작용하며, 후속 마케팅 전략과 수익 예측의 기반이 된다.

- **시장 정의와 규모.** 기업이 진입하려는 시장을 산업 분류 체계에 따라 명확히 정의하고, TAM(Total Addressable Market, 진입할 수 있는 전체 시장), SAM(Serviceable Available Market, 비즈니스 모델이 실질적으로 커버 가능한 시장), SOM(Serviceable Obtainable Market, 현재 자원과 전략을 고려했을 때 단기적으로 점유 가능한 시장)의 구조로 시장 범위를 계층적으로 설명해야 한다. 각 범위에 대해 과거 3~5년간의 성장률, 현재 시장 규모, 그리고 향후 5년간 예상 CAGR(Compound Annual Growth Rate)을 수치 기반으로 제시하며, 공신력 있는 자료원을 기반으로 예측의 신뢰성을 확보해야 한다.

- **시장 동향과 전망.** 해당 시장에서 기술 트렌드, 정책·규제 변화, 고객 행동 및 수요 변화가 어떤 방향으로 흐르고 있는지를 분석한다. 디지털 전환, ESG 강화, 고령화, AI·데이터 중심 산업 구조 변화 등 현재 시장에 영향을 주는 거시적 흐름을 포착하고, 향후 시장이 구조적으로 확대될 가능성이나 새로운 수요군의 등장 가능성을 함께 진단한다.

- **경쟁 환경 분석.** 포터의 5대 세력 분석 또는 간략화된 SWOT 분석을 통해, 기업이 진입하려는 시장의 경쟁 구도를 구조적으로 파악한다. 주요 경쟁자들의 특징, 시장 점유율, 제품 포지셔닝 등을 정리하고,

대체재의 위협이나 신규 진입 장벽에 대한 설명도 포함해야 한다. 스타트업 비즈니스의 상대적 우위는 무엇이며, 경쟁자가 따라오기 어려운 영역은 어디인지를 명확히 제시해야 한다.

- **고객 세분화 및 타겟팅.** 시장 내 고객군을 인구통계학적, 산업적, 행동적 기준에 따라 세분화하고, 기업이 초기 접근 대상으로 삼는 핵심 타겟을 명시해야 한다. 이 타겟은 수요가 명확하며, 현재 시장의 해결되지 않은 불편을 경험하고 있는 집단이어야 하며, TAM과 SOM 사이에서 전략적 우선순위를 반영한 선택이어야 한다. 초기 접근 시장의 수익성, 확장 가능성, 반복 구매 가능성 등을 함께 설명하면 설득력을 높일 수 있다.
- **시각적 자료.** 시장 규모 추이 그래프, 경쟁사 포지셔닝 맵, 고객군 매핑 도식 등 시각 자료는 투자자의 이해도를 높이는 중요한 도구다. 숫자만 나열하는 것이 아니라, 그 숫자가 말하는 구조적 의미를 함께 설명하며, 시장 기회가 현실적인 이유를 보여 줘야 한다.

시장 설명은 진입하려는 목표 시장이 왜 지금 유효하고, 우리의 사업이 왜 여기서 우위를 점할 수 있는지를 논리적으로 입증하는 설계도. 시장에 대한 구조적 이해 없이는 제품의 가치는 증명되지 않으며, 이는 사업 전략 전반의 타당성을 위협하는 요소가 된다. 이 세션은 마케팅 계획의 출발점이자, 재무 계획의 근거이며, 투자자가 사업 기회의 실체를 가늠하는 핵심 판단 기준이 된다.

기술 계획

기술이 스타트업 비즈니스의 핵심 경쟁력이라면, 기술 계획은 지속 가능한 경쟁 구조와 기술적 실행력을 입증하는 전략 문서가 되어야 한다. 특히 테크 스타트업에 이 섹션은 투자자에게 가장 집중적으로 검토되는 영역으로, 기술의 독자성, 실행 가능성, 보호 전략 등을 종합적으로 제시해야 한다.

- **핵심 기술 개요.** 제품이나 서비스에 내재된 기술의 작동 원리, 구조, 그리고 적용 방식을 설명한다. 이 기술이 해결하고자 하는 본질적인 문제는 무엇이며, 기존 방식 대비 어떤 성능적 혹은 구조적 차별성을 가지는지를 명확히 밝혀야 한다. 알고리즘 기반 분석, 하드웨어 센서 기술, 데이터 처리 구조, 클라우드 인프라 등 기술 구성요소의 개요는 이해 가능한 수준에서 제시하되, 핵심 경쟁 포인트가 어디에 있는지는 분명히 해야 한다.

- **기술 개발 로드맵.** 현재 기술 개발 단계와 향후 개발 계획을 분기 단위로 정리한다. 최소 기능 제품 개발 현황, 내부 테스트 일정, 외부 베타 테스트 계획, 상용 제품 출시 시점까지의 일정을 구체화해야 하며, 각 단계의 주요 기술적 목표와 검증 지표도 함께 제시하면 신뢰도를 높일 수 있다. 기술 개발과 관련된 외부 인증, 실증 시험, 사용자 테스트 등이 있다면 해당 일정과 협력 기관을 함께 명시한다.

- **IP 전략.** 현재 보유 중이거나 출원 중인 특허, 상표, 저작권 등의 지식재산권(IP) 현황을 정리하고, 향후 IP 확보 전략을 기술한다. 국내 특허 출원 외에도 국제 출원(PCT) 여부, 라이선스 계약 체결 현황, 외부 기술 도입 계약 등에 대한 정보를 함께 포함한다. 경쟁사 대비 기술 보호 범위가 어느 정도인지, 핵심 IP에 대한 독점권 확보 여부가 어떤지를 명확히 제시하는 것이 중요하다. 관련 자료는 부록으로 첨부한다.

- **기술 리스크 및 대응 방안.** 기술 개발 및 상용화 과정에서 예상되는 리스크를 사전에 인지하고, 이에 대한 대응 전략을 제시해야 한다. 예를 들어, 성능 미달, 기술 안정성 확보 지연, 플랫폼 호환성 문제, 외부 API 연동 불안정성 등이 있을 수 있다. 각 리스크에 대한 조치 계획, 대체 기술 여부, 외부 기술 자문 계획 등을 함께 기술함으로써 실행 신뢰도를 확보한다.
- **외부 협력.** 단독 개발이 아닌 경우, 협력 연구기관, 기술 자문 파트너, 산학 협력 체계, 기술이전 계약 체결 현황 등을 명시한다. 특정 기술 요소를 공동 개발하고 있는 대학 연구소나, 기술검증을 위한 테스트베드를 제공하는 기관, 혹은 공동 특허 보유자 등 외부 네트워크가 기술의 완성도와 확장 가능성을 뒷받침하는 구조임을 보여 주는 것이 중요하다.

기술 계획은 그 자체로 '기술이 실현 가능한가'를 증명하는 문서이자, '이 기술이 다른 누구보다 뛰어나고, 지켜낼 수 있으며, 사업화 가능성이 충분한가'를 보여 주는 경쟁우위 설계서다. 투자자는 기술이 있는가를 넘어서, 이 기술이 어떤 실행력과 시장 독점력을 가질 수 있는가를 본다. 따라서 이 세션은 기술의 정교함뿐만 아니라, 실행력, 보호력, 확장력의 총합으로 구성되어야 한다.

마케팅 계획

마케팅 계획은 스타트업이 목표 시장을 명확히 정의하고, 해당 시장에 효과적으로 진입하기 위한 실행 전략을 수립하는 프레임워크다. 테크 스타트업은 한정된 자원 안에서 최대의 시장 반응을 끌어내야 하므로, 명확한 타깃 설정과 전략적 자원 배분이 필요하다.

첫 단계는 시장 세분화와 표적 시장(Target Market) 선정이다. 기술 창업가들은 실용성과 데이터 접근성 측면에서 인구통계학적 및 지리적 세분화를 선호하는 경향이 있다. B2C 사업의 경우, 연령, 소득, 성별, 교육 수준 등 인구통계 변수 분석을 통해 시장 규모와 고객 프로필을 도출하고, 고객의 소비 성향을 예측할 수 있다. 반면, B2B 사업에서는 산업 분류 코드를 활용해 산업군별 타겟팅이 가능하며, 해당 산업의 성장률, 시장 규모, 공급망 구조에 대한 분석이 마케팅 전략의 기반이 된다.

표적 시장이 정의되면, 이를 기반으로 제품(Product), 가격(Price), 유통(Place), 홍보(Promotion)로 대변되는 4P 전략을 수립한다.

- **제품 전략.** 기술 제품 또는 서비스의 핵심 기능, 품질 수준, 브랜드 포지셔닝, 보증 조건, 사후지원까지 포함된다. 특히 B2C 시장에서는 제품의 감성적 차별성과 사용자 경험(UX)이 구매 결정에 중요한 영향을 미친다. B2B 시장에서는 신뢰성과 기술적 성능이 중심이다.
- **가격 전략.** 고객 수요, 경쟁자 가격, 제품 원가, 유통 마진, 가격 탄력성 등을 종합적으로 고려하여 설정된다. 가격은 수익성과 시장 진입 장벽을 동시에 결정짓는 요소로, 시장의 반응을 테스트하며 조정 가능한 구조(예. 프리미엄 vs. 침투 가격 전략)를 마련해야 한다.
- **유통 전략.** 제품이 고객에게 도달하는 경로를 설계하는 작업이다. B2C에서는 온라인 채널, 모바일 앱, 소매 유통망 등을 고려하고, B2B에서는 직접 판매, 유통 대리점, 리셀러 등을 전략적으로 조합해야 한다. 여기에 물류, 재고 관리, 고객 납기 신뢰도 등이 포함되어야 한다.
- **홍보 전략.** 초기 브랜드 인지도 형성과 고객 유입의 핵심이다. 스타

트업은 대규모 광고보다 비용 효율적인 디지털 채널(SNS, 검색 광고, 콘텐츠 마케팅 등)을 적극 활용해야 한다. 특히 웹사이트와 랜딩페이지는 브랜드 신뢰와 리드 전환률에 직접적인 영향을 미친다. 구체적인 홍보 계획은 콘텐츠 발행 일정, 캠페인 목표, 실행 성과 지표로 세분되어야 하며, 성과는 정기적으로 측정되고 조정되어야 한다.

마케팅 계획 수립 이후에는 이를 기반으로 초년도 마케팅 예산을 구성하고, 각 활동에 필요한 자원을 세부적으로 배분해야 한다. 이는 재무 계획의 핵심 입력 변수로 작용하며, 투자자 설득 및 자금 운용 계획 수립에 필수적인 역할을 한다.

마케팅 계획은 벤처의 시장 진입과 성장을 위한 전략적 청사진이다. 고객을 누구로 정의하고, 어떤 가치를 어떻게 전달할 것인가에 대한 구조적 사고 없이 제품은 절대 시장에 안착하지 못한다. 마케팅은 제품을 시장 안으로 이끄는 힘이며, 전략은 그 힘의 방향을 설계하는 작업이다.

재무 계획

재무 계획은 스타트업이 안정적으로 사업을 운영하고 장기적인 수익성을 달성하기 위한 재무적 로드맵이다. 이 계획은 자금의 유입과 유출 구조를 명확히 파악하고, 향후 자금 흐름의 안정성과 사업 지속 가능성을 입증하는 핵심 문서다. 특히 투자자, 금융기관, 공공지원 프로그램 등 외부 이해관계자와의 신뢰 구축에서 가장 강력한 설득 수단으로 작용한다.

재무 계획의 핵심 구성 요소는 예상 재무제표(Pro Forma Statements)이다. 사업 운영을 시작한 이후의 수익과 비용 구조를 예측한 자료로, 실제 재무제표가 만들어지기 전까지 기업의 재무 건전성을 판단할 수 있는 유일한 기준이 된다. 주요 문서로는 다음이 포함된다.

- **예상 손익계산서.** 일정 동안의 예상 수익, 비용, 이익 구조를 보여 준다.
- **예상 현금 흐름표.** 월별 또는 분기별 현금 유입과 유출을 나타내어, 유동성 확보 가능성을 검토할 수 있다.
- **예상 대차대조표.** 특정 시점의 자산, 부채, 자본 구조를 요약하며, 재무 건전성과 투자 여력을 평가한다.

이러한 자료를 통해 기업은 언제부터 현금 흐름이 플러스로 전환될지, 자금 소요가 어느 시점에서 집중되는지, 어떤 항목이 가장 큰 비용으로 작용하는지를 명확히 제시할 수 있다.

재무 계획에는 자금의 출처와 사용처에 대한 자세한 설명이 포함되어야 한다.

- **출처.** 자금 조달 전략을 의미하며, 창업가 자본, 가족·지인의 투자, 엔젤 투자자, 벤처 캐피털, 정부 보조금, 금융기관 대출 등 단계별 조달 계획을 구체화해야 한다. 초기 단계의 자금은 보통 창업가 개인 자산이나 가까운 인적 네트워크에서 확보되며, 이후 성장 단계로 갈수록 외부 전문 투자자의 역할이 커진다.
- **사용처.** 사업 초기 필수 자금 지출 항목으로, 시설 임대 및 개보수, 설비 구매, 초기 인력 채용, 마케팅 비용, 재고 확보, IT 인프라, 예비비 등이 포함된다. 특히 운전자금(Working Capital) 확보는 초기 유동성 위기를 방지하는 핵심 요소다.

재무 계획은 자금이 왜 필요한지, 어떻게 사용할 것인지, 언제 수익을 내기 시작할 것인지, 어떤 위험이 존재하는지에 대한 전략적 해석이 담긴 문서다. 또한 이 계획은 마케팅 전략, 제품 개발, 인력 확보, 유통 시스템 등 다른 모든 실행 계획과 연결되어 있어야 하며, 사업 모델 전반의 타당성을 재무적 언어로 설명하는 역할을 담당한다.

재무 계획은 스타트업이 비즈니스의 미래 가능성을 수치로 증명하고, 외부 자금 조달의 정당성과 실행 가능성을 확보하는 데 필수적인 기반이다. 잘 구성된 재무 계획은 기업의 성장 시나리오와 리스크 관리 역량을 입증하는 도구로 기능한다.

조직 계획

조직 계획은 스타트업이 어떤 법적 구조로 설립되고, 어떤 방식으로 내부 권한과 책임을 분배할지를 설계하는 핵심 전략이다. 이는 세금, 법적 리스크, 투자 유치, 인력 구조 등 기업 운영 전반에 영향을 미치는 선택에 관한 계획이다.

첫 번째 고려 요소는 소유 형태(Ownership Structure)다. 창업가는 국가별 법률과 세제, 투자자 구성, 직원 복리후생 요건 등을 종합적으로 고려하여 가장 효율적인 법적 지위를 선택해야 한다. 일반적으로 스타트업은 다음 중 하나로 설립된다.

- **유한책임회사.** 세금 부담이 낮고, 창업가의 개인 자산 보호가 가능하며, 설립이 간편하다는 장점이 있다. 투자 유치나 주식 거래에는 다소 제약이 있을 수 있다.
- **주식회사.** 외부 투자 유치에 유리하고, 주식 기반 인센티브 제공이 가능하다. 다만 법적·회계적 의무가 더 많고, 세무 처리도 복잡해진다.
- **개인사업자, 합명회사.** 설립은 쉽지만, 창업가에게 무제한 법적 책임이 발생하며, 투자 유치나 성장에 제약이 많다. 일반적으로 테크 스타

트업에 적합하지 않다.

특히 다국적 협업이 있는 경우, 외국인 지분 규제 및 법인 설립 제한 요건을 반드시 사전에 검토해야 한다. 일부 국가에서는 외국 투자자의 지분이 일정 비율을 초과하면 법적 요건이나 세제 혜택이 달라질 수 있으며, 사업 허가 자체가 제한될 수도 있다.

다음으로는 지배구조(Governance) 설정이다. 초기 단계에서는 소수 인원이 다수의 역할을 겸임하는 경우가 많지만, 조직이 확장되면 기능별 분업과 명확한 보고 체계가 필수적이다. 이를 시각화하는 것이 조직도(Organization Chart)다.

조직도는 마케팅, 기술 개발, 재무, 영업 등의 각 기능 영역과 책임자를 명확히 정의하며, 권한의 흐름과 보고 체계를 시각적으로 구조화한다. 핵심 경영진 역할은 다음과 같은 구조로 설정된다.

- **CEO(최고경영자).** 사업 운영 총괄, 전략 수립, 투자자 대응, 조직 리더십.
- **CFO(최고재무책임자).** 자금 조달, 회계 및 재무 보고, 자금 집행 통제.
- **CTO(최고기술책임자).** 기술 개발 로드맵 관리, 개발팀 리딩, 제품 고도화.
- **COO(최고운영책임자), CMO(최고마케팅책임자)** 등은 필요에 따라 점진적으로 조직에 편입.

초기에는 구체적인 인물 배치 없이 역할 중심으로 구조를 설정할 수 있지만, 운영 단계 진입 시에는 각 직책에 명확한 인물 지정과 책임 부여가 필요하다. 이는 투자자에게 신뢰를 줄 수 있는 요소이며, 내부 의사결정 속도와 실행력을 높이는 기반이 된다.

조직 계획은 내부 운영 역량의 구조적 기반이다. 명확한 권한과 책임 체계는 기업 내부 리스크를 줄이고, 구성원 간 협업 효율을 높이며, 외부 이해관계자에게 기업의 신뢰도와 실행 가능성을 입증하는 전략적 수단이 된다. 이는 스타트업의 경영 시스템 성숙도를 보여 주는 지표로 작동한다.

운영 계획

운영 계획은 스타트업 비즈니스가 일상적으로 어떻게 기능할 것인지를 명확히 설계하는 실행 중심의 전략 문서다. 이는 제품이나 서비스가 고객에게 전달되기까지의 실제 운영 흐름과 리소스 배분 계획을 포함하며, 기업의 실행 역량과 신뢰성을 입증하는 데 핵심적인 역할을 한다.

운영 계획의 첫 번째 축은 제품 생산 방식이다. 제품이 내부에서 직접 생산되는지, 외부 제조업체와 협력하는지, 또는 주문형(On-Demand) 방식으로 제작되는지를 명확히 정의해야 한다. 이와 함께 다음 항목들이 포함된다.

- **생산 일정 및 용량 계획.** 초기 생산 규모, 예상 수요에 따른 확장 계획, 계절성 반영 여부
- **필요 자원.** 원자재, 장비, 인력, 생산 장소 등 투입 요소의 명세와 조달 방식
- **품질 관리 체계.** 생산 과정에서의 품질 기준, 검사 절차, 리콜 대응 매뉴얼 등

두 번째 축은 유통 및 물류 전략이다. 이는 제품이 어떻게 고객에게 도달할지를 결정하는 것으로, 고객 경험과 브랜드 신뢰에 직접 연결된다. 구체적으로는 다음 요소가 포함되어야 한다.

- **유통 채널 구조.** 직판, 도소매 유통망, 플랫폼 입점, 리셀러 등

- **물류 운영 방식.** 내부 운영 또는 외부 3PL 활용 여부, 배송 주기 및 속도
- **주문 처리 및 재고 관리 프로세스.** 주문 수집, 확인, 포장, 출고 절차의 자동화 및 고객 대응 정책

특히 주문 처리(Order Fulfillment) 시스템은 고객 만족도 유지와 반복 구매 유도에 결정적이다. 따라서 시스템 자동화, 물류 일관성, 고객 응대 프로토콜 등 세부 절차를 체계적으로 기술해야 한다.

운영 계획의 핵심이자 필수 항목은 출구전략이다. 이는 투자자에게 자본 회수의 실현 가능성과 방식을 제시하며, 투자 유치의 신뢰 기반이 된다. 일반적으로 다음 세 가지 시나리오가 활용된다.

- **수익 기반 회수 전략.** 기업이 유보 이익을 꾸준히 창출하여, 배당 또는 이익 공유를 통해 투자 회수를 유도하는 방식
- **M&A 전략.** 산업 내 전략적 시너지가 있는 기업에 사업을 매각함으로써 투자자와 창업가가 동시에 수익을 실현하는 방식
- **IPO 전략.** 일정 규모 이상의 성장 이후 기업공개(Initial Public Offering)를 통해 시장에서 주식을 유통하는 방식

현실적으로는 전략적 M&A가 가장 가능성이 높은 방식으로 간주되며, 이를 위해 운영 계획서에는 잠재적 인수자 리스트(3~4곳)를 미리 제시하고, 그들과의 초기 접촉 가능성, 기술적·시장적 시너지 등을 간략히 설명해야 한다. 이 전략은 기업의 장기적인 가치 실현 로드맵으로 작용해야 한다.

운영 계획의 마지막 세션에서는 위의 실행 절차와 출구전략을 요약하며, 스타트업 비즈니스가 효율적이고 확장 가능한 운영 체계를 갖추었고, 장기적 성장을 위한 명확한 전략 방향을 보유하고 있음을 강조해야 한다. 이는 투자자, 파트너, 이해관계자 모두에게 창업가의 실행력과 전략적 사

고 수준을 전달하는 결정적인 증거가 된다.

보충 자료

이 파트는 앞선 장에서 다룬 스타트업 비즈니스의 전략과 계획을 실질적으로 뒷받침하는 증빙 자료와 참고 데이터로 구성된다. 새로운 내용을 제시하기보다는, 기존 논의의 신뢰도와 설득력을 높이는 데 목적이 있다. 특히 투자자, 파트너, 이해관계자들이 사업의 실행 가능성과 법적·기술적 안정성을 평가할 수 있도록, 객관적이고 체계적인 서류 중심의 구성을 지향한다.

보충 자료의 주요 항목은 다음과 같다.

- **이차 데이터.** 기업이 진입하고자 하는 시장의 규모, 성장률, 산업별 트렌드, 경쟁 강도 등에 대한 통계와 보고서 등 외부 출처의 데이터를 포함한다. 이는 사업 계획의 전제조건이 현실적이고 타당하다는 점을 입증하는 역할을 한다. 정부기관, 산업연구원, 시장조사기관의 데이터가 주로 활용된다.
- **연구 데이터.** 목표 시장의 고객 특성, 고객 페르소나, 산업 구조, 기술 동향 등에 대한 자체 조사 또는 위탁 조사 자료다. 경쟁사 비교표, 고객 니즈 분석 결과, 기술 로드맵 등이 포함될 수 있으며, 앞서 제시된 전략을 실증적으로 보완하는 데 활용된다.
- **계약서 및 임대차 계약서.** 사업 운영을 위한 사무실, 생산 설비, 핵심 인력 또는 공급처와의 계약서 사본이다. 이는 사업 기반의 법적 안정

성과 운영의 실제성을 보여 주는 근거 자료로, 투자자 및 심사기관에 신뢰를 제공한다.

- **특허 문서.** 보유 또는 출원 중인 특허 명세서, 등록증, 기술 도면, PCT 신청 내역 등 지식재산권에 대한 증빙 자료다. 이는 테크 스타트업의 차별성과 보호된 경쟁력을 강조하는 핵심 자료이며, 기술 가치평가 및 투자 검토 시 주요 참고 항목으로 활용된다.
- **경영진 이력서.** 주요 경영진의 학력, 경력, 전문 역량, 이전 창업 또는 업계 경험을 요약한 이력 자료다. 이는 조직의 리더십 신뢰도와 실행 역량을 투자자에게 전달하며, 스타트업이 실현 가능한 팀 역량을 갖추고 있다는 점을 강조하는 데 필요하다.

보충 자료는 사업계획서의 부속 문서로 첨부되며, 투자 유치, 정부 과제 신청, 파트너 협력 제안 등 실질적인 협상 과정에서 필수적인 검토 자료가 된다. 그리고 전략적 포지셔닝의 근거, 실행력 검증, 기술적 우위 입증, 법적 리스크 해소 등 다양한 목적을 수행하게 된다.

이 파트는 창업가가 제시한 계획이 가정이나 추정에 머무르지 않고, 명확한 데이터와 실증 자료에 기반한 실행 가능한 전략이라는 점을 보여 준다. 철저하고 일관된 보충 자료 구성은 투자자와 이해관계자에게 신뢰를 제공하는 가장 강력한 수단 중 하나다.

시장 진입 포지셔닝 전략

시장 진입 포지셔닝(Market Entry Positioning)은 스타트업이 초기 시장에서 효율적이고 빠르게 자리를 잡기 위해 설계하는 전략적 접근 방식이다. 초기 고객을 확보하고, 빠른 매출 전환을 이루며, 긍정적인 현금 흐름을 달성하는 데 있어 이 전략은 핵심적 역할을 한다. 스타트업은 특히 시장 구조와 기술 파급력, 고객 행동 변화에 민감하게 반응해야 하며, 차별성과 속도, 정밀성을 바탕으로 포지셔닝 전략을 설계해야 한다.

스타트업이 활용할 수 있는 주요 시장 진입 포지셔닝 전략은 다음 네 가지다.

- **차별화 전략(Differentiation Strategy).** 차별화 전략은 기술, 기능, 디자인, 성능 등에서 경쟁사와 확연히 구별되는 독자적 가치를 제시함으로써 시장에서 주목받는 전략이다. 테슬라는 전기차의 기술력, 성능, 브랜드 이미지를 차별화 요소로 활용해 전통 내연기관 자동차 기업과의 분명한 구분을 만들었다. 이 전략은 기술 중심의 스타트업이 기술적 혁신성과 브랜드 서사를 동시에 확보할 수 있는 접근법으로, 초기 시장의 리더십 확보에 효과적이다.

- **틈새 보완 전략(Niche Complement Strategy).** 이 전략은 기존 시장에서 충분히 충족되지 않은 고객 불만이나 사용 불편을 정밀히 포착하여, 이를 개선한 제품이나 서비스를 제시함으로써 빠르게 입지를 구축하는 방식이다. 넷플릭스는 DVD 우편 대여와 스트리밍을 결합해 전통 비디오 대여의 한계를 보완했다. 이 전략은 기존 경쟁 제품과 완전히 다른 혁신이 아니더라도, '불편을 해소하는 방식'으로 시장 공백을 공략한다는 점에서 실행 가능성이 높고, 제품 완성도가 상대적으로 낮은 초기 스타트업에 적합하다.

- **고객 맞춤 전략(Customer Personalization Strategy).** 변화하는 고객

의 라이프스타일과 개별 니즈에 주목해, 개인화된 제품이나 서비스를 설계하고 제공하는 방식이다. 나이키의 'Nike By You'는 고객이 직접 운동화를 디자인할 수 있는 서비스를 통해 차별화된 고객 경험을 제공했다. 이 전략은 기술을 통해 고객 데이터를 분석하고, 개별 니즈를 반영할 수 있는 스타트업에 적합하며, 고객 충성도와 반복 구매율을 높이는 데 강점이 있다.

- **규제 활용 전략(Regulatory Leverage Strategy).** 정부 정책, 법률 변화, 산업 표준화 흐름 등 제도 변화가 새로운 시장 진입 기회를 만드는 경우 이를 활용하는 방식이다. 예를 들어, 전기차 충전 인프라 확대 정책은 새로운 하드웨어, 소프트웨어, 설치 서비스 등 다양한 사업 기회를 창출했다. 이 전략은 정책 예측 능력과 공공 부문과의 연계 역량이 강한 팀에게 유리하며, 초기 진입 시 정부 프로젝트, 보조금, 제도 수요를 활용해 빠르게 시장 점유율을 확보할 수 있다.

이 네 가지 전략은 각기 다른 시장 조건과 기업의 역량에 따라 선택적으로 활용될 수 있으며, 실제로는 두 가지 이상의 전략을 결합해 설계하는 경우도 많다. 핵심은 초기 시장에서 '무엇을 어떤 방식으로 공략할 것인가'를 명확히 정의하는 것이며, 이를 통해 스타트업은 불확실한 시장 환경 속에서도 초기 성장의 발판을 마련할 수 있다.

창업가는 시장 환경, 고객 행동, 규제 동향, 경쟁 구도에 대한 철저한 분석을 바탕으로, 자사 제품이 어느 전략적 접근에 가장 부합하는지를 판단하고 정교하게 포지셔닝 전략을 설계하고 실행해야 한다. 이는 기업이 시장에서 존재해야 하는 이유(Reason for Being)를 정의하는 핵심 전략이다.

스포티파이의 시장 진입 포지셔닝 전략

스포티파이(Sportify)는 혼란기에 있던 음악 산업의 구조적 변화를 기회로 전환한 대표적인 사례이다. CD 판매 감소, 냅스터(Napster)의 퇴장, 불안정한 스트리밍 기술 등 음악 소비 생태계가 붕괴되던 2006년, 창업가 다니엘 엑과 마틴 로렌존은 기존 시스템의 공백을 빠르게 포착하고 새로운 포지셔닝 전략을 실행함으로써 시장 진입에 성공했다. 스포티파이의 시장 진입 전략은 아래와 같이 복합적으로 구성된다.

- 틈새 보완 전략(Gap-Filling Strategy). 스포티파이는 음악 콘텐츠에 대한 고객 수요는 여전히 존재하지만, 이를 정당하게 소비할 수 있는 구조가 사라져 있었다는 점에 주목했다. 냅스터 이후 불법 다운로드는 여전했고, 사용자는 편리성과 접근성을 원했지만, 기존 스트리밍 서비스는 제한적이었다. 스포티파이는 '무제한 스트리밍 + 적법한 사용 + 높은 사용자 경험'이라는 결합으로, 사용자와 음악 산업 모두에게 현실적인 대안을 제시했다. 이 전략은 단순한 대체재가 아닌, 기존 시장 실패를 교정하는 보완적 솔루션이었다.

- 차별화 전략(Differentiation Strategy). 음악 스트리밍이라는 기술은 기존에도 존재했지만, 스포티파이는 다음과 같은 측면에서 차별화에 성공했다. 우선, 광고 기반 무료 계층(Ad-Supported Tier)을 도입하여 진입 장벽을 제거하고 사용자 기반을 빠르게 확대했다. 또한, 프리미엄 모델(Premium Business Model)을 통해 사용자 경험을 개선하면서도 지속 가능한 수익 구조 확보했다. 초대 기반 확산 방식으로 초기 마케팅 비용을 최소화하면서도 바이럴 효과를 극대화했다. 이러한 전략은 경쟁자 대비 제품의 '접근성, 합법성, 품질, 확장성'에서 강점을 확보하는 데 기여했다.

- 고객 맞춤 전략(Customer Customization Strategy). 스포티파이는 사용자 데이터 기반의 추천 알고리즘, 재생목록 구성, 개인화된 콘텐츠 제공 등 사용자 맞춤형 서비스를 초기에 도입했다. 특히, 사용자의 청취 패턴을 분석해 자동으로 음악을 추천하거나, 사용자가 직접 큐레이션한 재생목록을 공유할 수 있는 구조는 사용자 참여도를 크게 높였다. 이는 단순한 플랫폼 이용을 넘어 고객과의 정서적 연결을 강화하고, 충성도를 형성하는 기반이 되었다.

- 규제 활용 전략(Regulatory Leverage Strategy). 스포티파이는 다수의 음반사와 조기부터 정식 라이선스 계약을 체결하며, 저작권 문제로부터 자유로운 스트리밍 모델을 구축했다. 이는 기존 불법 공유 모델들과의 가장 뚜렷한 차별점이자, 법적 정당성을 기반으로 한 진입 전략이었다. 음원 권리자와 협력 구조를 형성함으로써 산업 전반의 지지를 확보했고, 이는 시장 내 신뢰도와 안정성을 높이는 데 결정적인 역할을 했다.

종합적으로 스포티파이는 시장 진입 포지셔닝 전략에서 '기존 시장의 실패를 해결하는 대안'으로 출발해, 사용자 경험을 극대화하는 방향으로 확장하는 전략을 구사했다. 이는 단순한 기술 창업이 아닌, 시장 구조 자체를 새롭게 설계한 사례이며, 스타트업이 시장 혼란기를 어떻게 기회로 전환할 수 있는지를 보여 주는 전형적 모델로 평가된다.

시장 침투 전략

시장 침투 전략(Market Penetration Strategy)은 테크 스타트업이 기존 시장 내에서 제품·서비스의 확산 속도와 점유율을 빠르게 높이기 위한 실행 중심의 전략이다. 이 전략은 제품의 기술적 혁신보다는 고객 확보, 매출 증대, 브랜드 인지도 제고에 초점을 두며, 초기 시장 진입 이후 지속 가능한 성장을 위한 가속화 도구로 작동한다.

전략의 출발점은 기존 고객의 반복 구매 유도다. 재구매를 유도하기 위해 할인 쿠폰, 멤버십, 포인트 적립, 충성도 프로그램 등 다양한 인센티브 구조가 활용된다. 동시에 고객 추천 프로그램을 통해 기존 고객이 신규 고객을 유입시키는 구조를 설계할 수 있다. 드롭박스는 사용자 추천을 통해 양쪽 모두에게 무료 스토리지를 제공하면서, 바이럴 기반의 빠른 사용자 확산을 끌어낸 대표 사례다.

초기 침투가 일정 수준에 도달하면, 시장 롤아웃(Roll-Out) 전략이 이어진다. 이는 성공적으로 자리 잡은 지역 혹은 고객 세그먼트에서 얻은 경험과 인사이트를 기반으로, 다른 지역이나 유사한 고객군으로 전략을 수평 확장하는 방식이다. 스타벅스는 이 전략을 통해 한 지역에서의 브랜드 운영을 정교화한 후, 동일한 운영 프로세스를 다른 지역에 복제해 글로벌 확장에 성공했다. 핵심은 운영 방식과 고객 경험의 표준화를 통한 반복 가능한 확장 모델의 구축이다.

다음 단계는 부가 제품 또는 서비스 제안(Cross-Selling)을 통한 객단가(Average Revenue Per User, ARPU) 상승 전략이다. 핵심 제품에 만족한 고객에게 관련된 상품이나 유료 서비스 옵션을 추가 제안해 1인당 수익을 높인다. 애플은 아이폰 사용자에게 애플워치, 에어팟, 아이클라우드 등을 교차 판매함으로써 고객당 매출을 극대화한다. 이 전략은 매출 중대뿐 아니라 고객과의 브랜드 연결을 강화하는 데도 효과적이다.

고객 록인(Lock-in) 전략은 고객이 장기적으로 자사 제품이나 서비스에 머무르도록 하는 구조를 설계하는 것이다. 이는 전환 비용을 높이고, 이탈을 어렵게 만드는 사용자 경험의 설계를 포함한다. 애플의 하드웨어, 소프트웨어, 독자적인 서비스 생태계가 대표적이다. 스타트업도 회원제, 구독 모델, 개인화된 UX, AI 기반 추천 시스템 등을 통해 고객과의 장기 관계를 구축할 수 있다. 록인 전략은 고객 생애 가치를 높이고, 마케팅 효율성을 중대시키는 데 핵심적이다.

시장 침투 전략은 단기 매출 확보를 넘어서, 브랜드 정착, 운영 체계 정립, 고객 기반 강화까지 연결되는 지속 가능하고 반복 가능한 성장 모델의 기반이 된다. 특히 테크 스타트업은 초기에 기술력만으로 시장을 유지하기 어렵기 때문에, 제품 이후의 성장 동력을 설계하는 전략으로서 반드시 고려되어야 한다.

기술 창업가는 다음 네 가지 활동을 통합적으로 설계하고 실행해야 한다.

- 기존 고객의 재구매 유도
- 고객 추천을 통한 신규 고객 확보
- 시장 롤아웃을 통한 확장
- 부가 제품·서비스 제안을 통한 수익 극대화

이러한 전략적 흐름을 단계적으로 설계하면, 스타트업은 단기 성과와 장기 확장이라는 두 축을 동시에 실현할 수 있다. 시장 침투 전략은 기업의 성장 경로에 관한 소설이 아니라 스타트업의 실행력과 확장성을 검증하는 기준이 된다.

선도자 우위 전략

선도자 우위 전략(First Mover Advantage Strategy)은 기술 창업가가 새로운 제품이나 서비스를 가장 먼저 시장에 출시함으로써 확보할 수 있는 경쟁적 이점을 의미한다. 이 전략은 초기 진입을 기반으로 지속 가능한 차별성과 방어적 구조를 확보하는 장기 전략으로 이해해야 한다. 선도자는 철저한 사전 계획과 빠른 실행을 통해 경쟁자가 진입하기 전까지 다양한 자산을 선점할 수 있으며, 이를 통해 다음과 같은 구조적 이점을 확보한다.

- **비용 우위.** 선도자는 규모의 경제(Economies of Scale)와 학습 곡선 효과를 통해 경쟁사보다 빠르게 생산 효율성을 확보할 수 있다. 초기 시장에서 확보한 고객 기반과 판매량은 연구개발비와 고정비를 빠르게 분산시켜 단위당 원가를 낮춘다. 이와 함께 공급망 협상력과 유통 구조를 선점함으로써 비용 구조 전반에 걸쳐 우위를 확보한다. 대표 사례로는 배달의민족이 국내 배달앱 시장을 초기에 선점하며 수익 구조와 운영 효율성을 빠르게 정착시킨 것을 들 수 있다.

- **경쟁 회피 및 독점적 지위 확보.** 초기 시장 진입자는 경쟁자가 부재한 환경에서 비교적 자유롭게 고객을 확보하고 브랜드를 구축할 수 있다. 이는 초기 시장 점유율을 높이고, 이후 진입하는 경쟁자들이 따라잡기 어려운 사용자 락인 효과를 만들어 낸다. 예를 들어, 카카오톡은 무료 모바일 메신저라는 새로운 시장을 창출하며, 경쟁자가 등장하기 전 빠르게 사용자 기반을 확장하고 카카오페이, 카카오T 등 서비스 라인업을 확장함으로써 네트워크 효과와 생태계 중심성을 동시에 확보했다.

- **공급망 및 유통 채널 선점.** 선도자는 시장 내 핵심 자원인 우수한 공

급업체, 물류 파트너, 유통 채널을 조기 확보함으로써 경쟁자의 진입 장벽을 형성할 수 있다. 이 구조는 후발주자의 성장 속도를 제한하고, 초기 구축된 물리적·관계적 자산을 기반으로 장기적인 운영 우위를 창출한다. 예를 들어, 마켓컬리는 새벽배송이라는 서비스 혁신을 통해 신선식품 물류망을 선점하고, 독점적 파트너십을 구축함으로써 경쟁사가 따라오기 어려운 인프라 장벽을 형성했다.

- **고객 경험 기반의 학습 및 개선.** 초기 진입자는 고객 피드백을 먼저 받을 수 있고, 이를 바탕으로 제품과 서비스를 지속 개선할 수 있는 기회를 가진다. 이 과정은 단순한 제품 개선에 그치지 않고, 고객 니즈와 구매 행동에 대한 심층적 이해를 축적하는 계기가 된다. 토스는 간편 송금 서비스로 시작해 고객 피드백을 반영해 다양한 금융 서비스를 확장했으며, 이를 통해 금융 서비스 전반에서 고객 신뢰를 기반으로 한 시장 리더십을 구축했다.

- **전환 비용을 통한 고객 락인.** 선도자는 고객이 경쟁 제품으로 이동하는 데 드는 시간, 노력, 학습비용 등 전환 비용(Switching Cost)을 구조적으로 설정함으로써 높은 고객 충성도를 유지할 수 있다. 대표적으로 삼성페이는 국내 최초 모바일 결제 시장에 진입해 사용자에게 높은 편의성과 통합 경험을 제공했고, 이는 후발주자들의 기술적 장점에도 불구하고 고객 전환을 어렵게 만들었다.

선도자 우위 전략은 시장 점유율 확보의 문제가 아니라, 시장 구조를 설계하고 지배하는 문제로 귀결된다. 기술 창업가는 초기 시장 진입 시 철저한 제품 전략, 자원 배치, 파트너십 전략을 기반으로 선도적 입지를 확보해야 한다. 이 우위를 지속 가능한 경쟁력으로 전환하려면 체계적인 후속 실행 전략 또한 병행해야 한다. 선도자 지위를 차지하는 것은 기회이자 책임이며, 그 결과 기업은 시장 내 지배력을 구축할 수 있다.

가치사슬 분석

가치사슬 분석(Value Chain Analysis)은 테크 스타트업이 시장에서 경쟁우위를 확보하기 위한 도구다. 이는 제품이나 서비스가 고객에게 도달하기까지의 모든 활동과 흐름을 구조적으로 분석함으로써, 어디서 가치를 만들고 차별화를 실현할 수 있는지를 파악하는 과정이다. 단순한 비용 절감이나 효율화 차원을 넘어, 고객이 인식할 수 있는 가치 창출 지점을 명확히 식별하는 데 목적이 있다.

분석의 첫 단계는 시장 리더의 가치사슬 구조 분석이다. 업계 선도 기업들은 어떤 방식으로 가치를 창출하고 있는가? 핵심 경쟁력은 기술일 수 있고, 유통구조, 고객 경험, 서비스 품질, 애프터 마켓 전략 등 다양한 요소가 될 수 있다. 중요한 것은 '어떤 활동이 잘 되고 있는가'보다, '왜 그것이 고객에게 작동하는가'를 파악하는 것이다. 이를 통해 단순한 모방이 아닌, 전략적 차별화 지점을 설계할 수 있다.

두 번째 단계는 가치사슬의 참여자 구조 파악이다. 여기에는 공급자, 제조사, 유통업체, 기술 파트너, 고객, 데이터 연계 서비스까지 포함된다. 각 참여자가 맡고 있는 기능과 그 과정에서 발생하는 비용, 시간, 정보 비대칭, 반복적인 병목지점 등을 도식화하면, 개선 여지와 혁신 기회를 명확히 파악할 수 있다.

이러한 분석을 통해 기술 창업가는 다음과 같은 전략적 질문에 답을 얻게 된다.

- 어떤 활동이 시장 내 비용 구조를 결정하는가?
- 고객이 가장 큰 가치를 느끼는 지점은 어디인가?
- 기존 가치사슬에서 가장 비효율적인 단계는 어디인가?
- 혁신이 가능한 흐름 또는 단절 지점은 무엇인가?

예컨대 유통 단계가 복잡하고 중간 이익률이 높은 산업에서는, 직접판매 모델(D2C)로의 전환이 강력한 전략이 될 수 있다. 또는 고객 서비스 단계에서 반복되는 불편이 있다면, 자동화된 피드백 루프나 AI 기반 고객 응대 솔루션을 도입함으로써 운영 효율과 고객 만족을 동시에 높일 수 있다.

가치사슬 분석의 핵심은 단순히 기존 프로세스를 고치는 것이 아니라, 스타트업이 새로운 방식으로 가치를 재구성할 수 있는 여지를 찾아내는 데 있다. 즉, 기존 기업이 구축해 놓은 인프라 위에 올라타기보다는, 다른 방식으로 흐름을 조직하고 고객에게 더 직관적이고 효과적인 경험을 제공하는 것이 관건이다.

궁극적으로 가치사슬 분석은 전략 수립의 전제조건이며, 제품 개발, 파트너 선정, 고객 확보 전략, 수익 모형 설계까지 모든 실행의 기반이 되는 작업이다. 이를 통해 스타트업은 단순히 생존하는 것을 넘어, 기존 경쟁자와는 다른 방식으로 시장에 자리 잡고 확장할 수 있는 구조를 확보하게 된다.

비상 계획 수립

불확실성이 높은 시장에서 스타트업이 살아남기 위해 반드시 갖춰야 할 것이 있다면, 그중 하나가 비상 계획(Contingency Plan)이다. 아무리 잘 설계된 출시 전략과 탄탄한 가치사슬을 갖췄다 해도, 외부 환경의 변화는 언제든 기업의 기반을 흔들 수 있다. 경기 침체, 신제품의 등장, 고객 취향 변화처럼 예측이 어려운 변수들은 사업의 생존과 직결된다. 그래서 비상 계획은 '혹시 몰라서'가 아니라, '반드시 있어야 하는' 전략이다.

비상 계획의 핵심은 품질이다. 위기가 닥쳤을 때 품질이 흔들리면 고객은 가장 먼저 등을 돌린다. 반대로 품질을 지켜내는 데 성공하면, 시장이 요동쳐도 버틸 힘이 생긴다. 이를 위해 테크 스타트업은 다음 세 가지 전략을 적극적으로 활용할 수 있다.

- **지속적 개선**. 제품과 서비스의 품질을 꾸준히 개선하면 고객 만족도와 충성도가 높아지고, 위기 속에서도 신뢰를 유지할 수 있다.
- **벤치마킹**. 세계 최고 수준의 기준을 참고해 자사 시스템에 맞게 적용하면, 품질과 효율성을 동시에 끌어올릴 수 있다.
- **아웃소싱**. 내부 자원을 핵심 역량에 집중하고, 외부 전문 조직의 역량을 활용해 품질을 확보하면서도 비용 효율성을 높일 수 있다.

이러한 품질 유지 전략의 핵심은 고객의 신뢰를 확보하고, 위기 상황에서도 흔들리지 않는 회사를 만드는 것이다. 비상 계획은 위협을 피하는 장치가 아니라, 불확실한 시장에서 성장을 지속할 수 있도록 하는 구조다. 스타트업에 필요한 건 '위기 시 대처법'이 아니라, '위기 속에서도 흔들리지 않는 준비된 체력'이다.

핵심 정리

사업 개시는 단순한 시작이 아니라 전략적 실행의 분기점이다. 기술 창업가는 어떤 순서로 사업을 설계하고 실행할지를 결정함으로써, 동일한 아이디어를 전혀 다른 결과로 전환시킬 수 있다. 이를 위해 스타트업은 전략의 수준을 명확히 구분하고, 실행 가능한 구조로 계층화된 전략 체계를 구축해야 한다.

사업 개시 전략은 크게 기업, 사업, 운영, 기능의 네 가지 수준으로 구분되며, 특히 사업 수준과 기능 수준 전략은 사업 초기의 실행성과 직결된다. 스타트업은 시장 진입 포지셔닝 전략을 통해 초기 시장 내 자신만의 자리와 차별화 포인트를 확보하고, 시장 침투 전략을 바탕으로 고객 기반을 확장하고 반복 구매와 수익성을 증대시켜야 한다.

선도자 우위 전략은 시장의 혼란기나 공백기에 빠르게 진입하여 비용 우위, 고객 락인, 유통 채널 선점 등을 확보하는 전략이며, 이는 시장 구조 자체를 설계하는 접근과 맞닿아 있다. 이를 유지하기 위해 가치사슬 분석을 통해 제품 또는 서비스가 전달되는 전 과정에서의 비용 구조, 병목 현상, 차별화 기회를 식별해야 하며, 비효율을 혁신적 방식으로 재구성하는 전략이 요구된다.

이러한 실행 전략을 뒷받침하는 핵심 도구가 사업계획서다. 사업계획서는 창업가의 전략적 사고력과 실행 준비도를 평가받는 문서이며, 내부적으로는 실행 기준, 외부적으로는 설득 수단으로 작동한다. 실현 가능성 중심의 설계, 시각적 설득력, 창업가의 언어 반영이 필수적이며, 본문과 부록에 이르기까지 정합성과 증빙을 갖춘 구성으로 완성도를 높여야 한다.

사업계획서는 표지-목차-요약문으로 구성된 사업 소개, 문제 정의부터 수익 모델, 기술 전략, 시장 분석, 마케팅 및 운영 전략, 조직 및 재무 계획을 포괄하는 본문, 그리고 이 모든 주장을 뒷받침하는 객관적 근거로서의 보충 자료로 구성된다. 이는 투자자, 파트너, 정부기관을 설득하는 동시에 내부 팀의 전략 정렬과 실행력을 높이는 수단이 된다.

또한, 시장 진입 시 스타트업은 변화하는 고객 니즈, 정책 환경, 기술 트렌드에 따라 차별화, 틈새 보완, 고객 맞춤, 규제 활용 전략 중 적절한 포지셔닝을 선택하고 조합해야 한다. 이후 시장 침투 단계에서는 고객 충성도 확보, 추천 기반 확산, 시장 롤아웃, 부가 제품 제안, 고객 락인 전략을 통합적으로 설계함으로써, 초기 시장에서의 선점을 반복 가능한 성장 구조로 전환해야 한다.

마지막으로, 불확실성이 본질인 창업 환경에서 비상 계획은 선택이 아니라 필수다. 품질 확보 전략, 고객 신뢰 유지, 외부 리소스의 전략적 활용 등을 포함한 구조화된 비상 대응 계획은 위기 상황에서도 스타트업의 생존 가능성과 성장 잠재력을 유지시키는 핵심 요인이 된다.

사업 개시는 스타트업 비즈니스 전략의 작동 여부를 시장에서 검증하는 시험대다. 실행을 설계하고, 리스크에 대비하며, 시장과 고객을 전략적으로 설득하는 과정이 곧 스타트업의 본질이다.

창업가의 질문

Q1. 사업 계획을 수립할 때 사업 수준 전략과 기능 수준 전략을 모두 포함해야 한다고 들었습니다. 그런데 실제 창업 초기에는 리소스가 제한되다 보니, 어떤 전략에 더 집중해야 할지 판단이 어렵습니다. 전략 간의 우선순위를 어떻게 두어야 할까요?

교수의 답변. 좋은 질문입니다. 스타트업의 자원은 항상 제약적이기 때문에, 전략적 우선순위 설정은 단지 실행 순서를 정하는 차원을 넘어 생존의 문제와도 연결됩니다. 이때 중요한 건, 전략을 단절적으로 나누기보다는 연결된 흐름으로 이해하는 것입니다. 사업 수준 전략, 즉 어떤 시장에 어떤 제품으로 진입할 것인가는 가장 먼저 설정되어야 할 출발점입니다. 이는 '존재 이유'를 정의하는 문제이기 때문입니다. 그다음에는 마케팅, 기술, 재무 등 기능 수준 전략이 이를 어떻게 실행할지를 구체화해 줍니다. 따라서 초기 단계에서는 사업 수준 전략을 통해 명확한 시장 포지셔닝과 수익 구조를 정의하고, 이후 그 전략을 실현하는 데 필수적인 기능 영역부터 단계적으로 설계하는 것이 바람직합니다. 이 과정에서 사업계획서는 전략의 연결 고리를 점검하는 도구로 활용될 수 있습니다.

Q2. 시장 진입 전략을 수립하는 과정에서 차별화 전략, 틈새 보완 전략,

고객 맞춤 전략 등 여러 접근법이 소개되었는데요, 스타트업 입장에서 이들 전략 중 어떤 기준으로 하나를 선택하거나 조합하는 게 현실적으로 효과적일까요?

액셀러레이터의 답변. 정확히 보셨습니다. 이론적으로는 다양한 전략이 존재하지만, 실전에서는 팀의 자원과 실행력, 시장 구조, 제품 완성도 등을 기준으로 전략적 선택과 조합이 이루어져야 합니다. 예컨대, 제품이 완전히 새로운 형태의 기술을 기반으로 한다면 차별화 전략이 유리할 수 있고, 기존 시장의 불편을 해결하는 형태라면 틈새 보완 전략이 더 적합합니다. 고객 데이터 분석 기반의 솔루션이라면 고객 맞춤 전략이 유효하겠죠. 중요한 건, 전략을 고르는 것이 아니라 '자사 제품/서비스가 가장 잘 작동할 수 있는 시장 진입 방식'을 설계하는 것입니다. 저희는 초기 팀에게 세 가지 기준을 제안합니다. (1) 누구에게 가장 **빠르게** 전달할 수 있는가, (2) 지금 당장 해결 가능한 고객 문제는 무엇인가, (3) 그 해결이 경쟁사보다 얼마나 뛰어난가. 이 세 가지에 답할 수 있다면, 전략은 자연스럽게 도출됩니다.

Q3. 사업계획서가 투자 유치의 필수 문서라는 것은 알지만, 투자자의 입장에서 볼 때 어떤 항목이 가장 먼저, 혹은 가장 중요하게 평가되는지 궁금합니다. 그리고 특히 시장 전략 파트에서 어떤 논리와 근거를 기대하시는지도 듣고 싶습니다.

벤처캐피털리스트의 답변. 사업계획서를 볼 때 저희가 가장 먼저 주목하는 건 요약문입니다. 2페이지 내외의 요약문에 전체 사업의 구조, 문제 정의, 솔루션, 시장 기회, 수익 모델, 팀 역량, 자금 사용 계획이 명확히 담겨 있어야 합니다. 이 요약이 잘 구성되어 있으면 본문을 정독할 유인을 가지게 되고, 그렇지 않으면 관심도가 급격히 줄어듭니다. 특히 시장 전략 파트는 제품이 현실적인 시장에서 작동할 수 있는지를 판단하는 핵심 기준입니다. TAM-SAM-SOM 구조로 시장 규모를 계층화하고, 해당 시장에서 어떤 고객을 타깃으로 설정했는지, 경쟁사는 누구이며 자사는 어떤 구조적 우위를 갖는지를 수치와 논리로 명확히 제시하는 것이 중요합니다. 많은 창업가들이 가능성에 집중하지만, 저희는 '실행 가능성'과 '시장 적합성'을 더 중요하게 봅니다. 결국 시장 전략은 제품보다 앞서 있는 비즈니스의 전제 조건입니다.

Chapter 11

마케팅 계획 수립

테크 스타트업에서 마케팅은 단순한 홍보를 넘어, 고객 가치를 실현하는 핵심 전략이다. 제품 개발이나 기술 혁신이 아무리 탁월하더라도, 그것이 시장에 전달되지 않으면 고객 가치를 창출하지 못하며, 이는 곧 사업 실패로 이어진다. 기술 창업가에게 마케팅은 마케팅은 고객 문제를 해결하는 기술을 차별화된 가치로 전환하고, 이를 효과적으로 전달하기 위한 전략적 도구다.

이 장에서는 마케팅 계획의 핵심 구조로 마케팅 믹스(Marketing Mix)를 중심으로 논의한다. 마케팅 믹스는 제품(Product), 가격(Price), 유통(Place), 프로모션(Promotion)의 네 가지 요소로 구성되며, 각 요소는 독립적이면서도 상호 연계되어 고객에게 통합된 경험과 가치를 제공한다.

- **제품 믹스.** 기업이 시장에 제공하는 제품이나 서비스의 기능, 품질, 디자인, 브랜드, 사용자 경험 등 전반적인 구성 요소를 포함한다. 테크 스타트업의 경우, 제품의 기술 혁신성과 기능적 효용이 핵심 차별화 요소가 되며, 이는 고객의 문제 해결 능력으로 직접 연결되어야 한다. 시장에서 경쟁우위를 확보하려면 단순한 기능 전달이 아닌 고객 기대를 뛰어넘는 명확한 가치 제안(Value Proposition)이 필요하다.
- **가격 믹스.** 제품이 제공하는 가치와 고객의 지불 의사 사이의 균형을 설계하는 영역이다. 가격은 제품 포지셔닝을 암시하며, 고가 전략은 프리미엄 브랜드 이미지를, 침투 가격 전략은 빠른 시장 진입을 가능하게 한다. 특히 스타트업은 수익성 확보와 시장 점유 사이에서 가격을 전략적으로 설정해야 하며, 지속 가능한 수익 모델 구축과 직결된다.
- **유통 믹스.** 제품 또는 서비스가 고객에게 전달되는 경로를 설계하는 전략이다. 오프라인 유통 채널 외에도, 디지털 채널(이커머스, 앱 스

토어, SaaS 플랫폼 등)은 테크 스타트업의 유통 전략에서 필수적이다. 효과적인 유통 전략은 단순한 접근성을 넘어, 고객 접점에서의 경험 품질까지 포함한다.

- **프로모션 믹스.** 제품의 가치를 고객에게 인지시키고, 행동을 유도하는 촉진 활동이다. 디지털 마케팅, 콘텐츠 제작, 소셜미디어, 온라인 광고, PR 전략 등은 스타트업의 제한된 자원 상황에서 가장 비용 효율적으로 대규모 고객에게 접근할 수 있는 수단이다. 이 과정에서 고객과의 신뢰 구축과 브랜드 정체성 강화가 병행되어야 한다.

마케팅 믹스의 효과적인 운영을 위해서는 전략 간 정렬(Strategic Alignment)이 중요하다. 제품이 프리미엄 시장을 지향한다면, 가격, 유통, 프로모션 전략 또한 그에 상응하는 방식으로 구성되어야 한다. 반대로 저가 대중 시장을 공략한다면, 비용 효율적 유통망과 대중적 채널 중심의 프로모션 전략이 필요하다.

이 장에서는 마케팅 믹스의 구체적 구성과 실행 전략을 중심으로, 다음과 같은 주제를 추가로 다룬다.

- **마케팅 예산 계획.** 제한된 자원을 어떻게 우선순위에 따라 배분할 것인가
- **국제 마케팅 전략.** 글로벌 마켓 진입 시 문화, 규제, 고객 행동의 차이를 어떻게 반영할 것인가
- **마케팅 효과 측정 방법.** 캠페인 ROI, CAC(Customer Acquisition Cost), CLV(Customer Lifetime Value) 등의 지표를 통해 마케팅 성과를 정량적으로 평가하고 전략적 피드백 루프를 설계하는 방법

결국 성공적인 마케팅은 기능의 조합이 아니라, 고객 중심 사고(Customer-Centric Thinking)를 기반으로 각 전략 요소를 정렬시키는 과정이다. 기술 중심에서 출발한 스타트업이 시장 중심의 사고로 확장되기 위해, 이 장에서 제시한 마케팅 계획 수립 체계는 필수적인 전략적 토대가 된다.

제품 믹스

제품 믹스(Product Mix)는 스타트업이 고객에게 전달하는 가치를 다차원적으로 설계하는 과정으로, 단일 제품을 넘어서 제품의 본질, 외형, 서비스 구성, 브랜드 전략까지 포괄하는 종합적인 제품 전략이다. 기술 창업가는 제품 믹스를 통해 고객의 문제를 보다 정밀하게 해결하고, 시장 내에서 차별화된 경쟁우위를 확보할 수 있다.

제품 믹스는 '무엇을 만들 것인가'의 문제가 아니라, 고객이 무엇을 기대하고, 어떤 경험을 얻기를 원하는가에 대한 응답이다. 기술 창업가는 제품 믹스를 설계할 때 기능 중심 사고에서 경험 중심 사고로 전환하고, 기술, 디자인, 서비스, 브랜드의 유기적 통합을 통해 시장에서 지속 가능한 경쟁우위를 구축해야 한다.

가장 핵심적인 구성 요소는 핵심 제품(Core Product)이다. 이는 고객이 구매를 통해 실제로 얻고자 하는 '가치'이며, 제품의 본질적 기능에 해당한다. 예를 들어, 인공지능 기반 추천 시스템을 판매하는 경우, 핵심 제품은 고객이 원하는 콘텐츠를 빠르게 발견할 수 있게 하는 알고리즘의 효용이다. 즉, 기술 그 자체보다 고객의 문제를 해결하는 능력이 핵심이다.

하지만 핵심 제품만으로는 시장에서 충분한 경쟁력을 확보하기 어렵다.

여기에는 반드시 완성 제품(Augmented Product)이 결합되어야 한다. 완성 제품은 제품의 외형, 품질 수준, 패키징, 디자인, 브랜드, 애프터서비스 등 고객의 사용 경험을 완성하는 모든 요소를 포함한다. 예를 들어, 소프트웨어의 경우 직관적인 UI/UX, 설치와 연동의 편의성, 고객 대응 속도 등이 모두 완성 제품의 일환이다. 완성 제품의 품질은 동일한 기술력 아래에서도 브랜드 인지도, 고객 만족도, 재구매율에 결정적인 영향을 미친다.

이러한 제품 구성은 다양한 고객층을 공략하는 제품 라인 전략(Product Line Strategy)으로 확장될 수 있다. 기본형-고급형-프리미엄형처럼 계층 구조를 형성하면, 가격 민감도나 사용 목적이 다른 고객들을 포괄할 수 있다. B2B 솔루션의 경우, API 연동 범위, 사용자 수, 데이터 분석 기능에 따라 여러 제품군으로 분리하여 공급할 수 있다.

브랜딩(Branding)은 제품 믹스를 통해 창출된 가치를 시장과 고객에게 전달하는 언어이자 상징 체계다. 브랜드는 단순한 기업명이나 로고를 넘어, 고객의 기억 속에 각인되는 경험적 이미지를 형성한다. 기술 창업가는 브랜드를 통해 자사의 기술이 단순히 기능적 효용을 넘어서, 정체성과 감정적 연결을 전달할 수 있어야 한다.

브랜드 네이밍은 다음 기준을 충족해야 한다.

- **기억 용이성.** 짧고 발음하기 쉬우며, 시각적으로도 잘 인식할 수 있어야 한다.
- **함축성.** 제품이나 서비스의 본질을 직접적으로 드러내지 않으면서도, 독창적이고 유연한 해석이 가능해야 한다.
- **상표 보호성.** 이미 등록된 상표를 회피하고, 지역명을 피함으로써 글로벌 확장 시 법적 리스크를 최소화한다.

예를 들어, 애플은 기술과는 직접적인 연관이 없는 단어지만, 브랜드 자체가 '심플함, 창의성, 미래지향성'을 상징하게 되었다. 마찬가지로 테슬라는 단순히 전기차 제조사를 넘어, 혁신성과 고급스러움의 상징으로 인식된다.

포장은 단순한 제품 보호를 넘어, 고객의 관심을 끌고 브랜드 이미지를 형성하는 데 중요한 전략적 요소다. 특히 기술 기반 제품에서는 기능과 성능 못지않게, 첫인상과 사용자 경험이 구매 결정에 직접적인 영향을 미친다. 이는 고객용 전자제품뿐 아니라 산업용 기술 제품에도 동일하게 적용된다.

기술 창업가에게 포장 디자인은 시각적 차별화, 브랜드 신뢰 형성, 제품 가치 제고라는 세 가지 목적을 동시에 달성해야 하는 과제다. 실제로 고객은 제품을 사용하기 전 포장을 통해 브랜드를 처음 접하게 되며, 이 첫인상은 브랜드 전체에 대한 인식으로 확장된다.

효과적인 포장 설계를 위해 다음의 요소를 고려해야 한다.

- **정확한 크기 인식.** 제품의 실제 크기와 패키지 크기의 차이가 클 경우, 고객은 오해하거나 실망할 수 있다.
- **시각적 매력.** 독창적이면서도 브랜드 정체성과 일치하는 디자인은 제품 진열대에서 주목도를 높이고, 첫 구매를 유도하는 데 유리하다.
- **품질 감성.** 재질, 마감, 색상 등에서 고급스러움이 느껴질 경우, 제품에 대한 가치평가도 함께 상승한다.
- **가독성.** 브랜드 로고, 제품명, 핵심 메시지는 가시성 높게 배치되어야 하며, 혼잡한 디자인은 오히려 신뢰도가 저하될 수 있다.
- **미적 구성.** 포장은 단순히 정보 전달 수단이 아니라, 심미적 경험을 제공하는 매개체다. 이를 통해 브랜드의 정서적 이미지를 강화할 수

있다.

애플의 포장 사례는 이러한 전략이 어떻게 실현될 수 있는지를 보여 준다. 제품을 꺼낼 때의 촉감, 상자의 무게감, 포장 개봉의 감성적 연출은 기술적 우수성과 감성적 만족을 동시에 자극한다. 또한, 재활용이 가능한 고급 포장재와 모바일과 연동되는 인터랙티브 포장 디자인은 환경친화성과 기술 혁신 이미지를 동시에 전달하며, 지속 가능한 브랜딩 효과를 만든다.

포장 이후 단계에서 중요한 요소는 보증, 배송, 설치, 애프터서비스로 구성된 완성된 고객 경험 설계다. 특히 보증 제도는 제품 품질에 대한 신뢰를 구축하는 핵심 도구다. 예를 들어, 스와치(Swatch)는 미국 시장 진출 초기, 파격적인 평생 보증을 제공해 브랜드 신뢰도를 획기적으로 높였고, 이는 제품 판매뿐 아니라 장기적 브랜드 구축에 결정적 역할을 했다.

애프터서비스 또한 고객 충성도 유지에 핵심적인 역할을 한다. 특히 기술 제품의 경우, 제품의 성능보다 문제 발생 시의 대응 속도와 정확성이 브랜드 평가에 더 큰 영향을 미칠 수 있다. 수리 용이성, 온라인 지원 채널, 고객 응대 매뉴얼 등은 고객 경험의 연장선으로 간주되며, 반복 구매와 고객 추천으로 이어질 수 있는 결정적 요소다.

제품 믹스의 구성 요소는 단절된 활동이 아니라, 기술 제품을 둘러싼 전체 고객 경험의 입구이자 접점이다. 기술 창업가는 기능과 성능 외에도 감성, 신뢰, 심미성이라는 브랜드 요소를 통합적으로 설계해야 하며, 이를 통해 단기적 매출을 넘어 지속 가능한 고객 관계와 시장 내 경쟁우위를 확보할 수 있다.

가격 믹스

가격은 마케팅 믹스 중 가장 민감하고 전략적인 요소다. 특히 테크 스타트업에게 가격 책정은 단순한 숫자 설정이 아니라, 시장 진입, 브랜드 포지셔닝, 고객 유치, 자금 회수 전략이 교차하는 핵심 지점이다. 기술 창업가는 제품의 가치와 시장 조건을 종합적으로 고려해 가격 전략을 설계해야 하며, 이는 기업의 생존과 성장 속도에 직접적인 영향을 미친다.

가격은 단기 매출을 견인하는 수단이자, 장기 브랜드 전략의 축이다. 지나치게 저렴한 가격은 제품의 신뢰도를 떨어뜨릴 수 있고, 과도한 프리미엄 전략은 초기 시장 진입 장벽으로 작용할 수 있다. 기술 창업가는 자사의 제품 가치, 고객 인식, 시장 조건을 정밀하게 분석하여, 가격이 전체 전략과 논리적으로 연결되도록 설계해야 한다. 이것이 바로 가격을 통해 시장에서 의미 있는 자리를 확보하는 유일한 방법이다.

가격 전략은 두 가지 내부 요인에 따라 결정된다. 첫째는 제품 목표(Product Objectives)다. 이는 스타트업이 무엇을 우선 달성하고자 하는가에 대한 전략적 방향성을 제시한다. 주요 목표로는 다음이 있다.

- **빠른 판매 및 초기 현금 확보.** 초기 고객 확보와 자금 유입을 위해 공격적인 가격 전략이 필요할 수 있다.
- **시장 점유율 확대.** 가격을 통해 경쟁사를 압도하고 초기 시장 지배력을 확보하려는 전략이다.
- **프리미엄 이미지 구축.** 높은 가격으로 제품의 기술력과 혁신성을 강조하고, 고급 시장을 선점하려는 경우.
- **지속 가능성 및 수익 극대화.** 장기적 관점에서 수익률을 유지하고,

제품 라인업을 확장하기 위한 기반 확보.

둘째는 마케팅 믹스 내 타 요소들과의 정합성이다. 제품의 기술 수준, 유통 전략, 프로모션 강도 등과 가격이 조화를 이루어야 한다. 예컨대 고기능 제품에 낮은 가격을 설정하면 품질에 대한 시장의 기대치를 왜곡할 수 있고, 반대로 높은 가격이라면 프리미엄 이미지에 맞는 포지셔닝과 유통·홍보 전략이 따라붙어야 한다.

가격 전략을 구체화하는 데 있어, 3C 모델은 실무적이고 체계적인 틀을 제공한다.

- **비용(Cost).** 가격은 최소한 제품의 생산, 유통, 판매 비용을 충당해야 하며, 이익률 확보도 고려해야 한다. 스타트업은 특히 고정비용(R&D, 인건비)을 효율화해 초기 가격 설정의 유연성을 확보해야 한다. 또한 SaaS나 구독형 모델처럼 마진 구조가 장기적일 경우, 단기 손실을 감내하면서도 총수명 가치(LTV)를 고려한 가격 전략이 필요하다.

- **경쟁(Competition).** 경쟁 제품의 가격대를 기준으로 벤치마킹하거나 차별화 전략을 설정해야 한다. 유사 기능 제품 대비 가격 우위가 없다면 기능, 서비스, 브랜드 신뢰 등 다른 경쟁요소에서 우위를 확보해야 하며, 가격 탄력성 분석을 통해 경쟁자의 반응을 시뮬레이션하는 것도 중요하다.

- **고객(Customer).** 고객은 가격이 아니라, 가격 대비 가치(Perceived Value)를 기준으로 구매를 결정한다. 따라서 고객 세분화에 따라 가격대를 조정하거나, 같은 제품이라도 프리미엄 옵션과 기본 옵션으로 나눠 가격 민감도에 유연하게 대응할 수 있어야 한다. 초기 고객

확보를 위해 프로모션 가격을 설정하되, 브랜드 가치를 훼손하지 않도록 제한된 기간 또는 타겟을 설정하는 것이 바람직하다.

스티트업이 시장에 신제품을 도입할 때, 가격 전략은 단순한 수익 확보 수단이 아니라 브랜드 포지셔닝과 초기 시장 진입의 핵심 전략 요소로 작용한다. 특히 시장 진입 초기에는 제품의 가치 인식, 경쟁 상황, 고객 반응을 종합적으로 고려한 정교한 가격 설계가 필요하다. 이때 자주 사용되는 전략이 시장 스키밍(Skimming)과 시장 침투(Penetration) 전략이다.

우선, 시장 스키밍 전략은 초기 단계에서 높은 가격을 책정하여 초기 수요층에서 최대 수익을 확보하고, 이후 점진적으로 가격을 낮추는 방식이다. 애플은 아이폰과 아이패드를 초기 고가로 출시하며 고급 브랜드 이미지를 구축했고, 이후 제품 라인업 확대를 통해 다양한 가격대의 시장을 공략했다. 이 전략은 다음과 같은 조건에서 효과적이다.

- 제품이 기술적으로 독보적이거나 차별화된 가치를 제공할 경우
- 초기 고객층이 브랜드 충성도가 높고, 가격에 덜 민감한 경우
- 경쟁사의 시장 진입이 높은 기술 장벽 또는 특허 보호 등으로 제한된 경우

시장 침투 전략은 저렴한 가격으로 빠르게 시장 점유율을 확보하는 방식이다. 초기에는 마진이 낮지만, 고객 확보 이후 가격 인상 또는 업셀링을 통한 수익화 모델로 확장할 수 있다. 이 전략은 다음과 같은 조건에서 효과를 발휘한다.

- 고객의 가격 민감도가 높은 경우
- 제품이 대중적 사용을 전제로 한 경우(예. SaaS, 플랫폼)
- 규모의 경제를 통해 단가를 낮출 수 있는 구조를 갖추었을 때

- 제품 수명이 짧아 빠른 보급이 필요한 시장(예. 트렌드 기반 디지털 제품)

이 두 전략은 극단적 선택지가 아니라, 시장 환경과 제품 특성에 따라 유연하게 조합될 수 있다. 예를 들어 고기능 프리미엄 모델에는 스키밍 전략을, 보급형 모델에는 침투 전략을 적용하는 식의 다층적 가격 포트폴리오도 가능하다. 기술 창업가에게 가격 전략은 수익성 확보 수단일 뿐 아니라 시장 내 위치와 브랜드 이미지를 결정짓는 수단이다. 따라서 비용, 경쟁, 고객의 3C 요소를 반드시 고려해야 한다.

유통 믹스

유통 믹스는 제품이나 서비스가 고객에게 도달하는 전 과정을 설계하는 전략으로, 마케팅 믹스의 세 번째 요소로서 테크 스타트업의 시장 성공 여부를 좌우하는 핵심 요소다. 특히 글로벌 공급망이 빠르게 변화하고 유통 비용이 급등하는 환경에서, 유통 전략은 더 이상 단순한 물류 문제가 아닌 수익성과 고객 경험을 동시에 좌우하는 전략 자산이다. 이러한 유통 믹스는 크게 유통 채널(Distribution Channels)과 물리적 유통(Physical Distribution) 두 영역으로 구성된다.

우선, 유통 채널은 제품이 고객에게 도달하는 과정에서 거치는 조직과 플랫폼의 네트워크다. 여기에는 제조업체 대리인, 브로커, 도매상, 소매상, 전자상거래 플랫폼 등이 포함되며, 각 채널은 마케팅, 정보 전달, 고객 응대, 위험 분산, 자금 회수 등 다양한 역할을 담당한다. 테크 스타트업의 경우 자금과 자원이 제한적이기 때문에, 브로커나 제조업체 대리인과 같은 수수료 기반 채널을 선호하는 경향이 강하다. 이들은 제품 소유권을 가지지 않고 판매와 마케팅만 수행하기 때문에, 스타트업의 자금 부담을 줄이고 빠른 시장 진입을 가능하게 한다.

하지만 채널이 늘어날수록 각 단계에서 요구되는 마진이 누적되며, 최종 고객 가격이 급격히 상승하는 문제가 발생한다. 실제로 유통구조가 복잡한 국내 시장에서는 최종 고객 가격이 원가 대비 최대 98%까지 증가하는 사례도 존재한다. 따라서 유통 채널 설계는 단순히 유통 범위 확장이 아닌, 마진 구조와 가격 경쟁력 간의 균형을 설계하는 과정이다. 이때 활용할 수 있는 공식은 다음과 같다.

$$원가 기준 마진 (\%) = 판매가 기준 마진 (\%) \div (100\% - 판매가 기준 마진 (\%))$$

이 공식은 유통 채널별 마진 구조가 전체 가격 전략에 어떤 영향을 미치는지를 정량적으로 분석하는 데 유용하다.

물리적 유통은 제품이 실제로 고객에게 전달되는 과정으로, 보관, 창고 운영, 재고 관리, 운송이 핵심 요소다. 특히 초기 스타트업의 경우 자금과 인력의 제약으로 인해 물류 역량이 취약한 경우가 많고, 이는 재고 부족, 배송 지연, 주문 처리 오류 등의 문제로 이어진다. 이는 단순한 운영 손실을 넘어 브랜드 신뢰도와 고객 유지율에 직접적인 타격을 줄 수 있다.

따라서 기술 기업은 물리적 유통 단계를 단순히 아웃소싱하는 것이 아니라, 공급망 관리(Supply Chain Management, SCM) 체계 속에서 전략적으로 통합해야 한다. SCM은 내부 부서 간 협업뿐만 아니라, 외부 공급업체와 유통 채널, 고객과의 연계성을 최적화하여, 전체 유통 흐름의 속도, 비용, 안정성을 동시에 개선하는 것을 목표로 한다.

효과적인 유통 믹스 전략은 다음과 같은 목적을 달성해야 한다.

- **가격 경쟁력 확보.** 유통 채널 마진을 최적화하고, 불필요한 유통 단계를 제거함으로써 고객에게 합리적인 가격을 제시한다.
- **시장 접근 속도 향상.** 채널 집중 전략을 통해 고객 접점을 신속하게 확보하고, 초기 시장 반응을 빠르게 확인한다.
- **고객 만족도 제고.** 물리적 유통의 품질을 높여 제품 도달 속도, 정확성, 서비스 수준을 강화한다.
- **비용 통제와 확장성 확보.** 수수료 기반 채널, 제삼자 물류(3PL), 전자상거래 플랫폼 등을 유연하게 결합해 확장 가능하고 탄력적인 유통 구조를 설계한다.

유통 믹스는 채널 선택의 문제가 아니다. 스타트업이 가진 자원 제약, 시장 진입 전략, 브랜드 포지셔닝을 모두 고려한 종합 설계이자, 고객 경험과 수익성을 동시에 결정짓는 전략 지렛대다. 테크 스타트업은 유통구조의 복잡성과 비용 구조를 정밀히 분석하고, 채널과 물류가 하나의 시스템으로 유기적으로 작동하도록 설계함으로써 시장에서 지속 가능한 경쟁우위를 확보할 수 있다.

프로모션 믹스

프로모션 믹스는 마케팅 믹스의 마지막 요소로, 테크 스타트업이 고객에게 제품이나 서비스를 효과적으로 알리고 구매 행동을 유도하기 위해 활용하는 통합 커뮤니케이션 전략이다. 이는 단순한 광고를 넘어, 다양한 커뮤니케이션 수단을 전략적으로 조합해 고객 인지도를 높이고 브랜드 신뢰를 구축하며, 시장 반응에 유연하게 대응하는 기반을 제공한다.

프로모션 믹스는 다음의 다섯 가지 핵심 영역으로 구성된다.

- **광고.** 광고는 유료 매체를 통해 대중에게 브랜드 메시지를 전달하는 전통적이면서도 여전히 강력한 수단이다. TV, 라디오, 인쇄 매체, 옥외 광고, 디지털 배너 등 다양한 채널을 활용할 수 있으며, 스타트업은 협력 광고(Co-Op Advertising)를 통해 유통 파트너와 비용을 분담하면서 광고 효과를 극대화할 수 있다. 메시지 설계와 매체 선택이 핵심이며, 브랜드 이미지 형성과 초기 시장 인지도 확보에 중요한 역할을 한다.
- **개인 판매.** 개인 판매는 직접 고객과 소통하며 제품을 설명하고 설득하는 방식이다. 특히 기술 제품처럼 복잡한 기능과 고관여 구매 특성이 있는 상품은 1.1 상호작용을 통해 교육과 설득이 병행되어야 한다. 대면, 전화, 화상 회의, 챗봇 기반 상담 등 다양한 형식이 존재하며, 판매 인력의 전문성과 고객 응대 전략이 성공의 관건이다.
- **판매 촉진.** 판매 촉진은 단기간 내 구매를 유도하기 위한 전술적 도구다. 쿠폰, 경품, 체험 샘플, 한시적 할인, 트레이드쇼 참가 등이 여기에 해당되며, 제품 출시 초기에 빠르게 수요를 끌어내는 데 효과적이다. 기술 제품은 고객의 불확실성을 동반하므로, 체험 중심의 촉진 전략이 특히 유용하다.
- **홍보.** 홍보는 언론, 이벤트, 보도자료, 제품 발표회 등 비용을 들이지 않고 대중의 관심을 유도하는 방식이다. 높은 신뢰도를 가지며, 스타트업에 브랜드 인지도를 저비용으로 높일 기회다. 특히 CEO의 미디어 노출, 기술 혁신 사례 공유, 산업 전시회 발표 등은 기업 이미지를 강화하고 투자자 관심을 끌 수 있는 중요한 수단이다.
- **소셜 미디어.** 현대 마케팅에서 가장 빠르게 성장하고 있는 프로모션

채널로, 실시간 피드백과 고객 참여를 동시에 확보할 수 있다. 페이스북, 인스타그램, 유튜브, 카카오채널 등 플랫폼별 특성을 고려한 콘텐츠 전략이 중요하며, 웹사이트, 이메일, 뉴스레터와 함께 디지털 마케팅의 중심축을 이룬다. 특히 소셜미디어는 단순 홍보를 넘어, 고객 데이터 분석을 통해 시장 인사이트를 확보하고, 정밀 타겟팅 및 맞춤형 마케팅 전략 수립에 활용될 수 있다.

예를 들어, 카카오는 자사 플랫폼을 기반으로 한 정교한 고객 분석 기능을 광고주에게 제공하며, 지역 기반 타겟팅, 행동 패턴 분석 등을 통해 고객 맞춤형 광고를 가능하게 한다. 이러한 데이터 기반 접근은 마케팅의 효율성과 전환율을 극대화하는 핵심 전략이다.

테크 스타트업은 제한된 자원 안에서 브랜드를 알리고 제품을 설명하며 고객을 확보해야 한다. 따라서 프로모션 믹스의 통합적 설계와 실행이 필수다. 단일 채널에 의존하기보다는, 제품 특성, 고객군, 성장 단계에 따라 광고와 홍보, 디지털 채널과 오프라인 이벤트를 조합하여 최적의 메시지를 전달해야 한다. 이를 통해 초기 고객의 신뢰를 확보하고, 브랜드 충성도를 형성하며, 시장 내에서 장기적인 입지를 구축할 수 있다.

프로모션 믹스는 기술 제품의 가치를 제대로 전달하고, 브랜드를 시장에 자리 잡게 하는 전략적 소통 수단이다. 창업가는 각 요소의 기능을 이해하고, 상황에 맞게 전략적으로 배분하고 연계함으로써, 한정된 자원을 최대의 마케팅 효과로 전환할 수 있어야 한다.

프로모션 믹스 예산

기술 창업가가 성공적인 마케팅 전략을 실행하기 위해 반드시 해결해야 할 과제 중 하나는 프로모션 예산의 전략적 설정이다. 이는 단순한 비용 배분이 아니라, 제품 특성, 고객 행동, 유통구조, 시장 경쟁 상황 등을 종합적으로 고려해 자원의 효과성을 극대화하는 재무 결정이자, 매출 확대와 브랜드 인지도 제고를 위한 출발점이다.

산업마다 매출 대비 프로모션 비중은 다르게 나타나며, 이는 제품 생애주기, 목표 고객군, 판매 전략 등에 따라 조정되어야 한다. 예컨대 기술 기반 제품은 초기 시장 진입 시 인지도를 확보하기 위한 집중적 마케팅 예산이 필요하며, 이는 단기 ROI보다 장기적 고객 확보와 브랜드 구축에 방점이 찍힌다.

프로모션 예산을 설정하는 대표적인 다섯 가지 접근법은 다음과 같다.

- **직관 설정법.** 경험과 업계 관행에 기반하여 간단히 예산을 설정하는 방식이다. 예를 들어, 전년도 매출의 10%를 프로모션 예산으로 설정하거나, 산업 평균 비율을 따르는 식이다. 빠르고 실행이 간편하다는 장점이 있지만, 명확한 근거나 정량적 분석이 부족하다는 점에서 전략적 설계에는 한계가 있다.

- **경쟁 기반법.** 경쟁사의 마케팅 지출을 참고하여 자사 예산을 설정하는 방식이다. 업계 평균 광고비율, 유사 규모 기업의 지출 데이터 등을 비교하여 예산 범위를 설정할 수 있다. 시장에서의 위치와 경쟁 동등성을 확보하려는 목적에는 유용하지만, 경쟁사의 전략이 곧 성공이라는 보장이 없고, 자사 상황의 특수성을 반영하기 어렵다는 점에서 주의가 필요하다.

- **목표 기반법.** 가장 전략적이고 정밀한 방식이다. 구체적인 마케팅 목표를 설정한 뒤, 그 목표를 달성하기 위한 활동을 세분화하고, 각 활

동별 예상 비용을 산출해 예산을 설정한다. 예를 들어, '3개월 내 신규 가입자 10,000명 확보'라는 목표를 위해 디지털 광고, 콘텐츠 마케팅, 프로모션 이벤트 등의 수단을 정하고 각각의 예산을 할당하는 식이다. 성과 추적이 가능하며, 기술 제품이나 스타트업처럼 목표 중심의 투자 판단이 필요한 경우에 적합하다.

- **매출 기반법.** 과거 또는 예상 매출에 일정 비율을 적용해 예산을 책정하는 방식이다. 예를 들어 예상 매출 50억 원에 4%를 책정해 2억 원을 마케팅 예산으로 설정한다. 매출 변동성이 낮은 산업에서는 안정적으로 작동하나, 매출 기반으로 프로모션 규모가 결정되기 때문에 공격적 시장 확대나 새로운 제품 출시 단계에서는 제약이 발생할 수 있다.

- **예산 기반법.** 기업이 보유한 잉여 자금에서 프로모션 예산을 후순위로 배정하는 방식이다. 재무 여건이 취약한 초기 스타트업이나 비용 절감이 필요한 시기에 현실적인 대안이 될 수 있으나, 프로모션 활동이 미래 매출에 미치는 선행 효과를 간과할 위험이 있다. 특히 기술 기반 제품처럼 초기 인지 확산이 중요한 경우에는 장기적 손실로 이어질 가능성이 있다.

예산 책정은 목표-성과-시장 구조-재무 상황 간 균형의 문제다. 창업가는 설정한 예산이 실제로 목표 고객에게 도달하고 성과를 창출하는지를 데이터 기반으로 지속 평가하고 조정해야 한다. 단순한 비용 관리가 아니라, 투자 수익 분석, 고객 확보 비용, 고객 생애가치 등의 지표와 연계한 분석 체계를 구축함으로써, 창업가는 변화하는 시장 환경 속에서 유연하고 전략적인 프로모션 믹스 운용 역량을 확보할 수 있다.

글로벌 마케팅

글로벌 마케팅(Global Marketing)은 통합된 세계 경제 속에서 점점 더 중심적인 전략으로 부상하고 있다. 오늘날 다국적 기업들은 다양한 국가에서 제품과 서비스를 제공하며, 세계 시장에서의 존재감을 강화하고 있다. 화장품이나 자동차 산업처럼 글로벌 브랜드가 각국 시장에서 높은 점유율을 차지하는 사례는 이제 일상적인 현상이 되었고, 이러한 추세는 계속 확대되는 중이다. 세계화의 진전은 고객 인식에도 변화를 일으켜, 국내산과 외국산 제품의 경계가 희미해지고 있다.

산업화와 경제 성장으로 인해 더 많은 국가들이 글로벌 마켓에 참여하고 있으며, 이는 제품 생산과 공급 방식의 재편을 야기했다. 과거 특정 지역에 한정되어 생산되던 제품들은 이제 글로벌 공급망을 기반으로 전 세계에서 생산되고 있다. 예컨대, 일본의 자동차 제조업체는 여러 나라에 현지 공장을 운영하며, 각국의 고객 요구를 반영한 차량을 생산한다. 이는 단순한 수출 중심 전략이 아니라, 생산과 유통을 현지에 맞춰 조정하는 글로벌 전략으로 이해할 수 있다.

이처럼 국경의 경계가 흐려지는 환경에서, 기업들은 각국 시장에 적합한 마케팅 전략을 설계하고 실행하는 데 초점을 맞추고 있다. 현지화(Localization)는 이러한 전략의 핵심으로, 문화적 특성, 고객 취향, 규제 조건을 반영한 맞춤형 접근이 요구된다. 특정 국가에서 선호되는 색상이나 상징, 의사소통 방식 등을 제품과 광고에 반영함으로써, 브랜드는 해당 시장에서 더 높은 친밀감을 형성할 수 있다. 결과적으로, 현지화 전략은 글로벌 브랜드가 각국 고객의 일상에 자연스럽게 스며들 수 있도록 돕는다.

디지털 플랫폼과 온라인 마켓플레이스의 확산은 글로벌 마케팅의 확장성을 한층 가속화시키고 있다. 아마존, 알리바바 같은 플랫폼은 기업이 지리적 제약 없이 전 세계 고객에게 접근할 수 있도록 해 준다. 디지털 마케팅은 특정 지역을 겨냥한 타겟팅 광고 실행을 가능하게 하고, 소셜 미디어를 통해 실시간으로 고객과 교류하며 브랜드에 대한 신뢰를 구축한다.

결국 글로벌 마케팅은 세계 각국의 고객과 관계를 구축하고, 브랜드에 대한 인식과 선호를 형성하는 전략적 활동으로 자리 잡고 있다. 문화적 다양성과 디지털 기술을 효과적으로 통합한 글로벌 마케팅은, 기업이 세계 시장에서 지속 가능한 경쟁력을 확보하는 데 핵심적인 도구로 작용한다.

글로벌 마케팅의 정의

글로벌 마케팅은 본국 외 국가에서 제품(Product), 가격(Price), 유통(Place), 촉진(Promotion) 등 마케팅의 핵심 요소를 적용하여 시장에 진입하고 성장하는 전략을 의미한다. 이는 단기간 수출 실적을 늘리는 방식이 아니라, 현지 시장의 구조와 고객 특성을 반영한 전략적 실행을 포함한다. 예를 들어, 특정 국가에서 현지 언어로 제작된 광고 캠페인을 전개하거나, 해당 지역에 생산 거점을 구축하여 브랜드 인지도를 높이는 활동이 이에 해당한다. 많은 기업과 창업가는 자국 시장의 성장 한계나 해외의 신규 수요를 인식하며, 자연스럽게 글로벌 마케팅을 다음 성장 단계로 삼는다.

그러나 글로벌 마케팅은 국내 마케팅보다 더 많은 복잡성과 불확실성을 수반한다. 국가별 언어, 화폐, 문화, 관습의 차이는 마케팅 전략의 핵심 변수가 되며, 이를 고려하지 않은 접근은 실패 확률을 높인다. 예컨대, 동일한 광고 메시지가 국가에 따라 정서적으로 전혀 다르게 받아들여질 수 있고, 유통 방식이나 결제 시스템에 대한 선호 역시 현저히 다를 수 있다. 마치 길이 다른 여러 나라에 하나의 지도만을 들고 들어가는 것과 같으며, 그 지도는 각국의 고유한 맥락을 담고 있어야 한다.

정치·법률적 변수도 무시할 수 없다. 각국의 법규는 제품 인증, 광고 규제, 고객 보호 기준 등 다양한 측면에서 상이하며, 정치적 안정성은 기업의 장기적 진출 전략에 큰 영향을 미친다. 이처럼 제도적 환경을 사전에 면밀히 분석하지 않으면, 예기치 못한 리스크에 직면할 가능성이 높다.

글로벌 마케팅의 핵심 성공 요인은 현지화(Localization) 전략에 있다. 이는 현지 고객의 문화, 정서, 행동 양식에 맞춰 마케팅 콘텐츠와 실행 방식을 조정하는 접근이다. 광고 문구에 지역적 유머나 상징을 반영하거나, 익숙한 유통 채널을 선택해 접근성을 높이는 방식이 대표적이다.

나아가, 글로벌 마켓에서 시너지를 창출하기 위해 많은 기업은 현지 파트너와의 협업을 통해 클러스터를 형성한다. 이러한 협력 구조는 시장 정보의 신속한 습득, 운영 자원의 공유, 규제 대응력 강화 등의 측면에서 효과적이다. 특히, 현지 기업의 전문성을 적극 활용하면 낯선 시장 진입 시 발생할 수 있는 언어 장벽, 문화 오해, 법적 절차의 복잡성 등을 더 유연하게 극복할 수 있다.

글로벌 마케팅의 용어

글로벌 비즈니스 마케팅을 이해하고 실무에 적용하기 위해서는 핵심 개념과 용어에 대한 정확한 이해가 필요하다. 이러한 용어들은 각국의 경제·정치·문화적 맥락에 맞는 전략 수립을 가능하게 하며, 국제 시장에서의 효과적인 의사결정과 실행을 뒷받침한다.

- **수출 시장(Export Market).** 기업이 자국 외의 국가에서 제품을 판매하는 시장. 해외 매출을 통해 새로운 성장 동력을 확보하고, 글로벌 확장의 기반을 마련하는 데 핵심적이다.
- **다국적 기업(Multinational Corporation).** 여러 국가에 물리적 사업장을 두고 운영하는 기업. 본사 외 지역에서도 적극적으로 영업, 생산, 마케팅 활동을 수행하며 글로벌 경제의 연결고리로 기능한다.
- **관세(Tariff).** 수입 또는 수출 제품에 부과되는 세금. 국가 간 무역에서 가격 경쟁력에 영향을 미치며, 국내 산업 보호 또는 무역 협상 수단으로 활용된다.
- **수입 금지 조치(Import Ban).** 특정 국가와의 무역을 정치적·경제적 이유로 제한하거나 금지하는 조치. 기술이전이나 전략 물자 유출을 통제하는 수단으로 사용된다.
- **수입 할당량(Import Quota).** 특정 제품의 수입량을 제한하는 제도. 일정 기간 내 정해진 양만 수입할 수 있도록 하여, 자국 산업의 보호와 시장 안정화 목적을 가진다.
- **라이선스 계약(Licensing Agreement).** 한 기업이 다른 기업에 자사의 기술, 브랜드, 지식재산 등을 사용할 수 있도록 권리를 부여하는 계약. 정치적 리스크가 큰 지역에서 자주 활용되며, 시장 진입 전략의 하나로 자리 잡고 있다.
- **턴키 프로젝트(Turnkey Project).** 프로젝트의 기획·설계·시공까지를 한 기업이 수행한 뒤, 완성된 형태로 발주처에 인도하는 방식. 발전소 건설, 공장 설립 등 개발도상국 인프라 프로젝트에서 주로 사용된다.

- **운영 계약(Management Contract).** 외국 현지 사업장의 운영을 위해 한 기업이 전문 인력과 노하우를 제공하는 계약. 기술과 운영 관리 역량의 전수가 핵심이며, 역량 격차가 큰 시장에서 효과적이다.
- **부가가치세(Value-Added Tax, VAT).** 제품의 생산 및 유통 과정에서 발생하는 부가가치에 부과되는 세금. 단계별로 과세되며 최종 고객이 부담한다.
- **현지 구매자(Local Buyer).** 해외 시장에서 제품을 구매하기 위해 활동하는 현지 담당자. 수요 예측과 조달 효율화에서 중요한 역할을 하며, 국제 거래의 실무적 접점을 담당한다.
- **수출 대행 기업(Export Agent).** 수출 경험이 부족한 기업을 대신해 수출 절차를 전문적으로 관리하는 조직. 복잡한 서류 작업과 물류, 통관 절차를 효율적으로 처리하여 무역 진입 장벽을 낮춘다.
- **합작 투자(Joint Venture).** 두 개 이상의 기업이 자본과 자원을 출자하여 공동으로 회사를 설립하는 전략. 리스크 분산, 현지 네트워크 활용, 기술 교류 등을 통해 글로벌 진입 전략의 유연성을 확보한다.

이러한 용어들은 글로벌 마케팅 전략을 수립하고 실행하는 데 있어 개념적 기준이자 실무적 도구로 작용한다. 각 용어의 의미와 활용 방식에 대한 이해는 글로벌 마켓에서 실행력을 높이는 기반이 된다.

글로벌 마케팅의 설계

글로벌 마케팅을 설계할 때는 각 국가의 고유한 특성과 국가 간 공통 요인을 종합적으로 분석하는 것이 출발점이다. 효과적인 시장 진입 전략은 단일 기준을 일괄 적용하는 것이 아니라, 시장 구조, 유통 경로, 산업 특성,

법적 규제, 자원 여건, 금융 시스템, 정치적 안정성 등 다양한 요소를 반영한 전략적 판단 위에서 구축되어야 한다. 이러한 요인들은 마케팅 활동의 기반을 형성하며, 실행 리스크를 줄이고 자원을 효율적으로 배분하는 데 기여한다.

시장 분석은 정량적 지표와 정성적 요인을 동시에 고려해야 한다. 시장의 규모, 성장률, 제품 수명 주기, 경쟁 강도 같은 수치는 진입 타당성을 판단하는 핵심 기준이지만, 고객 행동, 문화적 선호, 물리적 제약 같은 요소는 실제 실행 과정에서 제품 수용성과 브랜드 인식에 중대한 영향을 미친다. 예를 들어, 제품 수명 주기가 짧은 시장에서는 신속한 기획과 마케팅 실행이 요구되며, 문화적으로 상징성이 강한 시장에서는 디자인과 메시지 조정이 필수적이다. 이처럼 문화적 감수성과 속도 전략은 시장 유형에 따라 맞춤형으로 설계되어야 한다.

유통구조와 산업 조건 역시 전략 설계에 결정적인 영향을 미친다. 현지 유통 채널의 구조, 물류 효율성, 광고 및 마케팅 서비스 접근성은 제품 확산 속도와 비용 구조에 직접 작용한다. 동시에, 경쟁사의 기술 수준과 시장 관행을 파악하는 것은 차별화 전략 수립의 출발점이 된다. 이는 마치 미로를 설계할 때 주요 길목을 미리 파악하는 작업과 같다.

법률과 정치 환경은 마케팅 전략의 경계를 설정하는 요소다. 관세, 통관 절차, 광고 규제 등은 제품 기획 단계에서부터 고려되어야 하며, 불안정한 정치 상황은 장기적 사업 지속 가능성에 큰 영향을 미친다. 자원 측면에서는 현지 노동력의 숙련도, 임금 수준, 원재료 조달 가능성 등이 고려되어야 하고, 금융 환경에서는 환율 안정성과 자금 조달 구조가 전략 실행의 유연성과 직결된다. 이처럼 법·제도·자원·금융은 전략의 '기반 설계도'로 작동한다.

제품 기획과 혁신 전략은 시장 요구를 구조화된 방식으로 반영하는 단계다. 유사 시장에서 성공한 사례를 분석하고, 문화적 맥락에 맞게 이를 현지화함으로써 시장 적합도를 높일 수 있다. 고부가가치 제품 개발은 단순한 차별화를 넘어, 고객이 체감할 수 있는 실질적 가치를 제안하는 전략으로 설계되어야 하며, 이를 통해 경쟁 제품군 사이에서 독립적인 브랜드 포지셔닝을 확립할 수 있다.

이러한 전략적 기획은 세 가지 글로벌 제품 전략으로 구체화된다.

- **확장 전략(Extension Strategy).** 국내에서 입증된 마케팅 모델을 그대로 해외에 적용하는 방식으로, 일관된 브랜드 메시지와 통합적 운영이 가능하다는 장점이 있다.
- **현지화 전략(Localization Strategy).** 문화, 규제, 고객 행동의 차이를 반영해 각국 시장에 맞춘 독립적인 전략을 개발하는 방식이다.
- **혼합 전략(Hybrid Strategy).** 본사 전략의 핵심을 유지하면서도, 현지 맥락에 맞게 조정하여 실행하는 유연한 접근으로, 확장성과 적응성을 동시에 확보할 수 있다.

이상의 전략은 디지털 기술의 발전과 결합할 때 더욱 강력한 실행력을 갖는다. 소셜 미디어와 온라인 플랫폼은 실시간 고객 반응을 수집하고, 이를 기반으로 전략을 조정할 수 있는 피드백 메커니즘을 제공한다. 특히, 빅데이터 분석과 인공지능을 활용한 타겟 마케팅은 고객 세분화를 넘어, 개인 맞춤형 커뮤니케이션을 가능하게 한다. 예를 들어, 인공지능은 고객의 구매 이력과 행동 패턴을 학습해 맞춤형 콘텐츠와 메시지를 제시함으로써, 고객 만족과 충성도를 동시에 끌어올리는 데 도움이 된다. 디지털 기술은 단순한 보조 수단이 아니라, 글로벌 마케팅의 중심축으로 작동하고 있다.

마케팅 성과 측정

기술 창업가에게 마케팅 지출의 효과를 추적하는 일은 마치 안개 속에서 원인을 추적하는 작업과 같다. 구매 결정은 하나의 단순한 경로가 아니라, 여러 결정권자와 복합적인 영향 요인이 얽힌 경로를 통해 이뤄지기 때문이다. 그러나 정교한 분석 틀을 마련하면, 이러한 복잡성 속에서도 마케팅 투자 대비 성과를 가시화할 수 있다.

고객 유입 채널별 성과 추적

마케팅 성과를 체계적으로 추적하기 위해서는 먼저 캠페인의 목표를 명확히 설정하고, 어떤 기준과 도구를 활용해 성과를 측정할 것인지 사전에 정의해야 한다. 이 과정은 방향성을 잃지 않기 위한 나침반을 설정하는 작업과 같다. 핵심은 각 마케팅 채널이 고객 유입에 어떤 방식으로 기여했는지를 경로별로 정밀하게 분류하고, 그 효과를 수치로 계량화하는 것이다.

일반적으로 고객 유입 경로는 다음과 같은 유형으로 구분할 수 있다.

- **소셜 미디어.** 페이스북 광고나 인스타그램 캠페인 등에서 유입된 고객으로, 콘텐츠 도달률, 클릭률, 전환율을 중심으로 성과를 평가한다.
- **이메일.** 뉴스레터나 프로모션 메일을 통해 유입된 고객으로, 오픈율과 링크 클릭률 등을 기반으로 캠페인 반응도를 분석한다.

- **유료 광고.** 구글 애드워즈, 디스플레이 광고 등 클릭당 비용(CPC) 기반 채널로, 노출 대비 클릭률과 전환 성과를 중심으로 수익성을 진단한다.
- **자연 검색.** 검색 엔진 최적화(SEO) 전략에 의해 자발적으로 유입된 고객으로, 검색 키워드별 유입량과 체류 시간, 전환율 등을 추적한다.
- **추천.** 리뷰 사이트, 파트너사 웹사이트, 블로그 등 외부 채널을 통해 유입된 고객으로, 트래픽 출처와 링크 클릭 데이터를 분석해 신뢰 기반 유입의 영향력을 측정한다.

이러한 경로별 데이터를 기반으로 유입 고객의 특성과 전환 성과를 교차 분석하면, 어떤 채널이 높은 전환 효율을 가졌는지를 구체적으로 도출할 수 있다. 예를 들어, 소셜 미디어 유입 고객의 구매 전환율이 유료 광고 채널보다 높다면, 예산 재분배를 통해 소셜 채널에 자원을 집중하는 방식으로 전략을 조정할 수 있다.

이와 같은 분석을 실행 가능한 전략으로 전환하려면 고객 관계 관리(Customer Relationship Management, CRM) 시스템과 마케팅 자동화 도구(Marketing Automation Tool)를 적극 활용할 필요가 있다. 이들 도구는 고객 여정을 첫 접점부터 전환까지 시간 축으로 정밀하게 추적하며, 채널별 반응 데이터와 행동 패턴을 통합적으로 분석할 수 있게 한다. 결과적으로, 이러한 시스템은 직관이 아닌 데이터 기반의 마케팅 의사결정을 가능하게 하며, 성과 중심의 전략 조정을 반복할 수 있다.

데이터 기반 성과 지표 설정

고객 유입 경로별로 그룹이 분류되었다면, 다음 단계는 각 그룹의 행동

데이터를 수집하고 이를 정량적으로 평가할 수 있는 마케팅 지표를 설정하는 것이다. 이는 마케팅 지출의 결과를 수치로 가시화하고, 어떤 활동이 실질적으로 고객 유치와 전환에 영향을 미쳤는지를 분석하는 데 핵심적인 역할을 한다.

성과 측정을 위한 주요 지표는 다음과 같이 분류할 수 있다.

- **이탈률.** 방문자가 별다른 행동 없이 이탈하는 비율로, 랜딩 페이지나 콘텐츠가 사용자의 기대에 부합했는지를 나타낸다.
- **클릭률.** 광고나 링크에 대한 클릭 비율로, 캠페인이 고객의 관심을 끌어내는 데 어느 정도 성공했는지를 보여 준다.
- **페이지 조회수.** 웹사이트 내에서의 총 페이지 조회 수로, 콘텐츠의 탐색 의지와 관련된 사용자 반응을 측정한다.
- **검색 엔진 트래픽.** 검색 엔진을 통해 유입된 방문자 수로, SEO 전략의 효과와 키워드 적중도를 평가하는 지표다.
- **소셜 참여 성과.** 댓글, 좋아요, 공유 등 소셜 미디어상의 상호작용 데이터를 통해 브랜드의 온라인 존재감과 고객 참여도를 파악한다.
- **개별 방문자 수.** 중복을 제거한 실제 방문자 수로, 캠페인의 도달 범위와 확산력을 측정할 수 있다.
- **신규 방문자 대비 재방문자 비율.** 지속적인 관심과 충성도를 평가할 수 있는 지표로, 장기 고객 관계 형성 여부를 가늠할 수 있다.
- **구전 효과.** 온라인 리뷰, 소셜 언급, 외부 채널에서의 자연스러운 확산을 통해 발생한 유입 효과로, 마케팅의 간접적인 파급력을 보여 준다.

이러한 지표들은 단일 수치보다 서로 유기적으로 해석해야 의미가 명확해진다. 예를 들어 클릭률과 이탈률이 모두 높다면, 캠페인이 관심은 끌었지만, 콘텐츠 전달에는 실패했을 수 있다. 반대로 구전 효과와 재방문자 비율이 함께 높다면, 신뢰와 충성도 기반의 자발적 유입이 강한 캠페인으로 평가할 수 있다. 다양한 지표를 종합적으로 분석하면, 마케팅 채널별로 전환 효율을 객관적으로 비교할 수 있으며, 향후 전략의 우선순위를 정밀하게 설정할 수 있다.

성과 측정과 검증

마케팅 지표가 설정되었다면, 다음 단계는 실제 성과를 수집하고 이를 분석하는 작업이다. 이때 필요한 것은 단순한 수치 수집이 아니라, 각 지표의 의미를 해석하고 전략에 반영할 수 있는 구조적 분석이다. 이를 위해 다양한 마케팅 분석 도구들이 활용된다. 예를 들어, 소셜 미디어 분석 도구는 댓글, 공유, 좋아요 등의 변화를 통해 고객 참여도를 측정하며, 구글 애널리틱스(Google Analytics)는 사용자 행동과 유입 경로를 시각화해 캠페인의 흐름과 성과를 정밀하게 파악할 수 있게 한다. 또한, 각 광고나 미디어 채널별로 고유의 추적 URL을 생성하면, 유입 경로별 효과를 분리해 분석할 수 있어 채널별 기여도를 명확히 구분할 수 있다.

이러한 분석을 지원하는 도구로는 구글 애널리틱스 외에도 키스매트릭스(Kissmetrics), 마케토(Marketo), 라피드마이너(RapidMiner) 등이 있으며, 이들은 투자 대비 수익률(ROI)을 정량적으로 산출하고 마케팅 전략의 효율성을 입증하는 데 유용하다. 분석 결과는 단순한 수치의 나열을 넘어, 어떤 활동이 실질적인 성과를 냈는지, 무엇을 개선해야 할지를 보여 주는 전략적 인사이트로 전환되어야 한다.

나아가, A/B 테스트와 같은 실험 기반 접근은 두 가지 이상의 전략을 실제로 비교하면서 매출이나 전환에 어떤 차이를 만들어 내는지를 수치화해 보여 준다. 이는 마케팅 의사결정을 직관이 아닌 검증된 데이터에 기반해 내릴 수 있게 해 주며, 반복적 실험을 통해 점진적으로 최적화된 전략 구성을 도출하는 데 기여한다. 이렇게 측정과 검증을 결합한 접근은 정밀도 높은 마케팅 운영뿐 아니라, 성과 예측 가능성과 전략 재설계의 신뢰성을 함께 높여 준다.

성과 측정의 기준

정교한 마케팅 전략은 실행 이전에 그 성과를 정량적으로 측정할 수 있는 기준을 명확히 세우는 데서 출발한다. 특히 기술 창업가는 단기 성과에 머무르지 않고, 반복 가능한 피드백 루프를 통해 전략을 지속적으로 조정해야 하며, 이를 위해 ROI(Return on Investment), CAC(Customer Acquisition Cost), CLV(Customer Lifetime Value)와 같은 핵심 지표를 중심으로 성과를 평가해야 한다. 이들 지표는 각각 마케팅 투자 대비 수익, 고객 획득 비용, 고객 생애 가치라는 관점에서 마케팅 활동의 수익성과 지속 가능성을 판단하는 기준 역할을 한다.

ROI는 마케팅 캠페인을 통해 발생한 순이익을 해당 캠페인에 투입된 총 비용으로 나누어 산출된다. 이는 '해당 마케팅 활동이 실제로 얼마만큼의 수익을 창출했는가'를 직관적으로 보여 주는 지표이며, 단기 매출뿐 아니라 반복 구매, 업셀링 등 장기적인 수익 흐름까지 반영해 평가하는 것이 바람직하다.

CAC는 새로운 고객을 확보하는 데 소요된 평균 비용을 나타낸다. 동일한 예산으로 더 많은 고객을 유치할수록 CAC는 낮아지고, 이는 마케팅의 효율성을 높인다는 신호로 해석된다. 하지만, 이 지표는 반드시 CLV와 함께 해석되어야 한다. CAC가 낮더라도 확보한 고객의 장기적 CLV가 충분히 크지 않다면, 해당 전략은 반복 가능성과 지속성이 떨어진다.

CLV는 고객이 기업과 관계를 유지하는 전 생애 동안 발생시키는 순이익의 총합을 의미한다. 이 지표는 고객 충성도, 재방문율, 업셀링 및 크로스셀링의 가능성까지 반영하며, 마케팅이 일회성 거래를 넘어서 장기적 관계 구축으로 이어졌는지를 판단하는 기준이 된다. CLV가 높은 고객층을 정확히 식별하고 이들에게 집중하는 전략은 마케팅 효율을 극대화하는 핵심 방향성을 제공한다.

이 세 가지 지표는 상호 독립적이기보다 유기적으로 연결되어 있다. 예를 들어 ROI가 높더라도 CAC가 과도하게 크고 CLV가 낮다면 해당 전략은 반복하기 어렵고 장기적으로는 손실을 유발할 수 있다. 따라서 기술 창업가는 ROI, CAC, CLV를 통합적으로 분석하여 마케팅 활동의 전체 구조를 진단하고, 데이터를 기반으로 전략적 피드백 루프를 설계해야 한다. 이 루프는 캠페인의 성과 데이터를 기반으로 전략을 조정하고, 이를 반복 측정하여 지속적인 개선을 가능하게 하며, 마케팅의 정밀도와 예측 가능성을 함께 높인다.

핵심 정리

테크 스타트업에게 마케팅은 단순한 홍보 활동이 아니라, 기술 혁신을 고객 가치로 전환하고 시장에서 실행 가능한 전략으로 연결하는 핵심 경영 도구다. 이 장에서는 마케팅 믹스를 중심으로 마케팅 계획의 구조와 실행 전략을 구체적으로 제시하며, 제품, 가격, 유통, 프로모션이라는 네 가지 전략 요소를 통합적으로 다룬다.

제품 믹스는 기술 기반 제품의 기능적 우수성뿐 아니라, 사용 경험, 디자인, 브랜드, 서비스 품질 등을 통합한 고객 가치 제안 구조다. 스타트업은 핵심 제품과 이를 둘러싼 완성 제품의 구성을 정교화함으로써 차별화된 고객 경험을 설계하고, 제품 라인 전략과 브랜딩을 통해 다양한 고객층을 유연하게 포괄해야 한다. 특히 포장, 보증, 애프터서비스까지 고객과의 전 과정에서 일관된 브랜드 경험이 이루어져야 한다.

가격 믹스는 단순한 수익 구조 설계를 넘어, 브랜드 포지셔닝과 시장 진입 전략을 결정짓는 핵심 수단이다. 기술 창업가는 제품 목표와 마케팅 요소 간 정렬, 그리고 3C(비용, 경쟁, 고객 인식)에 기반한 가격 전략을 통해 초기 수익 확보와 장기 지속 가능성을 모두 고려해야 한다. 시장 스키밍과 침투 전략은 제품 특성과 시장 반응에 따라 유연하게 혼합 운용할 수 있으며, 제품군별 차별적 가격 설정이 유효하다.

유통 믹스는 채널 전략과 물리적 유통 전략을 포함하며, 고객 접근성과 비용 효율성을 동시에 달성해야 한다. 스타트업은 수수료 기반 유통망, 전자상거래 플랫폼, 제삼자 물류 등을 전략적으로 활용해 초기 자원 제약을 극복하고, 공급망 관리를 통합적으로 설계함으로써 가격 경쟁력, 서비스 품질, 확장 가능성을 확보해야 한다.

프로모션 믹스는 광고, 개인 판매, 판촉, 홍보, 소셜 미디어 등 다양한 커뮤니케이션 수단을 통합해 고객의 인식을 전환하고 행동을 유도하는 전략이다. 스타트업은 제품 특성과 성장 단계에 따라 채널을 조합하고, 타겟별 콘텐츠 설계와 디지털 기반 데이터 분석을 통해 마케팅 효과를 극대화해야 한다. 예산이 제한된 초기 단계에서는 고효율의 소셜 미디어 전략과 이벤트 기반 홍보가 특히 중요하다.

글로벌 마케팅 전략에서는 현지화 전략과 디지털 플랫폼의 활용이 핵심이다. 국경을 넘는 확장은 단순한 수출이 아니라 문화, 규제, 고객 행동의 차이를 반영한 맞춤형 마케팅 전략 수립을 요구하며, 확장 전략, 현지화 전략, 혼합 전략을 적절히 조합해 실행해야 한다. 특히 글로벌 파트너십, 라이선스 계약, 합작 투자 등 다양한 실행 방식이 시장별 리스크와 기회에 따라 결정된다.

마케팅 성과 측정은 ROI, CAC, CLV와 같은 정량 지표를 중심으로 구성된다. 채널별 유입 성과, 클릭률, 전환율, 이탈률 등 세부 데이터를 기반으로 마케팅 활동의 효율성과 지속 가능성을 평가하고, CRM과 자동화 도구를 활용한 반복적 피드백 루프를 구축해야 한다. 그 결과, 직관이 아닌 데이터에 기반한 정교한 마케팅 설계와 조정이 가능해진다.

테크 스타트업의 마케팅 전략은 제품 중심 사고에서 고객 중심 사고로의 전환을 기반으로, 제한된 자원을 효과적으로 배분하고, 실행 가능성과 전략 정렬을 동시에 확보하는 체계적 구조로 설계되어야 한다. 이는 기술의 가치를 시장에서 실현 가능하게 만드는 전략적 전환 장치이며, 창업가의 사고 수준과 실행력을 입증하는 핵심 역량이다.

창업가의 질문

Q1. 스타트업의 마케팅 전략은 제품, 가격, 유통, 프로모션 등 각 요소가 유기적으로 정렬되어야 한다고 하셨는데, 실무에서는 각 요소 간 우선순위나 실행 순서를 어떻게 설정해야 하는지 감이 잡히지 않습니다. 이 네 가지 전략 요소는 어떤 논리로 설계의 출발점을 정하고, 어떻게 서로 영향을 주고받으며 최적의 조합으로 정렬되어야 하는지 알고 싶습니다.

교수의 답변. 중요한 질문입니다. 마케팅 믹스는 단순히 4개의 독립된 요소를 나열하는 것이 아니라, 전략적 정렬을 통해 전체적인 마케팅 효과를 극대화하는 통합 시스템입니다. 출발점은 항상 '고객 가치'입니다. 제품 믹스에서 출발하여 핵심 가치 제안(Value Proposition)을 명확히 한 다음, 이 가치를 어떤 가격으로 제공할지(가격 믹스), 어떤 경로로 전달할지(유통 믹스), 어떻게 알릴지(프로모션 믹스)를 설계하는 흐름이 일반적입니다. 그러나 이 순서는 고정된 공식이 아니라, 제품의 특성, 고객의 구매 방식, 시장의 경쟁 강도에 따라 조정될 수 있습니다. 예를 들어 SaaS 스타트업이라면 디지털 유통 경로를 먼저 설정하고 그에 맞춰 가격 정책과 프로모션 전략을 맞추는 경우도 많죠. 핵심은 제품이 지향하는 고객 경험을 중심으로, 각 요소의 일관성과 상호 작용을 조율하는 전략적 사고입니다.

Q2. 제품도 어느 정도 완성되었고, 초반 반응도 나쁘지 않은데 본격적인 시장 진입을 위해 어떤 유통 전략을 선택해야 할지 고민이 큽니다. 대형 플랫폼에 입점할지, 자체 채널을 구축할지, 브로커나 유통 파트너를 활용할지에 따라 시간과 비용 구조가 너무 다르기 때문입니다. 스타트업이 초기 시장에서 가장 실현 가능한 유통 전략은 무엇이며, 어떤 기준으로 선택해야 할까요?

액셀러레이터의 답변. 이 시점에서 유통 전략은 정말 실질적인 고민이죠. 스타트업은 보통 자원이 제한되어 있기 때문에 '속도'와 '확장 가능성'을 기준으로 판단하는 것이 좋습니다. 대형 플랫폼 입점은 빠르게 고객 접점을 확보할 수 있는 장점이 있지만, 수수료가 높고 브랜드 통제력이 떨어집니다. 반면 자체 채널은 브랜딩에 유리하지만 구축과 운영에 많은 시간이 소요되죠. 그래서 초기에는 브로커나 제3자 물류(3PL)를 활용한 간접 유통을 통해 빠르게 제품을 시장에 노출시키고, 고객 반응을 확보하면서 점차 직접 채널로 전환하는 방식이 현실적입니다. 중요한 것은 마진 구조를 잘 계산하고, 고객 경험이 손상되지 않도록 유통 채널과 물류 품질을 함께 고려하는 전략적 시야를 갖는 것입니다.

Q3. 마케팅 활동이 중요한 건 알지만, 투자자 입장에서 볼 때 어떤 지표나 성과가 마케팅 전략이 효과적으로 작동하고 있다고 판단하는 기준이 되는지 궁금합니다. CAC, CLV, ROI 같은 수치를 말하긴 하는데, 실제 투자 심사에서는 어떤 데이터를 어떻게 해석하시는지 알고 싶습니다.

벤처캐피털리스트의 답변. 맞습니다. 우리는 단지 광고를 했는가, 이벤트를 진행했는가보다 그 결과로 '무엇이 바뀌었는가'를 봅니다. 가장 기본적인 기준은 CAC(Customer Acquisition Cost)와 CLV(Customer Lifetime Value) 간의 비율입니다. CLV가 CAC보다 충분히 크다면, 지속 가능한 모델이라고 판단하죠. ROI(Return on Investment)는 캠페인 단위의 수익성 판단에 유용하지만, 우리는 보다 거시적으로 '유입 고객의 질'과 '반복 구매율', '브랜드 전환율' 등을 함께 봅니다. 특히 B2B 모델에서는 세일즈 파이프라인 전환률, 리드당 획득 비용 같은 지표도 중요하게 봅니다. 즉, 단일 수치보다 지표 간의 '관계 구조'를 통해 마케팅 전략의 정합성과 미래 성장 가능성을 해석합니다. 이런 정량적 지표가 정성적 브랜딩 전략과 잘 결합되어 있다면, 투자 판단에 있어서도 강력한 신호로 작용합니다.

Chapter 12

계약의 이해와 활용

계약은 기업 경영의 뼈대를 이루는 핵심 구조다. 계약은 단순한 문서가 아니라, 권리·의무와 신뢰·책임을 명확히 규정하는 법적 안전망이다. 기술 창업가에게는 사업의 기초 설계도와 같다. 계약 성립 시점과 조건을 제대로 이해하지 못하면, 불필요한 법적 분쟁이나 경영상 손실로 직결될 수 있다.

이 장에서는 계약법의 핵심 개념과 일반적인 계약 구조를 정리하고, 테크 스타트업이 빈번히 접하는 주요 계약 유형들을 구체적으로 살펴본다. 급변하는 스타트업 환경에서는 구두 약속보다 법적 효력을 가진 서면 계약으로 분쟁을 미연에 방지해야 한다. 계약서의 누락이나 부정확한 작성은 예기치 않은 법적 리스크를 초래할 수 있다.

대표적인 사례로 페이스북의 창립 과정에서 발생한 법적 분쟁이 있다. 2002년, 하버드 대학생 디비야 나렌드라와 윙클보스 형제는 온라인 소셜 네트워크 프로젝트 '하버드 커넥션(Harvard Connection)' 개발을 위해 마크 저커버그를 소프트웨어 개발자로 고용했다. 양측은 사업 아이디어와 핵심 자료를 공유했지만, 이를 서면 계약으로 남기지 않았다. 이후 저커버그는 '페이스북'이라는 독자 플랫폼을 개발하며 하버드 커넥션 측과 충돌했고, 2004년 이들은 계약 위반, 영업비밀 침해, 저작권 침해 등을 이유로 법적 소송을 제기했다.

3년에 걸친 법정 공방 끝에 당사자들은 재판 전 합의에 이르렀지만, 합의서 내용의 해석을 둘러싼 추가 분쟁이 이어졌다. 법원은 해당 합의서가 법적 효력을 가진 계약으로서 충분하다고 판단하며 사건을 종결했다. 이 사례는 비공식적 합의가 얼마나 취약한지를 보여 주며, 서면 계약이야말로 사업 보호를 위한 가장 확실한 도구임을 상기시킨다.

기술 창업가에게 명확하고 세밀하게 작성된 계약서는 단순한 행정 절차를 넘어, 사업 초기의 협력 구조를 규정하고 성장 이후에도 법적 방패막으로 기능하는 전략적 자산이다. 이 장에서는 계약의 기본 원칙과 실무적 활용 방안을 바탕으로, 기술 창업가가 직면할 수 있는 법적 리스크를 줄이고 안정적인 경영 기반을 구축할 수 있도록 돕는 실행 전략을 제시한다.

계약법의 이해

계약법은 계약의 성립, 조건, 이행, 위반에 이르기까지 계약 전반에 걸친 법적 기준을 규정하며, 계약 당사자 간의 권리와 의무를 명확히 하고, 분쟁을 예방하는 법적 기반을 제공한다. 실무적으로 계약과 관련된 쟁점은 세 가지 핵심 질문으로 요약할 수 있다. 첫째, 계약이 유효하게 성립되었는가? 둘째, 계약의 구체적인 조건은 무엇인가? 셋째, 계약이 위반되었을 때 그 책임을 정당화하거나 면책할 수 있는 법적 근거가 존재하는가? 이러한 질문에 대한 판단은 계약의 성격, 당사자의 법적 지위, 계약의 형식(서면 여부), 조건의 명확성과 구체성 등에 따라 달라지며, 결국 계약에 대한 법적 해석은 개별 상황에 따라 신중하게 이루어져야 한다.

우리나라 계약법

우리나라 계약법은 민법과 상법을 중심으로 구성된다. 민법은 계약 체결과 이행에 관한 기본 원칙을 다루며, 상법은 상거래를 중심으로 한 특수한 계약 관계를 규율한다. 민법상 계약은 청약과 승낙이라는 명확한 의사표시의 합치로 성립되며, 반드시 서면일 필요는 없고 구두로도 유효하다.

다만, 부동산 매매나 방문판매처럼 일부 계약은 서면 요건이 법에 규정되어 있으므로 예외를 주의해야 한다.

계약 체결에서 가장 중요한 요소는 조건의 명확성과 구체성이다. 구두 계약도 효력이 있지만, 내용 입증이 어렵기 때문에 분쟁 시 불리하게 작용할 수 있다. 따라서 금전 거래나 반복적인 협업처럼 중요도가 높은 계약은 반드시 서면으로 체결하는 것이 바람직하다. 서면 계약은 당사자의 권리와 의무를 문서로 명확히 해 두는 것으로, 향후 법적 분쟁에서 핵심 증거로 기능한다. 특히 빠른 결정과 유연한 협업이 반복되는 기술 스타트업 환경에서는 간단한 합의라도 문서화하는 습관이 위험 관리의 기본이 된다.

상법은 민법보다 실무 지향적이고 구체적인 규정을 통해 상거래의 신속성과 효율성을 뒷받침한다. 상인 간 계약에서는 당사자의 전문성, 반복 거래에서의 관행, 업계 특수성 등이 계약 해석의 중요한 기준이 되며, 손해배상이나 위험 분담 구조도 정교하게 판단된다. 상법은 신의성실 원칙을 전제로 하되, 실무 관행과 거래 효율성을 반영해 계약 구조를 더욱 명확히 하는 데 초점을 둔다.

즉, 우리 계약법은 민법을 통해 일반 원칙을, 상법을 통해 상거래의 특수성을 반영함으로써 다양한 계약 유형에 유연하게 적용되는 법적 기반을 제공한다. 테크 스타트업에게는 빠른 실행과 협업 속에서도 계약 조건을 명확히 정하고 이를 문서화하는 절차가 법적 안전성과 신뢰를 확보하는 핵심 전략이 된다.

국제 계약법

국제 거래에서 계약법은 단순한 합의를 넘어, 거래의 안정성과 법적 구속력을 보장하는 핵심 장치로 작동한다. 국가마다 법 체계가 다르기 때문에, 계약법은 국제 비즈니스에서 공통의 기준을 제공하며, 분쟁 예방과 해결의 기준점을 설정하는 역할을 한다. 우리나라는 2004년 「국제물품매매계약에 관한 유엔 협약(CISG, United Nations Convention on Contracts for the International Sale of Goods)」을 비준하였고, 2005년 3월 1일부터 국내에도 적용되고 있다. 이 협약은 계약의 성립, 이행, 위반 시 구제 방안을 규정해 국가 간 법적 충돌을 줄이고, 국제 거래의 예측 가능성과 일관성을 높인다. 따라서 우리나라와 CISG 서명국 간의 물품 매매 계약에는 별도의 명시가 없더라도 CISG가 자동 적용된다.

다만 CISG는 물품 매매에 한정되며, 서비스 제공, 지식재산권 이전, 부동산 거래 등에는 적용되지 않는다. 또한 CISG와 국내 민법·상법 간에는 계약 해석 방식에서 차이가 존재한다. 예를 들어, 민법은 청약과 승낙만으로 계약이 성립하며 서면을 요구하지 않는데, CISG와 마찬가지로 계약의 형식에 제한을 두지 않아 구두나 묵시적 합의도 유효하다고 본다. 형식 요건을 요구하지 않는다는 점에서 CISG는 오히려 민법보다 더 유연한 접근을 취한다. 그러나 일부 국가는 계약 형식에 관한 국내법 규제를 유지하고 있기 때문에, 실무에서는 계약서에 적용 법률을 명시하는 것이 바람직하다.

CISG는 당사자 간 명시적 합의에 따라 그 적용을 배제할 수 있다. 실제로 많은 기업들이 '본 계약에는 국제물품매매계약에 관한 유엔 협약(CISG)은 적용되지 않는다'는 문구를 계약서에 삽입하여 협약 적용을 명확히 배제한다. 이러한 조항은 분쟁 발생 시 자국법을 기준으로 계약을 해석하고 집행하는 데 유리하며, 계약 당사자 간 예측 가능성을 높이는 수단으로 활용된다.

국제 계약을 체결할 때 기업은 CISG와 자국 법률 간 차이를 충분히 이해하고, 계약 조건과 이행 방식, 위반 시 책임 범위 등을 사전에 검토해야 한다. 적용 법률과 관할 법원을 계약서에 명시하는 것은 분쟁 예방과 신속한 해결을 위한 기본 전략이다. 이는 국내 거래에서도 동일하게 적용된다. 구매 주문서나 승인서처럼 계약을 대체하는 문서도 활용 가능하지만, 법적 구속력과 입증력을 확보하기 위해서는 정식 서면 계약이 가장 확실한 방법이다. 특히 거래 규모가 크거나 계약 조건이 복잡할수록 각 조항을 명확하게 정의하는 것이 실효성을 높이는 열쇠다.

계약에서 적용 법률을 명시하는 것은 단순한 형식이 아니라, 향후 분쟁 발생 시 계약 해석과 집행의 기준을 설정하는 전략적 결정이다. 빠르게 글로벌 마켓에 진입하는 기술 스타트업에게는 이러한 법적 예측 가능성이 중요한 경쟁력이 된다. 적용 법률은 계약 성립, 조건의 유효성, 위반 시 구제 수단에 직접 연결되기 때문에, 계약 초기 단계부터 고려해야 한다.

국내든 국제든 계약법은 거래 성패를 좌우하는 핵심 요소다. 계약서에 법적 구속력을 부여하고, 조건을 명확히 정의하며, 적용 법률과 관할 법원을 사전에 지정하는 것은 분쟁을 줄이고 안정적인 계약 이행을 보장하는 필수 절차다. 이는 특히 테크 스타트업에 중요하며, 급변하는 환경 속에서도 사업의 신뢰성과 지속 가능성을 지탱하는 법적 기반이 된다.

계약 성립 요건

계약의 성립 여부를 판단하는 일은 퍼즐 조각이 정확히 맞물리는지를 확인하는 과정과 같다. 계약은 단순한 약속이 아닌, 법적 효력을 갖는 합의로서 당사자 간의 권리와 의무를 구체화한다. 이 합의가 유효하려면 몇 가지 핵심 요건이 충족되어야 하며, 이는 계약의 법적 안정성을 담보하고 분쟁 발생 시 판단 기준이 된다.

- **법적 능력.** 계약 당사자는 법적으로 계약을 체결할 수 있는 능력을 갖추어야 한다. 일반적으로 성년자이면서 계약 내용을 이해하고 판단할 수 있는 정신적 능력이 있어야 한다. 미성년자나 제한 능력자가 체결한 계약은 법에 따라 무효이거나 일방 당사자에 의해 취소될 수 있다. 계약의 출발점은 당사자의 자격 확보다.
- **청약과 승낙.** 민법은 제안과 이에 대한 명확한 승낙이 일치해야 계약이 성립된다고 본다. 이는 계약의 기본 구조로, 당사자 간 의사의 일치가 핵심이다. 승낙 과정에서 원청약의 조건을 변경하거나 새로운 조건을 추가하는 경우, 이는 새로운 청약(반대청약)으로 간주되며 아직 계약이 성립된 것은 아니다.
- **적법한 목적과 내용.** 계약은 사회질서에 위배되지 않고 실현 가능한 목적과 내용을 가져야 한다. 공서양속에 반하거나 불법적인 계약은 민법상 무효로 간주되며, 법적 효력을 인정받을 수 없다.
- **의사표시 무결성.** 사기, 강박, 착오 등으로 인해 당사자의 의사결정이 왜곡된 경우, 계약은 취소될 수 있다. 겉보기에는 계약이 성립된 것처럼 보여도 실질적으로 법적 효력에 이견이 생길 수 있으며, 계약의 진정성과 자발성은 유효성 판단의 핵심이다.
- **서면 요건.** 대부분의 계약은 구두로도 성립되지만, 부동산 거래 등 법적으로 서면이 요구되는 계약은 일정한 형식을 갖추어야만 효력이 인

정된다. 서면 계약은 조항과 조건을 명확히 문서화해 분쟁 시 객관적 증거로 기능하며, 실무상에서도 가장 강력한 보호 수단으로 활용된다.

한편, 영미법 체계에서는 계약 성립을 위해 대가(consideration)가 필요하다. 이는 당사자 쌍방이 어떤 형태로든 가치 있는 것을 교환해야 한다는 원칙이다. 반면 민법은 대가를 필수 요건으로 보지 않으며, 증여와 같은 무상계약도 유효하다. 그러나 실무에서는 거래의 명확성과 분쟁 예방을 위해 대가가 중요한 요소로 간주된다.

제안

계약은 당사자 간 의사의 일치로 성립되며, 그 출발점은 바로 제안(Offer)이다. 제안은 일방 당사자가 계약의 핵심 조건을 상대방에게 제시하고, 상대방이 이를 수락하면 법적 구속력을 갖는 합의로 이어지는 법적 행위다. 이는 단순한 관심 표현이나 협의 요청과는 달리, 계약 체결 의사를 명확히 담고 있어야 한다. 유효한 제안으로 인정되기 위해서는 다음과 같은 요건들이 충족되어야 한다.

- **수신자 특정 또는 공개 명시.** 제안은 보통 특정 상대방을 대상으로 하며, 제안의 방향성과 수신자가 명확할수록 법적 효력이 인정되기 쉽다. 다만 포상광고처럼 불특정 다수를 향한 제안도 일정 요건을 충족하면 유효한 제안이 될 수 있다.
- **명확성 및 무조건성.** 제안은 상대방이 추가 협의 없이 즉시 수락할 수 있어야 하며, 조건이 모호하거나 "검토 후 연락하겠다"와 같은 표현은 구속력이 부족해 제안으로 인정되지 않는다. 조건부 제안도 일정 조건이 충족될 경우 유효하지만, 그 조건이 선행되어야 계약이 성

립한다.
- **계약 체결 의사표시.** 제안은 단순한 정보 제공이 아닌, 실제 계약 체결 의사를 담고 있어야 한다. 일반적인 광고나 안내문, 카탈로그 등은 원칙상 제안의 초대(invitation to treat)로 간주되지만, 제시 조건이 구체적이고 제한적이라면 제안으로 인정될 수 있다.
- **구속 의지.** 제안자는 상대방이 수락할 경우 제시한 조건에 따라 법적으로 구속될 준비가 되어 있어야 한다. 농담, 일시적 감정 표현, 사회적 예의와 같은 발언은 계약 체결의 진정한 의사로 보기 어렵고, 법적 제안으로도 간주되지 않는다.
- **본질적 조건의 포함.** 유효한 제안은 목적물, 가격, 수량, 이행기한 등 계약의 핵심 요소를 포함해야 하며, 주요 조건이 불명확하면 법적으로 제안으로 인정되기 어렵다.

수신자는 제안에 대해 수락하거나 거절할 수 있으며, 이로써 계약의 성립 여부가 결정된다. 수신자가 제안을 거절하거나, 수락 기한이 경과했거나, 기존 조건을 변경하여 응답한 경우에는 반대 제안으로 간주되어 기존 제안은 실효되고 새로운 제안이 성립된다. 이는 "기존 조건은 수락하지 않지만 이런 조건은 어떤가?"와 같이 협상 구조를 재설정하는 행위에 해당한다.

또한 민법은 수락의 의사 표시가 제안자에게 '도달'한 시점에 계약이 성립된다고 본다. 이른바 도달주의에 따라, 수락의 발신이 아닌 실제 도달 시점을 기준으로 계약 성립 여부가 판단되며, 이는 CISG에서도 동일하게 적용된다. 따라서 수락 방식과 효력 발생 시점을 계약서에 명시하는 것은 오해를 줄이고 효력의 불확실성을 방지하는 데 효과적이다.

제안은 단순한 의사 표현이 아니라 법적 책임을 전제로 한 조건 제시이며, 수락은 이를 완결하는 핵심 행위다. 이 둘이 충족될 때 계약은 유효하게 성립되며, 구체적인 권리와 의무의 법적 구조로 전환된다. 이는 모든 거래의 출발점이며, 변화가 빠르고 불확실성이 높은 스타트업 환경에서 법적 안정성과 신뢰를 확보하기 위한 필수 기반이다.

반대 제안

반대 제안(Counteroffer)은 상대방의 제안에 대해 기존 조건을 변경하거나 새로운 조건을 제시하는 법적 행위로, 계약 성립 과정에서 중요한 전환점이 된다. 이는 단순한 수락이 아니라 원래 제안을 종료시키고 새로운 협상 국면을 여는 기능을 한다. 계약은 제안과 수락이 실질적으로 일치해야 성립되며, 민법은 핵심 조건이 불일치하면 이를 반대 제안으로 간주해 계약 성립을 부정하는 입장을 취한다.

예컨대 "100만 원에 A 제품을 구매하겠다"는 제안에 대해 "배송비 포함이면 수락하겠다"는 응답은 본질적 조건의 변경으로 보고, 새로운 제안이 성립된 것으로 본다. 이 경우 원래 제안은 실효되며, 제안자는 새로운 조건에 대해 수락 여부를 판단해야 한다. 단, 조건 변경이 사소한 경우에는 실무상 계약이 성립된 것으로 간주되기도 하며, 판단 기준은 변경의 내용과 당사자의 의사에 따라 달라질 수 있다.

반대 제안은 기존 제안을 종료시키는 동시에 새로운 조건을 중심으로 협상 구조를 재편한다는 점에서 실질적인 법적 전환점이다. 이는 상업적 거래에서 계약 조건을 명확히 하고 당사자 간 책임 분배를 명료하게 하기 위한 수단으로 활용된다. 조건 불일치로 인한 계약 불성립은 단기적으로 거래를 지연시킬 수 있으나, 장기적으로는 분쟁 예방과 계약의 명확성 확보에 도움이 된다.

계약은 반드시 서면으로 체결되지 않더라도, 당사자의 일치된 행위와 의사 표시가 확인되면 성립될 수 있다. 예를 들어 구두 합의 후 일방이 제품을 공급하고, 상대방이 수령과 대금 지급을 완료했다면 문서가 없더라도 계약은 유효한 것으로 본다. 이러한 묵시적 계약은 당사자의 행위 일관성과 정황을 통해 체결 의사와 조건이 객관적으로 추론될 수 있을 때 인정된다. 법원은 행위의 유형, 반복성, 이행 기간 등을 종합적으로 고려해 계약 성립 여부를 판단한다.

상법은 상인 간 거래에 대해 보다 실용적이고 유연한 접근을 허용한다. 상호 간 거래에서 문서 계약이 없더라도 관행과 실제 이행이 확인되면 계약 성립을 인정하는데, 이는 상거래의 속도와 효율성을 고려한 판단이다. 다만, 조건 불일치가 계약의 본질적 요소에 해당한다면 계약 성립은 인정되지 않을 수 있다.

반대 제안은 기존 제안을 종료시키고 새로운 협상의 시작을 알리는 신호다. 협상 과정에서는 각 조건의 법적 의미를 정확히 파악하고, 제안과 수락의 모든 절차를 가급적 서면으로 남기는 것이 중요하다. 이는 오해와 분쟁을 예방하고, 계약의 법적 안정성과 실행 가능성을 확보하는 데 중요하다.

수락

수락(Acceptance)은 제안자가 제시한 조건에 대해 수신자가 동의 의사를 표시함으로써 계약이 성립되는 핵심 절차다. 이는 제안과 실질적으로 일치하는 의사표시가 제안자에게 도달함으로써 법적 구속력이 발생하는 단계이며, 민법은 이러한 도달 시점을 기준으로 계약 성립을 판단하는 도달주의를 채택하고 있다.

가장 전통적인 수락 방식은 서면 계약서에 서명하는 것이지만, 디지털 환경에서는 다양한 형태의 수락도 법적으로 인정된다. 예를 들어 웹사이트에서 약관 동의 박스를 클릭하거나, 서비스 요청에 따라 제시된 조건대로 실행하는 행위 역시 수락으로 간주될 수 있다. 특히 전자상거래에서는 수신자의 동의가 명시적이든 묵시적이든, 제안 조건에 실질적으로 부합하고 그 의사표시가 제안자에게 도달한 경우 계약이 성립한 것으로 본다.

묵시적 수락은 당사자의 행위로부터 수락 의사를 추론하는 방식이다. 예컨대 기술자가 별도의 언급 없이 자동차 수리를 완료한 경우, 이는 제안된 조건에 대한 묵시적 수락으로 해석될 수 있다. 다만, 이러한 수락이 유효하려면 제삼자 관점에서도 해당 행위가 수락으로 인식될 수 있을 만큼 명확해야 하며, 법원은 의사표시의 객관성과 정황을 종합적으로 고려해 판단한다.

전자상거래법은 보다 명시적인 동의를 요구하는 경향이 있다. 계약 조건은 수신자가 명확히 인식할 수 있도록 제시되어야 하며, 이용자가 이를 확인한 후 '동의합니다' 버튼을 클릭하거나 유사한 행위를 했는지가 핵심적인 판단 기준이 된다. 묵시적 수락도 민법상 인정되지만, 디지털 환경에서는 정보 제공의 명확성과 수락 행위의 구체성이 특히 강조된다.

- 제안 조건은 수신자가 쉽게 인식할 수 있도록 명확히 제시되어야 하며, 전체 약관이나 핵심 조건은 접근 가능하고 직관적인 형태로 제공되어야 한다. 단순히 하이퍼링크로 숨기거나 고지 없이 자동 수락을 전제로 하는 구조는 수락의 유효성을 약화시킬 수 있다.
- 수신자는 동의 의사를 명확히 표현해야 하며, 일반적으로 '동의' 버튼

클릭이나 이용 절차의 진행을 통해 수락 의사가 외부로 드러나야 한다. 수락 구조는 사용자가 자신의 선택을 분명히 인식하고 표현할 수 있도록 설계되어야 한다.

이러한 기준에 따라 법원은 계약 조건 제시의 명확성, 수신자의 동의 행위, 의사표시의 도달 여부를 종합해 온라인 계약의 성립 여부를 판단한다. 예컨대 고객이 약관을 명확히 확인할 수 있는 상태에서 '동의' 버튼을 클릭한 경우, 해당 수락은 계약 성립 요건을 충족한 것으로 본다. 반면, 약관 확인이 어려운 구조이거나 수락 행위 없이 계약 체결이 이루어진 경우에는 법적 효력이 부정될 수 있다.

스타트업은 이러한 수락 요건을 실무에 정밀하게 반영할 필요가 있다. 클릭 한 번, 체크 한 번이 계약 성립으로 이어질 수 있는 환경에서, 조건의 명확한 고지와 수락 구조의 체계화는 법적 안정성과 사용자 신뢰를 확보하는 데 중요하다.

철회

철회(Revocation)는 계약 성립 이전에 제안자나 수락자가 자신이 한 의사표시의 효력이 발생하지 않도록 취소하는 행위로, 계약 성립 여부를 좌우하는 중요한 변수다. 민법은 민법에 따라 철회의 효력 발생 시점을 도달주의 원칙으로 규정하고 있으며, 철회 의사표시는 상대방에게 도달해야만 효력이 발생한다.

제안자는 상대방의 수락이 도달하기 전까지 제안을 철회할 수 있으며, 이 철회의 효력은 수락보다 먼저 수신자에게 도달해야만 유효하다. 예를 들어 A가 B에게 물품을 판매하겠다는 제안을 한 후 철회를 원한다면, B가 수락 의사를 표시하기 전에 A의 철회가 B에게 실제로 도달해야 계약은 성립되지 않는다. 반면 B의 수락이 먼저 도달한 이후라면, 철회는 효력을 갖지 못하고 계약은 유효하게 성립된 것으로 본다.

수락 역시 마찬가지로 도달주의가 적용된다. 수락이 제안자에게 도달한 시점에 계약이 성립되며, 수락을 철회하고자 한다면 수락보다 먼저 철회 의사가 도달해야 한다. 철회가 수락과 동시에 또는 늦게 도달하면 수락이 우선하여 계약은 성립된다. 따라서 전자우편, 메신저 등 디지털 수단을 사용하는 경우, 철회 의사 표시가 시간상으로 먼저 도달하도록 세심한 관리가 필요하다.

유효한 철회로 인정받기 위해서는 다음 두 요건을 충족해야 한다.
- **철회 의사 명확성**. 철회의 내용은 구체적이고 일의적으로 표현되어야 하며, 상대방이 이를 다른 의미로 해석할 가능성이 없어야 한다. "다시 생각해 보겠다"와 같은 표현은 철회로 보기 어려우며, 협상 지속 의사로 해석될 수 있다.
- **도달 시점 확정성**. 철회의 법적 효력은 발신 시점이 아니라, 수신자가 내용을 실제로 인식하거나 인식 가능한 상태에 도달했을 때 발생한다. 단순히 이메일을 전송하거나 메시지를 보냈다는 사실만으로는 부족하며, 수신 확인 여부나 열람 가능 상태인지가 핵심이다.

철회는 계약 성립을 사전에 차단할 수 있는 유효한 수단이지만, 도달 시점이 지연되거나 표현이 모호할 경우 불필요한 분쟁으로 이어질 수 있다. 특히 신속한 의사결정이 필요한 스타트업은 철회 의사 표시가 적절한 방식으로 정확히 전달되도록 관리하는 것이 중요하다. 이를 위해 철회는 가급적 서면으로 남기고, 수신 여부를 명확히 확인할 수 있는 방식을 활용하는 것이 바람직하다.

결국 철회는 계약 성립 이전의 법적 리스크를 통제하는 수단이며, 명확한 의사결정의 표현이다. 도달주의에 대한 이해와 함께 철회의 명확성과 전달 신속성을 실무에 정착시키는 것이 계약의 신뢰성과 법적 안전성을 높이는 전략이다.

대가

대가(Consideration)는 영미법계 계약법에서 계약 성립을 위한 핵심 요건으로, 계약 당사자가 서로 주고받는 가치 있는 행위를 의미한다. 이는 단순한 약속을 법적 구속력이 있는 계약으로 전환시키는 기준점이며, 미국이나 영국에서는 쌍방이 일정한 이익을 교환하지 않으면 계약으로 인정되지 않는 경우가 많다. 반면, 민법은 대가를 계약 성립 요건으로 요구하지 않는다.

우리나라에서는 청약과 승낙의 합치, 당사자의 행위능력, 적법한 목적 등의 요건이 충족되면 대가가 없더라도 계약이 성립될 수 있다. 따라서 증여계약이나 무상사용계약과 같은 무상계약도 유효한 절차와 요건을 갖춘 경우 법적 효력을 인정받는다. 다만, 실무에서는 대가가 계약의 성격을 명확히 하고 당사자 간 권리와 의무를 균형 있게 설정하는 기준이 되기 때문에, 대부분은 일정한 대가가 포함된 쌍무계약 형태를 선호한다.

대가는 금전, 물품, 노동력, 서비스, 약속 등 다양한 형태를 가질 수 있으며, 반드시 경제적 가치가 대등할 필요는 없다. 예를 들어 1,000원의 소액이라도 실질적인 교환이 이루어졌다면 영미법상 대가 요건은 충족된 것으로 본다. 민법은 대가를 계약 성립의 요건으로 삼지 않지만, 계약의 진정성이나 실질적 거래 내용을 판단할 때 대가 유무를 중요한 요소로 고려한다.

또한, 대가 없는 약속이라도 일정한 조건을 충족하면 법적 구속력을 가질 수 있다. 예컨대 한 당사자가 특정 약속을 하고, 상대방이 이를 신뢰해 일정한 행위를 하거나 기회를 포기했고, 그로 인해 손해를 입었다면, 신의성실 원칙 또는 신뢰보호 원칙에 따라 그 약속은 일정한 법적 효과를 가질 수 있다. 이 경우 법원은 단순히 대가의 존재 여부가 아니라, 당사자 간의 행위, 신뢰의 정당성, 손해 발생 여부 등을 종합적으로 고려해 책임 여부를 판단한다.

예를 들어 A가 "이 프로젝트가 끝나면 보너스를 지급하겠다"고 말하고, B가 이를 믿고 프로젝트에 참여하거나 다른 기회를 포기한 경우, 이후 A가 보너스를 지급하지 않더라도 B는 신의칙 또는 신뢰보호 원칙에 따라 일정한 보호를 받을 수 있다.

민법에서 대가는 계약 성립의 필요조건은 아니지만, 계약의 실효성과 법적 안정성을 높이는 중요한 요소로 작용한다. 특히 빠른 의사결정이 요구되는 스타트업 환경에서는 대가가 명시된 계약 조건을 서면으로 정확히 남기는 것이 분쟁 예방에 효과적이다.

계약 방해 요인

계약은 당사자 간 자발적이고 진정한 합의를 기반으로 성립되며, 그 집행 역시 이러한 합의가 법적으로 유효할 때 가능하다. 그러나 계약 체결 과정에서 발생하는 특정 법적 요인들은 계약의 성립을 저해하거나, 성립된 계약의 효력을 소급하여 소멸시키는 역할을 할 수 있다. 이러한 요인들은 계약의 유효성 및 집행 가능성에 직접적인 영향을 미치며, 때로는 법원에 의해 계약이 취소되거나 무효로 판단되기도 한다.

첫 번째 요인은 착오(Mistake)다. 계약 당사자 모두가 계약의 중요 부분에 대해 동일하게 잘못 인식한 경우, 이를 상호 착오(Mutual Mistake)라 하며, 이 경우 민법에 따라 계약을 취소할 수 있다. 예를 들어 판매자와 구매자가 진품이라고 믿고 물건을 거래했지만 이후 복제품으로 드러난 경우, 이는 중요 사실에 대한 공통된 착오로 판단되어 계약이 소급하여 무효가 될 수 있다. 반면 단독 착오(Unilateral Mistake)의 경우에는 원칙상 계약 효력에 영향을 주지 않지만, 상대방이 착오를 알고 있었거나 알 수 있었음에도 이를 이용한 경우에는 계약 취소가 가능하다. 이는 정보 비대칭 상황에서 신의성실 원칙에 따라 약자의 법적 보호를 강화하는 장치다.

두 번째는 계약 목적의 불법성이다. 계약 내용이 공공 질서나 사회 윤리에 위배되거나, 현행 법령에 명백히 반할 경우 해당 계약은 처음부터 무효로 간주된다. 예컨대 불법 도박, 고리대금, 범죄 지원 행위, 과도한 비경쟁 조항 등을 담은 계약은 법적으로 보호받지 못한다. 이는 계약이 단순한 당사자 간 합의만으로 성립되는 것이 아니라, 사회 전체의 법질서와 조화를 이루어야 한다는 법적 원칙을 반영한다.

세 번째는 사기 또는 강박에 의한 계약이다. 계약 체결 과정에서 한쪽 당사자가 사실을 왜곡하거나 숨겨 상대방의 판단을 흐리게 했다면, 계약은 취소 대상이 된다. 예를 들어 판매자가 제품 결함을 숨기거나 허위 정보를 제공해 계약을 체결한 경우, 피해자는 의사 표시를 취소할 수 있다. 물리적 또는 정서적 압박으로 체결된 계약도 진정한 동의가 결여된 것으로 간주되어 무효화될 수 있다.

이처럼 계약의 유효성과 집행 가능성은 문서 형식이나 절차의 충족 여부에만 달려 있는 것이 아니다. 계약 체결 당시 당사자의 의사결정이 자율적이고 진정했는지, 정보가 균형 있게 제공되었는지가 핵심 기준이 된다. 따라서 창업가는 계약 체결 전에 위 사항을 철저히 점검해야 한다.

계약 이행 및 위반

계약의 이행은 당사자가 약정한 조건에 따라 각자의 의무를 충실히 수행함으로써 계약을 완결하는 과정이다. 계약은 서명만으로 실현되는 것이 아니라, 실제 이행을 통해 법적 구속력이 현실화된다. 민법은 이행 의무를 중심으로 채권자와 채무자의 권리와 책임을 명확히 규정하고 있으며, 이행이 없거나 불완전할 경우 채무불이행으로 간주되어 법적 구제가 가능하다.

계약 이행의 핵심은 상호 균형 있는 의무 수행과 실질적 충족이다. 예컨대 차량 매매 계약에서 판매자는 명세서에 부합하는 차량을 인도할 의무가 있고, 구매자는 그에 상응하는 대금을 지급해야 한다. 양측이 해당 의무를 모두 이행하면 계약은 정상적으로 종료된다. 반대로 어느 일방이 이행하지 않거나 계약의 본질적 요소를 빠뜨렸으면 채무불이행이 성립한다.

민법은 계약 위반의 경중을 명문화하지 않지만, 위반이 계약 목적 달성을 현저히 저해하는 경우에는 계약 해제나 손해배상의 근거가 될 수 있다. 실무에서는 다음과 같은 구분이 일반적으로 적용된다.

- **이행 불완전.** 계약 목적에 실질적 영향을 주지 않는 수준의 하자. 예를 들어 차량의 시트 색상이 계약서와 다르지만 성능에는 영향이 없는 경우, 이는 계약 해제 사유가 아니며, 손해배상이나 대금 감액으로

처리된다.

- **이행 불이행.** 핵심 조건이 충족되지 않아 계약 목적 자체가 달성되지 않은 경우. 예컨대 작동 불능 상태의 차량을 인도한 경우에는 계약 해제와 손해배상의 대상이 된다.

민법은 채무불이행 시 채권자에게 계약 해제, 손해배상, 이행 청구 등 다양한 구제 수단을 부여한다. 다만 위반이 경미하거나 일부 이행이 가능하다면, 해제보다는 현실적인 보완 조치를 우선 고려하게 된다. 위반 여부는 계약 목적, 위반의 성격과 중요성, 이행 수준을 종합적으로 판단해 결정된다.

판례는 계약의 대부분이 이행되고 남은 미이행이 계약 목적을 본질적으로 훼손하지 않을 경우, 계약은 유효하게 유지될 수 있으며, 결함은 손해배상 등 보완 수단으로 해결할 수 있다고 본다. 이는 실질 이행을 중심으로 한 유연한 법적 판단 기준을 반영한다.

따라서 계약의 안정적 이행을 위해서는 계약 체결 단계에서 이행 조건과 위반 시 조치를 명확히 규정해야 한다. 계약서에는 중대한 위반에 해당하는 항목을 사전에 정의하고, 납기 지연, 핵심 사양 미준수, 대금 미지급 등은 해제 및 손해배상의 근거로 명시할 수 있다.

또한 경미한 위반에 대해 계약 종료 대신 시정 기회를 부여하는 수정 기간 조항을 포함하면 실질적 해결 기회를 제공할 수 있다. 해당 기간 내 시정이 이루어지지 않을 경우 계약 해제 및 손해배상이 가능함을 명문화하는 것이 중요하다.

아울러 손해배상 조항을 통해 직접손해, 간접손해, 지연손해의 범위, 배상 방식, 책임 한도 등을 명확히 하면 분쟁 시 판단 기준이 더욱 명료해진다. 이는 계약 당사자 간 책임 분담 구조를 사전에 정리하는 효과적인 수단이다.

조건부 이행

조건부 이행은 계약의 효력 발생이나 의무 이행 여부가 특정 조건의 성취에 따라 결정되는 구조다. 이는 계약을 미래의 불확실한 사건에 연결함으로써, 권리·의무의 개시 시점을 유연하게 조정하려는 목적에서 활용된다. 조건이 충족되지 않으면 계약상 의무는 발생하지 않거나 종료되며, 이 경우 계약 위반으로 간주되지 않는다. 이는 계약 체결 시 당사자 모두가 해당 조건의 불확실성을 인지하고 있었기 때문이다.

조건은 크게 두 가지로 나뉜다. 정지조건(suspensive condition)은 조건이 성취되기 전까지 계약 효력이 발생하지 않는 구조이며, 해제조건(resolutive condition)은 조건이 충족되면 이미 발생한 계약 효력이 소멸되는 구조다. 예컨대, 건설 계약에서 "감리 완료 및 승인"을 공사비 지급의 전제로 명시한 경우, 감리가 완료되기 전까지는 지급 의무가 발생하지 않으며, 이는 정지조건에 해당한다. 조건은 이처럼 계약의 시작 또는 종료 시점을 법적으로 조율하는 수단이다.

조건이 충족되지 않았다는 이유만으로 계약상 책임을 묻는 것은 어렵다. 조건부 계약은 본질적으로 성취 여부가 불확실한 사안을 전제로 하기 때문이다. 다만 조건이 불법적이거나 성취 자체가 불가능한 경우에는 계약 전체의 효력에 영향을 줄 수 있다. 또한 계약 당사자 중 일방이 조건 성취를 부당하게 방해했다면, 법적으로는 조건이 성취된 것으로 간주될 수 있다. 이는 신의성실 원칙에 따른 예외적 조치다.

조건부 계약에서 핵심은 조건이 명확하고 객관적으로 정의되어 있는가다. 조건의 의미나 판단 기준이 불분명할 경우 해석상의 분쟁으로 이어질 수 있으므로, 계약 체결 시 조건의 성격과 성취 여부를 판단할 수 있는 기준을 명확히 설정해야 한다.

테크 스타트업은 외부 환경의 불확실성에 대응하기 위해 조건부 계약을 전략적으로 활용할 수 있다. 예를 들어, 투자 계약에서 일정 매출 달성 또는 서비스 런칭을 조건으로 추가 투자를 이행하거나, 라이선스 계약에서 정부의 규제 승인을 전제로 계약 효력을 발생시키는 구조가 이에 해당한다. 다만 '조건'과 '기한'은 법적 성격이 다르므로, 규제 승인처럼 시점이 도래할 것이 확실한 사안은 조건이 아닌 기한으로 보는 것이 타당할 수 있다. 따라서 계약서 작성 시 조건과 기한의 구분에도 주의를 기울여야 한다.

면제 사유

면제 사유는 계약 당사자 중 일방 또는 쌍방이 계약상 의무를 더 이상 이행하지 않아도 되도록 하는 법적 또는 합의 기반 조치다. 이는 계약을 일방적으로 파기하는 것이 아니라, 책임을 재조정하거나 계약을 합리적으로 종료·수정하는 절차로 작동한다. 면제는 계약 해제, 내용 변경, 불가피한 사유에 따른 이행 불능 등 다양한 형태로 발생하며, 민법은 이에 대한 여러 유형을 규정하고 있다.

- **계약 해제.** 당사자 간 합의에 따라 계약을 종료하는 방식으로, 계약 체결 이후 이행 이전 단계에서는 민법에 따라 언제든지 가능하다. 상호 해제가 이루어지면 계약의 장래 효력은 소멸하며, 이미 이행된 부분은 원상회복의 대상이 될 수 있다. 예를 들어 서비스 제공 전 단계에서 해제가 이루어진 경우, 양측 모두 더 이상 계약상 의무를 부담하

지 않는다.

- **계약 변경.** 당사자 간 합의로 기존 계약의 조항을 수정하거나 조건을 재구성하는 방식이다. 이는 특정 조항만의 부분 변경일 수도 있고, 사실상 신규 계약으로 전환되는 전면 변경일 수도 있다. 변경된 내용은 반드시 문서화되어야 하며, 기존 의무의 이행 여부 및 조정 방식을 명확히 해야 한다.

- **대물변제.** 채무자가 원래의 이행 방식 대신 다른 방식으로 변제하고, 채권자가 이를 수락하는 경우다. 예컨대 금전 대신 물품을 제공하고 상대방이 이를 수령하면, 원래의 금전 채무는 소멸된다. 이는 계약상 의무를 이행한 것으로 간주되며, 변제 방식의 전환을 통한 책임 조정이 이루어진다.

- **채무 인수 및 채권 양도.** 제삼자가 기존 채무를 인수하거나, 채권자가 타인에게 채권을 양도하는 경우다. 이는 계약 당사자의 변경과 함께 책임 구조의 이동을 수반하며, 원칙상 상대방의 동의가 필요하다. 그 결과 기존 당사자의 이행 책임은 소멸하거나 제삼자에게 이전된다.

- **계약 목적의 불능 또는 불가항력.** 계약 체결 이후 목적 이행이 사실상 불가능해진 경우에도 이행 면제가 인정될 수 있다. 예를 들어 계약 당시 허용되던 행위가 법 개정으로 금지되었거나, 천재지변·전쟁·감염병 등 불가항력적 사유로 이행이 물리적으로 불가능해진 경우가 해당한다. 이때는 당사자의 과실 유무, 사전 예견 가능성, 대체 가능성 등이 함께 고려되며, 법원은 개별 사안에 따라 책임 면제 여부를 판단한다.

스타트업에게 면제 조항은 일종의 '계약적 안전장치'다. 계약 체결 시 단순히 의무 조항만 규정할 것이 아니라, 불가항력 사유, 계약 종료 조건, 책임 분담 방식 등을 명확히 포함시켜야 한다. 이는 예기치 못한 환경 변화나 외부 변수로부터 사업 리스크를 줄이고, 계약의 유연성과 지속 가능성을 확보하도록 도와준다.

손해배상

계약 위반으로 발생한 손해는 단순한 불이익이 아니라 법적으로 회복 가능한 손해로 간주되며, 피해자는 이에 대한 배상을 청구할 수 있다. 민법은 손해배상을 계약 이행의 보완 수단으로 규정하며, 그 범위는 계약 체결 당시 당사자가 예견했거나 예견할 수 있었던 손해에 한정된다. 따라서 추상적 가능성이나 예측 불가능한 피해는 배상 대상이 아니다.

손해는 통상손해와 특별손해로 구분된다. 통상손해는 계약 위반으로 인해 일반적으로 발생하는 손해로, 위반 사실이 인정되면 별도 입증 없이도 배상 청구가 가능하다. 반면 특별손해는 계약 체결 당시 상대방이 해당 사정을 알았거나 알 수 있었던 경우에만 인정되며, 손해 발생 가능성과 사정 인지 여부를 피해자가 입증해야 한다.

손해배상액 산정의 기본은 이익 상실분, 즉 계약이 정상적으로 이행되었을 경우 기대되던 순이익이다. 여기에 계약이 해제되며 지출되지 않은 비용은 차감하여 순손해를 계산한다. 예컨대 납품계약 해제로 생산이 중단된 경우, 절감된 원자재비는 손해배상액에서 제외된다.

또한 계약 위반으로 인한 부수적 비용도 배상 대상이 될 수 있다. 긴급 대체 조달비용처럼 직접적으로 발생한 지출은 통상손해에 포함되며, 거래 기회 상실, 브랜드 이미지 훼손 등의 이차적 피해는 특별손해로 분류되며 예견 가능성이 입증되어야만 배상이 이루어진다.

계약이 체결되지 않은 경우에도 일정 요건을 충족하면 신뢰이익에 대한 손해배상이 가능하다. 계약 의사가 없음에도 상대방에게 신뢰를 유발하고 준비 비용이나 기회를 잃게 만든 경우, 신의성실 원칙이나 불법행위책임에 근거해 손해를 배상해야 한다. 이는 계약 전 단계에서도 책임이 발생할 수 있다는 점을 보여 준다.

손해배상 청구자에게는 손해 경감 의무도 부과된다. 피해자는 손해를 줄이기 위해 합리적인 조치를 취해야 하며, 이를 게을리하면 줄일 수 있었던 손해에 대해서는 배상을 받을 수 없다. 예컨대 계약 위반으로 대체 조달이 필요한 상황이라면, 시장가격에 근접한 방식으로 조달하려는 노력이 요구된다. 과도한 비용은 배상 범위에서 제외될 수 있다.

실무에서는 손해배상 책임의 범위를 명확히 하기 위해 책임 제한 조항을 계약서에 포함시키는 경우가 많다. 이는 손해배상액 상한선 설정, 간접손해 및 특별손해에 대한 면책 등으로 구성된다. 다만 이러한 조항이 일방 당사자에게 과도하게 불리하거나, 상대방이 그 내용을 충분히 인식하지 못한 상태에서 계약이 체결되었으면 약관규제법에 따라 무효로 판단될 수 있다. 특히 고객 계약에서는 법원이 책임 제한 조항의 공정성을 더욱 엄격하게 심사한다.

계약 해제와 반환

계약 해제는 유효하게 성립한 계약을 일정한 사유에 따라 소급적으로 종료시키는 것이다. 계약을 체결 이전 상태로 되돌리는 법적 효과를 가진다. 해제가 인정되면 계약은 마치 처음부터 존재하지 않았던 것처럼 취급되며, 그에 따라 각 당사자가 받은 이익은 원상회복 원칙에 따라 반환되어야 한다. 이 반환은 단순한 환불 차원을 넘어, 계약 균형과 공정성을 회복하기 위한 제도적 장치다.

계약 해제가 인정되는 주요 사유는 다음과 같다.

- **계약 목적의 실질적 달성이 불가능한 경우.** 계약의 핵심 의무가 이행되지 않아 계약 목적 자체가 무의미해진 경우다. 예컨대 매매 계약에서 매도인이 중대한 하자가 있는 물품을 인도한 경우, 매수인은 계약을 해제하고 이미 지급한 대금의 반환을 청구할 수 있다.
- **잔여 의무 불이행으로 계약 균형이 무너진 경우.** 계약이 일부 이행된 상태라도 나머지 의무의 불이행이 전체 계약 목적을 현저히 침해하는 경우, 해제가 가능하다. 핵심은 단순한 미이행 여부가 아니라 계약의 실질적 균형이 유지되었는지에 있다.
- **계약 체결 당시부터 무효 사유가 존재한 경우.** 계약 목적이 위법하거나 실현 불가능하거나, 계약 성립 요건이 충족되지 않으면 등은 원칙상 무효로 간주된다. 이 경우에도 부당이득 반환 원칙에 따라 각 당사자는 받은 이익을 상호 반환해야 한다.

계약 해제의 핵심 결과는 원상회복이다. 이는 계약으로 인해 취득한 모든 이익을 반환하고, 가능하면 계약 이전 상태로 복귀하는 것을 의미한다. 반환이 현실적으로 불가능한 경우에는 해당 가치를 금전으로 환산하여 상환해야 하며, 그동안의 사용 이익이나 수취한 과실도 반환 대상에 포함될 수 있다.

손해배상과 달리 반환 청구는 손해 입증을 요구하지 않는다. 이는 상대방이 정당한 권한 없이 취득한 이익을 반환하는 데 목적이 있으므로, 피해자가 구체적인 손해를 증명하지 않아도 청구가 가능하다. 이 점에서 반환 청구는 계약 해제 제도의 공정성과 실효성을 높이는 수단으로 작용한다.

이행 청구

이행 청구는 계약상 의무가 이행되지 않았을 때, 금전 배상만으로 채권자의 권리를 실질적으로 회복하기 어려운 경우 채무자에게 직접 이행을 요구할 수 있도록 한 법적 구제 수단이다. 이는 손해배상이나 계약 해제와 달리, 계약의 실현 자체를 목적으로 한다는 점에서 구별된다.

이행 청구가 인정되기 위해서는 일반적으로 다음 세 가지 요건을 충족해야 한다. 첫째, 계약상 급부가 구체적이고 특정 가능해야 하며, 둘째, 해당 급부가 금전이나 대체물로 보충하기 어려운 고유한 성격을 가져야 하고, 셋째, 채무자가 정당한 사유 없이 이행을 거부하거나 지연하고 있어야 한다. 이러한 요건은 법문에 명시되어 있지는 않지만, 판례와 실무에서 법원이 적용하는 일반적 기준이다.

대표적인 이행 청구 사례는 부동산 거래다. 부동산은 고유성과 비대체성이 크기 때문에, 매수인은 특정 부동산에 대한 이전등기를 직접 청구할 수 있으며, 법원은 이를 강제로 이행하게 할 수 있다. 이와 유사하게 예술품, 독점 기술자료, 맞춤형 설계도, 특수 목적의 제품 등 대체 불가능성이 높은 경우에도 이행 청구가 인정된다.

법원이 이행 판결을 내렸음에도 채무자가 자발적으로 의무를 이행하지 않을 경우, 민사집행법에 따라 다음과 같은 방식으로 강제 집행이 가능하다.

- **직접강제.** 행위 자체가 급부의 대상일 경우, 법원이 직접 강제력을 통해 이행을 실현하는 방식이다.

- **간접강제.** 이행 지연에 대해 일정 금액의 이행강제금을 부과해 심리적 압박을 가하는 방식이다.
- **대체집행.** 채무자가 해야 할 행위를 제삼자가 대신 수행하고, 해당 비용을 채무자에게 부담시키는 방식이다.

반면, 급부가 대체 가능하거나 이행 강제가 현실적으로 부적절한 경우에는 법원이 손해배상으로 구제를 갈음할 수 있다. 이때는 이행 청구보다 계약 해제나 금전적 보상이 중심이 된다.

이행 청구는 계약 목적을 실질적으로 실현하는 수단이므로, 테크 스타트업이나 지식재산 계약에서 중요한 역할을 한다. 기술 자료의 이전, 전용 라이선스 설정, 특정 플랫폼에 대한 독점 접근권 제공 등은 금전으로 대체되기 어려운 급부에 해당하며, 이행 청구를 통해 직접적인 이행 확보가 필요하다.

부당이득과 사무관리

민법은 계약이 성립되지 않았거나 존재하지 않는 상황에서도 실질적 손해나 부당한 이익이 발생한 경우, 이를 시정하기 위한 법적 구제 장치로 부당이득 반환과 사무관리 제도를 마련하고 있다. 이 두 제도는 법률행위에 기초하지 않더라도 형평성과 공정성을 실현하기 위한 비계약 기반의 사후 구제 수단으로 기능한다.

부당이득 반환은 타인의 재산이나 이익을 법률상 정당한 근거 없이 취득한 경우, 그 이득을 반환해야 한다는 원칙에 기반한다. 예컨대 당사자가 계약이 성립된 것으로 오인하여 물품을 공급하거나 비용을 지출했으나, 이후 계약이 무효로 확인된 경우, 상대방은 수령한 이익을 반환해야 한다. 이는 계약이 존재하지 않더라도 실질적으로 한쪽이 이익을 얻고 상대방에게 손해가 발생한 경우, 그 불균형 상태를 법적으로 바로잡기 위한 장치다.

사무관리는 계약이나 법적 의무 없이 타인을 위하여 재산상 사무를 처리한 경우를 다룬다. 행위가 본인의 이익을 위한 것이고, 본인의 명시적 반대 의사에 어긋나지 않으며, 객관적으로도 합리적인 조치였던 경우, 행위자는 지출한 비용의 상환이나 손해의 배상을 청구할 수 있다. 이는 선의로 타인을 위해 행동한 경우에도 법적 보호를 부여하는 구조로, 무상의 희생을 방지하려는 목적을 가진다.

이 두 제도는 다음과 같은 상황에서 실효성을 발휘한다.

- 계약 체결 이전 단계에서 자원 투입이 있었지만, 협상이 결렬된 경우
- 비공식적인 공동 개발·협업이 중단되면서 일방만 이익을 본 경우
- 기술, 정보, 설계안, 시제품 등이 무단 활용되었으나 보상이 이루어지지 않은 경우

스타트업 환경에서는 초기 파트너십이 구두 약속이나 문서화되지 않은 협의로 진행되는 경우가 많다. 이 과정에서 기술자료 제공, 공동기획, 시장검증 등 실질적인 기여가 있었음에도 정당한 보상이 이루어지지 않았다면, 부당이득 반환 청구나 사무관리 손해배상 청구를 통해 실질적인 보호를 받을 수 있다.

계약의 구성 요소

서면 계약은 계약 당사자 간의 권리와 의무를 명확히 규정하고, 해석상

의 불확실성을 줄이며, 분쟁 예방과 해결의 기준을 제공하는 실무상 핵심 도구다. 계약이 반드시 서면으로 체결되어야 유효한 것은 아니지만, 서면 계약은 당사자의 의사를 문서화함으로써 그 내용과 책임 범위를 명확히 하고, 법적 안정성을 높인다. 일반적인 서면 계약은 서문으로 시작되며, 계약의 구조적 기초를 제공한다.

서문

서문은 계약의 정식 명칭, 체결일, 효력 발생일, 그리고 계약 당사자의 신원을 명확히 기술하는 항목이다. 예를 들어, "본 계약은 2025년 6월 1일자로 A회사(이하 '갑')와 B개발자(이하 '을') 간에 체결되었다"는 문장은 서문의 전형적인 예다. 서문은 계약의 법적 효력 발생을 위한 기초 정보를 제공하며, 당사자 식별과 계약의 유효 시점을 분명히 하여 분쟁 시 기준점을 형성한다.

서언

서언은 계약 체결의 배경과 목적, 당사자 간의 이해 관계, 기존 계약과의 연계성 등을 서술적으로 정리한 구성 요소로, 계약 전체의 맥락을 설명하고 계약 조항 해석의 방향성을 제시하는 역할을 한다. 이를 통해 계약 체결의 동기와 전제 조건, 당사자의 기대와 역할 인식이 명확해지며, 추후 분쟁 발생 시 계약 당사자의 의도를 이해하는 보조 자료로 기능할 수 있다. 서언에는 다음과 같은 내용이 포함될 수 있다.

- 본 계약이 기존 NDA(기밀 유지 계약), 개발계약, 공급계약 등과 어떤 관계에 있는지에 대한 설명

- 계약 이행이 제삼자의 권리 또는 기존 계약에 영향을 줄 수 있는 사실관계
- 당사자의 전문성, 기술력, 경험, 기여도 등에 대한 당사자 간 인식
- 계약 체결에 영향을 준 조건이나 당사자의 기대 사항

예를 들어 기술 개발, 콘텐츠 제작, 공동 연구와 같이 고도의 전문성과 정보 공유가 전제되는 계약에서는, 개발자의 기술력, 특정 자료에 대한 접근 권한, NDA의 존재 등을 서언에 명시함으로써 이후 발생 가능한 해석의 혼선을 줄일 수 있다. 특히 NDA의 존재를 서언에 명시하는 경우, 해당 정보가 기밀로 보호되며 사용이 제한된다는 인식을 계약 체결 시점부터 공유할 수 있다.

다만 서언은 원칙상 법적 구속력을 가지지 않는다. 이는 계약의 해석 보조 수단으로 기능할 수 있으나, 독립적으로 권리나 의무를 발생시키는 조항은 아니며, 손해배상 책임, 해제 사유, 의무 이행 조건과 같은 실질적 법적 효과는 반드시 본문 조항에 명시되어야 한다. 서언에만 기재된 사항은 그 자체로 법적 구속력을 인정받기 어렵다.

정의

정의 조항은 계약서 내 반복적으로 사용되는 용어나 개념의 의미를 명확히 규정함으로써 해석의 혼란을 방지하고, 분쟁 발생 시 일관된 해석 기준을 제공하는 기능을 한다. 이는 특히 계약 범위가 넓거나 기술적·전문적 용어가 자주 등장하는 계약에서 필수적인 구조적 장치로 작용하며, 계약 전체의 해석 방향을 통제하는 기초 역할을 담당한다.

정의 조항에 포함된 용어는 일반적·사전적 의미와 달리 해석될 수 있으

며, 계약 본문에서 해당 용어가 사용될 때마다 정의 조항의 내용을 우선 적용해야 한다. 따라서 정의는 단순한 설명을 넘어서 계약 해석의 기준이 되는 실질적 규범으로 작용한다. 다만, 정의된 문언이 본문 조항의 취지나 내용과 충돌할 때는 계약 전체 구조와 조항 간 연계성을 고려해 본문의 규범적 해석이 우선될 수 있다. 정의 조항의 중요성은 다음과 같은 상황에서 특히 부각된다.

- 계약 범위가 넓거나 기술적·전문 용어가 포함된 경우. 용어 해석 차이로 인한 분쟁을 예방하고, 특정 기술이나 성능 요건의 의미를 명확히 정리하기 위한 사전 조치
- 국제 계약 또는 다국적 당사자 간 계약. 언어와 법 체계의 차이로 동일 용어가 다르게 해석될 수 있으므로, 공동의 해석 기준을 사전에 정해 혼선을 방지
- 법적 개념의 해석이 모호하거나 관할법에 따라 해석이 달라질 가능성이 있는 경우. 자율적으로 의미를 정의함으로써 분쟁 발생 시 준거 기준을 선제적으로 설정

정의 조항은 일반적으로 계약서의 서두에 배치되며, 계약의 구조나 복잡도에 따라 별도 조항, 부속서, 또는 첨부 문서로 분리되기도 한다. 일부 계약에서는 기술 명세서, 업무 범위 문서, 프로젝트 요건과 함께 정의 목록을 부속 문서에 포함시켜 실무적 이행 문서와의 해석 연계를 강화한다. 이는 계약 해석에서 실무 문서의 역할이 중요할 경우 유용한 구성 방식이다.

이행

이행 조항은 계약상 의무가 언제, 어떻게, 누구에 의해 수행되어야 하는

지를 명확히 정해, 계약의 실질적 목적 달성과 분쟁 예방을 가능하게 하는 핵심 조항이다. 계약서에 명시되지 않은 이행 조건은 법적 효력을 인정받기 어렵기 때문에, 중요한 사항은 반드시 문서로 구체화해야 한다. 특히 계약이 복잡할수록 이행 구조를 체계적으로 정리해야 계약의 실효성을 확보할 수 있다.

- **인도물의 명확한 정의.** 계약 이행의 대상인 제품이나 서비스는 명세서, 기술 문서, 사양서 등을 통해 구체적으로 정의해야 한다. 형태, 품질, 기능, 완료 기준이 명확히 문서로 만들어져야 수령 및 이행 여부를 객관적으로 판단할 수 있으며, 수량·품질·기능 관련 분쟁을 예방할 수 있다.

- **상대적 이행 기한 설정.** '승인 후 10일 이내' 또는 '통보일로부터 15일 이내'와 같은 방식은 고정된 날짜보다 유연성을 제공한다. 승인, 피드백, 자재 수령 등 외부 조건에 따라 달라지는 일정에 효과적이며, 정지조건이나 해제조건과는 구분되는 이행 시점 기준으로 해석된다.

- **단계별 이행 및 일정표 활용.** 이행이 단일 이벤트가 아닌 경우, 각 단계별 책임자, 검수 기준, 완료 시점, 필요 자료 등을 명확히 하고, 이를 일정표나 역할 분담표 등으로 첨부하면 누락이나 지연을 예방할 수 있다. 반복 피드백이나 복수 인도물이 포함된 프로젝트에서 유효한 통제 수단이 된다.

- **협력 및 커뮤니케이션 절차 명시.** 계약의 실질적 이행은 문서 외에도 협업과 소통에 좌우되는 경우가 많다. 정기 회의, 보고 주기, 의사결정 체계, 소통 채널 등을 조항에 포함하면, 법적 강제성은 없더라도 프로젝트 관리 효율성과 오해 방지 측면에서 실효성을 높일 수 있다.

지식재산권

계약 과정에서 지식재산권(IP)이 창출되거나 활용될 가능성이 있다면, 권리의 귀속과 사용 조건을 계약서에 명확히 규정해야 한다. 특히 기술 관련 계약에서는 IP가 핵심 자산으로 작용하므로, 권리 구조를 체계적으로 설계하지 않으면 분쟁 가능성이 높아진다.

- 계약이 신규 IP의 개발을 직접 목적으로 하는지, 아니면 이행 과정에서 IP가 부수적으로 발생할 수 있는지를 구분해야 한다. 신규 IP 개발이 주된 목적이라면, 산출물의 소유권, 사용 권한, 이전 조건, 등록·출원 책임 등을 사전에 명문화해야 한다. 반면, IP가 부수적으로 발생할 가능성이 있다면 기존 IP와 신규 IP를 구분하고, 각각의 귀속 방식과 보호 조치를 구체화해야 한다.
- 기존 IP를 활용하는 경우, 해당 기술이나 자료가 적법하게 보유·관리되고 있는지를 확인하고, 제삼자 권리 침해에 대한 보증 조항을 포함해야 한다. 특히 기존 기술을 영업비밀로 보호하려면 비공지성, 경제적 가치, 비밀 관리라는 요건을 충족해야 하며, 관련 정보는 계약서나 별도 문서에 명확히 기록해야 한다. 관리가 미흡하면 신규 개발 자산과 혼합되어 권리 귀속이 불분명해질 수 있다.
- IP의 개발 방식도 귀속 구조에 영향을 미친다. 독립 개발인지 공동 개발인지에 따라 귀속 방식과 책임 분담이 달라지며, 공동 개발의 경우 기여도 산정 기준, 공동 출원 여부, 지분율, 상업적 이용 조건 등을 사전에 합의해야 한다. 기여도는 내부 평가 외에도 제삼자의 중립적 판단을 근거로 삼을 수 있으며, 이 역시 계약에 명시해야 한다.
- IP의 양도 및 사용 허락은 개발 계약, 고용 계약, 기술이전 계약, 투자

계약 등 다양한 유형에서 발생할 수 있다. 계약서에 관련 조항이 없으면 원칙상 창작자에게 권리가 귀속되므로, 권리 주체, 사용 범위, 제약 조건, 양도 가능 여부 등을 명확히 규정해야 한다. 단, 저작권법과 특허법상 예외 조항도 존재하므로 법령에 따른 조항 설계가 필요하다.

- 제삼자 기술의 사용도 중요한 고려 사항이다. 오픈소스나 외부 소프트웨어를 활용할 경우, 해당 라이선스가 계약 목적과 충돌하지 않는지 검토해야 하며, 소스 공개 의무가 있는 라이선스는 특히 주의해야 한다. 불가피하게 사용할 때는 대체 기술 검토나 권리 구조조정이 필요하며, 제삼자 기술의 종류, 출처, 적용 범위, 책임 귀속 등을 구체적으로 문서화해야 한다.

- 외부 개발자나 위탁 인력이 참여할 때도 별도 계약서에 IP 귀속 조항을 반드시 포함해야 한다. 명시적 계약 없이 개발이 이뤄지면 법적으로 창작자에게 권리가 귀속될 수 있고, 이는 사업화나 라이선스 체결에 장애가 될 수 있다. 또한, 반복 사용이나 침묵으로 묵시적 라이선스가 발생하지 않도록 "서면 동의 없는 IP 사용은 일절 허용되지 않는다"는 조항을 삽입해야 한다.

지식재산권 조항은 단순한 권리 귀속만이 아니라 용어 정의, 기존·신규 IP 구분, 개발 방식, 귀속 구조, 사용 조건, 제삼자 권리와의 충돌 방지, 분쟁 처리 절차까지 포함하여 계약 전반에 걸쳐 체계적으로 설계해야 한다.

대가

대가는 계약 당사자 간 권리와 의무를 연결하는 핵심 조항으로, 단순한 금전 지급을 넘어 계약 이행의 실효성을 확보하고 이해관계를 조정하는 구조적 기능을 수행한다. 계약의 성격과 목적, 이행 방식에 따라 대가 조항은 다양한 형태로 설계되며, 그 지급 방식은 계약 전체 구조와 직결된다.

일회성 지급 방식은 특정 시점에 금액을 일괄 지급하고 금전적 의무를 종료하는 가장 단순한 구조다. 주로 물품 매매나 단기 용역 계약에서 사용되며, 정산 절차가 명확해 관리가 용이하다. 그러나 유지보수, 하자보수, 지연 배상 등 사후 의무가 있으면 별도로 규정해야 하며, 일회성 지급이 모든 계약 의무의 종결을 의미하지는 않는다.

단계별 지급 방식은 프로젝트성 계약, 특히 개발·구축 계약에서 일반적이다. 계약 이행을 여러 단계로 나누고, 각 단계 완료 시점에 따라 대가를 분할 지급한다. 예컨대 소프트웨어 계약에서는 '요구사항 정의', '시제품 제출', '최종 납품 승인' 등 마일스톤에 따라 지급이 이루어진다. 이 구조는 성과 기반 지급을 통해 이행 통제를 강화하고, 재정적 리스크를 분산하는 효과가 있다.

정기적 지급 방식은 일정 주기마다 반복적으로 대가가 발생하는 계약 구조로, 라이선스, 위탁판매, 배급 계약 등에서 사용된다. 로열티, 수수료, 유지비 등의 항목이 월별 또는 분기별로 정산되며, 단순한 지급 외에도 다음 사항이 함께 설정되어야 한다.

- **정산 주기 및 산정 기준.** 매출, 거래량, 사용자 수 등
- **회계 자료 보존 및 제출 의무.** 정산 검증을 위한 근거 자료 확보
- **감사권 부여.** 외부 감사인을 통한 실사 권한 부여
- **지급 지연 시 이자율.** 민법·상법상 법정이율 또는 약정이율 명시

특히 매출 기반 구조에서는 투명한 보고 체계와 검증 절차의 명문화가 신뢰성 확보에 필수적이다. 예를 들어 분기 보고서 양식, 제출 기한, 검토

절차 등을 계약서에 명시해 두는 것이 바람직하다.

대가 조항은 단순한 금액 설정을 넘어, 계약 이행 유도, 리스크 관리, 이해관계 균형 조정의 수단으로 작동한다. 따라서 계약서에는 지급 조건 외에도 지급 시기, 산정 기준, 정산 방식, 환불 조건, 지연이자율 등 세부 항목을 함께 규정해야 하며, 특히 이자율은 법정 기준 또는 당사자 간 약정 기준에 따라 명확히 설정해야 한다.

진술 및 보증

진술과 보증은 계약의 신뢰성과 안정성을 뒷받침하는 핵심 조항으로, 계약 체결 시점의 사실과 향후 상태에 대한 확약을 명문화한다. 진술은 계약 당시의 객관적 사실을 설명하고, 보증은 특정 상태나 결과가 지속될 것이라는 사전 확약을 의미한다. 이들은 당사자가 특정 사실을 전제로 계약을 체결했음을 나타내며, 이행 중 분쟁이 발생했을 때 책임 판단의 기준이 된다.

진술에는 계약 체결 권한의 유효성, 법적 지위, 자산 현황, 제삼자 권리 부존재, 소송 여부 등 확인 가능한 사실들이 포함된다. 예를 들어 "계약 이행에 법적 제약이 없다"는 진술은 상대방의 참여 결정을 좌우하는 핵심 요소다. 만약 이러한 진술이 사실과 다르거나 주요 내용을 누락하면, 상대방은 계약 해제나 손해배상을 청구할 수 있다. 이는 기초가 허술한 건물이 무너지듯, 신뢰가 전제되지 않은 계약은 쉽게 붕괴될 수 있음을 의미한다.

보증은 계약 이행 후 상태에 대한 기대치를 설정하는 확약으로, 목적물의 품질, 성능, 안정성, 기밀성 등이 주요 대상이다. 예를 들어, 납품 소프트웨어가 명세서대로 작동할 것이라는 기능 보증, 제삼자의 지식재산권을 침해하지 않는다는 비침해 보증, 일정 기간 정상 작동을 보장하는 품질 보증 등이 이에 해당한다. 이러한 보증이 이행되지 않으면, 채무불이행에 따른 계약 해제, 손해배상, 수리 또는 재이행 청구가 가능하다. 보증은 명시적 보증과 묵시적 보증으로 구분된다.

- **명시적 보증.** 계약서에 구체적으로 명문화된 조건으로, 당사자 간 서면 합의에 기반해 보증 범위와 책임 조건을 사전에 조율할 수 있어 권리 보호에 효과적이다.
- **묵시적 보증.** 계약서에 명시되지 않았더라도 법률이나 판례 해석에 따라 적용되는 보증으로, 계약 자유의 원칙에 따라 인정 여부가 달라질 수 있다.

실무에서는 이러한 법적 불확실성을 줄이기 위해 묵시적 보증을 명시적으로 배제하는 것이 일반적이다. 예컨대 "갑은 을에게 본 계약과 관련하여 어떠한 묵시적 보증도 제공하지 않는다"는 조항은 분쟁 발생 가능성을 미연에 방지하는 역할을 한다. 다만, 고객 보호법, 전자상거래법, 약관규제법 등 특정 계약에서는 이러한 배제가 무효로 간주될 수 있으므로, 계약 체결 전 해당 법률에 대한 검토가 필요하다.

보상 및 면책

보상 및 면책 조항은 계약상 책임 분배와 위험 관리를 위한 핵심 장치로, 예기치 못한 손해나 법적 책임이 발생했을 때 어느 당사자가 그 부담을 질 것인지를 사전에 명확히 정한다. 이는 외부 리스크를 미리 흡수하고 계약 관계의 안정성과 예측 가능성을 높이는 역할을 한다.

보상 조항은 한 당사자가 상대방이나 제삼자에게 발생한 손해, 청구, 소송, 법적 비용 등을 특정 조건하에 부담하겠다는 약속이다. 이때 보상 책임은 반드시 상대방의 과실이나 위법 행위에 한정되지 않으며, 계약 구조상 특정 위험이 사전에 전가되면 손해 발생 자체로 보상 의무가 개시될 수 있다. 민법에는 이에 대한 명문 규정이 없어, 계약 자유의 원칙에 따라 당사자 간 합의로 유효하게 성립되며, 단 과도한 책임 전가는 공서양속에 반해 법적으로 제한될 수 있다.

보상 조항은 특히 기술이전, 소프트웨어 라이선스, 용역 계약 등에서 자주 활용되며, 다음과 같은 요소들을 포함한다.

- **소송 통제권 및 변호사 선택권.** 보상 제공자가 소송에 직접 대응할 수 있는 권한을 갖고, 방어 전략을 주도할 수 있도록 설정한다. 이는 비용 부담자에게 실질적 통제권을 부여함으로써 불필요한 비용 발생을 막기 위한 장치다. 단, 실제 소송에서는 법원 규칙이나 절차상 제약이 존재할 수 있다.

- **법률비용 포함 여부.** 보상 범위에 소송비용과 변호사 수임료가 포함되는지를 명확히 규정해야 한다. 이를 명시하지 않으면 보상 범위 해석을 둘러싼 분쟁 가능성이 높아진다.

- **수정·결합·오용 시 면책 조건.** 계약 인도물이 제삼자에 의해 변경되거나 의도되지 않은 방식으로 사용된 경우, 그로 인한 책임에서 보상 제공자가 면책됨을 규정할 수 있다. 이는 통제 불가능한 사유로부터 공급자를 보호하는 기능을 한다.

- **금지 명령 발생 시 구제 방안.** 지식재산권 침해로 사용 금지 명령이 내려질 경우, 보상 제공자가 대체 기술 제공, 사용권 확보, 환불 등의 조치를 제공할지를 사전에 규정한다.

보상 조항은 진술 및 보증 조항과 구분된다. 진술 및 보증은 계약 체결 당시 사실에 대한 정확성과 이행에 대한 확약을 다루며, 위반 시 계약상 책임이 발생한다. 반면 보상 조항은 위반 여부와 무관하게 일정 사건이나 제삼자의 청구 발생 시 자동으로 계약상 책임이 개시되는 구조다.

기타 조항

계약서의 말미에 포함되는 기타 조항은 핵심 의무 조항과는 별개로, 계약의 해석, 이행, 분쟁 대응, 유효성 유지 등을 뒷받침하는 실무적 안전장치다. 관용 조항이라고도 불리는 이 조항들은 계약의 법적 완결성과 안정성을 높이기 위해 대부분의 계약서에 공통적으로 포함된다.

- **통지 조항.** 계약상 공식적인 의사 표시의 방식과 절차를 규정하며, 통지 수단, 수신 주소, 효력 발생 시점 등을 명시한다. 이를 통해 통지 누락이나 전달 오류로 인한 분쟁을 예방한다.
- **권리 포기 조항.** 권리를 일시적으로 행사하지 않거나 유예한 경우, 이를 권리 포기로 간주하지 않음을 명시한다. 단, 반복적인 불행사로 상대방에게 신뢰가 형성된 경우, 신의칙에 따라 권리 행사가 제한될 수 있어 운영 시 주의가 필요하다.
- **적용 법률 조항.** 계약 해석과 집행에 적용할 법 체계를 사전에 지정한다. 특히 국제 계약에서는 분쟁 발생 시 준거법 논란을 방지하기 위한 필수 조항이다.
- **분쟁 해결 조항.** 분쟁 발생 시 적용할 해결 절차를 명시하며, 관할 법원 지정, 중재·조정 절차 선택, 중재 장소 및 규칙 등을 포함한다. 협상 → 조정 → 중재와 같은 단계적 절차도 설정할 수 있다.

- **통합 조항.** 계약 이전의 구두 또는 서면 교섭 내용을 배제하고, 계약서의 내용만을 유효한 합의로 간주한다. 다만, 민법상 당사자의 진의나 거래 관행이 해석에 반영될 수 있으므로, 실효성은 실제 행위에 따라 제한될 수 있다.
- **분리 가능성 및 수정 조항.** 계약 일부가 무효가 되더라도 나머지 조항의 효력은 유지되며, 무효 조항은 계약 목적에 부합하도록 수정될 수 있다는 내용을 담는다. 이는 계약 전체의 실효성을 보장하기 위한 장치다.
- **양도 조항.** 계약상 권리·의무의 제삼자 이전 가능 여부를 규정한다. 일반적으로는 당사자의 사전 서면 동의를 조건으로 하며, 인적 신뢰가 중요한 계약에서는 양도가 제한된다.
- **불가항력 조항.** 자연재해, 전쟁, 전염병 등 예측 불가능한 사유로 인한 계약 이행 불능 시, 책임을 면제하거나 제한하는 조항이다. 민법상 명문 규정은 없지만, 면책 요건과 절차를 구체적으로 정의하는 것이 중요하다.
- **당사자 관계 조항.** 계약 체결로 인해 공동사업, 고용, 대리 등 법률상 특별한 관계가 발생하지 않음을 명시한다. 이를 통해 당사자의 독립성을 명확히 하고 불필요한 법적 책임 확대를 방지한다.

이와 같은 기타 조항들은 계약의 해석 일관성과 실행 가능성을 높이는 실무적 도구로, 분쟁 대비와 리스크 관리 차원에서 반드시 포함되어야 한다.

다양한 계약 유형

테크 스타트업은 설립 초기부터 성장 단계에 이르기까지 다양한 계약을 체결하며, 이는 사업의 안정성과 지속 가능성을 확보하는 데 핵심적인 역할을 한다. 이 섹션에서는 스타트업이 자주 접하게 되는 계약 유형과 그 실무적 중요성을 살펴본다.

파트너십, 운영, 주주 계약

기업 설립 시 주요 당사자 간의 서면 계약은 법적 의무는 아니지만, 사업의 안정성과 운영 효율성을 확보하는 데 필수적인 역할을 한다. 특히 합작 투자 형태의 사업 구조에서는 이러한 계약을 통해 초기부터 명확한 규칙과 책임 분배를 설정하는 것이 중요하다. 파트너십 계약, 유한책임회사 운영 계약, 주주 계약은 각각의 형태에 맞는 지배구조와 운영 원칙을 정의하며, 분쟁 예방과 장기적 협업 기반 마련에 도움이 된다.

주식회사에서는 주주 계약을 통해 특정 사안에 대한 주주의 의결권 행사 방식, 이사회 구성 및 권한 제한 등을 조정할 수 있으며, 이를 통해 보다 유연하고 목적 지향적인 관리 구조를 설계할 수 있다. 마찬가지로, 파트너십 계약과 유한책임회사의 운영 계약은 이익·손실 분배, 경영 참여, 책임 범위 등을 명확히 규정함으로써 실질적 운영 안정성을 높인다.

이러한 계약에서 다루어야 할 핵심 항목은 다음과 같다.

- **경영진 권한 및 제한.** 경영진이 행사할 수 있는 고유 권한과 금지되는 행위를 명확히 규정해 권한 남용을 방지한다.
- **지식재산권 기여.** 당사자가 기여한 IP의 귀속 및 사용 조건을 명시하

고, 필요시 별도 라이선스 계약을 병행한다.
- **기밀 유지.** 사업과 관련된 민감 정보의 유출을 방지하기 위한 기밀 유지 조항을 포함한다.
- **서비스 제공.** 주요 인력이 제공할 서비스의 범위와 이에 대한 보상 구조를 계약에 명문화한다.
- **소유권 양도 제한.** 지분 이전 시 동의 요건, 제한 조건 등을 명시하여 지분 구조의 안정성을 확보한다.
- **권리 부여 일정.** 일정 기간에 따라 권리 또는 지분을 부여하는 조건을 설정해 기여도 기반의 보상을 가능하게 한다.
- **재매입 및 매수-매도 합의.** 기업 해산, 청산, 혹은 지분 매매 발생 시의 절차와 조건을 구체화한다.
- **희석 방지 조항.** 신규 투자 유치 등으로 인한 기존 지분 희석을 방지하는 보호 조항을 설정한다.
- **세금 할당.** 발생한 소득이나 손실에 대한 세금 부담 구조를 명확히 정의한다.

이와 같은 계약 조항은 테크 스타트업이 직면할 수 있는 갈등 요소를 사전에 차단하고, 당사자 간 기대와 책임을 명확히 설정하는 장치로 기능한다.

고용 계약

직원과 체결하는 고용 계약(Employment Agreements)은 기업의 기밀 정보 보호와 지식재산권(IP) 귀속을 명확히 하기 위한 핵심 수단이다. 특히 테크 스타트업의 경우, 고용 과정에서 생성되는 정보와 자산이 기업의 핵심 경쟁력과 직결되므로, 이를 계약을 통해 구조화하는 것이 필수적이다.

고용 계약에는 일반적으로 직원이 근무 기간 중 알게 된 모든 기밀 정보를 외부에 유출하지 않을 의무가 명시된다. 또한, 고용 관계에서 생성된 기술, 아이디어, 창작물 등은 특별한 규정이 없는 한 기업에 귀속됨을 명확히 해야 한다. 만약 서면 계약 없이 직원이 창작한 발명에 대해 분쟁이 발생하면, 해당 발명이 직무상 창작인지, 근무 시간과 장소에서 발생했는지에 따라 소유권 판단이 달라질 수 있다.

기밀 유지 의무와 함께, 민감 정보에 접근하는 직원에 대해서는 비경쟁 조항(Non-compete Provision)을 포함할 수 있다. 이 조항은 퇴직 후 일정 기간 특정 지역이나 산업 내에서 경쟁업체와 유사한 업무를 수행하지 못하도록 제한함으로써 기업의 사업적 이익을 보호하는 데 목적이 있다. 특히 기술, 마케팅, 영업 전략 등 핵심 정보에 접근하는 인력에게는 필수적으로 고려된다.

다만, 비경쟁 조항은 합리적 수준을 넘어 과도한 제한을 둘 경우 법적으로 무효화될 수 있다. 법원은 직원의 직업 선택의 자유와 고용주의 정당한 이익 사이의 균형을 판단 기준으로 삼기 때문에, 지리적 범위, 제한 기간, 금지 활동의 범위는 명확하고 합리적으로 설정되어야 한다. 필요시 관련 법률과 판례를 반영하여 조정하는 것이 바람직하다.

비경쟁 계약

비경쟁 계약(Non-compete Agreements)은 사업 매각, 핵심 인력의 이직, 기밀 정보 보호 등과 같은 상황에서 기업의 영업권과 고객 관계를 유지하기 위한 효과적인 수단이다. 이 계약의 목적은 퇴직한 직원이 일정 기간 내에 직접적인 경쟁 활동에 참여하지 못하도록 제한함으로써, 기업의 경쟁력을 유지하고 시장 내 지위를 보호하는 데 있다.

비경쟁 계약은 일반적으로 지리적 범위, 직무 범위, 거래 채널 등을 기준으로 제한을 설정한다. 예를 들어, 일정 지역 내에서 유사한 직무를 수행하거나 기존 고객과 거래하는 것을 금지하는 방식이 대표적이다. 특히 연구개발, 제품 설계, 영업 전략 등 기업의 핵심 역량에 직접 관여했던 직원에 대해서는, 이러한 계약이 기업 보호를 위한 필수 조치로 작용한다.

다만, 비경쟁 계약은 법적 집행에 있어 엄격한 심사를 받는다. 과도하게 광범위하거나 직업 선택의 자유를 침해한다고 판단될 경우, 법원은 계약의 전부 또는 일부를 무효로 판단할 수 있다. 따라서 계약에는 제한 기간, 활동 범위, 적용 지역 등 주요 항목을 명확하고 합리적인 수준에서 설정해야 하며, 불필요하게 넓은 제한은 피해야 한다. 명확성과 타당성을 갖춘 계약은 실제 집행 가능성을 높이고, 분쟁 예방에도 기여한다.

기밀 유지 계약

기밀 유지 계약(Non-Disclosure Agreement, NDA)은 영업비밀, 독점 기술, 전략 정보 등 기업의 민감한 자산을 제삼자로부터 보호하기 위해 체결되는 핵심 법적 장치다. NDA는 정보 수령자에게 해당 정보를 외부에 공개하거나 무단 활용하지 않을 법적 의무를 부여하며, 기술 기업의 투자 협상, 공동 개발, 파트너십 논의 등 정보 노출 가능성이 높은 상황에서 필수적으로 활용된다.

NDA는 정보 유출의 법적 책임을 명시하는 방패 역할을 한다. 그러나 실무에서는 NDA 체결이 어려운 경우도 존재한다. 예컨대, 잠재 투자자가 정보 접근 이전부터 기밀 유지 의무를 부담하는 것을 부담스러워하는 경우,

기업은 민감한 정보를 사전에 삭제하거나 요약해 최소한의 자료만 제공함으로써 핵심 정보를 보호하면서도 협상에 필요한 실질적 정보를 전달하는 전략을 택할 수 있다.

NDA 설계 시에는 현실적인 조항 구성이 중요하다. 기밀 정보의 범위가 모호하거나, 기밀 유지 기간이 지나치게 짧아 보호 효력이 미흡한 경우, 실제 분쟁 상황에서 계약 집행력이 떨어질 수 있다. 기밀 유지 기간은 정보의 가치가 소멸될 때까지 유효하도록 설정하는 것이 바람직하며, 기밀 정보의 정의와 예외 조건도 명확히 해야 한다. 예를 들어 이미 공개된 정보나 수령자가 독자적으로 개발한 정보는 기밀 대상에서 제외될 수 있다.

또한, 기업은 NDA에만 의존하지 않고 자체적인 정보 관리 체계를 구축해야 한다. 민감 정보의 접근 권한을 통제하고, 공유 시 불필요한 내용을 제거하거나 선택적으로 가공하는 방식으로 기밀성을 강화할 수 있다. 이 중 안전장치는 실무에서 정보 유출 리스크를 효과적으로 줄이는 수단이 된다.

컨설팅 및 개발 계약

컨설팅 계약(Consulting Agreements)은 외부 전문가가 기업에 특정 프로젝트나 분야에 대한 전문 지식과 서비스를 제공하기 위해 체결하는 계약이다. 이러한 계약은 기술 개발, 전략 수립, 시스템 개선 등 다양한 분야에서 활용되며, 기업이 내부 자원만으로 해결하기 어려운 문제에 대응하거나 효율성을 제고하는 데 핵심적인 도구로 작동한다.

개발 계약(Development Agreements)은 컨설팅 계약의 한 유형으로, 주로 기술이나 제품 개발 과정에서 IP 창출이 예상될 때 체결된다. 이 계약은 외부 인력이 기업을 대신해 기술을 개발하고, 그 과정에서 발생하는 모든 지식재산권이 기업에 귀속되도록 명확히 규정한다. 대부분 위탁 개발 계약(Work-For-Hire Agreement) 형태로 구성되며, 이를 통해 기업은 개발 결과물에 대한 독점적 소유권을 확보하고, 해당 기술이 전략 자산으로 기업 내부에 남도록 보장한다. 스타트업에 이러한 귀속 구조는 장기적인 사업 경쟁력을 유지하는 데 필수적이다.

컨설팅 및 개발 계약에는 다음과 같은 보호 조항이 필수적으로 포함된다.

- **기밀 유지 조항.** 컨설턴트가 접근하는 민감한 정보가 외부로 유출되지 않도록 법적 의무를 부여한다.
- **비경쟁 조항.** 계약 기간 중 또는 종료 후 일정 기간 컨설턴트가 유사한 서비스를 경쟁사에 제공하지 못하도록 제한한다. 이를 통해 컨설팅을 통해 획득한 기업의 노하우와 기술이 외부로 이전되는 것을 방지할 수 있다.

이러한 조항들은 기업이 외부 자문을 활용하면서도 내부 자산의 보안을 유지하고, 프로젝트 결과물이 외부로 유출되지 않도록 설계된 핵심 장치다.

유지보수 및 지원 계약

유지보수 및 지원 계약(Maintenance and Support Agreements)은 소프트웨어 사용자와 서비스 제공자 간에 체결되는 핵심 계약으로, 제품의 안정적이고 지속적인 운영을 보장하기 위한 법적 기반이다. 이 계약은 소프트웨어의 오류 수정, 기능 개선, 기술 지원 등 운영 전반에 걸친 서비스를 포함하며, 장기적인 성능 유지와 사용자 만족을 위한 필수적 장치로 기능한다.

계약에서 주로 다루는 핵심 조항은 다음과 같다.

- **새로운 개발에 대한 소유권.** 소프트웨어 유지 보수 과정에서 발생하는 추가 개발물이나 기능 확장에 대해 그 지식재산권의 귀속을 명확히 한다. 이는 추후 권리 분쟁을 예방하고, 기업이 핵심 기술을 안정적으로 통제할 수 있도록 돕는다.
- **업데이트 및 오류 수정.** 주기적인 버그 수정과 기능 개선 여부, 제공 주기, 해당 서비스의 포함 범위를 명시한다. 이는 제품 성능 유지뿐 아니라 보안 취약점 대응 측면에서도 중요하다.
- **서비스 제공자의 진술.** 제공자는 소프트웨어의 안정성과 성능에 대한 보증 책임을 명확히 하고, 문제가 발생했을 경우의 대응 방식과 책임 범위를 사전에 규정한다.
- **응답 시간 조항.** 문제 수준 또는 긴급도에 따라 서비스 제공자가 문제 해결을 위해 대응해야 할 시간을 설정한다. 이를 통해 심각한 장애 상황에서도 신속하고 일관된 대응이 가능해진다.
- **지원의 양과 질.** 전화, 이메일, 원격 접속, 현장 지원 등 기술 지원의 수단과 범위, 서비스 수준을 구체화해 사용자의 기대치를 명확히 설정한다. 지원 채널, 운영 시간, 지원 언어 등도 포함될 수 있다.

생산 계약

생산 계약(Manufacturing Agreements)은 기업이 외부 생산업체를 통해 특정 사양에 따라 제품을 제작하도록 위임하는 계약으로, 생산 과정에서의 권리 분배, 품질 보증, 정보 보호 등을 체계적으로 관리하기 위한 핵심 수단이다. 특히 기밀 정보의 공유나 IP 창출 가능성이 있는 기술 기반 제품의 경우, 명확한 계약 구조가 제품 안정성과 기업 자산 보호에 직접적인 영향을 미친다.

생산 계약에서 핵심적으로 다루어야 할 조항은 다음과 같다.

- **주문 및 납품 절차.** 제품의 주문 방식, 수량 조정, 납품 일정 등을 구체화하여 생산 흐름을 체계적으로 관리한다. 납기 지연 시 책임 소재나 대체 조치도 함께 규정하는 것이 바람직하다.
- **품질 관리 및 승인 절차.** 제품이 사전에 정한 품질 기준을 충족하는지 확인하기 위한 검수 절차와 승인 방식, 재검사 조건 등을 명시한다. 이는 납품 후 발생할 수 있는 하자나 반품 리스크를 줄이는 예방 장치다.
- **재료·공구의 소유권.** 생산에 사용되는 원재료, 설비, 특수 공구 등의 소유권 귀속을 명확히 하여, 추후 분쟁이나 유용 가능성을 차단한다. 일반적으로 기업이 제공한 자재는 기업 소유로 명시된다.
- **계약에 따른 IP 소유권.** 생산 과정에서 생성되거나 응용되는 지식재산에 대한 귀속 주체를 명확히 규정한다. OEM 또는 ODM 방식 여부에 따라, 설계·공정 관련 IP 권리가 생산업체에 귀속되지 않도록 주의가 필요하다.
- **비경쟁 조항.** 생산업체가 동일 또는 유사한 제품을 경쟁사에 납품하거나 독자적으로 유사 제품을 제조하지 못하도록 제한함으로써 기술 유출과 시장 침해를 방지한다. 적용 범위와 기간은 명확하게 한정해야 법적 실효성을 확보할 수 있다.
- **하도급 허용 여부.** 생산업체가 제삼자에게 하도급을 줄 수 있는지 여부와 그 조건을 규정한다. 통제력 확보를 위해 사전 서면 동의를 요건으로 설정하는 방식이 일반적이며, 하도급업체의 품질 기준 및 보안

의무도 포함할 수 있다.

양도 계약

양도 계약(Assignment Agreements)은 특허, 저작권, 상표 등 지식재산권(IP)의 법적 소유권을 제삼자에게 이전하기 위해 체결되는 핵심 계약이다. 이는 단순한 사용 권한 이전이 아닌, 권리 자체의 완전한 이전을 의미하며, IP의 소유 주체를 명확히 하기 위한 법적 근거를 제공한다.

양도 계약이 유효하게 성립되기 위해서는 다음 사항이 반드시 포함되어야 한다.

- **IP의 명확한 식별.** 양도 대상이 되는 특허, 저작권, 상표 등 각 지식재산의 등록번호, 출원 일자, 제목 등 식별 정보를 명확히 기재하여, 대상 권리의 범위에 대한 혼선을 방지한다.
- **소유권 이전 조항.** 양도인은 해당 IP에 대한 권리를 완전하고 독점적으로 양수인에게 이전한다는 점을 명시해야 하며, 이에는 사용권, 등록 갱신권, 침해 소송 제기권 등이 포함된다.
- **공식 등록 절차.** 특허청, 저작권위원회 등 관할 기관에 양도 사실을 등록해야 법적 효력이 완전하게 발생한다. 등록은 소유권 주장의 우선순위를 확보하는 실질적 절차다.
- **대가 및 조건.** 양도에 따른 금전적 대가와 지급 조건, 지급 시기 등을 명시하여 거래의 실질적 내용을 명확히 한다. 무상이전일 경우에도 '무상 양도'임을 계약서에 명확히 기재해야 한다.
- **진술 및 보증.** 양도인이 해당 IP의 정당한 소유자이며, 제삼자의 권리 침해가 없다는 보증을 포함시켜야 향후 분쟁을 예방할 수 있다.

양도 계약은 기술이전, 브랜드 매각, 콘텐츠 권리 정리 등 다양한 상황에서 활용되며, 기업의 IP 관리 전략에서 매우 중요하다. 특히 기업 간 M&A, 기술이전, 공동 개발 종료 등의 시점에서 해당 IP가 어떤 주체에게 귀속되는지를 명확히 하기 위해 양도 계약을 반드시 공식화해야 한다.

라이선스 계약

라이선스 계약(License Agreements)은 지식재산권(IP)의 소유자인 라이선서(Licensor)가 라이선시(Licensee)에 소유권을 넘기지 않고 일정 범위 내 사용 권한을 부여하는 계약이다. 이를 통해 라이선서는 자산을 유지한 채로 상업적 활용을 허용하며, 로열티 수익을 창출할 수 있다. IP를 직접 활용하기 어렵거나 특정 시장에 직접 진출하기 부담스러운 상황에서, 라이선스는 자산 수익화와 시장 확장의 유효한 수단으로 작동한다.

라이선스 계약의 핵심은 로열티 기반 수익 구조다. 라이선서는 자본, 생산 능력, 유통망 등의 제약으로 인해 직접 제품을 생산하거나 판매하기 어려운 경우, 라이선시에게 권리를 부여하고 대가를 받는 방식으로 IP를 활용한다. 로열티는 주로 다음과 같은 기준에 따라 산정된다.

- 총 매출액 대비 일정 비율
- 판매 단위당 고정 금액
- 기술 도입으로 절감된 비용의 일정 비율

또한, 계약에는 마일스톤 기반의 이행 조건이 포함될 수 있다. 예를 들어, 일정 매출 달성, 시장 점유율 확보, 기술이전 일정 준수 등의 조건이 부과되며, 이를 충족하지 못할 경우 계약 해지 또는 조건 변경이 가능하도록 규정된다.

라이선스 계약은 적용 대상 IP의 유형에 따라 다음과 같이 구분된다.

- **특허 라이선스.** 특허로 보호되는 기술이나 제품에 대해 제조, 사용, 판매 등의 권리를 부여한다. 기술 자체의 허용뿐 아니라 노하우 이전이나 기술 지원이 포함될 수 있으며, 복수 국가에서 특허 보호가 필요한 경우 글로벌 계약 형태로 구성된다.
- **노하우 라이선스.** 보호되지 않은 기술 정보나 운영 지식 등 비공개 정보를 일정 조건하에 사용할 수 있도록 허가하는 계약이다. 정보의 이전 방식, 제공 항목, 이전 일정, 기술 지원 등이 명시되며, 기밀 유지 조항을 통해 라이선서의 이익을 보호한다.
- **상표 라이선스.** 상표의 사용 권한을 부여해 라이선시가 해당 브랜드로 제품 또는 서비스를 제공할 수 있도록 한다. 이 경우 상표 소유자는 상표의 품질 기준을 관리할 의무가 있으며, 브랜드 가치 유지를 위한 감독 권한도 함께 행사한다.

프랜차이즈 계약

프랜차이즈 계약(Franchise Agreements)은 프랜차이저(Franchisor)와 프랜차이지(Franchisee) 간의 장기적이고 구조화된 비즈니스 협력 관계를 정의하는 계약으로, 라이선스 계약의 확장된 형태다. 프랜차이저는 상표, 노하우, 운영 매뉴얼, 기술 지원 등 자사의 비즈니스 시스템을 프랜차이지에게 이전하며, 프랜차이지는 이를 기반으로 동일한 모델의 사업을 독립적으로 운영한다. 고객 입장에서는 프랜차이지가 프랜차이저 브랜드의 연장선으로 인식되는 구조다.

이러한 모델은 운영 절차와 서비스 경험이 표준화되어 있어, 손쉽게 시장 확장이 가능하다는 점에서 특히 턴키 비즈니스(Turn-Key Business) 방식에 적합하다. 과거에는 주로 식음료나 소매 중심의 저기술 분야에서 활용되었지만, 최근에는 기술 기업도 이 모델을 채택하고 있다. 기술 컨설팅, 전자기기 수리, IT 서비스, 디지털 콘텐츠 유통, 교육 솔루션 등 다양한 분야에서 프랜차이즈 시스템이 적용되며, 스타트업의 빠른 확장을 뒷받침하는 수단으로 자리 잡고 있다.

프랜차이즈 모델의 장점은 다음과 같다.

- **브랜드 확장.** 기존 브랜드의 인지도를 활용해 신규 시장 진입 시 마케팅 비용을 절감할 수 있다.
- **운영의 표준화.** 검증된 운영 매뉴얼과 시스템을 통해 품질 일관성과 효율성을 유지할 수 있다.
- **자본 확장 대체 수단.** 지점 개설에 필요한 자본을 프랜차이지가 부담하므로, 프랜차이저는 자산을 최소화하면서 사업을 확장할 수 있다.

반면, 프랜차이지 입장에서는 몇 가지 한계가 존재한다. 프랜차이저의 지침, 통제, 브랜드 정책 등을 엄격히 준수해야 하며, 그로 인해 사업상의 자율성과 창의성이 제한될 수 있다. 특히 제품 구성, 가격 정책, 마케팅 전략 등 핵심 운영 요소에서 재량권이 제한되면, 현지 시장에 맞는 유연한 대응이 어려워질 수 있다.

이와 같은 구조적 긴장을 완화하기 위해, 다수 국가에서는 프랜차이즈 계약에 대해 엄격한 규제를 적용한다. 공정거래, 정보공개, 계약 해지 기준 등에 관한 법률이 프랜차이지 보호를 목적으로 시행되며, 프랜차이저의 일방적 지배를 견제하고 계약의 투명성을 높이는 데 기여한다. 따라서 프랜차이즈 계약을 체결하기 전에는 양측이 사업의 기대와 한계를 명확히 이해해야 하며, 관련 법률과 규제 요건을 충실히 검토하는 절차가 선행되어야 한다.

기술 서비스 계약

기술 서비스 계약(Technical Services Agreements)은 한 당사자가 보유한 기술적 전문성, 노하우, 교육 역량 등을 기반으로, 다른 당사자에게 특정 기술 지원을 제공하는 계약이다. 이 계약은 컨설팅 계약과 노하우 라이선스 계약의 기능을 결합한 형태로, 단순한 자문을 넘어 실제 공정의 구현과 운영 역량 향상을 목적으로 한다.

기술 서비스 계약은 보통 다음과 같은 형태로 구성된다.
- **독점적 또는 비독점적 노하우 제공.** 계약 목적과 적용 범위에 따라, 제공되는 노하우가 독점적 권한인지 여부를 명시하며, 일부 경우 두 형태가 혼합되기도 한다.
- **기술 실행 지원.** 장비 설치, 공정 세팅, 운영 절차 최적화 등 실제 작업에 대한 기술적 지원이 포함된다.
- **현장 교육 및 운영 지시.** 수혜자가 기술을 자립적으로 운용할 수 있도록 현장 교육과 매뉴얼 제공, 실무 지도가 병행된다.

이러한 계약은 지식재산권과 민감 정보의 외부 유출 위험을 동반하므로, 다음과 같은 조항이 필수적으로 포함되어야 한다.
- **기밀 유지 조항.** 제공되는 기술과 노하우의 보호를 위해 수혜자에게 명확한 비밀유지 의무를 부과한다.
- **지식재산권 보호 조항.** 계약 이행 중 생성되거나 공유된 기술 관련 권리가 누구에게 귀속되는지 명확히 규정하여, 향후 권리 분쟁을 예

방한다.
- **서비스 범위 및 책임 한계.** 기술 제공의 범위, 제공 방식, 결과 책임 유무 등을 구체화하여 당사자 간 역할과 기대 수준을 명확히 한다.

기술 서비스 계약은 실제 기술 적용 현장에서 기업의 실행력을 높이고 공정의 성과를 개선하는 실질적 파트너십 도구다. 따라서 계약 체결 시에는 제공 기술의 내용, 이전 방식, 교육 일정, 성과 기준 등을 구체적으로 명문화해야 하며, 기술 이전의 종료 후에도 관련 지식이 적절히 활용될 수 있도록 후속 지원 범위 역시 명시하는 것이 바람직하다.

유통 계약

유통 계약(Distribution Agreements)은 제품 제조업체나 개발자가 유통업체와의 계약을 통해 제품을 변경 없이 시장에 배포하도록 설정하는 계약으로, 직접 유통이 어려운 기업이 유통 네트워크를 활용해 제품을 효율적으로 시장에 공급할 수 있도록 돕는 전략적 수단이다. 유통업체는 단순한 배포뿐 아니라 경우에 따라 설치, 유지보수, 현지 맞춤화 등의 부가 서비스를 함께 제공하기도 한다.

유통 계약에서 핵심적으로 다루어야 할 조항은 다음과 같다.
- **지식재산권 사용 범위.** 유통업체가 제조업체 또는 개발자의 IP를 어느 수준까지 활용할 수 있는지를 명확히 규정해야 한다. 예컨대 내부 교육, 판매자료 제작 등 목적으로의 제한적 사용이 일반적이며, 소유권은 원 개발자에게 귀속됨을 명시한다.
- **상표 사용 권한.** 유통업체가 제품의 판매와 마케팅 과정에서 상표를 사용할 수 있는 범위와 방식, 품질 유지 조건 등을 규정한다. 상표의

무분별한 사용으로 인한 브랜드 훼손을 방지하기 위해, 사전 승인 또는 사용 가이드라인 제공 방식이 병행된다.
- **책임 분담.** 제삼자의 지식재산권 침해, 제품 하자, 계약 불이행 등 발생할 수 있는 법적 위험에 대비해 각 당사자의 책임 구분을 명확히 설정한다. 특히 지식재산 침해 발생 시 어느 당사자가 방어 책임과 비용을 부담하는지 구체적으로 명시해야 한다.

소프트웨어 유통 계약의 경우, 유통구조에 따라 다음과 같은 방식이 활용된다.
- 유통업체가 소프트웨어 사본을 직접 재고로 보유해 판매
- 유통업체가 개발사의 대리인 자격으로 최종 사용자에게 판매
- 유통업체가 최종 사용자 라이선스 계약을 단순 중개
- 유통업체가 최종 사용자와 서브라이선스 계약 체결

이러한 구조에 따라 소프트웨어 사본의 출처와 전달 방식도 구체적으로 정의되어야 한다. 예컨대, 유통업체가 마스터 사본을 통해 복제본을 제작하여 전달하는 경우, 복제본의 수량, 방식, 전달 방식에 대한 조건도 명확히 계약에 포함되어야 한다.

유통 계약은 브랜드 관리, 책임 분산, IP 보호 등 다면적인 요소를 포함하는 협력 구조다. 계약이 명확하게 설계되어 있을수록 유통망의 효율성과 제품 전달의 신뢰성이 높아지고, 당사자 간 신뢰 관계도 안정적으로 유지될 수 있다.

부가가치 재판매자 및 주문자 상표 부착 생산자 계약

부가가치 재판매자(Value-Added Reseller, VAR) 계약과 주문자 상표 부

착 생산자(Original Equipment Manufacturer, OEM) 계약은 특정 기술이나 제품을 VAR 또는 OEM이 자체 제품이나 시스템의 일부로 통합하여 재판매할 수 있도록 허용하는 계약이다. 두 계약은 공급된 제품의 정체성과 최종 사용자에 대한 노출 방식에 따라 구분된다. 공급 제품이 별도의 모듈로 식별할 수 있고 독립적 브랜드로 유지된다면 VAR 계약에 해당하며, 제품이 완전히 통합되어 기존 브랜드하에 마케팅된다면 OEM 계약으로 간주된다.

이러한 계약에서는 다음과 같은 법적·기술적 이슈가 핵심적으로 다루어진다.

- **IP 침해와 책임 분담.** 제삼자의 지식재산권 침해에 대한 책임은 제품의 수정 여부에 따라 구분된다. 공급자가 제공한 원형 제품에서 침해가 발생할 경우, 그 책임은 공급자에게 귀속되며, 반대로 VAR 또는 OEM이 제품을 수정하거나 조합해 사용하면 해당 침해에 대한 책임이 이들에게 이전된다. 계약서에는 침해 발생 시 방어, 손해배상, 대체 기술 제공 등의 대응 방안도 포함되어야 한다.
- **제품 결함 및 보상 조항.** 하자 있는 제품으로 인한 손해 발생 시 책임 주체와 보상 범위를 명확히 해야 한다. 특히 VAR이나 OEM이 제품을 수정하거나 조립 단계에서 개입할 경우, 그 결과에 대한 책임을 어떻게 배분할 것인지에 대한 구체적 규정이 필수적이다.
- **규제 준수.** 최종 제품이 공급될 시장의 법률, 기술 표준, 인증 요구사항을 누구의 책임으로 충족할 것인지 명시해야 한다. 일부 시장에서는 제품이 특정 인증이나 안전 기준을 충족해야 하므로, 이에 대한 검증 책임이 공급자와 VAR/OEM 중 어느 쪽에 있는지를 사전에 정리할

필요가 있다.

VAR 및 OEM 계약은 제품 통합 및 공동 책임 구조가 수반되는 협력 계약으로 이해되어야 한다. 특히 제품이 조립·변형되는 과정에서 IP 침해, 품질 문제, 규제 위반 가능성이 높아지므로, 각 당사자의 권리와 의무를 정교하게 규정하는 것이 핵심이다.

구매 계약

구매 계약(Purchase Agreements)은 판매자가 구매자에게 물품 또는 서비스를 제공하고, 이에 대해 구매자가 대금을 지급하는 것을 주요 내용으로 하는 계약으로, 민법과 상법에 따라 규율된다. 통상적으로 물품 매매 계약의 성격을 가지며, 물품의 소유권 이전과 대금 지급이라는 쌍방 의무가 중심을 이룬다.

구매 계약은 일반적으로 구매 주문서(Purchase Order)와 주문 확인서(Order Confirmation)를 기반으로 체결되며, 다음과 같은 핵심 조건이 문서로 명확히 규정된다.

- 품질 및 사양
- 수량
- 단가 및 총액
- 납품 기한 및 장소
- 대금 지급 조건(지급일, 지급 방식 등)

이러한 조건들은 계약 이행의 기준점 역할을 하며, 구매자가 물품 수령 후 하자나 계약 불이행을 발견한 경우, 민법상 하자 보수, 대금 감액, 계약 해제, 손해배상 등의 법적 구제를 청구할 수 있다. 납품 지연이나 조건 불충족 시에도 동일한 권리가 적용된다.

실무에서는 구매 주문서와 주문 확인서 간 조건 충돌이 주요 분쟁 요소로 작용한다. 예를 들어, 구매자는 특정 품질 기준을 요구했으나 판매자가 이를 명확히 반영하지 않고 다른 조건으로 회신한 경우, 양 당사자 간 조건 합치 여부가 쟁점이 된다. 법원은 이러한 경우 계약서상 문구뿐만 아니라 실제 교섭 과정과 관행, 의사표시의 명확성을 종합적으로 고려해 판단한다.

구매 계약은 일상적인 물품 구매부터 대규모 프로젝트에 이르기까지 널리 사용된다. 이와 관련된 리스크를 줄이기 위해, 다음과 같은 실무 조처를 하는 것이 바람직하다.

- 계약 조건을 주문서와 확인서 양측에 일치되도록 사전 조율
- 모든 조건을 서면으로 명시하고, 구두 합의사항은 문서로 보완
- 양측 서명 전 조건 이견 여부를 검토하고 사전 합의

핵심 정리

계약은 기술 창업에서 단순한 형식적 절차가 아닌, 사업의 구조와 리스크를 통제하는 전략적 수단이다. 계약은 당사자 간 권리와 의무를 명확히 규정하고, 협력 구조를 제도화하며, 예기치 못한 분쟁을 예방하는 법적 기반을 제공한다. 특히 기술 스타트업은 빠른 실행과 협업이 빈번하므로, 서면 계약을 통해 조건과 책임을 명확히 하고 법적 불확실성을 최소화하는 노력이 필요하다.

계약법은 계약의 성립, 조건, 이행, 위반, 해제, 손해배상 등 전 과정을 규

율하는 법적 틀이다. 우리나라에서는 민법과 상법이 계약법의 핵심을 이루며, 국제 거래에서는 유엔 국제물품매매계약협약(CISG)이 적용될 수 있다. 민법은 일반 계약 원칙을, 상법은 상거래의 특수성을 반영하며 계약 해석과 실행에 실무적 기준을 제공한다. 국제 계약에서는 적용 법률과 관할 법원을 계약서에 명확히 기재하는 것이 필수다.

계약의 성립은 법적 능력, 청약과 승낙의 일치, 적법한 목적, 의사표시의 진정성, 서면 요건 등을 충족해야 하며, 제안과 수락은 구체적이고 명확해야 법적 효력이 발생한다. 특히 스타트업 환경에서는 클릭, 이메일, 묵시적 행위 등을 통해 계약이 성립될 수 있어, 수락의 방식과 도달 시점을 실무에 정밀하게 반영해야 한다.

계약 이행은 실질적 급부 수행을 통해 완료되며, 이행 불완전이나 불이행은 해제나 손해배상의 사유가 된다. 계약 위반의 정도에 따라 구제 수단이 달라지며, 조건부 이행, 이행 지연, 불가항력 상황 등에 대비한 조항을 사전에 포함시켜야 한다. 계약 해제 시에는 원상회복 원칙이 적용되고, 손해배상은 통상손해와 특별손해로 구분하여 산정된다.

계약은 본문 외에도 다양한 법적 조항을 포함해 구성된다. 대표적으로 통지, 권리 포기, 적용 법률, 분쟁 해결, 통합, 양도, 불가항력, 당사자 관계, 분리 가능성 등 기타 조항들이 계약의 완결성과 해석 기준을 정립하는 데 필수적이다. 특히 기술 창업 기업은 지식재산권(IP) 귀속 및 사용 조건을 별도로 명확히 설정해야 하며, 공동 개발, 외부 위탁, 제삼자 기술 사용 시 권리 충돌을 방지하는 설계가 필요하다.

다양한 계약 유형별로도 각기 다른 전략이 요구된다. 주주·운영·파트너십 계약은 기업 지배구조와 초기 협업 기반을 정의하고, 고용 계약은 기밀 정보와 IP 귀속을 명확히 하며, 비경쟁 계약은 핵심 인력의 이탈과 경쟁을 제한한다. NDA는 기밀 보호의 기본이며, 컨설팅·개발·유지보수 계약은 지식 이전과 산출물 귀속에 대한 명확한 기준을 제시한다. 라이선스, 유통, OEM, VAR 계약은 IP 활용과 상업화를 위한 구조적 수단이며, 계약서에는 로열티, 사용 범위, 책임 분담, 보증 조건 등을 정교하게 설계해야 한다.

계약은 기술과 아이디어를 사업화하는 전 과정에서 핵심적인 역할을 한다. 테크 스타트업은 계약을 실행과 보호를 동시에 가능하게 하는 경영 전략 도구로 인식하고, 실질적 위험을 통제하며 파트너십의 신뢰를 구축하는 방향으로 활용해야 한다.

창업가의 질문

Q1. 스타트업 입장에서 계약은 단지 법적 형식 이상의 의미를 가진다고 하셨는데, 그렇다면 계약을 전략적 도구로 이해하기 위해서는 어떤 법적 개념이나 구성 요소를 중점적으로 파악해야 하는지 알고 싶습니다.

교수의 답변. 계약을 단지 서명하는 문서로 이해하면 안 됩니다. 스타트업에게 계약은 사업 모델의 실행 구조를 제도화하는 수단이며, 자산을 보호하고 관계를 안정화하는 전략적 장치입니다. 따라서 계약을 이해할 때는 첫째, 계약의 성립 요건과 이행 요건을 명확히 아는 것이 중요합니다. 이는 추후 분쟁 발생 시 효력 판단의 기준이 되기 때문이죠. 둘째, 계약서 구성 요소를 분석할 수 있어야 합니다. 특히 지식재산권 조항, 대가 조항, 진술 및 보증, 면책 및 분쟁해결 조항은 스타트업에서 자주 문제가 되는 부분입니다. 계약은 결국 불확실성을 줄이는 '제도적 장치'입니다. 이러한 관점에서 계약을 읽고, 쓰고, 협상하는 역량을 갖추는 것이 창업가에게 중요한 법적 자산이 됩니다.

Q2. 파트너사와 협력 계약을 맺으려는데, 개발 결과물에 대한 지식재산권(IP) 귀속을 어떻게 정해야 할지 막막합니다. 공동 개발이 많은 스타트업에서는 지식재산권을 둘러싼 갈등을 어떻게 예방하고, 계약에 어떤 식

으로 명확히 반영해야 할까요?

액셀러레이터의 답변. 이 질문은 정말 중요한데, 많은 스타트업이 IP 문제로 초기에 큰 손실을 경험하곤 합니다. 핵심은 '선제적 명확화'입니다. 계약서에는 개발 전 IP(Pre-existing IP)와 개발 후 창출된 IP(Newly Developed IP)를 구분해 명시해야 하고, 각 IP의 귀속 주체와 사용 범위를 사전에 확정하는 것이 중요합니다. 공동 개발일 경우, IP를 공동 소유로 할지, 특정 조건에 따라 일방 소유로 이전할지를 계약서에 정확히 담아야 합니다. 아울러 제삼자의 권리를 침해하지 않도록 '진술 및 보증 조항'을 넣고, 분쟁 발생 시의 대응 조항도 마련해야 하죠. 나중에 투자받을 때도 IP 소유권이 명확하지 않으면 큰 장애가 되므로, 처음부터 법률 전문가와 함께 이 부분을 촘촘히 설계하는 걸 권장합니다.

Q3. 투자 유치나 협력 계약을 앞두고 계약서에 복잡한 조항들이 많은데, 투자자의 관점에서 어떤 계약 조항이 '리스크 신호'로 작용하며, 어떤 조항이 잘 정리돼 있으면 신뢰를 갖고 투자 결정을 내릴 수 있는지 궁금합니다.

벤처캐피털리스트의 답변. 벤처투자자가 계약서를 볼 때 가장 민감하게 보는 부분은 '지분 구조, IP 소유, 그리고 진술 및 보증'입니다. 예를 들어, 핵심 기술의 IP가 창업자 개인에게 귀속되어 있다거나, 제3자와의 계약에서 독점권이 모호하게 설정되어 있으면 큰 리스크로 봅니다. 또한 공동 창업자 간의 주주 간 계약이 없거나, 해석이 모호한 계약 조항이 많을 경우에는 향후 분쟁 가능성을 우려하게 되죠. 반대로 IP 귀속, 겸업/겸직 금지, 퇴사 시 주식 회수(Reverse Vesting) 등의 핵심 조항이 깔끔하게 정리되어 있으면, 그 팀이 리스크를 잘 관리하고 있다는 인상을 받습니다. 결국 계약은 '투자 이후를 설계하는 창'입니다. 사후 혼란을 줄이기 위해 사전 계약을 꼼꼼히 관리하는 팀에 더 큰 신뢰가 가는 건 당연하죠.

Chapter 13

전략 경영과 운영 관리

기업이 시장에서 성공하려면, 고객이 자사 제품을 우선 선택하게 만들어야 한다. 이를 가능하게 하는 핵심 요소가 바로 경쟁우위(Competitive Advantage)이다. 경쟁우위란 고객이 특정 기업의 제품이나 서비스를 구매하도록 유도하는 강점이다. 경쟁자가 쉽게 따라할 수 없는 전략이나 자산을 확보하는 것이다.

경쟁우위는 다양한 방식으로 나타날 수 있다. 일시적인 가격 인하나 판촉 강화 전략은 단기적으로 매출 증대에 도움이 될 수 있으나, 경쟁자도 동일한 전략을 쉽게 채택할 수 있기 때문에 지속 가능성이 낮다. 예를 들어, 한 아이스크림 가게가 이색적인 할라피뇨 맛을 출시해 주목을 받을 수는 있지만, 곧 다른 가게들이 유사한 제품을 내놓게 되면 차별성은 사라진다. 가격이나 유행에 의존한 이런 전략은 장기적으로 효과를 지속하기 어렵다.

따라서 기업은 지속 가능한 경쟁우위(Sustainable Competitive Advantage) 확보에 집중해야 한다. 이는 경쟁자가 쉽게 모방하거나 대체할 수 없으며, 장기간 유지 가능한 강점을 의미한다. 경쟁우위는 고유한 자원과 역량에서 비롯되며, 성장을 이끄는 핵심 동력이다. 지속 가능한 경쟁우위는 경쟁자가 제공할 수 없는 고객 가치를 창출함으로써 실현된다. 이를 위해 기업이 보유해야 할 자원은 다음 네 가지 특성을 가져야 한다.

- 가치성(Valuable)
- 희귀성(Rare)
- 모방 불가능성(Inimitable)
- 대체 불가능성(Non-substitutable)

이러한 자원의 독특한 결합은 기업이 낮은 원가, 높은 품질, 향상된 편의성, 빠른 서비스와 같은 차별화된 속성을 제공할 수 있도록 하며, 고객의 선택 이유를 만들어 낸다. 핵심은 자사의 강점과 경쟁 환경을 면밀히 분석하고, 이를 전략적으로 조직하고 운영하는 데 있다.

전략 경영

스타트업이 성공적으로 시장에 안착하기 위해서는 고객의 선택을 두고 경쟁하게 될 직접 경쟁자를 명확히 식별하는 것이 선결 과제다. 직접 경쟁자는 동일한 산업에서 유사한 제품이나 서비스를 동일한 고객층에 제공하는 기업으로, 자사의 생존과 성장에 가장 큰 영향을 미치는 존재다. 이러한 경쟁자들을 분석하려면, 산업 내에서 기업을 구분 짓는 상대적 핵심 특성(key differentiators)을 식별하는 것이 필수적이다.

일반적으로 매출 규모, 수익성, 시장 점유율, 생산성, 매출 증가율 등이 핵심 비교 지표로 활용되지만, 산업별 특성에 따라 주목할 지표는 달라진다. 예를 들어, 첨단 기술 산업에서는 매출 대비 연구개발비 비율이 혁신 역량의 주요 지표가 될 수 있으며, 소비재 산업에서는 매출 대비 마케팅 비용이 시장 확장 능력을 평가하는 데 중요한 기준이 된다. 이러한 지표를 중심으로 경쟁자 대비 자사의 상대적 위치를 진단하면, 시장 내에서의 강점과 취약점을 보다 명확하게 파악할 수 있다.

이러한 분석에 효과적인 도구가 비교 매트릭스(Comparison Matrix)다. 예를 들어 도표 형식으로 각 경쟁자의 주요 지표를 정리하면, 수치 기반의 객관적인 비교가 가능해진다. 가령, 경쟁자 A는 높은 매출과 점유율을 보유하고 있지만, 마케팅 비용 과다와 낮은 연구개발 투자로 인해 수익성이 저조한 것으로 나타날 수 있다. 이와 같은 분석을 통해, 경쟁자의 전략적 약점을 식별하고 자사에 유리한 기회를 도출할 수 있다.

경쟁요소	경쟁사 A	경쟁사 B	자사
매출	300억 원	1,500억 원	500억 원
영업 이익률	10%	8%	15%
총 이익률	60%	50%	65%
매출 대비 연구개발 지출 비율	15%	10%	20%
매출 대비 마케팅 지출 비율	5%	8%	6%
시장 점유율	6%	30%	10%

[도표 13.1] 경쟁사 분석 매트릭스

비교 매트릭스를 활용한 전략 분석은 다음과 같은 핵심 질문에 대한 답을 제공한다.

- 자사는 어떤 영역에서 경쟁자보다 우위에 있는가?
- 어떤 측면에서는 경쟁자에 비해 취약한가?

이러한 전략적 통찰은 스타트업이 자사의 자원과 역량을 어떤 영역에 집중해야 하는지 판단하는 데 직접적인 기준이 되며, 경쟁사 대비 차별화된 전략을 수립하는 데 실질적인 근거를 제공한다. 시장 경쟁 구조를 명확히 이해하고 이를 기반으로 전략을 정교화하는 과정은 스타트업이 제한된 자원으로도 시장에서 유리한 위치를 선점할 수 있도록 하는 도약대가 된다.

제품 포지셔닝

경쟁자에 대한 초기 분석 이후에는, 자사의 제품이나 서비스가 어떻게 차별화될 수 있는지를 고객의 관점에서 재정의하는 과정이 필요하다. 고객이 제품이나 서비스에서 가치를 인식하는 기준은 가격 외에도 품질, 성능, 편의성, 이미지 등 다양하며, 창업가는 이러한 속성 중 무엇이 고객에게 가장 의미 있는지를 파악해야 한다.

차별화(Differentiation)란 고객에게 독특하고 의미 있는 가치를 제공하여 경쟁 제품과 명확히 구분되는 인식을 형성하는 것이다. 이를 위해서는 다음과 같은 전략 조건을 만족시켜야 한다.

- 자사의 독특한 역량과 경쟁사 대비 우위 요소가 반영되어야 한다.
- 미충족된 수요나 틈새시장에 집중해야 한다.
- 자사의 현실적 자원과 역량 안에서 실행 가능해야 한다.
- 경쟁사가 쉽게 모방할 수 없는 지속 가능성이 전제되어야 한다.
- 경쟁사의 대응에 대해 전략적 방어 가능성이 확보되어야 한다.

고객의 인식은 차별화 전략의 출발점이자 도착점이다. 고객이 중요하게 여기는 속성, 예를 들어 가격, 품질, 사용 용이성, 성능, 브랜드 신뢰도 등을 중심으로 차별화된 가치를 설계해야 진정한 경쟁 포지션을 구축할 수 있다.

이러한 전략을 시각적으로 표현할 수 있는 도구가 바로 제품 포지셔닝 맵(Product Positioning Map)이다. 인지도 지도는 제품이나 서비스가 특정 시장 세그먼트 내에서 두 가지 주요 차원을 기준으로 어떻게 위치하는지를 보여 준다. 일반적으로 한 축은 가격, 다른 한 축은 성능이나 품질, 혹은 브랜드 이미지 등으로 설정된다. 지도 상에서 경쟁 제품들이 어떤 위치에 있는지를 파악함으로써, 시장 내 공백(Niche)을 식별하고 차별화 전략의 기회 영역을 포착할 수 있다.

예를 들어, 경쟁 제품들이 모두 고가격-고성능 영역에 집중되어 있다면,

중간 가격-높은 사용 편의성이라는 새로운 포지션은 실현 가능하고 방어 가능한 시장 전략이 될 수 있다. 이때 인지도 지도에 사용하는 특성은 반드시 해당 고객 세그먼트가 중요하게 여기는 요소이어야 하며, 산업별로 적합한 속성을 기준으로 설정되어야 한다. 예컨대, 비디오 게임 산업에서는 성능보다 재미나 몰입도가 훨씬 중요한 차원이 될 수 있다.

제품 포지셔닝은 고객이 원하는 핵심 가치를 중심으로 자사만의 독자적 위치를 설계하는 작업이다. 그 결과, 스타트업은 고객과 명확한 연결고리를 형성하고, 시장 내에서 지속 가능한 차별화를 달성할 수 있다.

전략 프레임워크

경쟁자 분석과 포지셔닝은 전략 수립의 출발점이지만, 거기서 멈춰서는 안 된다. 성공적인 포지셔닝 이후에도 경쟁사는 스타트업의 시장 점유율을 위협하는 대응 전략을 마련할 것이며, 이에 대비하지 않으면 기존의 우위가 쉽게 무너질 수 있다. 따라서 경쟁사의 움직임을 예측하고, 그에 대응할 수 있는 전략적 사고와 체계적인 실행 계획이 요구된다.

하버드 비즈니스 스쿨의 마이클 포터(Michael Porter)는 이러한 전략 수립에 도움이 되는 여러 프레임워크를 제시했으며, 그중 가치사슬 분석은 특히 실용적인 도구로 평가받는다. 가치사슬은 기업이 고객에게 가치를 제공하기 위해 수행하는 활동들을 일련의 체계로 분해하여 분석하는 개념으로, 경쟁우위는 개별 활동이 아닌 이들 간의 조직화와 수행 방식에서 비롯된다는 전제를 바탕으로 한다.

포터는 경쟁우위를 확보하는 방식으로 다음 두 가지를 제시한다.

- **비용 우위(Cost Advantage).** 가치사슬 내 활동을 경쟁사보다 더 효

율적으로 수행함으로써 비용을 절감한다.

- **차별화 우위(Differentiation Advantage).** 활동을 독창적인 방식으로 수행하여 고객에게 더 높은 가치를 제공하고 프리미엄을 유도한다.

창업가는 가치사슬을 단순히 기능별 분절된 작업이 아닌, 상호 연결된 통합된 활동 시스템으로 이해하고 이를 최적화해야 한다. 이를 위한 전략적 실행 방안은 다음과 같다.

- **효율적 재고 관리.** JIT(Just-In-Time) 배송, 실시간 재고 추적, 수요-공급 계획 동기화, 창고의 크로스 도킹 등을 통해 불필요한 재고 비용을 최소화한다.
- **정보 공유 체계 구축.** 공급업체 및 고객과 생산 계획, 주문, 재고 데이터를 실시간으로 공유하여 가치사슬 전반의 반응 속도와 효율성을 향상한다.
- **협력 기반 제품 개발.** 제품 개발 초기 단계부터 공급업체와 고객을 참여시켜 시장 적합성과 품질을 동시에 확보한다.
- **디지털 솔루션 활용.** 물류, 정보 흐름, 주문·결제 관리에 디지털 솔루션을 접목하여 운영 속도와 현금 회전율을 개선한다.

이러한 전략은 단순히 비용을 줄이거나 품질을 높이는 데 그치지 않고, 기업 전반의 자원 배분과 활동 우선순위를 명확히 정의하도록 돕는다. 프레임워크를 활용하면 복잡한 사업 환경 속에서도 문제의 본질을 좁히고, 스타트업이 가장 높은 전략적 효과를 달성할 수 있는 영역을 선별할 수 있다.

전략 계획 수립

전략 계획 수립은 조직이 원하는 미래를 정의하고, 그 미래를 실현하기 위한 실행 경로를 체계적으로 설계하는 과정이다. 이는 단순히 장기 계획을 수립하는 작업이 아니라, 변화하는 환경에 능동적으로 대응하고 자원을 전략적으로 배분하는 일련의 순환적 사고 구조를 요구한다. 스타트업과 같이 불확실성과 변동성이 큰 환경에 놓인 기업일수록, 이 계획 수립 과정의 중요성은 더욱 커진다.

전략적 계획은 "우리가 추구하는 미래는 무엇인가?"라는 본질적 질문에서 출발한다. 이 질문에 대한 명확한 답을 바탕으로 전략을 설계하고 실행으로 전환하며, 그 과정에서 계획은 고정된 문서가 아닌 실행 중심의 살아있는 체계로 기능해야 한다.

전략적 계획 수립은 다음 네 가지 핵심 단계를 중심으로 전개된다.

- **내외부 환경 평가.** 조직 내부의 강점(Strengths)과 약점(Weaknesses), 외부의 기회(Opportunities)와 위협(Threats)을 분석하는 SWOT 분석을 통해 현재 위치를 진단한다. 이를 통해 전략 수립의 출발점이 되는 '현실적 인식'을 확보한다.
- **미션 선언문 수립.** 조직의 존재 이유, 핵심 가치, 궁극적 목표를 정의한다. 명확한 미션은 조직 구성원 간의 공통된 이해와 방향성을 제공하며, 모든 전략적 결정의 기준점이 된다.
- **목표와 목적 설정.** 전략적 방향성을 구체적 행동으로 전환하기 위해, SMART 원칙(구체적·측정 가능·달성 가능·관련성·기한 설정)에 따라 목표를 설정한다. 이를 통해 실행의 우선순위를 명확히 하고 성과를 측정할 기준을 마련한다.
- **운영 계획 수립.** 전략을 실행 가능한 계획으로 구체화한다. 자원 배분, 일정 수립, 성과 지표 설정 등을 포함하며, 전략의 실행력을 확보

하는 핵심 단계다.

이러한 전략적 계획 수립은 고정된 순차형 작업이 아니라 유기적인 순환 구조를 갖는다. 빠르게 변화하는 시장 환경에서는 단일한 연간 또는 5개년 계획만으로는 대응이 어려우며, 주기적 재평가와 수정이 필수적이다. 실제로 많은 기업은 장기 계획을 수립하되, 이를 유연하게 수정할 수 있는 구조를 병행하여 운영한다. 예를 들어, 5년 계획을 수립하되 분기별 리뷰를 통해 현실과 전략의 간극을 조정한다.

전략적 계획 수립은 전략적 사고를 실행 가능한 형태로 번역하는 과정이다. 이를 통해 기업은 장기적 성과를 견인할 수 있는 방향성과 실행력을 확보하고, 불확실한 환경 속에서도 민첩하게 대응할 수 있는 조직 역량을 구축할 수 있다.

SWOT 분석

SWOT(Strengths, Weaknesses, Opportunities, Threats) 분석은 기업의 내부 역량과 외부 환경을 체계적으로 진단하여 현재의 위치를 명확히 파악하고, 향후 전략 수립의 방향을 설정하는 데 활용되는 기본 도구다. 조직의 전략적 전환이 필요한 시점마다 출발점 역할을 해 왔으며, 기업뿐만 아니라 공공기관과 비영리 단체에 이르기까지 폭넓게 적용되어 왔다. 핵심은 강점과 기회를 극대화하면서, 약점과 위협을 효과적으로 관리할 수 있는 전략을 설계하는 것이다. 이를 통해 기업은 현재의 정체성을 명확히 하고, 외부 변화에 유연하게 대응하는 전략적 사고를 정립할 수 있다.

내부 강점은 기업의 지속 가능성과 경쟁우위를 뒷받침하는 기반이다. 대표적으로 재무 자원은 현금, 유가 증권, 매출 채권 등으로 구성되며, 이는 재무제표를 통해 객관적으로 파악된다. 인적 자원은 창의성, 특허, 아이디어 등 무형 자산으로 구성되며, 조직의 차별화된 역량을 형성한다. 강점은 마치 날카롭게 벼린 칼날처럼 시장에서 기민하게 기회를 포착하는 데 활용될 수 있다.

내부 약점은 조직 내부의 균열이나 취약점을 의미한다. 기술력의 부족, 제한된 자원, 브랜드 인지도 저조, 비효율적 구조 등이 대표적이다. 이는 전략 실행의 발목을 잡을 수 있는 요소이며, 구조적 보완 없이는 장기적으로 성장의 걸림돌로 작용한다. 하지만 약점을 조기에 식별하고 개선하면, 약점은 오히려 전략적 전환의 계기가 될 수 있다.

외부 환경은 기업의 운신 폭을 결정짓는 동인이며, 기회와 위협이라는 양날의 칼로 작용한다. 기회는 시장의 공백이나 변화에서 비롯되며, 기술혁신이나 무역 장벽의 완화, 정책 변화 등이 포함된다. 이는 기업이 보유한 강점을 활용해 신규 시장을 선점하거나 운영 효율성을 높일 수 있는 지점이다.

반대로 위협은 예측 불가능한 변화로 인해 기업이 위기에 직면할 가능성을 내포한다. 세법 개정, 신기술 등장, 신규 경쟁자의 진입 등은 시장 지위의 약화를 초래할 수 있는 요인들이다. 이러한 위협은 바위처럼 단단하고 무거운 존재로 작용하지만, 사전에 이를 감지하고 대응 전략을 세우면 충격을 완화하고 기회로 전환할 수 있다.

이해관계자 관리 전략

스타트업의 전략은 품질, 경쟁력, 혁신, 속도에 대한 집중을 통해 전개되며, 이러한 요소는 단순한 기능이 아니라 기업 성과의 추진력을 구성하는 핵심 축이다. 특히 스타트업의 성장은 고객과의 관계 유지 방식에 따라 그 궤도가 달라질 수 있다. 실제로 규모 확장 과정에서 고객과의 유대가 약화되며 오히려 전략적 통제력을 잃는 경우도 많다. 이는 확장이 곧 성과를 보장하지 않음을 보여 주며, 관계 기반의 전략적 사고가 얼마나 중요한지를 역설적으로 부각시킨다.

스타트업의 전략은 고객뿐 아니라 다양한 이해관계자들과의 역동적인 상호작용 속에서 진화한다. 이해관계자는 내부와 외부로 구분되며, 각 집단은 기업의 전략 방향과 실행 과정에 실질적인 영향을 미친다. 과거에는 종종 후순위로 밀렸던 내부 이해관계자, 특히 직원은 오늘날 기업의 핵심 동력으로 재조명되고 있다. 혁신 중심의 스타트업일수록 직원은 단순한 수행자가 아니라 전략을 구현하고 시장 반응을 주도하는 핵심 참여자로 간주된다.

직원

현대 조직에서는 더 이상 경영진이나 주주만을 전략적 자산으로 여기지 않는다. 이제 고객과 비관리직 직원이 제품과 서비스의 가치를 정의하고 진화시키는 중심축으로 떠올랐다. 직원은 창의성의 발원지이자 실행의 최전선에 있으며, 이들의 참여 없이는 지속 가능한 혁신도 불가능하다. 조직은 직원들을 정적인 자원이 아니라 기업 성장을 가능케 하는 '내부 창업가'로 보고 있다.

글로벌 경쟁 환경에서 인적 자원은 쉽게 모방하거나 대체할 수 없는 경쟁우위의 원천이다. 현금, 설비, 기술은 자본력으로 확보할 수 있지만, 조직에 스며든 전문성, 경험, 문제 해결력은 오랜 시간과 학습을 통해 축적되는 자산이다. 이 때문에 교육과 훈련은 전략적 선택이 아니라 생존을 위한 필수 조건이 된다.

직원 교육은 조직 역량을 내재화하는 경로이자, 변화 대응력을 키우는 기반이다. 조직은 체계적인 교육 체계를 마련하고, 직원이 습득한 역량을 조직 전반에 전파할 수 있도록 지원함으로써 내외부 환경 변화에 유연하게 대응한다. 이는 곧 지속적인 혁신의 토양이 된다.

또한 경력 개발은 수직적 승진에 국한되지 않고, 부서 간 순환이나 프로젝트 기반의 수평 이동을 통해 다양한 역량을 축적하는 방향으로 확장되고 있다. 이는 직원의 전문성을 다각도로 심화시키는 동시에, 조직 내부의 협력성과 융합 역량을 강화하는 전략이다.

직원은 단순한 구성원이 아닌, 기업의 전략을 실현하는 핵심 주체다. 따라서 조직은 이들의 성장에 투자하고, 성장을 통해 다시금 기업이 성장하는 선순환 구조를 만들어야 한다. 이해관계자 관리는 더 이상 외부 설득이 아니라, 내부 역량의 공고화로부터 출발한다.

고객

스타트업에게 있어 전략 수립의 출발점은 고객의 기대와 요구를 정밀하게 이해하는 데 있다. 고객은 제품이나 서비스를 실제로 사용하는 최종 사용자이며, 단일한 존재가 아니라 다양한 특성과 선호를 지닌 복수의 집합으로 구성된다. 예를 들어, 호텔은 비즈니스 고객, 관광객, 대규모 행사 참석자 등 서로 다른 목적을 지닌 고객군에게 각기 다른 서비스를 제공한다. 이삿짐 운송 기업은 기업 고객에게는 할인 요금을, 개인 고객에게는 일반 요금을 적용하는 방식으로 차별화된 접근을 시도한다. 이러한 고객 세분화 전략은 표적화된 가치 제공을 통해 기업의 경쟁력을 높이는 수단이다.

고객 충성도를 확보하는 일은 반복적인 구매와 긍정적 입소문을 통해 장기적인 성과로 이어질 수 있지만, 그 과정은 섬세한 관계 구축과 일관된 품질 제공 없이는 달성될 수 없다. 만족한 고객은 자연스럽게 브랜드의 전도사가 되지만, 반대로 불만족한 고객은 단 한 번의 경험만으로 브랜드 신뢰를 무너뜨릴 수 있다. 특히 디지털 플랫폼과 후기 문화가 결합된 오늘날에는 고객의 판단이 곧 시장의 여론으로 이어진다. 고객 만족은 그 자체로 독립적인 전략 목표가 아니라, 모든 전략의 중심축이 되어야 한다.

기업은 고객을 일회성 구매자가 아닌, 장기적인 관계를 유지해야 할 파트너로 인식해야 한다. 이는 단순히 요구를 충족하는 데 그치지 않고, 고객이 기대하는 바를 선제적으로 파악하고 실현함으로써 신뢰를 축적하는 과정이다. 만족은 기대 충족에서 시작되지만, 충성은 기대를 초과하는 순간에 발생한다. 따라서 기업은 제품과 서비스에 담긴 경험 전반을 관리하고, 고객이 '선택하고 싶어지는 이유'를 꾸준히 제공해야 한다. 이러한 고객 중심 전략은 결국 스타트업의 성장을 뒷받침하는 가장 탄탄한 기반이 된다.

공급업체

공급업체는 기업 운영에 필요한 원자재와 핵심 부품을 제공하는 전략적 파트너로, 이들과의 관계는 단순한 거래를 넘어 기업 경쟁력의 본질적 구성 요소로 작용한다. 과거에는 공급업체 수를 늘려 가격 협상력을 확보하고, 특정 공급처에 대한 의존도를 줄이는 것이 일반적인 전략이었다. 이 접근은 최저가 제공자를 우선시하는 방식으로, 비용 절감을 중심에 두고 운영되었다.

그러나 오늘날의 경영 환경에서는 공급업체와의 협력 수준이 기업 성과에 결정적 영향을 미치며, 공급업체를 단기 비용 절감의 수단이 아닌 장기적 가치 창출의 동반자로 인식하는 방향으로 변화하고 있다. 특히 품질 개선, 결함률 감소, 지속적인 프로세스 혁신은 신뢰를 바탕으로 한 협력 없이는 불가능하다. 단가만을 기준으로 선택한 공급업체는 일시적 비용 절감을 줄 수 있지만, 예기치 못한 품질 저하나 납기 지연으로 인해 더 큰 손실을 초래할 수 있다.

협력적 공급업체 관계는 단순히 자재를 제공받는 수준을 넘어, 제품 설계 및 개발 초기 단계부터 공급업체를 참여시켜 공동 혁신을 유도하는 구조로 발전하고 있다. 이 같은 전략은 공급망 전반의 효율을 높이고, 적시 생산 시스템과 같은 운영 방식 도입을 가능하게 한다. 공급업체는 이제 외부 자원이 아닌, 기업 내부 역량을 확장시키는 연결 고리로 기능한다.

공급업체와의 신뢰 기반 파트너십은 비용 경쟁력뿐 아니라 품질 혁신과 공급망 민첩성을 확보하는 핵심 전략으로 자리 잡는다. 이러한 관계는 기업의 단기 성과뿐 아니라 장기적 성장 가능성을 좌우하는 기반이 되며, 스타트업이 지속 가능성과 확장성을 동시에 추구하기 위해 반드시 관리해야 할 전략적 요소다.

주주

상장기업에서 주주는 자본을 투자한 주요 이해관계자로, 기업의 재무성과에 대한 관심이 가장 높은 집단이다. 이들은 투자 수익의 극대화를 기대하며, 기업 운영의 방향성과 전략 결정에 직접적이진 않더라도 강력한 간접적 영향을 미친다. 과거에는 이러한 주주의 기대에 부응하기 위해 단기적인 이익 창출과 분기 실적 개선에 집중하는 경향이 강했다. 이러한 접근은 단기간 내 주가를 상승시킬 수 있으나, 장기적인 기업 역량 축적이나 지속 가능성 확보에는 역행하는 결과를 초래하기도 했다.

오늘날에는 재무적 수익에만 초점을 맞춘 접근이 점차 변화하고 있다. 주주의 기대 역시 진화하고 있으며, 단기 성과뿐 아니라 장기적 성장 기반과 질적 개선에 관한 관심이 높아지고 있다. 이들은 기업이 환경 변화에 유연하게 대응하고, 혁신을 추진하며, 윤리적이고 지속 가능한 방식으로 가치를 창출하는지를 주의 깊게 살핀다. 즉, 주주들은 기업이 '어떻게 이익을 냈는가'에 대해 그 어느 때보다 민감하게 반응한다.

이에 따라 기업은 장기 전략과 품질 중심의 경영을 통해 주주의 기대에 부응할 수 있는 기반을 다져야 한다. 장기적 관점에서 기업 경쟁력을 강화하는 품질 혁신, 리스크 관리, ESG 경영 등은 이제 주주 가치를 높이는 실질적 전략으로 인식되고 있다. 이 과정에서 기업은 단기 수익의 유혹에 휘둘리지 않고, 내실 있는 성장을 통해 시장의 신뢰를 구축해야 한다.

성공하는 기업은 단기 이익과 장기 성장을 조화롭게 관리하며, 주주와의 관계를 일회성 수익 배분이 아닌 전략적 파트너십으로 전환해간다. 이러한 접근은 주주의 신뢰를 강화하고, 기업의 장기적 성공 가능성을 뒷받침하는 가장 안정적인 기반이 된다.

지역 사회

지역 사회는 기업의 전략적 활동을 뒷받침하는 중요한 이해관계자이며,

단순한 외부 환경이 아니라 기업 운영의 제도적 기반과 자원의 원천이 되는 존재다. 지역 사회는 시민, 지방정부, 규제기관 등으로 구성되며, 이들은 기업의 고용 창출, 세금 납부, 급여 지급 등 경제 활동에 대해 실질적 평가자이자 협력자로 기능한다. 많은 경우 지역 사회는 기업 유치를 위한 인센티브를 제공하며, 그 대가로 기업의 지역 기여를 기대한다.

기업은 지역 사회 관계를 법적 규정 준수에만 그치지 않고, 윤리적 책무와 사회적 책임의 실천이라는 관점에서 바라보아야 한다. 급여나 세금은 기본적인 환원에 불과하며, 진정한 기여는 지역 사회가 직면한 현실적 문제를 기업이 함께 해결하려는 데서 비롯된다. 환경 보존 활동, 지역 교육 및 복지 프로그램 참여, 공공 인프라 개선 등은 지역 사회와의 유대를 실질적으로 강화하는 사례다. 기업이 지역의 문제를 '공동의 과제'로 인식할 때, 신뢰는 서서히 축적된다.

이처럼 지역 사회와 관계는 단방향 기여가 아니라, 상호 이익을 추구하는 파트너십의 성격을 띤다. 기업은 지역 사회를 단기적인 수요처나 인력 공급원으로만 인식할 것이 아니라, 장기적으로 지속 가능성을 함께 구축할 동반자로 바라보아야 한다. 지역의 지지는 위기 시 기업의 회복탄력성을 높이는 안전망이 되며, 동시에 기업 브랜드의 사회적 신뢰 자산으로 작용한다.

지역 사회와의 협력은 '지역의 성장 속에 기업의 성장도 있다'는 전략적 사고를 기반으로 한다. 이는 기업이 생존과 성장을 동시에 도모하려 할 때, 가장 현실적이면서도 강력한 토대를 제공한다.

운영 관리

운영 관리(Operation Management)는 기업이 제품이나 서비스를 고객에게 효율적이고 안정적으로 전달하기 위해 내부 프로세스와 공급망을 설계하고 조율하는 체계다. 이는 생산에서 고객 전달까지의 전 과정을 통합적으로 관리하며, 전략과 비즈니스 모델, 경쟁 포지셔닝을 실행할 수 있는 구조로 구체화하는 역할을 한다. 특히 자원이 제한된 스타트업에 운영 관리는 생존과 성장을 가르는 핵심 기능이다.

스타트업 초창기에는 제품 설계, 마케팅, 자금 조달이 우선순위처럼 보일 수 있다. 하지만 운영 관리가 뒷받침되지 않으면, 아무리 훌륭한 제품과 전략이 있더라도 고객에게 제대로 전달되지 못하고 실행력에서 한계를 드러낸다. 제품 설계와 생산 사이의 간극, 마케팅 전략과 공급 역량 간의 불일치, 가격 책정과 운영비 구조의 모순은 모두 실행 단계에서 문제로 작용한다.

운영 관리의 목적은 단순히 생산과 전달을 수행하는 것이 아니라, 기업 전략을 실행 가능한 시스템으로 전환하는 데 있다. 이를 위해 스타트업은 제품·서비스 제공 방식, 자원 배분 구조, 공급망 협력 형태 등을 구체적으로 설계해야 하며, 초기 단계부터 이들이 실제 구현 가능한지 검토해야 한다. 이 과정은 자금 소요를 예측하고, 실행 가능성이 높은 전략 수립으로 이어진다.

특히 운영 시스템은 확장성(Scalability)에 결정적 영향을 미친다. 확장성이란 수요 증가에 따라 비용을 기하급수적으로 늘리지 않고도 효율적으로 대응할 수 있는 능력으로, 이는 스타트업의 수익 구조를 안정화하고 마진을 확보하는 데 핵심이 된다. 스타트업이 성공하려면 수요를 유연하게 처리할 수 있는 운영 기반을 갖추어야 한다.

운영 전략 실행을 위한 핵심 사항

운영 관리를 효과적으로 구현하려면 스타트업의 전략적 목표와 실행 체계 간의 정렬이 선행되어야 한다. 첫째, 운영 전략은 경쟁적 포지셔닝, 가치 제안, 비즈니스 모델과의 일관성을 유지해야 한다. 고품질 제품 제공을 지향한다면, 운영 시스템은 해당 품질 기준을 일관되게 달성할 수 있는 구조를 갖추어야 하며, 비용, 품질, 속도, 유연성 간의 성과 요소를 명확히 정의하고 이들 간의 균형을 설계해야 한다. 이는 전략의 실현 가능성과 시장 반응성 모두를 담보하는 기반이 된다.

둘째, 자체 생산과 아웃소싱 간의 선택은 자원 배분과 위험 관리를 동시에 수반하는 전략적 결정이다. 아웃소싱은 비용 효율성과 민첩성을 제공할 수 있으나, 품질 유지와 공급망 안정성에 대한 관리 책임이 분산된다. 따라서 공급망 전반—원자재 조달부터 최종 제품 납품까지—를 종합적으로 관리할 수 있는 시스템이 필요하다. 이는 단순한 물류 문제가 아니라, 고객 만족도와 브랜드 신뢰도에 직결되는 요소다.

셋째, 프로세스 설계는 운영 관리의 중심축이다. 어떤 방식으로 투입 요소(노동, 자재, 정보)를 처리하느냐에 따라 제품의 품질, 원가, 납기, 수익성까지 영향을 받는다. 스타트업은 비즈니스 모델에 맞춰 가장 적합한 프로세스 유형을 선택하고, 이를 유기적으로 연결하는 방식으로 실행 구조를 설계해야 한다. 프로세스는 전략이 구체화되는 '현장'이며, 그 효율성은 곧 기업의 실행력이다.

넷째, 품질 관리는 단기 성과와 장기 신뢰를 동시에 결정짓는 핵심 요소다. 품질을 정의하고, 정량적으로 측정하고, 지속적으로 통제·개선하는 체계를 갖추는 것은 제품 경쟁력을 유지하고 고객 신뢰를 확보하기 위한 필수 조건이다. 이는 단순한 품질 통제(Quality Control)를 넘어서 전사적 품질 전략의 일환으로 접근해야 한다.

다섯째, 자원이 제한된 스타트업에 후술할 린 씽킹은 강력한 실행 도구이다. 린 씽킹은 낭비를 제거하고, 고객에게 실질적인 가치를 전달하는 데 집중함으로써 최소한의 자원으로 최대의 효과를 창출하도록 유도한다. 이는 '적게 가지고도 빠르게 움직이는' 스타트업의 특성과 정합성이 높다.

마지막으로, 성과 측정은 운영 관리의 종결점이자 출발점이다. 핵심 성과 지표를 통해 실행 결과를 정량화하고, 강점과 병목을 식별하며, 개선의 우선순위를 설정할 수 있다. 이는 자원의 전략적 재분배와 실행력 강화로 이어지며, 전체 운영 시스템의 진화와 확장 가능성을 높이는 핵심 장치다. 운영 관리는 결국 수치화된 데이터 위에서 판단하고 개선하는 반복적 과정이며, 이를 통해 스타트업은 현실 가능한 전략 실행을 넘어 지속 가능한 성장 기반을 확보할 수 있다.

경쟁 우선순위

운영 전략에서 경쟁 우선순위는 기업이 시장에서 어떤 성과 차원에 중점을 둘지를 결정하는 기준으로, 운영 시스템 설계와 핵심 의사결정에 직접적인 영향을 미친다. 이는 곧 핵심 성과 지표(Key Performance Indicator, KPI)와 연결되어, 스타트업이 자원을 어떻게 배분하고 프로세스를 어떻게 구성할지를 구체화하는 출발점이 된다. 대표적인 경쟁 우선순위는 비용, 품질, 시간, 혁신, 유연성 다섯 가지로 요약되며, 이들은 서로 상충하거나 보완적일 수 있다.

비용을 최우선으로 삼는 기업은 운영 효율성과 규모의 경제를 통해 낮은 가격을 실현하고, 가격 경쟁력을 확보하는 데 집중한다. 월마트나 사우스웨스트 항공처럼 공급망과 서비스 설계를 극도로 간소화하여 최소 비용 구조를 유지하는 전략이 여기에 해당한다. 이들은 '더 싸게, 더 많이'라는 시장 논리를 실행 가능한 운영 체계로 전환한 대표적 사례다.

품질은 '일관된 품질'과 '성능 품질'로 구분된다. 전자는 제품이나 서비스가 고객 기대를 안정적으로 충족시키는 것을 의미하며, 후자는 경쟁사 대비 뛰어난 기능이나 성능을 강조한다. 메르세데스-벤츠와 리츠칼튼 호텔(은 성능 품질에 집중함으로써 브랜드 신뢰와 프리미엄 포지셔닝을 동시에 확보한 사례다.

시간은 속도와 신뢰성의 결합이다. 제품 개발의 신속성, 주문 처리 속도, 납기 이행률 등이 이에 포함되며, 시장 변화에 빠르게 대응할 수 있는 능력으로 연결된다. 페덱스는 시간 경쟁력을 통해 고객 신뢰를 구축했으며, 많은 기술 기반 기업은 빠른 제품 출시를 통해 경쟁에서 선점 효과를 얻는다.

혁신은 독창적인 제품과 서비스 개발을 통해 차별화된 가치를 창출하는 경쟁 우선순위다. 이는 단기 트렌드를 따르기보다 시장에 새로운 기준을 제시하는 능력이며, 애플은 이 전략을 통해 반복적으로 시장을 재정의해 왔다. 혁신은 제품 수준을 넘어 운영 방식, 유통 전략, 고객 경험 전반에 걸쳐 실행될 수 있다.

유연성은 변화하는 시장 수요에 적응하는 능력으로, 고객 맞춤형 제품 제공, 생산량의 탄력적 조정, 서비스 범위 확장 등을 통해 실현된다. 델 컴퓨터는 주문형 조립을 통해 맞춤화 유연성을, 종합병원은 질병 다양성에 대응하는 서비스 유연성을 제공한다. 또한 볼륨 유연성은 수요 변동에 민첩하게 대응하는 운영 능력을 의미하며, 예컨대 식료품점이 주말에 인력을 탄력적으로 배치하는 운영 방식이 이에 해당한다.

경쟁 우선순위의 선택은 기업의 비즈니스 전략과 맞물려 있다. 비용 중심 전략은 비용을 우선시하지만, 차별화 전략은 품질, 시간, 혁신, 유연성을 조합하여 구현된다. 중요한 것은 한두 가지 요소에 무작정 집중하기보다는, 비즈니스 모델과 고객 기대에 정합적인 경쟁 우선순위를 설정하고, 이를 기반으로 운영 시스템을 일관되게 설계하는 것이다. 그래야만 스타트업은 시장에서 지속 가능한 경쟁우위를 확보할 수 있다.

운영 체제

운영 체제는 기업이 설정한 운영 전략과 경쟁 우선순위를 실행 가능한 구조로 구체화하는 핵심 설계 요소다. 이 체계는 구조적 결정(Structural Decisions)과 인프라 결정(Infrastructural Decisions)이라는 두 가지 축을 통해 형성되며, 각 결정은 장기적 방향성과 실행 유연성 간의 균형을 조율한다.

구조적 결정은 규모가 크고 장기적인 영향력을 갖는 투자와 관련되며, 기업의 전략적 뼈대를 형성한다. 용량 계획, 시설의 위치 선정, 생산 설비와 기술 도입, 자체 생산과 외부 위탁 여부 등은 모두 구조적 결정에 해당한다. 예를 들어 제조 공장의 입지는 물류비, 인건비, 고객 접근성 등 다양한 요소에 따라 결정되며, 한 번 결정되면 변경이 쉽지 않다. 이러한 결정은 기업의 고정비 구조, 반응 속도, 운영 효율성에 장기적인 영향을 미치기 때문에 철저한 분석과 예측이 필요하다.

반면 인프라 결정은 비교적 적은 자원으로 빈번하게 조정 가능한 실행 차원의 선택을 포함한다. 인력 운영 방식, 품질 관리 체계, 생산 스케줄링, 조직 설계, 성과 관리 시스템 등이 여기에 해당한다. 인프라 결정은 구조적 기반 위에서 전략을 구체적으로 실행하고, 외부 변화에 유연하게 대응할 수 있는 실질적 도구를 제공한다. 예컨대, 품질 측정 방식의 변경이나 조직 내 협업 구조의 개선은 큰 자본 없이도 실행 가능한 전략 조정 수단이다.

이처럼 효과적인 운영 체제를 구축하려면 구조적 결정과 인프라 결정을 통합적으로 설계해야 한다. 구조적 결정이 전략적 방향을 설정하는 뼈대라면, 인프라 결정은 그 위에 실시간 조정을 가능케 하는 근육 역할을 한다. 그러나 많은 스타트업은 제한된 자원과 급변하는 환경 속에서 계획 없이 임기응변식 결정을 반복하며 운영 체제의 일관성을 해친다. 이는 장기적으로 운영 비효율성과 전략 실행 실패로 이어질 수 있다.

트레이드오프와 집중

트레이드오프(Trade-Offs)와 집중(Focus)은 운영 전략 수립과 실행에서 가장 근본적인 원칙이며, 특히 스타트업처럼 자원이 제한된 조직일수록 이 두 개념에 기반한 의사결정이 필수적이다. 트레이드오프는 하나의 운영 목표를 달성하기 위해 다른 목표를 일정 부분 포기해야 하는 상황을 의미한다. 예컨대 높은 유연성을 유지하면서 동시에 비용을 최소화하기는 어렵고, 낮은 원가 구조와 고성능 품질의 동시 실현 역시 현실적인 제약을 수반한다. 이처럼 모든 성과 요소를 동시에 최적화하려는 시도는 전략적 모호성을 야기할 수 있으며, 오히려 실행력과 일관성을 저해하는 결과를 낳는다.

따라서 기업은 명확한 우선순위를 설정하고, 선택한 목표에 자원을 집중하는 방식으로 전략을 구체화해야 한다. 집중은 특정 성과 차원—예컨대 품질, 비용, 속도 중 하나—에서 경쟁우위를 확보하기 위한 수단이며, 이는 곧 운영 설계, 프로세스 구조, 조직 역량까지 전반에 일관된 방향성을 부여한다. 특히 스타트업은 초기 자본과 인력이 한정되어 있어 모든 목표를 동시에 추구하는 것은 비현실적이며, 하나의 핵심 목표에 집중할 때 비로소 파급력 있는 성과를 도출할 수 있다.

집중 전략은 특정 시장, 제품, 고객 세그먼트에 깊이 있게 접근하여 차별화된 가치를 창출하고, 해당 영역에서 명확한 포지셔닝을 구축하게 한다. 자원을 분산시키기보다는 선택된 활동에 전략적으로 몰입함으로써 조직 내부의 실행 효율성을 높이고, 외부적으로는 브랜드 신뢰와 고객 충성도를 유도할 수 있다. 이는 곧 경쟁우위의 기반이 되며, 성장 이후 확장 전략의 추진력으로도 작용한다.

트레이드오프를 명확히 인식하고, 선택과 집중의 원칙을 실행 전략에 내재화하는 것은 운영 시스템의 일관성과 실현 가능성을 높이는 데 필수적이다. 전략이란 모든 것을 잘하는 것이 아니라, 무엇을 잘할지를 정하고 그 선택을 일관되게 밀고 나가는 행위에 가깝다. 스타트업의 경우, 이러한 전략적 일관성은 생존과 성장을 가르는 가장 중요한 차별 요소가 된다.

확장성

확장성(Scalability)은 스타트업이 초기 성공에 안주하지 않고, 지속 가능한 성장 곡선을 그리기 위해 반드시 확보해야 할 전략적 능력이다. 빠르게만 성장하는 것이 아니라, 성장 속도에 맞춰 제품과 서비스를 효율적으로 제공할 수 있는 운영 체계를 병행 구축할 수 있느냐에 대한 질문이다. 성장 전환기에서 많은 기업이 좌초하는 이유는 수요 증가에 대한 준비 부족과 운영 역량의 미비라는 두 가지 요건을 동시에 충족하지 못했기 때문이다. 투자자들 또한 단기 실적보다 창업가가 이러한 전환기를 어떻게 설계하고 실행할지를 주의 깊게 평가한다.

초기 운영 구조는 대개 소규모 수요를 전제로 설계되며, 수요가 급격히 증가하는 상황에서는 병목현상이나 품질 저하, 인력 부담 등의 문제로 이어질 수 있다. 따라서 창업가는 사전에 프로세스의 확장 가능성을 점검하고, 어떤 요소가 병목으로 작용할 수 있는지를 구조적으로 파악해야 한다. 이 분석은 단순한 실행 가능성 검토가 아니라, 장기 성장을 위한 전략적 기반 구축이다.

확장성의 본질은 규모의 경제(Economies of Scale)를 얼마나 효과적으로 실현할 수 있느냐에 있다. 생산량이 증가할수록 단위당 비용이 줄어드는 구조를 만들면, 매출 성장과 동시에 이익률을 개선할 수 있다. 애플의 아이튠즈는 대표적인 사례로, 한 번 구축된 시스템 위에서 수백만 건의 거래가 거의 동일한 비용으로 처리된다. 고객당 추가 수익은 계속 발생하는 반면, 시스템 유지 비용은 완만하게 증가해 수익성이 비약적으로 확대된다. 이런 구조야말로 확장 가능한 비즈니스 모델의 정수다.

운영 차원에서 확장성을 확보하는 방법의 하나는 아웃소싱을 통한 유연한 생산 구조 확보다. 아웃소싱은 내부 고정비를 줄이는 동시에, 수요 증가에 따라 저·중·고 생산량에 대응할 수 있는 외부 파트너를 유연하게 선택할 기회를 제공한다. 이는 자원 제약이 큰 스타트업에 매우 실질적인 전략이 될 수 있으며, 운영 리스크를 낮추고 변화에 민첩하게 대응하는 구조를 설계할 수 있도록 돕는다.

확장성은 계획된 성장의 실행 가능성을 뒷받침하는 운영 전략의 정수다. 초기 프로세스를 확장할 수 있는 구조로 재설계하고, 유연하고 반복 가능한 시스템을 기반으로 수요에 대응하는 능력은 스타트업이 단기 성공에서 장기 생존으로 나아가는 가장 현실적인 경로다.

린 씽킹

린 씽킹(Lean Thinking)은 스타트업이 제한된 자원을 최대한 효율적으로 활용해 성과를 극대화할 수 있도록 돕는 운영 철학이자 전략적 실행 방식이다. 본질적으로 '더 적은 것으로 더 많은 것을 이룬다'는 사고에 기반하며, 기업 자원을 가치 창출에 직접 기여하지 않는 활동에서 철저히 배제함으로써 실행 효율을 높이고 낭비를 최소화하는 데 초점을 맞춘다. 특히 자원 제약이 극심한 스타트업 환경에서는 린 씽킹이 생존 전략 그 자체로 기능한다.

린 씽킹의 핵심은 조직 내 낭비를 식별하고 제거하는 것이다. 여기서 낭비란 단순한 비용 항목이 아니라, 고객에게 의미 있는 가치를 전달하지 않는 모든 프로세스, 시간, 자원을 의미한다. 낭비를 줄이면 가치 창출 활동에 자원을 재배분할 수 있고, 이는 곧 운영의 민첩성과 경쟁력으로 이어진다. 특히 신생 기업은 고객 중심 가치에 집중하면서 자원을 최소 단위로 효율화하는 것이 장기적 성과를 위한 가장 현실적인 경로다.

린 씽킹은 다음 세 가지 원칙을 중심으로 실행된다.

- **고객 가치 파악.** 린 씽킹의 출발점은 고객이 진정으로 무엇을 가치 있게 여기는지를 명확히 이해하는 것이다. 이는 제품 개발이나 자원

배분의 기준을 내부 논리가 아니라 외부 수요에 맞추도록 유도하며, 기업이 고객 니즈를 해결하는 방식으로 전략을 구체화하게 만든다.
- **가치 흐름 평가.** 전체 프로세스 내에서 가치가 실제로 생성되는 지점을 구분하고, 그렇지 않은 비효율적 단계를 식별해 제거하거나 간소화하는 작업이다. 이는 흐름을 단순화함으로써 납기를 단축하고, 고객에게 가치를 더 빠르고 정확하게 전달할 수 있도록 돕는다.
- **지속적 개선.** 린 씽킹은 단발성 개선이 아니라, 모든 프로세스를 '항상 더 나아질 수 있는 대상'으로 간주한다. 이를 통해 스타트업은 작고 반복적인 개선을 축적하면서도, 장기적으로는 구조적 경쟁력을 확보하게 된다.

린 씽킹은 단순한 운영 기법이 아니라, 빠르게 변화하는 시장 환경에서 스타트업이 전략적 방향성과 실행 역량을 일치시키는 프레임워크다. 이 철학은 에릭 리스의 린 스타트업 접근법으로 확장되었으며, 이는 최소 기능 제품(최소 기능 제품)을 통해 시장 피드백을 빠르게 수집하고, 이를 기반으로 지속 개선하는 전략을 강조한다. 린 스타트업은 린 씽킹의 원칙을 기반으로 하되, 실험-학습-조정의 반복 사이클을 통해 불확실성을 줄이고, 고객 중심 혁신을 실행하는 데 최적화된 구조를 제공한다.

유연성

유연성(Flexibility)은 불확실성과 변동성이 공존하는 창업 환경에서 기업의 생존과 성장을 견인하는 핵심 역량이다. 이는 변화하는 기술 트렌드, 고객의 기대 변화, 신규 경쟁자의 진입과 같은 외부 요인에 신속하고 효과적으로 대응할 수 있는 조직의 적응 능력을 의미한다. 특히 유연성은 단순한 반응 능력이 아니라, 예기치 못한 변화 속에서 기회를 포착하고 자원을 재배치하여 전략을 실행할 수 있는 구조적 능력을 포함한다.

유연성의 중심에는 자원 유연성(Resource Flexibility)이 있다. 이는 제한된 자원을 다양한 방식으로 전환하거나 다목적으로 활용할 수 있는 능력으로, 스타트업의 생존 가능성을 높이는 실질적인 수단이다. 자본, 인력, 설비, 네트워크 등 운영에 필요한 핵심 자원들이 하나의 목적에 고정되지 않고 상황에 따라 유동적으로 재배치되는 시스템이야말로 유연성이 구현된 형태다. 예를 들어, 다기능 인력을 확보하거나 범용 장비를 도입하는 것은 자원 유연성을 높이는 실질적인 전략이다.

이러한 자원 유연성은 린 씽킹과 자연스럽게 접점을 형성한다. 린 씽킹이 낭비를 줄이고 자원의 가치를 극대화하는 데 집중한다면, 유연성은 그렇게 절약된 자원을 변화하는 시장 요구에 따라 재배치할 수 있는 실행 메커니즘이다. 두 접근은 상호 보완적으로 작동하며, 자원의 효율성과 적응력을 동시에 확보할 수 있는 운영 전략의 기둥이 된다.

유연성을 갖춘 스타트업은 시장의 불확실성을 위협이 아닌 기회로 전환할 수 있다. 유연한 조직은 외부 환경 변화에 뒤늦게 반응하는 것이 아니라, 미세한 신호를 감지하고 선제적으로 구조를 조정한다. 이를 통해 고객에게 일관된 가치를 제공하고, 시장 변화에 주도적으로 대응할 수 있는 기반을 마련하게 된다.

핵심 정리

전략 경영과 운영 관리는 스타트업이 시장에서 지속 가능한 경쟁우위를 확보하고, 이를 실행 가능한 체계로 전환하는 데 핵심적인 역할을 한다. 경쟁우위란 고객이 자사 제품을 선택하게 만드는 강점으로, 경쟁자가 쉽게 모방할 수 없는 자원과 역량을 기반으로 해야 지속 가능성이 있다. 이를 위해 기업이 보유한 자원은 가치성, 희귀성, 모방 불가능성, 대체 불가능성을 충족해야 하며, 전략은 이 자원을 효과적으로 조직하고 운영하는 방식으로 설계되어야 한다.

전략 수립은 직접 경쟁자의 식별에서 시작된다. 동일한 고객군을 대상으로 유사한 제품을 제공하는 기업과 비교해 자사의 위치를 파악하고, 매출, 수익성, 연구개발 및 마케팅 투자, 시장 점유율 등의 지표를 활용한 비교 매트릭스를 통해 강점과 취약점을 진단해야 한다. 이는 차별화 전략의 기초가 되며, 고객 관점에서 자사의 제품을 어떻게 인식시키고 포지셔닝 할지를 결정하는 기준이 된다.

제품 포지셔닝은 고객이 중요하게 여기는 요소에 따라 자사의 위치를 명확히 설정하는 과정이다. 이를 위해 포지셔닝 맵을 활용해 경쟁 제품과의 상대적 위치를 시각적으로 분석하고, 시장 내 공백을 파악하여 실현 가능한 차별화 전략을 수립한다. 차별화는 자사의 고유한 역량을 기반으로, 미충족 수요를 겨냥하며, 실행 가능성과 모방 저항성을 갖추어야 한다.

전략 수립 이후에는 가치사슬 분석, 포터의 경쟁우위 전략(비용 우위, 차별화 우위)을 적용하여 기업의 활동 시스템 전반을 분석하고, 효율성·속도·품질·협업 체계를 최적화해야 한다. 이를 바탕으로 실질적인 실행력을 갖춘 운영 전략을 구축한다.

전략 계획 수립은 단기 계획이 아닌 실행 가능한 순환 구조로 설계되어야 하며, SWOT 분석을 통해 내외부 환경을 진단하고, 미션 선언문, SMART 기반 목표 설정, 운영 계획 수립으로 이어진다. 이러한 전략은 변화에 유연하게 대응할 수 있는 구조여야 하며, 장기적 방향성과 민첩한 실행 간의 균형이 중요하다.

이해관계자 관리 전략 또한 전략 실행의 핵심이다. 내부 이해관계자인 직원은 전략의 실행자이자 변화의 동력이며, 교육과 경력 개발을 통해 조직 역량을 강화한다. 고객은 전략의 출발점이자 중심축으로, 기대를 초과하는 경험을 제공함으로써 충성도를 확보해야 한다. 공급업체는 단순한 자원 제공자가 아니라 공동 혁신의 파트너이며, 주주는 단기 수익 이상의 장기적 신뢰와 품질 중심 경영에 주목한다. 지역 사회는 기업 활동의 제도적 기반으로, 상호 협력적 관계를 통해 지속 가능성과 회복탄력성을 제공한다.

운영 관리는 이러한 전략을 실행 가능한 시스템으로 전환하는 과정이다. 스타트업은 제품 설계와 생산, 자원 배분, 공급망 설계, 프로세스 관리, 품질 통제 등 전반을 체계적으로 설계해야 하며, 특히 확장성과 린 씽킹을 기반으로 효율성과 민첩성을 확보해야 한다. 운영 전략은 비용, 품질, 시간, 혁신, 유연성 중 어디에 우선순위를 둘지를 명확히 하고, 그에 따라 구조적·인프라적 운영 체계를 설계해야 한다.

모든 것을 잘하는 스타트업은 없다. 모든 것을 잘하려는 시도 자체가 전략적 모호성을 초래한다. 전략의 핵심은 선택과 집중이다. 명확한 선택과 자원 집중을 통해 일관성 있는 실행 구조를 마련해야 한다. 확장성은 초기의 성공을 장기적 성장으로 전환하는 운영 전략의 완성 단계이며, 린 씽킹과 유연성은 자원의 효율적 배분과 적응력 있는 실행을 가능하게 한다.

전략 경영과 운영 관리는 단절된 절차가 아니라 상호 연결된 시스템이다. 스타트업은 전략적 사고와 실행력을 통합하는 구조를 갖추어야 하며, 이를 통해 불확실한 시장 환경에서도 경쟁우위를 지속적으로 유지하고 확장할 수 있다.

창업가의 질문

Q1. 전략 수립에서 SWOT 분석, 비교 매트릭스, 포지셔닝 맵 등 다양한 도구를 활용한다고 하는데, 이러한 도구들이 실제 스타트업의 실행 전략 수립에 어떻게 통합적으로 작용하는지 잘 이해되지 않습니다. 이 도구들이 각각 어떤 역할을 하며, 전략 수립 과정에서 어떻게 연결되어야 하는지 설명해 주실 수 있을까요?

교수의 답변. 전략 도구들은 각각 특정 목적을 갖고 있으며, 이들을 통합적으로 활용할 때 비로소 실행력 있는 전략이 수립됩니다. 예컨대 SWOT 분석은 현재 조직의 내외부 환경을 진단하는 출발점입니다. 내부의 강점과 약점, 외부의 기회와 위협을 통해 전략적 방향을 설정하는 기초가 됩니다. 비교 매트릭스는 경쟁사와의 상대적 위치를 정량적으로 분석하는 데 유용하며, 경쟁우위를 어디서 확보할 수 있는지 구체적으로 파악할 수 있게 해 줍니다. 포지셔닝 맵은 고객의 시각에서 제품이나 서비스가 어떤 위치에 있는지를 시각화함으로써, 시장 내 공백이나 차별화 기회를 식별하는 데 효과적입니다. 전략 수립은 '현실 진단(SWOT) → 경쟁 분석(매트릭스) → 고객 관점의 포지셔닝'이라는 논리적 순환 구조를 따라야 하며, 각각의 도구는 이 과정에서 상호 보완적으로 작동합니다. 도구 그 자체보다 중요한 것은, 이들 간의 연결로 전략적 통찰을 얻고 실행 가능 계획으로 전환하는 사고의 흐름입니다.

Q2. 스타트업은 자원이 제한되어 있어 전략의 모든 영역을 동시에 챙기기 어렵습니다. 교수님은 선택과 집중이 중요하다고 하셨는데, 액셀러레이터로서 실제 초기 스타트업이 어떤 기준으로 '경쟁 우선순위'를 정해야 한다고 보시나요? 품질, 속도, 비용 등 중 무엇에 집중해야 하는지도 고민입니다.

액셀러레이터의 답변. 예비 창업가라면 꼭 짚고 넘어가야 할 고민입니다. '경쟁 우선순위'는 결국 고객이 무엇을 가장 가치 있다고 느끼는지에 따라 정해져야 합니다. 초기 스타트업일수록 모든 것을 잘하려고 하기보다는, 하나의 핵심 차별성에 집중해야 하죠. 예컨대 B2C 모바일 앱이라면 속도와 사용자 경험이 핵심일 수 있고, B2B SaaS 솔루션이라면 신뢰성과 품질이 중요할 수 있습니다. 저희는 스타트업과 협업할 때, 고객 인터뷰나 간단한 MVP 테스트를 통해 고객이 실제로 중요하게 여기는 요소를 빠르게 검증하고, 그에 따라 운영 전략을 설계합니다. 중요한 건 창업자의 생각이 아니라, 시장의 반응입니다. 스타트업의 전략은 고객의 기대와 현실적 자원 사이의 균형에서 출발해야 하며, 그 균형을 기준으로 경쟁 우선순위를 설정해야 합니다.

Q3. 운영 전략에서 확장성과 유연성이 중요하다고 하셨는데, 투자자로서 어떤 스타트업이 '확장 가능한 구조'를 갖췄다고 판단하시나요? 아직 매출이 크지 않은 상황에서 확장성의 가능성을 어떻게 검증할 수 있는지도 궁금합니다.

벤처캐피털리스트의 답변. 저희가 스타트업을 평가할 때 가장 중요하게 보는 항목 중 하나가 바로 '운영 구조의 확장 가능성'입니다. 아직 수익이 본격적으로 발생하지 않더라도, 작은 성공을 큰 구조로 전환할 수 있는 준비가 되어 있는지를 봅니다. 고객이 100명일 때와 10,000명일 때의 운영 체계가 동일하게 작동할 수 있을지, 또는 고객이 두 배로 늘어났을 때 운영비가 선형적으로 증가하지는 않는지를 따져 보죠. 핵심은 '수요 증가에 따라 수익성도 함께 증가하는 구조'입니다. 이를 위해 자동화된 시스템, 유연한 인력 구성, 외주 활용 계획, 반복 가능한 영업 구조 등이 마련되어 있어야 하며, 이들이 하나의 설계된 시스템으로 작동해야 합니다. 단순한 성장은 누구나 할 수 있지만, 확장 가능한 구조는 전략적으로 설계된 결과물입니다. 그런 구조를 갖춘 스타트업은 비록 현재 작더라도, 미래의 큰 그림을 보여 줄 수 있습니다.

Chapter 14

리더십과 조직관리

기업이 성장함에 따라 창업가는 사업을 일으키는 실행자에서, 조직을 이끄는 리더로 역할을 확장해야 한다. 이때 많은 이들이 리더십 준비 부족이라는 현실적인 과제에 직면한다. 특히 기술 중심 창업가의 경우, 문제 해결 능력이나 개발 역량에는 자신이 있지만, 사람을 조직하고 이끄는 데 필요한 리더십 기술은 상대적으로 소홀히 다루어져 온 경향이 있다. 이는 리더십이 후천적으로도 충분히 학습 가능한 기술이라는 점이 간과되기 때문이다. 창업 초기에 기술 중심으로만 조직을 이끌던 방식이 성장 이후에는 한계를 드러내기 시작한다. 기존 방식만으로는 더 이상 효과적으로 팀을 이끌 수 없다는 신호다.

　다행히 효과적인 리더가 되기 위해 MBA 학위나 정식 교육이 필요한 건 아니다. 많은 창업가가 실전에서 시행착오를 통해 리더십을 습득하지만, 실패 비용이 큰 스타트업에서 경험에만 의존하는 방식은 위험하다. 조직 내 혼란, 투자자와의 갈등, 핵심 인재 이탈 등은 창업가의 리더십 미비로 쉽게 유발될 수 있으며, 이는 곧 비즈니스 자체의 생존 위기로 이어진다. 따라서 창업가는 시행착오 전에 리더십의 기본기를 학습하고, 현장 경험과 함께 성장해야 한다.

　리더십은 직관적 행동이 아닌 전략적 역량이다. 조직을 구성하고 방향을 제시하며, 구성원들을 동기부여하고 협력 구조를 설계하는 일련의 과정은 고차원적 기술의 결합이다. 효과적인 리더는 명확한 비전 제시와 동시에 실행 가능한 목표를 수립하고, 권한 위임, 피드백, 갈등 조정 등을 통해 팀의 역량을 끌어올릴 수 있어야 한다. 특히 스타트업은 유연성과 속도를 중시하기 때문에, 리더는 변화 속에서 방향을 잃지 않고 조직을 정렬시키는 능력을 갖춰야 한다.

이 장에서는 이러한 리더십 역량의 기반이 되는 개념들을 소개하며, 스타트업 리더가 조직을 효과적으로 통제하고 성장시킬 수 있는 틀을 제공한다. 제시되는 이론과 기법은 모든 상황에 동일하게 적용되는 매뉴얼이 아니며, 기업의 특성과 맥락에 맞게 조정되어야 한다. 그러나 이 개념들은 창업 리더가 리더십 문제를 보다 구조적으로 이해하고, 시행착오의 비용을 줄이며, 효과적으로 조직을 이끌 수 있도록 도울 것이다. 결국 리더십은 전략 실행의 중심축이며, 지속 가능한 성장을 위한 결정적 자산이다.

기업가적 리더십

기업가적 리더십(Entrepreneurial Leadership)은 스타트업 환경에서 개인, 팀, 조직의 역량을 최대화하기 위한 핵심 역량이다. 단순히 방향을 제시하는 관리자에 그치지 않고, 창업가는 팀의 기대와 행동에 실질적인 영향을 미치며, 구성원의 헌신을 유도하고 성과 기반의 피드백을 통해 조직 전체의 학습과 성장 경로를 설계하는 역할을 담당해야 한다. 이 과정은 '함께 일하고 싶은 사람들과, 함께 가치를 창출하는 환경'을 구축하는 리더십을 요구하며, 이는 조직 문화의 토대를 형성한다.

기술 중심의 창업가는 초기에는 개인 역량에 의존해 빠르게 성과를 내지만, 기업이 성장하면서 이러한 방식에는 한계가 드러난다. 조직이 복잡해지고, 역할이 분화되며, 이해관계자가 다양해질수록 '혼자 잘하는 리더'보다 '함께 잘하도록 이끄는 리더'가 절실해진다. 연구에 따르면 많은 창업가가 기술적 전문성에는 강점을 보이지만, 타인을 동기부여하거나 팀의 역동성을 끌어내는 리더십에는 약점을 보이는 경우가 많다. 따라서 사업의 확장 국면에서는 관리 능력뿐 아니라, 팀의 감정·열정·가치에까지 작용하는 정서적 리더십 역량이 요구된다.

스티브 잡스가 2005년 스탠퍼드 졸업식에서 전한 메시지는 기업가적 리더십의 본질을 함축적으로 보여 준다. 그는 "머리를 벽돌로 맞는 순간에도 자신이 사랑하는 일을 믿고 지속해야 한다"고 강조했다. 이는 곧, 리더의 자기 확신과 내면의 열정이 조직의 지속성과 실행력을 견인하는 동력이 된다는 것을 의미한다. 리더가 신념과 비전으로 무장할 때, 팀은 그 방향을 공유하고 능동적으로 따르게 된다. 열정은 리더십의 영향력을 구성하는 핵심 기제다.

기업가적 리더십은 단순히 기술적 문제를 해결하는 기능적 역량을 넘어서, 전략적 실행과 실험 중심 학습을 유도하는 문화적 리더십으로 확장된다. 초기 스타트업은 본질적으로 '반복 가능하고 확장 가능한 비즈니스 모델'을 탐색하는 임시 조직이며, 이는 불확실성 속에서도 실험과 피드백, 그리고 팀의 역동성을 지속적으로 관리해야 한다는 것을 의미한다. 이 과정에서 창업가는 팀이 시행착오를 통해 검증된 학습을 얻도록 이끄는 '실험 설계자'이자 '학습 촉진자'의 역할을 담당해야 한다.

스타트업이 반복 가능하고 확장 가능한 비즈니스 모델을 발견하면, 조직은 탐색 중심의 초기 단계에서 실행 중심의 성장 단계로 전환된다. 이 시점에서 기업가적 리더는 더 이상 문제 해결자나 발명가의 역할에 머무를 수 없으며, 발견된 모델을 안정적으로 실행하고 조직화할 수 있는 구조를 설계하는 데 집중해야 한다. 그러나 기술 기반 창업가는 종종 독립적으로 운영하려는 경향이 강해, 조직 내 협업 구조나 리더십의 중요성을 간과하기 쉽다. 그 결과, 조직 내 불만과 이직률이 높아지고, 결국 창업가가 리더십의 공백을 인정하거나 새로운 리더를 영입해야 하는 상황에 직면하기도 한다.

이 장에서는 리더십을 "가치 있고 의미 있는 도전적인 목표를 달성하기 위해 타인의 활동에 커뮤니케이션을 통해 영향을 미치는 능력"으로 정의한다. 이 정의는 리더십을 단순한 직위나 권한이 아닌, 인간관계 속에서 실현되는 영향력의 기술로 본다. 첫째, 리더십은 필연적으로 추종자의 존재를 전제로 하며, 혼자만의 성과로는 리더십이 형성되지 않는다. 둘째, 리더십은 단순한 지시가 아니라, 영향력의 기술을 활용하여 구성원들이 자발적으로 목표를 추구하도록 이끄는 과정이다. 셋째, 그 영향력은 공식 권위만이 아니라, 동기부여, 신뢰 구축, 모범 행동을 통한 롤모델링 등 다양한 방식으로 작용할 수 있다.

직원들은 리더에게 방향 제시자이자 조직 문화를 구현하는 모범을 기대하며, 이 기대는 리더의 개인적 자질과 행동을 조직 전반에 반영되도록 만든다. 리더십은 스포츠, 정치, 비영리 조직, 기업 등 다양한 사회적 맥락에서 요구되며, 맥락마다 리더십의 표현 방식은 다를 수 있다.

그러나 기업가적 리더에게는 기술 중심 능력을 넘어서, 조직의 비전 정렬과 팀 동기화에 초점을 맞춘 리더십이 요구된다. 기업가적 리더는 방향을 제시하는 데 그치지 않고, 직원들이 그 방향에 공감하고 함께 움직일 수 있도록 신뢰 기반의 리더십을 실현해야 한다. 이는 실행 단계에서 조직 전체가 한 방향으로 정렬되고 성장하도록 돕는 핵심 역량이다.

리더의 영향력

영향력은 리더십 행동의 중심축으로, 기업가적 리더는 기업이 설정한 목표를 향해 조직을 정렬시키는 데 다양한 영향력 전략을 핵심 도구로 활용한다. 초기에는 창업가의 권위나 직무 권한에 기반한 통제가 작동할 수 있지만, 조직이 성장하고 구성원이 다양화될수록 리더는 보다 정교하고 상황 적합적인 영향력 기술을 구사해야 한다. 보상 체계, 피드백 방식, 성과 평가, 조직 구조 설계 등 일상의 운영 결정은 모두 리더의 영향력이 구체화되는 경로이자, 구성원 행동을 유도하는 실천적 수단이 된다.

리더가 활용할 수 있는 영향력 전략은 다음과 같이 일곱 가지로 정리된다.

- **합리.** 사실과 데이터, 논리를 바탕으로 타당한 주장을 제시하는 방식으로, 특히 기술 중심 조직에서 설득력을 높이는 데 효과적이다.
- **친밀.** 지지, 칭찬, 정서적 유대를 통해 신뢰 기반의 우호적 분위기를 조성한다.
- **협동.** 타인의 참여와 협력을 유도하여 공동 책임 의식을 높이고, 실행력을 강화한다.
- **협상.** 상호 호의와 이익을 기반으로 하는 거래적 접근 방식으로, 기대 보상과 행동을 연결시킨다.
- **확신.** 명확하고 단호한 커뮤니케이션을 통해 메시지 전달력과 실행 집중도를 높인다.
- **권위.** 상위 계층의 지지나 조직 차원의 명분을 활용해 요청에 정당성을 부여한다.
- **제재.** 보상과 처벌이라는 외재적 자극을 통해 행동을 조정하며, 주로 단기적 통제에 사용된다.

기업가적 리더는 이들 전략을 단편적으로 적용하기보다, 상황과 대상에 맞춰 전략적 조합을 설계하고 실행해야 한다. 특히 성장 단계에 접어든 스타트업에서 '소유자의 명령'에 의존하는 리더십은 구성원 참여를 저해하고, 조직의 자율성과 확장성을 가로막는 원인이 될 수 있다. 연구에 따르면, 구성원이 조직 내 의사결정에 영향력을 느낄수록 동기와 몰입 수준이 높아지고, 이는 조직의 성과로 직결된다.

리더십의 궁극적인 시험은 명확한 결정을 내리는 것이 아니라, 리더의 부재 상황에서도 조직이 자율적으로 작동할 수 있는 구조와 문화를 구축하는 데 있다. 기업가적 리더는 구성원의 성장을 지원하고 그들이 스스로 리더십을 발휘할 수 있도록 기회를 제공해야 한다. 이는 단순한 위임이나 역할 분담이 아니라, 자율성과 책임을 확산시키는 조직 운영 철학이다.

교만하거나 권위에 의존하는 태도는 단기적으로 통제력을 확보할 수 있지만, 자발성과 창의성을 억제하여 조직 성장의 발목을 잡는다. 반면, 구성원 개개인의 기술, 역량, 성격에 맞는 도전적 과제를 지속적으로 제공하고, 성장을 유도하는 리더는 장기적으로 더 깊은 영향력을 발휘할 수 있다. 이는 구성원의 개인적 성취를 넘어, 조직 전체의 학습 능력과 문제 해결 역량을 고도화하는 토대가 된다. 영향력은 구성원이 자발적으로 따라오도록 만드는 신뢰의 설계이자 성장의 촉매이다.

리더십 기술

스타트업이나 스타트업의 성공은 뛰어난 아이디어와 기술력만으로는 충분하지 않으며, 이를 실행 가능한 조직으로 전환시키는 헌신적이고 역량 있는 리더의 존재가 필수적이다. 창업가는 명확한 목표를 설정하고, 그 목표 달성에 장애가 되는 요인을 식별하며, 제한된 자원을 전략적으로 계획하고 조직함으로써 기업의 사업 성과를 극대화해야 한다. 특히 스타트업 환경은 불확실성과 급변성이 높기에, 창업가는 다양한 상황에 유연하게 대응할 수 있는 실천적 리더십 기술을 갖추어야 한다.

그러나 이러한 리더십 기술을 체계적으로 습득하는 것은 많은 창업가에게 결코 쉬운 과제가 아니다. 첫 창업을 경험하는 기술 기반 창업가들은 대개 경영학적 훈련이나 리더십 교육을 받지 않은 상태에서 조직을 이끌게 되며, 과거의 직장 경험이나 인상 깊었던 상사의 행태를 모방하는 수준에 그치기도 한다. 문제는 이러한 경험들이 일관된 이론이나 전략에 기반하지 않은 경우, 조직 운영 과정에서 오히려 비효율과 혼란을 유발할 수 있다는 점이다.

공식적인 리더십 교육이 꼭 필요하지는 않지만, 리더십 개념과 실천 도구에 대한 이해는 명확한 방향 설정과 실행력 향상에 실질적인 기여를 할 수 있다. 이를 간과한 창업가는 리더십 결핍으로 인해 조직 내 신뢰를 잃거나, 팀 운영에 실패해 더 숙련된 외부 인사에게 운영권을 넘기는 상황에 직면할 수 있다. 이 경우 외부 전문가는 기업의 생존과 성장에 실질적 도움을 줄 수 있지만, 창업가 본인의 주도성과 비전 실행력은 약화될 수 있다.

따라서 스타트업 비즈니스에 대한 장기적 책임과 비전을 유지하려는 창업가는 반드시 리더십 기술을 지속적으로 개발해야 한다. 이는 개인 역량 강화뿐 아니라 조직 전체의 방향성과 실행력을 정렬시키는 구조적 기반이 된다. 스타트업 환경에서는 특히 작은 실천이 큰 결과로 이어질 수 있기 때문에, 창업가의 언행, 의사결정 방식, 팀에 대한 피드백 구조가 곧 조직 문화로 전이되며 성과에 영향을 미친다.

성공의 핵심이 실행력에 있다는 점에서, 리더십은 단순한 인격적 특성이나 직책이 아닌, 학습 가능한 기술로 접근해야 한다. 투자자와 숙련된 창업가들 역시 '실행 가능한 조직을 구축할 수 있는 능력'을 리더의 가장 중요한 자산으로 평가한다. 아무리 훌륭한 비전과 이상이 있더라도, 실행되지 않으면 시장에서는 평가받지 못한다.

다행히 실행에 필요한 리더십 기술은 학습을 통해 개발 가능하다. 독서를 통한 개념 학습, 실패와 성공에서의 경험적 통찰, 그리고 자기 성찰을 통한 행동 개선은 누구나 실천할 수 있는 경로다. 결국 중요한 것은 학습 의지이며, 배우고자 하는 창업가는 실행력 있는 리더로 성장할 가능성을 스스로 열 수 있다. 리더십은 스타트업의 전략을 현실로 전환하는 실천적 동력이다.

리더십 기술의 유형

스타트업의 유형이나 규모와 관계없이, 기업가적 리더는 다양한 상황에 효과적으로 대응하기 위해 복합적인 리더십 기술을 지속적으로 습득하고 발전시켜야 한다. 여기서 말하는 기술(skill)은 단순한 기능적 능력이 아니라, 특정 과제를 성공적으로 수행할 수 있는 실질적 역량을 의미하며, 학습과 경험을 통해 강화될 수 있는 발전 가능성을 내포한다. 성공적인 리더가 되기 위해 창업가는 다음의 기술 영역에 전략적 우선순위를 두고 역량을 확장해야 한다.

- **분석적 기술.** 복잡한 문제를 구조화하고 데이터를 기반으로 논리적으로 해석하며, 핵심 원인을 도출해 해결 방안을 제시하는 능력이다. 스타트업 환경에서 빠르게 변화하는 변수들을 체계적으로 이해하고

대응하기 위해 필수적이다.
- **의사결정 기술.** 제한된 정보와 자원 속에서도 신속하고 명확한 결정을 내릴 수 있는 역량이다. 이는 단순한 판단을 넘어서, 결과에 대한 책임과 후속 조치를 포함하는 실천적 기술이다.
- **의사소통 기술.** 내부 구성원 및 외부 이해관계자와 명확하고 설득력 있게 소통하며, 협업과 신뢰를 구축하는 능력이다. 스타트업의 빠른 실행과 조율에는 효과적인 커뮤니케이션이 기반이 되어야 한다.
- **개념화 기술.** 개별 과제를 넘어서 전체 시스템과 전략적 방향을 파악하고, 복잡한 상황 속에서 큰 그림을 그릴 수 있는 추상화 능력이다. 리더는 전술에만 갇히지 않고, 전략적 사고를 통해 변화의 흐름을 주도할 수 있어야 한다.
- **회복력 기술.** 불확실성과 실패가 빈번한 창업 환경에서 감정적 안정과 회복 능력을 유지하며, 장기적인 목표를 향해 지속적으로 나아가는 능력이다. 이는 단기적 낙담을 극복하고, 구성원에게 심리적 안정감을 제공하는 리더의 태도로 이어진다.
- **팀 빌딩 기술.** 협력적 문화와 심리적 안전감을 조성하여 구성원의 잠재력을 극대화하고, 자율성과 책임감을 동시에 부여하는 리더십 기술이다. 이는 성과 중심의 조직 문화를 조성하는 실질적 기반이 된다.
- **자기 인식 기술.** 자신의 행동, 감정, 한계와 강점을 객관적으로 인식하고, 피드백을 기반으로 지속적으로 자기 발전을 이끄는 능력이다. 이는 리더가 권위에 기대지 않고, 겸손하고 유연한 방식으로 조직을 이끄는 바탕이 된다.

이러한 기술은 개별적으로 기능하는 것이 아니라, 리더십 실천 과정에서 유기적으로 연결되며, 조직의 실행력과 팀의 몰입도를 결정짓는 복합적 역량체계를 이룬다. 기업가적 리더는 기술 습득을 일회성 훈련이 아닌 지속적인 성장 과정으로 인식하고, 실천과 학습을 병행하며 자신의 리더십을 체계적으로 강화해야 한다.

분석적 기술

분석적 기술(Analytical Skills)은 스타트업이 직면하는 복잡한 문제를 구조화하고, 체계적인 접근을 통해 실행 가능한 해결책을 도출하는 데 핵심적인 역할을 한다. 이는 단순한 문제 해결 능력을 넘어, 성과에 영향을 미치는 다양한 요인을 식별하고, 이들 간의 상호작용을 정량적·정성적으로 분석하는 능력을 포함한다. 궁극적으로 분석적 기술은 조직의 목표를 달성하기 위한 전략적 실행 계획을 수립하고, 그 실행력을 평가·조정하는 데 기여한다.

이 기술은 복잡한 변수들 사이의 연계성을 이해하고, 이를 바람직한 방향으로 조율할 수 있는 사고 역량을 요구한다. 또한 외부 환경뿐 아니라 내부 자원 구성에 대한 분석 역시 포함되며, 자신의 한계와 강점은 물론, 팀원들의 역량을 객관적으로 진단할 수 있어야 한다. 이를 통해 리더는 핵심 인재를 적재적소에 배치하거나, 보완적 인력을 채용해 팀 역량을 최적화할 수 있다. 이러한 조직 역량은 단순한 기술력 이상으로 기업의 전략 실행력에 영향을 미친다.

대부분의 기술 중심 창업가는 높은 수준의 분석 능력을 보유하고 있지만, 이는 종종 제품 설계, 알고리즘 최적화, 시스템 개선 등 기술 문제에 국한되는 경향이 있다. 그러나 성공적인 사업 운영을 위해서는 기술 중심 분석을 넘어, 시장, 자금, 인력, 유통, 고객 니즈 등 비즈니스 전반을 아우르는 분석적 시야가 필요하다. 예를 들어, 기술적으로 뛰어난 제품을 갖고 있어도, 시장 수요가 미비하거나, 고객 확보 비용이 과도하거나, 자금 구조가 지속 가능하지 않다면 성장에 한계가 발생한다. 따라서 창업가는 기술 문제를 푸는 역량뿐 아니라, 시장 기회 평가, 마케팅·운영 비용 분석, 확장 가능성과 자금 소요 예측 등 다양한 비즈니스 분석 역량을 병행해야 한다.

이 책에서 다룬 분석 도구들은 이러한 전환적 사고를 가능하게 하는 실천 프레임워크를 제공한다. 제품 중심에서 시장 중심으로, 기술 해결에서 전략 결정으로 분석의 초점을 유연하게 이동시킬 수 있는 사고 확장력이 필요한 시점이다. 성공적인 창업가는 이러한 도구들을 통해 분석적 시야를 넓히고, 다양한 조직 과제를 전략적으로 진단·처방할 수 있어야 한다. 분석적 기술은 '문제를 푸는 능력' 자체가 아니라, '무엇이 문제인지 정의하고, 그것이 사업에 어떤 영향을 미치는지 통찰하는 능력'으로 작동한다.

의사결정 기술

창업가는 매일 수많은 결정을 내려야 하며, 그 결정의 질이 곧 스타트업의 실행력과 생존 가능성을 좌우한다. 특히 스타트업 환경은 구조화되지 않은 정보, 빠르게 변하는 시장 조건, 명확하지 않은 고객 니즈와 같은 불확실성과 모호성으로 가득 차 있다. 이런 상황에서 창업가는 반사적 대응을 자제하고, 의도적 숙고를 바탕으로 전략적 선택을 해야 한다. 의사결정 기술(Decision-Making Skills)이란 '무엇을 기준으로, 언제, 어떻게 결정할 것인가'를 체계적으로 설계하는 역량이다.

스타트업에서는 종종 완전한 정보 없이, 제한된 시간과 자원 속에서 의사결정을 내려야 한다. 이때 창업가는 경제학자 허버트 사이먼이 제시한 '만족화(Satisficing)' 개념에 따라, 이상적인 선택이 아니라 실행 가능한 최선의 대안을 찾아야 한다. 만족화는 '완벽한 최적화'보다는 '현실적 실행력'을 우선시하며, 이는 스타트업의 민첩성과 실험 기반 학습 모델과 잘 부합된다. 즉, 의사결정은 정답을 찾는 과정이 아니라, 시행 가능한 해법을 만들어 가는 실천 행위에 가깝다.

결정의 유형은 기술적 선택에서부터 비즈니스 전략까지 폭넓게 분포한다. 예컨대, 기술 로드맵을 따라 개발을 우선할 것인지, 시장 요구를 반영해 제품 방향을 조정할 것인지는 자주 맞닥뜨리는 갈림길이다. 이러한 상황에서 분석적 기술은 대안들을 비교 평가하는 데 유용하지만, 지나친 분석은 '결정 미루기'로 이어질 수 있다. 따라서 창업가는 정보 부족에도 불구하고 결단력을 갖고, 결과를 감수할 용기를 동반한 결정을 내려야 한다.

결정 이후의 행동력 역시 의사결정 기술의 일부다. 스타트업의 생존력은 '결정 자체'보다도 '결정 이후 얼마나 빠르고 일관되게 행동할 수 있는가'에 달려 있다. 조직은 리더의 행동에서 방향성을 읽기 때문에, 창업가는 자신이 내린 결정에 대한 명확한 메시지와 실행 의지를 구성원에게 전달해야 한다. 모호하거나 흔들리는 태도는 실행력 저하로 이어진다.

의사결정 기술은 '옳은 선택'을 찾아내는 정답 중심의 태도가 아니다. 상황에 따라 가장 적합한 대안을 신속히 정의하고, 이를 책임 있게 실행하는 과정이다. 불확실성 속에서도 결정을 내리고, 결과에 따라 빠르게 학습하고 수정하는 능력이 기업가적 리더에게 요구되는 결정적이고 본질적인 역량이다.

의사소통 기술

스타트업의 성패는 뛰어난 아이디어나 기술력뿐 아니라, 이를 주변과 얼마나 효과적으로 공유하고 설득할 수 있는가에 달려 있다. 창업가는 단순한 전달자가 아니라, 조직 내외의 다양한 이해관계자들과 상호작용하며 방향을 조정하고 실행력을 조율하는 커뮤니케이션의 중심축이다. 따라서 명확하고 설득력 있는 의사소통 기술(Communication Skills)은 리더십 역량의 필수 요소이며, 구두와 서면 모두에서 전략적으로 발휘되어야 한다.

먼저, 창업가는 자신이 전달하는 메시지가 상대에게 정확히 이해되고 있는지를 점검하고, 이를 위해 능동적으로 피드백을 수집하고 반영할 수 있어야 한다. 특히 팀 구성원과의 커뮤니케이션에서는 일방적 지시보다 상호 이해와 공감 기반의 소통이 실행력을 높인다. 투자자, 주주, 파트너 등 외부 이해관계자와의 관계에서도 메시지 전달의 정교함은 신뢰 형성에 직결되며, 창업가의 비전과 전략이 시장에서 어떻게 해석되는지를 결정짓는다.

자금 조달은 스타트업이 가장 자주 마주하는 커뮤니케이션 과제 중 하나다. 투자자와의 첫 접점에서 사용되는 엘리베이터 피치(Elevator Pitch)는 단기간 내에 기업의 본질과 사업의 가치를 설득력 있게 설명해야 하는 고밀도의 구두 커뮤니케이션이다. 1분 이내에 핵심 메시지를 효과적으로 전달할 수 있어야 하며, 이는 창업가가 가치 제안과 경쟁우위를 얼마나 명확하게 정리하고 있는지를 보여 주는 시험대다.

서면 의사소통 역시 창업가에게 요구되는 중요한 기술이다. 비즈니스 계획서는 단순한 문서가 아니라, 창업가가 기업의 전략, 시장, 운영 구조, 재무 예측을 체계적으로 정리하고 외부와 소통하는 공식 도구다. 요약본

(Executive Summary)은 핵심 메시지를 1~2페이지 내에 압축적으로 전달해야 하며, 이는 글쓰기 역량뿐 아니라 논리적 구조화 능력을 요구한다. 연구에 따르면, 창업가가 직접 계획서를 작성할 때 사업에 대한 이해가 깊어지고, 전략적 통찰도 강화된다고 한다. 또한, 계획서는 고정된 문서가 아니라 기업 성장에 따라 지속적으로 수정·보완되어야 하는 살아 있는 전략 자료이기에, 지속적 작성 능력이 필요하다.

구두 발표 능력 또한 빼놓을 수 없다. 창업가는 다양한 청중—기술 전문가, 일반 투자자, 정책 관계자 등—을 대상으로 비즈니스의 핵심을 전달해야 하며, 청중의 배경과 정보 수준에 따라 메시지의 구조와 언어를 조정할 수 있어야 한다. 특히 기술적 용어나 복잡한 자료는 비전문가에게는 오히려 혼란을 유발할 수 있으므로, 쉽게 이해할 수 있는 언어와 구체적인 사례 중심의 설명이 요구된다.

의사소통 기술은 리더가 조직과 시장에 메시지를 '어떻게 설계하고 조율할 것인가'에 대한 전략적 역량이다. 창업가는 말과 글을 통해 조직의 방향성과 정체성을 명확히 전달하고, 내부 동기부여와 외부 신뢰 형성을 동시에 끌어내야 한다. 이는 단순한 기술이 아니라, 스타트업 리더십의 작동 방식 그 자체다.

개념화 기술

개념화 기술(Conceptualization Skills)은 단편적인 정보나 사건, 과제를 넘어서, 그것들 사이의 구조적 관계와 상호작용을 통찰하는 능력이다. 이는 창업가가 현재의 의사결정이 미래에 미치는 영향을 이해하고, 이를 바탕으로 조직의 전략적 방향성을 설계하는 데 핵심적인 역량으로 작용한다. 특히 스타트업과 같은 불확실성이 높은 환경에서는, 개별적인 문제 해결을 넘어 '전체 그림'을 그릴 수 있는 능력이 리더십의 실질적인 차별점이 된다.

이러한 개념화 기술은 조직의 장기 비전을 수립하고, 이를 구성원들에게 명확하게 전달하며, 전략적 실행으로 전환하는 과정을 이끈다. 여기서 핵심은 단순한 관리 능력이 아니라, 조직 전체를 하나의 일관된 목적 아래 통합할 수 있는 비전 리더십이다. 비전 리더십은 흔들리지 않는 핵심 이념(core ideology)을 중심에 두고, 변화하는 시장 속에서도 방향을 잃지 않도록 조직을 이끈다.

그중에서도 '크고 대담한 목표(Big Hairy Audacious Goals, BHAGs)'는 개념화 기술의 대표적 산물로, 조직의 에너지를 하나의 미래 지향적 목표로 집중시키는 실천적 도구다. BHAG는 강력한 메시지와 명확한 시한을 수반하며, 구성원들에게 실질적인 동기를 제공함으로써 집단적 몰입을 유도한다. 창업가는 팀이 일상적인 혼란 속에서도 이 큰 그림을 잊지 않도록 조율자 역할을 해야 하며, 이는 스타트업의 불확실성을 완충하고 전략적 집중을 가능케 한다.

개념화 기술은 현실의 제약과 불확실성을 고려해 전략적으로 실행 가능한 비전을 설계하는 기술이다. 스티브 잡스가 "미친 듯이 훌륭한 제품(Insanely Great Products)"이라는 비전을 내걸고, 이를 통해 조직 내부의 몰입과 혁신을 유도한 사례는 개념화 기술이 어떻게 실질적인 성과로 연결되는지를 잘 보여 준다. 잡스의 비전은 제품의 품질, 조직 문화, 고객 경험의 기준을 정의하는 철학이었으며, 애플을 세계 최고 수준의 기술 기업으로 성장시키는 핵심 동력이 되었다.

이러한 비전적 리더십은 산업의 종류를 막론하고 강력한 변화를 유도한다. 프레드 스미스가 페덱스를 통해 제시한 "하룻밤 배송"은 물류 산업의 시간을 재정의했고, 존 매키의 '완전한 식품, 완전한 인류, 완전한 지구'라는 홀푸드의 비전은 고객이 단순히 물건을 사는 것이 아니라 철학에 참여하는 경험을 가능하게 했다. 이처럼 강력한 비전은 제품, 운영, 조기 문화에까지 일관되게 내재되어야 하며, 구성원과 고객 모두의 충성도를 높이는 핵심 기반이 된다.

개념화 기술은 조직의 전략과 문화, 성과를 연결하는 '설계 사고'의 본질이다. 이는 스타트업에만 국한되지 않으며, 복잡한 환경 속에서도 변화를 주도하고 지속 가능성을 확보하기 위한 전방위적 리더십 기술이다. 창업가는 개념화 기술을 통해 단기적 성과에 그치지 않고, 장기적인 경쟁력과 조직 정체성을 구축할 수 있는 실질적 리더로 성장하게 된다.

회복력 기술

회복력(Resilience Skills)은 스타트업 환경에서 기업가적 리더가 반드시 갖추어야 할 핵심 역량이다. 스타트업의 불확실성과 모호성, 잦은 실패와 외부 압력 속에서 운영되며, 감정적·재정적·신체적 스트레스가 동시에 몰려오는 상황이 빈번하게 발생한다. 이때 리더는 외부의 충격으로부터 조직을 보호하고, 내부적으로는 팀의 심리적 안정과 방향성을 유지하는 균형추 역할을 담당해야 한다. 회복력은 단순한 스트레스 내성이 아니라, 혼란과 역경 속에서 긍정적 에너지를 재생산하고 이를 조직 전체로 확산시키는 능력이다.

이러한 회복력은 타고나는 기질이 아니라, 경험과 학습을 통해 체계적으로 강화할 수 있는 기술적 성격을 지닌다. 실패를 통한 학습, 시련 속에서의 자기 성찰, 반복되는 도전에서의 태도 변화는 모두 회복력의 근간이 되는 성장 메커니즘이다. 회복력은 '견디는 힘'에서 나아가 '다시 일어서는 힘', 더 나아가 '이전보다 더 나은 방식으로 일어나는 능력'이다. 스타트업 리더는 역경을 피하는 데 집중하기보다, 그것을 성장의 촉진제로 전환하는 태도를 갖춰야 한다.

이 과정에서 감성 지능(Emotional Intelligence)은 회복력의 촉매로 작용한다. 감성 지능은 자신의 감정 상태를 인식하고 이를 조절하며, 타인의 감정을 이해하고 공감할 수 있는 능력으로, 감정의 파동을 조직에 그대로 전달하지 않고, 오히려 심리적 안전망을 제공하는 리더십을 가능하게 한다. 예컨대 재정적 위기나 제품 실패와 같은 상황에서도, 리더가 침착함과 현실 인식을 바탕으로 팀을 격려한다면, 이는 조직의 신뢰를 유지하고 회복 가능성을 높일 수 있도록 한다.

반대로, 리더가 감정을 통제하지 못하고 낙담, 분노, 무기력감을 그대로 드러낸다면, 이는 팀 전반에 부정적 에너지를 전이시키고, 신뢰를 약화시키며, 실행력을 저해하는 결과로 이어진다. "왜 나에게 이런 일이 일어나는가"라는 피해자적 사고는 리더십이 작동하는 핵심 기반을 무너뜨리며, 결국 조직 전체의 사기를 하락시키는 원인이 된다.

기업가적 리더는 회복력을 통해 혼란 속에서도 중심을 잃지 않고, 팀의 동기와 사기를 유지하며, 불확실성을 전략적 기회로 전환하는 리더십을 발휘해야 한다. 이는 단기적인 위기 대응을 넘어, 장기적인 성장성과 지속 가능성을 담보하는 기반이 된다. 스타트업은 필연적으로 반복되는 실패와 시행착오를 경험하게 되며, 이때 회복력은 조직이 '무너지지 않고 다시 뛰는' 실행력의 원천이 된다. 회복력 기술은 곧 리더의 신뢰, 조직의 지속성, 사업의 미래를 결정짓는다.

팀 빌딩 기술

팀 빌딩 기술(Team-Building Skills)은 기업가적 성공의 핵심 기반이며, 특히 스타트업와 같이 복잡성과 전문성이 높은 환경에서는 한 개인이 모든 과업을 수행할 수 없기 때문에 더욱 중요하다. 유능한 창업가는 모든 문제를 혼자 해결하려 하기보다, 적절한 역량과 태도를 가진 인재를 선별하고, 이들을 하나의 목표 아래 결속된 팀으로 운영할 수 있는 능력을 갖추고 있어야 한다. 팀 빌딩은 단순한 인력 충원이 아니라, 전략적 목표를 중심으로 한 '역할 설계와 관계 설계'의 과정이다.

효과적인 팀 빌딩은 기업이 달성하려는 목표에 필요한 기술과 역량을 정의하는 것에서 출발한다. 창업가는 현재 팀이 갖추지 못한 역량의 격차를 파악하고, 이를 메울 수 있는 인재를 적극적으로 확보해야 하며, 동시에 이들이 조직 내에서 자율적이고 효과적으로 기능할 수 있도록 환경을 설계해야 한다. 이 과정은 내부 팀원에 국한되지 않으며, 외부 조언자, 투자자, 파트너와의 협력 구조까지 포함해 사업 성공에 필요한 역량을 통합적으로 조율하는 작업이다.

탁월한 팀 빌더는 겸손에서 출발한다. 자신보다 더 뛰어난 인재를 고용하는 것을 두려워하지 않으며, 그들이 역량을 최대한 발휘할 수 있도록 무대를 제공한다. 특히 기술 기반 창업가라면 기술 우위를 고수하기보다는, 리더로서 전체 팀의 역량을 끌어올리는 데 주력해야 한다.

팀이 성과를 내기 위한 핵심은 '명확한 목표'와 '책임 구조'다. 유능한 인재들은 통제보다는 자율을 선호하며, 리더가 방향성과 기대치를 명확히 제시할 때, 스스로 역할을 정의하고 협력 구조를 자발적으로 설계할 수 있다. 이때 리더는 불필요한 간섭을 자제하고, 신뢰를 기반으로 한 실행 환경을 조성해야 한다. 구글은 엔지니어에게 자율권을 부여하고 프로젝트 선택을 개방함으로써 창의성과 성과를 극대화한 대표적 사례로, 이는 명확한 비전과 적절한 보상 시스템이 결합될 때 가능하다.

성공적인 팀 빌딩은 올바른 사람을 올바른 자리에 배치하고, 그들이 몰입할 수 있는 구조와 문화를 조성하는 일이다. 구성원들이 공유된 비전 아래 자율적으로 협력할 때, 조직은 가장 큰 시너지를 창출할 수 있으며, 이는 곧 스타트업의 실행력과 성장 가능성을 좌우하는 결정적 요소로 작용한다. 창업가는 이러한 자율성과 연대의 기반을 설계하고 유지하는 '팀 건축가'로서, 팀의 잠재력을 극대화하는 환경을 조성해야 한다.

자기 인식 기술

자기 인식 기술(Self-Awareness Skills)은 성공적인 리더십의 내적 토대를 구성하는 핵심 역량으로, 창업가가 자신의 강점과 한계를 명확히 인식하고 지속적인 성장의 발판으로 삼기 위해 반드시 갖추어야 할 능력이다. 이는 리더로서의 자기 통찰력을 키우고, 상황에 따른 적절한 대응과 행동 조정을 가능하게 하며, 변화와 피드백에 유연하게 반응하는 정서적 민첩성을 제공한다.

자기 인식 기술은 단순한 자기 이해를 넘어, 의도와 행동 사이의 일관성을 높이고, 조직 내외의 관계에서 신뢰를 구축하는 기반이 된다. 특히 스타트업 환경처럼 빠르게 변화하고 압박이 큰 상황에서는, 리더의 감정과 행동이 조직 전반에 미치는 영향력이 크기 때문에, 자기 인식은 실행력과 팀 안정성의 조정 기제로 작동한다.

자기 인식을 강화하는 첫 번째 방법은 자기 성찰(self-reflection)이다. 이는 과거의 성공과 실패 경험을 되돌아보며, 어떤 요인이 긍정적인 결과를 이끌었는지, 어떤 패턴이 반복적인 어려움을 유발했는지를 분석하는 과정이다. 예를 들어, 어떤 프로젝트에서의 성공이 성실성과 계획 수립 역량에 기인했다면, 향후 과제에서도 이를 전략적으로 강화할 수 있다. 자기 성찰은 추상적인 감정 회고를 넘어, 반복되는 행동 패턴을 인식하고 실행 전략을 조정하는 실용적 분석 도구로 기능한다.

일기 작성은 이러한 자기 성찰을 체계화하는 강력한 수단이다. 하루의 주요 활동과 결정, 감정 상태, 상호작용 등을 다음과 같은 질문 중심으로 기록하면, 자신의 사고 및 행동 패턴을 객관적으로 조망할 수 있다.

- 오늘 내가 수행한 주요 활동은 무엇이었는가?
- 누구와 어떤 상호작용을 했고, 그 결과는 어땠는가?
- 오늘 내가 내린 주요 결정은 무엇이며, 그 판단 근거는 무엇이었는가?
- 어떤 문제를 어떻게 해결했는가?

이러한 기록은 자기 규율을 요구하지만, 시간이 지날수록 자기 통제력, 판단력, 감정 인식 능력을 체계적으로 성장시키는 귀중한 자료가 된다.

두 번째 방법은 자기 평가(self-assessment) 도구의 활용이다. 온라인에서 제공되는 성격, 리더십 스타일, 업무 선호 유형 등에 대한 심리 평가 도구를 활용하면, 자신이 인지하지 못했던 강점과 개선 영역에 대한 객관적인 통찰을 얻을 수 있다. 이는 자기 이미지와 실제 행동 간의 간극을 점검하고, 향후 학습 목표를 명확히 설정하는 데 유용하다.

세 번째로, 타인의 피드백은 자기 인식을 확장하는 중요한 외부 거울이다. 동료, 멘토, 팀원, 투자자 등 신뢰할 수 있는 관계자들에게 솔직한 피드백을 요청하고, 그 내용을 열린 태도로 수용하는 것은 자기 인식을 한 단계 심화시키는 계기가 된다. 이 과정에서 자신의 인식과 타인의 관찰이 불일치할 경우, 즉각적인 방어가 아닌, 통합적 사고를 통해 수용과 조정을 병행하는 유연한 자세가 필요하다.

자기 인식 기술은 리더십 역량의 토대이며, 그 핵심은 성격, 가치, 태도라는 세 가지 주요 영역에 대한 이해로 구성된다. 이 세 가지는 리더가 자신의 행동과 결정의 동기를 파악하고, 책임 있는 리더십을 실행하는 데 결정적인 역할을 한다. 자기 인식을 통해 리더는 보다 일관된 행동을 설계하고, 필요한 기술과 능력을 전략적으로 개발할 수 있다.

첫째, 성격(Personality) 은 개인의 행동, 사고, 감정 반응을 형성하는 고유한 특성들의 집합으로, 특히 리더십에서는 자기 개념(Self-Concept)이 중심이 된다. 자기 개념은 자신을 어떻게 인식하느냐에 대한 통합적 인지로, 신체적 정체성, 사회적 위치, 정신적 강점 등을 포함한다. 이 자기 개념은 다시 자존감(Self-Esteem) 과 자기 효능감(Self-Efficacy) 으로 구분된다. 자존감은 '나는 가치 있는 사람이다'라는 믿음으로, 리더의 자기 신뢰와 감정 안정성에 영향을 미친다. 반면 자기 효능감은 '나는 이 과제를 잘 해낼 수 있다'는 신념으로, 도전 상황에서의 실행력과 회복력에 직결된다. 높은 자기 효능감을 가진 리더는 리스크가 높은 스타트업 환경에서도 주도적으로 행동하고 팀을 이끄는 경향을 보인다.

둘째, 가치(Values) 는 개인이 옳고 바람직하다고 믿는 기준으로, 리더의 의사결정과 행동에 깊은 영향을 미친다. 가치는 개인적 경험뿐 아니라 가족, 문화, 멘토, 사회적 영향 등을 통해 형성되며, 리더의 장기적인 목표와 단기적 행동을 일관되게 연결하는 기준점이 된다. 가치는 종착 가치(Terminal Values)와 도구 가치(Instrumental Values) 로 구분된다. 종착 가치는 개인이 최종적으로 달성하고자 하는 삶의 목표(예. 자율성, 명예, 평화 등)이며, 도구 가치는 그 목표를 실현하기 위해 중요하게 여기는 수단적 가치(예. 성실, 책임, 개방성 등)를 의미한다. 리더는 자신의 가치 체계를 명확히 인식할 때, 조직의 방향성과 문화, 인사 전략에 일관된 메시지를 부여할 수 있다.

종착적 가치	도구적 가치
편안함	야망
흥미로움	포용
성취감	유능
평화로움	명랑
아름다움	청결
평등	용기
안정	용서
자유	도움
행복	정직

[도표 14.1] 가치 분류

셋째, 태도(Attitudes) 는 특정 대상에 대한 지속적이고 일관된 감정적, 인지적, 행동적 반응 성향을 말한다. 태도는 다음 세 가지 구성 요소로 이루어진다. 감정적 요소(그 대상에 대한 긍정 혹은 부정의 정서), 정보적 요소(그 대상에 대한 신념과 해석), 행동적 요소(그에 따라 행동하려는 경향). 예를 들어, 기술 변화에 대해 두려움을 느끼는 감정(감정적 요소), 새로운 기술이 위험하다는 신념(정보적 요소), 도입을 지연시키는 행동(행동적 요소)은 하나의 태도 구조로 설명된다.

태도는 리더가 조직 내외 환경에 적응하고, 자아를 보호하며, 자신의 가치를 표현하는 데 핵심적인 기능을 수행한다. 첫째, 환경 적응 기능을 통해 리더는 업무 환경에 반응하며 구성원들의 태도 형성에도 영향을 미친다. 예를 들어, 공정하고 수평적인 조기 문화는 긍정적 태도를 유도한다. 둘째, 자기 방어 기능은 자아 정체성을 보호하기 위해 심리적 균형을 유지하게 만든다. 이는 위협 상황에서도 리더가 일관된 태도를 유지할 수 있는 내적 안정성으로 작용한다. 셋째, 가치 표현 기능은 리더가 중요한 신념이나 윤리를 행동으로 드러내는 방식이다. 예를 들어, 강한 노동 윤리를 지닌 리더는 자기 규율과 성실성을 태도적으로 보여줌으로써 조직 내에 해당 문화를 정착시킬 수 있다.

이처럼 자기 인식은 리더의 감정, 가치 판단, 행동 선택의 근거가 되는 세 가지 심리적 구조를 이해하고 통합하는 과정이다. 창업가는 자기 성찰, 피드백, 평가 도구를 통합적으로 활용해 성격, 가치, 태도라는 세 축을 명확히 인식하여 일관되고 신뢰받는 리더로 성장해야 한다.

기업가적 리더십과 윤리

기업가적 리더십에서 윤리는 조직 내외에서 신뢰 기반의 관계를 형성하고 지속 가능한 성장의 기반을 마련하는 핵심 구성 요소다. 특히 스타트업과 같은 불확실성과 의사결정 속도가 높은 환경에서는 윤리적 기준이 일관된 리더십 판단과 행동의 나침반 역할을 한다. 윤리는 창업가가 조직을 이끄는 방식, 이해관계자와의 관계를 형성하는 방식, 위기 상황에서 대응하는 방식 전반에 영향을 미친다.

윤리적 리더십의 가장 기본적인 원칙은 정직성(Integrity) 이다. 이는 말과 행동의 일치, 약속의 이행, 신뢰받는 관계 유지를 포함하며, 내부 팀원은 물론 투자자, 고객, 파트너와 장기적 신뢰를 형성하는 기반이 된다. 예컨대 계약 조건을 이행하지 않거나 약속한 일정과 결과를 지속적으로 어기는 창업가는 단기적으로 이익을 얻을 수 있어도, 신뢰를 잃고 재협력의 기회를 스스로 차단하게 된다. 반면, 정직성 있는 행동은 설령 단기적으로 손해를 보더라도 장기적인 평판과 관계 자산으로 되돌아온다.

투명성(Transparency) 역시 윤리적 리더십의 핵심 요소다. 투명성은 정보를 숨기지 않고, 거래와 결정 과정을 명확하게 공유하는 태도로, 선의(Good Faith)를 전제로 작동한다. 스타트업이 실패를 경험하더라도, 그 과정이 투명하고 성실했다면 이후에도 신뢰를 기반으로 한 재협력의 가능성이 유지된다. 이는 스타트업의 불확실성을 상쇄할 수 있는 신뢰 자산으로 작용하며, 파트너십 유지를 위한 핵심 요인이 된다.

겸손(Humility) 은 윤리적 리더십을 감정적으로 뒷받침하는 태도로, 리더가 자신의 성과가 개인 능력만이 아니라 환경, 타인, 시대적 맥락에 의해 영향을 받았음을 인식하고 이를 인정하는 자세를 의미한다. 구글의 창업가 세르게이 브린과 래리 페이지는 인터넷 인프라 확산이라는 역사적 맥락 속에서 운을 인정했으며, 이는 리더로서의 겸손과 균형감을 강화하는 대표 사례다. 겸손은 리더가 성과에 도취되지 않고, 지속적으로 배우고 개선할 수 있는 내적 여유와 자기 규율을 만든다.

이와 관련해 자아 경제학(Egonomics)에서는 과도한 자아가 리더십과 조직 성과에 미치는 부정적 영향을 지적하며, 다음과 같은 경고 신호를 제시한다.

- **비교하기.** 타인과 끊임없이 비교하며 상대적 우위를 강조하거나 열등감을 과장하는 경향
- **방어하기.** 자신의 견해가 받아들여지지 않을 때 이를 비판으로 받아들이고 감정적으로 반응하는 태도
- **과시하기.** 성과에 대한 인정 욕구가 지나쳐 본질보다 인정받는 것 자체에 집착하는 행위
- **인정받기.** 아이디어 채택 여부를 자기 가치 판단과 동일시하여 실험적이고 도전적인 선택을 회피하는 경향

여기서 겸손은 네 가지 신호를 스스로 인식하고 조절함으로써 자아 과잉에서 벗어나고, 현실적인 자기 이해를 바탕으로 리더십을 실천할 수 있게 한다. 이는 조직 내 건설적인 소통을 가능케 하고, 팀원들에게 존중받는 리더로서의 신뢰 기반을 형성한다.

핵심 정리

스타트업이 성장함에 따라 창업가는 기술·사업 개발자에서 조직을 이끄는 리더로 전환되어야 하며, 이에 필요한 리더십 역량을 체계적으로 개발해야 한다. 리더십은 직관이 아닌 전략적 기술이며, 사람을 조직하고 협력 구조를 설계하며 목표를 효과적으로 달성하도록 유도하는 종합적인 역량이다. 창업가는 단지 방향을 제시하는 것을 넘어 팀의 자율성과 역량을

끌어내고, 성과 중심의 문화를 정착시킬 수 있어야 한다.

　기업가적 리더십은 창업가가 팀을 이끌며 반복 가능하고 확장 가능한 비즈니스 모델을 탐색하고 실행하는 과정에서 요구되는 핵심 역량이다. 초기에는 개인의 기술이나 실행력이 중요하지만, 조직이 성장함에 따라 협업과 감정적 리더십이 더욱 중요해진다. 이는 실험과 학습을 촉진하고, 조직 전체가 시행착오를 통해 성장할 수 있도록 유도하는 문화적 리더십으로 확장된다.

　리더십의 중심은 영향력이다. 리더는 단순한 지시가 아닌, 커뮤니케이션과 신뢰, 동기부여, 협상 등을 통해 자발적인 추종을 유도해야 하며, 합리적 설득, 협업, 피드백, 단호함, 보상·제재와 같은 다양한 전략을 상황에 맞게 조합하여 구성원의 자율성과 몰입을 유도해야 한다. 궁극적으로는 리더가 없어도 자율적으로 작동하는 조직 구조를 설계해야 한다.

　이러한 리더십은 학습할 수 있는 기술로, 창업가는 실행력 중심의 조직을 구축할 수 있는 실천적 리더십 역량을 지속적으로 개발해야 한다. 핵심 리더십 기술에는 분석적 기술, 의사결정 기술, 의사소통 기술, 개념화 기술, 회복력, 팀 빌딩, 자기 인식 역량이 포함된다. 이는 문제 해결에서부터 전략 수립, 비전 전달, 실패 대응, 팀 구성과 협력, 자기 성찰과 성장까지 전방위적으로 작동한다.

　자기 인식은 특히 중요한 리더십의 내적 기반으로, 성격, 가치, 태도를 객관적으로 이해하고 피드백을 수용하며 자기 발전을 도모하는 능력을 포함한다. 이는 리더십의 일관성과 신뢰를 형성하고, 행동과 결정에 명확한 기준을 제공하는 역할을 한다. 스타트업 리더는 성찰, 평가, 타인 피드백을 통해 자기 인식을 심화시켜야 하며, 자기 개념, 자존감, 자기 효능감을 통해 팀을 안정적으로 이끄는 기반을 마련해야 한다.

윤리적 리더십도 핵심 요소다. 정직성, 투명성, 겸손은 리더의 신뢰를 형성하고, 파트너·투자자·고객과의 장기적 관계를 지속 가능하게 만든다. 특히 겸손은 리더가 과도한 자아를 제어하고 조직 중심의 균형 있는 리더십을 구현하는 데 필요한 정서적 기제이며, 인정 욕구보다 조직의 지속 가능성에 무게를 두는 사고방식이 요구된다.

스타트업 리더십은 명확한 비전 제시, 전략적 실행, 감정적 안정, 윤리적 판단, 팀 역량 강화, 자기 성찰 등 복합적인 기술의 통합을 요구한다. 창업가는 이를 단기적 성과가 아닌 장기적 지속 가능성과 조직 신뢰 형성을 위한 기반으로 인식하고, 학습과 실천을 병행하며 리더십을 발전시켜야 한다. 리더십은 테크 스타트업의 전략을 실행 가능한 현실로 전환시키는 동력이다.

창업가의 질문

Q1. 기술 창업가로서 제품 개발에는 자신 있지만, 사람을 이끄는 리더십에 대해서는 막연한 두려움이 있습니다. 특히 스타트업이 성장함에 따라 조직 내 역할이 분화되고 협업이 중요해진다고 하는데, 이런 환경에서 창업가가 갖추어야 할 '기업가적 리더십'이란 정확히 무엇이며, 왜 실행 단계에서 더욱 중요하게 작동하는지 궁금합니다.

교수의 답변. 기업가적 리더십은 단순한 비전 제시를 넘어, 구성원이 자발적으로 움직이도록 신뢰와 영향력을 통해 조율하는 능력입니다. 초기에는 창업가의 기술력이나 실행력이 중심이 되지만, 조직이 성장하고 복잡성이 높아질수록 '혼자 잘하는 리더'에서 '함께 잘하게 만드는 리더'로의 전환이 필요합니다. 이는 단지 관리 능력이 아니라, 학습과 실험 중심의 문화적 리더십이며, 팀의 열정과 가치에까지 영향을 미쳐야 합니다. 실행 단계에서는 전략이 행동으로 전환되어야 하는데, 그 과정은 사람을 통해 이뤄지기 때문에, 리더십은 전략 실행의 실질적 동력으로 작용합니다. 특히 스타트업의 경우, 조직의 민첩성과 자율성은 리더의 커뮤니케이션, 피드백, 동기부여 방식에 크게 좌우됩니다. 기업가적 리더십은 이러한 실행력의 기반이 되는 핵심 자산입니다.

Q2. 현장에서 팀원을 직접 이끌다 보면 피드백이나 동기부여 방식에 대한 반응이 천차만별이라 어려움을 느낍니다. 리더십 전략 중 '영향력 기술'을 실무에서 적용할 때, 초기 스타트업이 현실적으로 어떤 방식으로 시작하고 점진적으로 확장해 나가야 하는지 조언을 듣고 싶습니다.

액셀러레이터의 답변. 실제 초기 스타트업에서는 자금, 인력, 시간 등 모든 자원이 부족하기 때문에, 영향력 기술을 효과적으로 적용하려면 '일관된 메시지'와 '상황에 맞는 전략적 선택'이 중요합니다. 시작은 '합리적 설명'과 '친밀한 관계 형성'에서 출발해야 합니다. 예컨대 작은 일이라도 배경을 설명해 주고, 구성원이 기여하고 있다고 느끼도록 인정해 주는 것부터요. 이와 함께 '협동' 전략을 활용해 팀원들이 단순한 실행자가 아닌, 문제 해결의 주체로 느끼도록 만드는 것이 중요합니다. 이후 팀이 성장하고, 구조가 정비되면 '협상'이나 '권위 기반'의 공식 전략도 점진적으로 도입할 수 있습니다. 핵심은 전략 하나에 의존하지 말고, 팀원 성향과 조직 성장 단계에 맞춰 영향력 전략을 유기적으로 조합하는 역량을 키우는 것입니다. 저희가 현장에서 강조하는 것도, '소통은 기술'이라는 점입니다. 연습과 피드백을 통해 얼마든지 개선할 수 있습니다.

Q3. 투자자 입장에서 스타트업 창업자의 리더십을 평가할 때, 기술력이나 시장 기획력 외에 어떤 요소를 중점적으로 보시는지 궁금합니다. 특히 '실행력 있는 리더'라는 표현을 자주 들었는데, 그게 정확히 어떤 행동이나 태도에서 드러나는 것인가요?

벤처캐피털리스트의 답변. 투자자로서 스타트업을 평가할 때 기술력이나 시장 아이디어도 중요하지만, 그것이 '실행 가능한 현실'이 되려면 창업자의 리더십 역량이 무엇보다 중요합니다. 저희가 말하는 '실행력 있는 리더'는 불확실한 상황에서도 빠르게 결정을 내리고, 그것을 팀과 공유하여 실제 행동으로 연결할 수 있는 사람입니다. 이를 판단하는 포인트는 명확한 커뮤니케이션 능력, 팀에 대한 책임감 있는 피드백 문화, 피벗에 대한 유연한 태도, 그리고 위기 시 조직을 수습할 수 있는 회복력입니다. 또 하나는 '겸손'입니다. 자신보다 뛰어난 인재를 고용하고, 팀을 통해 학습하려는 태도는 장기 성장의 조건이 됩니다. 스타트업은 결국 사람으로 움직이기 때문에, 우리는 창업자가 얼마나 팀을 설계하고, 신뢰와 성과 중심 문화를 만들 수 있는지를 중점적으로 봅니다. 실행은 전략보다 복잡하지만, 창업자의 태도에서 시작됩니다.

Chapter 15

가치평가와 출구전략

출구전략은 단순한 사업 종료 계획이 아니라, 창업가의 비전 실현과 투자자의 수익 회수를 가능하게 하는 전략적 전환점이다. 이는 단기 성과에 머물지 않고, 장기적 가치를 실현하며 명확한 종착점을 설계하는 과정이다. 스타트업 생애 주기의 필연적 단계로 기능한다. 따라서 창업가는 스타트업을 설계하고 성장시키는 초기 단계부터 명확한 출구전략을 염두에 두고 기업을 운영해야 한다. 갑작스러운 매각 기회에도 빠르게 대응할 수 있도록, 평소에 출구 체계를 마련해 두어야 한다.

출구전략의 실천적 원칙 중 하나는 "내일 당장 팔 것처럼 오늘 사업을 운영하라"는 명제다. 이 원칙은 경영의 투명성과 구조적 안정성을 강조하며, 창업가가 일상적인 의사결정에서도 미래 매각 가능성을 고려하도록 만든다. 회계 불투명, 복잡한 주주 구조, 미해결 법적 문제 등은 매각 시점에서 가치를 낮출 수 있으므로, 평소에 지속적인 내부 정비와 리스크 관리는 필수다.

실제 매각 절차에 들어가면, 인수자는 정밀 실사를 통해 기업의 실제 운영과 재무 건전성을 면밀히 검토한다. 이 과정은 조직 구조, 계약 상태, 기술 자산, 시장 포지셔닝 등 다양한 요소에 대한 정성적 판단 절차로 확장된다. 따라서 매각을 고려하지 않더라도, 실사를 항상 염두에 두고, 매각 가능성에 대비한 경영 체계를 유지해야 한다.

출구전략의 핵심 목적은 투자자에게 자본 수익을 실현할 수 있는 명확한 경로를 제공하는 것이며, 이는 동시에 초기 창업가가 투자 유치를 설득할 수 있는 근거로 작동한다. 시장 침투 속도, 반복 매출 구조, 고객 확보 비용, 경쟁자 대응력 등은 모두 출구의 타이밍과 옵션을 결정짓는 지표다. 따라서 창업가는 전략 수립 단계에서부터 출구 가능성과 그 조건을 의식적으로 고려하고, 각 이해관계자에게 예측 가능한 시나리오와 실행 로드맵을 제시해야 한다.

대표적인 출구전략 옵션은 다음과 같다.

- **승계.** 가족 구성원이나 내부 경영진에게 사업을 이전하는 방식으로, 지속 가능한 운영이 목표다. 감정적 요소가 개입될 수 있으므로 경영권 이전 계획과 제도적 안전장치가 필요하다.
- **인수.** 전략적 파트너 또는 경쟁사에 회사를 매각하여 자본을 회수하는 방식이다. 비교적 빨리 수익을 실현할 수 있으나, 협상력과 실사 대응력이 중요하다.
- **합병.** 유사한 기업과 통합하여 새로운 법인을 설립하는 방식이다. 시장 점유율 확대, 기술 통합, 인력 효율화 등 시너지 효과를 기대할 수 있으며, 합병 이후에도 일정한 지분이나 경영권을 유지할 수 있는 여지가 있다.
- **공모.** 주식시장에 상장하여 공개적으로 주식을 판매하는 방식이다. 가장 높은 자본 수익을 기대할 수 있지만, 엄격한 요건과 장기적인 준비 과정이 요구되며, 시장 변동성에 크게 좌우된다.

각 출구전략은 기업 성장 단계, 시장 환경, 창업가의 의도에 따라 적합성이 달라지며, 하나의 정답이 존재하지 않는다. 중요한 것은 전략의 유연성과 실행 가능성을 확보하는 것이다. 창업가는 이를 위해 출구전략별 장단점을 구조적으로 비교하고, 매각 가능성을 높이기 위해 실사 대응 역량, 투명한 재무 시스템, 명확한 IP 관리 체계와 같은 경영 기반을 사전에 정비해야 한다. 출구는 종착점이 아니라, 다음 단계의 시작이다. 이를 준비하는 과정에서 스타트업 비즈니스의 가치는 완성된다.

정밀 실사

정밀 실사(Due Diligence)는 출구전략 실행에서 핵심적인 절차로, 인수자나 투자자가 기업에 대한 종합적이고 심층적인 분석을 수행하는 과정이다. 이 단계는 단순한 사전 검토가 아니라, 기업의 내재 가치를 파악하고 미래 수익 가능성을 예측하기 위한 분석 활동으로, 매각 성사 여부와 조건을 결정짓는 핵심 기준이 된다. 대상에는 재무 건전성, 제품 및 서비스의 상태, 인수 후 시너지 창출 가능성, 시장 포지셔닝과 성장 잠재력, 연구개발 현황과 계획, 법적 리스크, 조직 관리 체계 등 광범위한 요소가 포함된다.

정밀 실사를 통해 투자자나 인수자는 스타트업의 과거 실적과 현재의 운영 실태를 확인하는 동시에, 미래에 발생할 수 있는 리스크를 사전에 식별하고 대응 전략을 구상할 수 있다. 따라서 창업가는 이 과정을 단순한 검증 절차가 아닌, 신뢰를 구축하고 협상력을 높이는 전략적 기회로 인식해야 하며, 이를 위한 철저한 준비가 필수적이다.

재정 상태

정밀 실사의 핵심 검토 항목 중 하나는 기업 재무 구조에 대한 평가이다. 재무 분석은 손익계산서, 현금흐름표, 대차대조표 등 주요 회계 문서를 중심으로 이루어지며, 특히 최근 3년간의 재무 기록은 성장 추세와 안정성을 판단하는 기준으로 활용된다. 이 과정에서 자산 대비 부채 비율, 유동성, 자금 회전율, 신용 상태, 매출 채권 및 미수금 관리 현황 등이 집중적으로 분석된다.

예를 들어, 부채 비율이 과도할 경우 재정 건전성에 대한 우려가 제기될 수 있으며, 재고 회전율이 낮으면 운영 효율성에 대한 의심을 불러일으킬 수 있다. 이처럼 정량 지표에서 드러나는 잠재적 위험 요인은 실사 과정에서 기업 가치를 낮추거나, 투자자와의 신뢰 형성을 방해할 수 있다.

따라서 창업가는 정밀 실사를 전제로 평소 회계 장부를 체계적으로 정리하고, 외부 기준에 부합하는 정확한 재무 보고서를 정기적으로 준비해야 한다. 이를 위해 전문 회계사의 지원을 받거나, 외부 전문가의 의견을 통해 회사의 재무 상태를 지속적으로 점검하고 투명하게 기록하는 체계를 갖추는 것이 중요하다. 이는 출구전략 실행 시점에서 기업 가치를 극대화하고 협상의 주도권을 확보하는 데 필요한 준비이다.

제품·서비스 라인

제품 또는 서비스 라인은 정밀 실사 과정에서 기업의 과거, 현재, 미래 수익성을 종합적으로 판단하는 핵심 분석 항목이다. 인수자는 스타트업의 제품이 지닌 경쟁력을 다각적으로 평가하며, 여기에는 디자인의 차별성, 품질 일관성, 신뢰성, 독점적 특성 여부, 시장에서의 고유한 포지셔닝 등이 포함된다. 이러한 요소들은 단순히 제품 하나의 특성에 그치지 않고, 스타트업이 지속적으로 수익을 창출할 수 있는 구조적 기반을 형성하는지를 판단하는 기준이 된다.

제품별 수명 주기와 시장 점유율 분석은 제품이 장기적으로 성장성과 수익성을 유지할 수 있는지를 예측하는 핵심 지표다. 이때 각 제품의 판매량과 수익률 데이터를 기반으로 S-곡선(수명 주기 곡선)을 작성하면, 제품이 도입기, 성장기, 성숙기, 쇠퇴기 중 어느 단계에 위치해 있는지를 시각적으로 파악할 수 있다. 예컨대, 주요 제품이 이미 성숙기에 진입한 상태라면, 인수자는 향후 수익성 하락 가능성을 우려할 수 있으며, 신제품 파이프라인이 미비할 경우 거래 매력도가 낮아질 수 있다.

또한 인수자는 스타트업의 제품 라인이 자사 포트폴리오와 얼마나 전략적으로 어우러지는지를 중점적으로 평가한다. 신제품 확대를 추구하는 인수자에게는 성숙기 제품 위주의 기업보다, 기술적 성장성이 높고 시장 확대 여지가 있는 제품군을 보유한 기업이 더 매력적으로 다가온다. 따라서 창업가는 제품 라인의 상태를 면밀히 진단하고, 인수자 관점에서 매력적일 수 있도록 구성과 전략을 사전에 조정할 필요가 있다. 정교하게 설계된 제품 포트폴리오와 명확한 기술 로드맵을 통해 실사 과정에서 신뢰를 높이고 거래 성사 가능성을 극대화할 수 있다.

시너지

시너지(Synergy)는 인수자 입장에서 단일 기업의 가치를 넘는, 통합에 따른 추가 효과를 의미하며, 인수 결정에서 결정적인 요인으로 작용한다. '전체는 부분의 합보다 크다'는 원칙은 단순한 수치 이상의 전략적 직관을 제공하며, 시너지는 전략적 시너지와 재무적 시너지로 나누어 분석된다.

전략적 시너지는 스타트업과 인수 기업이 결합함으로써 각각 독립적으로는 달성할 수 없었던 시장 확장, 기술 보완, 브랜드 통합 등의 효과를 기대하는 것이다. 예를 들어 스타트업이 보유한 제품 기술이 인수 기업의 기존 솔루션과 결합하여 새로운 시장을 개척할 수 있다면, 이는 명확한 전략적 시너지에 해당한다.

재무적 시너지는 통합 이후 발생할 수 있는 운영 비용 절감, 인프라 공유, 유통구조 통합, 매출 증대 등의 효과를 의미한다. 이는 숫자로 명확히 표현될 수 있기 때문에, 실사 과정에서 민감하게 검토되는 항목이다.

  시너지가 부재하거나 미약한 경우, 인수자는 인수의 정당성을 확보하기 어렵고, 이는 거래 무산으로 이어질 수 있다. 따라서 창업가는 인수자가 가질 수 있는 시너지 기대를 미리 분석하고, 스타트업이 어떻게 인수자의 사업 모델을 강화할 수 있는지 구체적으로 설득하는 전략을 수립해야 한다. 이를 위해 제품/서비스의 기술적 호환성, 고객 기반의 확장 가능성, 비용 구조 조정 가능성 등에 대한 자료를 구조적으로 제시해야 한다. 이는 정밀 실사뿐 아니라 협상 단계에서도 결정적인 설득 자료가 된다. 스타트업이 인수자에게 제공할 수 있는 명확한 시너지 구조를 사전에 설계하고 입증할 수 있을 때, 최종 거래 성사 가능성은 실질적으로 높아진다.

시장·고객

  정밀 실사 과정에서 시장·고객 관련 요소는 스타트업의 전략적 가치와 실행력을 입증하는 평가 항목이다. 인수자는 스타트업이 보유한 마케팅 역량과 고객 중심성, 그리고 실제 시장 내 실행 구조를 상세 검토한다. 특히 유통 네트워크의 구조, 영업 인력의 질과 성과, 제조업체 대리인의 전문성 등은 기업 통합 이후 즉각적인 시너지를 창출할 수 있는 실질적 자산이다. 예컨대, 스타트업이 신뢰도 높은 유통 파트너를 확보하고 있거나, 특정 시장에서 검증된 판매 구조를 운영하고 있다면, 이는 인수 기업이 새로운 시장에 진입하거나 기존 시장을 확대하는 데 있어 강력한 기반으로 작용할 수 있다.

  이러한 맥락에서 창업가는 인수자의 전략적 우선순위와 기대를 사전에 분석하고, 스타트업의 영업 및 마케팅 시스템이 그 요구에 어떻게 부합하는지를 입증할 수 있어야 한다. 유통 채널의 보유 여부를 넘어서, 해당 채널의 효율성, 확장 가능성, 고객 충성도 등 정성적 요소까지 설명할 수 있어야 한다.

또한 인수자는 기업이 얼마나 시장 중심적으로 운영되는지, 고객 요구 변화에 민감하게 반응하는지를 평가하기 위해 마케팅 조사 자료와 고객관리 체계를 검토한다. 고객 만족도 조사, 시장 트렌드 분석, 산업 기술 변화에 대한 대응 전략 등은 기업의 실행력과 전략 민감도를 판단하는 근거가 된다. 특히 고객 데이터를 체계적으로 수집·분석하고, 이를 의사결정에 반영하는 구조를 갖춘 기업은 시장에 대한 통찰력과 실행 능력을 동시에 보여 줄 수 있다.

연구개발

연구개발(R&D)은 스타트업의 기술적 경쟁력과 장기 성장 가능성을 판가름하는 중요한 실사 항목이다. 단순히 연구개발 예산 규모가 아니라, 그 투자가 어떤 전략적 방향과 연계되어 있으며, 실제 시장에서 어떤 혁신적 결과로 이어졌는지가 핵심 평가 기준이 된다. 이는 스타트업의 기술력이 단기적 결과가 아닌 장기적 경쟁력의 기반으로 작동하는지를 보여 주는 핵심 신호다.

인수자는 연구개발 투자가 단지 비용으로 그치는지, 혹은 고객 중심 혁신으로 연결되고 있는지를 판단한다. 예를 들어, 기술 개발에 상당한 자원을 투입했음에도 불구하고 상용화된 제품이나 특허가 부족하거나, 고객 반응이 부정적이라면 이는 리스크 요인으로 간주된다. 반대로, 소규모의 자원으로도 시장의 니즈에 부합하는 기술적 혁신을 지속해 온 스타트업은 민첩성과 전략 실행력이 동시에 인정된다.

창업가는 연구개발이 제품 로드맵, 기술 포지셔닝, 고객 가치 제안과 어떻게 정합성을 갖고 있는지를 명확히 보여 주어야 하며, 그 결과가 경쟁사 대비 어떤 우위를 창출했는지에 대한 정량적·정성적 데이터를 준비해야 한다. 또한 연구개발 성과가 향후 시장 확대, 기술 라이선싱, 제품 확장 등으로 어떻게 연결될 수 있는지도 제시할 필요가 있다.

시장·고객 데이터, 그리고 연구개발 역량은 기업의 전략적 지속 가능성을 구성한다. 이 두 요소는 단기 실적뿐 아니라 중장기적으로 시장 내 독자적 포지셔닝과 기술 기반 경쟁력을 확보하고 있다는 것을 인수자에게 증명하는 근거이다.

운영

정밀 실사 과정에서 스타트업의 사업 운영 역량은 기업이 실제로 경쟁력 있는 제품을 안정적으로 생산하고, 향후 확장을 수용할 수 있는 준비가 되어 있는지를 판단하는 평가 항목이다. 인수자는 사업 운영 프로세스의 체계성, 시설의 현대성 및 유연성, 워크플로우의 효율성, 실질적 생산성 등을 검토하며, 이는 단기적인 운영 안정성과 더불어 장기적인 성장 가능성을 진단하기 위한 기준으로 작용한다.

예컨대, 생산 시설이 자동화 수준이 높고, 확장성을 내포한 공간 구조를 갖추고 있으며, 단위당 생산 원가가 경쟁사 대비 우수하다면, 이는 인수자의 신뢰를 크게 높이는 요소다. 반대로, 노후화된 장비, 비효율적인 자재 흐름, 높은 고정비 구조를 가진 운영 환경은 인수 후 비용 증가나 리스크 요인으로 작용할 수 있다. 따라서 창업가는 제품 생산 능력에만 초점을 둘 것이 아니라, 운영 인프라가 얼마나 유연하고 확장 가능하며, 미래 전략과 정렬되어 있는지를 확인해야 한다.

경영진과 핵심 인력

스타트업의 경영진과 핵심 인력 구성은 정밀 실사에서 기술력이나 재무 수치만큼이나 중요하게 평가되는 요소다. 인수자는 기업의 성공을 견인한 핵심 인물이 누구이며, 이들이 인수 후에도 조직에 남을 의지가 있는지, 리더십 연속성이 확보될 수 있는지에 관심을 둔다. 특히 경영진이 시장 분석, 전략 수립, 실행 과정에서 어떤 실질적 기여를 해 왔는지를 확인하려 하며, 그들의 판단력과 조직 운영 역량이 인수 이후에도 유지될 수 있을지를 검토한다.

문제는 스타트업일수록 조직이 소수의 창립 멤버나 특정 기술 인력에 의존하는 경우가 많다는 점이다. 만약 특정 인물의 지식이나 네트워크, 리더십이 기업 운영에만 과도하게 집중되어 있다면, 이는 인수자에게 리스크로 인식될 수 있다. 해당 인물이 이탈하거나 유고 시, 조직 전체가 흔들릴 수 있기 때문이다. 따라서 창업가는 핵심 자산과 의사결정 구조를 분산하고, 핵심 지식을 문서화·내재화하는 시스템을 갖추어야 한다. 또한, 핵심 인력의 이직 리스크를 관리할 수 있는 인센티브 설계와 승계 계획 역시 필수적이다.

스타트업이 장기적으로 매력적인 인수 대상이 되려면 현대적이고 효율적인 운영 체계와 더불어, 지속 가능성을 내재한 인적 자산 구조를 확보해야 한다. 이는 인수자에게 사업의 안정성과 확장성을 동시에 전달할 수 있는 신호이다.

기업 가치평가

기업 가치평가는 출구전략 실행의 핵심 과정으로, 투자자와 인수자 모두에게 협상의 출발점을 제공하는 실질적인 기준이다. 스타트업의 현재 상태와 미래 수익성을 정량적·정성적으로 평가하기 위해 다양한 기법이 사용되며, 이들은 크게 계량적 분석 기반의 방식과 경험적 직관에 의존하는 방식으로 구분된다. 가장 널리 사용되는 방법은 배수법과 현금흐름 할인법이며, 이 외에도 자산 기반 평가, 옵션 가격 모델 등 다양한 접근 방식이 존재한다.

이들 기법은 개별 기업의 상황에 따라 단일 혹은 복수로 조합되어 사용되며, 평가 방식의 선택은 기업 성장 단계, 산업의 특성, 가용한 시장 데이터 등에 따라 달라진다. 초기 단계의 스타트업은 미래 수익 구조가 불확실하기에 직관적이고 비교 중심적인 배수법이, 성숙기에 접어든 기업은 안정적인 현금흐름에 기반한 현금흐름 할인법이 적합하다고 여겨진다.

배수법

배수법(Multiples Technique)은 비교 기업 분석(Comparable Company Analysis)을 기반으로 하는 간단하면서도 실무 적용성이 높은 가치평가 기법이다. 이 방법은 특정 산업에서 의미 있는 지표를 선택한 후, 유사 기업의 시장 가치와 해당 지표 간의 배수를 계산하여 기업 가치를 추정한다. 예를 들어, 전통 제조업에서는 매출이나 EBITDA 배수가 많이 사용되며, 인터넷 플랫폼 기업에서는 사용자 수, 클릭 수, 다운로드 수 등이 주요 지표로 활용된다.

대표적인 사례는 2012년 페이스북이 인스타그램을 약 10억 달러에 인수한 거래다. 당시 인스타그램은 명확한 수익 모델 없이 3,300만 명의 등록 사용자만을 보유한 상태였으나, 사용자 한 명당 약 30달러의 가치를 적용하여 전체 기업 가치를 산정했다. 이처럼 배수법은 수익이 아닌 잠재적 성장 가치를 수치화하는 데 효과적이다.

실무에서는 스타트업 비즈니스의 사용자 수, 월간 활성 이용자, 거래액, 콘텐츠 조회 수 등의 핵심 지표를 중심으로, 유사한 기업 인수 사례 또는 상장 기업의 시장 배수를 비교해 가치 추정이 이루어진다. 그러나 이 방법은 다음과 같은 한계를 내포한다.

- **주관적 지표 선정.** 창업가는 자사 가치를 높게 보이게 하는 지표를 선호하고, 투자자는 보수적인 지표를 선호하는 경향이 있어 이해관계자의 관점 차이에 따라 가치가 크게 달라질 수 있다.
- **시장 상황에 민감.** 동일한 지표라도 시장이 호황일 때와 침체기일 때 적용되는 배수 수준이 다르므로, 시장 분위기와 투자 심리에 영향을 받기 쉽다.
- **절대적 기준의 부재.** 배수법은 본질적으로 상대 평가 기법으로, 특정 수치가 반드시 '적정 가치'를 의미하는 것은 아니다.

이러한 이유로 배수법은 단순성과 속도 면에서 탁월한 장점을 지니는 반면, 그 타당성과 신뢰성을 보완하기 위해 다른 가치평가 방식과 병행하여 활용되는 경우가 많다. 예컨대 DCF 분석이나 산업 평균 벤치마크와의 교차 비교, 시나리오 분석 등을 병행함으로써 기업 가치는 보다 입체적으로 산정될 수 있다.

결국 배수법은 스타트업의 정량적 가치와 시장 내 포지셔닝을 빠르게 진단할 수 있는 실용적 도구이지만, 그것이 곧 협상에서의 '최종 가치'가 아님을 이해하고, 이를 전략적으로 해석하고 보완하는 시각이 필요하다.

현금흐름 할인법

현금흐름 할인법(Discounted Cash Flow, DCF)은 미래 현금 흐름을 현재 가치로 환산하여 기업의 가치를 산정하는 대표적인 계량 기반 가치평가 기법으로, 특히 현금 흐름이 사업 생존과 직결되는 스타트업 환경에서 유용하게 적용된다. '현금이 왕이다(Cash is King)'라는 표현은 스타트업의 현금 유동성이 수익성보다도 우선적인 생존 조건임을 강조하며, 이때 현금흐름표(Cash Flow Statement)는 실제 자금 유입과 유출을 보여 주는 핵심 지표로 기능한다. 이는 회계상 이익을 기반으로 한 손익계산서보다 기업의 재정 상태를 더 현실적으로 반영한다.

DCF 분석은 스타트업이 미래에 창출할 것으로 예상되는 현금 흐름을 기준으로, 이 흐름이 오늘날 얼마의 가치가 있는지를 계산하는 방식이다. 이는 미래의 불확실성을 반영함과 동시에, 현재 투자자에게 '이 기업은 앞으로 얼마만큼의 가치를 만들어낼 수 있는가'를 수치로 제시하는 도구다.

DCF 계산의 핵심 변수는 할인율(Discount Rate)₩이며, 이는 미래 현금 흐름을 현재로 환산할 때 적용되는 복리 이자율이다. 할인율은 사업 위험 수준, 시장 이자율, 투자자의 기대 수익률 등을 반영하여 설정되며, 보통 스타트업은 불확실성이 크기 때문에 높은 할인율이 적용된다. DCF의 기본 공식은 다음과 같다.

$$PV = \frac{FV}{(1+r)^n}$$

여기서 PV는 현재 가치(Present Value)를, FV는 미래 가치(Future Value)

를, r은 할인율, n은 기간을 의미한다.

예를 들어, 1년 후 받을 1,000,000원의 가치는 할인율이 8%일 경우, 약 925,926원으로 환산된다. 이는 동일한 금액도 시점에 따라 가치가 다르며, 미래의 불확실성을 반영해 현실적인 기준으로 재조정해야 함을 보여 준다.

DCF 분석을 기업 가치 평가에 적용하려면 먼저 현실적이고 신뢰할 수 있는 현금 흐름 예측이 선행되어야 한다. 일반적으로는 최소 3~5년간의 사업 계획을 기반으로 연간 순현금 흐름(Net Cash Flow)을 추정하며, 예측 기간 이후의 현금 흐름은 잔여 가치(Terminal Value)로 계산한다. 이 잔여 가치는 마지막 예측 연도의 현금 흐름에 장기 성장률을 적용해 산출된다.

DCF 방법은 미래의 불확실성을 반영하면서도 수치적 타당성이 높은 분석을 제공하여, 투자자에게 합리적인 투자 판단의 근거를 제시한다. 다만, 그 정확도는 할인율 설정의 보수성과 현금 흐름 예측의 신뢰도에 크게 좌우된다. 따라서 창업가는 장밋빛 시나리오보다는 시장 및 비용 구조에 근거한 보수적이고 투명한 가정을 수립해야 하며, 이와 함께 민감도 분석을 통해 다양한 시나리오를 제시함으로써 투자자의 신뢰를 얻을 수 있다.

결과적으로, DCF는 창업가가 자신의 성장 전략과 수익 모델을 정량화해 투자자에게 잠재적 가치 실현의 로드맵을 제시하는 정교한 커뮤니케이션 수단이다. 이를 통해 창업가는 투자 유치 가능성을 높이고, 협상 과정에서 가치 중심의 설득력을 확보할 수 있다.

투자자의 기대 수익과 위험 평가

투자자는 스타트업에 자금을 투입할 때, 단순한 수익률이 아니라 위험을 고려한 기대 수익을 기준으로 투자 판단을 내린다. 이때 핵심은 투자자들이 스타트업의 불확실한 미래 수익 가능성과 다양한 위험 요인을 어떻게 평가하느냐이며, 이는 곧 할인율의 설정과 기업 가치평가의 결과에 결정적 영향을 미친다.

투자자들이 고려하는 위험은 크게 두 가지로 구분된다. 첫째는 대체 투자 수단과의 비교에서 발생하는 기회비용적 위험이고, 둘째는 스타트업 고유의 불확실성과 구조적 리스크다. 예를 들어, 투자자는 스타트업에 투자하지 않고도 미국 국채와 같은 무위험 자산(Risk-Free Asset)에 투자할 수 있으며, 이 경우 무위험 수익률(Risk-Free Rate)을 쉽게 계산할 수 있다. 스타트업에 투자하는 경우, 투자자는 이러한 무위험 수익률보다 현저히 높은 기대 수익률을 요구하게 되며, 이는 리스크에 대한 보상으로 작동한다.

그러나 스타트업 투자에는 기회비용을 넘는 수익률 요구뿐만 아니라, 기업이 내재한 고유한 위험도 반영되어야 한다. 기술 불확실성, 시장 미성숙성, 운영 자원의 부족, 팀 리스크 등은 스타트업 특유의 리스크로, 이를 정량화하기 위해 위험 조정 할인율(Risk-Adjusted Discount Rate, RADR) 방식이 사용된다. 이 방식은 미래 현금 흐름을 현재 가치로 환산하는 할인율을 다음과 같이 계산한다.

$$r_{v,t} = r_{f,t} + RP_{v,t}$$

이 계산식은 특정 기업(v)이 미래의 어느 시점(t)에 불확실한 현금 흐름을 창출할 때 적용되는 할인율($r_{v,t}$)을 보여 준다. $r_{f,t}$는 무위험 수익률을 의미한다. $RP_{v,t}$는 스타트업 비즈니스와 관련된 위험 프리미엄으로, 무위험 투자에 비해 추가적인 위험을 감수하는 것에 대한 보상을 지칭한다.

이 공식은 투자자가 스타트업에 자금을 투자할 경우, 최소한 이 정도 수익률은 받아야 한다는 기준점 역할을 하며, 이는 미래 현금 흐름을 할인해 현재 가치를 산정하는 데 적용된다. 즉, 이 할인율은 자본 조달 비용만이 아니라 투자자의 위험 보상 기대를 포함한 가치평가 기준이다.

RADR 방법의 특징은 스타트업의 실질적 재무 성과 가능성에 기반하여 평가한다는 점이다. 브랜드 가치, IP, 고객 충성도 등 비재무적 자산은 별도로 고려하지 않으며, 철저히 예측된 현금 흐름의 실현 가능성과 규모를 중심으로 기업 가치를 산정한다. 이러한 구조는 투자자가 자산이나 브랜드보다는 수익 실현 능력과 캐시플로우 창출 역량을 더 중시함을 반영한다.

많은 창업가는 이 예측 과정에서 어려움을 겪는다. 미래 현금 흐름 예측의 불확실성, 시장 변수의 복잡성, 사업 모델의 정량화 한계 등은 스타트업이 자신의 잠재 가치를 적절히 평가받지 못하는 요인이 된다. 그 결과, 실제 기업 가치가 과소 평가되거나 할인율이 과도하게 적용되는 결과로 이어질 수 있다.

따라서 RADR 방식에 대응하기 위해 신뢰 가능한 현금 흐름 예측 모델을 사전에 준비해야 하며, 필요시 독립적인 평가 기관, 벤처 캐피털 전문가, 또는 재무 자문사의 도움을 통해 실현 가능성 높은 수치를 기반으로 한 평가 자료를 마련하는 것이 바람직하다.

승계를 통한 출구전략

승계(Succession)는 가족 소유 기업에서 자주 채택되는 출구전략으로, 사업을 다음 세대에 물려주는 방식이다. 이는 소유권 이전은 물론 사업의 지속 가능성과 조직 문화의 유지, 장기적인 비전의 계승까지 포함하는 복합적인 전략이다. 하지만, 승계가 체계적으로 준비되지 않으면, 오히려 기업의 불안정성이나 경영 실패를 초래할 수 있다. 특히 후계자가 실질적인 경영 경험 없이 학위나 형식적인 교육만으로 준비되었다고 판단될 경우, 그 위험은 더욱 커진다.

효과적인 승계 전략은 후계자가 경영 감각과 리더십 역량을 현장에서 직접 체득할 수 있도록 다양한 실무에 참여시키는 데 초점을 맞춰야 한다. 단순한 직위 승계나 교육 이수만으로는 경영자의 자격을 충분히 확보하기 어렵기 때문이다. 후계자는 제품, 고객, 조직 운영, 재무 의사결정 등 회사의 주요 기능을 실제로 경험하고, 점진적으로 책임의 범위를 넓혀 가야 한다.

승계 준비에서 반드시 고려해야 할 또 하나의 요소는 상속세를 포함한 세금 계획이다. 상속 과정에서 발생하는 세금이 적절히 관리되지 않으면 기업 운영 자금에 큰 부담을 줄 수 있으며, 이는 최악의 경우 기업 청산으로 이어질 수도 있다. 따라서 자산 이전과 세금 부담 완화는 반드시 전문 회계사나 세무 변호사의 조언을 바탕으로 사전 설계되어야 하며, 이를 통해 기업은 재정적 리스크 없이 원활한 세대 전환을 준비할 수 있다.

승계 전략의 성공 여부는 후계자의 의지와 능력에 달려 있다. 가족 구성원 중에서 경영을 계승할 적임자가 없거나 경영 능력이 부족하다면, 인수합병을 통한 사업 매각이 더 현실적이고 실행 가능한 대안이 될 수 있다. 반대로, 여러 가족 구성원이 경영에 참여하고자 할 경우에는 각자의 경험과 역량을 기준으로 역할을 명확히 분배하고, 실질적인 경영 권한은 단일 리더에게 집중시키는 것이 바람직하다. 이를 위해 가족 구성원들에게 회사의 다양한 기능을 경험할 기회를 제공하고, 성과 기반으로 점진적인 소유권 이전을 설계하는 방식도 고려할 수 있다.

CEO 승계 시점에는 의사결정 구조를 명확히 정비하는 것이 중요하다. 가족 내 위원회를 통한 합의 방식은 시간이 지남에 따라 비효율성을 초래하거나 정치적 갈등을 유발할 수 있다. 따라서 기업의 전략과 운영을 실질적으로 주도할 단일 리더를 지정하고, 권한과 책임을 명확히 부여하는 구조를 마련하는 것이 장기적 안정성을 높이는 데 효과적이다.

이때 가장 효과적인 접근 방식은 점진적인 권한 이전이다. 선배 세대는 후계자에게 단계별로 실무 책임을 맡기고, 주요 의사결정은 함께 논의하되 지나친 개입은 자제해야 한다. 후계자가 실수하면서 배우고 성장할 수 있는 학습의 여지를 보장하는 한편, 조직 안정성에 영향을 미칠 수 있는 중대한 사항은 선배 세대가 일정 부분 개입하여 리스크를 조율하는 방식이 바람직하다.

이러한 승계는 단기간에 완성될 수 없는 장기 프로젝트이며, 실제로는 수년에 걸친 준비와 실행이 필요하다. 충분한 시간과 전략적 계획을 통해, 가족 기업은 다음 세대에 기업의 비전과 운영 역량을 안정적으로 이전할 수 있으며, 이를 통해 기업의 지속 가능성과 세대 간 리더십 전환의 완성도를 높일 수 있다.

승계 출구의 특징

승계를 통한 출구전략은 창업가가 사업을 가족에게 물려주며 점진적으로 역할에서 물러날 수 있는 계획적이고 유연한 전환 방식을 제공한다는 점에서 장점이 있다. 특히 가족 승계는 사업 종료 시점과 방식에 대한 주도권을 소유자가 직접 설정할 수 있다는 점에서 타 출구 방식과 차별화된다. 후계자가 충분한 준비 시간을 확보할 수 있다는 점은 경영 안정성을 높이는 요소이며, 동시에 소유자는 사업에 대한 감정적 애착을 반영해 서서히 퇴장하는 방식을 선택할 수 있다. 이러한 점진적 전환은 특히 사업에 오랜 시간 헌신한 소유자에게 매력적으로 작용한다.

가족 구성원들은 일반적으로 기존 소유자의 일정한 역할 유지나 조언 참여에 대해 긍정적으로 수용하는 경향이 크기 때문에, 이전 세대와 후계자 간의 협업이 원활하게 이루어질 수 있다. 또한, 가족에게 사업을 물려준다는 점 자체가 많은 창업가에게 감정적 만족감과 사명 의식을 충족시키는 요인으로 작용한다. 이는 금전적 보상을 넘어서는 의미를 가지며, 오랜 기간 공들여 성장시킨 사업이 가족이라는 신뢰 기반 위에서 지속된다는 점은 상당한 동기부여가 될 수 있다.

그러나 승계 방식에는 다음과 같은 단점도 존재한다. 첫째, 가족 간 갈등 가능성이다. 특정 가족 구성원이 경영권을 승계할 경우, 다른 가족 구성원이 소외감을 느끼거나, 역할 분배에 불만을 표출할 수 있다. 이는 단순한 업무 갈등을 넘어, 가족 관계 자체에 부정적인 영향을 미칠 수 있으며, 기업 내 혼란으로 이어질 수 있다. 따라서 후계자의 선정, 역할 정의, 소유권 이전 계획은 사전에 충분히 조율되고 투명하게 실행되어야 한다.

둘째, 재정적 보상의 한계다. 외부 인수자에게 사업을 매각할 경우, 창업가는 공정한 시장 가치에 따라 금전적 보상을 극대화할 수 있는 협상력을 확보할 수 있다. 그러나 가족 내 승계는 대체로 시장에서의 가치평가보다 낮은 수준의 보상에서 이루어지며, 이는 현금 유동성 확보가 필요한 경우 제한 요인으로 작용할 수 있다. 이 경우 승계는 금전적 이익보다는 가족 유산과 지속성의 가치에 더 큰 의미를 둔 선택이 될 수밖에 없다.

셋째, 적합한 후계자의 부재 가능성이다. 승계 전략이 성공하려면 경영을 맡을 준비가 되어 있고, 조직 내외부에서 신뢰를 얻을 수 있는 가족 구성원이 필요하다. 그러나 현실적으로 이러한 인재가 없거나, 후계자의 의지와 능력이 불충분한 경우 승계는 실행 불가능하거나 기업의 미래를 위협할 수 있는 선택이 된다. 이 경우에는 감정적 요인을 배제하고, 보다 현실적인 매각을 대안으로 고려하는 것이 바람직하다.

결론적으로, 승계는 창업가에게 자율성과 감정적 만족을 동시에 제공할 수 있는 매력적인 출구 방식이지만, 가족 내부 역학과 후계자의 역량, 재정 구조에 따라 그 실현 가능성과 효과가 크게 달라질 수 있다. 이러한 요소들을 검토하고, 전략적으로 준비할 수 있을 때만 승계는 성공적인 출구전략으로 작동한다. 이어지는 내용에서는 외부 인수를 통한 출구 방식에 대해 살펴본다.

인수를 통한 출구전략

인수(Acquisition)를 통한 출구전략은 단순한 사업 매각이 아니라, 인수자의 전략적 목표와 가치 동인(Value Drivers)을 충족시키는 방식으로 기업을 설계하고 운영하는 과정이다. 대부분의 인수는 인수자가 자사 사업의 성장, 경쟁력 확보, 시장 확장 등의 목적을 실현하기 위한 수단으로 이루어진다. 따라서 성공적인 인수 기반 출구를 위해서는 인수자의 관점을 깊이 이해하고, 그들의 전략과 연결될 수 있는 기업의 강점을 체계적으로 준비하는 것이 핵심이다.

인수자가 추구하는 가치 동인은 산업, 기술 환경, 시장 트렌드에 따라 다양하게 나타나며, 일반적으로 다음 여섯 가지 범주로 정리할 수 있다.

- **제품 라인 다각화.** 인수자는 기존 제품군에 보완적 제품이나 서비스를 추가함으로써 매출을 증대하고 고객 제안을 강화하려 한다. 이는 특히 기술 제품뿐만 아니라, 서비스 산업에서도 활발히 활용되는 전략이다.
- **기술 기반 확장.** 기업이 보유한 특허, 기술 인력, R&D 역량 등은 인수자의 기술 기반을 보완하거나 혁신 역량을 강화하는 수단이 된다.
- **유통 채널 추가.** 기존에 없던 유통 경로 또는 마케팅 네트워크를 확보함으로써, 인수자는 새로운 시장에 신속히 진입하거나 유통 비용을 절감할 수 있다. 이는 수직 통합 또는 지역 확장을 추구하는 인수자에게 특히 매력적인 요소다.
- **고객 기반 확대.** 기업이 보유한 고객층이 기존 인수자의 고객과 상이하거나 보완적일 경우, 브랜드 파워와 시장 점유율 확대 효과가 기대된다. 지리적 확장을 통한 글로벌 마켓 진입도 이 항목에 포함된다.
- **규모의 경제 창출.** 인프라 통합, 관리비 절감, 생산 효율 개선 등은 인수 후 비용 절감을 통한 수익률 개선을 가능하게 한다. 특히 대형 기업 간 인수에서는 이 요소가 핵심 논리로 작용한다.
- **내부 기술 확장.** 인수자는 기능 확장, 컨설팅 역량 확보, 국제 운영 능력 등의 비유형 자산을 확보함으로써 경쟁우위를 다층화할 수 있다.

구글과 마이크로소프트와 같은 혁신 선도 기업은 이들 가치 동인을 전략적으로 조합해 인수 전략을 실행한다. 예컨대, 구글은 기술 확보와 고객 기반 확대라는 두 가지 목적을 동시에 달성하기 위해 인수 대상을 선정하고, 인수 기술을 자사 제품에 통합함으로써 지속적인 혁신을 실현해 왔다.

스타트업이 인수를 통해 성공적인 출구전략을 실행하려면, 단순한 매각 대상이 아닌 전략적 자산으로 자신을 포지셔닝해야 한다. 이를 위해 다음과 같은 준비가 필요하다.

- **전략적 계획 수립.** 인수자의 관점에서 바라본 기업 가치 구조를 설계하고, 시장성, 기술력, 고객 기반 등 주요 요소를 명확하게 정리하고 강조해야 한다.
- **재무 관리 강화.** 재무 상태는 신뢰의 기반이다. 투명하고 정확한 회계, 안정적인 현금 흐름 관리, 미수금 및 재고 통제는 실사 과정에서 높은 점수를 받을 수 있는 요소다.
- **가치 동인의 선별적 강화.** 기업의 핵심 경쟁력 중 인수자에게 특히 매력적인 요소를 전략적으로 부각시키는 작업이 필요하다. 예를 들어, 특정 기술의 독점성, 충성도 높은 고부가가치 고객층, 차별화된 유통 구조 등은 프리미엄 인수 가격을 유도할 수 있는 강력한 근거가 된다.

요컨대 인수를 통한 출구전략은 창업가가 시장성과 기술력을 증명하는 동시에, 인수자가 추구하는 전략적 목적을 정확히 읽고 거기에 적합한 자산으로 자신을 설계하는 과정이다. 이는 기업 구조와 핵심 메시지를 인수자의 시선에서 맞춤형으로 정렬하는 전략적 준비를 의미한다. 재무적 투명성, 기술적 경쟁력, 고객 기반, 성장 잠재력까지 종합적으로 설계된 기업은 인수 시장에서 실질 가치를 인정받고, 성공적인 출구를 실현할 수 있다.

인수 출구의 방식

인수 출구전략은 가치를 실현하는 구조를 어떻게 설계할 것인지에 대한 거래 전략의 총합이다. 인수는 현금, 채권, 주식, 고용 계약 등의 다양한 형태로 지급될 수 있다. 지급 시점도 일시금 또는 분할 지급 방식으로 조정될 수 있다. 이러한 거래 방식은 양측의 재무 구조, 세금 고려, 위험 분산 전략에 따라 맞춤형으로 설계되며, 협상력과 거래 성사에도 직결된다.

가장 대표적인 방식은 직접 구매(Direct Purchase) 구조다. 이 방식에서는 인수자가 기업의 전체 주식 또는 자산을 일괄적으로 인수하며, 일반적으로 외부 대출기관의 자금이나 자체 보유 자본을 통해 거래를 완료한다. 이 구조의 강점은 법적·재무적 구조가 단순하고 명확하다는 점이며, 판매자 입장에서는 빠르게 자본 이득을 실현할 수 있는 장점이 있다. 그러나 인수자 입장에서는 지급 자금을 확보하는 과정에서 차입 부담이 클 수 있고, 거래 구조에 따라 이중과세 문제가 발생할 수 있으며, 이는 경제적 효율성을 저해하는 요인이 될 수 있다.

이에 대한 대안으로 활용되는 방식이 부트스트랩 구매(Bootstrap Purchase) 구조다. 이 방식은 소유권을 점진적으로 이전함으로써 세금 부담을 분산시키고, 인수자의 재무 리스크를 줄이는 전략이다. 일반적으로 인수자는 거래 초기 단계에서 약 20~30% 지분만을 현금으로 매입하고, 나머지 지분은 향후 창출할 수익으로 상환하는 구조를 취한다. 즉, 인수자는 기업의 내부 현금 흐름을 활용해 차입금을 점진적으로 갚으며 소유권을 늘려간다.

부트스트랩 방식은 다음과 같은 이점을 가진다.

- **이중과세 회피.** 거래 구조상 법인의 수익과 인수자의 소득에 대한 이중과세를 방지할 수 있다.
- **현금 흐름 기반 인수.** 기업의 자체 수익을 활용해 인수자 부담을 줄인다.

- **재정적 유연성.** 양측 모두 초기 자본 투입을 최소화하면서도, 향후 가치를 나눌 수 있는 구조를 만든다.
- **위험 분산.** 거래 시점에 전액 지급하지 않기 때문에, 인수자 입장에서는 초기 리스크를 줄이고, 사업 성과에 따라 책임을 조정할 수 있다.

실무에서는 이 두 가지 외에도 조건부 지급(Earn-Out) 구조, 지분 교환, 하이브리드 방식 등 다양한 형태가 존재하며, 이는 거래의 목적, 세금 환경, 자금 조달 가능성, 인수자와 판매자의 협상력에 따라 유동적으로 조합된다. 창업가는 '사업을 팔겠다'는 수준에서 그칠 것이 아니라, 어떻게 팔 것인지, 그리고 그 과정에서 어떤 구조가 본인의 재정적 목표와 리스크 허용 범위에 가장 적합한지를 사전에 이해하고 준비해야 한다.

인수 출구의 장점

인수는 기업 가치를 실질적인 재정적 성과로 전환할 수 있는 명확하고 실행력 있는 출구전략으로, 창업가와 투자자 모두에게 다양한 장점을 제공한다. 가장 직접적인 이점은 지분의 현금화다. 인수를 통해 창업가와 초기 투자자들은 보유 지분을 실제 금전으로 전환함으로써, 지금까지의 성장 노력이 명확한 재무 성과로 이어지게 된다. 특히 인수 대금은 기업 시장 지위와 성장 가능성에 기반한 가치평가를 반영하여 결정되며, 이를 통해 투자자들은 각자의 지분율에 따라 공정한 배분을 받을 수 있다.

두 번째 장점은 재창업 자본 확보의 기회다. 연쇄 창업가들은 종종 기존 사업 매각을 통해 창출한 자본을 활용해 새로운 사업을 시작한다. 이 과정에서 '감내할 수 있는 손실 원칙(Affordable Loss Principle)'을 적용해 전체 자산을 다음 사업에 올인하지 않고 일부만 투자하거나, 생활 자금을 확보하며 투자자 유치를 병행함으로써 재무적 리스크를 효과적으로 관리할 수 있다. 이는 새로운 도전의 연속성을 가능하게 한다.

세 번째로, 인수는 창업가에게 경영 부담에서 벗어날 수 있는 출구를 제공한다. 초기 창업과 성장 단계에 적합한 창업가의 역량은 종종 조직이 대형화되고 구조가 복잡해지면 효율을 잃게 된다. 이때 인수를 통해 조직을 보다 적합한 경영 리더에게 넘김으로써 창업가는 다시 창업 초기 단계로 돌아가거나, 새로운 프로젝트에 집중할 수 있는 여지를 확보할 수 있다.

마지막으로, 인수는 창업가에게 신뢰와 평판 자산을 제공한다. 성공적인 사업 매각 경험은 차후 자본 조달, 파트너십 구축, 신규 창업 시 신뢰 확보에 결정적 자산이 된다. 투자자와 시장은 실질적인 출구 경험을 갖춘 창업가에게 더 높은 신뢰를 부여하며, 이는 창업가의 경력 전반에 걸쳐 긍정적인 영향력을 발휘한다.

인수 출구의 고려 사항

인수 기반 출구전략에는 몇 가지 중요한 제약과 리스크도 존재한다. 인수 출구전략은 명확한 보상과 빠른 유동성 확보라는 강점을 제공하지만, 그에 따른 통제권 상실, 협상 리스크, 거래 불확실성이라는 단점 역시 반드시 고려해야 한다.

첫 번째 단점은 통제권 상실이다. 인수가 완료되면 창업가는 자신이 세운 조직에 대한 모든 의사결정 권한을 즉시 상실하며, 이는 심리적 공허감 또는 정체성 상실로 이어질 수 있다. 가족 승계처럼 점진적으로 역할을 조정하는 방식과 달리, 인수는 즉각적인 이탈을 전제로 한 구조이기 때문에 창업가가 느끼는 단절감은 상당할 수 있다.

두 번째 단점은 거래 과정의 시간과 비용 부담이다. 인수는 정밀 실사 (Due Diligence), 가치평가, 조건 협의 등 복잡하고 시간이 많이 소요되는 절차를 수반하며, 그 결과 창업가는 기존 사업 운영에 집중하기 어렵게 될 수 있다. 특히 인수 논의가 조직 내부에 퍼질 경우, 직원들의 고용 안정성에 대한 우려로 사기 저하, 이직, 생산성 하락 등이 발생할 수 있다. 따라서 인수 협상과 조직 안정성을 동시에 관리할 수 있는 커뮤니케이션 전략이 요구된다.

세 번째 단점은 적격 구매자 확보의 불확실성이다. 특정 시장이나 지역 기반에 의존하는 기업은 해당 환경에 대한 이해도가 높은 인수자를 찾아야 하며, 이는 구매자 풀을 좁히는 요인이 된다. 또한, 경제 상황이 우호적이지 않거나 산업이 침체기에 들어섰다면 잠재 구매자 자체가 감소하게 되어 매각이 지연되거나 가치가 저하될 수 있다.

이러한 어려움을 완화하기 위해 전문 브로커나 기업 매각 플랫폼을 활용할 수 있다. 이들은 구매자 탐색, 협상 대리, 서류 준비 등에서 도움을 줄 수 있지만, 수수료와 사전 비용 발생을 감안해야 한다. 만약 현금 기반 인수가 어렵다면, 합병(Merger) 전략이 대안이 될 수 있다. 합병은 현금 거래가 아닌 지분 교환 방식으로 이루어질 수 있어, 창업가가 일부 소유권을 유지하면서도 조직을 확장할 수 있는 유연한 구조를 제공한다.

합병을 통한 출구전략

합병(Merger)을 통한 출구전략은 스타트업이 다른 기업과 대등한 조건으로 결합하여 하나의 조직으로 통합되는 방식이다. 이는 인수와 유사한 점이 많지만, 보통 두 기업이 상호 협력적 합의를 통해 자산과 통제권을 조정한다는 점에서 차별화된다. 특히, 기업 규모와 역량이 유사한 스타트업 간의 경우 합병이 인수보다 더 적합한 방식으로 선택되는 경향이 있다.

합병은 일반적으로 각 회사가 보유한 자원과 역량을 결합해 더 큰 가치를 창출할 수 있다고 판단될 때 이루어진다. 예를 들어, 하나의 기업이 뛰어난 기술력을 보유하고 있으나 시장 접근성이 부족할 때, 다른 기업이 해당 기술을 활용할 수 있는 유통 채널이나 고객 기반을 제공한다면, 양측 모두에게 전략적 이익이 될 수 있다.

합병의 핵심은 통제권 배분과 조직 안정성 확보다. 출구를 고려하는 창업가는 합병 이후 일정 기간 조직에 잔류하면서 경영을 보조하거나 조언자로 역할하며, 점진적으로 퇴장하는 구조를 협상할 수 있다. 이는 합병 초기에 흔히 발생하는 혼란과 불안을 최소화하고, 통합된 조직의 안정성을 높이는 데 기여한다. 반대로 이러한 구조가 사전에 명확히 정리되지 않을 경우, 통제권 갈등, 의사결정 지연, 조직 내부 분열 등 운영 효율성을 저해하는 문제가 발생할 수 있다.

합병은 인수보다 복잡한 협상 구조를 수반한다. 기업 가치는 물론, 경영 구조, 역할 분배, 전략 방향, 합병 이후의 비전까지 상세히 조율되어야 하며, 이는 상당한 시간과 협상 노력을 요구한다. 그러나 공동의 전략적 목표가 명확하고 시너지 창출 가능성이 높은 경우, 합병은 매우 매력적인 출구 옵션이 될 수 있다. 특히, 양사의 제품·기술·시장·인력이 상호보완적일 때, 합병을 통해 독자적으로는 달성할 수 없던 성장을 실현할 수 있다.

합병은 또한 출구 수익을 분산형 구조로 실현할 수 있다는 장점이 있다.

예컨대, 합병 이후 일정 기간 안정적인 이익이 발생하면, 창업가는 보유 지분에 대한 배당이나 주식 매입 옵션을 통해 점진적으로 현금화할 수 있다. 이는 즉시 현금을 받는 인수 구조와는 다른 유연성을 제공하며, 스타트업 비즈니스의 중장기 성장 가능성이 높은 경우 특히 효과적이다.

합병의 동기는 다양하다. 기술적 정체, 자본 부족, 경쟁 심화, 시장 변화 대응, 해외 진출 준비 등 다양한 전략적 필요에 따라 생존 기반 확보 또는 구조 혁신의 수단으로 활용될 수 있다. 이처럼 합병은 단순한 '두 조직의 결합'이 아니라, 기업이 직면한 복잡한 도전 과제를 다른 조직과의 전략적 결합을 통해 해결하려는 노력의 일환이다.

성공적인 합병을 위해서는 다음과 같은 요소가 필요하다.

- **통합 목표의 명확화.** 합병을 통해 달성하고자 하는 수익, 성장률, 시장 점유율 등의 구체적 지표를 사전에 설정해야 한다.
- **자원과 구조의 정밀 분석.** 양사의 강점과 약점을 면밀히 분석하고, 시너지를 극대화할 수 있는 운영 전략을 수립해야 한다.
- **통제권 구조 합의.** 경영 의사결정의 주도권, 리더십 구성, 이사회 구조 등을 명확히 설계해야 한다.
- **조직 통합 계획.** 인사, 재무, IT, 운영 시스템 등 실질적 통합을 위한 실행 로드맵이 필수다.
- **경영진의 역량 확보.** 합병 후 조직을 안정적으로 이끌 수 있는 리더십과 실행력 있는 경영진의 구성은 성공의 열쇠다.

합병은 출구전략이자 동시에 새로운 조직의 출발점이다. 단기적인 지분 정리 수단에 머무르지 않고, 장기적인 전략적 전환을 위한 기회로 작동할 수 있는 구조를 설계하는 것이 중요하다. 철저한 계획과 실행력이 뒷받침될 때, 합병은 지속 가능한 성장을 향한 구조적 혁신의 기회가 될 수 있다.

합병 출구의 장점

합병을 통한 출구전략은 스타트업이 비즈니스를 점진적으로 종료하면서도 조직에 일정 기간 남아 영향력을 유지할 기회를 제공한다는 점에서 창업가에게 유리한 선택지다. 인수의 경우, 거래가 완료되면 대부분 창업가는 즉시 퇴장해야 하지만, 합병에서는 창업가가 합병된 조직에 잔류하여 새로운 체계에 적응하고 자신의 역량을 계속 발휘할 수 있는 유예 기간을 준다. 물론 이 경우에도 창업가가 합병 후에도 동일한 직위와 권한을 유지하는 것은 드물며, 예컨대 CEO에서 자문직이나 중간 관리자 수준의 역할로 전환될 수 있다.

그러나 이러한 구조는 창업가에게 단기적 현금화 이상의 장기적 가치 실현 기회를 제공한다. 예를 들어, 창업가는 합병 후 회사가 성장함에 따라 베스팅이 끝난 주식에서 수익을 실현하거나, 신규 자금 유치나 IPO를 통해 더 높은 자산 가치로 연결될 수 있는 지분 이익을 획득할 수 있다. 이는 단순한 매각을 통한 일회성 수익보다 미래 수익 창출 가능성에 베팅하는 전략적 선택이다.

또한, 이미 창업가의 리더십이나 자원이 한계에 도달한 상황이라면, 단독 운영 체계하에서의 가치 성장에는 한계가 존재한다. 이럴 때 유사 규모의 기업 또는 보완적 자산을 가진 기업과의 합병을 통해 기술, 시장, 인력의 시너지 효과를 창출함으로써 기업의 총가치를 극대화할 수 있다. 결과적으로, 합병은 창업가에게 단순한 퇴장 수단이 아니라, 기존 자산의 재배열과 가치 확대를 위한 새로운 전략적 전환점이 될 수 있다.

합병 출구의 고려 사항

합병의 가장 큰 단점은 조직 통합 과정에서 발생하는 복잡성과 실행 비용이다. 두 개의 별도 조직이 하나의 통합 체계로 작동하기 위해서는 정보 시스템 통합, 운영 절차 조율, 조직 문화 융합이라는 고난도의 과제를 수반하게 된다. 특히 ERP, CRM, 회계 시스템 등 핵심 인프라가 서로 다를 경우, 기술적 통합에는 상당한 시간과 재무 자원이 소요되며, 중간 단계에서 업무 마비나 정보 손실의 위험도 발생할 수 있다.

더욱 중요한 과제는 조직 문화의 통합이다. 의사결정 방식, 내부 커뮤니케이션, 고객 응대 방식 등에서 양사가 다를 경우, 갈등이 빈번히 발생하고 직원 간의 일체감 형성이 어려워진다. 이는 업무 효율성을 저해하고, 인재 이탈이나 조직 내 분열로 이어질 수 있다. 합병 초기에는 표면적으로 통합이 완료된 것처럼 보여도, 실제로는 두 조직이 병렬적으로 작동하거나 비공식 권한 충돌이 발생한다.

또한, 합병은 출구전략 중 가장 많은 시간과 비용이 소요될 수 있는 방식이다. 양측은 상호 정밀 실사를 수행해야 하며, 기업 가치 평가와 주식 교환 비율 조정, 경영권 배분 등 수많은 복잡한 협상을 거쳐야 한다. 특히 비상장 기업 간의 합병에서는 가치평가 기준이 모호해 협상이 난항을 겪는 경우도 많다. 양측의 협력이 원활하지 않으면 합병 자체가 결렬되거나, 통합 후 조직의 전략 방향이 흔들릴 가능성도 존재한다.

이러한 문제들을 방지하기 위해서는 다음과 같은 전제 조건이 필요하다.

- 공통된 전략적 목표와 동기 공유
- 상호 신뢰 기반의 경영진 협력 구조
- 통합 후 운영 로드맵의 사전 정의

- 통합 과정에서 발생하는 비용과 리스크의 명확한 분담 구조

합병은 잘 설계되면 장기적인 가치 증대와 유연한 퇴장이라는 두 가지 목표를 동시에 실현할 수 있는 출구전략이지만, 그만큼 철저한 준비와 실행 역량이 요구된다. 창업가는 이러한 현실적 과제를 인식하고, 합병 전·중·후 각 단계에 맞는 전략과 리더십을 갖추는 것이 핵심이다.

공모를 통한 출구전략

공모(Initial Public Offering, IPO)는 스타트업이 회사 지분의 일부를 대중에게 매각함으로써 자본을 조달하고, 기존 주주들이 보유한 지분을 유동화할 수 있는 출구전략이다. 이는 일반 투자자들에게 기업의 소유권 일부를 공개하는 동시에, 창업가와 투자자에게 주식 거래를 통한 현금화의 기회를 제공한다. IPO는 스타트업이 시장 내 공식적인 기업으로 인정받고, 기업 가치를 외부에서 객관적으로 평가받는 계기로 작용한다.

공모는 금융위원회 또는 증권거래소 등 규제기관에 등록 명세서를 제출하는 것으로 시작된다. 그리고 회계 및 법률 실사, 발행가 산정, 주간사 선정, 투자설명서 작성 등 복잡하고 장기적인 준비 과정을 수반한다. 즉, IPO는 높은 자본 유치 효과와 공신력 확보라는 장점을 가지는 동시에, 보고 의무 증가, 규제 부담, 정보공개의 위험성이라는 단점도 내포한다. 따라서 창업가는 IPO가 가져오는 이익뿐만 아니라, 그에 따른 지속적인 의무와 조직 변화에 대한 수용 가능성도 함께 검토해야 한다.

기업공개 시기 결정

IPO를 준비하는 시점을 결정하는 일은 출구전략의 성패를 좌우하는 핵심적인 판단이다. IPO는 스타트업이 자본시장에 진입하여 자금을 조달하고 기업 가치를 실현하는 기회를 제공하지만, 시기 선정이 부적절할 경우 창업가와 투자자 모두에게 큰 손실을 초래할 수 있다. 따라서 창업가는 다음과 같은 다섯 가지 주요 요소를 종합적으로 고려해야 한다.

- **기업 가치.** IPO의 타당성은 기업 가치와 자금 조달 규모에 직접적으로 연동된다. 공모가는 기업의 재무 실적, 성장률, 산업 내 포지셔닝, 그리고 당시 시장의 밸류에이션 트렌드에 따라 산정된다. 또한, 발행 주식 수는 자금 수요와 시장의 수용 능력에 따라 조정되어야 하며, 스타트업의 기업 가치를 정당화할 수 있는 사업 모델과 수익 구조가 선제적으로 준비되어야 한다.

- **성과 기록.** 일정 수준 이상의 매출 실현과 수익성 확보는 IPO의 기본 요건에 해당한다. 단순한 성장 스토리만으로는 시장의 신뢰를 얻기 어렵기 때문에, 매출의 일관성, 고객 확보력, 단위 경제성 개선 등의 실적 지표가 뒷받침되어야 한다. 이러한 수치가 명확히 확보되지 않으면 공모가가 낮게 형성되거나 상장 자체가 실패할 수 있다.

- **시장 조건.** IPO는 자본시장의 흐름에 강하게 영향을 받는다. 거시경제의 불확실성, 금리 수준, 동종 업종의 IPO 성공 사례 유무 등은 투자자의 심리에 직결되며, 시장이 침체기에 접어들면 IPO가 연기되거나 가격 할인으로 이뤄질 수 있다. 반면, 시장이 활황일 때는 상대적으로 높은 공모가 형성이 가능하며, 이는 기존 주주에게 유리한 유동성 기회를 제공한다.

- **자금 요구 수준.** IPO는 자금을 조달하는 동시에 기업 지분이 외부로 분산되는 효과도 가져온다. 즉, 자금 조달의 필요성과 지분 희석의 균형을 고려한 결정이 필요하다. 만약 기업의 운영과 성장을 위한 대규모 자금이 필요한 상황이라면 IPO는 매우 효과적인 수단이 될 수 있지만, 반대로 지분 희석에 민감한 초기 창업가라면 대안적인 자금 조달 방법과 비교 검토가 필요하다.
- **기존 주주의 유동성 요구.** 초기 투자자나 공동 창업가의 일부는 기업의 장기 성장보다 단기 수익 실현에 관심을 가질 수 있다. 이 경우, IPO는 지분 유동화와 투자금 회수의 기회를 제공하는 효과적인 수단이 된다. 예를 들어, 페이스북의 2012년 IPO는 일부 초기 투자자와 직원들에게 큰 재정적 수익을 안겨주며 유동성 목표를 충족시켰다.

이처럼 IPO는 자금 조달, 기업 가치 제고, 기업 신뢰도 향상 등의 효과를 제공하지만, 동시에 규제 대응 비용, 회계·법무 시스템 정비, 공시 의무 강화 등 복잡성과 부담을 수반한다. 따라서 창업가는 기업 가치를 실현하는 수단으로서 IPO에 접근하기보다는 장기적인 성장 전략의 일환으로 IPO가 갖는 전략적 의미를 정밀하게 분석해야 한다.

투자 은행 선택

IPO의 성공은 시장 조건이나 사업 실적에만 좌우되지 않는다. 어떤 투자 은행을 주간사로 선택하느냐는 창업가가 직면하는 가장 중요한 전략적 판단 중 하나다. 투자 은행은 IPO 과정 전반에서 공모가 산정, 투자자 마케팅, 수요 예측, 주식 배포, 상장 후 유통 안정화 등의 역할을 담당하며, 이들의 역량과 명성은 IPO의 성패에 직접적인 영향을 미친다.

대표적으로 골드만 삭스나 모건 스탠리와 같은 대형 투자 은행들은 풍부한 경험과 국제적 평판, 그리고 강력한 투자자 네트워크를 기반으로 다수의 대형 IPO를 성공시켜 왔다. 이들 은행은 보통 신디케이트(Syndicate)를 구성하여 다양한 투자자 집단을 대상으로 주식을 배포하고, 초기 유통시장에서 주가의 안정을 도모한다.

창업가는 투자 은행을 선택할 때 다음의 요소들을 종합적으로 평가해야 한다.

- **평판과 이력.** 해당 은행이 과거에 어떤 규모와 유형의 IPO를 주관했는지, 어떤 산업에 특화되어 있는지를 살펴보아야 한다. 업계 내 신뢰도는 투자자 유치와 언론 노출 측면에서 모두 중요한 자산이다.
- **배포 능력.** 주식을 어떤 투자자에게, 어떤 지역과 유형으로 배포할 수 있는지에 대한 네트워크 역량은 IPO의 실질적 성공을 가늠하는 핵심이다. 예컨대, 글로벌 성장 전략을 추진하는 스타트업은 국제기관 투자자와의 접점이 넓은 은행을, 국내 유통과 고객 기반을 중심으로 성장한 기업은 국내 개인 투자자에게 강한 접근성을 지닌 은행을 고려할 수 있다.
- **서비스와 자문 역량.** 상장 전후로 제공되는 법률, 회계, IR(투자자 관계) 자문 품질도 중요하다. IPO는 단발성 거래가 아니라 기업의 장기적인 자본시장 접근성과 연계되기 때문에, 전략적 파트너십 관점에서의 협력 가능성이 중요하게 작용한다.
- **비용.** 일반적으로 투자 은행은 공모 자금의 7~10% 수준의 스프레드(underwriting spread)를 수수료로 수취하며, 이외에도 컨설팅, 마케팅, 문서 작업 등과 관련된 다양한 부대비용이 발생한다. 비용은 신중

히 검토되어야 하지만, 단순한 비용 절감보다는 IPO의 성공 가능성을 높일 수 있는 투자로 인식하는 것이 바람직하다.

- **조율된 추천 네트워크.** 상업은행, 회계사, 법률 자문단, 초기 투자자, 이사회 구성원 등 신뢰할 수 있는 이해관계자들의 추천을 기반으로 후보군을 구성하는 것이 효과적이다. IPO 경험이 많은 조언자들은 기업의 특성과 목표에 맞는 파트너를 추천할 수 있다.

투자 은행은 스타트업을 자본시장에 성공적으로 연결하는 전략적 동반자이다. 따라서 창업가는 단기 비용보다 장기적인 신뢰, 자산 배분 전략, 성장 로드맵과의 적합성을 기준으로 투자 은행을 선택해야 한다.

상장 예비 심사신청

상장 예비 심사신청은 기업이 IPO를 추진하기 전, 한국거래소를 통해 상장 적격성을 사전 검토받는 핵심 절차이다. 이 과정은 금융감독원의 감독 아래 한국거래소가 주관하며, 해당 기업이 상장 후에도 안정적이고 투명한 경영을 지속할 수 있는지 여부를 공식적으로 평가한다. 예비 심사는 단순한 형식 검토가 아닌, 재무 건전성, 경영 안정성, 조직의 투명성 전반에 걸친 심층 진단 과정이라 할 수 있다.

기업은 상장 주관사와 협력해 상장 예비 심사신청서를 작성하며, 재무제표, 경영 실적, 조직 구조, 지배구조, 공시자료 등 핵심 문서를 포함해 제출한다. 주관사는 신청서 작성 단계에서 기업의 IPO 준비 상태를 사전 점검하고, 필요시 조직 개편, 회계 투명성 확보, 지배구조 개선 등 사전 조치를 병행하게 된다.

상장 예비 심사 절차는 다음과 같은 단계로 구성되며, 전체 기간은 약 45

영업일, 즉 두 달가량 소요된다.

- **서류 검토.** 한국거래소는 제출된 신청서를 바탕으로 재무 상태, 사업의 지속 가능성, 지배구조 투명성을 평가한다. 특히, 재무제표의 신뢰성과 주요 사업 모델의 구체성은 핵심 심사 항목으로 작용한다. 회계 감리 지적 여부나 분식 회계 이력이 있는 경우, 승인이 지연되거나 거절될 수 있다.

- **현장 실사.** 거래소 심사팀이 기업의 본사 및 주요 사업장을 방문하여, 실질적인 영업 현황과 자산 보유 내역, 공시자료와 현장 정보 간의 일치 여부를 확인한다. 이는 기업이 제출한 문서상의 정보가 실제 운영 상태와 일관성을 유지하고 있는지를 검증하기 위한 중요한 절차다.

- **공시 검토.** 상장 기업은 이후 정기 및 수시 공시 의무를 갖게 되므로, 한국거래소는 기업이 이러한 공시 의무를 정확하고 투명하게 이행할 수 있는 역량을 갖추었는지를 점검한다. 공시 내용의 누락, 불명확한 설명, 의도적 정보 은폐 소지가 있는 경우 상장 심사에 불리하게 작용할 수 있다.

- **상장 심의 및 의결.** 마지막 단계에서는 한국거래소 상장위원회가 최종적으로 상장 적격성을 판단한다. 이 과정에서는 기업의 시장 성장 가능성, 업종 내 경쟁력, 경영진의 전문성, 투자자 보호 관점에서의 투명성이 종합적으로 검토된다. 위원회의 의결을 통해 최종 승인 여부가 결정된다.

예비 심사를 통과한 기업은 '상장 승인'을 받은 뒤, 공모가 산정, 기관 투자자 대상 수요 예측, 개인 청약 등의 IPO 일정을 본격적으로 진행한다. 이후 거래소 상장 절차가 완료되면, 기업은 정식으로 주식시장에 상장되어 공개 거래를 시작하게 된다.

청약 공모와 상장 승인

청약 공모와 상장 승인은 IPO 절차의 최종 단계로, 기업이 실제로 자본을 유치하고 공식적으로 증권시장에 상장되는 일련의 과정을 포함한다. 이 단계는 단순한 절차적 마무리가 아니라, 기업이 공개시장에 진입하여 자율성과 책임을 동시에 갖는 상장 법인으로 전환되는 상징적 전환점이다.

우선, 청약 공모는 기관 및 일반 투자자에게 주식을 배정하여 자금을 조달하는 단계다. 이 과정은 다음과 같은 순서로 진행된다.

- **수요 예측.** 기관 투자자들을 대상으로 공모가에 대한 수요를 조사하고, 이들의 참여 가격과 수량을 기반으로 시장 기반의 공모가를 산정한다. 이는 공모가가 과도하게 고평가되거나 저평가되는 리스크를 줄이고, 시장 친화적인 가격 형성을 유도하는 핵심 절차다.
- **일반 청약 및 배정.** 확정된 공모가를 기준으로 일반 투자자와 기관 투자자를 대상으로 청약 접수를 받는다. 각 투자자는 지정된 기간 내에 청약 신청서를 제출하고, 배정 결과에 따라 주식을 취득한다. 배정 결과에 따라 청약 증거금의 환불 또는 납입이 이루어진다.
- **자금 조달 마무리.** 청약 공모가 완료되면 기업은 확정된 규모의 자금을 확보하게 되며, 이는 상장 이후 운영 자본, R&D, 인력 확충, 시설 투자 등 다양한 성장 전략 실행의 재정 기반이 된다.

이후 기업은 신규상장 신청서를 한국거래소에 제출한다. 여기에는 청약 결과, 발행 주식 내역, 공모가, 투자자 구성, 재무제표, 사업 설명서 등이 포함되며, 한국거래소는 이를 통해 기업이 상장 요건과 공시 의무 이행 능력을 충족하는지 최종 검토한다.

검토 결과 이상이 없으면, 한국거래소는 기업에 신규상장 승인 통지를 발송한다. 이 승인 통지는 정식 공시를 통해 시장에 알려지며, 기업은 상장 예정일을 기준으로 거래 개시 준비를 완료하게 된다. 이후, 지정된 상장일에 기업의 주식은 공식적으로 증권시장에 등록되어 첫 거래가 시작된다.

상장 첫날은 IPO가 시장에 의해 평가받는 최초의 순간으로, 공모가 대비 첫 시세 형성과 거래량, 투자자 반응 등은 시장 신뢰도와 기업 가치에 대한 간접적 판단 지표로 작용한다. 이 시점을 기점으로 기업은 상장 법인으로 지속적인 공시 의무, 주주 대응, 재무 투명성 관리 등 규제 환경 속에서의 새로운 경영 체제로 전환된다.

공모 출구의 장점

IPO를 통한 출구는 자본 조달, 자산 유동화, 시장 신뢰도 제고라는 세 가지 축을 중심으로 스타트업과 창업가에게 전략적 이점을 제공한다.

첫째, IPO는 신규 자본 확보 수단으로서 강력한 기능을 한다. 기업은 성장을 지속하기 위해 R&D, 인력 확충, 설비 투자, 유통망 구축 등에 지속적인 자본이 필요하며, IPO는 이를 시장에서 가장 낮은 자본 비용으로 조달할 수 있는 기회를 제공한다. 특히 IPO는 부채 의존이 아닌 자기자본 확대 방식이므로, 기업 재무 구조를 안정적으로 개선할 수 있다.

둘째, 상장은 자산 가치의 평가 및 유동화 메커니즘을 제공한다. 상장 이후 주식은 시장에서 거래되며, 이는 지분 가치가 공식적으로 평가되고 전환될 수 있는 유통 수단으로 작동한다. 이는 가족 기업의 지분 승계, 창업가·임직원의 보상 체계, 벤처 캐피털의 투자금 회수 등 다양한 목적에 맞게 활용 가능하다. 상장 주식은 비상장 주식보다 더 높은 거래성 및 신뢰성을 확보하고 있어, 기업 인수합병이나 전략적 제휴에서도 강력한 협상 자산으로 작용한다.

셋째, 상장 기업은 이후 추가 자본 조달이 훨씬 수월해진다. 증자를 통한 자금 유입, 전환사채 및 신주인수권부사채 등의 발행, 혹은 후속 공모(Follow-on Offering) 등 다양한 금융 수단을 활용할 수 있다. 특히 상장 이후 주가가 상승하고, 실적이 지속 개선되는 경우, 보다 유리한 조건에서 자금을 유치할 수 있는 파이프라인이 열리게 된다.

공모 출구의 고려 사항

IPO를 통한 출구는 대규모 자본 확보와 성장 가속화, 지분 유동성과 기업 가치의 공적 평가, 후속 투자 유치 용이성이라는 분명한 장점을 제공하지만, 높은 초기 비용, 통제권 리스크, 규제 부담, 절차 복잡성 등을 수반한다.

첫째, 공적 노출과 통제력 약화의 리스크다. 상장된 스타트업은 외부 주주, 기관 투자자, 분석가의 요구에 대응해야 하며, 그 결과 단기 수익 중심의 경영 압박에 노출될 수 있다. 이는 기술 투자나 중장기 프로젝트와 같은 혁신 전략에 자원 배분이 제한되거나 지연될 가능성을 내포하며, 기업의 전략적 유연성이 줄어들 수 있다.

둘째, 공시·규제 대응 부담이 지속적으로 발생한다. 상장 기업은 주요 결정, 재무 변화, 사업 내용 변경 등과 관련하여 정기적·수시적 공시 의무를 이행해야 하며, 이 과정에서 발생하는 행정 비용과 인력 부담은 절대 작지 않다. 경영진은 내부 회계 시스템과 IR 대응 체계를 상시 가동해야 하며, 이는 경영 리소스의 분산을 초래할 수 있다.

셋째, 상장 비용은 매우 많이 든다. IPO 준비에는 회계 감사, 법률 자문, 투자 설명서 작성, 등록 수수료 등 수억 원 단위의 직접비용이 소요되며, 공모 대금의 7~10%에 달하는 주간사 수수료(스프레드) 역시 큰 부담이다. 특히 주간사가 주식 매수권이나 향후 공모 우선권 등을 요구할 경우, 향후 기업 의사결정의 자율성까지 제약될 수 있다.

넷째, 절차의 복잡성과 소요 시간은 창업가에게 현실적인 압박이 된다. 예비 심사, 주간사 선정, 수요 예측, 투자설명회, 공시 준비, 투자자 대응 등 일련의 과정을 수개월 이상 집중적으로 수행해야 하며, 그 사이 기업의 일상적 운영과 전략 집행이 지연될 가능성이 존재한다. 인쇄물 제작, 일정 조정, 사전 승인 등 세부 항목까지 철저히 관리되어야 하며, 준비 부족이나 오류는 승인 지연이나 공모 실패로 연결될 수 있다.

마지막으로, IPO는 실패하거나 지연될 가능성도 현실적으로 존재한다. 시장 상황의 악화, 수요 예측 부진, 기업 내부 리스크 노출 등이 발생하면 IPO는 철회되거나 조기 종료될 수 있으며, 이 경우 기업은 시간과 자금, 평판의 손실을 감내해야 한다.

핵심 정리

출구전략은 단순한 사업 종료 수단이 아니라, 창업가의 비전 실현과 투자자 수익 회수의 통로로 기능하는 전략적 전환점이다. 따라서 스타트업은 설계 초기부터 명확한 출구전략을 염두에 두고 사업을 운영해야 하며,

특히 인수나 공모와 같은 이벤트성 기회를 위해 항상 실사 대응력과 경영 투명성을 확보해 두는 것이 중요하다.

대표적인 출구전략에는 승계, 인수, 합병, 공모가 있으며, 각각은 전략적 적합성과 시기, 시장 환경, 창업가의 의도에 따라 선택된다. 승계는 가족이나 내부 인력에게 사업을 물려주는 방식으로 지속 가능성은 높지만, 경영능력 부족이나 가족 갈등 등의 리스크를 수반한다. 인수는 가장 일반적인 방식으로, 외부 기업이 스타트업을 전략적 목적으로 인수하며 빠른 현금화가 가능하나, 통제권 상실이나 협상 실패의 리스크도 존재한다. 합병은 대등한 결합을 통해 시너지 효과를 기대할 수 있지만, 조직 문화나 시스템 통합에서 복잡성이 크다. 공모는 최대의 자본 조달 가능성을 제공하나, 준비와 비용 부담, 상장 후 규제 대응 등 복합적 과제를 동반한다.

각 출구전략의 실행 기반으로는 정밀 실사가 중요하게 작동한다. 이는 기업의 재무 상태, 제품·서비스 라인, 운영 구조, 조직 역량, 시장 포지셔닝, 고객 확보력, 연구개발 계획 등 다면적 요소에 대한 심층 분석을 포함하며, 실사 준비 상태는 기업 가치와 거래 성사 가능성을 좌우한다. 창업가는 실사를 단순한 검증이 아닌 신뢰 형성과 협상력 강화의 기회로 인식하고, 재무 보고서 정비, 기술 자산 관리, 핵심 인력 유지 등 실천적 준비를 병행해야 한다.

가치평가는 출구전략의 협상 출발점으로, 주로 배수법과 현금흐름 할인법이 활용된다. 배수법은 비교 기업의 시장 가치를 기준으로 단순하고 빠르게 가치를 추정하는 방식이며, 특히 사용자 수, 거래액 등 지표 중심의 스타트업에 유리하다. 반면, 현금흐름 할인법은 미래 현금 흐름을 현재 가치로 환산하여 정밀한 수치를 제시하며, 높은 신뢰성과 정량적 설득력을 제공한다. 이때 할인율은 무위험 수익률과 기업 특유의 리스크 프리미엄을 반영해 설정되며, 스타트업의 경우 예측 불확실성이 크기에 보수적 가정이 요구된다.

승계를 통한 출구전략은 감정적 만족감과 경영 유연성을 제공하지만, 적절한 후계자의 유무, 가족 간 역할 조정, 재정 보상의 한계가 핵심 고려 요소다. 인수를 통한 출구는 명확한 보상과 빠른 유동성을 제공하지만, 통제권 상실, 인수자 발굴의 불확실성, 협상과 실사 부담이 동반된다. 반면, 합병은 전략적 시너지와 장기 성장 가능성을 제공하지만, 조직 통합의 복잡성과 통제권 조율 문제가 발생할 수 있다. 공모는 최대 자본 유입과 신뢰도 상승의 효과가 있으나, 준비 기간, 규제 대응, 절차 복잡성 등 실행 장벽이 높다.

출구전략은 스타트업 경영의 마지막 절차가 아니라, 기업의 전 생애 주기를 설계하고 실행하는 중요한 전략적 선택이다. 창업가는 성장 전략의 연장선에서 출구를 설계하고, 각 전략에 요구되는 경영 체계, 가치평가 지표, 이해관계자 커뮤니케이션 전략을 사전에 정비함으로써, 예상치 못한 기회를 기회로 전환할 수 있는 실행력을 확보해야 한다. 이는 '어떻게 나올 것인가'의 문제가 아니라, '어떻게 더 큰 가치를 실현하며 전환할 것인가'에 대한 전략적 사고의 결과다.

창업가의 질문

Q1. 스타트업 경영 초기 단계부터 출구전략을 염두에 두고 사업을 운영해야 한다고 하셨는데, 출구를 너무 일찍 고려하는 것이 오히려 비즈니스의 본질적 성장에 방해가 되지는 않을까요? 이 균형을 어떻게 잡아야 할지 궁금합니다.

교수의 답변. 중요한 질문입니다. 출구전략을 초기부터 고려하라는 조언은 사업을 조기 종료하라는 의미가 아니라, 기업의 전체 생애 주기를 전략적으로 설계하라는 의미입니다. 스타트업은 매 순간 불확실성을 관리하며 성장해야 하기 때문에, 언제든 외부 기회에 반응할 수 있는 구조적 준비가 필요합니다. 하지만 그것이 단기적인 매각에 몰두하라는 뜻은 아닙니다. 핵심은 '팔기 위해 만드는 것'이 아니라 '팔 수 있는 상태를 유지하는 것'입니다. 회계 투명성, IP 관리, 조직 구조 정비는 출구를 위한 준비인 동시에, 사업 운영의 기본이기도 하죠. 이처럼 출구전략은 비즈니스 본질과 충돌하는 개념이 아니라, 오히려 장기적인 경영 건전성을 확보하는 수단이라는 점을 이해하는 것이 중요합니다.

Q2. 인수를 통한 출구전략을 준비할 때, 실무적으로 스타트업이 인수자의 '가치 동인(value driver)'에 맞춰 회사를 설계하는 것이 필요하다고 하

셨습니다. 초기 단계 스타트업 입장에서 이를 어떻게 준비하고 반영해야 할까요?

액셀러레이터의 답변. 좋은 질문이에요. 인수자의 가치 동인을 고려한다는 건 결국 '우리 회사를 인수자가 왜 매력적으로 느낄 수 있을까'를 사전에 정의하고 준비하는 작업입니다. 초기 스타트업이라면 모든 것을 갖추기는 어렵지만, 특정 방향성을 설정할 수는 있습니다. 예를 들어, 기술이 핵심이라면 특허 확보와 기술 인력의 안정적 구성, 시장성과 연계된 기술 로드맵을 명확히 보여 주는 것이 중요합니다. 유통망이나 고객 기반이 경쟁력이라면 데이터 기반의 고객 유지율, 거래액, 재방문율 등을 축적해 놓는 것이 실사 대응에 도움이 됩니다. 처음부터 '이 회사를 누가 왜 사게 될까?'를 가정하고, 그 이유를 정량화·시각화하는 작업을 미리 시작하는 것이 실무적인 준비의 핵심입니다.

Q3. 출구전략에서 기업 가치평가를 위한 방법으로 배수법과 현금흐름할인법이 소개되었는데, 실제 투자자로서 스타트업의 가치를 판단할 때 어떤 방식을 더 선호하시며, 그 이유는 무엇인가요?

벤처캐피털리스트의 답변. 벤처투자자에게 있어 출구전략이란, 투자의 종료인 수익창출(Capital gain) 또는 투자 실패의 결과물이기 때문에 매우 중요하게 생각하며 투자 의사결정에 중요한 판단 요소입니다. 스타트업을 경영하시는 창업자께서도 우리 회사를 좋은 사람들과 재미있게 함께하며 오래 성장시켜서 배당 형태로 꾸준히 투자에 대한 이익실현을 제시할 것인지 기술성평가 등 기업공개(IPO)를 목적으로 기술획득과 매출창출 및 증대를 통한상장시장(코스닥, 코스피)을 통한 투자에 대한 이익실현을 제시할 것인지에 따라 투자자의 투자방식과 〈지원방식〉이 다르게 진행됩니다. 출구전략의 구체적인 일정과 방법은 변화될 수 있습니다. 다만, 출구전략의 방향성은 초기 단계에서부터 정해야 회사의 성장 전략 수립과 우리 회사와 핏이 맞는 투자자와의 만남이 연결될 수 있습니다.

스타트업 비긴즈

ⓒ 서리빈, 손민호, 이호재, 2025

초판 1쇄 발행 2025년 11월 13일

지은이	서리빈, 손민호, 이호재
펴낸이	이기봉
편집	좋은땅 편집팀
펴낸곳	도서출판 좋은땅
주소	서울특별시 마포구 양화로12길 26 지월드빌딩 (서교동 395-7)
전화	02)374-8616~7
팩스	02)374-8614
이메일	gworldbook@naver.com
홈페이지	www.g-world.co.kr

ISBN 979-11-388-4926-5 (03320)

- 가격은 뒤표지에 있습니다.
- 이 책은 저작권법에 의하여 보호를 받는 저작물이므로 무단 전재와 복제를 금합니다.
- 파본은 구입하신 서점에서 교환해 드립니다.